京都学研究と文化史の視座

芳井敬郎名誉教授古稀記念

芙蓉書房出版

芳井敬郎名誉教授近景

ご自宅にて

芳井敬郎名誉教授略歴

昭和四二年四月一日　國學院大學文学部史学科入学
昭和四五年三月三一日　國學院大學文学部史学科卒業
昭和五五年四月一日　花園大学文学部史学科専任講師
昭和五六年四月一日　花園大学文学部史学科助教授
平成　五年四月一日　花園大学文学部教授
平成一一年四月一日　学校法人花園学園理事　花園大学教務部長
平成一四年四月一日　学校法人花園学園理事　花園大学文学部長
平成一五年四月一日　花園大学大学院研究科長
平成一八年四月一日　花園大学副学長（平成二六年迄）
平成一九年一〇月一日　全国大学博物館学協議会西日本部会会長
平成二三年三月　博士（文学）京都女子大学大学院授与
平成二三年三月　日本風俗史学会大賞第二四回江馬賞受賞
平成二五年十一月　京都民俗学会会長
平成二六年四月一日　花園大学文学部文化遺産学科特任教授
平成三〇年三月三一日　定年により退職
平成三〇年四月一日　花園大学名誉教授

序

花園大学名誉教授文学博士・芳井敬郎先生は、平成三〇年三月三一日をもって花園大学文学部を退職された。本書は、花園大学文学部において薫陶を受けたゼミ生および親交いただいた関係者有志が、先生の退職と古稀を記念して献呈する論文集である。

芳井先生は、昭和二二年、大阪市にご生誕され、大阪学芸（教育）大学附属高等学校天王寺校舎を経て、國學院大學文学部史学科で日本文化史等を学ばれ、昭和四五年に卒業された。同四七年に奈良県大和民俗公園建設室主事（学芸員）を拝命し、奈良県立民俗博物館開館に辣腕を揮われた。昭和五五年に花園大学文学部史学科専任講師として赴任し、日本民俗学・博物館学芸員課程を担当された。この時期の先生は、国立民族学博物館における共同研究等を精力的に行っている。「器の用具論的研究」「国立民族学博物館所蔵の労働衣服の基礎的分析」「計画思考と民族技術学」「近代産業と民族技術」「現代日本文化における伝統と変容」『織物技術民俗誌』等物質文化研究に大いに邁進しておられる。一方、教育にも目を配られた先生は、三九年間におよぶゼミ運営を行い、輩出した学生数は七〇〇余名に及んでいる。さらに自治体編纂職員・博物館学芸員・中高校大学教員等の卒業生を世に送り出された。天理大学・神戸芸術大学・立命館大学・奈良女子大学大学院家政学研究科・大阪芸術大学・京都女子大学等で日本民俗学および物質文化研究等の講義を長年にわたり教授された。

「博物館大好き人間」を公言する先生は、奈良県立民俗博物館設立をはじめ、明日香村民俗資料館・十津川村歴史民俗資料館・栗東歴史民俗博物館・土山町立歴史民俗資料館・泉大津市織編館等の博物館基本計画および展示計画・設計に携わってこられた。さらに国立民族学博物館民族学標本資料評価委員・大阪工業会国立産業技術史博物館建設推進委員会委員・京都府丹後半島紡織技術に関する調査員・京都府日吉ダム水没地区文化財調査民俗班調査員等に従事し、日本服飾学会理事・京都府八幡市文化財保護審議会委員・神戸市文化財保護審議会委員・日本風俗史学会理事・京都民俗学会会長・日本民俗学会評議委員の重責を担ってこられた。中でも全国大学博物館学協議会西日本部会長として、博物館法の改正に伴い関係機関との折衝を牽引した功績は高く評価されている。

退職を前にその業績をたたえ学恩に報いるため、ゼミ生および関係者有志で記念事業を実施することとし、先生の御内諾を得て献呈論文集を刊行することとなった。先生の専門分野である文化史学研究諸領域を鑑み五部構成とし、巻末に先生のご寄稿をお願いしたところ、「民俗学の地平―学界回顧・研究視点と目的私論」という玉稿をいただくことができ、本論集の価値を高める幸運を得た。わたくしたちの深く感謝するところである。

芳井敬郎名誉教授古稀記念会

目次

第Ⅰ部　京を知る1　―民俗学・芸能史・風俗史―　7

第Ⅰ部　京を知る１

―民俗学・芸能史・風俗史―

群小猿楽座の京都進出と芸能集団の解体

池田　淳

はじめに

大和は観世・金春・宝生・金剛の大和四座の故地であり、それぞれの座が芸能者たちを率いて、芸能集団を形成していた。そして、永和元年（一三七五）かその前年、京都の今熊野で観阿弥と子息、後の世阿弥が将軍足利義満に見出されて観世座が京都で人気芸能集団になったことを嚆矢として、大和四座は続々と京都という巨大な芸能市場へ進出した。

一方、大和の各地では大和四座とは比較にならないが小規模な群小猿楽座も誕生し、それぞれ演能圏を持ち各地の寺社の神事芸能や、神事や法会後の後宴における演能を担っていた。彼らのなかには大和四座とは伍するべくもなかったが、シテ・ワキ・ツレ・囃子方などを擁し、独自に猿楽の番組を演じる演能能力を有していたものも少なくなかった。

本稿では、こうした群小猿楽座が、京都という巨大な芸能市場に乗り出すために採用したシステムを解明し、その結果として生み出された京都での演能形態と、群小猿楽座が解体していく過程を追うことを目的としている。

主に事例とするのは、奈良県吉野郡大淀町檜垣本に根拠地を置いた檜垣本猿楽であるが、この一座でおきた現象は、決してこの一座だけのものではなく、多くの群小猿楽座に起こるべくして起こった現象であった。

一 群小猿楽座の成立

檜垣本猿楽が産声をあげた時期を明確にすることはできないが、吉野に猿楽の一座が存在したことを示す初見史料は、『春日若宮神主祐光日記』応永一一年（一四〇四）四月一日条の吉野猿楽が信心のため社参したという記録である。(1)

吉野山の寺社の年中行事を記した『当山年中行事条々』には、「野際会、於天満宮勤之、檜垣本猿楽幷栃原卜両楽頭罷登」とあり、檜垣本猿楽は奈良県吉野郡下市町栃原を座の根拠地とする栃原猿楽とともに、金峯山寺境内に鎮座する威徳天満宮でおこなわれた野際会の楽頭を勤めていた。また、同書によれば、正月一八日には上宮（吉野山・吉野水分神社）、二三日には下宮（吉野山・勝手神社）において御田があり、それぞれ猿楽衆の参勤があった。(2)『当山年中行事条々』は、本文中に応永二〇年（一四一三）、永享七年（一四三五）の年紀と、享徳元年（一四五二）、康正二年（一四五六）の書入れがあり、おおよそ一五世紀頃の成立と推測されることから、(3)『当山年中行事条々』に記された両猿楽の記事は、『春日若宮神主祐光日記』に記載のある吉野猿楽の社参とはほぼ同時代と考えられ、吉野猿楽は檜垣本猿楽乃至は栃原猿楽のことと考えてよいであろう。(4)

檜垣本猿楽と栃原猿楽は、共に大和の群小猿楽座であり、この時期二つの猿楽座は、修験道の根本道場としての寺容と儀礼を整えていた吉野山の社寺で、法会や神事において演能をおこなう猿楽座としての地歩を固めていた。資料が物語るところによれば、吉野山の社寺の法会や神事により深く関与していたのは、檜垣本猿楽であろう。それは、この一座に所属した檜垣本七郎作の「若い男」と「若い女」の二面から類推される(5)。前者は、明応二年（一四九三）三月、吉野勝手御前（吉野山・勝手神社）に、後者は翌四月に吉野子守御前（吉野山・吉野水分神社）にそれぞれ寄進された旨の刻銘が作者銘と共に残されている。吉野勝手御前こと勝手神社が下宮であり、吉野子守御前こと吉野水分神社が上宮である。檜垣本七郎は所属する一座が御田に参勤する両社に能面を寄進したのである。勝手神社には武神像が祀られ、吉野水分神社には鎌倉時代に造立された国宝木造玉依姫命坐像や平安時代造立の重文木造天万栲幡千々姫命坐像という女神が祀られていることと思えば、ぞれぞれの社の祭神も踏まえた寄進だったのであろう。

この時代の檜垣本猿楽は、吉野だけで活動した一座ではなかった。そのことは、『春日若宮神主祐光日記』の記事からも確認できるが、この他にも南都へ赴いた記録が幾つか残されている。『大乗院寺社雑事記』文明三年（一四七一）七月三日条に「彦四郎大夫来、此間吉野ヨリ罷出」とあり(6)、この興福寺大乗院門跡尋尊のもとを訪れた彦四郎大夫は、当時檜垣本猿楽の棟梁の地位にあったと思われる檜垣本彦四郎である。

檜垣本彦四郎については、室町時代以来の能役者の来歴を記した『四座役者目録』観世笛方之次第に「彦兵衛ノ尉　左衛門尉ガ弟子也。若名彦四郎ト云。名字ハ檜垣本ト云。世話ニ、笛彦兵衛ト云（中略）名人ナリ。卒大永七年丁亥比ナリ」とあり(7)、観世座の笛方に檜垣本彦兵衛と名乗り、笛彦兵衛と渾名されるほどの笛の名人がいて、彦兵衛を名乗る前には彦四郎と名乗っていたことがわかる。ところで、この彦兵衛の卒年は大永七年（一五二七）頃で、尋尊のもとを彦四郎大夫が訪れた年代と五六年の隔たりがある。後述のように、文明三年の時点で彦四郎は、南都の衆徒たちから大夫号を贈られるほど修練を積んだ能役者で、その修業期間を考えればあまり若年とは考え難く、同一人物と考えるには聊か無理がある。

このことから、尋尊のもとを文明三年に訪れた彦四郎は、『四座役者目録』の彦兵衛尉こと彦四郎の一世代前と考えるべきである。彦四郎については代々の襲名が確認されているが、文明三年に大乗院尋尊のもとを訪れた彦四郎の記録は、檜垣本彦四郎の初見史料である。なお、彦四郎は、前掲の『四座役者目録』に記されているとおり、彦四郎から彦兵衛と名前を変えている。そのため資料によって両方が混在して使用されているが、本稿では特に断らない限り彦四郎を用いることとしたい。

ところで、大乗院尋尊が彦四郎の名前に続いて「大夫」と付していることは、檜垣本猿楽の演能能力を推し量る上で重要である。狂言役者であった大蔵虎明が万治三年（一六六〇）に成した狂言論『わらんべ草』には、「昔人云。奈良薪能に大夫号を許す褒美あり。脇、つれ、狂言、三人は大夫号、囃子の衆は上手名人になす」と記されている。[8] この記事によれば、大夫とは、南都の薪能において、興福寺の衆徒から芸の出来を称揚されたワキ・ツレ・狂言の役者たちに与えられた名誉称号であった。この『わらんべ草』の記述の通りであるとすれば、この時期彦四郎は、興福寺の衆徒の前で演能に及び、その技芸を認められ、大夫号を許されるほどのワキ・ツレ・狂言の何れかの能役者であったことになる。『四座役者目録』に登場して以降の彦四郎は、笛の名人として世に知られる芸能者であったが、一世代前の彦四郎は、ワキ・ツレ乃至は狂言方を勤める能役者であった。ちなみに、笛の名手として知られた彦四郎を名人と称した『四座役者目録』の記述も、『わらんべ草』を踏まえるならば、適切な表現だと考えられる。

檜垣本猿楽は、吉野山の野際会の楽頭を勤める能力があると吉野山の社寺に認められていたのである。また、同じく楽頭を勤めていた栃原猿楽も『四座役者目録』では「トチワラ太夫座」と大夫号を付して呼ばれ、その一座出身の日吉満五郎は、『四座役者目録』では観世狂言之次第に名前を載せられる狂言役者であった[9]。柄原猿楽も大夫等の能役者を擁した芸能集団であると考えてよいであろう。

以上のことを踏まえて考えるならば、一五世紀頃に吉野山の社寺の法会や神事での演能を担った檜垣本猿楽と柄原猿楽は、小規模とはいえ、独立して能の番組を演じることのできる一定の演能能力を保持した芸能集団であった。

二　群小猿楽座の芸能者たちの囃子方転身

吉野山を演能圏とする芸能集団であった檜垣本猿楽に大きな転機が訪れるのは、文明三年に大乗院尋尊のもとを訪れた彦四郎の次代で『四座役者目録』に名を記された彦四郎の頃からである。

この彦四郎がどのような芸能者であったかを知る手掛かりは、前述の『四座役者目録』の「彦兵衛ノ尉」の記述で、笛彦兵衛と綽名されるほどの笛の名人であったことである。ところで、永正三年（一五〇六）六月一三日の奥付のある『龍吟秘訣』という笛の伝書が伝えられている。この伝書を纏めたのは、奥付の署名によれば檜垣本彦四郎栄次で、師の笛左衛門国之から伝授された条々を一書に纏めている[10]。前述の『四座役者目録』の彦兵衛尉は、笛の名人であったということ、その没年を大永七年頃としていること、また「左衛門尉ガ弟子也」としていることとともから、『四座役者目録』の彦兵衛尉は、『龍吟秘訣』の奥書に署名を残した檜垣本彦四郎栄次その人であると考えられる。

『大乗院寺社雑事記』延徳三年（一四九一）三月二〇日条では、檜垣本彦四郎が再び尋尊のもとを関東下向の挨拶のため訪れ、扇一本を贈られている。(11) 関東下向の理由については判然としないが、この時期は、後北条の創業者北条早雲が戦国大名後北条氏の地歩を固めている時期にあたっている。後北条氏と彦四郎の関係でいえば忘れてはならないのが、『当代記』慶長一二年(一六〇七)二月一二日条に載る天正一七年(一五八九)の「古彦兵衛」の事績である。(12) 無論、年代的に古彦兵衛を彦四郎栄次と考えることはできないが、名笛大黒を所持し、「笛上手の男」とされていること、彦兵衛という名前が共通していることからすれば、檜垣本彦四郎栄次の後裔の一人と考えても矛盾はしない。『当代記』によれば、この古彦兵衛が、後北条方の武蔵国瀧山城の落城の際に大黒の笛をへし折り、討死して果てたことになる。延徳三年の彦四郎の関東下向と古彦兵衛の瀧山城での討死との間の因果関係については未詳であるが、興味深い共通点である。

もう一人笛を冠して呼ばれる彦兵衛がいる。江戸時代中期の一噌流家元噌善が所持していた写本に笛伝書『笛集』があるが、同書の奥書に「此位を楽人山野井安芸守より日吉左衛門尉相伝畢同是を伝授せしむる者也于時天文ひのととり十一月下旬笛彦兵衛尉栄順有判(後略)」とある。日吉左衛門尉は、前述の『四座役者目録』にのる日吉左衛門尉國之で、山野井安芸守は、雅楽の家の山野井家と関係がある可能性がある。以上のことから、山野井安芸守、日吉左衛門尉國之と相伝された笛の伝承を天文六年(一五三七)に笛彦兵衛栄順が一書に認めたということである。(13)

この笛彦兵衛栄順と彦四郎栄次の関係について記す資料は未詳であるが、笛と冠していること、彦兵衛という同じ名乗りであること、共に日吉左衛門國之を師としていること、そして「栄」を通字としていることを挙げれば、二人が少なくとも芸系で繋がっていることは認めてよいであろう。そして、『笛集』を成したのが天文六年であり、『四座役者目録』の彦兵衛ノ尉の没年を大永七年頃とする記述が正しいとすれば、彦兵衛栄順は、彦四郎栄次の次代の彦四郎と類推して大過ないであろう。

但し、現時点では彦四郎栄次の没年を大永七年以降とする考証が有力であり、[14]後考を待つが、大永七年以降も彦四郎乃至は彦兵衛を名乗る笛方の芸能者の活動が資料に現れることを考えれば、栄順についても檜垣本彦四郎の一人として検討すべきであろう。なお、『当代記』に載る古彦兵衛は、「古」という字を関していることからかなり高齢であったと思われるが、それでも彦四郎栄順が『笛集』をまとめた天文六年と、「古彦兵衛」が討死した天正一七年との間には五二年の隔たりがある。このことから彦四郎栄順を「古彦兵衛」と考えるには無理があるかもしれない。別人であるとしても彦四郎栄順と、「古彦兵衛」とが芸系や系譜では繋がっていると考えることに矛盾はない。

文明三年に吉野から南都大乗院の尋尊のもとを訪れた彦四郎が南都の衆徒から大夫号を許されるほどの能役者であった可能性が高いのに対して、彦四郎栄次以降の檜垣本彦四郎は、何れも笛の名人と称揚されていた。これは、檜垣本猿楽の彦四郎が、ある時期大夫から囃子方へとその得意芸を変化させたことを物語っている。

鷲尾隆康の日記『二水記』享禄三年（一五三〇）五月三日条によれば、京中で観世大夫元忠の勧進猿楽があり、ワキを観世長俊、大鼓を大倉九郎、小鼓を宮増弥左衛門、そして笛を彦四郎が勤め、「右各無双之上手共也。令悦視聴了」と評されている。[15]この勧進猿楽の囃子方の出演者は、大夫から囃子方へと転身した群小猿楽座出身者を考えるうえで興味深いものである。

ワキを勤めた観世長俊は、当時若年であった観世大夫元忠の後見を勤める観世座の重鎮である。大鼓の大倉九郎は、『四座役者目録』観世大鼓之次第に「観世小次郎権守ノ弟子也。観世道見代ニ打」とある大倉九郎能氏であろう。[16]宮増弥左衛門は、小鼓の名手として名高い宮増親賢である。そして、彦四郎は、名前と笛の上手であることからすれば檜垣本彦四郎であろうことは想像に難くない。ただ、彦四郎栄次は、大永七年に死去しているから、この彦四郎栄次の次代ということになり、前述の檜垣本彦兵衛尉栄順が候補となる。但し、前述のようにこの彦四郎を栄次とする考証が有力であるが、本稿では栄順との想定に立って稿を進めたい。

この勧進猿楽で囃子方を勤めた大倉九郎・宮増弥左衛門・彦四郎の三人のうち、宮増弥左衛門については、『大乗院神社雑事記』文明一〇年（一四七八）八月二〇日条に「田部小田中神事宮増大夫宇治七郎次郎ニ申置上下畢仍七郎次郎色々雖歎申、不可叶旨仰了」と記される宮増大夫の後裔と考えられている。(17)田部は現在の天理市田部町、小田中も天理市小田中町に比定され、両所の神事猿楽に宮増大夫が関わっていた。この宮増大夫の後裔が宮増弥左衛門親賢で、彼も檜垣本彦四郎と同様に大和の群小猿楽座であった宮増大夫のという、元々独立して演能能力を有した群小猿楽座の出身である可能性が高く、弥左衛門親賢の時代には小鼓方に転じて、彼も京都で名手と賞されるようになっていた。

このように、この勧進猿楽の囃子方は、宮増弥左衛門と檜垣本彦四郎という大和の群小猿楽座出身者が勤めているのである。彼らは何故囃子方へと進出したのであろうか。

三　群小猿楽座出身者の京都進出とその後の群小猿楽座

大和という一地方を演能圏としていた群小猿楽座のなかで、前述の彦四郎や宮増親賢のように、既に京都進出を果たしていた大和四座に倣って、京都という巨大な芸能市場を目指す一団が現れた。彼らが京都という芸能市場を目指した背景には、芸能者として京都で成功をおさめたいという夢があることは間違いないが、彼らが京都を目指した理由はそれだけではないであろう。京都という芸能市場で得ることができた禄物の多寡も大きな魅力であったはずである。

京都での禄物ではないが、京都進出後に彦四郎が受け取った勧進能での禄物の一端を知ることが出来る。『証如上人日記』天文八年（一五三九）九月二五日条には、「大夫（金春）喚出、盃呑之。其後まはせ候て三千疋、折紙遣之。一郎三百疋折紙、弥左衛門弐百疋折紙、彦兵衛同、与太郎太鼓同、残十四人ニ百疋づゝの折紙遣之」とあり[18]、本願寺での演能に出演した金春大夫に三千疋、前述の宮増弥左衛門、彦兵衛、与太郎の三人に二百疋、他の一四人の出演者に各百疋の折紙が遣わされたことがわかる。これを単純に出演料とみてよいかは疑問があるが、金春大夫と一郎を除けば彦兵衛が得た禄物は他の出演者に比べて高額である。囃子方の芸能者として大成して、人気を得れば他の芸能者に抜きんでる禄物を得ることができたのである。

しかし、彼らが京都へと進出した場合は、当然のことながら先行している大和四座との競合を考えなければならない。大和四座も自らの芸能市場を守るため、対抗手段に出たはずである。

例えば、群小猿楽座との競合ではないが、『康富記』宝徳二年（一四五〇）二月二三日条に「唱聞師小大、六道珍皇寺可勧進猿楽之由治定、欲舞之時分、自管領仰付侍所京極令追散云々、如自余猿楽、於洛中勧進不可舞之由、観世金春等支申故歟云々」とあるように[19]、観世座や金春座は、演能のライバルとなった唱聞師の小犬が洛中で勧進猿楽をおこなうことを室町幕府の武力を頼んで阻止したのである。これは唱聞師に対抗した事例ではあるが、それが大和の群小猿楽座であったとしても結果は同じだったはずである。

こうした軋轢を避けながら京都への進出を果たすために、大和の群小猿楽座がとった方策が囃子方への転身だったのではないだろうか。享禄三年の勧進猿楽の演者が、大夫とワキを生粋の観世座のメンバーが勤め、囃子方の内の二人が大和の群小猿楽座出身者であるという構成は、まさに群小猿楽座の京都進出の実態を物語るものといえよう。

猿楽座の構成員が元々固定したものでなかったことも、群小猿楽座の座衆たちの京都進出を決断させた要因であろう。『若宮神主祐辰記』文明一七年（一四八五）二月一一日条には、「於門跡京観世大夫一座而沙汰之。法性座一向闕之。大夫はハ在国、座者令散在（後略）」とあり、宝生座の大夫は大和に在国しているものの、その他の座衆は大和以外に散在していたことがわかる。[20]一座は棟梁の統率のもと常に纏まって演能していた訳ではなかったのである。

群小猿楽座のなかで京都進出を目指した芸能者たちは、前述の宝生座の事例のように元々移動性や自立性があったため、それまでの大和での大夫という立場を捨てて、囃子方への転身したのである。そうすることで先行して京都へ進出していた大和四座との軋轢を避けながら、京都進出を果たしたのである。

京都への進出を果たし、観世座の傘下で演能する体制に組み込まれた檜垣本彦四郎は、その後も京都やその周辺、または戦国大名の領国での演能に従事し続けることになる。

例えば、前出の『証如上人日記』天文五年（一五三六）三月一日条に「観世座彦四郎来、これハ右京大夫親父の時より目を懸候ものにて候とて、常桓の時は牢人せしめ候よし候也」とある。[21]この彦四郎は、観世座と冠せられていることは『二水記』の演能記録からも肯けるところであり、やはり檜垣本彦四郎栄順の可能性が高いことを指摘しておきたい。

まず、右京大夫親父、これは室町幕府の管領を勤めた細川京兆家の細川澄元で、常桓は澄元と覇権を争った細川高国に比定されている。つまり、檜垣本彦四郎は、細川澄元に贔屓にされた笛方の役者であったが、澄元が没落して細川高国が政権を掌握すると、そのことが仇となって牢人したというのである。牢人した彦四郎に演能の場を与えたのが当時大坂の石山本願寺に寺基を置いた本願寺第十世証如であった。彦四郎は、天文八年には三回も証如のもとを訪れている。

京都で牢人するという悲運に見舞われた檜垣本彦四郎が吉野へ戻ることはなかった。その背景には吉野での演能環境が失われたことも大きな要因として存在していた。天文三年（一五三四）、吉野の真宗教団と金峯山寺の間で抗争が没発し、山上蔵王堂など三十六坊が焼き討ちされている。[22]その他にも吉野山の満堂方と地下衆による内紛も起こり、吉野山は非常に混乱していた。[23]当然、檜垣本猿楽たちが参勤していた法会や神事も途絶のやむなきに至っていた。

代々の檜垣本猿楽が培ってきた吉野山との関係は、吉野山の社寺の衰退と、それと反比例するように彦四郎の笛の名人としての評価が京都で高まるなか、次第に希薄になり、どの檜垣本彦四郎かは未詳であるが、父祖以来の慣れ親しんだ吉野を離れる決断をすることになったのであろう。

彦四郎が京都へと赴いてしまった檜垣本猿楽の行く末については、物語る資料が残されていないが、吉野山の社寺の演能を担う芸能集団としての地位は失うことになる。別に稿を設けたのでご参照頂きたいが、元々檜垣本猿楽が演能を担っていた吉野山の寺社では、近世初頭には神社に所属する社僧が演能に関わるようになる。[24]もはや檜垣本猿楽は吉野山の社寺にとっても不要な芸能集団となってしまったのである。

檜垣本猿楽に加わっていたはずの他の座衆も猿楽を演じる芸能者としての活動を見出すことができなくなる。檜垣本猿楽という一つの群小猿楽座は吉野での活動を停止し、その一座の行方も杳として知れなくなるのである。

四　おわりに

大和で産声をあげた大和四座と群小猿楽座の一部は、京都という巨大な芸能市場を目指した。その理由は色々とあろうが、京都は彼らにとって魅力的な芸能市場だったはずである。

しかし、京都への進出方法はそれぞれ異なっていた。大和四座は、シテ・ワキ・ツレの能役者として舞台にあがる道を選び、群小猿楽座は主に囃子方を勤める芸能者に転身を図ることで、大和四座と共存する道を選択したのである。この選択は、技芸を継承させるという意味では大きな役割を果たした。江戸時代の笛方の流祖に檜垣本彦四郎が擬せられていることが何よりの証左である。しかし、彼らが元々演能圏とした吉野では法会や神事のあり方に大きな転換が迫られることになった。

近世という時代の幕開けを控えた時代、京都という芸能市場が群小猿楽座にも、また彼らによって神事芸能を維持してきた在地社会の在り方にも大きな影響を及ぼしていたのである。

（吉野歴史資料館　館長）

註

（1）　能勢朝次『能楽源流考』（一九三八年　岩波書店）八七六頁

（2）　首藤善樹編『金峯山寺史料集』（二〇〇〇年　国書刊行会）六一頁

（3）前掲『金峯山寺史料集』六二五頁
（4）拙稿「吉野猿楽の成立と変遷」（増補吉野町史編集委員会編『増補吉野町史』二〇〇四年　吉野町）一八六頁～一八八頁
（5）吉野町史編集委員会『吉野町史』一九七二年　吉野町役場　一〇七二頁、田辺三郎助「能面芸術の形成（下）」（『国華』第一四三六号　二〇一五年）四二頁～四四頁
（6）竹内理三編『増補続史料大成　大乗院寺社雑事記五』（一九七八年　臨川書店）七八頁
（7）田中允編『能楽史料第六編　四座役者目録』（一九七五年　わんや書店）二二頁
（8）林屋辰三郎他校注『日本思想大系23　古代中世芸術論』（一九九五年　岩波書店）六八二頁
（9）前掲『四座役者目録』二四頁
（10）竹本幹夫監修『早稲田大学演劇博物館特別資料目録五　貴重書　能・狂言篇』（一九九七年　早稲田大学坪内博士記念演劇博物館）一五五頁
（11）前掲『増補続史料大成　大乗院寺社雑事記十』二三頁
（12）国書刊行会編『史籍雑纂』第二（一九七四年　続群書類従完成会）一一〇頁～一一一頁
（13）前掲『早稲田大学演劇博物館特別資料目録五　貴重書　能・狂言篇』一五九頁～一六〇頁
（14）天野文雄「観世方笛之次第」（『能楽研究』第八号　一九八三年　法政大学能楽研究所）一八九頁～一九三頁
（15）東京大学史料編纂所編『大日本古記録　二水記（三）』（一九九四年　岩波書店）二三七頁
（16）前掲『四座役者目録』一〇頁
（17）前掲『増補続史料大成　大乗院寺社雑事記六』（一九七三年　臨川書店）四五八頁
（18）上松寅三『石山本願寺日記』上巻（一九三〇年　清文堂出版）三〇四頁
（19）竹内理三編『増補史料大成　康富記（三）』一九六五年　臨川書店　一五二頁
（20）前掲『能楽源流考』六六八頁
（21）前掲『石山本願寺日記』二五頁
（22）前掲『金峯山寺史料集』六八頁
（23）前掲『金峯山寺史料集』三七二頁～三七三頁
（24）拙稿「大和国吉野山における演能と芸能集団」（植木行宣・樋口昭編『民俗文化の伝播と変容』二〇一七年　岩田書院）

河川における櫂と棹による操船技術
―保津川と長良川の事例を通じて―

大塚　清史

はじめに

平成一七年四月一日、文化財保護法が改正施行され、重要無形民俗文化財について従来の風俗慣習、民俗芸能のほか、新たに民俗技術が加えられた。一方、観光立国を推進するため、平成一九年一月観光立国推進基本法を制定し、観光資源の魅力化と地方創生が重要な視点の一つに定められた。このような国の施策を受け、地方でも既存の文化財と観光の連携を図る事業が各地で行われると同時に、従来「観光資源」ととらえていた「日本的なるもののなかに、「文化財」としての価値を見出し、地域社会の活性化につなげる例がみられるようになった。筆者の勤務する岐阜県岐阜市においてもその取り組みは早くから行われ、特に鵜飼漁は「観光鵜飼」からの脱却を目指して調査、研究が進められた結果、平成二六年度には「長良川の鵜飼漁の技術」として国の重要無形民俗文化財の指定を受けた。

更に岐阜市では鵜飼漁に関わる周辺の技術に着目し、その一つとして「長良川鵜飼観覧船操船技術」の調査を行った。これは鵜飼の観覧に供する岐阜市鵜飼観覧船（以下「鵜飼観覧船」と記す）の船頭による操船技術であるが、研究蓄積が少なく、文化財指定の先例もないものであった。しかしながら、石井謙治氏は川船が川の深さ、川の幅、流れの速さ、流域の発展状況などの就航条件によって性格が左右され、それぞれ独自の船型・構造をもちやすい傾向があると指摘していることから[(1)]、それに伴う操船技術も地域的特色を有していると推測された。また、通常河川における船外機を備えた船舶の運航には、船舶職員及び小型船舶操縦者法により、小型船舶操縦士免許の取得が義務付けられている[(2)]。ところが「ろかいのみをもつて運転する舟」（艪櫂船）、すなわち艪、櫂、棹等の伝統的な操船具のみを使用し、船外機を備えない船舶は同法第二条により法の適用外とされ、免許を要さないため、全国一律の規範、技能の定めがない。従って各地方独自の船舶操縦技術が伝承される余地が多分にあると考えられるのである[(3)]。

小稿では、かかる経緯から川船の操船具である櫂と棹を中心に、長良川の鵜飼観覧船と、同じく現在も艪櫂船で旅客船の運航を行う京都府亀岡市から京都市に至る保津川の川下り（以下「保津川遊船」と記す）を比較しながら[(4)]、その地域的特徴の抽出を試みたいと思う。

一　『和漢船用集』にみる櫂と棹

和船の操船に用いられる用具は、大別して櫂、棹、艪、帆があげられる。また、川を上る際に岸から人が船を牽引するための綱も、用途からすればその範疇に含められよう。例えば、長良川中流域では一般に櫂、棹、綱が用いられ、長距離を運航する鵜船及び荷船には帆も装備されていた。保津川遊船では、櫂、棹、綱を用い、操船具は長良川中流域と基本的に同じ構成である[(5)]。

さて、このような操船具について詳述した文献としては、第一に大阪堂嶋の金沢兼光が宝暦一一年（一七六一）に編纂した『和漢船用集』があげられよう。同書は編者が船大工としての経験をもとに、船に関する中国・日本の文献を渉猟し船舶およびその技術全般を解説した基本的な文献として広く知られている。櫂については、巻第十一「用具之部」に載せる「櫂」の項に、「韻會ニ曰、前へ推《ヲス》ヲ槳《シヤウ》ト曰、後《ウシロ》へ曳《ヒ》クヲ櫂《タウ》ト曰、縦《タテ》ナルヲ櫓《ロ》ト曰、横《ヨコ》ナルヲ槳ト曰。是にて別へし。前へ押す槳は打かい也。後へ曳ク櫂はかゐ也。縦に押す者は櫓也。横に押す者は打かゐ也。」と記す。すなわち『古今韻会挙要』に載せる櫂の種類「槳《シヤウ》」「櫂《タウ》」「櫓《ロ》」について、それぞれ本邦の「打かい（打櫂）」「かゐ（櫂）」「櫓」であると解している。「前へ押す」「後へ曳く」などの操作は中国におけるもののため、直ちに我国と同一に論じることは難しいと考えるが、少なくともここに櫂に三種の用途があることが解る。更に、打櫂は別に「打檝《ウチカイ》」の項を設け「打かいは小船に用、船枻に縄をわなにくくり是に通し、左右のかたはらに有てみしかく船枻をろ床として横に水を撥前へおして船をやる者也。」とすることから、小船に用いる短い櫂で、左右の船縁に輪にした縄をつけて支点とし、そこに打櫂を通して櫂先で横に水を撥ねるようにして前へ押し、船を進めるものであった。この用例として巻第三「舟名数海船之部」に載せる「打櫂船《ウチカイフネ》」では、「伝馬船は皆打櫂を用、舷《フナハタ》を槳牀《ロトコ》とす。（中略）棹夫《トウフ》両辺に居て、後に向て水を掻て舟を行《ヤ》る者、柁《カチ》をもちひす。」と載せ、舵の代わりには「舳《トモ》（筆者注：本書で「舳」は「とも」と読ませ船尾、「艫」は「へ」と読ませ船首を示す）に立てるを練櫂《ネリカイ》と云、大にして是にて柁《カチ》をとるなり。」とする。この練櫂は「打檝《ウチカイ》」の項にも「舳のおさへに立るを練檝と云。長くして大也。」とあり、船尾に設置した大型の櫂で舵をとることを「練櫂」としている。つまり、本書では水をはじくよう掻いて船を推進する用途を「打かい」、それ以外の用途を「かゐ」、船尾に設置した大型のもので舵とする用途が「練櫂」であり、「櫓」は「舳《とも》に立大なるを櫓と云」と記すことから、船尾に設置する大型の櫂で舵以外の用途を指すと解せられる。

また、その使用地域について「打檝」の項では「凡かいは川江に用て海中に用られす。打かいは河海江湖用られさる處なし。（中略）又すへて山川高瀬舟に用る者なり。」とし、「かい（かゐ）」が河川でのみ使用するのに対し、「打かい」はそれに加え湖沼、海に至る全水域で使用すると説く。加えて「山川高瀬舟」、すなわち山間地河川を運航する高瀬船は全て両方の用途を用いると記録している。高瀬船について石井謙治氏は、用語は古く『三代実録』元慶八年（八八四）条に残り、近世初期の舟運発達により各地で河川に適合した船型・構造を持つ高瀬船が確立したが、その特徴は川船の喫水が浅く軽量という点に加え、小船ながら深い船体を有する箱型構造船としている。(6) 長良川の鵜飼観覧船、保津川遊船はいずれも船底が平で船尾と船首に立板を持つ箱型構造船であり、その一類型とすることができよう。以上の点から、近世において櫂は大小の大きさの違いがあり、操作により推進、操舵を行い、なおかつ船種や運航水域により用途が異なるものであったといえよう。

次に棹について『和漢船用集』で「水棹《ミサホ》」「手棹《テサホ》」「檣《サホ》」「椎檣《サホ》」の四種を載せている。内容を要約すれば、水棹の名は水馴棹の略で、海船が湊に出入りする際に棹として用い、夜は蓬《とま》をふくため、番《つかい》に架して使用する。長さにより小水棹、長水棹の違いがあり、その寸法は船の大小によって決まる。これに対して手棹は障害物を避けるための棹で決まった寸法のものを使用する。いずれも棒の先に撞木を付けた木製で、椎の木で作った棹は椎檣《さお》である。一方、「檣」は竹竿で、底が泥の河川や池での操船に木製より優れているために使用するというものである。具体的な操作方法について詳しい記述はないものの、材質として木と竹の二種があり、前者は海船、後者は川船用としている。このように棹も長さ、運航水域、材質などにより、用途が異なるものであった。

なお、艪について『和漢船用集』では「艣《ロ》」と「棹艪《サホロ》」の二項を設け、現在は二材を継いだもの（継艪）を使うため、継がずに一材で造られたものを「棹櫓」と称すること、「揺櫓」は艪を押す操作からの名称、「逆櫓」は難風の際に艪を立てて操作すること、及び「櫓脚」「入子」「腕柄」の部分名を解説する。棹櫓について石井謙治氏は七世紀に中国から導入され、一六世紀後半には継櫓が実用化されていたと推測している。[7]また、田村勇氏は棹櫓の実物は近年まで四国の四万十川で見ることができたほか、九州球磨川や秩父長瀞の川下りに用いられるオオガイ（大櫂）に、その機能がわずかに残ると指摘している。[8]また、艪と櫂の区別について、田村氏は「カイ」は船腹にとりつけ、水面に対して垂直に操作することで推力と方向を定める機能を持つ船具、「カヂ（ジ）」は船尾につけてその延長線上に位置させておくことによって、船の進行を操作する機能をもつ船具とし、その両方の機能を同時に持つ船具を「ロ（艪）」と規定している。[9]一方、石井氏は艪は揚力理論によって推進力を得るのに対し、櫂は抵抗理論によって推進すると指摘する。[10]もっとも、船体への装着方法において櫂は環状にした縄に差し込むのに対し、艪は入子を取り付け、船体に設置した艪床へ差し込むもので、形態の上では両者に明確な違いが認められる。

二　保津川遊船と操船具

（1）保津川の地勢と船下りの歴史

では、実際の櫂と棹の操作を検討するにあたり、最初に運航水域の地勢と歴史について概観してみたい。

保津川は京都市左京区広河原付近を源流とする桂川中流域の呼称で、おおむね亀岡盆地南東端に位置する亀岡市から、京都盆地西端の京都市嵐山渡月橋までの区間を指す。その大部分は保津峡と呼ばれ、丹波層群の中の著しい蛇行流路をなす深い峡谷であり、岩場の瀬と淵が交互にあらわれる。瀬は浅く急流であるが、淵は深い場所で水深約一五メートルに及び、河床は岩石である。

保津川における舟運は、慶長一一年（一六〇六）角倉了以が幕府に保津川開削を願い出て岩盤や岩を取り除き、通船できる水路を開削して以降、船による物資の流通が盛んになった。明治三二年（一八九九）園部～二条間の鉄道が開通し、道路網の整備が進展すると、物資輸送は鉄道などの陸送へと移行し、舟運は衰退していった。そのため明治四〇年（一九〇七）には保津川遊船株式会社が発足し、観光への転換が暫時図られた。写真1は当時の絵葉書であるが、美しい景観のなか急流を下る川下りは人気を博した。特に外国人は、その操船技術に驚愕したようで、同三九年この遊船に乗船したイギリス人写真家H・G・ポンティング（一八七〇～一九三五）は、「行楽客を舟に乗せて川を下る船頭たちは、皆その技術に熟練した者ばかりで、見物客が死ぬような事故を一度も起こしたことがないのを誇りにしている。（中略）舟を操る技術においても、私は世界中でこれ以上優秀な人たちを見たことがない。」と、述べている。[11] その後経営団体は変遷を重ねるが、昭和二三年に京都の京聯自動車が山本浜の川下りの権利を買収し、続いて保津浜の権利も買収して川下り船を経営した。一方、京都の嵐山通船も参入を行い、両社とそこに所属する船頭間で競争が激化した。そのため、京都府の仲介により同二九年に保津川下りの経営は保津川遊船一社、労働組合は保津川遊船労働組合一団体に集約された。その後保津川遊船は阪急へ売却され、労働組合との争議が発生し、自主運行を経て同四五年に保津川遊船

写真1　宮ノ下（宮下）の瀬を下る遊船（大正～昭和初期）

企業組合が設立された。

現在、保津川下りは同組合の経営により、亀岡市保津町の乗船場から京都市右京区嵐山渡月橋までの約一三キロメートルを運航する。船頭は従来浜の権利を持っていた保津浜の者が「一支部」、同じく山本浜の者が「山本支部」に所属する。また、角倉了以以来の伝統ある荷船船頭の家柄の者は「三支部」に所属し、以前は従前組と呼ばれていた。これとは別に、保津、勝林島（河原林町）の筏師の系譜を引く者が「二支部」となり、合計四支部で組合を構成する。遊船は五〇数艘を保有し、いずれも強化プラスチック（ＦＲＰ）製の三〇人乗で、平底の高瀬船である。その原型となった木造高瀬船は平成二〇年に船大工経験者と家大工の手により復元された。舳先は一枚立板形で船体の大きさは長さ約一二メートル、全幅約二メートル。材質は杉で一部ハリなどにヒノキを使用する。また、通常の運航では船に屋根はないが、風雨の際には仮設の屋根を設置する。また、棹が岩などに挟まり、強く抜くとき乗客側にはねない様に防護するため、船体左側に半円状のチューブをとりつける。

川には船の通路を確保するため、江戸時代以来、水深の浅い瀬の部分では川の流れを寄せるために「水寄せ」と呼ぶ石積みの構造物（水制）を築いた水路が造られている。写真１で左側に写る石積み構造物もその一つであり、現在も機能している。また川底（川床）に尖った岩（鎌石）がある場合は、それを乗り越えるためのドウギを設けた場所もある。つまり、障害が多い保津川では船の航路が既定されている場所が多く、これらを維持するために「川作」と呼ぶ作業を各支部輪番で当たっている。

以上のように、保津川下りは江戸時代以来の保津川舟運の航路、船頭集団を母体に、観光業として運営しているものである。

（２）保津川遊船の操船技術

現在、船下りで使用する遊船の操船は、マエ（舳先）でサオ（棹）を使う棹持ちの船頭一人、カイ（櫂）を使う櫂持ちの船頭一人、トモ（艫）でカジボウ（舵棒）と呼ぶ大型の櫂を扱う舵持ちの船頭一人の合計三人で乗組むのが基本である。ただし増水時は最大で櫂持ち一人、舵持ちの控え一人を加えた五人で操船する。

このように五人で操船しなければならない水位を「五人水」と呼ぶ。また、増水でカイを二丁とし、合計四人で操船しなければならない水位を「四人水」と呼ぶ。五人水の操船が最も難しく、経験年数六年で操船する権利が与えられ、実際の技量を同乗者が認めることで、一人前とされる。なお、日没が近く速度を速めて運航する場合や、FRP船に比べて重い木造船を運航する場合も、カイを二丁にした四人操船となる。

①サオ（棹）

棹持ちの船頭は進行方向左側に立ち、流れの弱い場所ではサオをさして船を進め、急流ではサオで岩を受けながら、障害物を避けて下る。サオの長さは二尋（約三メートル）強。真竹を使用し、先にはサヤゴを差し込み、鉄輪のドンガネで締めて固定する。サヤゴの材質は粘りと強度があるソヨゴを材料とし、先端は尖らせずに平たく切断する。サオは船頭が自作するものであり、新人の場合は先輩船頭から制作方法の教えを受けている。

サオの操作で、右岸側へサオをさすことをオイザオ（老棹）、左岸側へさすことをアタゴザオ（愛宕棹）と呼ぶ。「オイ」は老ノ坂峠、「アタゴ」は愛宕山を指す呼称である。水路はアタゴザオで有効に操船ができ、オイ側は水路でサオがきくツボ（有効な位置）が少ないといわれている。そのためオイザオは極力使わず、アタゴ側でさすのが基本であり、オイザオを多用するのは腕の悪い船頭ともいわれている。これをもとに、以下のようなサオの操作がみられる。

（a）クダリザオ（下り棹）・・・推進用。ナガシザオとも呼ぶ。舳先に立ち、写真2のように両腕を開いてサオを握り、矢印の方向にさして体重をかけ、白抜き矢印で示した方向に体をそのまま船のガワ（側）に沿ってハリ（梁）の位置まで足を運び、最後に左足に体重をかけ、サオを勢いよく放ちながら抜く。船を三角印の方向に直進する際に使用する。

（b）オシザオ（押し棹）・・・推進用。舳先に立ち、写真3のように体を艫側に向けて両腕を閉じてサオの先端部分を握り、矢印の方向へサオをさして体重をかけ、そのままサオを押しながら白抜き矢印で示したようにガワに沿ってハリの位置まで足を運び、最後に右手でサオを押し放ちながら抜く。水深が深く、サオが水面上にほとんど出ない場合はガワに沿って進む際は右手だけでサオを押し、左手は船のガワに沿わせる場合もある。クダリザオと比較して、水深の深い場所でサオによって三角印の方向に船を直進させる際に使用する。

（c）ヌキザオ（抜き棹）・・・推進用。写真4のように舳先に前屈みで立ち、矢印の方向に舳先を持ち上げるようにしてサオをさし、上体をひねりながらサオを後方へ押して船を進める。舳先が少し持ち上がることで水の抵抗が減り、三角印の方向へ船がすっと直進する。主に浅瀬で使う操作で、体力を必要とする。三支部（従前組）がよく使う操作であるという。

（d）トモザオ（艫棹）・・・推進用。艫側でサオをさして船を直進させる。船を二人で操船する場合、艫側の船頭が行うが、現在は最低三人による操船のためみられない。すなわち、操船人数によって使用する操船具の組み合わせが異なることを示している。

（e）ハリザオ（張り棹）・・・操舵用。写真5・6のように、船体より離れた位置へ水面に対して斜めにサオをさすことで、船の進路を変える。写真5のとおりアタゴザオで行えば三角印方向の面舵、写真6のとおりオイザオで行えば三角印方向の取舵となる。

写真２　クダリザオ

写真３　オシザオ

写真４　ヌキザオ

写真５　ハリザオ（アタゴザオ）

写真６　ハリザオ（オイザオ）

写真７　シキザオ

写真８　ウケザオ

写真９　トメザオ

（f）シキザオ（敷棹）・・・操舵用。写真7のように、主としてアタゴ側の舳先に前屈みで立ってサオを矢印のとおり船底（シキ）に向けてさすことで、三角印方向の取舵をとる。なお、山本支部の船頭はアタゴ側でのシキザオのかわりにオイザオのハリザオを使う。

（g）ウケザオ（受け棹）・・・操舵用。写真8のように水面上に出た岩などを、丸印のようにサオで受けながら矢印方向に押し放して三角印の方向へ進路を修正する。水路によって特定の位置でサオを受ける場所（ツボ）があり、その箇所は長年の運航でえぐれている。これを棹穴とも呼ぶ。受ける方向により、アタゴザオ、オイザオになり、写真8はアタゴザオである。

（h）トメザオ（止め棹）・・・停止用。体を船の動く方向の反対側へ向け、サオを船のガワに当てながら動きを受け、サオに体重をかけて動きを止める。写真9はその例で、この場合正しい進路は三角印Aであるのに対し、船は三角印Bに進んだため、丸印の船頭がサオをガワに当て、片足でハリを踏んで力を入れて矢印方向にさし、動きを止めている。ただし、川の流れによって艫側が三角印Cの方向へ流されている状態である。

②カイ（櫂）

櫂持ちの船頭はオイ側のハリに座り、棕櫚縄のカイヒモ（櫂紐）で船体にカイを結んで操作する。カイの材料にはサクラを用い、組合が経営する保津川遊船造船所で製作する。写真10のように形状は手元側に撞木をつけカイバネ（櫂先）は羽子板状に作る。カイヒモは船頭が棕櫚皮からとった繊維を綯って自作するもので、長さ一尋半（約二二五センチメートル）である。カイは流れの緩い場所や、瀬の後の淵などで船の推進力を得るためにこぐことが多い。写真10のカイは、中央部分のカイヒモを結ぶ位置が長年の使用で摩耗しているのが良くわかる。

また、カイの操作はサオと比較して余裕があるため、運航中は担当する船頭が乗船客の説明に当たることが多

写真10　カイ

写真11　カイをひく（二丁櫂）

い。船長がカイをひく場合は、後方の風景を観察することで船の進路に異常がないかを判断するとともに、舵持ちの様子を観察する。船がダレル（流れる）ような場合は、オサエガイ（抑え櫂）やヒカエガイ（控え櫂）を使って船を立て直す。その主な操作は左記のとおりである。

（a）カイをひく・・・推進用。写真11のようにハリに腰かけた櫂持ちの船頭がカイの撞木を矢印Aの方向に体重をかけてひくことで、丸印の位置に結んだカイナワを支点にカイバネが矢印Bの方向に水を掻く。さらにカイバネを反しながら元の態勢に戻し、再びひく動作を反復することで、推進力を得る。通常一名が担当するが、写真11のように二名で行う場合をニチョウガイ（二丁櫂）と呼ぶ。

（b）オサエガイ（抑え櫂）・・・操舵用。舵持ちの操船を助けるアイカイ（合櫂）として行う操作の一つであるが、アイカイは極力行わない方が良い。カイでオサエル場合は、力が入るように、櫂持ちは立ちあがり、カイを立て撞木を外側へ押し出して面舵をとる。この操作はオサエル場所とタイミング、及び舵持ちとの連携した船の動きを理解していないとできない難度の高い操作である。

（c）ヒカエガイ（控え櫂）・・・操舵用。舵持ちの操船を助けるアイカイとして行う操作の一つ。カイでヒカエル場合は、力が入るように櫂持ちは立ちあがり、カイを立てて撞木を手前にひくことで取舵をとる。この操作もオサエガイ同様難度が高い。

③カジボウ（舵棒）

ヒノキを材料に組合が経営する保津川遊船造船所で製作したもので、長さ七〜八メートル程度、写真12のように手元側に持ち手の撞木をつけ、カイバネを羽子板状に作った大型の櫂で、カイバネ部分の断面は四角形である。これをヒノキやカシの樹皮を輪に作ったカジオ（舵緒）に差し込んで操作する。このカジオは船頭が各々自作し

写真12　　カジボウ

写真13　ヒカエカジ

写真 14　オサエカジ

写真 15　テラシカジ

て用意する。船は瀬の部分を除き、基本的に真直ぐの体制で進めるため、棹持ちの動きを見ながら舵をとらなければならない。カジボウの扱い（進路のとり方）ができるようになることが、一人前の条件の一つとされている。カジボウは、カイバネを船体と並行に保つことで直進する。強く舵をきる場合、取舵は写真13のように、撞木を矢印Aのとおり手前に引くことで、丸印のカジオを支点にカイバネが矢印Bの方向へ水を掻き、三角印の方向へ船が進む。この操作をヒカエカジ、またはカジをヒカエルという。面舵は写真14のように撞木を矢印Aのとおり外側へ押し出すことで、丸印のカジオを支点にカイバネが矢印Bの方向へ水を掻き、三角印の方向へ船が進む。この操作をオサエカジ、またはカジをオサエルという。それぞれの動作でカイバネをもとの位置に戻す際は、カイバネを反して水の抵抗を減らしながら戻す。上手な舵持ちほど水に極力逆らわずにカジボウを持っていく。むやみにカジボウを動かしたり、返しが上手く出来ずに水圧がカイバネにかかるのは、下手な舵持ちとされる。その操作によって船体が不用意に振れると、棹持ちが舳先に上がれなくなるうえ、カジボウが水圧を受けてカジオが切れやすくなる。

緩やかに舵をきる場合は、カイバネを反すだけで取舵もしくは面舵をきることができる。写真15はその一例で、緩やかな流れの乗船場付近を航行する船が護岸に当たらないように、黒線で示した水面に対しカイバネを白線で示したように反して三角印の方向へ船を進めている。これをテラシカジ、あるいは舵をテラスという。上手な舵持ちほど舵をテラシて船を進めるという。テラシカジは軽く操作ができ体力の消耗を防げるが、ヒカエカジやオサエカジに対して舵のききが少ないため、あらかじめ船が進む進路と川の状況を予測しながら余裕をもって操作することが必要となる。このような体力維持や危険予測は操船の基本である安全運航に必須である。従って舵をテラシて船を進められることは、船頭としての技量が高いことを示している。

(3) 保津川遊船の櫂と棹

以上みてきたように、保津川遊船は深い渓谷となった岩河床の急流を中心に運航するもので、三〇人乗の大型の川船を、カイを主にサオを併用して推進し、カジボウを主にサオやカイの補助で操舵を行う構成の操船技術といえよう。カイを主体とした推進は、瀬と淵が短区間で交互に出現する河川状況で継続的に推進力を得るのに適しており、そのためカイは常時船体に固定されている。また、強い推進力を得る時にサオを増やさずカイを二丁とするのもそのためである。操舵をカジボウが主に担うのは、船速が出る急流においてカジボウが操舵に最も有効であることを示すもので、五人水においてカジボウの控えを置くのも、その重要性からといえる。サオは操舵のためのハリザオ、シキザオ、ウケザオのほか、推進力を得るオシザオ、ヌキザオも行い、その操作は多彩である。また、サオで受ける操作は、狭隘な航路ならではの操作であろう。櫂であるカイとカジボウによる操舵と推進を主体としながら棹でかかる操作を行う点から、推進及び操舵としての機動性や細かな調整は、流動する水面をこぐ櫂よりも、固定した岩や河床へさす棹による操作が優れていることを示している。ただし棹がきかない水深では無効であり、その部分が交互に出現する保津川では棹による継続的な操作が難しく、従って櫂の補助に位置づけられていると思われる。

これを『和漢船用集』と比較すると、表1のように、推進のためにカイをひく操作は「打かい」に相当するといえ、抵抗力の発生により推進力を得る。また、操舵のためのオサエガイ、ヒカエガイの操作は、「打かい」以外の「かい(かゐ)」の用途に相当すると考えられ、「すへて山川高瀬舟に用る」との記述と合致する。サオは竹棹であり、『和漢船用集』が説く「艢」に相当する。カジボウは『和漢船用集』が船尾に大型の櫂を設置し舵にすると説く「練櫂」と同じ用途である。すなわち『和漢船用集』の記述と保津川遊船の櫂、棹の操作はよく一致するといえる。また、

表1　櫂・棹の用途と操作方法の対比

形態	用途	和漢船用集 項	和漢船用集 韻會	和漢船用集 日本	保津川遊船 操船具	保津川遊船 操作方法	保津川遊船 操作方法比較	長良川鵜飼観覧船 操船具	長良川鵜飼観覧船 操作方法
櫂	推進	打檝	槳	打かい	カイ	カイをひく	一致	ヘガイ	ハネガイ モジリガイ オモカジ トリカジ アテガイ
	操舵	櫂	櫂	かい（かゐ）		＊			
						オサエガイ	一致		
						ヒカエガイ	一致		
						＊			
			櫓	ねりかい（練櫂）	カジボウ	ヒカエカジ	一致	トモガイ	トリカジ オモカジ アテガイ ブンマワシガイ モジリガイ オオマワシガイ トメガイ
						オサエカジ	一致		
						テラシカジ	一致		
						＊			
	推進			ろ（櫓）		／			
	停止								
棹	推進	檣		さお（竹さお）	サオ	オシザオ	一致	サオ	マエノリの上り棹 マエノリの下り棹 トモノリのサオ ハリザオ カカエザオ ／ トメザオ ウケザオ
						ヌキザオ	一致		
	操舵					トモザオ	一致		
						ハリザオ	一致		
						シキザオ	一致		
						ウケザオ			
	停止					トメザオ	一致		
	（主に海船）	椎檣		しいざお	×			×	
		水棹		小水棹	×			×	
				長水棹	×			×	
		手棹		てさお	×			×	
艪	推進操舵	艣		ろ	×			×	
		棹櫓		さおろ	×			×	

＊＝伝承はないが、操作は可能

／＝操作不能

×＝該当操船具なし

水路の水寄せの一つとして一七世紀に築造されたと伝える上内膳堤、下内膳堤の石積水制のうち、前者は今も雑水川、保津川合流部上流右岸に現存し機能していることや（下内膳堤は流失）、サオで岩を受ける際に決まった位置で長年受け続けた結果、現在では岩が削れ窪みとなった「竿の跡」と名付けられたツボが航路上で活用されているなど、操船に関わる歴史的な河川構造物や痕跡が現在も使われている。さらに川作による一定の航路の維持と、「オイ側にはサオがきくツボが少ないためにオイザオは極力使わない」など航路に適合した操船に関わる知識が継承されてきている点などを勘案すれば、少なくとも開削後まもなくから操船技術に大きな変化はなかったと思われる。よって、現在国内外の観光客が美しい保津峡の景観と川下りのスリルを楽しむ保津川遊船であるが、その船頭の操船技術はかつての舟運に由来する伝統を良く保存していると評価できよう。

三　長良川の鵜飼観覧船と操船具

(1) 長良川の地勢と舟運

鵜飼観覧船が運航する岐阜市の長良川は、岐阜県郡上市の大日ヶ岳に源を発し、三重県を経て揖斐川と合流し、伊勢湾に注ぐ木曽川水系の一級河川であり、木曽川、揖斐川と並び木曽三川の一つとして知られている。幹川流路延長一五八キロメートル、流域面積一，九八五平方キロメートルに及ぶこの川は、濃尾平野へ至るまでは主に山間部を流れる。しかしながら、山間部の流域は木曽川に比して隆起運動の緩やかな地域で急峻な地形を形成しにくく，逆に勾配が緩やかとなって流路が広がり流速が落ちる平坦地が上流部では郡上市周辺、中流域ではで美濃市から関市へ至る地域にみられる。そこから長良峡（古津峡）と呼ぶ三田洞山塊と各務山塊の鞍部切断面を流れて濃尾平野へと出る。

平野部では流速が落ちることで、上流部より運んできた土砂のうち比較的粗い土砂が最初に堆積して扇状地を形成する。これを長良川扇状地と呼び、金華山の麓にある標高約一八メートルの岐阜市中河原付近を扇頂として半径約六キロメートルほどの範囲を占める。この部分の河床は水の浸透性が高い礫が主体であり、水量が減少し水深が浅くなると同時に、土砂の堆積が進むことで河道の変更を繰り返し、通船に影響を及ぼすものであった。現在の河道は昭和一四年（一九三九）の長良川筋古川及び古々川の締切工事竣工によって確定したものであり、それ以前は本流である井川のほか、平時は水無川である古川及び古々川の三筋の河道が存在していた。扇端部の岐阜市河渡付近では、古川が長良川と再び合流し（昭和一六年合流点の付替工事により新川へ切落し）、河口から四〇キロメートル地点の長良大橋（岐阜市茶屋新田 - 大垣市墨俣）付近からは河床材料も礫が急減して砂が主体となる。

長良川では古くから船の利用が行われてきたようで、記録の上で最も古く船の記述が見えるのは一二世紀前半に成立した『今昔物語集』巻第二十六に載せる「美濃国因幡河、出水流人語　第三」であろう。因幡河は長良川の古名の一つで、因幡山（稲葉山、金華山）に由来する。そのため当記録は長良川扇状地付近の出水の有様と考えられ、「男ハ船ニモ乗リ」逃げたと記録している。家族も同乗して避難しない（または、できない）ことから、その定員は一、二人程度の小船で、操船は専ら男が担うものだったようである。

文明五年（一四七三）には前太政大臣一条兼良が美濃国鏡島（岐阜市鏡島）の長寧院に滞在し、川手城（岐阜市川手）の斎藤妙椿を訪ねた。この時の記録「ふじ河の記」には、江口（岐阜市江口）から船に乗って芥見庄（岐阜市芥見）を訪問し、翌日の夜には江口へ再び出て、六艘の船による鵜飼を一艘の船を借り上げ、川を上り下りしながら見物し、「やみになれば猟舟数をしらぬ」と聞いたことを書き残している。兼良の借り上げた船もこの猟船同様の小船であったろうが、この記録から当時江口や芥見が川湊の機能を有していたことや、猟船が相当数存在していたことがうかがえる。

長良川における本格的な舟運の発達は、近世初頭からである。長良川扇状地では、扇央部は前述の理由により大型船の通船が困難だったようで、扇端部分の鏡島、扇頂部分の中河原（岐阜市湊町・玉井町・元浜町）にそれぞれ湊が設けられていた。鏡島湊は天正二〇年（一五九二）岐阜城主織田秀信により新湊町造成が申付けられるとともに、旧来からの長良川上り荷物について、陸揚げの独占権が追認された。

中河原湊は当時の絵図などから、川が蛇行する内側に位置し、上流側は礫が堆積する石河原が広がっていた。湊のすぐ下流は分流して瀬になっており、湊は猿尾を設けて土場を築きそこへ船を着けていた。ちなみに現在は鵜飼観覧船乗り場となっているが、やはり堤を土場の回りにめぐらしている。当地は対岸長良三郷との渡し場でもあり、岐阜町への入口に位置するため諸商が多く、町屋や茶屋が軒を連ね賑わいをみせ、陸上交通と水上交通の結節点であった。

中河原湊に対し、対岸には長良湊（岐阜市長良）が設けられていた。こちらは蛇行する川の水衝部のため蛇籠で護岸が施され、水深が深く船の係留に好都合の立地であった。長良は上福光村・中福光村・真福寺村の三村が連接して街並を形成しており、当地から北へ北美濃街道（高富街道、洞戸街道）が伸びる水陸交通の結節点であった。樋口好古が寛政年間頃に編集した『濃州徇行記』では、鵜飼船が上福光村一〇艘、真福寺村に五艘ありとするほか、三郷合わせて八三艘の船を持ち、名古屋（愛知県名古屋市）や桑名（三重県桑名市）、大垣（岐阜県大垣市）等へ運漕する船稼ぎや、下流より灰を買って積み上げる灰船による灰商売、年貢米の名古屋漕送の請け負いなどをおこなっていたと記録している。現在でも鵜匠の船や旅館の焼き船（鵜飼観覧船の乗客に鮎の塩焼きを提供するため、鮎を焼く炭火を搭載した船）が係留されており、船の係留場所を示す河戸（こうど）の語を用いた「鵜飼河戸」の呼称が伝承されている。

明治時代になると長良川役所や鏡島湊などが持っていた特権が廃止され、通船の制度上の障害が無くなった。一方、明治二〇年（一八八七）一月に大垣から鉄道が延伸して岐阜に加納駅（同二一年岐阜駅へ移転）が設置され、同二二年には新橋、神戸間が全通した。長良川筋では同四四年に神田町（岐阜市神田町）と上有知（美濃市港町）間に美濃電気軌道株式会社が軽便鉄道を敷設した。これらを契機に、物流の主役が鉄道輸送に代わるまでの間、長良川の舟運は全盛期を迎えた。同一四年、岐阜警察署が管内の町村で使われている渡船、荷船、乗客船の種類や運漕先を取調べた「岐阜県警察署直轄渡船場・乗客船・荷船取調書」（岐阜県図書館蔵）によれば、富茂登村（岐阜市湊町周辺）・上有知湊間で長さ六間五尺、幅三尺六寸五分の鵜飼形船船による乗客船が毎日運航していたほか、下流の桑名（三重県桑名市）、祖父江（愛知県稲沢市）、津島（愛知県津島市）等へ、福光村・長良村・岐阜町揚ケ門（岐阜市四屋町）から通船があった。岐阜市域における荷船は長良川沿岸諸村より桑名、四日市（三重県四日市市）、名古屋との間を運航し、さらに一部は長駆して知多半島の常滑（愛知県常滑市）に至る航路もあった。写真16は大正時代の長良湊を写したもので、石積み護岸の河戸に二重に停泊しているのが鵜飼形荷船である。船には舵がなく、帆走用の帆柱、大型の櫂、風雨を防ぐために葺く苫や筵などが確認できる。また、岸には上流より運ばれたと思われる炭俵や粗朶が積み上げられ、当時の活況を知ることができる。

長良川を下り伊勢湾沿岸の湊を結ぶこれらの航路には、岐阜町より下流では長さ五間以上の鵜飼形船船が主に使われ、岐阜町より上流ではそれより小型の四間程度の同形船が用いられていたが、なかには長良村荷船のよう

写真 16　長良湊に停泊する鵜飼形荷船
（大正３年頃　出典「長良橋架橋工事写真帳」岐阜市歴史博物館蔵）

写真 17　鵜飼遊楽図屏風（右隻部分・江戸時代中期・岐阜市歴史博物館蔵）

に長さ九間（約一六メートル）を超える大型の川船も見受けられる。これら諸村には船稼ぎの船頭も多数居住し、長良川中流域から下流、さらには伊勢湾沿岸部をも航行することができる高い操船技術を有していたと推測される。

（2）鵜飼観覧船の歴史

鵜飼観覧に船を用いることは、一条兼良が船を借り上げて見物したように古くから身分の高い者を中心に行われてきた。写真17は江戸時代中期に長良川鵜飼の光景を描いたと考えられる鵜飼遊楽図屏風（岐阜市歴史博物館蔵）に描かれた観覧船である。鵜船同様の船型の船に柱を立て、屋根や苫を乗せ、多くても客六名が乗る小船で、船頭はいずれも一人が艫に乗り、棹を用いて操船している。江戸時代、尾張藩主の岐阜御成の際に行われた鵜飼見物でも屋形船を用意したようで、天保一四年（一八四三）に来岐した第一二代藩主徳川斉荘の鵜飼見物に用いたと思われる御座船「大鵜飼船」の図面が残る[12]。その船型はやはり鵜船と同様の両頭船であるが、長さ九間、中梁の幅七尺の船体に屋形を乗せた大型のものであった。幕末には鵜飼見物の遊山船が増加したようで、山下・安藤両鵜匠より尾張藩に宛てた天保六年（一八三五）の「長良川遊山船運上請負願書」（山下家文書）[13]では、夏秋に鵜飼見物の「屋形船」「屋ね船」「古船そのまま」の遊山船が増加しているため、役銀徴収と取締の委任を願い出ている。従ってこの頃から一般の人々も船へ乗船して鵜飼見物をするようになったようで、当時の名所図や絵画にも、しばしば鵜飼とともに観覧船が描かれている。

明治時代になると、幕府・尾張藩の保護を失い困窮した鵜匠の救済策として観覧船事業が注目された。片野温著『長良川の鵜飼』によれば、当時の岐阜県令小崎利準は画家の辻萬峰と鵜匠山下九平に観覧船の経営を奨め、明治一八、九年（一八八五、六）頃に鵜飼屋組合でこれを経営し、同二十一年五月には二十艘を数えるに到り、長良遊船組合を組織したという。同二三年長良川筋に宮内省御猟場が定められ、鵜匠は同省所属となり、その名声が広く知られるようになった。一方、遊船の経営会社は変遷を重ね、同三四年頃の長良川遊船株式会社では四一艘の観覧船を備えていたが、最大の船で一五人乗四艘、その他は五人乗、三人乗、二人乗という小船もあり、総定員数は三二一人程しかなかった。[14] 大正三年（一九一四）の岐阜遊船株式会社では、五〇人乗一艘をはじめ五人乗まで合計五一艘を保有しており、明治時代と比べ船数が増加し、船の大型化も進んだ。その結果総定員数は五九一人を数えるまでになり、鵜飼観覧客の乗船が好調であったことがうかがえる。[15] その後昭和二年（一九二七）に岐阜市直営事業となり、同九年には六四艘に増備されている。[16] しかし、戦争の悪化により遊船事業は同一八年に中止された。この時の船数は六八艘であった。[17]

このように一貫して船の増備が図られた結果、船頭の需要も継続的にあったといえよう。また、当時は夕方から夜にかけての鵜飼観覧のほか、昼間の納涼船需要も盛んであった。これらは、前述した舟運の衰退と正反対の動向であり、川船の船頭が活況を呈する観覧船の船頭に転向する例も多かったようである。長良川有数の川湊を有し、船稼ぎが多かった芥見では、その状況を「舟運の衰微とともに転出するものが続出、朝鮮鴨緑江の筏流しに偉大な開拓者を出したり、長良川下りの開発、長良鵜飼観覧船に進路を見出している現状になった。[18]」と伝えている。

終戦後は昭和二二年に一般客向けの観覧船運航が再開され、高度成長期の同四八年には岐阜を舞台としたＮＨＫ大河ドラマ「国盗物語」によるブームによって鵜飼観覧船乗船客数は三三万七千人余りに達し、観覧船数も翌年一四二艘を数えるに至った。[19] その後は次第に数を減じ、平成二九年一二月現在では、五〇人乗二艘、四〇人乗七艘、三〇人乗一五艘、二〇人乗一三艘、一五人乗八艘の合計四五艘、総定員数一、二一〇人の体制で岐阜市が直営で運航している。この内、五〇人乗と四〇人乗の全てと、三〇人乗、二〇人乗各一艘は船外機を備えているが、その他三四艘は全て木造船で棹と櫂による運航の艪櫂船である。

（３）鵜飼観覧船の操船技術

①サオ（棹）

サオは各船頭が自前で用意し、目印となるよう色テープなどでマーキングをする。サオの長さは二尋半と、水位が高い場合に使う長さ三尋のフカザオの二種類を用意し、当日の水位に合わせて使い分ける。水位が低い時でもフカザオは使用できるが、サオが水中に入る部分が少なくなるため、見た目が悪いとされる。また、長短二本を、大船（大型の鵜飼観覧船）と小船（小型の鵜飼観覧船）で使い分ける場合もある。

サオの調達は、年配の船頭は自分で作り、自作しない船頭はサオを作っている船頭から購入する。一年目、二年目の番外と呼ぶ見習い船頭は、師匠役の船頭が用意する場合が多い。サオは船頭にとって唯一の個人持ちの道具であり、その調達、贈与には師弟関係や技量などが色濃く反映される。

その製作にあたっては、フシが近く（間隔が狭く）、横が厚い（肉厚）真竹で作る。また、クセのある竹は加熱しながら真っ直ぐに直すが、そのとき、サオの中央付近で直してあるものは使い勝手が悪く、先端近くで直してあるものが良いという。先端にはサオジリ（棹尻）と呼ぶ先を細く削った固い木を差し込み、ドウガネ（胴金）と呼ぶ鉄輪（現在は塩ビ管を輪切りにして使用する場合も多い）を嵌めて締め込む。

サオによる操船はカイと比較して習得が難しく、「棹は三年、櫂は三月」といわれている。これは基本的な操作方法に加え、マエノリ（舳先側の船頭）を担当した場合、サオさばきによって船の進路を定める必要があり、その日の水量、風向などの自然条件、鵜船や他の鵜飼観覧船の動きなどを総合的に判断し、接触などの事故がないように操船する知識と技量が要求されるためである。マエノリがサオをさす際は、基本的に上体をフタイタ（船舷の上にはった板）と並行に位置させ、場合に応じて向きを変える。一方、トモノリがサオをさす際は、基本的に進行方向を向き、マエノリが進む進路を受けて操作することが基本である。写真18は漁をする鵜船とともに川を下る「狩り下り」の際の鵜飼観覧船の操船例である。この場合、マエノリ二名、トモノリ一名が乗り組み、全員がサオを使い三角印方向の下流へ進めている。

サオの使い方で重要なのは、サオをさす「形」と「角度」である。例えば、マエノリで直進するためにサオをさすときは、サオに体を乗せるようにして腰を落とし、体重をかけて腰でさす。その際「いち、にの、さん」で腰を落としてひねりながら体全体で体重をかけて押し出し、体を屋形方向へ向ける。このとき、乗客から顔が見えるので、笑顔であることが良い。また、乗客にとっても見た目の安定感があり、安心して乗船できると同時に、小粋さを味わうことができる。逆に腕だけでさすと、力

写真18　狩り下り

が入らず疲れやすく、見た目も悪くなる。

サオを水中に入れる際は、水面に対して垂直に入れることが基本で、角度をつけて入れると力が入らない。また無理な力が加わりサオが折れやすい。さらに、マエノリ二人で操船している場合には、反対側に立つ船頭にサオが当たる恐れがある。

サオは水面に入れると、軽く回して川底を探りサオジリが川底に突く位置をしっかりと定める。これを「サオジリを決める」という。運航区域の川底は、砂地ではなく大小の川石（礫）が広がっている。そのため、石の上にさしてサオジリがすべったり、中途半端にさして力が入らなかったりすることを避けるためである。万一、サオが川石などに挟まって抜けない場合は無理に抜こうとするとサオが折れるため、そのままにして無線で連絡をし、警備船や僚船が現場を通過する際などに回収する。

また、サオが長いため、水中から引き上げるときは両手で手繰って引き上げる。これを「サオツギをする」という。良いサオツギの方法は、差し込んだ角度を保ちながら手際よく手繰りあげるもので、横に振ったりしながら手繰ると、反対側の船頭に当たる危険がある。また、サオを水中から出す時に持ち上げて出そうとすると、水の抵抗を受けて余分な力がかかり、次の動作が遅れてしまう。更に水が跳ね上がり乗船客にかかることもあるので、このような操作は慎まなければならない。これらを基本として、主な操作は左記のとおりである。
（a）ハリザオ（張り棹）・・操舵用。「サオをハル」ともいい、サオを船体外側へ押し出すようにしてさす。マエノリ、トモノリ両方が使用し、さした方向と反対側へ船が大きく動く。上り船（上流へ上る）の際、岸への接近を防ぐ、障害物を避ける、方向を変えるときなどに使用する。下り船（下流に下る）の場合は、船が流されている分、できるだけ遠くにサオさすことで効果的に進路がかえられる。写真19はマエノリが左舷、トモノリが右舷から共に矢印方向へサオをはっているもので、前後同時の操作により、船は船体の中央を中心に時計回りに転回する。

(b) カカエザオ(抱え棹)・・・操舵用。マエノリが行う操作の一つで「カカエボウ」、「サオをカカエル」ともいう。写真20のように前屈みで上体を船外に突きだすような体勢をとり、サオを矢印のように船底側へ差し込むようにしてさす。転落を防ぐため、膝は船のフタイタにしっかりつける。かかえた体の向きに船の進路をかえるときに使用するもので、当例の左舷のカカエザオは矢印方向の取舵となる。

(c) ウケザオ(受け棹)・・・停止用。マエノリ、トモノリ両方が使う。船の動きに対し、反対側に体重をかけてサオをさして動きを受け止める操作。船の進行や回転をとめるときなどに使用する。写真21はその例で、三角印方向の船の動きを止めるため、丸印で示したようにフタイタにサオをあてながら船の動きと反対側の矢印方向にサオをさして動きを体全体で受け止め、丸印が示すように足を踏み出して支える。

(d) トメザオ(止め棹)・・・停止用。マエノリ、トモノリ両方が使う。トメザオは流れを受ける反対側の船縁でさす。写真22はその例で、三角印方向の流れに対して、サオを反対側の矢印方向にしっかりさし、丸印で示したようにフタイタに当てて固定する。船の停止状態を維持するときなどに使用し、長時間に及ぶ場合は写真のようにフタイタに腰をかけながらさすことも多い。また、サオをさした位置を中心に船を回転させるときなどにも使う。

(e) 直進する際のサオさばき(マエノリの上り棹)・・・推進用。呼称は特になく、主に川を直進して上るときに、マエノリがおこなう。写真23はその例である。舳先で水中へ矢印の方向にサオをさし、腰を落して両腕を広げてサオを握り、白抜き矢印の方向へフタイタに沿ってサオを押しながら足を運ぶ。最後は屋形のダイ

写真19　ハリザオ（マエノリ・トモノリ）

写真20　カカエザオ（マエノリ）

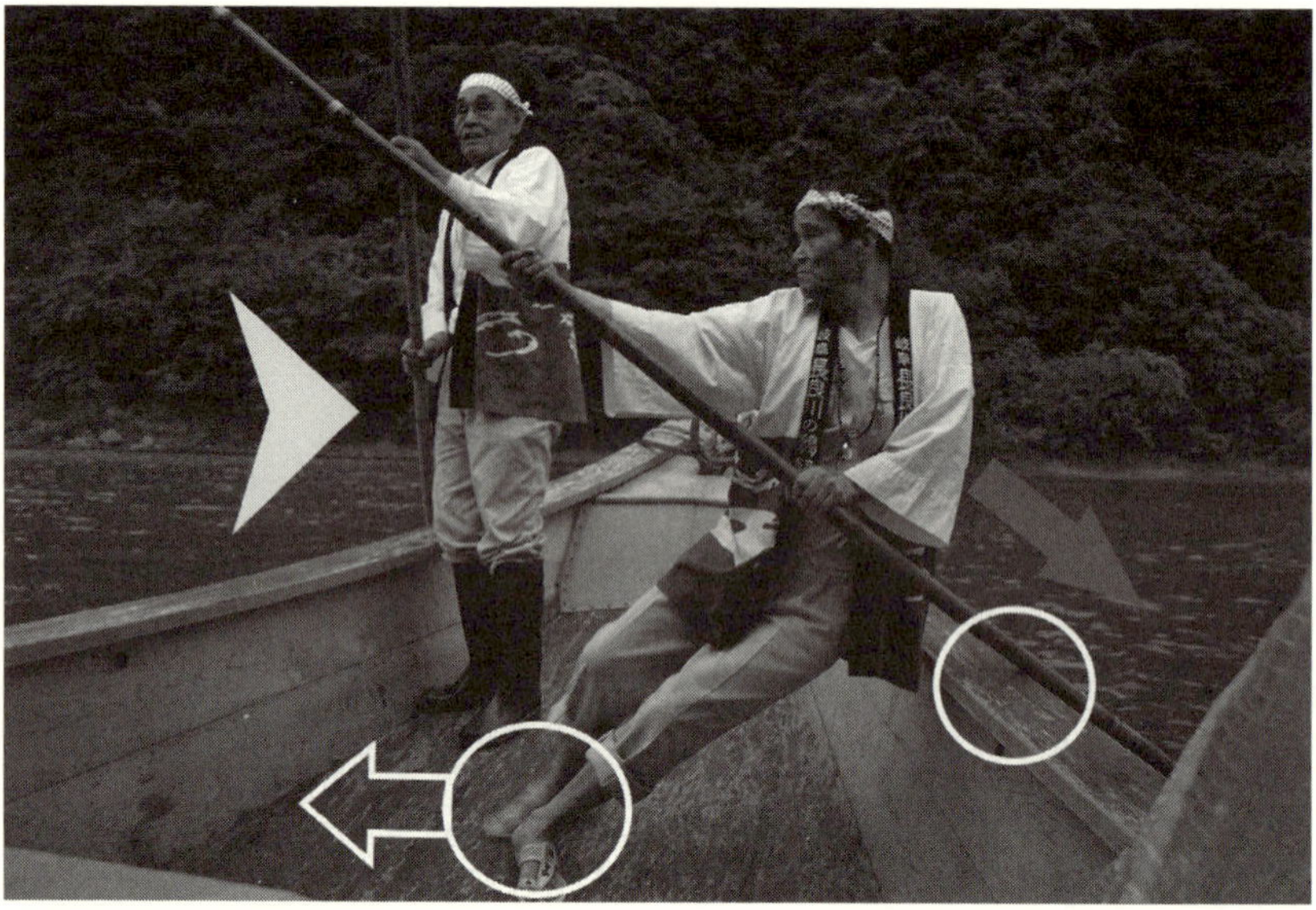

写真21　ウケザオ（マエノリ）

写真22　トメザオ（マエノリ）

写真 23 サオで直進する（上り棹・マエノリ）

写真 24　サオで直進する（下り棹・マエノリ）

ワ（手摺が載っている板）の下に向けて勢い良くサオを押し放ち、サオを手繰りながら再び舳先へ戻る。マエ二名でサオをさすときは、左右交互に屋形と舳先の間を往復する。この時「ケツをあわすな」といい、二人が同時に同じ方向へ足を運ばないようにする。直進に際し、速度はあまり出ないが船を進める力を得やすい操作で、川を下る際にも使う場合がある。より力を入れる際は、最初に立板に足をかけて踏み出し、足を運ぶ時もある。

（f）直進する際のサオさばき（マエノリの下り棹）・・・推進用。呼称は特になく、主に川を直進して下る際、船を加速させるためにマエノリがおこなうもので、写真24はその例である。フタイタと平行に立って両足を広げ、腰を落して膝をフタイタにつけ、進行方向へ体を向けてサオを矢印のように水面に対して垂直近くにさし、そのまま上体を回しながらフタイタに沿ってサオを押す。また、フタイタにサオを押しつけながら押すことによって、横滑りを防ぎながら

写真25　サオで直進す（トモノリ）

直進させることもできる。

（g）直進する際のサオさばき（トモノリのサオ）・・・推進用。呼称は特になく、トモノリがおこなうもので、写真25はその例である。上体を前方に向けて片足を前に踏み出し、サオを立った位置から矢印のように垂直近くに水面へさし、後方へ体重をかけながら押し出す。推進力を高める場合は、踏み出した片足を振り上げて勢いをつけたり、腰を落して片膝をついてサオを押す場合もある。

これらの操作は単独で行うだけでなく、むしろ状況に応じて異なる操作を連続的、複合的に行うものである。また、サオをさす際のオドリバ（平板）やフタイタの使い方、サオをさす位置など、微妙な違いによるバリエーションが多くみられる。

②トモガイ

櫂は鵜飼観覧船の備品であり、現在は愛知県の造船会社より仕入れる。使用する櫂は二種類あり、艫にトモガイ（艫櫂）、舳先にヘガイ（舳櫂）を用いる。トモガイの大きさは船の大きさによって異なり、一五人乗では一四尺、二〇人乗一六尺、三〇人乗では一八尺が一般的である。材質はアカカシであり、写真26

写真26　左よりヘガイ・トモガイ（15人乗用）・トモガイ（30人乗用）

のように手元側にシュモク（撞木）をつけ、先端部は末広形で断面は扁平に作る。鵜飼観覧船ではトモガイを左舷につける。装着の方法は船体にあけたカイアナ（櫂穴）に藁縄を輪にしたカイナワ（櫂縄）をつくって取り付け、そこへトモガイを差し込む。カイナワは昔から藁縄を使い、その長さは三尋半、もしくは船の平板の三倍相当が目安である。カイナワは船体とカイの摩擦で切れることが多いため、毎回乗船時には必ず損耗を確認するとともに、アカカイ（船内に溜まった水を掻き出す木製のスコップ）で水をかけて常時湿らせておく。使用しない時は、写真25のように水面から引き揚げてシュモクを屋形の手摺にかけ、反対側はカイナワに通しておく。

トモガイは進路を変更する舵の役割とともに、推進力を得る操作もおこなう。サオが川底に届かない水深の深い場所で使うことが基本で、平水時の運航ではカミの一時係留場所（お山下）を出航し、鵜船と狩り下る際に、トモノリがサオをトモガイに持ち変えている。これは、出航してすぐの納涼台下が淵になっていることと、狩り下りの際は鵜船とともに水深の深い川の中央部を運航するためである。また、鵜飼観覧船が対岸に渡る際も、川の中央部を通過するためトモガイを使用することが多い。増水時には鵜飼観覧船乗り場付近の水深が深くなるため、発着航時にトモガイを使用する船頭がみられる。このように、鵜飼観覧船においては、サオによる操作を基本としながらも、河川の状況に応じてトモガイに持ち変えるのである。

トモガイをこぐ際は、先端のペラ（櫂先）を水中へ深めに入れ、跳ねないようにし、深く大きくゆっくりこぐことが基本である。浅いとペラが跳ねて、トモガイがきかなくなる（推進力が弱くなる）。そのためには、カイナワに差し込む位置、こぐ際の角度、船頭が立つ位置等が問題となる。まず、カイナワに差し込む位置は、トモガイの棒の断面が扁平の所ではなく、円に替わった部分あたりを中心にすると良い。鵜飼観覧船のカイナワは、トモガイの棒の直径に対してゆとりを持たせた輪の大きさに作り、緊結していないため、通しただけでは支点としての役割を果たさない。そのため、トモガイをフタイタにつける位置を定め、離さないように当てながら操作する。操作時にトモガイがフタイタと擦れて「ギー、ギー」と音を出してこぐのが上手な船頭であり、トモガイが当たるフタイタの部分は年数を経るに随い削れて窪んでいく。

トモガイを水面に入れる角度は、四五度位が適当であり、船頭は直立してシュモクが肩あたりに来る位置で立つのが良いとされる。なお、「カイは川底につかえたら浅くひけ」といい、水深が浅く、トモガイが川底につかえる場合は、腰を落としてシュモクの位置を下げ、ペラを上げ気味にしてこぐ。こぐ際の体勢は、「いち、にの、さん」で膝を曲げて腰を落とし、シュモクにぶら下がるようにして体を乗せ（体重をかけて）、力を入れる。腕力だけでこぐとすぐに疲れる上、乗船客から見ても、見苦しい。また、トリカジ、オモカジや、トモガイからサオへの動作の切り替えは、素早く機敏に行わなければならない。これらを基本として、主な操作は左記のとおりである。

（a）トリカジ（取舵）・・・操舵用。進行方向に対して左転回するための操作。写真27はその例で、トモノリがフタイタに片足をかけ、シュモクを矢印Aのように外側から内側にひくことで、丸印のカイナワを支点としてペラが矢印Bの方向へ水を掻き、船が三角印のように左方向へ向く。

（b）オモカジ（面舵）・・・操舵用。進行方向に対して右転回するための操作。写真28はその例で、トモノリがシュモクを矢印Aのように船の内側から外側へ押すことで、丸印のカイナワを支点にペラが矢印Bの方向へ水を掻き、船が三角印のように右方向へ向く。この操作は体が船体の外へ乗り出すように操作するため、慣れないと水中へ転落する恐怖感を持つ。

（c）モジリガイ（捩り櫂）・・・推進用。船の速度をあげる場合に使用する。写真29はその例である。丸印のカ

写真 27　トモガイによるトリカジ

写真 28　トモガイによるオモカジ

写真29　モジリガイ

写真30 オオマワシガイ

写真 31　アテガイ

写真 32　トメガイ

イナワを支点とし、ペラが水中で8の字を描くようにこぐため、シュモクを図示したように返しながら操作する。斜め上方から下へひく①②の操作の際は体重をのせて強くひくもので、写真28はその場面である。また、①②の操作における力の入れ方によって進路をかえることもできる。

（d）オオマワシガイ（大廻し櫂）・・・推進用。流れのゆるやかな場所で、船を進めるために使用するもので、トモガイの操作のなかで最も強い推進力が発生する。写真30はその例である。丸印のカイナワを支点とし、ペラが水中で楕円を描くようにこぐため、シュモクを図示したように返しながら操作する。斜め上方から下へひく操作の際は体重をのせて強くひくもので、写真30はその場面である。この操作は船の進路が取舵気味となるため、トモノリはフタイタと平行近くに立つと良い。

（e）アテガイ（当て櫂）・・・操舵用。写真31はその例である。丸印のようにトモガイをフタイタにあて、シュモクの操作で水中のペラを返しながら船の進路を変える。船外機をつけた警備船に牽引されている時などに使用する。ちなみに写真31では、灰色線で示した水面に対し、ペラは白色線で示したようにほぼ垂直に入れており、直進を意図した操舵を行っている。

（f）ブンマワシガイ（ぶん廻し櫂）・・・操舵用。船を急回転させるために使用する連続操作方法。ヘガイのハネガイと同じように、トリカジもしくはオモカジを連続して引き、最後に反対に引いて回転の勢いを止める。これを利用し、水深の深い場所で急回転しながら着岸する方法にマワシコミ（廻し込み）がある。

（g）トメガイ（止め櫂）・・・停止用。写真32はその例である。オドリバの後方に立ち、丸印のカイナワを支点に矢印Aのようにシュモクを上に持ち上げることで、ペラが矢印Bのように進行方向と逆に水を掻くとともに、そのまま水面に対して垂直近くまで立てることでペラが水圧を受け、船が減速、停止する。サオがきかない増水時、トモガイで鵜飼観覧船乗り場まで運航し、着岸する際などに使用する。

③ヘガイ（舳櫂）

ヘガイは写真26で示したように、トモガイに比べて小型の櫂で、基本的にサオがきかない、水深が深く流れの速い場所で使う。材質はアカカシであり、長さは八尺を基本とし、トモガイ同様手元側にシュモク（撞木）をつけ、先端部は末広形で断面は扁平に作る。現在、ヘガイはお山下から長良橋下に至る一般の鵜飼観覧では使用せず、宮内庁主催の御料鵜飼の際、岐阜市古津の千鳥橋下（通称「御料場」）から下る時のみに装備する。船外機を使用しない時代は、舳先の左右にヘガイをつけてこぎ、これを「二丁櫂」と呼んだ。また、古津まで上る際は、メバリ板の上にメバリ棒を立て、引綱をそこから岸までのばして船頭が引いてのぼったが、ヘガイをこぐときはそのメバリ板を下駄箱に斜めに立て、そこへ足をかけて力を入れていた。現在は左舷に一丁のみヘガイをつける。こぐことはほとんどなく、御料場乗船場下の瀬でサオが

写真33　ハネガイ（トモノリはアテガイ）

写真 34　ヘガイによるトリカジ

写真 35　ヘガイのオモカジ（サオはカカエザオ）

写真 36　ヘガイによるモジリガイ

写真 37　ヘガイによるアテガイ（トモノリは船外機使用）

きかないため、船をヨセル（方向を変える）ためにアテガイをする程度である。一方で、一般の鵜飼観覧時でも、出水時にはトモガイに加えてヘガイも使えれば楽と考える船頭もいる。

ヘガイは腰が決まらないと上手くこげない。また、カイナワにかける時はヘガイの棒が丸くなったところにかけ、下すぎると力が入らない。初心者は、カイナワの輪を小さくすることで、支点をずれにくくしてヘガイをひきやすくする。上級者は輪に余裕を持たせ大きくすることで、ひくだけでなく様々な操作を行う。しかし、鵜飼観覧船においてヘガイを使う機会は御料鵜飼の時しかなかったため、昭和四〇年代頃には木曽川日本ラインの川下り船に応援に行きがてら練習をしていた。日本ラインの川下り船とは、カイの長さが違うが、操作方法の基本は同じであった。その主な操作は左記のとおりである。

（a）ハネガイ（跳ね櫂）・・・推進用。ヘガイの基本的な操作。写真33はその例である。操作するマエノリの船頭は艫側を向いて両足を前後に開きシュモクを矢印Aの方向へ体重をかけてひく。それにより丸印の位置に結んだカイナワを支点にペラが矢印Bの方向に水を掻く。さらにペラを反しながら元の態勢に戻し、再びひく動作を反復することで、推進力を得る。コツはペラが水に入った瞬間に力を入れてこぐことである。また、船の速度に合わせてこぐ速度を調節する（船の速度が速いのに遅くこぐと進まない）。なお、トモガイは大きいためハネガイに向かない。ちなみに写真33でトモガイはアテガイによる操舵を行っている。

（b）トリカジ（取舵）・・・操舵用。サカサガイ（逆さ櫂）、「カイを張る」ともいう。進行方向に対して左転回するための操作で、写真34はその例である。ヘガイを水面に対して垂直近くに入れ、矢印Aのようにシュモクを船の外側へ押し出すことで、丸印のカイナワを支点に矢印Bの方向へペラが水を掻き、ペラを返しながら戻して再び押し出す動作を繰り返す。ただし、トモガイより効果は少ない。

（c）オモカジ（面舵）・・・操舵用。「カイを抱える」ともいう。進行方向に対して右転回するための操作で、写真35はその例である。ヘガイを水面に対して垂直近くに入れ、矢印Aのようにシュモクを船の外側から内側へひくことで、丸印のカイナワを支点に矢印Bの方向へペラが水を掻き、ペラを反しながら戻して再び引く動作を繰り返す。ただし、トモガイより効果は少ない。ちなみに写真35では、右舷に乗るもう一名のマエノリ船頭は、トモガイの操作に合わせカカエザオで右転回の操作を行っている。

（d）モジリガイ（捩り櫂）・・・推進用。トモガイ同様、カイのペラが8の字を描くように操作するもので、船の速度をあげる場合に使用する。写真36はその例である。力を入れやすいように片膝をフタイタに乗せて艫側を向き、ヘガイを水面に対して垂直近くに入れ、丸印のカイナワを支点とし、体を矢印方向へ倒すようにして体重をかけながら操作する。ただし、トモガイより効果は少ない。

（e）アテガイ（当て櫂）・・・操舵用。写真37はその例である。トモガイ同様、ヘガイを丸印のカイナワを支点に船体にあて、シュモクを操作してペラを返して進路を変える操作で、警備船に牽引される時などに使用する。ちなみに写真37では、船外機装備の鵜飼観覧船にて、トモノリは船外機を操作し、マエノリはアテガイでペラを水面に対し垂直に入れ、直進している状態である。

（三）岐阜市鵜飼観覧船の櫂と棹

以上、岐阜市鵜飼観覧船の運航水域の地勢、歴史、棹と櫂の操作技術について概観した。これらをまとめると、河川状況は長良川中流域における山間部から平野部扇状地に変化する境界付近の、礫河床の河川であり、石河原が広がる。運航する船の形状は、平底のシキ（船底）を持ち、船首には二枚の板を立てて継いだ二枚立板形の箱型構造船に、ヤカタ（屋形）を常設したものである。その操船は近世以来川湊として栄えた岐阜市を中心とする地域の舟運を支えた船頭の操船技術が大きな影響を与えたといえる。そして運航に要する操船具は主としてサオとトモガイであり、必要に応じてヘガイを補助に用いる。二名操船の場合、マエノリがサオ、トモノリがサオとトモガイであるのに対し、三名操船ではマエノリ二名がサオ、トモノリ一名がサオとトモガイ、四名の場合はマエノリ二名がサオ、トモノリ一名がサオ、一名がサオとトモガイの構成となる。また、ヘガイは通常装備しない点などから、鵜飼観覧船はサオを主体にカイを併用しながら推進、操舵する構成の操船技術といえよう。サオが主体となるのは、カイよりサオによる操船が優位にあるためである。これは運航水域が山間部から平野部扇状地に変化する境界付近の礫河床でサオがききやすい点、淵が所々あるもののその対岸は石河原であり、河川中央部に向かいなだらかに川底が傾斜するため岸に寄ればサオがきく点、鵜飼観覧時に最大で五〇艘近くにもなる船が一斉に同一水域を運航する状況下で繊細な操船にはサオが優れている点などがあげられる。しかし、平水時でもサオがきかない水深となる河川中央部や増水時の操船では櫂が必要であり、トモノリはサオをトモガイに持ち替えるのである。

　これらの操作を『和漢船用集』と比較すると、表1のようにヘガイによるハネガイは「打かい」に相当し、抵抗により推進力を得ている。ヘガイによるオモカジ、トリカジ、アテガイ、モジリガイの操作は、「かい（かゐ）」に相当すると考えられ、「すへて山川高瀬舟に用る」との記述の通りである。サオは竹棹であり、『和漢船用集』が説く「篙」に相当する。トモガイによるトリカジやオモカジ、アテガイは『和漢船用集』に説く「練櫂」の舵の用途に相当する。一方、トモガイによるモジリガイ、オオマワシガイの推進の操作は、操舵の「練櫂」ではないため、船尾の大型の櫂を利用したもうひとつの用途である「櫓」と比定することができよう。これを力学的にみれば、『和漢船用集』に載せる「艣」「棹櫓」や現代の和船が使用する艪が揚力による推進力であるのに対し、トモガイによるモジリガイ、オオマワシガイの操作による推進力も揚力を利用しており、艪と「櫂による櫓」の推進方法は共通するものなのである。

このように、鵜飼観覧船の船頭による棹と櫂の操作方法は、『和漢船用集』の記述と極めて良く合致するものである。また、歴史的経緯から、かつて舟運に携わった船頭の技術が反映し、尚且つ船の大型化や御料鵜飼に対応しながら、近世以来の操船技術を伝えるものと評価することができる。

四　操船技術の地域的特性

このように、保津川遊船と鵜飼観覧船の櫂と棹の操作は、両者『和漢船用集』に記された櫂と棹の用途とよく合致するものであった。それを駆使して前者は保津川の深い渓谷となった岩河床の急流を中心に、三〇人乗、長さ約一二メートルの箱型構造船（高瀬船）を運航するため、カイを主に棹を併用して推進し、カジボウを主に棹やカイの補助で操舵を行う構成であり、後者は長良川中流域における山間部から平野部扇状地に変化する境界付近の流れのある礫河床で、艪櫂船では最大三〇人乗、長さ一五・七メートル前後の箱型構造船（鵜飼観覧船）を運航するため、棹を主体にヘガイ、トモガイを併用しながら推進、操舵する構成となっている。

両者の櫂と棹の操作方法を対比すると表1のようになる。保津川遊船のカイと鵜飼観覧船のヘガイは、共に舳先側に設置した小型の櫂であり、それによって推進を行う保津川遊船のカイをひく操作と鵜飼観覧船のハネガイは同じものである。また、操舵に用いるオサエガイ、ヒカエガイは、鵜飼観覧船のオモカジ、トリカジの操作と一致する。但し鵜飼観覧船に見られるアテガイやモジリガイに相当するカイの操作は保津川遊船にない。次に保津川遊船のカジボウと鵜飼観覧船のヘガイは、共に艫側に設置する大型の櫂であり、操舵に用いる保津川遊船のヒカエカジ、オサエカジ、テラシカジは、それぞれ鵜飼観覧船のトリカジ、オモカジ、アテガイと操作が一致する。鵜飼観覧船のブンマワシガイは連続操作方法のため、保津川遊船のカジボウでも操作は可能である。一方、鵜飼観覧船で推進のために行うモジリガイ、オオマワシガイと、停止のためのトメガイの操作は保津川遊船では見られない。そもそも、保津川遊船のカジボウの櫂先の断面は四角形であり、返しを伴う推進の操作には水を切りにくく不向きな上、カジオによる緊縛に近い船体への装着では、かかる操作は極めて困難である。この櫂の用法の違いは保津川遊船の操舵はカジボウ、推進はカイが主体であるのに対し、鵜飼観覧船はサオが操舵、推進の主体で、ヘガイ、トモガイはその補助という構成に起因すると思われる。つまり、保津川遊船におけるカイの操舵に対する補助とは、進路上に危険が生じた際の回避であり、水を掻いて強い力を発生させるオサエガイ、ヒカエガイが有効で、操舵効果が緩やかな櫂先の返しによるアテガイは不向きといえる。さらにこのようなアイカイ自体が慎しまれるため、必要性は低い。これに対し、鵜飼観覧船はサオがきかない場合に櫂を併用するため、櫂による推進と操舵が求められる。その結果、推進はトモガイによるモジリガイ、オオマワシガイが必要となり、運航水域によってヘガイによるハネガイ、モジリガイが加わる。また、トモノリは後方を向いて操作をするため、進路を決める操舵はマエノリが操作するヘガイが担い、トリカジ、オモカジに加え持続的な操舵に向くアテガイが有用となる。写真37におけるヘガイによるアテガイの例ではトモノリは船外機を使用しているが、かつてはトモガイの使用であり、この操船具の構成がかかる操作の必要性を生み出しているのである。

棹の場合は、保津川遊船、鵜飼観覧船共に竹棹であり、保津川遊船のオシザオ、ヌキザオ、トモザオ、ハリザオ、シキザオは、それぞれ鵜飼観覧船のマエノリの上り棹、マエノリの下り棹、トモノリのサオ、ハリザオ、カカエザオとほぼ同一である。停止に用いる鵜飼観覧船のウケザオとトメザオは、保津川遊船におけるトメザオの一連の操作に含まれる。これは、鵜飼観覧船の運航において鵜船が下るまで河原で停船する状態が長く、なおかつその着岸方法は艫もしくは舳先から着けるため、川の流れを受ける船の停止状態を保つために一つの操作として重視している。ちなみに写真22の例では、マエノリ一人がトメザオをさしているが、もう一人はイカリを川へ入れようとしている。鵜飼観覧船にはこのように保津川遊船にはないイカリが常備され、停船時に使用する。一方、保津川遊船のウケザオの操作は、鵜飼観覧船では見られない。これは運航水域にサオで受けるような障害物が存在しないうえ、鵜飼観覧船のサオは長いため、受ける操作をした場合屋形や反対側に乗る船頭に当たる恐れもあり操作が困難である。

このように、保津川遊船と鵜飼観覧船の現代における櫂と棹の操作方法は、基本的に一致するものである。その上で、運航水域の状況により、操船上の櫂と棹の構成

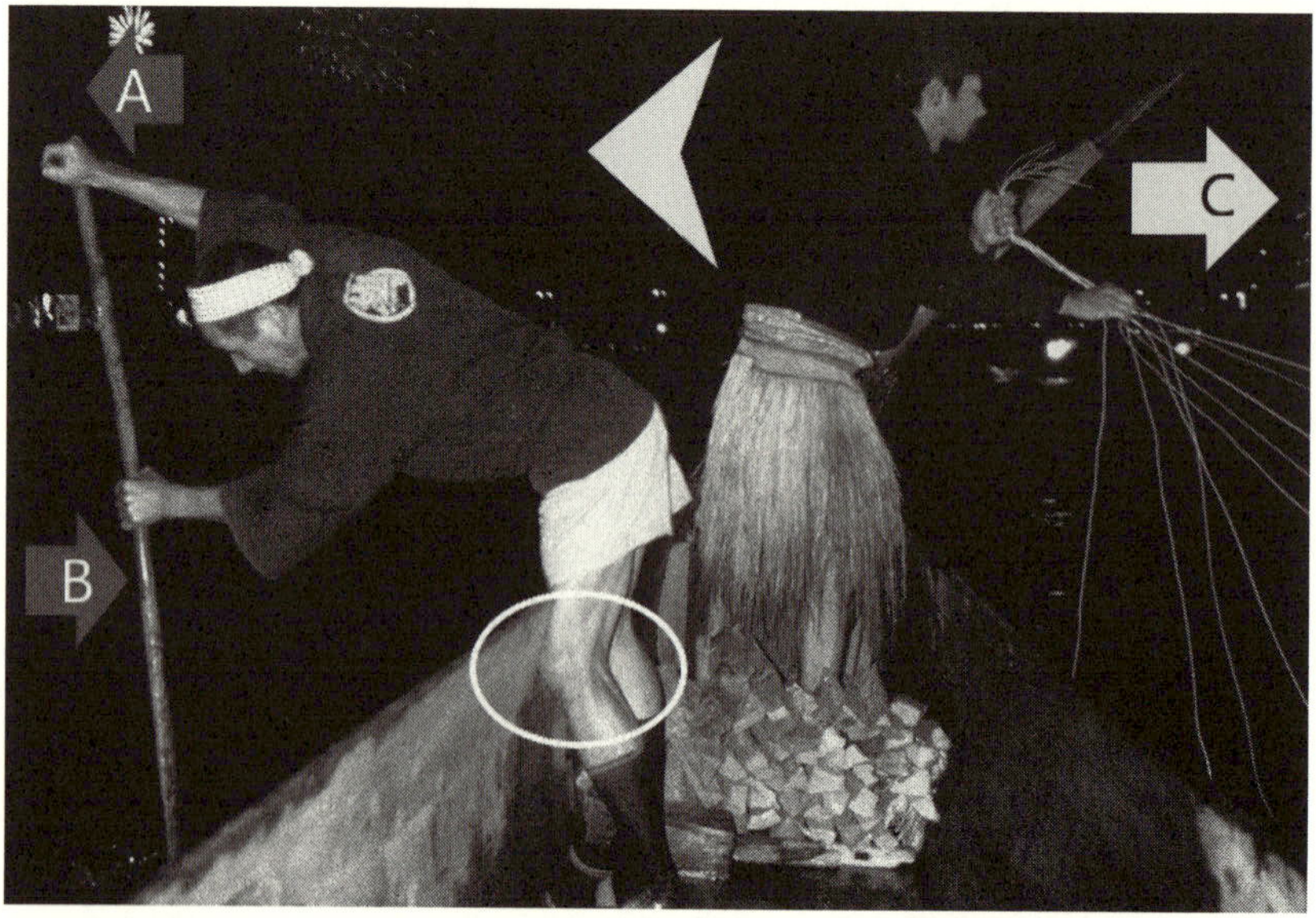

写真38　テガイよるトリカジ

が異なり、従って操作の種類もそれに合わせたものとなる。

では、運航水域が同じ場合、船の種類によって操船が異なるのであろうか。一例として鵜飼観覧船と同水域を運航する鵜匠が用いる鵜船の操船は以下の通りである。鵜船は長さ一三メートル程度、船首、船尾とも二枚立板を持つ箱型構造船で、幅一メートル一〇センチ程度、深さ五〇センチ程度と、鵜飼観覧船に比して細く深く、特に前後とも二枚立板を立てて反りをつけた形状であり、幅が広く船尾が一枚立板で直線状の鵜飼観覧船と大きく異なる。乗員は、現在、鵜匠に加え基本はナカノリ（中乗り）、トモノリ（艫乗り）の二人で操船し、その用具はサオとテガイ（手櫂）を使用する。テガイは鵜飼観覧船のヘガイと同じ小型の櫂であるが、船体に縄で固定せず両手で持って操作する。操作は水面に対して垂直近くに入れることが基本で、船体と並行にこぐことで推進用とするほか、船体に対して手前側や外側にこぐことで進路を変える操舵にも用いる。また、船体に固定していないため、鵜や他船との接触の危険が生じた際、容易に収納ができ、サオとの持ち替えも迅速に出来る利点がある。写真38はその操作例で、鵜匠が持つ手縄を通じて矢印Cの方向に鵜が船を引いているため、ナカノリは三角印方向の取舵をとるよう、両膝を丸印のように鵜船のドウ（胴）に付け、体を乗り出しながらテガイのシュモクを握った右手は矢印A方向へ押しだし、中央付近を握っている左手は矢印B方向へ引き込む操作を繰り返す。この操作によるペラの水を掻く方向はヘガイのトリカジと同じである。また、鵜飼観覧船においてカイナワで常時船体に固定しておくトモガイは、鵜船では鵜飼漁に使用せず、長距離を移動する餌飼の際に装備していた。さらに船外機が普及するまで、鵜船は川を上る際に帆や引綱を利用したが、鵜飼観覧船には帆の装備がなく、引綱だけであった。このように、同一水域でも船種によって用いる操船具の種類自体が異なるため、当然操船上の操船具の構成にも違いが生じるものである。

一方、船頭は鵜飼観覧船船頭が鵜船船頭を務めたり、その逆もあるなど交流が深い。鵜飼観覧船船頭には父親が石船（建築資材として川原石を採取する船）や砂利船に乗っていたと話す者も多い。あるいは鵜飼観覧船船頭が漁船で川漁をする例も多くみられる。このように船頭は船種に拘らず操船は可能であり、それは先に指摘した操船具の操作に共通性があるためであろう。つまり、川船における操船技術を操船具の操作方法から検討した場合、その技術は地域、時代を超えて共通性を持つものであるが、運航水域の環境や船種によって操船具の種類と構成に違いが生じるものといえる。これが地域的特性の一つを表出しているといえよう。

しかしながら、このような操船具の操作方法と構成による地域的特性とは、操船技術を類型化して分析したものであり、実際の操船では諸条件の下、複合的な操作が行なわれる。例えば、鵜飼観覧船ではコシキリ（越切り）という操船方法がある。河川中央部の流れの速い箇所を横切り対岸へ渡るための技術であり、左記のような操船を基本とする。

【左岸から右岸へコシキリ】【図1参照】

※平水時、無風、晴れ、トモノリ、マエノリ各一名操船、アタマヅケ（頭付け）から発航

① 左岸河原にて頭（舳先）から着岸中。

② 頭から岸につけているときに船を出すときは、入った角度を保って船をサオで後ろに下げ離岸する。無理な方向転換は船底が川石で擦れ動きにくい。また、出航の際、船頭は少し舳先を持ち上げ、おろすようにしながら押し出すことで、船底が川石で擦れるのを防ぎ、軽く押し出せる。離岸したら船をたてる（流れと平行して上流へ向ける）。

③ 対岸の着岸位置と、川の流れ、風向などを勘案してコシキリを始める位置を見極め、船をその位置へ

進める。

④コシキリのポイントでトモノリはサオをはり、マエノリはサオをかかえ、対岸方向に船を回頭させる。このとき回頭に手間取ると流されてしまうため、トモノリはサオを強くはって、一気に回頭する。

⑤⑥回頭したら、トモノリは素早くサオをトモガイに持ち替え、モジリガイでこぐ。マエノリは船の頭を折らない（下流側に向けない）ように注意してサオをさしながら、一気に対岸へと進める。船の頭が折れると、船が川の流れに押されて流される。そのため、やや上流側へ角度をつけ、船に川の流れをあてながら進む。トモノリはマエノリのサオに合わせ、トリカジ、オモカジで船の角度を直しながらこぐ。

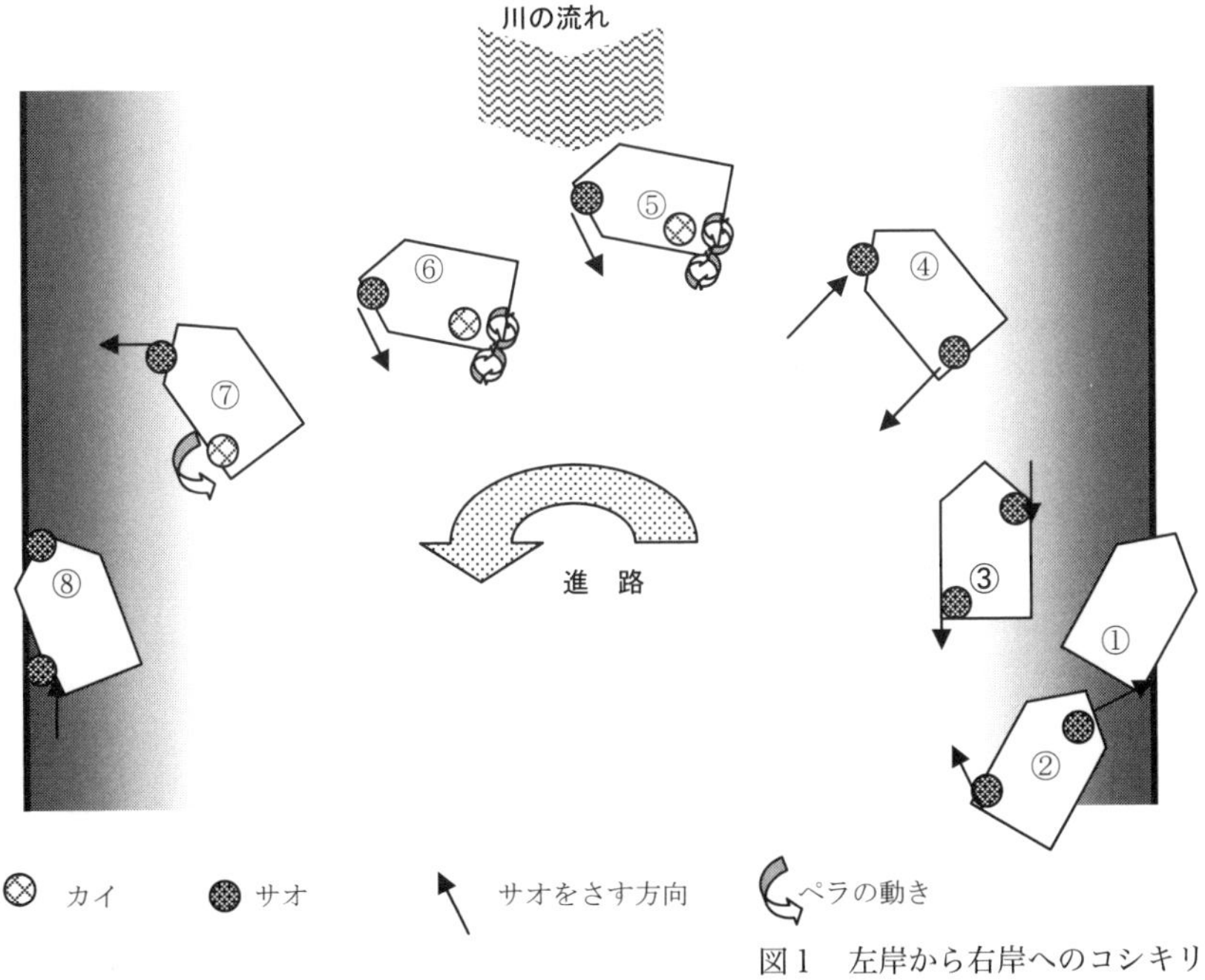

図１　左岸から右岸へのコシキリ

⑦　岸に近づいたらトモノリはカイをヒトカジ（一回）進行方向にきって船をたて、すぐにサオへ持ち替える（この場合はオモカジ）。なお、右岸側土場へつける場合、水深が深いときなどは最後までトモノリはトモガイで操船する。

⑧　岸が近づいたらマエノリは素早く岸に下り、船体に衝撃をあたえないように注意しながら船を岸で受けて綱を係留環に結ぶ。トモノリは船の動きをウケザオで受け、最後はトメザオで止める。

ここでは、鵜飼観覧船運航水域の特徴である石河原における適切な発航と、速い流れに抗するための船の向きとトモガイ、サオの選択、操作などがポイントになる。これを基本にして、例えば水位が高い場合、トモノリは対岸に近づいた際サオに持ち替えず最後までトモガイを使うように、水位や流速などの河川状況、風速や晴雨などの気象状況、あるいは当日の乗船客数や共に操船する相手の船頭の技量など、日々異なる状況に合わせ適切な操船を行わなければならない。このように、河川の状況や運航目的に合わせ、操船具の操作を複合的かつ連続的に行う技量を備えることによって、初めて地域固有の操船技術が形成される。

更に操船は判断を間違えれば、最悪生命に危険が及ぶ。特に保津川遊船や鵜飼観覧船のような旅客船における事故は、運営の根幹に関わる重大な問題となる。刻々と変化する河川状況その他に適切に対処し安全運航を行う知識の習得には、経験者の指導のもと現場における継続的な伝習が必要不可欠である。この点において保津川遊船では四支部による組合運営、鵜飼観覧船では「番帳」による制度がその役割を担う。両者ともかつて舟運で栄えた時代の船頭が住む集落や親子関係、すなわち地縁や血縁を基とした集団の共同体である。詳細は別稿に譲るが[20]、近世以来の地域固有の操船技術が継承され、現在においても高い安全性を誇るのは、かかる伝統的な組織が基礎となり、様々な経験則を集団として継承し、技術の伝承と向上に努めていることが最大の要因であろう。

つまり、この「安全」こそが操船技術の目的であり、真に評価するべき要点といえる。そしてこの点については、一一二年前に保津川下りに乗船したイギリス人ポンティングが、既に指摘している通りといえよう。

おわりに

以上みてきたように、河川における川船の操船技術とは、地域や時代に拘らず共通性のある操船具の操作方法をもとに、運航水域や船種に合わせた操船具の種類と構成により、河川の状況や運航目的に合わせた適切な操船により、安全な運航を行う地域固有の技術である。このように、従来の観光資源を民俗技術の文化財として再評価した結果、平成二四年三月に岐阜市が運営する鵜飼観覧船の「長良川鵜飼観覧船操船技術」が岐阜市重要無形民俗文化財の指定を受けた。これを契機に平成二八年七月、長野県飯田市の天竜舟下り株式会社、天龍ライン遊舟有限会社の運営する「天竜川の舟下り」が飯田市民俗文化財の指定を受け、翌年四月には京都府亀岡市の保津川遊船企業組合が運営する「保津川船下り操船技術」が、船道具の製作技術などとともに亀岡市無形民俗文化財の指定を受けている。このように、近年川船の操船技術に対する評価が確立しつつある。

しかし、船外機の普及や旅客船運営の中止・撤退などにより河川における大型の川船の伝統的な操船技術は減少傾向であり、今後も、観光を母体として継承されてきた伝統技術の、学術面からの評価を高めるとともに、それを支える運営の支援が求められている。

（岐阜市歴史博物館 館長）

註

（1）石井謙治『図説和船史話』（昭和五八年）二二五頁
（2）但し船体の登録長三メートル未満、推進出力機関一、五キロワット未満、直ちにプロペラを停止できる機構、またはその他プロペラによる身体への傷害を防止する機構の全てを満たす船舶は免許不要。
（3）但し、観覧船、川下り船、遊漁船等のように旅客の輸送のための船舶を操縦する際には特定操縦免許の取得が別途義務付けられている。また、河川施行令（昭和四〇年政令第一四号）に基づく河川管理者が通航方法を指定している水域や、都道府県または市町村による航行規制の条例が定められている水域では、それに従わなければならない。
（4）本稿では「旅客船」を船舶安全法に定める「十二人ヲ超ユル旅客定員ヲ有スル船舶」とする。
（5）現在、保津川遊船では終点京都市嵐山から乗船場亀岡市保津町までの遊船の回送に、トラックによる陸上輸送を利用しており、綱は利用していない。鵜飼遊覧船では、綱（引綱）を使用する代わりに、船外機を備えた警備船が牽引し、同じく綱は使用していない。
（6）（1）同掲書　二二三～二二六頁
（7）（1）同掲書　二二六～二二八頁
（8）田村　勇『日本の艪―その歴史と風土―』（平成二九年）　一四～一五頁
（9）（8）同掲書　一二一頁
（10）（1）同掲書　二二六～二三〇頁
（11）H・G・ポンティング・長岡祥三訳『英国人写真家の見た明治日本　この世の楽園・日本』（講談社学術文庫・平成一七年）一二六～一二七頁
（12）岐阜市教育委員会篇『長良川鵜飼習俗調査報告書Ⅱ』（平成二三年）六八頁
（13）岐阜市編『岐阜市史　史料編　近世一』（昭和五一年）八七五頁
（14）岐阜県農会発行『岐阜県案内』（明治三四年）三一～三三頁
（15）岐阜遊船株式会社編『長良川鵜飼観覧案内』（大正三年）一八～二〇頁
（16）「鵜飼遊覧船使用料金表」（昭和九年）

(17)「鵜飼遊覧船払下」『朝日新聞』昭和一八年七月二八日付記事
(18) 同誌編纂委員会編『芥見郷土誌』(昭和三六年) 一〇一頁
(19) 岐阜市編『岐阜市史　史料編　現代』(昭和五五年) 一八四〜一八五頁
(20) 番帳の制度については、岐阜市教育委員会編『長良川鵜飼習俗調査報告書Ⅲ』九五〜九六頁、保津川遊船の組織については亀岡市教育委員会編『保津川船下りの文化的景観保存調査報告書』五一〜五五頁に詳しい。

参考資料

金澤兼光「和漢船用集」明和三年(一七六六)刊(日本科学古典全書本)
石井謙治著『図説　和船史話』至誠堂・昭和五八年(一九八三)
石井謙治著『和船Ⅱ』法政大学出版局・平成七年(一九九五)
田村　勇著『日本の艪―その歴史と風土―』大河書房・平成二九年(二〇一七)
水谷正治編『保津川下り船頭夜話』文理閣・昭和五九年(一九八四)
片野　温著『長良川の鵜飼』岐阜市・昭和二八年(一九五三)
保津川の世界遺産登録をめざす会編『保津川下りの今昔物語・綱道に残る船頭の記憶』平成二一年(二〇〇九)
亀岡市教育委員会編『保津川船下りの文化的景観保存調査報告書』平成二八年(二〇一六)
岐阜市教育委員会編『長良川鵜飼習俗調査報告書Ⅱ』平成二三年(二〇一一)
岐阜市教育委員会編『長良川鵜飼習俗調査報告書Ⅲ』平成二七年(二〇一五)

明治期における京都紋織技術の地方伝播
―機業地のジャカード導入をめぐって―

村田　文幸

はじめに

京都における紋織は伝統的に空引機で製織されてきたが、明治六年（一八七三）、それまでの日本には存在しなかった紋織装置であるジャカードがフランスより導入された。京都府が、製織時間の短縮や人件費圧縮など、空引機を上回るメリットをジャカードに期待したのであろう。ジャカード導入後、初めて触れる機械を使いこなすために京都ではさまざまな努力がなされ、成果が蓄積されていった。しかし、その道のりは平坦ではなく、導入から普及まで十数年かかった。技術者の育成と新技術に対する不信感の払拭に時間を要したからである。ところが、明治二〇年代に入り京都から地方機業地へジャカードが伝わると、その普及は京都よりも速かった。京都では、技術の蓄積と技術者育成に時間を要したが、地方においてはジャカード関連技術者の確保が比較的短期間で解決したため、京都に比べて普及が順調だったのである。

本稿は、京都における導入から普及に至る過程と、その後京都から技術を導入した地域における導入過程を検証することで、地方に伝播したジャカードが京都に比べて速いテンポで普及した理由を論究し、明治期における技術史の一端について明らかにすることを目的とする。対象時期は、主な機業地においてジャカードが普及定着する明治三〇年以前とする。対象地域は主として、ジャカード受容の経緯を史料的に辿ることが容易であった泉州泉大津をとりあげる。

一　近代機業におけるジャカードの登場

ジャカードが近代機業に与えたインパクトは大きい。『西陣史』はその影響について、

明治以降の織物は生活様式の変革からその用途に変移を来し、従つて之に順応せんが為、或は紋様に於ても、或は色彩に於ても、或は又丈尺に於ても種々の改良変革が加へられたが、特にジャカードの普及以降の機織法の著しい進歩に織物界は千姿万態百花瞭乱寔に絢爛たる盛観を呈するに至つたのである。

と述べ、さらに

ジャカードの普及は紋織界に大発展を齎し、明治十五年の頃には二重経の宝来織が案出され、次いで三重経や四重経のものすら出来て次第に巧緻なものへの傾向を見せ、やがて平地に他の組織を混合した畦織や、二重経両面繻子の宝織等を経て、同二十年前後からは小模様浮文の精緻な繻珍の流行に転じ、糸錦や厚板等は之に一蹴されて繻子地全盛の時代を現出して行くのであつた。

と、染織技術の近代化にとってジャカードが重要な役割を果たしたことを記している。(1)

ジャカードはフランス人のジャカールが一八〇四年に完成させた紋織装置である。主として織機上部に設置し、紋意匠図をもとに製作された紋紙の穿孔情報を読み取ることで、経糸の引き上げ引き下げを制御する。

ジャカードの基本構造は次のとおりである。経糸制御情報等が穿孔された紋紙から、穿孔の有無を金属針で読み取り、金属針の穿孔情報をもとに竜頭から通糸を制御する。金属針は紋紙の穿孔情報を読み取る横針と、横針の情報を竜頭に伝える竪針からなる。竜頭は麻紐と吊環からなり、竪針と通糸を接続する。横針は、紋紙に対応した蜂巣穴とよばれる穿孔穴を持ったシリンダーを通じて紋紙に押しつけられ、紋紙の穿孔情報を読み取る。

明治期におけるジャカードは四種に大別される。普通ジャカード、ヴァンサンジージャカード、改良ジャカード、ベンドールジャカードである。また、普通ジャカードには二種類あり、京都周辺の竜頭糸を使用するものと、桐生周辺の茄子環を使用するものである。ヴァンサンジージャカード、改良ジャカード、ベンドールジャカードは明治三〇年（一八九七）以後に日本に導入されたもので、明治三〇年（一八九七）以前を扱う本稿では、対象から除いた。(2)

ジャカードを用いた紋織では、紋織特有のさまざまな製織過程に応じた特殊な装置とそれらを扱う技術に加えて、ジャカードを扱う技術と紋紙穿孔等の特別な機器が必要である。ジャカードによる製織過程には、下絵師、紋様業に加えて、紋鑿業、紋編業など、空引機ではみられない業種が存在するのである。また、ジャカードを稼働する際は、製織過程を把握した技術者による調整作業が必須である。つまりジャカードを扱う技術者には、製織過程の理解や機器の使用方法及び管理方法等、広汎な知識の習得が不可欠であった。

したがって、ジャカードを導入しただけで、直ちに空引機にかわるほどの紋織物製織を実現できるわけではなかった。(3)技術者の育成なしにジャカードの普及は進まない。そのため、最初にジャカードを導入した京都西陣での本格的な普及は、明治一八年（一八八五）以降明治二〇年（一八八七）頃までまたなければならなかった。(4)力織機にジャカードが据えられるには、さらに年月を要した。西陣では、大正四年（一九一五）に至ってもなお、ジャカードを備えた織機は手織機であった。明治期のジャカードは、振動の激しい自動織機上で実用化できるほど、進化してはいなかったようである。[5] ジャカードを備えた織機は、織り手がジャカードや織機本体を微妙に調整しながら織り進めなければならない。ところが力織機では、動力を頻繁に停止させて調整を行うのは困難である。全国にさきがけてジャカードを導入した京都にとって、紋紙穿孔機等関連機器や工程が多く操作調整等も容易ではないジャカード技術の早期習得は、まさに宿命的な課題であった。

しかし、ジャカードを制御できる技術者の育成は容易に進まず、ジャカードの普及に影を落としていた。技術者育成が思い通りにならない以上、ジャカードに対する不信感を拭い去るのは容易ではなかった。

二　京都におけるジャカードの導入と普及

二―一　ジャカードに対する期待と懐疑

ジャカードがいち早く京都にもたらされたきっかけは、明治維新によって西陣機業が打撃を受けたためである。維新直後の西陣は「朝廷ノ典礼貴紳ノ服装全ク一変シタルト株仲間ノ制廃セラレテ営業上規律ヲ失ヒシヨリ西陣ノ機業一時衰頽ヲ極メ漸ク嘉平《（永カ）》ノ年ヨリ革進ヲ図リシモ旧時ノ繁栄ニ及ハズ其体面ヲ保チシノミ」[6]、「すべて古事は更改せられ、旧者は打破せられ、好むと好まざるとに拘らず、最早流離の一途あるのみ」[7]という有様であった。この状況を打破するため京都府知事の長谷信篤が明治天皇の御下賜金の一部を用いて明治二年（一八六九）に西陣物産会社を設立するなど、イノベーションを志向する動きが活発になる。その後、明治四年（一八七一）にS・スマイルズの『西国立志編』が翻訳され、「第二編　新機器ヲ発明創造スル人ヲ論ズ」の「十四　若爪徳并ビニ織機」

に記された「若爪徳（ジャカード）」の記述をみたであろう西陣の竹内作兵衛が、京都府へジャカードの導入を進言したことにより、フランスへの伝習生派遣が実現する。当時のジャカードは空引機と比べて約四倍もの能率を持つ紋織機であったという。ジャカード導入に対する期待は大きかった。(8)

京都にジャカードが導入されたのは前述のとおり明治六年（一八七三）である。明治五年（一八七二）に京都府よりフランスのリヨンに派遣された織物伝習生である佐倉常七と井上伊兵衛が、翌年帰国した際に持ち帰った。佐倉常七と井上伊兵衛がリヨンから持ち帰った機械は、ジャカール　トエール　メカニック（ジャカード機）、バッタン（カマチ）、ペゲヨー（金箆）、ナベツ（杼）、デッサン　メッケー（紋彫器）、ヲルヲ　メース（ムソー機）、メガラス（綜絖）、タテマキ　メカニク（整経機）、イトクリ　メカニク（糸繰機）、タラバエー　メッケー（織機）、であった。(9)

佐倉と井上はジャカードとともにその技術も持ち帰った。明治七年（一八七四）四月には、一〇〇口ジャカード二〇台、一二〇〇口ジャカード二台、紋彫機一台、バッタン二〇挺、広幅金箆五〇枚を第二回京都博覧会へ出品した。その後、京都府によって二条河原町の旧角倉屋敷跡に織工場（後に織殿と改称）が設立された。翌一八七五（明治八）年一月からは佐倉や井上が織工場に伝習生を集めて洋式染織技術の教授を行った。その研修には中国地方や北陸地方など全国から多くの伝習生が集まった。(10)

しかし、そのことが地方のジャカード普及を促進したわけではなかった。織工場に導入された一〇〇口ジャカードは高密度の高級織物を製織できず、一二〇〇口ジャカードはその規模の大きさから当時の技術では高度過ぎた感があり、導入されたジャカードは空引工と交替し得る条件を満たすものではなかったという。(11)

したがって、西陣機業者の間でもジャカードの普及はなかなか進まなかった。明治一三年（一八八〇）頃までの状況は「ジヤカード機ヲ使用スルハ独リ該工場（織殿）ノミニシテ西陣機業者中之ヲ用ユルモノナリシ」[12]という有様であった。

二―二　ジャカードに対する理解と普及

ジャカードが普及するきっかけをもたらしたのは、佐々木清七であった。佐々木は、「荒木摸作のジャカードを購求して其工場に試用するに及んで始めて西陣機業家としてその利用に成功」した。[13]佐々木が購入した荒木小平のジャカードは、はじめて国産された木造の装置である。明治一〇年（一八七七）に織殿に据え付けられていた一〇〇口と二〇〇口のジャカードを模造したものであった。[14]荒木のジャカードを据えた佐々木の工場には、明治一四年（一八八一）に民営となった織殿を解職された佐倉常七が働いていた。佐々木が成功した理由の一つは、ジャカードを扱える技術者を得たことであった。[15]

明治二一年（一八八八）頃になると近藤徳太郎の登場や紋織技術の進歩などにより、「織物ハ洋式織機輸入ノ必要ヲ感シ彼ノ志やつかーど、ばったん、ノ如キ新織機」が「西陣ニ於テハ殆ンド一般ニ用ヒラレ」はじめるようになる。[16]

近藤徳太郎は、明治一〇年（一八七七）フランスリヨンに織物伝習生として留学し、明治一五年（一八八二）の帰国後織殿長となり、ジャカード技術を中心とした洋式機織法を教授した。近藤は農商務省御用掛や京都府御用掛など幅広い活動をしながら、明治一八年（一八八五）には東京五品共進会等でジャカードによる製織品を織殿から出展した。この時の製品はメカニック織と称し、好評を博した。また、明治二一年（一八八八）に竣工した新皇居造営に際しては織殿の総力を結集して洋風製織を行った。[17]

『西陣機業沿革調査書』によると、

十九年東京ニ開設セル共進会ニ於テ「メカニツク」織トシテ大ニ声誉ヲ得尚ホ又京都府四品共進会ニ於テ「メカニツク」織ノ受賞多カリシカハ西陣機業界ノ人気ハ頓ニ之ニ向ヒ漸次該器使用者ヲ増スニ至リ同年夏以降東京地方ヨリ続々該機織ノ注文来リタル」「皇居御造営装飾用織物御用下命アリタル等ニ依リ之レカ使用者著シク増加シ十九、二十年ノ交ニ於テハ仏国風ジヤカード機八十台澳国風《ママ》ジカード機三百台ノ多キニ達シタリ其後漸次ニ増加シ[18]」

とみえ、メカニック織の人気と新皇居造営がジャカードの普及を後押ししたことがわかる。

ジャカードの普及により、明治二〇年（一八八七）にはジャカードを導入した京都織物会社や西陣紋織会社などの大規模織物工場が数多く誕生し、紋織技術を駆使した製品を生産しはじめた[19]。

このような過程を経て明治二〇年（一八八七頃に、京都でようやくジャカードが定着した。京都にはじめてジャカードが導入された明治六年（一八七三）から数えて一四年が経過していた。京都で導入されたジャカードの技術は明治二〇年（一八八七）以前から一部地方の機業地へも導入されたが、普及定着したとはいえない。地方においてジャカードが本格的に使用されはじめたのは、京都において定着した明治二〇年（一八八七）頃よりさらに後のことであった。

二―三　京都から地方へ

京都でいちはやく取り入れられたジャカードは、まず、紋織技術を必要とする地方の機業地で希求され導入されていった。京都ではジャカードが定着普及するのに十数年もの年月を必要としたが、京都と同じく、明治二〇

倉田留吉製造二〇〇口ジャカードを登載した毛布織機（泉大津市立織編館蔵）

倉田留吉製造二〇〇口ジャカード（泉大津市立織編館蔵）

二〇〇口ジャカードの倉田留吉製造を示す焼印（泉大津市立織編館蔵）

年（一八八七）以前の早い時期に導入した機業地においては、京都同様、技術者不足が主な要因となり、普及は進まなかった。[20]

桐生では明治一〇年（一八七七）頃に森山芳平らが荒木製作のジャカードを導入し、明治一三年（一八八〇）には京都から佐倉常七の弟善七を招聘して技術習得を目指したが、想定した結果が得られなかった。[21]明治二一年（一八八八）にアメリカから輸入したジャカードで新皇居用装飾織物を製織し、つづいて藤生佐吉郎と高力直寛が桐生において紋紙製造を開始し、さらに横山嘉兵衛がアメリカ式とフランス式を折衷した簡便なジャカードを創製するに至って、ようやく桐生の機業家の間にも普及していった。[22]

足利では、明治一〇年（一八七七）頃に川島長十郎らが荒木製作のジャカードを導入したが、「未だ運転使用の方法を詳かにせざりしが為め、俄かに其効を奏するを得ざりし」という状況であった。[23]明治一八年（一八八五）

に織物講習所が設置されたことで技術指導が本格的にはじまり、[24]明治二〇年（一八八七）に川島長十郎がジャカードによる紋羽二重等の製織を開始し、ジャカードの使用が拡大していった。[25]

福井では明治一六年（一八八三）に職工会社が京都よりジャカード数台を購入し紋緞子類を製織したが、明治二二年（一八八九）に水野勇次郎らがジャカードによる紋羽二重を製造するに至って使用者が増加していった。[26]

このように、明治二〇年（一八八七）以前においてジャカードを導入した機業地においては、その技術を消化するため苦労を強いられたことがうかがえる。一方で、明治二〇年（一八八七）頃を境として、地方に導入されたジャカードは比較的速いテンポで普及するようになる。その様子を泉州泉大津を例にみていきたい。

三　泉大津毛布機業地におけるジャカードの導入と普及

三―一　地域機業改革を期待されたジャカード

泉大津では明治二〇年（一八八七）頃から地域産業となる毛布製織が開始された。毛布は明治期の早い段階から軍用や人力車の膝掛などとして、輸入されていた。近代日本における毛織物製織は明治一〇年（一八七七）に官営の千住製絨所で本格的に開始された。さらに毛布製造についても、明治一〇年代から名古屋や大阪で製造がはじまっている。[27]

初期の毛布は無地か、ダンダラと呼ばれた横縞が主流で、紋織のような複雑な柄物はなかった。その毛布に紋織を取り入れたのが泉大津であった。おそらく他地域との差別化を図ることが狙いであったろう。ジャカードを導入することは大きな挑戦であったが、従来の染織技術を改革することで近代という変革の時代に生き残りをかけた、機業地としての取るべき選択であったともいえる。改革すべきものは江戸期以来の染織業であり、複雑な柄をもたなかった毛布の製織であった。

ジャカード導入の過程についてふれる前に、ジャカード導入以前における泉大津機業の様子と、その後ジャカード導入を志向するに至った経緯を、主に『大津町志』(28)の記述から概観する。

三―二　従来染織業の危機と改革の取組

京都でジャカードがいち早く導入されたきっかけは、明治維新という政治体制の変革によって打撃を受けた西陣機業を再生するためであったが、泉大津においては体制変化が直接の原因ではなかった。江戸中期以後における泉大津機業の特産は木綿織であった。とりわけ江戸末期には真田木綿織が地域産業として定着していた。明治に入ってからも「本町民一般の副業として、愈々其盛を極むるに至り、其主なる家のみにても八十余戸を算したり。明治十年以後は其利益も亦少からざりき(29)」と、さらなる発展をつづけていた。

ところが、明治一七年（一八八四）に「飢饉の襲来を受け、廃業に次ぐに廃業を以てし、僅々八戸を余すのみとなり、さしも盛況を極めし真田織も、あはれ全滅の悲運に陥らん」と、事業者数が一〇分の一にまで激減する事態に直面した。その対策として翌明治一八年（一八八五）に、「真田織を盛ならしむる意味に於て、真盛社と称する「六戸より成る」会社を立ち上げた。その結果、真田織事業は成功し、機業復活の兆しがみえたかに思われた。しかし、「更に牛毛を以て粗末なる服地を織り出せしに、臭気芬々たると、歩厚に失せし為めとによりて売行悪しく、製品捌けずして損害を蒙」ったため、会社は明治二〇年（一八八七）一二月に「満二年二ヶ月間」で解散した。(30)

明治二〇年（一八八七）頃の日本においては、各地で羊毛の代替として牛毛の使用が試みられていたようである。[31]泉大津で牛毛に注目したのは松内為吉である。大正六年（一九一七）七月四日付「勧第三七二号」として泉北郡役所から大津町長河合角太郎宛にだされた、松内為吉に関する実業功績調査照会に対する町の回答には「明治十九年牛毛布ノ製造ヲ発明[32]」とみえる。松内が「発明」した牛毛布を製織していたのが、牛毛服地で失敗した真盛社であった。明治一八年（一八八五）に一九歳で京都から招聘された職工の小畑寅治郎は、最初壇清七の工場で勤務して約一年後、「真盛社に於て牛毛布製織を創めたる際、其の招きにより同社に入り、勤むること一ヶ年余にして退き、やがて京都に帰りて織物業を経営」したという。[33]つまり、小畑は明治一九年（一八八六）に真盛社へ入って明治二〇年（一八八七）に真盛社が解散するまで、同社で牛毛布を製造していたことになる。「明治十九年小川平助氏縞毛布を製出せしが、当時真盛社にては真田織により利益多かりしを以て更に拡張して、牛毛布の製織を始めたるも、損失多きにより終に解散せり[34]」「牛毛布を始めたるは、松内為吉氏にして、小川平助に亜ぎ[35]」とみえることから、小畑を真盛社に招聘したしたのは真盛社発起人の一人であった小川平助であろう。ちなみに、松内や壇は真盛社の設立には関わっていない。

牛毛布及び牛毛服地の失敗によって解散した真盛社であったが、そこで試みられた毛布製織は、真田織にかわる新たな商品として注目されはじめ急速に開発が進むことになる。

三―三　ジャカードの導入と苦悩

前述のとおり毛布製織は明治二〇年（一八八七）以前から、すでに大阪や名古屋で始まっていた。他機業地との差別化を模索する中で、小川は「明治十九年頃縞毛布を織りせしが、之は舶来品に倣ひて織り出したるも当時織機を有せざりし為め、模様を織り出すこと能はず、単に縞毛布のみに止ま」っていたが[36]、「羊毛布に模様を織出すことに苦心し、嘗て大阪市心斎橋筋左角洋反物商石田商店に於て、模様ある毛布を一覧し、後之を織出すことに腐心」した[37]。しかし、成功には至らなかった。

小川とともに泉大津へ最初にジャカードを導入したのは前山重治郎である。真盛社の社長であった前山は、小川らとともに毛布に紋織を取り入れる方向を模索していた。牛毛服地の失敗で真盛社が解散した後、前山は、小川とともに京都の小畑を訪ねた。小畑はその時の様子について、

私に再度の来住を乞ひ来れり。其の際即ち明治廿四年十月、小川平助、前山重治郎二氏同道して拙宅に来り、毛布及肩掛の見本を携へ来りて、小川は肩掛、前山氏は模様毛布製造の意図を述ぶ、私は模様を織出すにはジャカド式メカニク機に非らざれば、不可能なる旨を述べたり。而してこゝに同機購入の依頼を受け之が斡旋をなし、機械屋倉田留吉氏を紹介して、同機二台を購入し帰らしめたり。これ大津に於ける同機使用の嚆矢なり、茲に於て私は及ばずながら小川氏の指導の任に当り、苦心の結果始めて羊毛布に模様を織出すことを得たり。

と語っている[38]。真盛社解散から四年が経過していた。

小畑の発言で注目されるのは、小畑自身が「小川氏の指導の任に当」たったことである。複雑なジャカード技術を扱うためには、京都より技術者を招く必要があった。前山ではなく、小川が「始めて羊毛布に模様を織出す」ことに成功したのは、技術者を招聘し、自らその技術を学んだことが大きな理由であった[39]。

小川が他所から染織技術者を招聘したのは、小畑がはじめてではなかった。小川は真田紐製織も継続しており、技術改良のため明治二二年（一八八九）に岡山から洋燈芯機器を導入したが、その際に技術者の太田清七郎を招

聘していた。その結果、明治二三年（一八九〇）には改良を加えた機械によって真田紐製織に成功している。新しい真田織機は優れた生産性により、従来の手織業者を圧倒した。小川はその経験から、新技術導入にはそれを扱うことができる技術者の確保が必要なことを知っていたのである。

三―四　ジャカード技術の進展と毛布産業の伸長

ところで、小畑がジャカード斡旋に際し小川に紹介した機械屋の倉田留吉も、時期は不明ながらも泉大津へ移住している。小川の成功を受けてジャカードの需用が高まったためであろう。一九三〇年代から泉大津で毛布製織に携わってきた大野歳雄は、

大津の織物はよその技術者によく助けてもらいました。うちの町内(40)にある竹内という酒屋のおじいさんの家を京都屋といいます。理由はジャカードの先を吊るしてムソウを吊る。これを「こしらえ」といい、大津の1つの職業です。その職人を竹内のおじいさんが京都から大津へ呼んできたのが、大津がジャカードを採用した1つの理由です。（中略）小柴機料店が、京都から倉田というジャカードの専門家を呼んできた。今度は京都の龍村さんの従兄弟を、前沢紋工店の主人として大津へ招き、紋紙作りを依頼しました。（中略）どなたかが他所の土地へ行って、専門家を大津へ招き入れていたのが、大津が織物で成功した原因の1つです(41)

と、倉田をはじめとする多くの技術者が、京都から泉大津へ招かれたと語っている(42)。

このように、京都の技術者が泉大津へ来住したことが、その後の泉大津における毛布を中心とした繊維産業の成長を促した。明治四〇年（一九〇七）の新聞には、従来は名古屋が主産地とされた綿毛布の輸出が、名古屋に較べて「上物」を製造しているため、名古屋を圧倒しつつあるという記事がみえる。輸出には色模様入のものが

含まれており、ジャカードの普及が泉大津の毛布産業を名古屋と比肩するまでに押し上げたと考えられるのである。(43)

前山がはじめてジャカードを導入した明治二〇年（一八八七）頃はその扱いに苦心したものの、京都の技術者であった小畑がジャカード製造者を小川に紹介し、さらに小畑が小川に技術を教えたことで、泉大津における毛布製造が成長する端緒が開かれた経緯をみてきた。明治二四年（一八九一）以後において泉大津機業地が成功を果たした理由は、京都で十数年かけて育成されたジャカード技術者を、泉大津ではジャカード導入から数年で手に入れたことが、大きかったといえよう。

おわりに

京都で磨かれたジャカードの技術は、明治三〇年代に入るとより急速に全国へ広がっていった。その背景には、京都の技術者による地方への技術伝播以外の理由が考えられる。理由の一つとして、明治二〇年代後半から全国各地で工業学校が急速に設立されはじめたことがあげられよう。多くの工業学校ではジャカード技術が講義された。そこで育成された染織技術者たちは、地域の機業を担っていったのである。

明治二七年（一八九四）から明治三九年（一九〇六）の間に設立された工業学校の例をみると、福井伝習所、栃木県立足利工業学校、桐生織物学校、伊勢崎染織学校、米沢市立工業学校、熊本県立工業学校、新潟県中魚沼郡立染織学校、愛知県工業学校、徳島県立工業学校、福島県立工業学校（会津）、名古屋高等工業学校、静岡県立工業学校などがあげられる。(44)その中には、近藤徳太郎が校長を務めた明治二八年（一八九五）設立の足利工業学校のように、京都の技術者が関与した学校もみられる。地方の工業学校で紋織技術者が本格的に育成されはじめたということは、ジャカードによる紋織技術は「京都から地方へ伝播する」という構造に、終焉が訪れたことを意味した。

（泉大津市教育委員会生涯学習課主幹）

註

（1）佐々木信三郎『西陣史』「織物技巧の大進歩」一九三二年、一二〇頁。

（2）大阪税務監督局『織物要綱』一九〇八年、一一〇―一一一頁（『明治前期産業発達史資料』別冊五七―四、一九七〇年）を参照した。ヴァンサンジージャカードは明治三五年に伊達虎一がヨーロッパから導入したのが最初である。蜂巣穴を小さくしたもので小型の紋紙を用いる。ただ紋紙製造過程で使用する紋切器が高価であることから製造されたのが、普通ジャカードとヴァンサンジージャカードの折衷ともいえる鉄製の改良ジャカードである。改良ジャカードは蜂巣穴の直径を小さくしたもので、普通ジャカードに較べ紋紙の大きさは半分程度である。ベンドールジャカードは鳥居精三郎が明治三〇年代にヨーロッパから導入したのが最初である。紋紙を連続した一枚紙とし、蜂巣穴もヴァンサンジーに較べて小さくしている。紋紙製作の経費がおさえられる反面、紋切器が高価であり、機械構造が複雑なため実際にはあまり使用されなかった。

（3）一八七三（明治六）年のウィーン万博で佐野常民が購入し東京山下門勧業試験場で展示されたジャカードも日本で最初期の導入だが、展示後諸国へ貸し出されるも使用法がわからず普及しなかったことが、横井時冬『日本工業史』（一八九八年、二〇五頁）にみえる。

（4）『西陣史』一一七頁には「斯くて同十八年の東京五品共進会に於てジャカード機を以てした織殿の出品がメカニク織として大いに世に賞讃を博した事や、同二十年に皇居御造営の為の装飾用織物の御用を受けた事等からジャカードの使用者は次第に増加して来た」とみえる。

(5) 京都市立第二商業学校『西陣機業概観』(一九一五年)には「『バッタン』『ジーヤガード』ノ如キハ、手織機ナリ」とみえる(五五頁)。ただし、一八九四(明治二七)年発行の『東京工業学校一覧』三三頁には、「機織法」中「力織機ノ構造及運動」の「開口」に「ジャカード式」がみえ、ジャカードを据えた力織機が存在していたことをうかがわせるが、実際の使用は限定的だったのであろう。

(6) 田中一馬他『京都織物業取調報告』一九〇一年、二七頁。

(7) 大槻喬編『西陣織物同業組合沿革史』一九三九年、一一頁。

(8) 太田英蔵は「近代西陣の夜明け—空引機からジャガード機へ—」(『服装文化』一四八、一九七五年)で、「竹内が『西国立志編』を読んだ確証はないが、当時の情勢や竹内が読書人であったらしいことから推察できる」としている。そのジャカードの能率については、『京都近代染織技術発達史』(三一七—三一八頁)にみえる。

(9) 伝習生が京都へもたらしたジャカード導入の経緯は、菊池武勝「ジャカード機の渡来」(『繊維工業学会誌』三—七、一九三七年)に詳しく、持ち帰ったジャカード等の機械類も記されている。太田英蔵は「近代西陣の夜明け—空引機からジャガード機へ—」で、これらの機械類について検討している。また、『京都近代染織技術発達史』一八—一九頁には修正された名称が掲載されており、本稿ではそれを用いた。

(10) 『京都織物業取調報告』二七頁。

(11) 『京都近代染織技術発達史』三二〇頁。また、三浦敏次郎『機織のしほり』(一九〇一年、二九頁)は「空引は大模様に適当で(ジャッカル)は小模様に」適していると述べている。

(12) 東京税務監督局『西陣機業沿革調査書』四一頁、一九〇五年(『明治前期産業発達史資料』別冊五三—一、一九七〇年)。

(13) 『西陣史』一一六頁。

(14) 同書 一一六頁。

(15) 同書 一一六—一一七頁。

(16) 『京都織物業取調報告』二六頁。

(17) 前澤輝政『近藤徳太郎 織物教育の先覚者』(二〇〇五年)を参考にした。

(18) 『西陣機業沿革調査書』四一頁。

(19) 平光睦子『「工芸」と「美術」のあいだ―明治中期の京都の産業美術―』（二〇一七年）六五―六七頁に詳しい。
(20) 地方における導入過程については、横井時冬『日本工業史』、榿西光速『技術発達史（軽工業）』（一九四八年、一九二―二〇二頁）、佐藤元重『風土記経済史　北陸』（一九五九年、一六三―一七〇頁）、三瓶孝子『日本機業史』（一九六一年、四九―五八頁）、阿久津光子「ジャカードという表現」（『総合文化研究所年報』二〇、二〇一二年、四一頁）などでふれられているが、いずれも地方での普及定着が明治二〇年代以降である状況をよみとることができる。
(21) 『西陣史』一一八頁及び、日本絹人絹織物史刊行会編『日本絹人絹織物史』（一九〇一年）一三七頁を参照した。
(22) 『西陣史』一一九頁。
(23) 荒川宗四郎『足利織物志』一九〇七年、一四頁（『明治前期産業発達史資料』別冊五一―一、一九六九年）。
(24) 『明治三十三年夏季修学旅行　両毛地方機織業調査報告書』一九〇一年、五七頁（『明治前期産業発達史資料』別冊五〇―四、一九六九年）。
(25) 『日本絹人絹織物史』一三七頁。
(26) 福井県絹業織物同業組合『三十五年史』一九二一年、一七四頁（『明治前期産業発達史資料』別冊五七―二、一九七〇年）。
(27) 『大阪府誌』二（一九〇三年）には「明治十六年に在りて伊藤九兵衛が名古屋の綿毛布に倣ひ栗山某を職長として北区北野に毛布工場を設立せしを以つて大阪毛布製織業の嚆矢とす」（三〇〇―三〇一頁）とみえる。
(28) 伊賀上万次郎他『大津町志』一九三二年。
(29) 同書　三九四頁。
(30) 同書　三九四頁。
(31) 日本毛布工業協同組合連合会編『泉州毛布工業史』（一九七二年）は「牛毛を使用して毛布を織るという考えが、必しも泉州にのみ独自のものではなかったということである。すでに明治一五年、原料の羊毛入手難を原因として、大阪毛布が牛毛布を織ったといわれているし、明治二三年、第三回内国勧業博覧会には、大阪以外に東京、兵庫、群馬、石川、三重、福岡から牛毛織物の出品がみられたと記録されているのである。おそらく、その直接的動機はどうであれ、原料羊毛が普及していない当時にあっては、牛毛を用いて毛織物を織るという考えは、かなり共通した性質をもっていたにちがいない。」（三二頁）と指摘している。
(32) 『大津町志』四〇七頁。

(33) 同書 四一六頁。
(34) 同書 四一七頁。
(35) 同書 四一九頁。
(36) 同書 四二一頁。
(37) 同書 四一七頁。
(38) 『大津町志』四〇九頁には、前山が「廿二歳の時失敗」とあるが、小林政治『毛布五十年』（一九四四年）一四九頁には前山が一八九九（明治三二）年に四九歳で没していることが記され、二二歳時は一八七二（明治五）年であることから、『大津町志』の記述は誤りである。
(39) 『大津町志』四〇九頁には、前山も京都からジャカードを購入したが、事業としては成功しなかったことが記されている。
(40) 泉大津市菅原町。
(41) 阿部武司「泉大津織物業の歩み―大野歳雄氏に聞く―（1）」（『大阪大学経済学』五五―二、二〇〇五年、一一七頁）。
(42) 泉大津市立織編館には、倉田留吉が製造したジャカードが所蔵されている。ジャカードの焼印には「倉田留吉製造」「京都」「今出川」「大宮東入」などの文字がみえる。坂口昌男他「織編館展示 三丁杼変換装置付木製手織機解体修理報告」（泉大津市教育委員会編『おほつ研究』一〇、二〇一六年、三四頁）を参照した。
(43) 「戦後に於ける関西織物」（『大阪朝日新聞』一九〇七（明治四〇）年三月八日朝刊、五頁）。
(44) 例えば、一八九四（明治二七）年発行の『東京工業学校一覧』三三頁には、「力織機ノ構造及運動」で「ジャカード式」を講義していることがうかがえる。『足利織物志』（一九〇七年、一六頁）には、足利工業学校では近藤が機業家の子弟に指導を行っていることがみえる（『明治前期産業発達史資料』別冊五一―一）。「伊勢崎織物業沿革調査書」（一九〇四年、一三頁）には、伊勢崎染織学校ではジャカードを備え付けて生徒の実習に試用していることがみえる（『群馬県織物業沿革調査書』所収、『明治期産業発達史資料』別冊四八―三）。

洛南宇治における景観の変遷とその空間的分析
―特に茶園の名所化と茶摘みイメージの定着を中心として―

田中　正流

はじめに

洛南に所在する宇治の地は、古来より風光明媚な貴族の別荘地や墓地としてだけではなく、京都・奈良・大阪・滋賀を結ぶ交通の要衝としても栄え発展してきた。そのため多くの人が往来しており、宇治にある名所は和歌や物語、日記などにもたびたび登場している。さらに宇治へ茶の栽培が伝えられると茶園そのものが名所に加えられるだけでなく、茶摘みしている女性を含む情景までもが名所に取り入れられて夏の風物詩として定着していくこととなる。

本稿では、古代から現代にいたる宇治の名所を分析して景勝地としての宇治の認識がどのように変遷していったのかを探り、茶園が名所化していくに従って茶摘み姿の女性のイメージが定着していく過程について明らかにしたい。

これらを読み解く鍵は、古代より名所として詩歌に詠まれ絵画に描かれてきた宇治の景観や史跡であり、さらにその流れをくんだ近世の名所案内記などにあると考えられる。まずは時代を追いながら宇治の認識がどのようなものであったのかを確認していきたい。

一　古代における宇治川の情景

はじめに古代において宇治の地がどのように認識されていたのかを分析するため、日本最古の和歌集である『万葉集』に詠まれる十七首の宇治の歌をみていく。(1)

（一）第七首「秋の野のみ草刈り葺き宿れりし宇治のみやこの仮廬し思ほゆ」
（二）第五〇首「（前略）　もののふの　八十宇治川に　玉藻なす　浮かべ流され　そを取ると　騒く御民も
　　家忘れ　身もたな知らず　鴨じもの　水に浮き居て　（後略）」
（三）第二六四首「もののふの八十宇治川の網代木にいさよふ波の行くへ知らずも」
（四）第一一三五首「宇治川は淀瀬なからし網代人舟呼ばふ声をちこち聞こゆ」
（五）第一一三六首「宇治川に生ふる菅藻を川速み取らず来にけりつとにせましを」
（六）第一一三七首「宇治人の譬への網代我ならば今は寄らましこつみ来ずとも」
（七）第一一三八首「宇治川を船渡せをと呼ばへども聞こえずあらし梶の音もせず」
（八）第一一三九首「ちはや人宇治川波を清みかも旅行く人の立ちかてにする」
（九）第一七九五首「妹らがり今木の嶺に茂り立つ妻松の木は古人見けむ」
（一〇）第二四二七首「宇治川の瀬々のしき波しくしくに妹は心に乗りにけるかも」
（一一）第二四二八首「ちはやひと宇治の渡りの瀬を速み逢はずこそあれ後もわが妻」

（一二）第二四二九首「はしきやし逢はぬ児ゆゑにいたづらに宇治川の瀬に裳裾濡らしつ」
（一三）第二四三〇首「宇治川の水沫逆巻き行く水の事反らずそ思ひそめてし」
（一四）第二七一四首「もののふの八十宇治川の速き瀬に立ち得ぬ恋も我はするかも」
（一五）第三二三六首「（前略）山背の　管木の原　ちはやぶる　宇治の渡り（後略）」
（一六）第三二三七首「（前略）もののふの　宇治川渡り　娘子らに（後略）」
（一七）第三二四〇首「（前略）ちはやぶる　宇治の渡りの　激つ瀬を　見つつ渡りて（後略）」

まず宇治と言えば宇治川であり、その情景や道行きの様子を詠んだ歌ばかりであることがわかる。それらの内容をまとめると、川の流れは速くて歩いて渡れるほど穏やかな場所はなく、水泡は逆巻き押し寄せる波も激しかったようである。しかし水陸交通の要所であったため、渡河のためには船の渡しが必須であった。またその水量豊富な流れは清らかに感じられるため、旅人は立ち去りがたく眺めている情景も詠まれている。氷魚や鮎を捕る網代木の漁法がすでにこの頃から宇治川の風物詩となっていたこともわかる。川幅も広く分流もかなりあったようである。

次に平安時代前期の勅撰和歌集である『古今和歌集』には、

（一）第六八九首「さむしろに衣かたしき今宵もや我を松覧宇治の橋姫」
（二）第八二五首「わすらるゝ身をうぢ橋の中たえて人もかよはぬ年ぞへにける」
（三）第九〇四首「ちはやぶる宇治の橋守汝をしぞあはれとは思年のへぬれば」
（四）第九八三首「わが庵は宮この辰巳しかぞ住む世をうぢ山と人はいふなり」（喜撰法師）

など宇治を詠んだ歌は四首である。(2)宇治橋や橋守、橋姫、有名な喜撰山の歌など、宇治川周辺の自然まで範囲が広がっている。つまり『万葉集』と『古今和歌集』から古代の宇治は山紫水明の風光にはぐくまれた土地として認識されていたことがわかる。このような土地であるため後に貴族の別荘地や墓地として栄えていくのである。さらに日本へ茶が伝来すると地形や地質、気温等の自然条件に恵まれていることから、宇治でも茶の栽培が始まるようになる。

二　宇治における茶の伝来

都賀山の　尾上の茶の木　分け植えて　あとぞ生へし　駒の蹄影

明恵上人が詠んだとされる歌が黄檗山萬福寺門前にある「駒蹄影の碑」に刻まれている(3)。この碑は鎌倉時代前期に明恵上人によって栂尾の茶を分け植えたという宇治茶発祥の伝説を顕彰して大正一五年（一九二六）に建立したものであり、史実としての確証があるわけではないが今に語り継がれていることに意味がある。明恵上人がこの地の人々へ馬の蹄の跡に茶の種を蒔くことを教えたという伝説である。

宇治茶の初出史料は、豊原信秋の『信秋記』という南北朝時代の日記である(4)。応安七年(一三七四)四月一日に「覚王院僧正へ宇治茶遣之」とあり、贈答品として宇治茶を進呈したこと、五月四日には「宇治ヨリ茶七斤」が到来したことなどが記されている。南北朝時代に成立した『異制庭訓往来』には、「以二栂尾一為二第一一也。仁和寺。醍醐。宇治。葉室。般若寺。神尾寺。是為二補佐一。此外大和寶尾。伊賀八鳥。伊勢河居。駿河清見。武蔵河越茶。皆是天下所二指言一也。」とあり(5)、当時の茶の産地は十二ヶ所あり、栂尾を第一の本茶として、宇治はそれを補佐する地位であったことがわかる。

また室町時代の『尺素往来』には「宇治者當代来之御賞翫。栂尾者此間雖二衰微之體候一。名ノ下不レ虚之諺。」とあり、(6)宇治茶が最近の天皇のお気に入りであることと栂尾の茶は衰微したといえども名に違わないお茶であったことが記されており、室町時代になって宇治茶が栂尾茶に肩を並べたことを示している。

その後、室町将軍家、織田信長、豊臣秀吉、徳川家康など施政者のバックアップにより近世初頭には宇治茶の名声は世に広まり天下一の茶どころと名実ともになったのである。(7)しかしそれでもまだ茶園は名所にはなりえなかった。それでは次に近世の名所案内記から茶園がいつ頃から名所となっていったのかを分析する。

三　名所案内記に登場する宇治

近世になると京都を紹介する名所案内記が多数出版するようになるが、それらの書籍の中で京都郊外にある宇治の名所旧跡まで紹介されることが多くなる。(8)本章では、宇治が紹介されている名所案内記を時代順に縦覧することによっていつ頃から茶園が名所に加えられていったのかを明らかにしたい。

貞享元年（一六八四）に成立した北村季吟『菟芸泥赴』第四上には、宇治の由来から始まり、宇治橋、橋姫明神、宇治川、網代、塔島、夷島、橘小島崎、山吹瀬、平等院、鐘撞堂、法華堂、扇芝、水車、布計里、離宮、恵心院、興聖寺、朝日観音堂、朝日山、槙尾山、槇島、喜撰カ嶽、巨椋入江、木幡山、六地蔵、柳大明神、岡屋、黄檗山、三室戸山、千手堂など多くの名所について考証が加えられ、和歌を引きながら解説されている。(9)茶園については「宇治この頃は茶の所となり。」とあるのみである。翌年の貞享二年（一六八五）に刊行された孤松子撰『京羽二重』には、宇治十二景について「春岸山吹、清湍蛍火、三室紅楓、長橋暁雪、朝日靄暉、薄暮柴舟、橋姫水社、釣殿夜月、扇芝孤松、槇島瀑布、浮船古祠、興聖晩鐘」と紹介しており。[10] 釣殿観音や扇芝、橋姫、興正寺などの史跡、山吹や蛍、紅葉、雪の宇治橋などの季節の風物詩、柴舟や晒しなどの景物などが揃えられているが茶園はまだ入っていないのである。オランダ商館付きの医師であるエンゲルベルト・ケンペルの日記である『江戸参府旅行日記』の元禄四年（一六九一）二月二八日の条では、宇治のことを「最上の茶を産し、それを毎年将軍に献上するため幕府に納めるので、日本中に知られていた。」と記され、[11] 宇治が高級茶の産地という認識が定着していたことがわかる。

享保年間（一七一六年〜一七三六年）に出版された『山城名所寺社物語』巻之三では、宇治の名所として「黄檗山、宇治橋、宇治川、橋姫、平等院、興聖寺、三室戸、宇治山、恵心院、離宮社」などが紹介されている。[12] 項目としては上げられてないが宇治の説明のところでまず茶を紹介している。ここでは茶の歴史だけでなく「宇治の茶を第一とす。それゆえ茶師の家数千軒を並べ、茶摘みの頃は都より見物おびただし。」とあり、延享三年（一七四六）に本居宣長の書いた『都考抜書』にも「宇治ノ茶ハ第一也、故ニ茶師ノ家数千軒ヲナラベ、茶ツミノ比ハ都ヨリケンブツ多シ」と同様の記載があることからもこの頃には茶園だけでなく茶摘みしている情景までもが風物詩として世間に広まっていたことがわかる。[13]

さらに安永九年（一七八〇）に秋里籬島が著し、挿絵を竹原春朝斎が描いて出版され、その後版を重ねて広く流布した『都名所図会』では、項目として「茶摘み」が取り上げられ、木幡里、万福寺、三室戸寺、宇治川、興聖寺、橋寺、宇治川蛍狩、平等院、宇治川鮎料理などとともに代表的な名物として紹介されている。[14]（図1）この「茶摘み」では「木かくれて　茶摘もきくや　子規」と松尾芭蕉の句とともに覆下茶園で茶摘みする様子が描かれ、説明文には「都の巽宇治の里は茶の名産にして高貴の調進年毎の例ありて製法作境にならびなし」と名所

図1　「茶摘」『都名所図会』巻5

図2　「蜻蛉石」『拾遺都名所図会』巻5

案内記で紹介されるほど有名になっていたことがわかる。続編である天明七年（一七八七）の『拾遺都名所図会』では蜻蛉石を見物している人々の背景として覆下茶園が描かれているほど茶園は宇治の名所として定着していたのである。[15]（図2）

そしてこれら宇治に関連する名所案内記の集大成が文久三年（一八六三）に出版された暁鐘成著、松川半山画になる『宇治川両岸一覧』である。[16] 上巻には伏見より巨椋池、木幡、萬福寺、宇治橋、下巻には興正寺、平等院、鮎汲場などの宇治川沿岸の名所旧跡について記述され、サイズも『都名所図会』よりも小さく携帯しやすくなっている。上下の両巻とも扉絵に宇治茶が描かれていることからも、江戸時代後期では宇治を象徴するものとなっていたことがわかる。

以上のことより、宇治茶の名声が広まるにつれて茶園が名所に加えられるようになり、徐々に茶摘み姿の女性までもが宇治を代表する風物詩になっていったことが判明した。今日では茶摘みの姿と言えば、絣の着物を着て、赤い前垂れ、手甲、茜たすき、姉さんかぶり、といった姿が観光イベントなどで定番となっているが、このイメージはいつ、どのように作られていったのだろうか。次章ではさらに江戸時代の文献や絵画から茶摘み姿を分析し、現在では定番となっているイメージが固まるにいたった過程などを読み解いていきたい。

四　茶摘み姿のイメージの変遷

夏も近づく八十八夜
野にも山にも若葉が茂る

あれに見えるは茶摘みじゃないか
あかねだすきに菅の笠

小学校などでよく歌われる『茶摘』という童謡は、初夏の風物詩である茶摘みの様子を歌っている。明治四五年（一九一二）に刊行された『尋常小学唱歌　第三学年用』が初出だとされていて現在まで歌い継がれている。[17] 歌詞から新芽鮮やかな茶園で、菅の笠とあかね色のたすきをした茶摘み姿の女性たちが遠目にも華やいでいる様子が目に浮かぶ。宇治にも古くから伝わる茶摘み歌があり、歌詞に「今年お茶には茜の襷　今度五月にゃ黒だすき」とあることからあかね色のたすきは独身の女性が身につけるものであり、茶師の目にとまって婚姻すると黒襷になったことがわかる。[18]

それでは時代をさかのぼって江戸時代の茶摘みの様子はどうだったのだろうか。江戸時代を通じて多数描かれている絵画では、江戸時代前期に活躍した狩野派の絵師である久隅守景の描いた『賀茂競馬・宇治茶摘図屏風』（重要文化財・大倉集古館蔵）がもっとも古いものだとされている。[19] 左隻に宇治の場面があり、その第一扇に茶園で茶摘みをしている様子が描かれている。その茶園は覆下ではなく、野天のため男女は日差し除けの菅笠をかぶり、たすきで袖をたくし上げて作業をしている。また江戸時代前期に活躍した山本元休の描いた『宇治黄檗図屏風』（個人蔵）の左隻にも茶摘み風景が描かれ、萬福寺門前に広がる茶園で多数の男女が野天で茶摘みをしている。[20]

宝暦四年（一七五四）に出版された日本各地の産物や技術などを図示し解説を加えた平瀬徹齋が著して長谷川光信が挿絵を描いた『日本山海名物図会』巻二にも「宇治茶摘」が取り上げられているが、[21] ここではじめて覆下茶園が描かれている。（図3）茶摘みをしているのはすべて女性で頭の上には手ぬぐいを姉さんかぶりにして、首から茶摘み籠をぶら下げ、色は不明だが前垂れをしている。同じような構図で『都名所図会』にも覆下茶園で茶摘みをしている様子が描かれているが、[22] 説明文に「この里のしづの女白き手拭いをいただき赤き前だれを腰に翻して茶園に入り声おかしくひなびたる歌諷ひて興じける」とあることから前垂れの色は赤かったことがわかる。

また文政一三年（一八三〇）に発刊された喜多村信節が風俗習慣などについてまとめた『嬉遊笑覧』という随筆には、「宇治の茶つみは「狂歌咄」に宇治の里にそこら小屋多く造りて芦簾を入れ置たるは、八月一六夜の初霜より茶園に霜覆ひする為なり、土をそゝりやしなひを入草を引虫を払ひ云々、弥生の頃木の芽はづかに出れば茶つみの女共手ごとに籠をもちて摘たるをとり集め、甑に入焙炉をかけ茶師の家々数十人の女、鉄漿黒く薄くけさうし赤まへだれしてひとやうに出たち打ならび、鳥の羽もちて声おかしく曲おもしろく歌うたふて上中下の茶の葉を撰わくれば」と記している。[23] ここで赤前垂れをしているのは茶摘みではなく撰別をしている女性で、お歯黒を付けたおそらく茶師の女房を中心とした既婚の女性たちが化粧をして歌を唄いながら選別作業をしていたようである。前章で紹介した『宇

図３　「宇治茶摘」『日本山海名物図会』２

治川両岸一覧』下巻の扉絵では三人の女性が覆下茶園で茶摘みをしている絵が描かれているが、中央の腰掛けている年配の女性と左側の眉を剃った女性は色の濃い地味な前垂れをしているが、右側の若い女性は花柄の華やかな前垂れをしている。口を開けて三人で楽しく唄いながら茶摘みをしているように見える。[24]（図４）

以上の史料から覆下茶園で茶摘唄を歌いながら茶摘みをする女性たちは江戸時代中期頃に茶園が名所化していくのに従って宇治の初夏の風物詩として広まっていき、その過程で茶摘みの装束も見栄えのするものに変化していったのではないかと推察できる。

図４　『宇治川両岸一覧』下　扉絵

それでは次章にて江戸時代後期に宇治茶を普及するために考案された茶摘み姿の女性を彫刻した人形を紹介する。

五　茶摘みイメージの完成としての茶の木人形

茶の木で作られた茶摘み姿の人形を「宇治人形」や「茶の木人形」という。日本全国に日本茶の産地は多数あるが、宇治にしかない特別な人形である。（図５―１、５―２）かつては皇室や将軍家、大名家にまで愛玩されるほどの工芸品であったこの人形の創始には、江戸時代初期の茶人である金森宗和（一五八四～一六五六）説、もしくは

図 5-1　茶の木人形・上林清泉作

図 5-2　茶の木人形香合・上林清泉作

江戸時代後期の文人茶師であり宗和の子孫である上林清泉（一八〇一～一八七〇）説と諸説ある。[25] まずは作られた時期について分析していく。

湖月老隠により天保一二年（一八四一）に刊行された『茶家酔古襍』四輯の「根付工」には、「宗和、名重近金森長進の男、従五位下飛騨守、剃髪して宗和と号す。退隠ののち山城宇治の里に住す。茶道に高名なることは世の人のよく知るところなり。又清閑に乗じて宇治の茶の木をもって茶つみ女の躰を彫刻す。その風流の刀法世の人これを賞して宇治人形といふ」とある。[26] これが宇治人形（茶の木人形）の創始を金森宗和とする説の根拠である。しかし管見の限りでは宗和作と伝わる茶の木人形は現在まで発見されておらず、京都市上京区の萬松山天寧寺に祀られている茶の木で彫刻されたと伝わる千利休像があるのみである。この利休像を納めている箱の裏には、天保六年（一八三五）の「金森宗和公之伝記」という由来書が墨書され、この由来書には、先に紹介した『茶家酔古襍』とまったく同様の文言が記載されているのである。[27] つまり宗和が茶の木人形を作っていたという記述はすべて宗和の死後二百年のち、つまりもう一つの創始説である上林清泉が作り始めた頃の記述と言うことになる。

一方の上林清泉は、『上林牛加家系図』によると享和元年（一八〇一）に美濃国岩村の金森家の末である足立家に生まれる。文政一〇年（一八二七）に縁あって国学者橋本経亮の紹介で跡継ぎのなかった上林牛加家の猶子となって十代目牛加を継ぎ、宇治茶師だけでなく宇治郷取締方として宇治の産業や政治にも深く関わっていくようになる。(28)

また雅号を清泉や楽只軒と称し、慣れない茶師という家業を勤勉にこなしながらも数多くの絵画や彫刻品を残している。金森宗和に繋がる生家の血筋というだけでなく、円山応挙の門人であった父台州より幼い頃から絵画や学問の指導を受けていたことが影響していると推察される。代表作として天保八年（一八三七）に茶の起源、茶の伝来、茶師、茶道について記した『嘉木誌』(29)、天保一四年（一八四三）に茶の栽培により裕福になった佐智彦の物語を通じて茶の効用を説いた『茶の昔話絵巻』(30)があり、風景画としての茶摘み図（図6）や宇治茶の製造工程を具体的に描いた製茶図（図7）などは多数描かれ、清泉なりに宇治茶普及のためにできることを考えたのではないだろうか。

そして天保一四年に茶の枯木で茶摘み女の根付人形を彫刻し、京都町奉行田村伊勢守良顕を通じ幕府に献上したのである。これが賞賛を受け話題となったため、茶の納入の際に宇治人形を付けて届けるようになったと『系図』に記されている。牛加家には、この宇治人形の制作由来を記した清泉自筆の由緒書が残されており、ここには宇治人形が金森宗和によって考案されたこと、宝暦年間（一七五一～一七六四）には満田正軒、長谷川某によって模刻されていたこと、その人形の復活を望まれたことから人形を彫るようになったことなどが記されている。(31)

管見の限りでは、宗和の子孫である清泉が、宇治人形を権威付けるために先祖である宗和と結びつけたのではないかというのが妥当だと考えている。ちなみにこの人形を作り始めた時期である天保年間は茶園が名所化され

図６　茶摘み図(部分)・上林清泉作

図７　製茶図(部分)・上林清泉作

て見物人が多く訪れた時期と重なる。もちろん人形としてデフォルメされてはいるものの、茶の木人形は白い茶花柄の着物を着て、アネサンカブリに赤前だれ、手には茶を摘む籠を持っていることなど名所案内記などで紹介されている姿そのものといえ、宇治茶の普及にはうってつけのものといえるのではないだろうか。

おわりに

近代に入り新政府によって海外と貿易が開始されると茶も生糸と並ぶ重要な輸出品目となった。明治時代には茶の振興のため、宇治の茶作りを手本として茶摘みや製茶の解説書や絵画などが全国で多数作られるようになった。明治一〇年（一八七七）に開催された第一回内国勧業博覧会に出品された『大日本物産図会』という錦絵にも宇治茶が取り上げられている。[32]（図8）（図9）

明治二八年（一八九五）に京都市の岡崎で開催された第四回内国勧業博覧会を契機に宇治の街も急速に観光地化していき、明治二九（一八九六）年に奈良鉄道（現ＪＲ奈良線）、大正二年（一九一三）に京阪電鉄宇治線が宇治まで延伸し宇治観光が容易となった。明治三五年（一九〇二）には宇治保勝会が設立され、名所の顕彰や史蹟の整備などを行い、さらに宇治川の蛍狩りや鵜飼い、花火大会など積極的に観光振興を推し進めていくこととなる。[33]明治二九年に発行された一枚ものの刷り物である『宇治の真景』は、中心に宇治の地図を配置し、宇治橋、平等院、興聖寺、離宮八幡、黄檗山、三室戸寺、橋姫神社、宇治川上流など宇治の名所が描かれている。[34]まだ宇治川上流を中心とした勝景は紹介されるものの、観光の中心は社寺などの史跡へと代わってきつつあることがわかる。『尋常小学唱歌』で「茶摘」が歌われ、土産物として絵葉書が流行することなどが重なり、茶摘み風俗の

図８　「宇治茶摘みの図」『大日本物産図会』

図９　「宇治製茶の図」『大日本物産図会』

知名度はさらに全国区となったのである。明治三五年（一九〇二）刊行の文藝倶楽部増刊『京都と奈良』第八巻第六号には、「茶を売る家の外に、宇治人形とて、茶の樹に彫った茶摘女、奈良人形風の根付、今も名物の一品である。」とあり、[35]茶の香りのする平等院の門前などで宇治人形が求められたのである。しかし宇治人形は土産物というよりは工芸品としての性格をもっており、さらに茶木の材質は極めて堅く加工には高度な技術を要するなど技術習得の難しさもあることから高級品となり生業として成立しにくいため、現在まで廃絶と復活を繰り返している。

また宇治の茶園にて十年間ほど聴き取り調査を続けているが、実際のところ茶摘みのイベントを除くと一般的に動きやすく保温性が高いスポーツウェアなどを着て茶摘みをしている人が多数であった。平成二九年（二〇一七）に行った『第一回宇治茶摘み衣装調査報告』では、宇治地域で着物から現代の姿に変わる頃の聴き取り調査をまとめている。[36]この聴き取り調査の過程で、もともとの茶摘み装束は単なるコスチュームではなく実用的な部分があったことなどが判明した。例えば、菅の笠は強い日差しや風雨を避けるためのものだけではなく通気性が良かったことがわかり、手拭いをアネサンカブリにするのは、日差しだけでなく茶畑にいる虫を除ける役割があったのである。たすきは袖が邪魔にならないようにたくし上げるためのものであり、手甲は虫や枝などから手を守るためのものであった。前垂れは付けないことも多かったそうだが、着物が汚れないようにする前掛けやエプロンの用途であったものが、人に見られることから華やかな模様の入った布にかわり、さらに赤色となっていったのだと考えられる。

一般的に知られている典型的な茶摘みのイメージは江戸時代後期には完成していたことが絵画や名所案内記などから判明した。文人茶師である上林清泉は、宇治茶の普及のために茶摘みの姿を茶の木で細工して小さく福与かな縁起物の人形に昇華し、後に宇治土産の礎としたものだといえる。

（平等院ミュージアム鳳翔館学芸員）

註

（1）新日本古典文学大系一『萬葉集』一（岩波書店、一九九九年）、新日本古典文学体系二『萬葉集』二（岩波書店、二〇〇〇年）、新日本古典文学大系三『萬葉集』三（岩波書店、二〇〇二年）、新日本古典文学大系四『萬葉集』四（岩波書店、二〇〇三年）参照。

（2）新日本古典文学大系五『古今和歌集』（岩波書店、一九八九年）参照。

（3）「駒蹄影の碑」は大正一五（一九二六）年に宇治の製茶家の有志によって建立されたが、茶園の宅地化が進んだため、昭和三二（一九五七）年に現在の黄檗山萬福寺総門前に移された。北には副碑があり有志者八六名が記されている。

（4）『信秋記』（歴代残闕日記刊行会『歴代残闕日記』臨川書店、一九七〇年）参照。

（5）『異制庭訓往来』（塙保己一『群書類従』九、続群書類従完成会、一九二八年）参照。

（6）『尺素往来』（塙保己一『群書類従』九、続群書類従完成会、一九二八年）参照。

（7）『宇治市史』三（宇治市役所、一九七六）、『宇治市史』四（宇治市役所、一九七八年）、橋本素子『日本茶の歴史』（淡交社、二〇一六）参照。

（8）吉越昭久「近世の京都・鴨川における河川環境」（『歴史地理学』三九―一、歴史地理学会、一九九七年）、菅井聡子「江戸時代京都の名所案内記と遊歩空間―類型化と編纂史の分析を通して―」（『地域と環境』二、「地域と環境」研究会、一九九九年）、山近博義「近世名所案内記類の特性に関する覚書―「京都もの」を中心に―」（『地理学報』三四、大阪教育大学地理学教室、一九九九年）、山近博義「『都名所図会』の構成と本文にみられる諸特徴」（『地理学報』三六、大阪教育大学地理学教室、二〇〇五年）、塚本章宏「近世京都の名所案内記に描かれた場の空間的分布とその歴史的変遷」（『GIS―理論と応用』一四―二、地理情報システム学会、二〇〇六年）、長谷川奨悟「『雍州府志』にみる黒川道祐の古跡観」（『歴史地理学』五一―三、歴史地理学会、二〇〇九年）、長谷川奨悟「『都名所図会』にみる一八世紀京都の名所空間とその表象」（『人文地理』六二―四、人文地理学会、二〇一〇年）、長谷川奨悟「近世上方における名所と風景―秋里籬島編『都名所図会』・『摂津名所図会』を中心に―」（『人文地理』六四―一、人文地理学会、二〇一二年）など参照。
(9)『菟芸泥赴』（『新修京都叢書』一二、臨川書店、一九九四年）参照。
(10)『京羽二重』（『新修京都叢書』二、臨川書店、一九九三年）参照。
(11)東洋文庫三〇三『江戸参府旅行日記』（平凡社、一九八八年）参照。
(12)『山城名所寺社物語』平等院所蔵。
(13)「都考抜書」（『本居宣長全集』別巻一、筑摩書房、一九七六年）参照。
(14)『都名所図会』筆者所蔵。
(15)『拾遺都名所図会』筆者所蔵。
(16)『宇治川両岸一覧』筆者所蔵。上巻の扉には、宇治を代表する「蛍狩り」、「新茶」、「興正寺の山吹」が描かれており、下巻の扉絵には覆下茶園での茶摘み風景が描かれている。
(17)岩井正浩『子どもの歌の文化史』（第一書房、一九九八年）参照。
(18)研究叢書一『宇治地方の民謡』（宇治市文化財愛護協会、一九七六年）参照。
(19)『逆境の絵師久隅守景親しきものへのまなざし』（サントリー美術館、二〇一五年）参照。
(20)『宇治茶―名所絵から製茶図へ―』（宇治市歴史資料館、一九八五年）参照。
(21)『日本山海名物図会』筆者所蔵。
(22)前掲注（一四）参照。
(23)『嬉遊笑覧』四（『日本随筆大成』別巻、一九七九年）参照。
(24)前掲注（一六）参照。
(25)拙著「茶の木人形の歴史的変遷とその魅力」（『宇治茶の郷のたからもの―茶の木人形と永谷家の製茶機械―』京都府立山城郷土資料館、二〇一三年）参照。
(26)『茶家酔古襍』筆者所蔵。
(27)前掲注（二四）参照。

(28)『上林牛加家系図』上林牛加家所蔵。
(29)『嘉木誌』上林牛加家所蔵。
(30)『茶の昔話絵巻』上林牛加家所蔵。
(31)『宇治人形由来記』上林牛加家所蔵。
(32)『大日本物産図会』筆者所蔵。宇治の覆下茶園での茶摘み風景と製茶場の様子を描いている。全国的な茶産業の隆盛をみるなかに宇治製法は著しく普及するが、その実態は似て非なるものも多かった。各地で贋造茶が作られたのもこのような図会を参考にして模倣しようとしたためかもしれない。
(33)『宇治史蹟遊覧の栞』(福井朝日堂、一九二七年)参照。
(34)『宇治の真景』平等院所蔵。平等院の部分は、鳳凰堂中堂の基壇は乱積、堂前には石灯籠、阿字池をはさんで正面には明治二一(一八八八)年に建てられた「宇治製茶記念碑」があるなど当時の様子が詳細に描かれている。この碑は後に鐘楼下に移設されるが、鳳凰堂の昭和大修理に伴う境内の整備により、現在の平等院表門横広場へと居所が変わる。境内のそこかしこには桜が色鮮やかに描かれている。
(35)文藝倶楽部増刊『京都と奈良』八―六(博文館、一九〇二年)
(36)京都府地域力再生プロジェクト支援事業『第一回宇治茶摘み衣装調査報告』(NPO法人京都古布保存会、二〇一七年)参照。

稼ぐ地方の時代と農民美術
—嵯峨面の成立と展開をめぐる二つの論点—

青江　智洋

はじめに

今、地方は「稼ぐ力」を鍛えることが期待されている。それは地方創生の大号令のもと、地方における平均所得の向上を図る観点から「稼げるまちづくり」[1]を推進する内閣府の取り組みの中で示されている。これを受けて、地方自治体は「稼ぐ力」を高める手段として、とりわけ観光コンテンツの整備に力点を置いた観光地域づくりの事業化に邁進（迷走）している[2]。また、「稼ぐ文化」あるいは「文化財で稼ぐ」ことを標榜する文化庁等の方針[3]に基づき、文化財保護のあり方をめぐって地方は対応に迫られている。

同様に、かつて地方が「稼ぐ」ことを期待された時代があった。それは「副業奨励」が国策とされていた時代である。副業奨励は、「農民」というカテゴリに位置付けられた人びとの自給自足経済が、工業化や機械化の進展にともない行き詰まりをみせた大正初期にはじまり、昭和農業恐慌期にクローズアップされた地域経済振興政策であるが、京都では国内観光ブームに沸く新中間層の需要を獲得するための観光振興と結びついて展開した経緯がある。

例えば、京都における副業奨励事業の一つに土産品製作講習会がある。これは観光地付近の生活者、とりわけ「農民」に対して観光土産品の製作を副業として奨励するためのものであり、後述する日本農民美術研究所の指導によっておこなわれた。この講習会がきっかけとなり生み出されたものに嵯峨面がある。

結論から言うと、嵯峨面は副業奨励という国策に基づいて「稼ぐ」ことを期待された地方（自治体）が、農民美術というコンテキストの中で生み出したものに由来する。また、その展開には、嵯峨地域の生活者による多様な実践があった。

本稿は、副業奨励と農民美術という二つの観点からのアプローチによって、嵯峨面の歴史や文化的な位置づけに再定義を試みるものであり、この面の成立と展開をめぐる人びとの実践のあり方が今日の地域振興を考える上で重要な視座となることを主張するものである。また、地方創生につながるものして昨今にわかに注目されている「稼ぐ文化」、「文化財で稼ぐ」という政治的潮流について、本事例を通じて一歩踏み込んだ見解を示したい。

さて、本題に入る前にまずは嵯峨面の概要を述べておこう。嵯峨面は、京都市右京区嵯峨地域に伝わる張子面であり、京都を代表する観光地のひとつである嵯峨・嵐山の土産物、または縁起物として知られている。しかし、この面に新旧があることはあまり知られていない。それは、大正末から昭和初期にかけて地元の青年たちが生産していたものと、画業を本業とする藤原孚石《ふせき》（一九〇一〜一九八二）こと藤原喜三郎が昭和二〇年代に余技として製作するようになったものであり、おおよそ先の大戦をはさんで新旧に区分することができる。本稿では新旧の面を区別して表す場合、便宜上、戦前のものを旧面、戦後のものを新面と呼ぶことにしたい。

現在の嵯峨面は、喜三郎の息子で日本画家の藤原敏行（一九四二〜）が二代目孚石を名乗り、妻子とともに開運厄除面として製作を続けている。彼が手掛ける面は、おかめ、ひょっとこ、天狗、鬼、河童、翁、稚児、神仏、

藤原孚石作 嵯峨面（稚児・青鬼）　昭和時代　個人蔵

十二支など、初代が創作したものを含めて三〇種余りにのぼる。嵯峨面は昭和三〇年代以降、各種メディアに取り上げられて広く認知されることになったが、その実、この面の歴史や文化的な位置付けについて十分な検討がなされているわけではない。

そこで本稿では、第一章において嵯峨面の成立と展開にかかるアウトラインを示したい。そのために、まずは先行研究の到達点を確認した上で研究成果に含まれる問題点を指摘し、本稿の目的に引き付けて乗り越えるべき課題を示したい。

続く第二章では、旧面が農民美術というカテゴリに位置付けられることを同時代資料に基づいて論証するとともに、副業奨励政策との関わりを明らかにする。これを踏まえて、旧面をめぐる人びとの実践における限界性について言及する。

第三章では、フィールドワークに基づくアプローチと文献資料による精査によって、新旧の面にみられる連続性と断絶を明らかにし、新面をめぐる実践の可能性について言及する。

以上の観点から、先に掲げた本稿の目的を達成したい。

一　嵯峨面の成立と展開

（一）嵯峨面の成立をめぐる三つの課題

これまで嵯峨面は郷土玩具というカテゴリの中で研究対象にされてきた。なかでも比較的早い時期にこの面を郷土玩具研究の俎上に載せたのは武井武雄である。彼は昭和五年（一九三〇）に著した『日本郷土玩具』の中で「嵯峨の面は同地の青年会によって新作された一種の農民美術であって、天狗、お多福、ひょっとこの三種に過ぎないが、天狗は深張り大型でフォルムに特色があり、着彩は茶で眼に金を配してゐるなど類型のないものである」(4)と解説している。すでに述べたように、新面は戦後の産物であるため、ここで武井が取り上げているのは戦前までに廃れた旧面である。彼が述べる天狗面の特徴が的確であることは現存する面によって確かめることができる。(5)しかし、当時の面が三種に限られていたとする点、青年会によって創作されたという点に関しては検討を要する。なぜならば、後述する記録にこれとは異なる記述が散見するからである。それはさておき、彼がこの面に「一種の農民美術」という評価を与えながらその説明を省いている点は興味深い。このことは、当時「農民美術」が固有名詞としてある程度一般化していたことを示している。

嵯峨面の由緒に関して注目すべき見解を示したのは藤原喜三郎である。彼は面作りだけでなく、嵯峨地域史研究にも精通しており、昭和二五年（一九五〇）に著した随筆の中で「嵯峨面は釈迦堂面とも云はれ、釈迦堂大念仏狂言に用ひられしに始まる」(6)と言及している。ここで彼が嵯峨面のルーツとしてあげている大念仏狂言とは、嵯峨釈迦堂とも称される清凉寺の大念仏会に端を発する嵯峨大念仏狂言のことである。(7)嵯峨面を大念仏狂言と結びつけて論じたのは、管見の限り藤原の随筆が初見である。しかし、彼はその論拠を示していない。(8)確かにこの狂言は仮面を用いた無言劇として伝承されているが、使用される面はすべて木彫である。かつて張子面が使用されていたという記録を筆者は寡聞にして知らない。その意味で藤原説には疑問が残るものの、その後、この説は多くの論者によって支持されることになった[9]。

藤原説に軌道修正を加えたのは石沢誠司である。彼は昭和五二年（一九七七）に京都府立総合資料館（現府立京都学・歴彩館）で開催した展覧会「京の郷土玩具」[10]において、嵯峨面を次のように解説している。

嵯峨には釈迦堂に伝えられる大念仏狂言に使われる面を模して作られた嵯峨面がある。江戸時代には、大念仏狂言の幕間に近所の農民が自分たちで作った張子面をかぶり、飛び入りで即興の風刺劇を演ずることがあったといわれる。

天狗面（新製嵯峨天狗）　大正〜昭和初期　個人蔵

ここで示された「嵯峨面は清凉寺でおこなわれる大念仏狂言の面を模して作られたもの」という前提は、石沢より先に日本画家の西沢笛畝がすでに示しているが[11]、これに続く「江戸時代には狂言の幕間に農民が張子面を被って風刺劇を演じた」というエピソードは、嵯峨大念仏狂言に嵯峨面が用いられたとする藤原の主張とはやや異なるものであり興味深い。しかし、今となっては検証をすることが困難な情報でもある[12]。ここにあげた西沢説は石沢によって補完され、公的機関が示したものとしてある種の権威をもって支持されたのか、嵯峨面の由緒として今日ではなかば通説となっている。[13] さらに、石沢の解説は次のように続く。

嵯峨面はこうした背景をもとに、まず木原裸院、次いで芹川弘吉らが当時流行した農民芸術製作の一環として創り出したもので、愛宕の千日詣りなどに厄除けとして売り出された。戦時中一時姿を消したが、戦後新技法を加えて復活し、種類も二〇数種に増え、現在天竜寺で授与している。

文中に登場する二名については後でもふれるが、彼等は大正末から昭和初期にかけて嵯峨面の製作に携わった人物である。石沢の解説に従うならば、嵯峨面は江戸時代に地元の農民が製作した張子面をもとに、近代にて農民芸術（農民美術）の一環として彼等が創作したものであり、嵯峨大念仏狂言の面を模して作られたものであるという。また、戦前と戦後の面を連続性のあるものとして捉えている点は注目される。

これに対して慎重な立場をとるのは植木行宣である。彼は嵯峨大念仏狂言を論じる中で嵯峨面についてふれており、「狂言との関係となれば確かなことは全く不明」であるが、「いつの時代か狂言にこの面を使用した可能性も皆無とは言えない」とした上で、「大念仏の時期に向けて、狂言社中の家々が制作にはげみ、狂言にちなむ縁起物として期間中これを売り捌いたのは確かな事実で、それをやるのは社中に限られていた」と述べている。[14]

嵯峨大念仏狂言に嵯峨面を用いた可能性については筆者も植木と同じ立場をとるが、嵯峨面が大念仏の時期に向けて製作されたという点、面の生産者が狂言社中（狂言を伝える地域の有志による組織）に限られていたとする点については見解を異にする立場をとりたい。これは次節で分析する資料に基づいた主張である。

以上のような先学諸氏の研究成果を整理すると、ひとまず嵯峨面は次のように定義することができる。すなわち、嵯峨面は、嵯峨大念仏狂言に因み、嵯峨地域の限られた人びとが近代において一種の農民美術として創作し、狂言期間中や愛宕神社の千日詣に際して縁起物（厄除け）として販売した張子面であり、戦後は藤原家一統によって製作・販売されているものである。

しかし、この位置付けには再考の余地があると筆者は考える。それは次に示す三つの疑問に基づいている。一つ目は、嵯峨面が嵯峨大念仏狂言に由来するという根拠が示されていないことによる通説への疑問、二つ目は、新旧の面に連続性があるとする前提がどの程度妥当なのかという疑問、三つ目は、農民美術との関わりが指摘レベルに留まり具体的に示されていないことへの疑問である。これらのうち、本稿では特に三つ目の疑問を解明することが課題となる。

（二）　嵯峨面の展開をめぐる二つの論点

前節で取り上げたような学術的な観点からのアプローチではないが、旧面について最も詳しい情報を伝えているのは、昭和五年（一九三〇）に報知新聞社が刊行した『儲かる副業』[15]である。本書は、全国各地に駐在する同社の特派員約二〇〇名が各地でおこなわれている副業の実情を取材し、報知新聞各地方版に「報知講座／儲かる副業」と題して連載した内容を収録したものである。全三輯が刊行されており、第二輯に農民美術特集として関連記事が掲載されている。それは次のような内容である。

> おびただしい花見客、観楓客への土産品としてまづ土地の青年達が花見面（おかめ、ひょつとこ等）を作つたものであるが、去る大正十五年春、府ではこの花見面を農家の副業に適当であると見て大いに奨励した処、向上心に燃ゆる青年処女達は、この花見面だけでは満足せず、付近の広（隆カ）徳寺、天竜寺、大覚寺さては愛宕、松尾の古社寺等に蔵されてゐる、古能面などを模した面を作つて売出した―これが即ち今日の『嵯峨面』の濫觴である。

現在嵯峨面研究会は同人十名を以て組織し、事務所を同町役場内におき渡邉助役が中心となつて会の事務をとり同人中には画師も交つて研究を続けてゐる。面の種類は、天狗、おかめ、武悪、見得、猿、炭焼、愛宕天狗、笑武悪の九種—値段は四十銭見当で、嵐山みやげとしては、同町の松下萬松洞、西川松風亭、車茶屋等で売つてゐるが、名古屋方面からは個人の注文が続々とあり、先年の御大礼に、天覧御買上げの光栄に浴してからは、同町公会堂を製作場にあててゐるが、却々注文には応じ切れぬとこぼしてゐる。

それで同町字水尾圓覚寺の尼僧が内職にこれが下職（つまり木型に紙をはりつけるだけ）を引受け一日二円余を稼いでゐるが、これなどは流石に京都らしく筆者はうれしくこの話を聞いた。

以上であるが、この記事の内容は示唆に富んでいるため、関連資料による補足を交えながら少し詳しくみていきたい。まず、記事の中で注目すべきは、嵯峨面のルーツとして花見面の存在を伝えていることである。その具体的な形状等については知る由もないが、おかめやひょっとこ等をモチーフにしたもので、花見や観楓に嵯峨・嵐山を訪れる人びとの土産品として地元の青年たちが製作したものであるという。

大正一五年（一九二六）に花見面の製作を農家の副業として適当であると奨励したのは、当時、京都府農林課に設置されていた副業係である。詳細は後述するが、この係が副業奨励事業の一環として、嵯峨地域で土産品製作講習会を開催しており、そのテーマが面作りであった。これが事の発端となり、青年たちは周辺の寺社に蔵されている古能面を模した面を創作するに至る。それが嵯峨面のはじまりであるという。

記事に登場する嵯峨面研究会とは、講習会修了生の有志等が結成した組織である。報知新聞社の記者が調査をおこなった昭和四年（一九二九）時点で会員数一〇名、事務所を嵯峨町役場内に置き、渡邉助役が事務を執り、画家も加わって研究を続けているという。助役の渡邉とは、嵯峨鳥居本町の資産家渡邉定治郎（一八八八〜

一九七七）である。また、会員中の画家とは、日本画家の杉本哲郎（一八九九～一九八五）と二科会所属の洋画家芹川弘吉である。[16] この研究会が製作した面の種類は、天狗、おかめ、武悪、見得、猿、炭焼、愛宕天狗、笑武悪であったというが、真に諸寺社の古能面を模したものかどうかについては確証に欠ける。また、寺社の筆頭に清凉寺があげられていない点、嵯峨大念仏狂言面との関わりが全く示されていないどころか、それ以外の面が対象にされている点は特筆に値する。

研究会が生産した面のうち嵐山土産としては、松下萬松洞、西川松風亭、車茶屋等で販売していたとあるが、これらの店舗は現存せず、実態はよくわからない。[17] また、昭和三年（一九二八）におこなわれた御大礼において嵯峨面が天覧御買上げされたことにより、各方面から注文が殺到したため、町内公会堂を作業場に充てることになり、円覚寺の尼僧に製作の一部を下請けに出したという。

以上のように、この記事は嵯峨面の成立と展開を知る上で有益な情報を提供してくれる。なかでも行政機関が副業として面作りを奨励したこと、それを受けて地元の青年たちが創意工夫によって嵯峨面を生み出したこと、この二点はきわめて重要な論点である。そこで次節では、この二点の共通項である府主催土産品製作講習会と農民美術について検討したい。

二　農民美術としての嵯峨面

（一）　副業奨励と土産品製作講習会

副業奨励は、大正六年（一九一七）に農商務省（現農林水産省）農務局に新設された副業課が所管した政策である。主として第一次産業に従事する人びとの家庭経済を維持向上させるため、経済的に有望な副業を発展させていくことが目的とされた。その方法として、地方庁に副業専任職員を配置することを求め、同一四年公布の「副業奨励規則」に基づき、地方庁や指定する法人が実施する副業奨励事業に対して補助金を交付するなどして政策を展開させた。[18] これに関連して、大正一〇年（一九二一）に京都府農林課へ副業係が設置された。[19] この係の副業奨励に係る方針の第一義として土産品製作の奨励があった。そのことは、昭和二年（一九二七）に作成された京都府行政文書「浜田前知事・杉山知事事務引継演説書」[20] の中で具体的に示されているので次に確認しておきたい。

農林省指定副業奨励

イ、土産品製作奨励

本府下ニハ京都市ヲ中心トシテ其ノ近郊及天ノ橋立等天下ノ名勝頗ル多ク、之カ探勝ノ客四時絶エズ。其ノ数亦甚ダ多シ。而シテ各地ニ於ケル土産品売上高相当ノ額ニ達ス。然ルニ其ノ多クハ食料品或ハ絵葉書等ニシテ、多少ノ細工品アリト雖、地方生産ノモノ極メテ少ク、他地方ヨリ移入セラレツ、アルノ現状ナリ。故ニ府ハ主トシテ木竹其ノ他ヲ材料トシ、土産品ニ適スル郷土作品ヲ農家ノ副業トシテ製作セシメ、販売ノ斡旋ヲ為シ以テ、農家経済ノ助成ヲ図ルト同時ニ、農村ニ於ケル趣味ノ涵養ニ務ムル主旨ニ依リ、大正十四年ニ於テ府下葛野郡及与謝郡ニテ、大正十五年ニハ愛宕郡・久世郡ニ於テ講習会ヲ開催シ、同時ニ組合ヲ設立セシメ、之ガ製品ヲ販売セシメツ、アリ。本年ハ綴喜郡ニ於テ開催スルト共ニ既設組合ノ基礎ヲ確立セシムル為メ、事業費ニ対シテ奨励金ヲ交付スル予定ナリ。

これによると、府内観光地で販売されている土産品は相当の売り上げがあるものの、その多くは他地方で生産されたものであることから、観光土産に適した郷土作品を農家の副業として製作することを勧めるとともに販売の斡旋をおこない、農家経済の助成を図ると同時に農村における趣味の涵養に務めたいとしている。また、その方法として、大正一四年度に土産品製作講習会を開催し、同時に生産組合を設立させ、その事業に対して奨励金を交付するという。

つまり、国策として進められた副業奨励に係る補助金を京都府は観光振興に活用し、農家に対して土産品の製作を副業として奨励したのである。こうした流れの中で実施されたのが葛野郡嵯峨町（現京都市）における土産品製作講習会であった。

（二）　マスクと嵯峨面

講習会を開催するにあたっては技術に長けた講師が必要であろう。そこで府副業係が協力を仰いだのは日本農民美術研究所であった。この研究所は、洋画家で知られる山本鼎（一八八二〜一九四六）等が主導した農民美術運動の拠点となった機関であり、先述の「副業奨励規則」に基づいて指定された法人の一つであった。(21)農民美術運動の展開については別稿(22)で論じたのでここでは割愛して、要点のみ確認しておきたい。

農民美術とは、大正八年（一九一九）に長野県小県郡神川村（現上田市）において山本等が提唱した概念であり、同年に作成された「農民美術建業之趣意書」(23)によると、「農民の手によって作られた美術工芸品の事であって、民族若くは地方的な意匠、素朴な細工、作品の堅牢などが其特徴」であるという。また、運動の目的は「汎く農民をして農務の余暇を好む所の美術的手工に投ぜしめて、各種の手工品を獲、これを販売流布しつつ終に民族と時代とを代表するに足るPeasant art in Japan（日本農民美術）を完成し、以て美術趣味と国力とに裨益せんとする」こととし、それを達成するための方法として「農民美術学校及、製作品の販売部を設けようと思って居る（中略）常に製作法を研究して是を教授し、以て各地に供給すべき専門的の農民美術家を養成する」という。要するに当時の農民美術運動は、いわゆる農民（第一次産業従事者）が閑散期を利用して、民族的・地方的な趣向を凝らした美術工芸品を製作・販売することによって、趣味の涵養と副業による実益を得るという活動であったと言えよう。

この運動に関係する資料群は上田市立美術館が所蔵しており、その中に「京都府主催土産品製作講習会計画」[24]がある。これは研究所が作成した講習会の計画書である。ここには嵯峨面の名称はないものの講習品種としてマスク五種とあり、講習予定日を大正一五年一月一五日から同月二四日まで一〇日間とし、講習生の定員を二〇名と定めた記述がある。[25]また、講師に加藤俊雄、助手に柳澤甫[26]を任命し、経費として講師への報酬や材料費等に約五〇〇円が必要となる旨を記している。さらに別添資料にはマスクの製作に係る準備物が列記されている。それは、丸ノミ、平ノミ、切り出し、金槌、ハサミ、曲尺、仕事台、糊台、刷毛、筆、絵具皿、乳鉢、鉛筆など計一四種であり、材料として、桂、日本紙、絵具四種、胡粉、生麩糊、アラビアゴムなど計九種である。

この準備物を見てわかるように、講習会ではまず木製の面型を製作することが課せられたようである。しかし、計画書にはマスク五種とあるだけで、モチーフを示す具体的な記載はない。

そこで参考にしたいのが、京都市立嵯峨小学校内資料室に保管されている木製面型五種である。これらのキャプションには、アゴナガ（顎長）、ハナアカ（鼻赤）、ツボグチ（壺口）、ヌーボ、笑武悪という名称が付されており、裏面には大正一五年二月という年紀・面の名称・製作者として松井または古川の名が彫られている。彼等はこの面型の寄贈者でもあり、松井は嵯峨大念仏狂言社中の松井宇一郎（一九〇一～一九七五）、古川は北嵯峨住の古川四郎兵衛である。面型が五種であるという点と年紀から推測して、講習会で製作されたマスク五種はこれらを

マスク面型（ツボグチ・ハナアカ・アゴナガ）
大正15年（1926）制作　京都市立嵯峨小学校蔵

指していると考えてよかろう。

この面型のデザインは、講師である加藤が担当したようである。そのことは彼と研究所の間で交わされた書簡[27]から知ることができる。彼は講習会の題材とするマスク（面型）の見本を創作するにあたり、参考とすべき手本の送付を研究所に願い出ている。これに応じたのは研究所員の倉田白羊（一八八一～一九三八）であった[28]。つまり、マスクの原型は倉田が示した手本をもとに加藤が手を加えて創作したものであると考えられる。おそらく倉田は何らかの面を参考にして手本を示したのであろうが、それが先述の花見面であったのか嵯峨大念仏狂言の面であったのかは定かでない。アゴナガやハナアカ等の特徴を見る限りにおいて、それらが参考にされた可能性は低いのではないかと考えられる[29]。

ちなみに、当時の加藤は京都市立第二工業学校木材工芸科の教諭であったが、大正一四年に農民美術研究所でおこなわれた夏季工芸学校なる短期講習会に参加してマスクの製作技術を学んだ経験があった[30]。その経験が買われたことと、研究所員の中から講師を派遣する人的余裕がなかったことから、彼が講師に抜擢されたのだと考えられる[31]。ところで、府副業係や研究所は、この面を「マスク」または「張子風俗面」と表現しており[32]、嵯峨面の名称を一切使用していない。これは何を意味するのだろうか。このことを理解するために、嵯峨面をめぐる組織について次にみていきたい。

(三) 嵐山農美生産組合と嵯峨面研究会

日本農民美術研究所の機関誌『農民美術』第三巻第二号(一九二六年発行)には「農美生産組合消息」[33]と題する項目があり、嵐山農美生産組合なる組織の活動を伝えている。関連資料として重要なものであるため全文を次に紹介する。

嵐山農美生産組合

去る冬期生産として当組合は、ヌーボ六十個、顎長六十個、鼻赤六十個、ツボ口八十個、その他五十個が上等製品として市場に出ました。大部分四月中に飛ぶ様に売り切れとなり、後の生産は組合員が農繁期に入りましたので続きませんでした。この外に不合格品約二百個ばかりありますが、何とも手のつけ様がないので胡粉を塗ったままで放つてあります。

一方組合員の一部たる嵯峨町組合の組織して居る嵯峨面研究会では大量生産もやや可能の様で四月中に、炭やき・おかめ・あたご天狗(つぼ口変形・おかめ・天狗新型)の三種を約千個も製作して販売しつくした様です。売店は五軒を指定して居ましたが、それに応ずる丈の製品が出来なかつたやうです。出来さへすれば幾らでも売れる見込みはあります。販売店も希望者が沢山ある様です。現今尚盛んに生産を続けて居ます。さういふわけで将来は嵯峨が組合の主体となろうと思ひます。

何れまた青葉の嵐山、涼みの嵐山、紅葉の嵐山と四時人出のある事ですから、従つてだんだん売れ行きあんばいや、人の好みも知れる事と思ひますが、今は最もよく嵯峨天狗が歓迎されてゐるやうです。

御参考までに値段を付記します。

組合原型の分　　各一個　二十五銭
嵯峨面研究会の分　各一個　三十銭
嵯峨天狗　　　　　一個　三十五銭
新製嵯峨天狗　　　一個　四十五銭

この記事からは、ヌーボ等の面を生産する組織として嵐山農美生産組合があったことがわかる。この組合は、大正一五年の冬期生産分として四月までに約五〇〇個の面を製作して、うち上等品三一〇個を完売させたという。ところが、組合員の大半が農業従事者であったのか、農繁期に入ったことにより生産を継続することができなくなったようである。一方、別組織である嵯峨面研究会は、約千個もの面を生産して完売させたという。

ここで二つの組織について整理しておきたい。まず嵐山農美生産組合であるが、これは土産品製作講習会の修了生によって組織されたものであり、彼らが作るヌーボ等の面がマスクと呼ばれるものであった。この記事の末尾にある「組合原型」はそれにあたるものであろう。組合の名称から考えて農民美術研究所とのつながりが深く、副業奨励金を紐帯として府副業係の意向が反映された組織であったと思われる。これとは別に、嵐山農美生産組合員の一部も所属する嵯峨町組合の中に組織されたのが嵯峨面研究会であり、彼らが製作する面こそ、研究会の名称にもなっている嵯峨面であった。

しかし、なぜ二つの組織が必要とされたのであろうか。この疑問を解く鍵は、嵯峨面作りに携わっていた画家の杉本哲郎による回顧録「嵯峨面昔話」(34)の中にある。抜粋して次に紹介したい。

何か嵯峨に相応しい郷土品を創作して、貧しい農民の家計の一助としたいと、なかなか殊勝な主旨から渡辺さんの発案で嵯峨面を復興させることとなった。

芹川弘吉氏、木原裸院氏と私の三人が指導を引き受け、先ず手始めに愛宕山の天狗に因んで、天狗面を作ることとなった。中院の藪の中に住んでいた宗教家の木原氏が木彫りの原形（型）を作り、芹川君と私が彩色を担当した。

いわゆる郷土を象わす嵯峨の土産物にしようと言うわけで、町費から若干の資金、材料費を支出し、役場の二階を提供されて仕事を開始した。

一日の農業を終えて一と風呂浴びた浴衣がけの有志男女が大勢集まって来た。皆陽焼けした顔を暗い電灯の下に集めて、せっせと紙張仕事から始めた。乳鉢で顔料を溶く人、ニカワを煮る人、慣れぬ手付で筆を持つ人。（中略）七月三十一日の愛宕の千日詣の日を当て込んで、そこで売り出そうと言うのである。

渡辺さんの宏い格子戸に葭簀張りに針金でつるして展列、平素さびしい鳥居本も時ならぬ雑踏が終夜続く。電線を屋外に引いて裸電球を灯し、渡辺さんはじめ私達まで声張り上げて、「郷土作品嵯峨面は如何、愛宕の魔除天狗は如何…一個五十銭」と客を呼んだが、雑踏の割りに売行はまあまあと言うところだった。渡月橋付近の土産物店にも陳べたが、結局あまり売れなかった。

その後、木原裸院氏が東京へ、私が長野県へ転居し、戦争前に芹川弘吉君が死去し、そして嵯峨面の天狗はいつとはなしに店頭から消えて了った。

この文章の冒頭で杉本は「嵯峨面を復興させることとなった」と述べているが、この「復興」が意味するところに二つの組織が成立した理由が示されていると筆者は推測する。つまり、嵐山農美生産組合は、主に農業従事者で構成されていたことから、農閑期には順調であった製作活動が農繁期に入ったことで滞ってしまった。それは農家の副業として奨励された活動ゆえに当初から想定されたことであろうが、この面に想定外の反響があったことから、製作活動を再開させようという気運が高まり、渡邉定治郎を筆頭に農繁期でも関係なく製作に携わることができる立場にある人びとを構成員とする組織が結成された。それが嵯峨面研究会ではなかろうか。つまり、杉本が表現した「復興」とは「再開」を意味するものであると筆者は考える。現に研究会のメンバーには、地主等の富裕層、画家、宗教家[35]、役場職員が所属しており、農業とは無縁の者が構成員の大半を占めていたようである。メンバーのうち数名は講習会参加者の可能性もあるが、杉本のように協力者として加わった新参者もいたのではないかと思われる。そして、研究会メンバーの指導によって、参加可能な地域住民を集めた面作りが再始動したのである。この活動には「貧しい農民の家計の一助」という大義名分もあったが、地域振興や観光振興に資する側面もあり、嵯峨町役場から経済支援等を受けていたようである。[36]

また、研究会には創作意欲をもった芸術家が所属していたことから、地域性が乏しいヌーボ等の面とは別に、「郷土らしさ」を象徴する愛宕山の天狗をモチーフにした面などが創作されたものと思われる。[37]その際、マスクを否定するのではなくリスペクトしていたことは、「農美生産組合消息」にあったように、ツボグチを変形させたものとして炭焼面を創作していることからうかがえる。さらに、彼等は名称についても朴訥なマスクや張子風俗面を改め、嵯峨面という郷土らしい名称に変更し、それを研究会の名称に掲げたのではなかろうか。

ここで改めて整理をしておきたい。つまり、マスクと呼ばれるものは、土産品製作講習会で創作されたヌーボ等を指しており、嵐山農美生産組合が製作する面のことである。一方、嵯峨面と呼ばれるものは、マスクをベースに嵯峨面研究会が創作した面を指すものであると区別することができるだろう。これによって、この面には新旧の区別に加えて、さらに段階があることが明らかになった。

（四）嵯峨面の盛衰

昭和三年（一九二八）に京都御所でおこなわれた昭和天皇の御大礼にともない、御苑内朝集所に天覧品として府内の特産品や工芸品などが陳列された。当時の天覧品目録を見ると、この中に葛野郡嵯峨町大字天龍寺の芹川弘吉と小澤傳治郎が製作した嵯峨面各五個があり、一個につき四〇銭の値で御買上されたことがわかる。また、この目録に付されている陳列風景写真を見ると、面の種類は、新製嵯峨天狗（愛宕天狗面）、ひょっとこ、おかめ、猿、武悪であったことがわかる。[38]

京都市内が御大礼の奉祝気分に包まれていた昭和三年一一月、新京阪鉄道が桂と嵐山を結ぶ路線を開通させた。これにともない、大阪方面より嵯峨・嵐山を訪れる観光客が急増したことから、天覧品となり知名度を上げた嵯峨面は格式ある土産物として一躍脚光を浴びることになった。当時の状況は前掲した『儲かる副業』の記事にあったように、尼僧へ下請けに出してもなお注文に応じ切れないというものであった。しかし、それは一時的な現象に過ぎなかったのか、杉本の回顧録にあったように「渡月橋付近の土産物店にも陳べたが、結局あまり売れなかった」という状況に陥ったようである。そして、杉本が昭和四年に信州へ移ったこと、木原裸院が東京へ転居したこと、昭和一〇年代に芹川弘吉が早逝したことにともない研究会の活動は勢いを失ったようである。

嵐山農美生産組合の活動は、少なくとも昭和八年（一九三三）まで記録によって辿ることができる。[39] しかし、農民美術研究所が昭和一〇年に国庫補助（副業奨励金）を打ち切られ、同一四年に閉鎖状態に陥ったことから、[40] 組合はその前後に消滅したものと考えられる。一方の嵯峨面研究会は、昭和六年に嵯峨町が京都市へ編入されたことにより、町からの補助金等支援を受けることが困難になって解散に追いやられた可能性が指摘できる。[41] ここに行政機関との連携、すなわち補助金体制の限界があると言えよう。

三　嵯峨面の可能性

　前節までは、旧面をめぐる人びとの実践について述べてきたが、ここからは新面を取り上げ、新旧の面にみられる連続性と断絶について探っていきたい。まず、藤原孚石こと喜三郎が嵯峨面を復活させた経緯とその後の動向について押さえておこう。彼は織物や染物を使って描く綵絵《あやえ》を得意とした画家であり、昭和初期に嵯峨二尊院門前善光寺山町に居を構えたことが縁となり、緋染めに関する調査のために愛宕山麓の嵯峨水尾を訪ねたところ、円覚寺の尼僧から嵯峨面の木型の存在を教えられた(42)。そこで彼は文献や地域の古老の話を頼りに嵯峨面について調査を重ね、大覚寺門前の松井宇一郎家で木製の面型を発見する。これは土産品製作講習会で指導されたアゴナガ・ツボグチ・笑武悪の面型であった。彼はこれを譲り受けるが、この面型を用いて当時の面を復活・継承することに尽力したわけではなかった。それとは別に嵯峨大念仏狂言の演目に因んだ面を創作するなど、旧面にはなかった独創的な面を作ることに心血を注いだようである(43)。このことは彼が芸術家であり、郷土史家であったことによるものだろう。

　彼にとって面作りは余技であり、当初は知人に渡すための嵯峨土産として製作するに過ぎなかった。ところが、人づてに訪ねて来た京都駅の駅長から依頼を受けて、鉄道省が主催する全国物産展に嵯峨面を出品したところ、彼の面はにわかに評判になった(44)。それと前後して、昭和三〇年代には、天竜寺門前で民芸品店を経営する石川春之助の勧めにより、嵐山土産として石川の店（現いしかわ竹之店）で嵯峨面を販売することになった。藤原が商品として嵯峨面を製作するようになったのはこの頃である。[45] ほかに天竜寺の社務所で厄除面として販売（授与）されるようにもなった。[46] また、昭和四七年（一九七一）にＮＨＫの大河ドラマで『新・平家物語』が放送されると、舞台となった嵯峨野周辺を訪れる観光客が急増して、天竜寺で嵯峨面が飛ぶように売れたという。さらに、昭和五三年（一九七八）に女性誌『nonno』[47] で嵯峨面が取り上げられたことにより、当時、俗にアンノン族と呼ばれた若い女性たちが藤原家を訪ねて来ることもあった。[48] こうした状況の中で、藤原は本業が手に付かなくなるほど面の製作に追われるようになったという。

藤原の嵯峨面は、芸術的な観点とともに、手仕事による「伝統」と「素朴さ」という観点から各種メディアが好んで取り上げる題材となり、各方面から多様な期待が寄せられるようになった。例えば、平成一七年に施行された京都市伝統産業活性化推進条例に基づき、嵯峨面作りが京都市の伝統産業に位置づけられた。[49] 近年では嵯峨面を伝統的な工芸品として評価する言説も散見されるようになった。

昭和五七年に初代孚石が没した後、息子の敏行が二代目孚石として妻と共に嵯峨面作りを継承した。彼もまた日本画家であり嵯峨面作りは余技としているが、縁あって京都高島屋等で作品展を開催するなど精力的な活動を展開している。近年では二代目の長男（一九七九〜）も面の製作に携わるようになった。

現在の嵯峨面は、かつてのような土産物として安価に販売されるものではなく、開運厄除けという信仰的側面と工芸としての側面からそれ相応の価値をもって世に出ている。その意味で観光土産としての期待度は低い。しかし、旧面のように行政機関主導の事業ではないため、その活動にリミッターは存在しない。その意味に限って言えば、新面は多様な展開の可能性を秘めていると言えよう。

おわりに

ここまでのアプローチによって、嵯峨面の成立と展開には四つの段階があることを明らかにすることができた。すなわち、嵯峨地域の青年たちが独自に創作した花見面にはじまり、府副業係と農民美術研究所がコラボレーションして創作したマスク（張子風俗面）、そこから派生して嵯峨面研究会が創作した嵯峨面（旧面）、そして、戦後の藤原による嵯峨面（新面）である。厳密な意味において、農民美術と関わるものはマスクと旧面である。いずれも行政の支援を得て展開した経緯があり、そこにこの面をめぐる実践の限界と副次的な可能性が指摘できる。つまり、農民美術としてのマスクは、行政機関主導の補助金体制のもとで成立・展開したものであったため、社会情勢の変化にともなう改組や事業方針の変更により、援助が打ち切られて活動停止を余儀なくされるリスクをもっていた。その意味で農民美術としての活動には限界があったと言えよう。それは旧面においても同様である。旧面はどちらかというと地域住民の主体性に基づいた活動であったが、嵯峨町役場の支援を得ており、補助金体制から脱却できていないという点において同様の限界をもつものであった。しかし、否定的な捉え方ばかりではない。例えば、この面の製作に携わった者の中には、趣味の涵養や副業による実益を享受することによって生活水準を向上させた者もいたであろう。また、地域住民が地域振興に主体的に取り組むことができる環境をつくったという観点からすると、行政機関や農民美術の取り組みは彼等のエンパワーメントに資することができたとして一定の評価が得られよう。このことは、今日の地域振興を考える上で重要な視座となろう。

一方、嵯峨面と称されるものは新旧面に限られるが、新面は農民美術の範疇にはなく、行政との関わりも浅い。つまり、新旧面の決定的な違いは農民美術であるか否かということ、行政機関の介在の深浅ということになる。

また、新旧面の連続性（共通性）は、名称・素材・手仕事による製作技術・厄除けという意義・素朴さなどに限られる。この素朴さというある種の拘束性は、かつてこの面が「郷土らしさ」を象徴する土産物であったことや郷土玩具という外部からの位置付けなどが関係して維持されているものではなかろうか。ちなみに、これらの面のルーツとされる花見面については、資料的な制約から実態と関係性を明らかにすることができなかった。

これらのことを踏まえて、嵯峨面の定義をアップデートしておきたい。すなわち、嵯峨面とは、副業奨励という国策に因み、大正一五年に開催された京都府主催土産品製作講習会において、農民美術というコンセプトのもとで創作されたマスク（張子風俗面）がきっかけとなり、嵯峨地域の住民有志が創意工夫によって生み出した張子面である。この面は嵯峨・嵐山の土産物、あるいは縁起物（厄除け）として製作・販売されたが、戦前には製作活動が途絶えた。戦後は藤原孚石によって嵯峨大念仏狂言に因む面として創作され、現在では藤原家一統によって開運厄除面として製作・販売されているものである。

以上のように、本稿では嵯峨面の成立と展開をめぐる人びとの生活実践について、副業奨励と農民美術という二つの観点からアプローチし、嵯峨面の位置づけを再定義することができた。最後に、本事例で得た知見に則して、冒頭で示した「稼ぐ文化」・「文化財で稼ぐ」という政治的潮流と観光・地域振興の今日的課題について考えてみたい。

これに関連するものとして記憶に新しいのは、平成二七年四月、地方創生セミナーの質疑応答における山本幸三地方創生担当相の発言である。それは、「文化観光を進めなければならないが、一番のガンは学芸員という人たち。観光マインドが全くない」(50)という趣旨の内容であった。この発言に影響を与えたとされるのが、デービッド・アトキンソンによる「稼ぐ文化財」(51)、「文化財を保護すべきものから稼げる観光資源にすること」(52)という文化財行政に転換を迫る提言である。その潮流は物議を醸しながらも、傍流から本流へと様相を呈しつつある。例えば、この国の文化財や特色のある文化等を有用な地域文化資源として活用し、地域振興や訪日外国人観光客需要の獲得につながる新しい経済的価値を創造していくという政策（「文化経済戦略」[53]）が内閣官房や文化庁を中心にすでに始動している。さらに、文部科学大臣の諮問を受けて設置された文化審議会文化財分科会企画調査会で「これからの文化財の保存と活用の在り方」が検討され、その中間まとめが平成二九年八月三一日に公表されたが、ここでは文化財を「地域の文化や経済の振興の核[54]」とする方向性が示されており、文化財の活用を通じて「稼ぐこと」を行間に含んだ内容となっている。この中間まとめに関するパブリックコメントにはさまざまな意見が寄せられ[55]、それを踏まえたものとして同年一二月八日には「文化財の確実な継承に向けたこれからの時代にふさわしい保存と活用の在り方について（第一次答申）」が公表された。これを経て平成三〇年三月六日には「文化財保護法及び地方教育行政の組織及び運営に関する法律の一部を改正する法律案」が閣議決定された。法案が成立すると、文化財保護法の改正とともに、従来は教育委員会の所管とされてきた地方自治体の文化財保護事務が観光やまちづくりなどを所管する首長部局でも担当可能になる。もちろん、すでに首長部局の中に文化財関連部署を位置付けている自治体もある。

これに関して筆者が懸念しているのは、文化財の保存と活用をめぐる持続可能性の問題もさることながら、文化財の活用をめぐって教育や公共性の担保という観点と「稼ぐ」という発想との親和性、または整合性がうまく図れるのかという点である。また、「稼ぐ文化・文化財」という潮流は、経済的利益という価値基準によって文化や文化財の優劣を拡大させていくおそれがあるとともに、それは富裕層の需要を獲得する可能性がある一方、経済的弱者が文化や文化財に学び親しむ機会を剥奪するおそれがあるのではないかという危惧もある。来るべき

「稼ぐ地方の新時代」が失策の轍を踏まぬよう、その動向を注視していきたい。

（京都府立丹後郷土資料館学芸員）

註

（1）「稼げるまちづくり」は、平成二八年に策定された「まち・ひと・しごと創生基本方針２０１６」の中で示され、平成二九年一二月二二日に閣議決定された「まち・ひと・しごと創生総合戦略２０１７改訂版」：https://www.kantei.go.jp/jp/singi/sousei/info/pdf/h29-12-22-sougousenryaku2017hontai.pdf（二〇一八年一月一九日閲覧）に引き継がれている。詳細は、『地域の経済２０１７ - 地域の「稼ぐ力」を高める - 』（内閣府政策統括官　二〇一七年）にまとめられている。

（2）国土交通省観光庁：http://www.mlit.go.jp/kankocho/shisaku/kankochi/index.html（二〇一八年一月一九日閲覧）

（3）文化庁「平成３０年度文化庁予算（案）の概要」ならびに「平成３０年度文化庁概算要求の概要」：http://www.bunka.go.jp/seisaku/bunka_gyosei/yosan/index.html（二〇一八年一月一九日閲覧）の中で示されている。

（4）武井武雄『日本郷土玩具〈西の部〉』地平社書房　一九三〇年　一〇六頁

（5）天狗面（別称嵯峨天狗面）は、嵯峨地域の個人宅等にわずかながら所蔵されている。その多くは、宗教家であった木原裸院が製作した面であると考えられる。また、鮮やかな色彩を施した新製嵯峨天狗面（芹川弘吉作）については、博物館さがの人形の家等に所蔵されている。図版「天狗面」参照

（6）藤原は、「嵯峨と無駄言」（『京都』第三号　白川書院　一九五〇年　五七頁）においてこの説を主張している。

（7）嵯峨大念仏狂言は、演者や囃子などの一切を地域住民の有志が務めてきた。かつては社中と称される地域組織があり、演者は社中の長男に限られていたが、こうした風習は昭和三八年に狂言が中断したことによって廃れた。昭和五〇年に狂言を復活させる際には社中に代わる組織として嵯峨大念仏狂言保存会が発足した。

（8）藤原は、「嵯峨面の家元綵画家藤原孚石氏を訪ねて」（『そめとおり』第一六八号　染色新報　一九六四年　八五頁）において、

雑誌記者のインタビューに応じる中で「釈迦堂に伝わっている、あの素人狂言ですが、この狂言と面とは大いに関係があると、これは私の考えです」と述べている。このことから、大念仏狂言と嵯峨面の結び付きは、彼による仮説であるとも考えられる。また、かつて清凉寺門前に面を売る者がいたことを示す幕末ごろの記録があるとして、これを根拠に嵯峨面の濫觴を江戸時代に求めている。遺憾ながら、筆者はそれに該当する記録を探し出すことができなかった。

（9）藤原説を支持する論者は次の通りである。西沢笛畝『日本郷土玩具事典』岩崎美術社　一九六四年、高桑義生『新・京都歳時記』二　光村推古書院　一九六九年、斎藤良輔編『郷土玩具辞典』東京堂出版　一九七一年、奥村寛純『京洛おもちゃ考』創拓社　一九八一年ほか。

（10）京都府立総合資料館『京の郷土玩具』一九七七年　六一頁

（11）西沢笛畝『日本郷土玩具事典』岩崎美術社　一九六四年　一〇四頁

（12）平田嘉一「京都の面」（『竹とんぼ』第Ⅱ二三号　日本郷土玩具の会　一九七七年　一一頁）には、「嵯峨の農民らが手づくりの紙面をかぶって祭礼を祝い、愛宕まゐりの善男善女に売られようになった」とあるが、やはり検証可能性に乏しい。

（13）嵯峨面を販売する「いしかわ竹之店」：http://www.takenomise.com/online/item/shopsagamen.htm（二〇一八年一月一九日閲覧）では、「嵯峨面の由来」として「嵯峨面とは、嵯峨大念仏狂言に用いるものを、原始的な手法をもって別作したもの」と説明している。ほかにもこの説を支持する論者は多い。例えば、鵜飼均「嵯峨面」（八木透監修・鵜飼均編著『愛宕山と愛宕詣り』佛教大学アジア宗教文化情報研究所　二〇〇四年）も同様の立場をとっている。また、各種メディアでも同様の説明がなされている。例えば、ＮＨＫ「新日本風土記アーカイブス」：http://www2.nhk.or.jp/archives/michi/cgi/detail.cgi?dasID=D0004500329_00000（二〇一八年一月一九日閲覧）、「京のいっぴん物語」第一三三回（ＫＢＳ京都二〇〇九年四月一三日放送）などがある。

（14）植木は「嵯峨大念仏狂言」（『民俗芸能』六一号　民俗芸能学会　一九八一年　五五頁）の中で、情報提供者である松井秀夫の嵯峨面に関する言説を紹介している。それは「母が一寸ぐらいの和紙を木型に貼り重ねて作っていた」というものである。確かに松井家は社中の家系であり、秀夫の父である宇一郎は大正一五年に嵯峨面の製作に携わっていたようである。そのことは、宇一郎が残した木製面型が現存すること、面型の裏に彫られた年紀からうかがえる。この面型は後に藤原孚石と京都市立嵯峨小学校に寄付された。その後、藤原家の一点は京都府に寄付された。

（15）『儲かる副業』第二輯　報知新聞社　一九三〇年　一〇五～一〇六頁

(16) 彼等は渡邉の自宅離れに下宿していた時期があり（杉本は大正一四年の暮れから）、そのつながりから嵯峨面作りに携わるようになったものと思われる。そのことは、正井尚夫『杉本哲郎の生と死』（ミネルヴァ書房　一九八五年　八三頁）に記されている。

(17) 藤原敏行によると、西川松風亭は現在の嵐電（京福電気鉄道嵐山本線）嵐山駅前にかつて存在した西川人形店であろうとのこと。藤原は西川人形店が閉店する際、店主から天狗面の石膏型を譲り受けている。

(18) 当時、農林省技師を務めていた見坊兼光は、「副業としての農民美術」（『人形』創刊号　人形社　一九三五年　一七頁）の中で「農民美術を、副業として全国的に奨励し始めたのは、大正十四年に、農林省予算が三万円増税額された時からである」と述べている。また、「各県県庁も補助金を支出し、各地の郷土色を持つ美術品の製作を積極的に奨励したので、短い歳月の間に、農民美術は驚く程の発展を遂げたのであった」という。

(19) 大正一〇年に副業係が設置されたことは、「官吏進退録」（一九二一年　京都府立京都学・歴彩館蔵）等に記録されている。

(20) 「浜田前知事・杉山知事事務引継演説書」（京都府行政文書）一九二七年　京都府立京都学・歴彩館所蔵

(21) 大蔵省印刷局編「官報」大正一四年九月一八日（農林省告示第九六号）

(22) 拙稿「宮津人形と橋立人形にみる近代天橋立観光」（『丹後郷土資料館だより』第六号　京都府立丹後郷土資料館　二〇一七年）。農民美術と郷土玩具の交渉史については、斎藤良輔「郷土玩具の歩み（6）‐昭和初期の開花‐」（『竹とんぼ』第九〇号　日本郷土玩具の会　一九六九年）が参考になる。ちなみに、農民美術は、上田市内の工芸家たちが組織する長野県農民美術連合会等によって現代に継承されている。

(23) 山本鼎・金井正「農民美術建業之趣意書」一九一九年　上田市立美術館蔵

(24) 府主催土産品製作講習会は、葛野郡嵯峨町（現京都市）で開催されたのを皮切りに、与謝郡宮津町（現宮津市）、久世郡宇治町（現宇治市）、愛宕郡大原村（現京都市）の順で実施された。詳しくは、筆者が担当した展覧会図録『宇治茶の郷のたからもの‐茶の木人形と永谷家の製茶機械‐』（京都府立山城郷土資料館　二〇一五年　二五頁）で紹介している。

(25) 講習会が計画案の通りに実施されたことは、大正一五年一月六日付の京都府農林課副業係「日本農民美術研究所宛書簡」（上田市立美術館所蔵）からうかがうことができる。

(26) 柳澤甫（一九〇四〜一九七三）は、現在の長野県小諸市大久保の出身で農民美術に傾倒し、多くの工芸作品を残した人物である。柳澤家（甫の次男の妻アキ子）から得た情報によると、甫は青年時代に京都市内で工芸の修業を積んだ経験があるとのことであり、その縁で助手を命ぜられたものと考えられる。

(27) 加藤俊雄「山本鼎宛書簡」大正一四年一〇月一三日付　上田市立美術館蔵

(28) 加藤俊雄「日本農民美術研究所宛書簡」大正一四年一一月七日付、日本農民美術研究所「加藤俊雄宛書簡」大正一四年一一月九日付　上田市立美術館蔵

(29) 芳野明編『重要無形民俗文化財「嵯峨大念仏狂言」保存・伝承のための調査報告書』（京都嵯峨藝術大学附属博物館　二〇〇九年）には、嵯峨大念仏狂言面の全点の写真が掲載されているが、アゴナガやハナアカに該当するようなものは確認できない。

(30) 夏季工芸学校は、大正一五年の小学校令改正により、手工科が高等小学校で必修科目となることと関連して、手工担当の教員を対象として実施された講習会である。加藤が第一回夏季工芸学校に参加していたことは『農民美術』第三巻第二号（日本農民美術研究所　一九二六年　一五頁）に示されており、続く第二回にも参加していたことは、同書第三巻第四号（日本農民美術研究所　一九二六年　一五頁）に収録された受講生リストに名前があることからわかる。ちなみに、加藤は『手工科に於ける工芸材料の着色と塗装』（明治図書　一九二八年）などの著作をもつ。

(31) 小崎軍司『夜明の星―自由大学・自由画・農民美術を築いた人たち―』造形社　一九七五年　二三二頁

(32) 「現在の農美生産組合」（『農民美術』第三巻第一号　日本農民美術研究所　一九二六年　一五頁）には「マスク」とあり、上田市立美術館蔵「農美生産組合一覧（一九二八年三月）」には「張子風俗面」とある。

(33) 『農民美術』第三巻第二号　日本農民美術研究所　一九二六年　一五頁

(34) 杉本哲郎「嵯峨面昔話」（『京都』二五四号　白川書院　一九七一年　八六～八七頁）

(35) 木彫原型を製作した木原祼院は嵯峨住の宗教家であり、嵯峨面の他にも木製の能楽面等も製作している。彼には木彫りの素養があったのか、それとも土産品製作講習会に参加して技術を習得したのかについては定かでない。また、彼は「魔除面」や「嵯峨百面相」なる張子面も創作している。嵯峨百面相の面裏には「釈迦堂」と書かれた付箋が貼りつけられていることから、清凉寺で頒布されたものと考えられる。彼の面は博物館さがの人形の家や彼と縁のあった厭離庵に保管されている。その他に、大阪府立図書館蔵の川崎巨泉『巨泉玩具帖』には、「男山八幡魔除厄除面」なるものの作者として名があげられている。

(36) 嵯峨町長を務めていた小林吉明の演説をまとめた『嵯峨町政の過去及未来』（一九二九年三月六日　五〇～五一頁）には、町政として嵯峨面の製作を奨励する旨が示されており、渡邉等の活動が地域振興や観光振興に資するものであったことがわかる。それは次の一文に示されている。

近年役場の小澤、芹川、渡邉諸君が「嵯峨面」と云ふものを拵へてゐる。是は営利的にやつてをられないけれども、その面が随分遊覧者の賞美するところとなつて、なかなか尠からん数が売れると云ふことであります。これは初め当地の青年団などの仕事として追々やらせると云ふ目的であつたやうでありますがその当時青年の多数は珍しがつてやつたが、今は余りやらなくなつたので、今は小澤君などが私費を以つて土地の芸術奨励、或は之を名産品として遊覧者を喜ばすためにやつてをります。さう云ふやうなことは今後やはり郷土に因んだ芸術として奨励することにしたいと思ひます。

(37) 『人形』第三巻 郷土人形と玩具（京都書院 一九八六年 七一頁）には、新嵯峨天狗面の写真が掲載されている。

(38) 『昭和大礼京都府記録』上巻 京都府 一九二九年 一四五頁

(39) 昭和八年に農民美術研究所がまとめた「指導関係組合一覧表」（『財団法人日本農民美術研究所概要』上田市立美術館蔵）には、昭和七年度末現在として「嵐山農美生産組合／風俗張子面」とある。

(40) 藤城優子「美術的社会運動家としての山本鼎」（『美術的社会運動家としての山本鼎』上田市山本鼎記念館 二〇〇六年 八頁）、『山本鼎のすべて展』上田市立美術館 二〇一四年 一八九頁

(41) 昭和四年六月一〇日から同月一六日まで大阪三越で開催された財団法人富民協会主催の第一回農民芸術品展覧会には、嵯峨面研究会として嵯峨面五〇点を出品している記録があるものの（「第一回農民芸術品展覧会出品目録」一九二九年）、それ以降の活動を示す記録は管見の限り見当たらない。

(42) 藤原は、面型の存在を八〇歳位の老婆から教えられ、「これは嵯峨面といって、嵯峨釈迦堂清涼寺に伝わる大念仏狂言のさいかぶる面を作る木型です」という説明を受けたという。このことは、「途絶えていた嵯峨面を復元」（『京のくらし』通巻八〇号 京都銀行業務部 一九七八年 四頁）の中で語っている。また、「藤原孚石の嵯峨面」（「京都新聞」一九九三年一〇月一八日～一九九四年三月七日付）の中では、この老婆が尼僧であったことを伝えている。つまり、藤原説の根拠はこの尼僧の情報が源になっているのかもしれない。

(43) 「嵯峨面づくり」（『週刊時事』第七巻第三四号 時事通信社 一九六五年 七三頁）

(44) 「途絶えていた嵯峨面を復元」（『京のくらし』通巻八〇号 京都銀行業務部 一九七八年 五頁）

(45) 博物館さがの人形の家が所蔵する藤原作の嵯峨面には、「伊勢丹」（現株式会社三越伊勢丹）の値札が貼られており、一六〇円の値が付けられている。

(46) 嵯峨面が天龍寺で授与されていたことは、坂本一也・藤沢衛彦『日本の郷土玩具・近畿』（美術出版社 一九六二年 七六頁）

でふれられている。ちなみに、天龍寺社務所に置くことになったのは、孚石という雅号の名づけをした天龍寺第七代管長の関精拙（一八七七～一九四五）とのつながりによるものであろう。
(47)『nonno』一五三号　集英社　一九七八年　一四九頁
(48) 藤原敏行氏からの教示に拠る。
(49) 京都市情報館：http://www.city.kyoto.lg.jp/sankan/page/0000041375.html（二〇一八年一月一九日閲覧）
(50)「山本地方創生相「がんは学芸員」観光振興巡り発言」（『京都新聞』平成二九年四月一六日付）
(51) デービット・アトキンソン『新・観光立国論』東洋経済新報社　二〇一五年　二五五頁
(52) デービット・アトキンソン『世界一訪れたい日本のつくりかた』東洋経済新報社　二〇一七年　三頁、同氏『国宝消滅』東洋経済新報社　二〇一六年　三七頁
(53) 文化庁「文化経済戦略の策定について」：http://www.bunka.go.jp/koho_hodo_oshirase/hodohappyo/1399986.html（平成三〇年三月二一日閲覧）
(54) 文化庁「文化審議会文化財分科会企画調査会中間まとめ」：www.bunka.go.jp/koho_hodo_oshirase/hodohappyo/2017083101.html（平成三〇年三月二一日閲覧）一頁
(55) 文化庁「文化審議会文化財分科会企画調査会中間まとめに関する意見募集の結果について」：http://www.bunka.go.jp/shinsei_boshu/public_comment/bunkazai_ikenboshu.html（平成三〇年三月二一日閲覧）

本稿の執筆において、上田市立美術館、厭離庵、京都市立嵯峨小学校、京都府立京都学・歴彩館、博物館さがの人形の家、石沢誠司氏、藤井虎雄氏、藤原敏行氏、松井嘉伸氏、宮村真一氏、山口畑一氏、渡邉治彦氏には格別の御協力を賜った。附記して謝意を表す次第である。

京都周辺地域における剣鉾のまつり
―滋賀県野洲市の事例を中心に―

江藤　弥生

はじめに

京都では剣鉾の鉾先を頭上に高く掲げて輝かせながら、ゆらゆらと前後にしならせて鈴を鳴らし、生活圏をぐるりと練り歩く巡行を伴った祭礼が各所で行われる。「上杉家本洛中洛外図屏風」（米沢市上杉博物館蔵）や『拾遺都名所図会』には、御霊社の剣鉾渡御が描かれる。また、『花洛細見図』にも同じく御霊祭礼の図像がみえ、そのほかにも今宮祭礼や粟田口祭の剣鉾が描かれている。剣鉾はこういった様々な絵画資料からその古式の姿が確認でき、今日まで連綿と継承されてきた祭礼であることがわかる。平成二二年度から二四年度にかけて、京都市が京都の民俗文化総合活性化プロジェクト実行委員を立ち上げ、剣鉾および剣鉾を伴う祭礼の大規模な調査を行った。京都市が行った剣鉾調査はこれで二度目であり、かつて昭和五九年から翌六〇年にかけて、三五か所の社寺を対象に、およそ一八〇本もの剣鉾が調査された。この昭和の剣鉾調査を礎に、平成の調査では民俗学、民具学、文献史学といった様々な視点から再検討された。幸いにも筆者はこの調査の調査員として参加する機会を得ることができ、一部ではあるが京都に伝わる剣鉾や鉾振りと呼ばれる所作を間近で拝見し、また剣鉾の祭礼に携わる人々から多くの事をご教授いただいた。

剣鉾の研究は、出雲路敬直氏、[1]山路興造氏、[2]本田健一氏[3]によって祭礼の総合的な論考がなされており、近年では、各神社における個別の剣鉾祭礼の研究も発表されて重厚に積み重ねられている。[4][5]先述の京都の民俗文化総合活性化プロジェクト実行委員が行った剣鉾調査では、現在も京都市内の五十四か所で剣鉾の祭礼が行われていることが分かった。独特のリズムで剣鉾を垂直に立てて振る所作は、「差(指)す」と表現されることが多いが、調査によって確認できた京都市内の剣鉾の祭礼の半分以上は既に神幸祭において剣鉾を立てて振っておらず、補助的な移動装置によって剣鉾が曳かれて巡行するといった変化がみられた。この調査では、こういった様変わりした祭礼だけでなく、剣鉾を境内に立てるのみとなった祭礼までも洗い出されており、さらには現在使用されずに保管されている剣鉾までも計測調査が細かく行われた。これらの調査成果は報告書[6]にまとめられており、剣鉾の計測調査から見出される鉾差しの芸態や、その集団についても言及されている。これまでの剣鉾研究にない細微に及ぶ調査結果をふまえたこの報告書は、京都市内における剣鉾祭礼の集大成ともいえる。このように剣鉾の祭礼は京都各所で行われることにも起因し、京都での事例を論じられることが多かったが、対して高島孝佳氏は滋賀県内において、長浜市余呉町の丹生神社、高浜市勝野の日吉神社、草津市野路の猿田彦神社にみえる剣鉾を挙げて京都周辺地域の剣鉾について触れておられる。[7]また今中崇文氏は、先の報告書において京都から遠く離れた鹿児島県肝属群南大隅町佐多馬籠佐多岬に鎮座する御崎神社の剣鉾状の祭具について述べておられる。近年では、京都以外の地における剣鉾を伴った祭礼も注目されつつある。

さて滋賀県野洲市は、平成一六年に中主町と野洲町が合併し、誕生した自治体である。この合併以前から各町において民俗調査等が行われてきたが、いずれも剣鉾を対象とした調査は無く野洲市内において剣鉾を伴う祭礼が行われていたことは、その祭礼に携わるごく限られた人々以外ではあまり知られていない存在であった。そのため、偶然にも藤村和夫氏が野洲市内（撮影時は野洲町）で昭和五〇年ごろに撮影された一枚の写真（写真1）を目にした際は、大変驚かされた。そこには京都の剣鉾調査で拝見したものと同様の形状をした剣鉾が確認できるだけでなく、剣鉾を空に突き立て練り歩く巡行、すなわち「鉾を差す」姿が確認できたのである。同氏に詳細を聞くと、野洲市冨波乙に所在する生和神社の春祭りの一風景であることが分かった。野洲市内で唯一と思われた生和神社の剣鉾であったが、その後、高島孝佳氏のご助言により同市市三宅の屯倉神社および同市小南の国主神社の春の祭礼において、剣鉾が確認できた(8)。本稿では滋賀県野洲市に伝わる剣鉾を伴う祭礼としてこの三社の春祭りについて紹介するが、京都の剣鉾祭礼と同じく鉾差しを行っていた生和神社の事例については、古文書などの文字資料が確認できるため特に詳細を記したい。

写真1　生和神社の剣鉾の巡行
（昭和50年代・藤村和夫氏撮影）

一　生和神社（野洲市富波乙）の春季大祭

生和神社の創建は平安時代に遡り、重要文化財である現社殿は、弘長二年（一二六二）に現在地から西北にあたる小字高木より奉遷したと伝わる。付近には、三世紀代の冨波古墳、古冨波山古墳、五世紀末の亀塚古墳が点在し、冨波庄と言われたこの一帯は古代から開けた土地であった。現在の野洲市冨波乙、冨波甲がその比定地にあたるが、この両地域は近世期にそれぞれ冨波澤村、冨波新町村と称されている。生和神社は、この両村に隣接する五之里村（現野洲市五之里）を加えた三か村を中心に氏子圏をもつ。特に冨波沢村と冨波新町村は、朝鮮人街道に沿った集落で慶長検地によるとそれぞれの村高は九五五石五斗三升、九八七石四斗三升であり、野洲郡下では比較的大きな石高を持つ村であった。なお、五之里村には、集落の東の角には妻之神社が鎮座し、当社の氏子でもある。

祭礼次第

生和神社の春季大祭では、物見神事、東ノ村神事、西ノ村神事、駕輿丁神事、与力神事、地下神事、古町神事、左座神事、大組（右座）神事と呼ばれる九つの「神事組（ジンジグミ）」と称される宮座が中心となって奉仕する。これらについては、各々が所有する古文書をもとに、その変遷を古川与志継氏が論考されている。[9]各神事組では輪番で当家を務め、当地では、ヤドや当番と称される。

現在、五月四日に例大祭、五日に神幸祭が行われる。かつては四月の初巳の日、もしくは中巳の日に祭礼が行われており、万治二年（一六五九）の「毎年御神前分事」[10]には「卯月巳ノ日御さいれい」の一文が見える。五月

五日に変更したのは明治時代後期と伝わる。(11)

まず、四日は一〇時から例大祭が行われ、一四時頃より神輿の飾り付けが始まる。各神事組の当番宅では、庭先などで剣鉾が組み立てられる。後述するが、古町神事と地下神事では、竹と扇を用いた「扇子鉾」と呼ばれるものが作成される。京都の各所でみられる剣鉾を伴う祭礼では、巡行する剣鉾のほかに留守鉾と呼ばれるもうひとつの剣鉾と神饌が、当家飾りとして床の間に飾られる事例も多いが、当地で当家飾りは見られない。五之里では、一七時頃より妻之神社にて式典が始まり、拝殿にて直会が行われる。二一時より生和神社で宵宮祭として御魂遷しが行われる。

翌五日の早朝より、東ノ村神事、西ノ村神事、駕輿丁神事の当番宅において神饌の準備がされる。神饌を作る部屋には、外部の人を寄せ付けないよう幕を張るが、外から覗けるような切込みがある。神饌を準備する部屋には女性や神事組に属していない人は入室できないため、神饌の準備の進行状況が外から窺えるように作られたと伝わる。駕輿丁神事の神饌は、大小二段に盛った白蒸しに、美濃紙で包んだ藁を上段と下段に巻きつけ、白蒸し頂部にカワラケを伏せた状態でのせたものである。御膳には、この白蒸しと、美濃紙で包んだするめ、もろこ、ふき、柳箸を配置する。東ノ村神事、西之村神事は、白蒸しを台形状に盛って美濃紙で囲い、藁を二条に巻き付けたもの、鯖寿司（かつてはもろこ寿司）、ワカメ、スルメ、焼き豆腐、たら、ふき、柳箸を三膳ずつ用意する。これらは、生和神社の本殿と境内社である春日神社、日吉神社に奉納する。西ノ村神事の神饌を収める唐櫃の蓋表には「天明二寅年御供持」と墨書されている。神饌を唐櫃に収めたのち、各々では会食が始まる。各神事組は一〇時以降、剣鉾や扇子鉾を担いで生和神社に次々と社参する（写真２）（写真３）。社殿前には渡御に列する幸鉾などの神具が立てられ、その両脇に九基すべての鉾が一三時頃までに並べられる。東ノ村神事、西ノ村神事、

写真２
右から与力、駕輿丁、西ノ村、東ノ村、物見

写真３
右から古町、地下、大組、左座

駕輿丁神事だけは、剣鉾とともに神饌を収めた唐櫃を玉垣内まで担ぎ、本殿へ神酒とともに神饌を供え、神子の舞が奉納される。一三時過ぎには冨波乙、冨波甲、五之里が所有する各太鼓が境内に並べられ、神輿の担ぎ手が揃うと集合写真を撮影し、本殿で祭典が始まる。一四時頃より神輿の御旅所である野々宮神社への御渡りが始まる。渡御の行列は、花車、子供神輿、太鼓（本年舁き当番）、幸鉾一対、神官、神輿、各神事組、太鼓（次年舁き当番）、太鼓（次々年舁き当番）の順で列する。一四時半頃に野々宮神社へ到着すると祭典が行われ、神輿は一六時頃に生和神社へ還御する。神輿は冨波乙、冨波甲、五之里の順で舁き当番を務める。

各神事組の剣鉾

『日本書紀』の天岩戸の節には「茅纒之矛」とみえるが、元来、矛とは邪気を祓う武具とされる。御霊会などの祭礼行列で先頭を行く鉾は「幸鉾」などと称され、邪気祓いの役割をもち、神事芸能にも用いられる。対して、生活圏を巡行することで疫神を集めるという役割を持つ剣鉾は、いわば疫神の神座ともいえ、幸鉾とは本質的に異なるものである。生和神社の渡御では、各神事組が所有する剣鉾だけでなく、一対の幸鉾が神社の神具として列する。京都にみられる剣鉾は、一般的に剣、剣挟、錺、錺受、受金、腕木、鈴当、棹、鈴、吹散と呼ばれる部位で構成される。生和神社の祭礼にみえる剣鉾は、ほぼ同様の構成である。物見神事、駕輿丁神事、左座神事、大組神事の剣鉾は、紅葉と鹿を意匠にした錺をもち、錺受には「生和神社」とある。東ノ村神事と西ノ村神事も、紅葉と鹿を意匠にした錺をもち、錺受にはそれぞれ「東村」、「正一位生和大明神」とある。与力神事は、菊を意匠にした錺をもち、錺受には「生和神社」、裏面に「安永二歳癸巳四月吉日野洲郡冨波村与力講」とあり、剣鉾の作製年月が示されている。これらの剣鉾に対して地下神事、古町神事は、長さ二ｍを超える青竹を棹に用い、その先に紙垂をつけ、三か所に扇を飾り付けたものを作製し、「扇子鉾」と称している。扇子は日の丸の模様が描かれたもので、棹を中心にして左右対称となるように、上から九〇度、一八〇度、三六〇度の角度に扇子を広げる。管見の限りではあるが、京都の剣鉾祭礼にこういった鉾に見立てた類似品は見当たらない。これは、他の神事組と同様に、巡行前日より当家宅の庭先に立てられ、毎年作り直される。名称からも見て取れるように、剣鉾の代替のものではあるが、武具という本来の姿は既になく、紙垂が付けられていることから、祓具のような様相である。

これらの、各神事組の剣鉾および扇子鉾は、昭和五〇年頃までは垂直に高く掲げ、鈴を響かせながら渡御に列していた。剣先は厚みがないため、歩を進めるたびによくしなって輝いたようである。現在も与力神事には、鉾差しがかつて腰に巻いて使用した皮製の「差袋」が残っている。差し手は、各神事組内で選出されていたが、差袋に剣鉾の棹の先端を入れて支えながら前進するという所作は高度な技術を要すため、現在は差し手がおらず、差巡行中は境内に飾られるのみとなった。

文字資料からみる剣鉾の所有時期

与力神事に伝わる剣鉾の錺受には「安永二歳癸巳四月吉日野洲郡冨波村与力講」の銘がみえ、剣鉾の作製年月が示されていることは先に述べた。また、寛延二年（一七四九）四月一日付の「御神事大帳」[12]には、「一此度釼鉾ノ講中評定之上出念致度」とあり、剣鉾が講によって所持されていたことが確認できる。この講は、現在の神事組に由来する共同体と思われ、春の祭礼に剣鉾が受容された時期を示す史料のひとつといえよう。ただし、豪奢な細工が施された剣鉾を所有するにはかなりの財力が必要であり、全ての神事組が一様に所有してはおらず、例えば、現在、紅葉と鹿を意匠にした錺をもつ大組の剣鉾は、かつて扇子鉾であった。大組神事に残る明治二五年（一八九二）五月七日付の「神事大組員方則」[13]には、以下の事が記されている。

釼鉾理由書

一、當村之神祭にわ往昔より扇子鉾ニして、大小組合ニ於て壱本宛ツ、を供シ来ルか従前之習慣なり、然ル處神祭組合之各村は何れも釼鉾ニして、美々たる禮式を行ふ、然ルニ当村ニ限て扇子鉾ヲ提し其式ニ参列する之体見ニ不忍故ニ、今ヲ去る事弐拾有余年前より釼鉾買求上ニ懸念する事良久しかりし處、豈図哉時運之至れる哉、明治廿五年度之神祭ニ適当して西京烏丸通り金物商奥田勇助方ニ於テ金員三拾圓ヲ以テ是ヲ新調ス、宜哉買求上ニ付社会之氏子ニ於て誰在て苦情を咄者なかりしは、社会之請神も一ニ止し所以なり、抑きては神明之尊意ニも協ひたる事と思量シ奉る、別〆本年度は御輿渡シ番ニして、日頃之懇念此ニ満足するとは実ニ喜は敷事ニは不在哉、仍之子孫代々末々ニ至ル迄、現今之人々より念思を込て買求之テ、敬神之禮を重んじて神前ニ供へて遠ク、後代之社会へ譲與セラれたる上は、末々至て破損ヲ生したる時は應分之修繕を加へて、益々敬神之禮を重んずへき様注意すへし、仍而即今之組合社会中より後代の社会ニ対して、鉾之理由書ヲ此ニ記シ置者也

ここには、明治二五年（一八九二）に京都の金物商奥田勇助方で剣鉾を買い求め、扇子鉾から剣鉾に改められたとある。与力神事の剣鉾作製年である安永二年（一七七三）より、およそ一二〇年後の入手である。慶長検地によると、およそ一〇〇〇石の村高である冨波澤村および冨波新町村に対して、大組が所在する五之里村は、五〇〇石六斗九升という先の両村の約半分の村高であった。一概に村高の高低で村や各神事組に属する家の経済力を推し量ることはできないが、明治二五年に金員三拾圓をもって剣鉾の入手が成就しているところから、剣鉾を所有するにはかなりの経済力が必要であった。「今ヲ去る事弐拾有余年前より釼鉾買求上ニ懸念する事良久しかりし處」とあるように、剣鉾を所有するということは大組神事にとって長年の念願であり、「御輿渡シ番」という祭礼における重要な役が回った年に新調を叶えた特別なものであった。また「何れも釼鉾ニして、美々たる禮式を行ふ」ことに対し扇子鉾にて祭礼に参列するのは「見ニ不忍」であり、剣鉾に対しての憧れがみてとれる。神事組にとって、剣鉾による渡御は美々たるもので、祭礼の中でも華やかな見せ場のひとつと捉えられていたのであろう。

先述の通り、生和神社の春祭りはかつて四月巳の日に行われ、少なくとも万治二年（一六五九）にはこの日に春の祭礼が行われていたことが確認できる。ただし大組神事の剣鉾所有の時期からみても、この祭礼が剣鉾から端を発するものかどうかは疑問が残る。たとえ剣鉾の前身として、形状を似せた扇子鉾による渡御が行われていたとしても、剣先を輝かせることで疫神を集めるという剣鉾が本来もつ機能とは差異がある。まして紙垂をつけ

祓具のような様相をした扇子鉾は、神座でもある剣鉾と相反するものである。剣鉾の形状や、鉾を差して集落を渡御するなど、一見して生和神社の事例は京都各地で行われる剣鉾の祭礼に共通する部分はあるものの剣鉾の所有時期を考慮すると、剣鉾によって疫神を生活圏から集めるということから端を発した祭礼とは考えにくい。金工が施された豪奢な造りの剣鉾を天高く掲げ、その剣先を輝かせながら御渡りする姿は人々の目を楽しませるものであろうから、生和神社の祭礼は剣鉾がもつ本来の意味は影を潜め、後世に芸能として春の祭礼に組み込まれたものと考える。

なお、「神事大組員方則」には「神祭組合之各村は何れも釼鉾ニして」とあり、大組神事以外は剣鉾を所有していたことを示唆しているが、現在、地下神事と古町神事では剣鉾を所有せず扇子鉾を作製している。この一文は、かつて地下神事と古町神事が剣鉾を所有していたという可能性を示しているが、大組が剣鉾を取り入れる経緯から剣鉾がたやすく入手できるものではないことは明白であり、両神事組が入手した剣鉾を廃棄や譲渡したとは考え難く、当初より剣鉾を所有していないと考える方が合理的である。こういった点からも、やはり生和神社の春季大祭にみえる剣鉾は「剣鉾を伴った祭礼」ではなく「後世になって祭礼に剣鉾が伴われた」と考えるのが自然であろう。

二　屯倉神社（野洲市市三宅）の春季大祭における剣鉾

野洲市市三宅は、野洲川の東岸に位置し、字名に七之坪、五ノ次、四ノ次といった古代条里制の呼称がみえる。集落の北東部には市三宅東遺跡があり、弥生時代中期の竪穴住居が玉作工房跡として注目されている。『近江輿地志略』によると、古くは野洲川をはさんだ対岸の守山、吉見、播磨田、金森と市三宅を合わせた五村を田中荘（田中庄）とした。慶長検地によると、市三宅村は一四〇四石八斗の村高であり、野洲郡下の村々の中では上位に位置する大きな村高である。

市三宅には鎮守である屯倉神社が集落の北部に鎮座し、集落の中央に浄土宗安楽寺が位置している。集落の南より約二十軒から三十軒ずつに区分して、それぞれを一番組から四番組に称される。安楽寺より南にあたる一番組と二番組を「三番」、同寺と屯倉神社までを三番組と四番組として「北出」と称した。この「三番」「北出」は、かつて三番屋敷や北出屋敷と称された屋敷地の名称に由来する。また、明治初期に描かれた「市三宅村地引総絵図」（野洲市蔵）では、集落より野洲川までの区域が「田」「林」「畑」になっているが、以降、宅地となって五番組となる。古くは三番と北出の一年交代で、祭りの奉仕を行い、その中の五軒が神事当番となったが、現在は一番組から五番組の各組の代表者が一年間、神社総代を務め、祭礼などの神社の行事において指示する役割を担う。また、市三宅自治会内には複数の世帯で構成される隣組が属し、平成二九年時点では三九組まであるが、この代表者が氏子総代と称して祭礼に奉仕する。近年、集落より東側および北東側の広範囲にわたる田地も宅地となり、それぞれを六番組、七番組とされる。一番組から七番組の組み分けは、基本的には地理的に区分されたものであるが、シンヤ（分家）がオモヤ（本家）の組に属することもある。また、隣組は近年の宅地開発で世帯数が増加し、年々増えている状態である。現在の行政区域と氏子圏は同一ではないため、屯倉神社の氏子圏を明確に示すことは難しいが、市三宅子供会やＰＴＡなどの地縁団体も神社の行事に参加している。

祭礼次第

屯倉神社は社伝によると欽明天皇十一年に勧請され、例祭は毎年四月第二戌日に行われた。現在は、五月四日の一〇時頃より式典が行われ、続いて湯立神事が行われる。湯立神事は草津市より来訪するジョカンサン（女官さん、オカアサンとも称する）によって執り行われる。午後一時より、自治会館横にある御旅所の神輿蔵から剣鉾、鳳凰（神輿の大鳥）、鉦を神社の拝殿まで運ぶ。かつては、これをヨミヤワタシと称した。神輿は、戦後ほどなくして渡御において担がれることがなくなったため神輿蔵から出されず、鳳凰のみ御渡りに列することとなった。拝殿前には二基の剣鉾、二基の子供神輿、太鼓が配置され、拝殿横には境内の太鼓部屋から大太鼓が出されて置かれる。午後八時にはジョカンサンが神楽舞を執り行い、参拝者に神酒と雑魚をもてなす。この後、徹夜で神輿の番を行う。

翌五日の一〇時に自治会館から「祭礼は午の刻でございます」、一一時に「祭礼はただいまでございます」と放送を入れる。これは、当番が各家に渡御の時刻を触れて回った名残である。一三時、拝殿前に女官、巫女、神社総代、氏子総代、自治会役員らが整列すると、神官によって修祓が行われ、御旅所へのお渡りと続く。渡御の行列は、神官、女官、巫女、御神刀、雅楽奏者、御幣、榊、唐櫃、剣鉾、剣鉾、鳳凰、鉦、子供神輿、太鼓の順である。御旅所に到着すると、開放された神輿蔵の門扉に剣鉾を立てかけられる。祝詞奏上、修祓が行われた後、奏者によって雅楽が奏でられながら、女官、巫女、神官の順に神饌を手渡しし供えられる。これらの式典が終了後、剣鉾、鳳凰、鉦はそのまま神輿蔵へと戻され、後片付けとなる。

剣鉾の特徴

屯倉神社の剣鉾は、「ホコ」と称され、二基ある。一つは額の表に「正一位一王子大明神」、裏に「享保三年戊戌　四月日」の刻印が見える（写真４）。錺は沢瀉、梅、流水紋を意匠とする。またもう一方の剣鉾の額表には「一尾大明神」とある（写真５）。裏には「平成二一年三月　修復」とあるが、おそらく平成二一年の修復前には違った刻字があったと考えられる。錺は、梶の葉を意匠に施されている。一見、京都でみられる剣鉾の構成と似通っているが、当地の剣鉾には鈴当が無く鈴が吊るされることもない。鈴を吊るす目的として作られた腕木は確認できるが、当地では吹散を装着する部材として使用されている。鈴が無いため渡御の際、剣鉾から音が鳴ることは無いが、渡御に列している鉦を鳴らす役は鉦と鈴を打ち鳴らしながら集落内を通り抜ける。この鈴はその寸法や、剣鉾の腕木の存在から、本来は剣鉾に取り付ける鈴であったことも十分に考えられるが、当地の古老によると剣鉾に鈴を付けるということはなかったとのことであった。また、剣鉾が神社の奉仕集団に帰属する生和神社の事

写真４

写真５

例とは異なり、御旅所に隣接する神輿蔵に保管されるといった管理体制からも神社が護持するものという色合いが強い。渡御では、地面に対して平行になるよう剣先を進行方向に向けて三名が担う。かつては地面に対して垂直に立てて御渡りを行っていたようであるが、独特の足運びで剣先を揺らしながら歩を進める京都の鉾差しのような行為は伝わっていない。なお、「矛を収める」という言い回しがあるように、剣鉾には戦を起こさないよう村中安寧を願うものという意味があると伝わっている。

三　国主神社（野洲市小南）の春季大祭における剣鉾

野洲市北部にあって、日野川の南岸に位置する小南は、字廿、廿一といった古代の条里呼称が残っている。小南には、五か寺の真宗寺院があり、当地は金森合戦にみえる「小南衆」の根拠地であった。慶長検地においては、一三〇一石六斗の村高であったことが分かる。市三宅と同様、野洲郡下の村々の中では上位に位置する大きな村高である。小南の鎮守である国主神社は、集落の北西に鎮座する。社伝によると、孝謙天皇の御代に迩保庄小字池田の地に白鳥が舞い降りて、村中安寧のためこの地に祠を建て祭祀せよという神託を下したことから、村民が社を建立したとされる。この伝承の地は、国主神社より日野川にむかって北東に進んだ小南字池田とされている。現在、小南ではこの地を鷺山と称して石碑が建てられ、国主神社の起源の地とされる。

さて、当地では、「コージ（小路）」という五つの組分けがされており、それぞれ「馬場（バンバ）」「寺村（または寺）」「町」「林村（または林）」「皆込（カイゴメ）」と称する。馬場は、「馬場組」と「北出組」を合わせたもので、国主神社の周辺の家々を中心として構成される。町は、朝鮮人街道沿いの家々を中心とし、集落の南西部は寺村、北部は林の家が集まる。先の四つのコージは、比較的かたまった形で組分けされているが、皆込のみ集落西側と東側の数軒で、飛び地のような形で組織されている。このようにおよそ地理的に区分できるコージであるが、原則的にオモヤ（本家）が属するコージへ、シンヤ（分家）も所属する慣わしになっているため、集落内で若干、入り乱れたような形で各コージの家が分布する。この五つのコージが春の大祭をはじめとして、国主神社に奉仕する組織である。また、各コージから選出された代表者が、二年間、宮総代を務める。宮総代は、年功序列で選出されるが、所属軒数が少ないコージは、回ってくる順番がはやいという。

祭礼次第

国主神社の春祭りは、五月四日のヨミヤ（宵宮）と五日の本祭をさし、五つのコージが馬場、寺村、町、林村、皆込の順で当番を務め、祭礼の準備のほか、太鼓の渡御の一番手となる。

四日は、一三時頃より宮総代、自治会長、副会長、小南農業組合長らが鷺山に集い、宮司が祝詞奏上、修祓、供饌を執り行う。五日は一三時頃に、各コージから運ばれる五基の太鼓が神社の境内に並び、子供神輿が拝殿前に置かれる。また、本殿前に幸鉾と鏡が立てられ、剣鉾は社務所前に準備される。まず楼門前の御祓所において四方に斎竹を立て、宮司と宮総代で修祓が行われる。その後、本殿前に場所を移して祝詞奏上、供饌が執り行われる。この時、社務所前に準備されていた剣鉾も、本殿前に移動させ、式典に参集する。一四時頃より剣鉾、榊、子供神輿、太鼓、神社総代らの順で神社から御旅所へ渡御する。御旅所は神社より三〇〇メートル南下した場所にあり、渡御はそれほど時間がかからない。御旅所で、祝詞奏上、修祓、供饌が行われ式典が終了すると、再び神社の神武天皇遥拝所にむかって還御する。ここでも祝詞奏上、修祓、供饌が行われ、これをもって解散となる。

剣鉾の特徴

国主神社にみえる剣鉾は一基（写真6）のみであり、当地において「ホコ」と称する。剣鉾の由来を示すような資料はなく、製作年代等の詳細は不明である。保管は神社で行っており祭礼の奉仕集団が所有するものではなく、当地では神社の祭具として捉えられており、組み立ては、神社と宮総代らが行う。一般的に剣、剣挟、錺、錺受、受金、腕木、鈴当、棹、鈴、吹散と呼ばれる部位で構成されるが、ここでは剣、錺、錺受、受金、棹のみの非常に簡素な作りである。錺は、松竹梅を意匠とした透かし彫りであり、錺受には裏表ともに「国主大明神」の陽刻が施される。渡御では垂直に立てて当番のコージの代表者一名が担うが、京都の鉾差しのように剣先を揺らしながら歩を進める所作は無い。

写真6

むすび

以上、野洲市内にみられる剣鉾を伴った三社の祭礼を紹介した。生和神社の項では、剣鉾を所有する神事組と、剣鉾に見立てた扇子鉾を所有する神事組があり、早期に入手している神事組もあれば、なかなか入手が叶わない神事組もあり、その時期についてはかなりの年数のひらきがあったことを述べた。ここから当社の春祭りは剣鉾から端を発した祭礼ではなく、後世になって元来の春祭りに剣鉾が取り込まれたと考察した。同様に屯倉神社と国主神社においても、元来の春祭りに剣鉾が後になって取り入れられたと考えている。なぜなら両地にみえる剣鉾は、京都で一般的に見られる剣鉾とは異なってやや簡素な構造であり、祭礼の中での重要度がさほど高くないからである。京都の祭礼そのものが伝わったのではなく本来、農村部で行われていた五穀豊穣を願う春祭りに京都の剣鉾の形式だけが伝播したと考えれば合点がいく。また、野洲市内に確認できる一〇基の剣鉾のうち紀年銘や古文書から年代の確認できるものは、享保三年（一七一八）の屯倉神社の剣鉾、生和神社の与力神事が護持する安永二年（一七七三）の剣鉾、同社の大組が明治二五年（一八九二）に受注した剣鉾の三基である。本多氏は、多くの文献史料から中世期の京都の祭礼は鉾の祭りであったとし[14]、山路氏はさらに鉾がもつ機能について言及し、経済力を増した都市住民が疫病を蔓延させる疫神の依代として鉾が活用されたのは中世後期と述べておられる[15]。

　これらを踏まえて野洲に見える剣鉾は、中世後期より平安京で盛んに行われ続けていた剣鉾の祭礼が、江戸時代前期に伝播したと推察する。ただし京都各所で行われる剣鉾の祭礼は、都市部ならではの厄災であった疫病の流行を鎮火させるために催行されたものであり、対して、滋賀県野洲市でみられる剣鉾を伴った祭礼は、農業を生業とする村々で行われるもので、先述の通りその本義は五穀豊穣を願ったものである。京都の祭礼に伴われる剣鉾の機能は影を潜め、豪華絢爛な金工の剣鉾そのものが伝播し、特に生和神社においては「美々たる禮式を行ふ」剣鉾、つまり鉾を差すという技芸が伝えられたのであろう。しかし、剣鉾を実際に入手するとなると財力が必要となってくる。一概に村高の高低だけでその村の財力を推し量ることはできないが、剣鉾がみられる村々の共通点は野洲郡下において上位に値する村高を保有し、またそれぞれの村は野洲川支流の祇王井、野洲川本流、日野川の川岸に位置して大きな水利権を持つ豊かな村だった点にある。しかし、生和神社に見られる扇子鉾は、その名称の通り「ホコ」として捉えられてはいるが、その様相からは財力とは無縁な造形物である。複数軒の家で構成される祭祀集団という小さな組織にとって剣鉾の入手は困難なものであり、扇子鉾は剣鉾の入手までの「つなぎ」の鉾とされた。祓具のような形状をした扇子鉾を見ても、疫神の神座の機能をもつ剣鉾とは大きく異なる。この剣鉾状の祭具の存在は、平安京という都市部で行われた剣鉾祭礼が、農村地域に伝播するという過程を語る上で要といえるものであろう。

ここでは野洲市で確認できるわずか三つの事例を紹介するにとどまった。一地域を取り上げただけでは、京都周辺地域における剣鉾祭礼の研究としては、ようやく入り口に立った状態に過ぎない。まずは、調査範囲を広げて個々の事例を丁寧に分析し、京都との比較を積み重ね、共通点やその差異を認識することが重要である。また、周辺地域の事例同士を比較することで、変遷していく様が求められるであろう。剣鉾は祭礼における重要性の如何に問わず、祭具という性質から通常は公開されるものではなく、調査できる機会は祭礼当日など非常に限られたものであるが、野洲で確認できる剣鉾を含め周辺地域の剣鉾においても細部の実測調査を施すことができれば、新たな展開が期待できるであろう。これらを今後の課題に挙げ、ひとまず筆をおく。

芳井敬郎先生は、聞き取り調査では話者のパーソナリティを分析することが肝要であり、話者との何気ない会話からいかに本質を聞き取りだすかが重要であると、常々説いておられた。野洲の剣鉾祭礼を研究するきっかけとなった藤村和夫氏の写真を拝見した際、その教えを改めて実感した瞬間であった。本稿を記すにあたって、藤村氏をはじめ、今井早奈枝氏、田中潤吉氏、山本丈夫氏、森井和之氏に多くのことをご教示いただき、また調査先では多くの方々にご協力いただいた。末尾ながら御礼申し上げる。

（野洲市歴史民俗博物館市史専門調査員）

註

（1）出雲路敬直「剣鉾考」（『京都精華学園研究紀要』第九輯　京都精華女子高等学校　一九七一年）
（2）山路興造『京都　芸能と民俗の文化史』（思文閣出版　二〇〇九年）
（3）本田健一「中世京都の祭礼における鉾とその変容―比較祭礼文化史のための基礎的研究―」（『芸能史研究』一八九号　芸能史研究会　二〇一〇年）
（4）本田健一「近世後期の都市祭礼における空間構造―京都の今宮祭を事例に―」（『人文地理』人文地理学会　二〇一二年）
（5）三枝暁子「北野祭と室町幕府」（五味文彦・菊池大樹編『中世寺院と都市・権力』山川出版社　二〇〇七年）
（6）京都の民俗文化総合活性化プロジェクト実行委員編『京都　剣鉾のまつり調査報告書』（京都の民俗文化総合活性化プロジェクト実行委員　二〇一四年）
（7）高島孝佳「剣鉾と鉾差し技術の系譜を考える」（『京都の剣鉾まつり』京都の民俗文化総合活性化プロジェクト実行委員会　二〇一一年）
（8）生和神社今井早奈枝氏より、野洲市周辺地域では守山市の馬路石邊神社と勝部神社にて剣鉾がみえるとご教示いただいた。
（9）古川与志継「生和神社の宮座と祭り―神事組関係史料より―」（『野洲市歴史民俗博物館研究紀要』第一三号　野洲市教育委員会　二〇〇九年）
（10）「駕輿丁神事文書」所収
（11）今井穂積『生和神社史』（遷宮七百年大祭奉賛会　一九七四年）
（12）「駕輿丁神事文書」所収
（13）「五之里神事組文書」所収

(14)『中近世京都の祭礼と空間構造―御霊会・今宮祭・六斉念仏』(吉川弘文館　二〇一三年)
(15)前掲書(6)

春日赤童子と赤の民俗

鹿谷　勲

はじめに

東大寺転害門の西に位置する奈良市東包永《ひがしかねなが》町では、毎年七月に「赤童子祭り」が行われている。二〇一六年とその翌年、この祭りを実見したが、二〇一七年一一月一二日には、春日大社で「おん祭りへの招待」と題して、春日赤童子をテーマとして、仏教史・美術工芸・歴史・民俗など多角的な立場からの講演会が行われた。筆者はここで、「赤童子祭りと赤の民俗」と題して小報告を行った。赤の民俗については、石上堅の「赤色の呪力」や芳井敬郎氏の「赤の民俗性について」や「稲荷山の赤土」[1]の論考がある。本稿はこれに導かれて、講演会での諸氏の見解も吸収しながら、赤童子像の概要とその背景にある赤の民俗について考えてみたい。

一　赤童子祭り

毎年七月の「赤童子祭り」は二〇一六年は七月九、一〇日に、二〇一七年は七月七、八日に行われた。もとは時の総代宅で、七月四、五日に祀られていたが、昭和一〇年頃から町の会所で七月一四、一五日に行われるようになり、さらに七月第二土日に変更されて現在に至っている。

この時期、付近の家々には町内の子供たちが思い思いに描いた手作りの祭りのポスターが貼り出される。二〇一七年七月七日午後一時頃、会所を訪れると自治会長以下役員の人々が忙しく準備をしていた。会所の奥座敷に幕を張り、赤童子と三社託宣の軸を掲げ、赤い餅が供えられる（図版①②参照）。三時からは春日大社の神職を迎えて祭典が執り行われた。以前は手向山八幡宮から神職が訪れていたが、春日赤童子などを祀るので、春日大社から来てもらうことになったという。夕方からは子供たちが集まり、クジ引き（ガラガラ福引き）が始まった。クジの景品は自治会役員が買い揃える。翌日は生憎の小雨模様だったが、夕方会所付近では、時折雷も鳴るなか、傘をさしながら子供たちは金魚すくいに興じており、町内の大人達が焼くみたらしダンゴの匂いが漂っていた。赤童子祭りは、町内の大人達が子供を喜ばせる祭りとして毎年行われているように思われた。

赤童子は紙本着色で、軸箱は三社託宣の軸と二本を収めるように作られ、蓋には墨書があり、かろうじて「明治二年」（一八六九）と読める。この赤童子は見知らぬ人が町を訪れ、これを祀るように置いていったと伝えられているという。赤童子祭りは、地元自治会長によれば明治以降、コレラや天然痘など疫病が流行したときに、悪病を祓うため、併せて町内の守り神として祀り始めたというが、[2] その具体的な経緯は明らかではない。地元で配布されているチラシによると、明治一二年と明治三五年にコレラが発生、明治四一年から四二年にかけて天然痘、ペストが流行、さらに大正五年、大正九年にまたコレラが流行し、東包永町内でも患者が出たため、悪病を祓うため、また町の守り神として赤童子が祀られるようになったと記されている。実際には明治一二年は六月から七月にかけてコレラが流行し、明治三五年は八月から一一月にかけて同じくコレラが流行し、一二名が死亡し

図版①　東包永町の赤童子祭りの祭壇（左・赤童子、右三社託宣）2016年

図版②　東包永町の赤童子祭り　2017年

ている。明治四一年四月には、志都美村（現、香芝市）でペスト患者が発生、奈良・桜井でも患者が出た。明治四二年にかけて捕鼠奨励などの策がとられている。(3)

二　赤童子の源流

赤童子の画像は三〇例ほど知られ、ほぼ一致する像容を示している。制作年が判明する唯一の作例の植槻八幡神社（奈良県大和郡山市）所蔵本が基準作とされ、赤色の身体をした総髪の童子が裸足で岩座に立ち、右手で杖を握り、杖の頂に左手の臂《ひじ》を載せ、左手を左の顎《あご》に当てて頬杖をつき、口をへの字に結んで、見開いた大きな眼で前方を睨みつけている図様である。表背の墨書から、室町時代長享二年（一四八八）に勝南座の絵仏師清賢の製作であることが判り、画面右上の賛文「晝夜各三變／擁護修學侶／龍華三會中／當見佛聞法」から、法相宗の学侶を擁護するものであることも判明する。絵仏師清賢は大乗院の院主尋尊（一四三〇～一五〇八）の周辺で事蹟が知られる人物である。(4)

この特異な一面二臂の忿怒の赤童子は、さまざまに解釈されている。はやく佐和隆研編の『仏像図典』は、春日赤童子は天児屋根命に当たり、春日の護法神と考えられ、金剛童子の移入であろうとしている。(5)また永島福太郎は、春日曼荼羅の一種として春日赤童子曼荼羅を捉え、春日赤童子とは春日若宮（御子神）の垂迹神だとする。興福寺衆徒らが春日祭祀のため、春日講が回り持ちで開催し、春日曼荼羅や三社託宣や法具などと一緒に赤童子も持ち回りされ、土地によっては鹿曼荼羅や宮曼荼羅よりも信仰されていたという。また永島は、赤童子であることや忿怒相であることの理由は、『江家次第』にみえる春日祭使の「雷鳴の陣」に関係するとしている。つまり「雷鳴の陣」は「官人以下皆着笠負胡簶、府下部一人、令著紅衣称雷公、曰為春日明神御使所送申也」という儀で、紅衣を着けた「雷公」が春日明神の神使として春日祭の祭使を帰京の途中の淀で見送るというのが春日童子と関係すると推測した。つまり、赤童子の赤い身体は雷神の表象だとみているわけである。(6)

美術史家は、この赤童子の図像の源流は、天台宗寺院で制吒迦童子の図像を護法童子と呼ぶ例があることから、不動明王の侍者制吒迦童子からくるものとしている。(7)

河原由雄は「不動明王さんの脇侍である制吒迦童子を一種の護法童子とし、興福寺側ではそれをもって一種の守り本尊というような形をといっていたのが、赤童子の起源ではなかろうか」(8)とするが、清水健は不動明王の眷属のうち、矜羯羅童子が従順で穏やかな性質を表現し、制吒迦童子はやんちゃで悪性の童子であるとして、赤童子の特異な面相の背景を探っている。同時に、清水は赤童子の頬杖を突く特徴的な姿に着目し、類例として滋賀県・石山寺に伝わる倶利伽羅龍剣三童子像（重文・平安時代・一二世紀）の制吒迦童子、滋賀県・明王院本不動明王二童子（重文・鎌倉時代・一三世紀）の制吒迦童子、奈良国立博物館本不動明王八大童子像（重文・鎌倉時代・一三世紀、高野山伝来）などと比較し、「制吒迦童子が直接に赤童子となっているのではなく、役行者や性空といった山中修行者が使役する鬼あるいは鬼畜と称される眷属が護法童子となり、粗放で腕白な性格の制吒迦童子の姿を鬼に重ねて表された天台系の護法童子の姿が南都に採り入れられて、春日赤童子が成立した可能性が想起される」と赤童子の姿の形成過程を推測し、「その基底には、南都にも浸透していた修験道の影響がうかがわれる」と修験の影響を想定している。(9)このことはすでに永島福太郎が赤童子は春日若宮（御子神）の垂迹神だとしながらも、併せて金剛童子、地蔵・文殊の神性が投影し、さらに修験道の金剛蔵王の神性も加味され忿怒相として描かれたのであろうと指摘している。(10)興福寺を始めとする南都の修験については、神谷文子や徳谷誓子などの研究が進められ、中世の興福寺堂衆が真言系当山派修験と関わって大峯修行を行っていたことが明らかにされているが[11]、このことと学侶の赤童子信仰とどのような関係があったのかはいまだ不明である。

三　興福寺と赤童子

興福寺を始め奈良県の法相宗寺院がこの赤童子像を所蔵しているが、この画幅は法相宗の始祖中国の慈恩大師窺基を祀る慈恩会で登場する。現在は興福寺と薬師寺と隔年交代で一一月一三日に修されているが、このなかで「竪義《りゅうぎ》」という学僧の口頭試問があり、受験者の竪者《りっしゃ》に選ばれると三七日（二一日）の間、加行部屋（図版③参照）に籠もり、受験勉強と精進潔斎をしなければならない（今日の慈恩会は、かつて興福寺僧侶の必須の初歩の行として興福寺子院観禅院と菩提院で行われていた経論の購読問答「観菩加行」の方法を用いて明治二九年に再興されたもの）。

この加行部屋の本尊となるのが、慈恩大師と紙片を垂らして面部を覆った赤童子の画像である。本尊と竪者の間には「影向机」が据えられ、春日社から受けた浄火が絶えず灯されている。法会当日の儀式前には、加行部屋から場所を移して、赤童子の像を背にした探題から、論題を記した短尺を袖中で竪者に授ける「夢見の義」が行われる。これは春日の神から論題が夢中で啓示されることを意味している[12]。また、得度式や春日若宮おん祭に奉仕する馬長児が興福寺貫首から法印権大僧都の位が授与される「仮名僧官の義」の際にも用いられている（図版④参照）。

興福寺僧と赤童子の結びつきは、興福寺側の史料『大乗院寺社雑事記』や『多聞院日記』にも散見される。雑

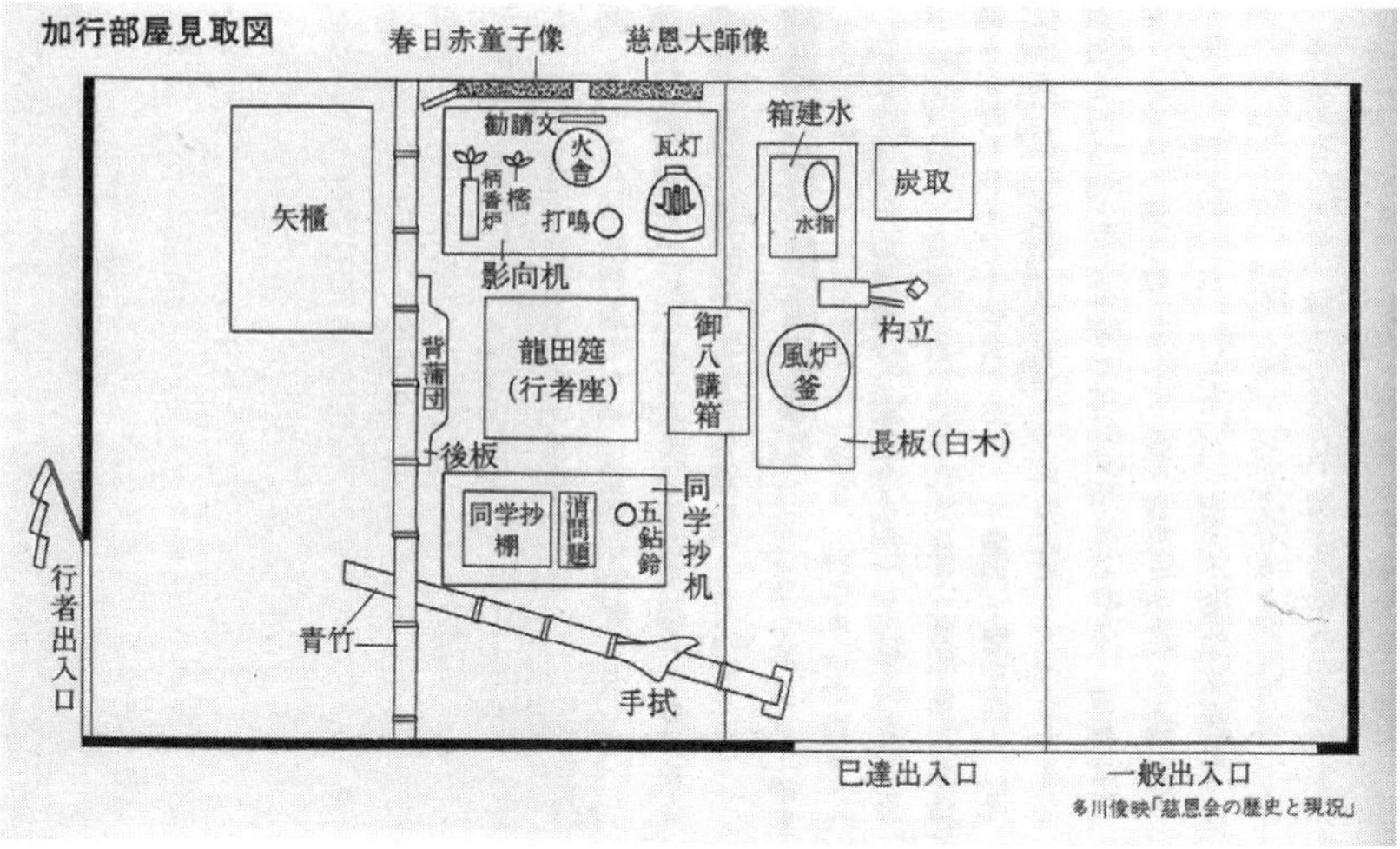

図版③　慈恩会の加行部屋（多川俊映「慈恩会の歴史と現況」より）

事記の長享元年（一四八七）一〇月二四日条には、新たに赤童子図絵の製作が絵師に依頼されたことが記され、翌年できあがり、延徳二年（一四九〇）に表装され、春日社の一切経御廊において開眼供養がされている。これが既述の植槻八幡神社所蔵本かと思われるが、「以湯屋房本図、助法眼沙汰也」とあるように、湯屋房の赤童子図を元に描いたものであることも判る。

また、『多聞院日記』を記した長実房英俊は一七歳の時、疫病にかかって瀕死の状態に陥り、その際大般若経が転読され、蓮成院所持の赤童子がもたらされ、回復を祈念したところ、赤童子が夢に現れ「汝ニ学文望ナラハ、一切経ノ御廊ニソセヨ」とのお告げがあり、周囲を取り囲む男女の鬼形を赤童子の杖で打ち払い、今後障りをなさないように約束させたと記している[13]。また覚順房という僧が病に伏したときにも、赤童子像を掲げると夢中に赤童子が現れて、背中を打つと青蛇二匹が出てきて失せたという。この時の赤童子は若宮の使いと理解されている[14]。

また、赤童子は興福寺南円堂と密接な関係を持っていたことが指摘されている。南円堂は藤原冬嗣の創建で、春日社本社第

図版④　春日若宮おん祭に出仕する馬長児への「仮名僧官の儀」（左背後に赤童子の画幅が掛けられている）

一殿の本地仏である不空羂索観音を本尊としている。この本尊の前に秘仏として木造赤童子像が祀られ、南円堂の基壇を築く時に、春日大明神が赤童子になって、藤原氏北家の繁栄を予言しながら協力したという説話が、『南北二京霊地集』（万治元年〈一六五八〉刊行）や『奈良名所八重桜』（延宝六年〈一六七八〉）に語られている。この類の南円堂の築壇伝承は、平安時代末期の『七大寺巡礼私記』まで遡るもので、元は老翁の姿で現れたとするものが、室町期に興福寺の赤童子と結びついたものと考えられている。[15]

赤童子は「法相擁護ノ御姿ナレハ」（『多聞院日記』天文一二年〈一五四三〉四月二一日条）とされ、さらに「法相教学を擁護するだけでなく、それを研鑽する学侶の守護神だとする信仰が興福寺僧のなかでは定着していた」[16]もので、盛んに礼拝され、病気平癒の祈願にも用いられ、一五世紀以降にその信仰の高まりが見られる。興福寺現貫首

の多川俊映は「春日社惣の御神影たる春日赤童子」と捉える考えを伝えている。(17)

なお、赤童子像について付け加えたいことがある。それは春日大社の宝物に赤童子像があり、厨子銘には「大治三年（一一二八）戊申七月、春日社赤童子、東之屋」とあるということである。(18)まだ作例として確認されていないようであるが、この像の製作年代が一気に遡る可能性があり、今後の調査が待たれる。

四　赤の民俗

赤童子の赤い身体について、既述のように永島福太郎は「雷鳴の陣」に関係して雷神の赤身と考えたが、改めて民俗的な観点からその意味を考えてみたい。赤については芳井敬郎氏が述べているように、日本で赤は血を象徴するものとして、女性の「赤不浄」の問題があり、出産の穢れをアカビ（赤火）と表現することや、『古事記』にみえる木花之佐久夜毘売の出産場面から、火が子供を生み出すという古代観念が存在したのではないかと推定し、血と火と赤の関係を論じ、「赤色と認識された血・火を、出産という行為を通じて、背後にものを生み出す本源とする観念が日本にあった」とした。また焼き畑耕作と火の関係、人間の出産と稲の再生に共通した感覚があったこと、石棺や遺体に朱を用いる死後の世界を赤色に彩る風習にも触れている。雷神の表象としての赤や、三輪の大物主神が丹塗りの矢となって、勢夜陀多良比売に通う丹塗り矢の説話から、「交接─雷─蛇─赤」と結びつくことも指摘している。こうしたことを念頭に置きながら、赤という色についての心意を現わしていると思われる中国古代、日本古代、民間の習俗からその事例を求めてみる。

①何も持たない「赤」

赤についての言説はさらにさまざまあるが、色としての赤や明るさの赤、また精神的・道徳的な赤の用例もみられる。さらに国文学者小島憲之は「『赤』には色彩の赤と、何も持たない、あるいは、まるはだかのという、大きく二つの意味がある。」とする。赤ちゃん・赤子はその肌の赤々としているためだけでなく、『漢書』の唐の顔師古の注に「赤子ハ、其ノ新生イマダ眉髪有ラズ、其ノ赤キヲ言フ」とあるように、まる裸の状態を表現し、「赤貧」「赤手」がこれにあたるとする。(19)

②赤き心

この何もない状態としての赤の意味から、「赤き心」という心の状態を示す道徳的な用法もあった。大伴家持は自らの一族の忠誠心を「(略)天の下　知らしめしける　天皇の　天の日嗣と　継ぎて来る　君の御代御代隠さはぬ　赤き心を　皇辺に　極め尽くして　仕へ来る(略)」(『萬葉集』巻二〇・四四六五)と表現しているように、「赤き心」で、邪な心や偽りのない清らかな心、まごころを以て忠誠を尽くす表現としている。この心は「黒心」「赤心」と対照的に用いられたり(神代紀)、「清明心」と表現されたりもした(敏達紀)。なお赤き心については、津田左右吉が上代日本人の道徳生活として言及している(『日本上代史の研究』)。また神や国への忠誠を示す言葉として、『後漢書』『北斉書』にも登場する。

③赤い土

『萬葉集』には、赤い土を歌い込んだ「大和の　宇陀の真赤土の　さ丹つかば　そこもか人の　我を言なさむ」(『萬葉集』巻七・一三七六)があり、宇陀の地の赤土は、着物に付いたら恋仲が人のうわさになるという赤い土の不思議な力を前提とした歌もある。『古事記』のオオタタネコの生誕の場面でも、「赤き土を床の辺に散らし」

ている。これも赤い土の力、その呪力を物語るものと考えられる。

④古代中国の赤

赤はまた他を圧する強い力を持っているとされる。この赤の観念は、中国で早くから形成されていた。四世紀の中国東晋の干宝が著した怪異小説集『捜神記』に「杜伯の霊、宣王を射る」（巻三）がある。罪なく殺された臣下が王に仕返しする話で、「杜伯朱衣を著け、白馬に乗り、冠蓋前後、鬼兵数百道に当たりて来たり」て、王の行く手を塞ぎ、弓で射殺する。有無を言わさずに王を射殺する杜伯は、霊界の象徴として赤い衣装を身につけている。また、武王の時、雍州に高さ一〇丈あまりの巨木が信仰の対象になっていた。王はこの木が民を苦しませるとして伐り倒そうとするが、樹の神が雷公を使って、雨や砂石を降らし雷をとどろかせて兵士を追い払う。夜になり赤衣の人が来たって老樹と語り、「我武王の兵をして人ごとに生朱を用ひて面に塗り、披髪（ちらしがみ）して朱衣を着け、赤縄もて之を縛し、道に灰を百匝し、斧を以て之を伐らしめば、豈損せざらんや」という。この話が王に伝わり、顔を赤く塗り赤い衣を着けた兵士によって、巨木はついに伐り倒され、以来厄祓いに赤と灰を用いるようになったという。[20]

⑤祈願の幡の赤

敦煌莫高窟一三〇の岩穴で一九六五年に発見された幡がある。開元一三年（七二六）発願の銘があり、幅一五センチ、長さ一六二センチ、幡首は赤い三角で幡身は七段で、赤と黄色の絹を交互に連ねる。発願文から、女性の仏教信者が災いを消し、病を免れるために仏に祈ったものであることが分かる。後掲の十三塚のお礼の赤とは異なり、この赤は強い願いを表すものかと思われる。[21]

⑥隼人の楯

樋口清之は、熱帯など強い太陽光線のもとで太陽の色に繋がる赤い色が神聖な色となるとした。この考えが南方諸島から日本へ伝播し、こうした南方の文化に接していたのが九州の隼人や熊襲で、平城宮跡から発見された隼人のものとされる楯に描かれた赤の連続した二つの渦巻紋は、太陽を連想させ、魔除の意味があったとする。(22)

⑦雷を捉える緋の蘰と赤き幡桙

雄略天皇の側近小子部栖軽が、天皇と皇后の「婚合（くなかい）」の場に踏み込んでしまい、天皇はその時鳴った雷を「請け奉れ」と命じて遠ざけた。栖軽は「緋（あけ）の蘰（かずら）を額に著け、赤き幡桙」を捧げて馬に乗り、軽の諸越の衢で「天の鳴雷神、天皇請け呼び奉る云々」と呼びかけ、鳴神が落ちてきたところを竹の籠に入れて大宮に持ち帰った。「雷神と雖も、何の故にか天皇の請けを聞か不らむ」という天皇の権威の強調が眼目であるが、雷を捕らえるために「緋の蘰」を額に著け、「赤き幡桙」を捧げたことが注目される。雷神に対峙する時、赤で一種の武装することが必要だったのだろう。(23)

⑧敵陣に打ち勝つ赤幡

『古事記』序の壬申の乱の経過を述べた部分で、「杖矛威（じょうぼういきおい）を挙げて、猛士烟りのごとく起り、絳旗（こうき）兵を耀かして、凶徒瓦のごと解けぬ」と記す。また、同じ『古事記』清寧天皇で項で「物部のわが夫子が、取り佩ける大刀の手上に丹画き著け、その緒は赤幡を載せ、赤幡を立てて見れば」ともある。太刀の柄に赤色を塗りつけ、その下げ緒には、赤旗の絵が載せてあり、天皇の旗が赤旗であったと解され、漢の高祖の事績を記した『漢書』を踏まえた表現とされている。(24)赤旗・赤幡は、戦いにおいて敵陣を圧する力を有すると考えられていたのだろう。同じ『古事記』で、墨坂の神について、「宇陀の墨坂の神に、赤き色の楯矛を祭り、また大坂の神に、墨き色の楯矛を祭り」とある。墨坂の神は、宇陀市の墨坂神社、大坂の神は香芝市穴虫の大坂山口神社とされ、大和の国の東西で、赤黒の楯矛で悪疫の侵入を防ぐことを意図したのであろう。

⑨十三塚への赤旗・白旗

生駒山地を越える峠道の一つに十三峠越の道がある。この十三峠は近くに十三塚（重要有形民俗文化財）があることからの地名である。姫宮と一二人の侍女が埋められた塚だといわれ、かつてはこの塚に対して火難除けや安産祈願などの願掛けが行われていた。祈願者は予め赤白2本の小紙旗を作り、願掛の際は白旗を献じて祈り、御礼参りの際は赤旗を捧げる風習があった。[25]

⑩「吉三さんはおりません」の赤い紙

山形県では、赤い紙に小さい子供の手の形を押して、「吉三さんはおりません」と書いて、門口に貼り付ける。八百屋お七が吉三に失恋のまま死んで風邪の神になり、吉三を取り殺そうと各家をのぞき歩くので、この赤い紙を貼り出しておくと吉三の手形ではないので、中を覗かずに帰ると信じられている。[26]

⑪酒売る媼と赤い紙

京の町で「上酒有」という字を書き、門ごとに貼ることが流行した。怪しい姥が酒を売り歩き、買うと病を患うので、この字を書いて貼れば、酒売る姥は来ないという。

これは難波から流行ってきたもので、「難波にては其の媼来る家には、疱瘡（もがさ）を病むと云ひののしりて、門毎に赤き紙にしか書きて出せり」という。病をもたらす老婆に酒はあるので結構ですと断る時に、赤紙が用いられたというのである。疱瘡に対して「子供留守」と書くのに似ている。[27]

⑫赤いとうもろこしと雷除け

浅草観世音は毎年七月一〇日を四万六千日として参詣群をなしていた。「此日、此山内にて、赤き唐もろこしを雷除けとて商ふ、俗子買ざるはなし、そもそも赤き唐もろこしは、近き文化のはじめ、何国に産せしにや、其以前はなかりし物也、本草家栗本随仙院に尋しがと、書物には見えず、近来変生の物也といへり、されば文化年中よりの品物なるべし、雷除也とは、何に拠るにや」としている。(28) 効験の広大な日に、赤いとうもろこしを求めて雷を防ごうとする習俗があった。

⑬中山みきと赤衣

赤を用いた自らの内面世界の表出として、幕末期に天理教を開いた中山みき（寛政一〇年〜明治二〇年、一七九八〜一八八七）の例が挙げられる。急激な天理教信者の増大に対して、警察にたびたび連行されて取り調べを受けたというが、「私の子供のころ、教祖様は人力車に乗せられて、前後に警察の人がついて、よう家の前を護送されはったものや。もうかなりのお年なのに、何時も真っ赤な着物を着てはったので、子供の目にも、また連れて行かれはるなってよくわかったもんや。」とその様子を目撃した祖母の言葉を書き留めている人がいる。(29) 衣については教祖自らが『おふでさき』で「このあかいきものをなんとをもている　なかに月日がこもりいるぞや」（六号六三）と語っているが、月日は神のことで、赤い衣には神が宿っているとしたが、同時にそれは邪心のない清らかな自らの心、「赤き心」をも示していたと思われる。赤衣を着用するのは、明治七年七七歳の一二月二六日が初めで、以来常に赤衣を着て、その召し下ろしを「証拠守り」として、広く人々に授けるようになったという。(30) 北大和一帯では、七七歳の陰暦一一月一五日に、子供に仕事を譲って、聖なる人間になった証拠として赤衣を着る風習があり、教祖も赤衣を用意していたところ、その日に山村御殿（円照寺）で取り調べがあったので、三日後に着たという。(31)「証拠守り」というのは、この教祖の赤衣を切り分けた小片であるが、大人用と子供用の二種あり、それぞれ「悪難除け」、「ほうそ（疱瘡）の守り」だったという。

おわりに

こうした心の在り方としての「赤」も含めて、後世の人々は赤という色そのものに様々な呪力を認めていた。[32]生まれたばかりの子供は赤子であるが、子供がつつがなく育ってくれるように、ユアゲ（湯上げ）や産着には赤い布を用いた。子供を襲う疱瘡神が早く退散してくれるように、赤絵や赤の玩具を置いたり、桟俵（米俵の蓋）に赤い御幣を立て、川原や辻に置いて疱瘡の神を送った。「屏風衣桁に赤き衣類をかけ、そのちごにも赤き衣類を着せしめ、看病人も赤き衣類を着るべし。疱（いも）の色は赤きを好とする故なるべし。[33]」とあるように、周囲を赤尽くしにする方法もあったが、疱瘡神は赤色を好むので喜ばせて退散させるとも、赤色の呪力で退散させるとも解釈されてきた。

乳幼児の着物に、赤い糸で「背守り」を縫い付けたり、赤い腰巻きをしていると蛇が入らないとか、火事に赤い腰巻きを振れば火が鎮まるなどともされた。千人針の赤糸、厄年の赤襟や赤頭巾などいずれも厄災に対抗するため赤の持つ力を信じた行為であり、病や敵に打ち勝ち、邪なものを圧倒させる強い力を秘めた僻邪の色としての赤の強い力を人々は信じていたのだった。[33]赤い鍾馗画像などはその最たるものだろう。赤い色は異様な人格や神的な存在についての形容にも用いられた。柳田国男が明治四三年に刊行した『遠野物語』に繰り返し描かれたように、山の神や山人の顔が赤いとしている。疱瘡神送りに見られるような赤い色に呪力を認める民俗は今も続いている。

赤は血を連想させる色で流出を恐れ忌むが、同時に人間の命を存続させ、また新しい命を生む原動力ともなる強い力を秘めたものであった。そのため、めでたい祝いの色でもあり、同時に魔に抗することのできる色、僻邪の色とも考えられてきた。赤い色が、魔物や疫病を防御する強い力を発揮するという赤の呪力や人の清き心を示す考え方は、大陸伝来の考えとも混ざり合った結果であろうが、日本の民俗信仰として長く基底に流れ続けてきたものと思われる。春日の御子神信仰をさらに興福寺側に引き寄せた形で独自に童子として造形化が図られた時、こうした民俗信仰がその背景で重要な役割を演じたのではないかと思われる。

（元奈良県立民俗博物館学芸課長）

註

（1）石上堅「赤色の呪力」『新・古代研究』一九七二、芳井敬郎「赤の民俗性について」『花園大学研究紀要』第一四号、一九八三（『民俗文化複合体論』所収　二〇〇五）、「稲荷山の赤土」『神道体系』月報100、のち『朱』第三五号　一九九一に転載

（2）奈良市東包永町自治会長　田村勝氏（昭和一七年生）談

（3）中本宏明編『奈良の近代史年表』一九八一

（4）『特別陳列おん祭と春日信仰の美術』奈良国立博物館　二〇一一

（5）佐和隆研編『仏像図典』一九六二

（6）永島福太郎「春日赤童子と同曼荼羅」『宮地直一博士三十年祭記念論文集　神道史の研究』国学院大学神道史学会編　一九八〇

（7）河原由雄「春日赤童子像について」『興福寺仏教文化講座要旨』第二三五回　二〇〇三、『おん祭りと春日信仰の美術』谷口耕生解説　奈良国立博物館　二〇〇九、清水健「春日赤童子の画像について」『春日若宮おん祭』第三三集　二〇一七

なお、護法童子信仰の中での位置付けとしては、小山聡子『護法童子信仰の研究』自照社出版　二〇〇三がある。
(8) 河原由雄 (7) に同じ
(9) 清水健 (7) に同じ
(10) 永島福太郎 (6) に同じ
(11) 神谷文子「十五世紀後半の興福寺堂衆について」『史論』三九号　一九八六、徳永誓子「修験道当山派と興福寺堂衆」『日本史研究』四三五号　一九九八
(12) 多川俊映「慈恩会の歴史と現況」『慈恩大師御影聚英』法蔵館　一九八二、松尾恒一「赤童子をめぐる儀礼」『儀礼文化ニュース』一九九五年一一月一日号)
(13)『多聞院日記』天文三年「夢幻記」
(14)『多聞院日記』天文一二年四月二一日条
(15) 山本陽子「春日赤童子考」『美術史研究』二五、一九八七、岩坂七雄「興福寺をめぐる春日赤童子の伝承」『春日若宮おん祭』第三三集、二〇一七
(16) 多川良俊「興福寺における春日赤童子信仰」『春日若宮おん祭』第三三集、二〇一七
(17) 多川俊映「慈恩会の歴史と声明」『秋篠文化』第四号
(18) 大東延和「春日大社境内の土地・個有物件等に関する文献資料」『史跡春日大社境内地実態調査報告書及び修景整備基本構想策定報告書』(財) 春日顕彰会　一九九〇
(19) 小島憲之『ことばの重み　鷗外の謎を解く漢語』新潮社　一九八四　のち講談社学術文庫　二〇一一
(20) 現存する二〇巻本の『捜神記』は、万暦年間 (一五七三〜一六二〇) に再編刊行されたもの。ともに『国訳捜神記』巻三、一九二四
(21) 村上道太郎『染料の道　シルクロードの赤を追う』HNKブックス　一九八九
(22) 樋口清之『日本人の歴史　第六巻　装いと日本人』一九八〇
(23)『日本霊異記』上巻　雷を捉ふる縁第一
(24)『古事記』西宮一民校注　新潮日本古典集成　一九七九
(25) 鹿谷　勲「十三塚の沿革及び伝承」『生駒十三峠の十三塚』平群町教育委員会　一九八七

(26)『民俗手帖』五　一九五六、国際日本文化研究センター「怪異・妖怪伝承データベース」より
(27) 清水浜臣「泊洦舎文集」『文集婦人文庫第四回刊行書』一九一四
(28) 山東京山『天明事跡　蜘蛛の糸巻』弘化三年（一八四六）
(29) 増尾正子『奈良町回顧』私家版　一九九三
(30)『稿本天理教教祖伝』
(31) 八島英雄『中山みき研究ノート』一九八七
(32) 赤色の呪力の具体相は、桂井和雄「赤色の呪力」（『俗信の民俗』民俗民芸双書79　一九七三）に詳しい。
(33) 香月啓益『小児必用養育草』元禄一六年（一七〇三）

煙と日本人

落合　知子

我が国は時代とともに煙との共存生活が少なくなり、都会から離れた地方においても家々から煙が立ち上る原風景を目にすることが無くなった。これまでの日本には、田畑にも、茅葺の民家にも、道端の祠にも煙が存在し、煙とともに暮らすのが常であった。煙との共存によって、様々な保存意識が培われてきたと言える。本稿は、虫除けにみる煙について、ものの保存意識にみる煙との関わりを線香や船たでから、情報伝達機能にみる煙の活用は狼煙から、そして京都にも関係が深い朮に焦点を当てて、その活用と効用について考察し、日本人の煙との関わりについて論ずるものである。

一　蚊遣火（蚊燻し）

蚊遣火は蚊燻し、蚊くすべ、蚊火などと呼ばれ、煙をくゆらせて害虫を追い払う方法である。これは縄文・弥生時代の煙とともにあった住居構造が生み出したものとされ、虫除けの歴史はここに始まったと言える。(1)一般的に木片を囲炉裏や火桶で炊いたもので、奈良時代には艾の葉や榧の木、杉や松の青葉などを火にくべて大型のうちわなどで仰いで虫除けを行った。乾草木は勢いよく燃えるため、水をかけながら多くの煙を出すことが求められた。江戸時代にはみかんの皮、麻の葉の他、おがくずに硫黄の粉を混ぜたものが使用された。

貝原益軒は『日本歳時記』で「夏月蚊虫を去法　蒼朮四匁木鼈仁二〇ヶ雄黄二匁半別研以上 細末して 蜜にて煉 丸とし 急火にこれを焚 と居家必要に見えたり（中略）麻の葉をけふりにたけハ よく蚊をさくる事 物類相感志に見えたり 和俗にハ 榧の木をたく これまたよく蚊をさくるものなり かやと訓ずるも かやりの木といふことろなるへし」と論じ、さらに詩学大成抄に「幾回揮扇摩難去纔被薫煙即使除」の記述があることを記している。(2)

服部昭は線香形態の蚊燻しは江戸時代にもあったとして、明治一九年（一八八六）には金鳥の創業者上山英一郎がアメリカのH・E・アモアから除虫菊の種子が贈られて、日本で栽培されて除虫菊の蚊取り線香が商品化されたことを論じているが、上山が除虫菊の種を手に入れる前に内務省衛生局目黒薬草園や駒場東大実習園に試植した記録も残る。明治時代に蚊取り線香が普及することで、蚊遣火は姿を消していったが、大正初期頃まではまだ日本の各地で見かける夏の風物詩であった。(3)

かつてセルビア共和国（旧ユーゴスラビア）で発見された除虫菊は、古くから殺虫効果があるとされ、世界各地で殺虫剤の原料として栽培されている。福沢諭吉の薫陶を受けた上山は、和歌山県や瀬戸内地方、北海道などで殺虫成分であるピレトリンが多く含まれる除虫菊の栽培を奨励する。また、『除虫菊栽培書』（『日本の除虫菊』に改名）を発刊し、全国の関係者に無料配布して除虫菊の栽培普及に大きく貢献することとなり、第二次世界大戦前は盛んに生産された。『除虫菊栽培書』を発刊した明治二三年（一九八九）に開催された第三回内国勧業博覧会には除虫菊粉を出品し、有功賞牌を受賞した功績を残している。しかし、日本から世界中に輸出された除虫菊は、第二次世界大戦後ピレトリン類似化合物のピレスロイドが殺虫成分の主流となったことにより、その栽培

は終焉を迎えたのである。(4)

蚊遣火に関しては、万葉集、新古今和歌集、式子内親王の和歌や徒然草にも散見され、平安時代から夏の夜の風物詩として定着し、江戸時代では俳句や川柳に多く使われるようになった。

あしひきの山田守る翁が置く蚊火の下焦れのみ我が恋ひ居らく（万葉集）

山がつの蚊遣火たつる夕暮れもおもひの外にあはれならずや（式子内親王）

柴の屋の入りの庭に置く蚊火の煙うるさき夏の夕暮（堀河院御時百首和歌）

さらでだにいぶせき宿ぞ蚊遣火にくゆる烟のたたぬよもなく（藤原定家）

蚊遣火のさ夜ふけがたの下こがれ苦しや我身人知れずのみ（新古今和歌集）

六月のころ、あやしき家に夕顔の白く見えて、蚊遣火ふすぶるも、あはれなり（徒然草）

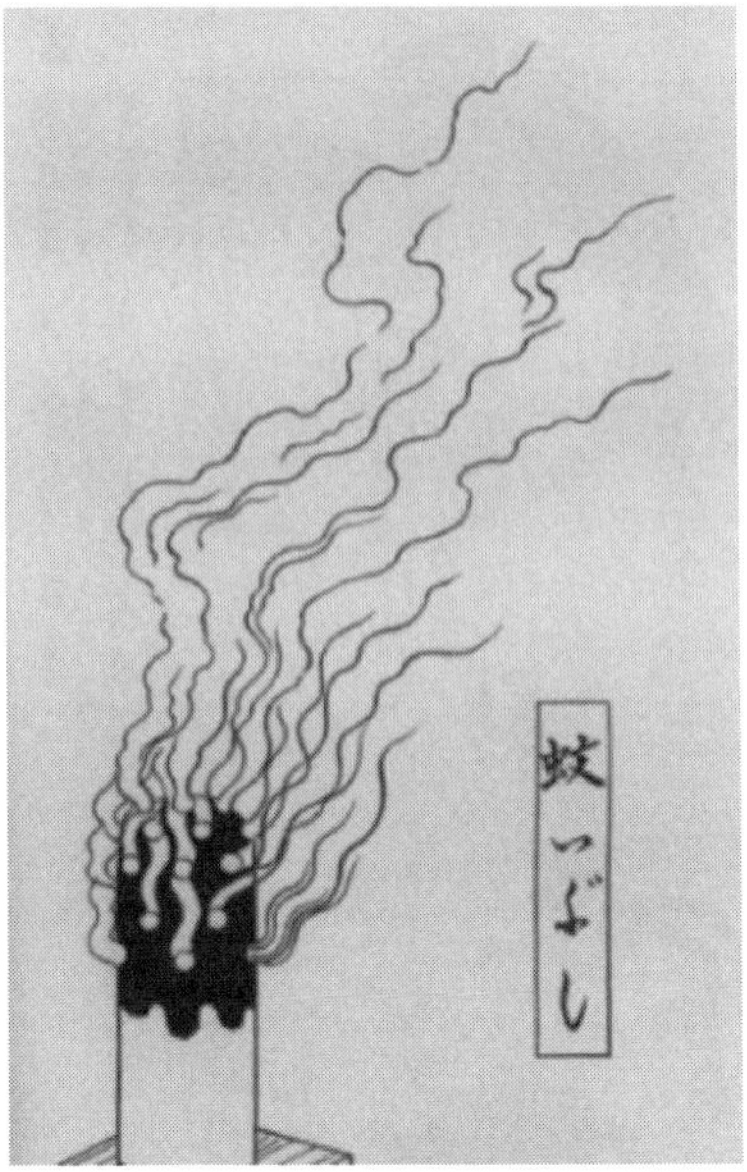

蚊遣火（『江戸府内絵本風俗往来』）(5)

蚊いぶし（『江戸庶民風俗絵典』）(6)

また、蚊遣り具とは山仕事や農作業、草刈りの際に蚊や虻、ブヨなどの害虫から身を守るための携帯式防虫道具のことで、木綿、蓬、藁稭、粟がら、ボロ布などを藁苞の中に入れ、腰に下げて先端に火をつけて煙を出し、害虫を近づけないようにしたものである。また、携帯する際は、服に火がつかないように、服と蚊遣り具の間に木や竹を挟むなどの工夫も見られる。江戸時代に描かれた『富山藩領山方絵巻』には、蚊遣り具を用いて農民が田植えをする様子が描かれている。また、秩父山中で畑を耕す農夫がホクチタケ（シロカイメンタケ）と呼ばれるキノコに火を点じ、その煙で虫を除けていることも記録されている。(7)

『富山藩領山方絵巻』
（富山市郷土博物館蔵）(8)

二　線香と仏像

高度成長期の日本は博物館界も建設ラッシュを迎え、沢山の博物館が建設され、資料収集も盛んに行われた。特に歴史系博物館では仏像も主たる収蔵資料の対象となったが、近代的設備が整った博物館に収蔵されて間もなく虫害を受けて損壊していく事態となったのである。まさに信仰から切り離された祟りとまで言われたように、庶民の信仰の対象であった仏像は、それまで長きに亘り人々から手向けられた線香の煙によって昼夜を問わず燻され、虫喰いから守られてきたが、博物館に収蔵され、人々の信仰、つまり煙と無縁になったことで虫害が始まったのである。

初期の仏像は樟の一木彫が主流であり、この時代の仏像には線香は必要とされなかった。何故ならば防虫剤の樟脳は樟の根から抽出した成分であるため、仏像それ自体が虫を寄せ付けず、煙に頼る必要はなかったが、一方で干割れという弱点を有していた。一木彫の最大の欠点であるこの干割れを解消するために、その技法を寄木造りに変えて、樹種も樟から杉へと移行した。しかし、寄木造りになって干割れは解消されたものの、今度は虫害という問題が生じることとなる。その後虫害対策として線香が手向けられるようになった仏像は、昼夜を問わずその煙によって燻され虫の喰害から守られてきたと言える。言うまでもなく博物館は消防法により火気厳禁であるため、線香から切り離された仏像は悉く被害を受けることになったのである。

線香は杉の葉を膠で固めたもので、樟までの効果は望めないものの、防虫効果が高いことを先人たちは熟知していたと言える。平成八年（一九九六）に民家から発見されたニホンオオカミのフラットスキンは、仏壇の上に保管されていたことにより絶えず線香の煙によって守られ、良好な状態で保存されてきた好事例である。ニホンオオカミは明治三八年（一九〇五）の捕獲を最後に絶滅したが、それまで日本人とは密接な関係を保って共存した動物である。上野動物園で一時飼育されていた時代もあったが、それから間もなく絶滅種になるとは予想だにしておらず、その写真さえも残っていない。

三　烽火と狼煙

前項に続き狼に関連する煙について述べていく。古代における情報伝達手段の一つに狼煙がある。特に敵の発見を友軍に知らせるための手段として狼煙は日本以外でも使用されてきた。先ず「とぶひ」（烽火・烽燧）は飛ぶ火の意味であり、烽は、『和名類聚抄』に「度布比」とあり、烟火や火をあげて緊急事態を知らせる軍事通信手段で、内乱や外敵侵入に備えて設置された古代の非常警報用施設である。昼は煙、夜は火をあげて信号とした。『和名類聚抄』にある「烽燧（峯遂二音度布比）、辺有警則挙之、唐式云、諸置燧之処置火台、台上挿橵（音橵、俗云保久之）」の烽火は唐の制度に倣ったもので、橵は烽火の台の上にある燃料を入れる器の火串を指す。(9)

『日本書紀』巻二七天智天皇三年の記事に「この歳、対馬国、壱岐国、筑紫国等に防人と烽を置く」とあり、我が国の軍が白村江の戦いに敗れて撤退した時に初めて九州に烽火が置かれた記述である。また、『万葉集』巻六には「射駒山、飛火丘」、『古今集』には「春日野の飛火の野守出てみよ」と詠まれ、『出雲風土記』にも馬見烽などの五箇所に烽火が設置された記述や、『肥前国風土記』にも「烽」が記されている。

この烽火の燃料は『軍防令』巻一七に「凡そ火炬は、乾たる葦を心に作れ。葦の上に乾たる草を用ゐて節縛へ。縛へらむ処の周廻には、肥えたる松明を挿め。並に須ゐむ所の貯十具以上、舎の下に架作りて積み着け。雨に湿すことを得じ」とあり、夜に使用する烽火の燃料は乾燥した葦を芯にして周囲に松を挟み込んだものであった。昼に使用する烽火の燃料は「凡そ烟放たむに貯け備へむ者は、艾、藁、生しき柴等を取り、相い和てて烟放つべし。其れ藁柴等貯けむ処には、浪りに人をして火を放ち、及び野の火延び焼かしむること勿れ」とあり、艾や藁等を混ぜた燃料で煙を出したことがわかる。

中国では司馬遷の「烽火戯諸侯」、王維の「大漠孤煙直長河落日圓」、杜甫の「烽火

東洋文庫「列女伝 3」（平凡社 2001 年）(10)

「烽家」墨書土器 (11)

連三月、家書抵萬金」にその記述が見られ、唐の段成式撰『酉陽雑俎』には「狼糞烟直上，烽火用之」とあり、狼の糞は真っ直ぐ立ち上がるため烽火の燃料として用いられた記述や、あちこちで狼煙があがり戦雲が急を告げる成語の「狼烟四起」など、狼煙に関する記述は多く散見される。このように古くから敵の攻撃を知らせるための合図として使われてきた狼煙台の遺構は、中国の万里の長城などに残るが、我が国にも狼煙用の穴と見られる遺構が確認されている。

また、栃木県の国指定史跡飛山城跡の平安時代竪穴住居跡から「烽家」と墨書された須恵器の坏が出土し、これまで否定的であった東国における烽の設置は、この発見によって見解を再考する契機となった。上泉信綱伝の『訓閲集』巻五「攻城・守城」には、「小軍なら一つ、中軍なら二つ、大軍なら三つ狼煙をあげる事」との記述があり、攻めてきた敵の勢力によって狼煙の数を決めて、味方に正確な情報を伝達していたことが理解できる。『甲陽軍鑑』に拠ると武田信玄は一方の国境で戦となり、また、別の国境で戦となっても狼煙による伝令が出せたとある。つまり、狼煙の特長である、遠距離でも人や馬が手紙を運ぶよりも敏速にその情報伝達が可能で、さらにリレーによってその距離を伸ばすことができた点を利用したからである。一方で、天候に影響されることと、煙のみの伝達であることから伝えられる情報量が少ないことが欠点でもあった。しかし、燃やす物で煙の色を変えることができたため、色の組み合わせや燃やす順序で、複数の意図を伝えることも可能であった。

「のろし」は、狼の糞を燃料としたことから日本では狼煙と書くが、狼の糞は硝酸塩を含むため、燃焼の際に生じる煙が青白く、空高く真っ直ぐに立ち上りやすい性質があるとされる。しかしその実態は定かではなく、中国の最近の研究成果によると狼糞の煙は白いため、遠方から見えずらいとの実証実験結果が示され、さらに当時は狼糞を調達するのが難しいとして狼糞説に否定的である。『和漢三才図会』の狼煙の項には「以狼糞積之至即燃以望其烟謂之狼煙蓋狼糞煙氣直上雖有烈風不斜」とあり、狼の糞を燃やした煙は真っ直ぐに立ち上ることが記述されており、一方では「狼糞雖最佳、難多得、故今不用之」とも記述されていることから狼の糞は入手困難であったことも理解できるのである。(12)

四　日本の茅葺家屋

次に日本の茅葺きと煙の関係について論じたい。日本の家屋には煙突がないのが一般的であるが、日本人は故意に煙突を必要としなかった。これは日本家屋の計算された設計であったと言えるのである。かつて日本家屋の屋根は茅葺が主流であり、虫害を受けやすい材質であったため、竈や囲炉裏から立ち上る煙を床に這わせ、壁を伝い、天井の茅の一本一本の隙間を通過させることが必要であった。つまり煙に含まれるタールが木材をコーティングして防菌・防虫に優れた効果を発揮したため、煙突は不要であったのである。E・Sモースの『日本その日その日』には「低い葺き屋根の家々が暗く、煙っぽく見え、殆どすべての藁葺家根から、まるで家が火事ででもあるかのように、煙が立ち登る」との記述が見られるが、煙による防虫意識までは論じていないものの、日本家屋から立ち上る煙の勢いを読み取ることができるのである。(13)

このような煙による防虫効果によって、脆弱な日本家屋の茅葺屋根は守られてきたが、現在でも原地保存された指定文化財や、移築復元された古民家の保存にもこの煙は欠かせないものとなっている。火気を使用せずに人工煙による燻蒸システムも開発され、青森県三内丸山遺跡や岐阜県白川郷、長野県森将軍塚古墳館等で設置使用されているが、火災のリスクは激減するものの臨場感に欠ける展示は否めない。古民家に一歩踏み入ると、目を刺すほどの痛みを体感するほど囲炉裏に火が焚かれて、部屋に充満した煙は訪れる人を昔にタイムスリップさせる効果も有しており、その場での湯茶のサービスや子どもたちの教育活動、人々のコミュニケーションの場として様々な効果を齎すものとなろう。

五　船喰虫と船たで

船喰虫とはフナクイムシ科（Teredinidae）に属する二枚貝類の総称で、貝殻は一㎝にも満たないが、体は貝殻から細長くのびて一ｍほどに成長する。貝殻の前半部はやすり状になっており、船底に穴を掘ってセルロースを消化しながら進む。その結果、船は喰害された穴から浸水し、船体に亀裂が生じて沈没するほどの被害を被るため、昔から船乗りにとっては重大な問題であった。

古墳時代は船底に猛毒の水銀朱を塗ることで、船喰虫を寄せ付けない方法が採られていたが、水銀朱は高価であることと、次第に大型化する船には利用することが難しくなる。そこで船を陸揚げして船底を杉の葉を燃やして燻し、乾燥させるようになる。これは「焚船」「船たで」と呼ばれ、漁師の縁起担ぎとしても行われた冬の風物詩であった。潮の干潮を利用して船を海から引き上げ、船底をたでる場所は「焚場」と呼ば

東都三ツ股の図（歌川国芳）(14)

れ、長い航海によって傷んだ船体を修理する場所でもあった。鞆の港などは瀬戸内の中央に位置し、干満の差が大きいという地理的条件や、船大工も多く船の修理には最適の土地であった。鞆の焚場は幅一〇〇間と記録され、文化文政の頃には大型船が何隻も入るほどの大きさで、現在でも焚場という地名が残っている。

一八世紀には船底に銅板を貼る方法が考案され、海中で銅が酸化して緑青が発生し、この緑青から亜酸化銅が海中に溶け出して、その毒性から船喰虫の付着を防いだものとされている。

六 香道

飛鳥時代に仏教の伝来と共に「お香」が伝わり、「香」として香木が珍重されるようになった。『日本書記』の推古天皇三年（五九五）に淡路島に沈水香木が漂着し、朝廷に献上したとある「推古三年夏四月沈水が淡路島に漂ひ着けり。甚大き一圍、島人沈香しらず、薪に交て竈に焼く、其煙気遠く薫る、即異なりとして献る」が最も古い記述とされる。

奈良時代は、香料を直接火で焚いたとされており、仏教における「供香」として定着していった。鑑真和上によって沢山の香薬が齎され、各種の香料を練り合わせた「薫物」製法も伝わった。平安時代には、衣服に香を焚きしめて衣服に移った香りを楽しむ「移香」「追風」「誰が袖」や、部屋に香りを揺らす「空薫」などが日常生活に組み込まれた。これらが『枕草子』や『源氏物語』にも頻出していることから、貴族の間に流行したことが理解できる。

鎌倉時代になると、それまで貴族が好んだ「薫物」に代わり、香木の自然な香りが好まれるようになる。出陣の際には沈香の香りを聞いて精神統一を図り、甲冑に香を焚き込めて戦いに挑むなど、香木は武家社会にも広まっていった。

室町時代にはさらに武士の間で香木の嗜好が強まるとともに、香木収集や香木の判定方や組香が体系化された。こうして我が国の香道は、世界に類を見ない独特な文化である芸道として確立していったのである。香道は江戸時代に最盛期を迎え、庶民の間にも浸透し、中国から線香の製造技術が伝わることで国内に広がりをみせた。

香席の図（風流諸芸遊）(16)

正倉院宝物として伝わる有名な香木の「蘭奢待」は、足利義満、足利義教、足利義政、土岐頼武、織田信長、明治天皇がその一部を截ったとされている。しかし、この蘭奢待に付された付箋には足利義政と織田信長、明治天皇の名は明記されているものの、明治一〇年以降に付されたものでその信憑性は確かではない。明治天皇が奈良東大寺に行幸し、蘭奢待を截らしめるとともにその小片を火中に投じたとあり、「薫烟芳芬として行宮に満つ」と記録されている（宮内庁編纂『明治天皇紀』明治一〇年二月九日条）[15]。原料は、沈香、伽羅、白檀、桂皮、大茴香、丁子、安息香、乳香、竜脳、竜涎香、麝香、貝香等で、その中でも安息香は防腐剤に、竜脳は防虫剤の効用が認められる。

七　焚蒼（うけら焚き・おけら焚き）

木下武司の『万葉植物文化誌』によると、万葉集には「宇家良」と表記された歌が三首あり、これらは東国に出現するものとある。(17) 白朮という漢名からは、中国本草に起源を求めることが可能であり、『紹興校定經史證類備急本草』第二の図から、朮の起源はオオバナオケラと読み取れ、さらに『本草衍義』では白朮と蒼朮の二種に分類されている。貝原益軒も『大和本草』で白朮と蒼朮に分類している。

また、『出雲國風土記』の「意宇郡」の条に「凡そ諸山野の草木在る所に白朮あり」と記述され、他の条にも白朮の名が見られる。さらに『日本書記』第二九に「白朮を煎しむ」とあり、白朮採集の記述も散見できる。江戸時代の古方派漢方医吉益東洞がその著『薬徴』の中で、白朮の効用を述べているように、その薬効利用は今日に至るまで引き継がれている。

中国では朮を神仙の霊薬として賞用され、我が国では『延喜式』巻第三七「典薬寮」や『醫心方』の中に正月の屠蘇散としての白朮が見られる。今日でも大晦日の夜に祇園の八坂神社の社前で火を焚き、おけらをくべる伝統行事が行われ、その火を火縄につけて持ち帰り、雑煮の種火とする風習が残っている。

『國譯本草綱目』で張仲景が「一切の惡氣を辟けるに赤朮と豬蹄甲とを共に烟に燒いて用ゐ」とし、陶隱居も「朮は能く惡氣を除き、灾沴を弭む」とある。「現に惡疫に罹つた場合、及び正月民家で往往蒼朮を燒いて邪氣を辟けるのもそれ等の説が根據である」や夷堅志の「その藥は中に蒼朮があるから能く邪氣を除くのだ」とある。このように中国では、朮は邪気を払う薬草として定着していたようである。その後我が国にも朮は邪気を払う効用があるとして、正月行事の重要な役割を果たすものとして定着することとなった。(18) 正月行事における朮については後述する。

かつては我が国においても馴染みの深かったおけらであるが、現代社会においては一般庶民にあまり周知されていない。しかし、おけらには防湿・防虫・防黴の効果も認められ、そのために庶民が利用する薬草であったことが、鏑木清方の『鏑木清方随筆集』の中で確認することができる。[19]

　つゆどきになると、土蔵や納戸、または戸棚の中に蒼朮を焚きくゆらすのが、昔はどこのうちでも欠かさぬ主婦のつとめであった。

　蒼朮とは、紅だの、薊だのによく似た花をもつ秋の野草で、その根は薬用になり、干しかわかしたのを焚くと湿気をはらい、虫を除ける。（略）たきこめた煙には、伽羅、梅檀の香りはなくても、昔の人の袖の香は知らず、何かしら先人の生活に染みこんだ匂いの一つとして私には忘れがたく、焚いたあとでは、うっとうしく粘りついた湿気がさらりと退いて（略）

この文面からおけらには防湿・防虫の効力を認めることができる。このような蒼朮を焚く風習は古くからあり、前述の如く湿気を払い邪気と悪臭を取り去ることを目的とし、その起源は正月や節分に社前で篝火におけらの根を焚いて病の鬼を祓う「おけら焚き」に求めることができるのである。

また蒼朮は夏の季語であり、多くの歌にも詠まれている。

　蒼朮を隣たきゐる匂ひかな（青木月斗）
　焚きやめて蒼朮薫る家の中（杉田久女）
　蒼朮の煙賑はし梅雨の宿（杉田久女）

このように梅雨時に蒼朮を焚くことが日常的に行われ、古くから庶民の生活に溶け込んだ薬草であったことが

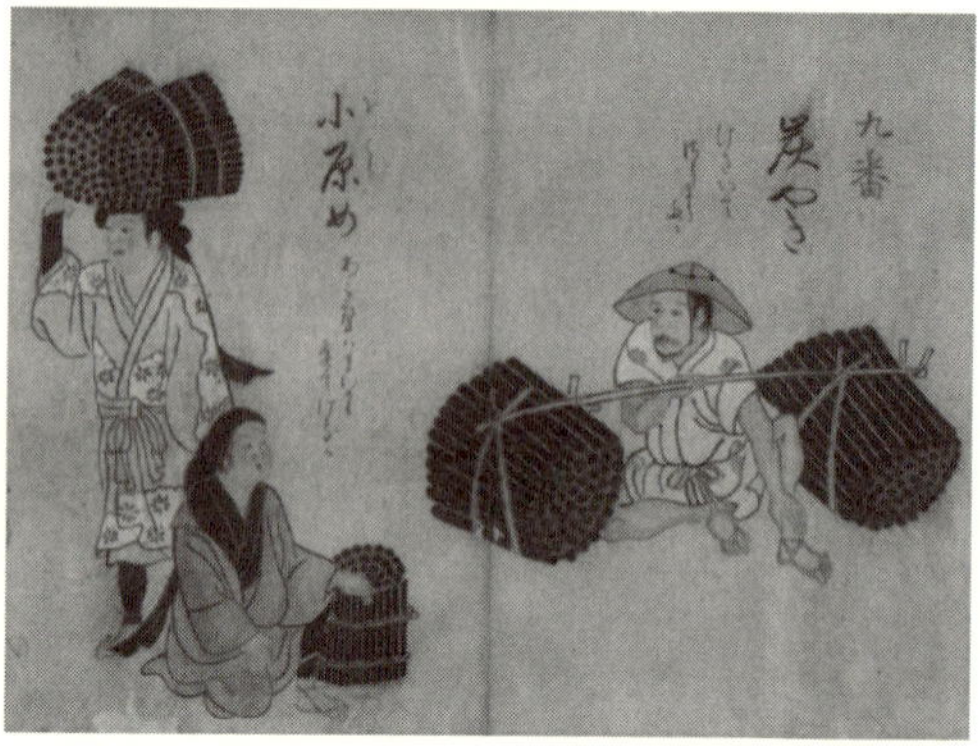

『職人尽歌合』(20)

わかる。『枕草子』六七段には、除湿草、澤瀉の記述が見られ、『和漢草図鑑』には蒼朮の精油には防黴作用があることが記されている。蒼朮には2-フルフラール、ヒネソール、アトラクチロン、β-オイデスモール、エレモール、アトラクチン、βビザボレン、αビザボロール等の成分が含まれ、特に2-フルフラールは除湿・防黴の効用が認められる。薬屋や民間で防虫、かご防ぎ、湿気払いにおけら焚きが行われ、京都では大原女による衣服や和本の黴防止としてのおけら売りが風物詩であった。大原女は近隣の山でおけらを採り、これを売り歩いていたのである。

このようなおけら焚きの風習は現代社会において殆ど目にすることはなくなったが、今も伝統行事として守り継がれている事例を紹介したい。

先ず、冷泉家の年中行事として行われている節分の豆撒きである。立春前の節分行事は冷泉家に伝わる種々の行事の中で、民俗的な要素を色濃く残す行事である。正月と立春がほぼ一致していた旧暦では、節分の行事は暮れから正月にかけての行事であったが、新暦になってから節分は一つの行事として独立した。かつては熨斗目に麻の裃を着た雑掌の仕事であった豆撒きは、現在では家族の一人が手燭を持って、もう一人が手提げの香炉に蒼朮を薫じて先導する。蒼朮のその独特な香で魔鬼を退散させると言われている。節分はこの二人の後から煎った豆を一升枡に入れて撒きながら歩く行事である。[21]

次に絲原家の焚蒼である。絲原家は中世武家の一門で、初代善左衛門が江戸時代初期に備後国(広島県)から郡内大馬木村に移住した歴史を有している。帰農後はたたら製鉄を始め、江戸時代中期に九代忠三郎が高殿(鉄穴鉇）と居宅を奥出雲に移し、今日に至っている。約四〇〇年続く絲原家の現当主は一五代徳康で、藩政期には松江藩の五鉄師の一人に任ぜられ、鉄師頭取も務めたが、その後の洋式製鉄の普及により約二八〇年間燃やし続けてきたたたらの火を消し、家業を山林業に転換する。その間、一二・一三代武太郎は貴族院議員として国政に参画し、国鉄木次線（現ＪＲ）の開通に尽力、一四代義隆は地方自治に携わった[24]。

絲原家は代々出雲大社の氏子であり、一三代目武太郎の代には大社の手水舎を奉納している。奥出雲という神話の里に連綿と受け継がれている絲原家の正月行事の一つが蒼朮である。絲原家の正月は一二月四日の歳満の行事から始まり、一月六日の仕事始めまで伝統的行事は守り継がれている。大晦日は神棚作り、正月飾り、三宝拝見、神社参拝などが行われるが、その行事の中でも特に重要なものが蒼朮である。蒼朮は翌年一年間の健康を祈る行事で、火鉢の中にみかんの皮やゆずり葉を入れて焦がし、その煙を身体に浴びて健康を祈る。みかんは悪気、邪気を祓うとされる果物で、家が代々続くことを願ってゆずり葉とともに火にくべる。そして大晦日に節分の豆打ちをして正月を迎えるのである[25]。

このように朮は邪気や湿気を払う薬草として日本に定着したが、鉱山労働者に対して活用されていたことはあまり周知されていない。内藤正中によると、幕末に備中笠岡か

冷泉家の豆撒きと蒼朮（22）

絲原家の蒼朮（23）

薬蒸管之図（石見銀山資料館）(28)

ら招かれた町医者の宮太柱は『済生卑言』で、石見銀山の鉱山病対策を提言しており、大森代官所はこれに基づき対策と予防を講じたとされる。江戸時代における鉱山の労働環境は悲惨であり、鉱山内に立ちこめる有毒ガスによって、鉱山労働者たちは鉱山病に罹り、命を落とすことが多かった。例えば佐渡金山や石見銀山では、「四十をこえたるはなく、多く、三年、五年の内に肉おち骨かれて、頬に咳出て、煤のごときもの吐きて死んでいった」という。(26) ここには、鉱山病にかかって短命で死んでいく鉱山労働者たちに対し、石見銀山における対応について考察がなされている。(27)

石見銀山の鉱山労働者たちへの対応は、近世後期にようやく始まるが、その一つが「勘弁」と呼ばれた銀山町の生活困窮者への手当である。流行病に感染した者に対しては米が支給され、子どもに対しての養育米の支給、鉱山病によって働けなくなった鉱夫に対しての救助米の支給、鉱山病が早期発見された鉱夫に対しては保養薬として大豆や糀が支給されたが、石見銀山での対応は殆どが事後的なものであった。

そのような状況の中で、唯一予防的な対応を施したのが、備中笹岡から招聘された町医宮太柱による鉱山病調査とその対策である。同じく笹岡の本草学者中村耕雲の紹介により、石見国大森代官所に紹介された宮は、代官・屋代増之助に命ぜられ、安政二年（一八五五）より石見銀山でのフィールドワークや関連文献の調査を行った。同年、「銀山鉉子病気治療方及び通気管設置」を纏め、その調査結果を代官所へ提出している。

この報告で特筆すべきは、これまで事後対策であった鉱山病に対して、積極的な予防策を講じた点である。鉱山病の原因を究明し、福面と称される梅肉を挟んだマスクを鉱夫に着用させるなど六つの「治術機器」が紹介されており、それらは一定の効果が得られたと記されている。また、鉱夫には日光浴を奨励して、筋肉の強健を図るなど、宮によってなされた鉱山病対策は、石見銀山における鉱夫への対応の中で特徴的な位置付けにあったとされる。宮が代官所に提出した「銀山鉉子病気治療方及び通気管設置」は、後に「済生卑言」として纏められたものである。

成田研一は「済生卑言」における蒸気薬について詳述している。蒸気薬とは中国の風邪の民間療法である酢と水を室内で炊いて蒸気を充満させる方法に近似したもので、坑内では唐箕を送風機として利用して蒸気によって鉱石粉の飛散を抑止し、防塵の為に給湿することにより、鉱夫への対応をしていた記録が残っている。(29)

「済生卑言」には中村耕雲が考案した「蒸気薬ノ方」として「蒼朮、公募、樟枝葉陰干、酢醤草」の四種の生薬と「酸水之方：上好ノ酢 三歩、清浄水 七歩」を罐内で炊いて「熱沸、煎蕩、薬蒸噴出シテ忽チ管内ニ充満ス」と記され、「薫臭」と換気による効果を表記している。つまり、鉱山病対策として蒼朮、酵母（酸模）、樟の葉の陰干し、酢漿草の四種の薬草を用い、水などと合わせて坑内で炊くことによりその蒸気が坑内に充満して薬効が発揮されるとしたものである。この四種の生薬のうち、蒼朮の防虫防黴作用は前述した通りであり、樟についても本草綱目に「能去濕氣、辟邪惡故也」つまり、「中惡、鬼氣の卒死者には、樟木を烟に焼いて薫じ、甦るを待つて藥を用ゐる。この物は辛烈にして香竄し、能く濕氣を去り、邪惡を辟ける」とある。また、「樟脳は「去濕殺蟲」と記されており、江戸時代には樟を煮て水蒸気蒸留によって得られた粗製樟脳が輸出されていた。また、酸模には「皮膚の小蟲を殺す」(30)とあり、酢漿草にも「諸小蟲を殺す」と明記され、この四種すべてに防虫効果があることが認められるのである。したがって、「済生卑言」の蒸気薬も防虫防黴の目的で応用されていたことが理解できるのである。また、

「其至ル所薫臭セサル事ナシ」とあり、煎じた生薬の薫臭が記されており薫薬としての効果を期待するものであった。この薫臭による「アロマセラピー効果」については佐々木久郎が指摘している。

蒼朮に関しては秋田藩でも使用例があり、文政九年（一八二六）に秋田藩医学館に提出された「金堀病容體書」には、旧幕典医福井丹波守が「土湿を防ぎ申手候事致然考候処蒼木第一に御座候煎じ服用冥敷御座候、又土坑などへ入候者出る後蒼木を火に焼衣服身体共薫し申候も御座候」とある。また、秋田藩銅山方の公式文書「銅山方以来覚目録」には、文政一〇年（一八二七）三月「土湿防候には第一蒼木を煎し服用可致」と通達され採用されている。この記述に関して成田は、この「土湿を防ぐ」ための応用事例が参考にされたことも想定できるとしている。

以上、中国を含めて日本における煙について述べてきたがほんの一部にすぎず、煙に関わる事柄は煙草をはじめとして多くを論じきれていない。今後の課題としたい。

（長崎国際大学人間社会学部教授）

註

（1）服部昭　二〇一一「家庭用樟脳発売の端緒」『薬史学雑誌四六（二）』日本薬史学会

（2）貝原益軒　一九七七『古版本 日本歳時記』さつき書房

（3）（1）と同じ

（4）大日本除虫菊株式会社　一九八八『金鳥の百年』凸版印刷
（5）菊地貴一郎　一九六五『江戸府内絵本風俗往来』青蛙選書から転載
（6）三谷一馬　一九七〇『江戸庶民風俗絵典』三崎書房から転載
（7）深津正　一九八三『燈用植物』法制大学出版局
（8）「富山藩領山方絵巻」（富山市郷土博物館所蔵）富山市民俗民芸村―民俗資料館―民俗資料館だよりから転載
（9）（7）と同じ
（10）二〇〇一『列女伝3』平凡社から転載
（11）栃木県ＨＰ「とちぎの文化財」栃木県教育委員会事務局から転載
（12）寺島良安（尚順）編一八八八『和漢三才図会』中近堂
（13）Ｅ・Ｓモース一九一七『日本その日その日』
（14）文化遺産オンライン bunka.nii.ac.jp/heritages/detail/279326 から転載
（15）中村修也監修　二〇〇八『茶道・香道・華道と水墨画』淡交社
（16）（15）と同じから転載
（17）木下武司　二〇一〇『万葉植物文化誌』八坂書房
（18）木村康一監修　一九七九『国譯本草綱目』春陽堂版
（19）山田肇編　一九八七『鏑木清方随筆集』岩波文庫
（20）『職人尽歌合』国立国会図書館デジタルコレクションから転載
（21）冷泉貴実子　一九八七『冷泉家の年中行事』朝日新聞社
（22）（21）と同じから転載
（23）家庭画報一月号　二〇一四「奥出雲・絲原家の新春」世界文化社から転載
（24）公益財団法人絲原記念館ＨＰ
（25）（23）と同じ
（26）川路聖謨　一九七三『島根のすさみ』東洋文庫
（27）内藤正中　一九八九「石見銀山の鉱山病対策――宮太柱の『済生卑言』」『日本海地域史研究』九　日本海地域史研究会

(28) 成田研一「石見銀山鉱山病対策「済生卑言」の「蒸気薬」・「福面」について」『薬史学雑誌 五二(一)』日本薬史学会から転載
(29) 成田研一「石見銀山鉱山病対策「済生卑言」の「蒸気薬」・「福面」について」『薬史学雑誌 五二(一)』日本薬史学会
(30) (18)と同じ

「京都名物・サバずし」事情

日比野　光敏

はじめに

「京都を代表するすしは?」と聞かれると「サバずし」と答える人は多いだろう。事実、京都市内では、祭りの日に一般家庭でサバずしを作る風習は根強い。これで名をはせた店も数多くある。

サバは日本近海に生息し、漁獲も全国で行われる。農山漁村文化協会の『聞き書 日本の食生活シリーズ』(一九八四〜一九九三)は大正から昭和初期を念頭におき、ほぼ統一的な様式に従って、全国で得られた聞き取り調査の結果で、全国的な状況はある程度つかめる。これによると、サバを使った料理は、程度や頻度の差こそあれ、全国的に分布していることがわかる。しかしその中でもサバずしの分布となると、明らかに西日本で優勢である(図1参照)。もちろん、京都もそのうちのひとつである。

さて、「京都」とは「京の都」のことを指すことが多い。本稿でもそれにしたがおう。(1) そんな京都の街で、海魚であるサバは獲れない。それなのにサバずしは、京都の名物である。筆者はサバずしが京都の名物になってゆく過程を類推してみる。あわせて京都府周辺のサバずし文化を論じてみたい。

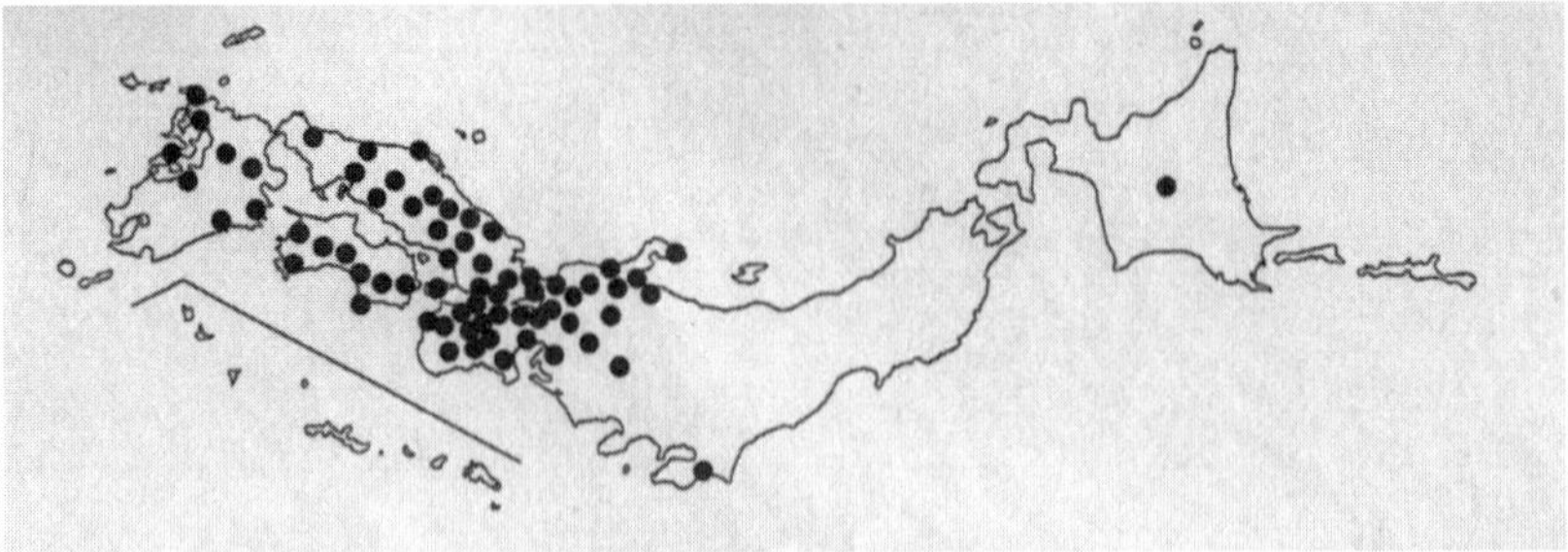

図1　サバずしの分布（農山漁村文化協会編『聞き書　日本の食生活シリーズ』をもとに作成）

一　すしの変遷

図2は、すしの系譜図である。すしは本来、発酵保存食であったが、のちに酸味を楽しむようになり、酢を使うようになった。発酵ずしはホンナレ（塩蔵魚をご飯の中で発酵させ、ご飯は食用としないもの）からナマナレ（発酵を浅いままで止め、ご飯も食用とするもの）へと進んだ。これが室町の頃で、酢を使い始めたのが江戸初期、酢が発酵を抑えてすしの酸味の王道を行くようになるのは江戸後期、一八〇〇年頃だと考えられる。

サバずしには発酵ずしも早ずし（酢を使うすし）もある。本稿で話題にする「京都のサバずし」とは早ずしで、古くは姿ずし（頭も尻尾もつけたままですしにするもの）、近年では棒ずし（頭や尾を切り落としてすしにするもの）を指すことが多い。京都近郊となると、発酵ずし（ナマナレ）を指すこともある。棒ずしは、家庭では上に白板コンブを乗せなかったものであるが、最近ではそうでもなくなった。呼称も、あいまいに使用されている。[2]

二　都に集まる水産物と海魚のすし

わが国最古の文字文献に風土記と木簡がある。断片的であるが、それらから当

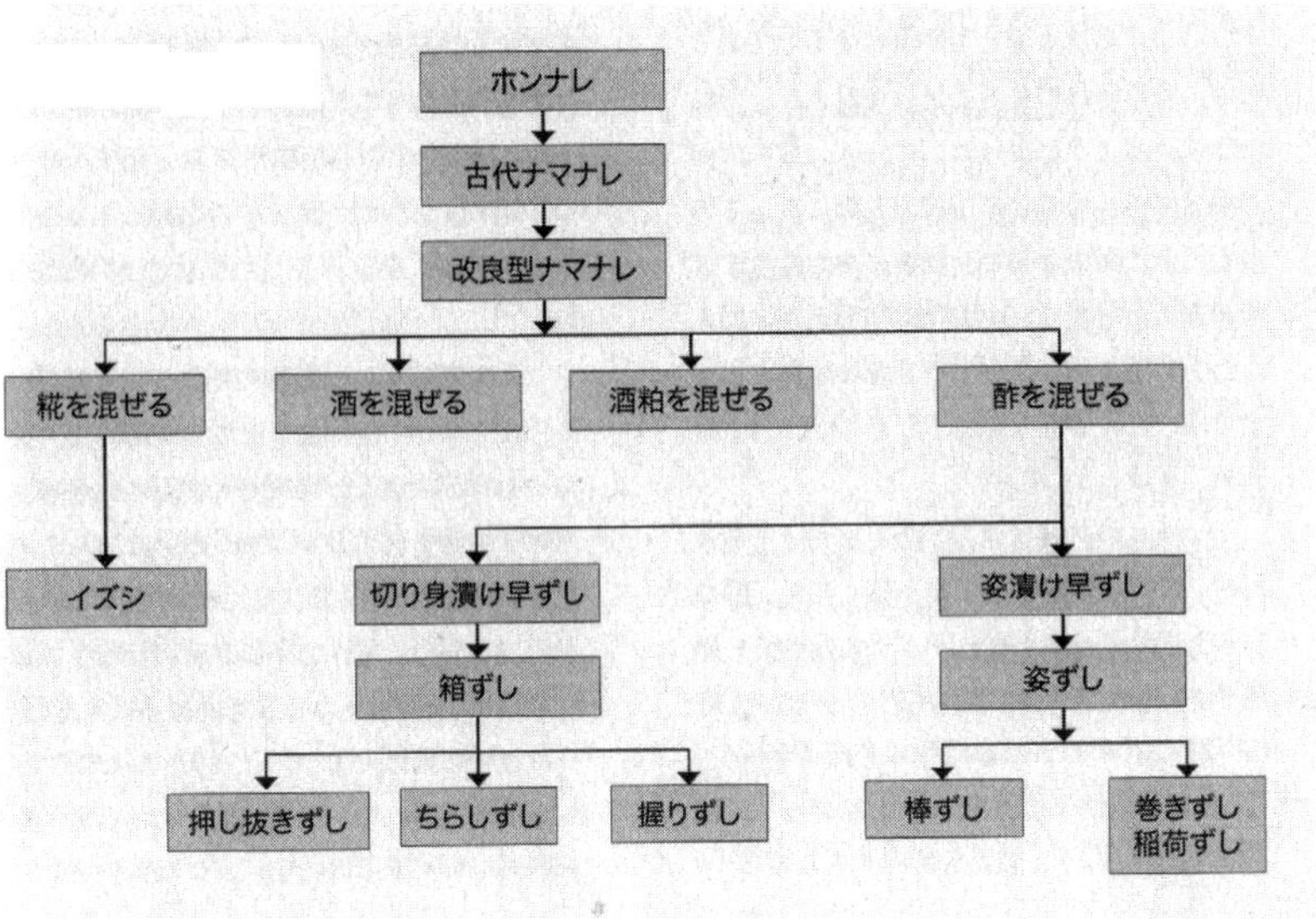

図２　すしの系譜　（日比野光敏『だれも語らなかったすしの世界』(2016) より）

時の都に送られた魚介類を見てみよう。天平五年(七三三)完成の『出雲国風土記』には、フグ、サメ、サバ、イカ、タコ、アワビ、カキ、イガイ、サザエ、ウニなどの海産物が見られるし[3]、同じく天平年間の『長屋王邸宅木簡』にはアワビ、タイ、カツオ、サメと並んでアユも見える[4]。日本の都には日本各地から税（貢納品）が集まり、奈良の都も、海産物も淡水魚も入っていた。それは続く平安時代にも受け継がれた。延長五年（九二七）完成の法令『延喜式』には国別で貢納品が記され、全国からたくさんの海産物や淡水産物が見られたことがわかる。

貢納品は、長い道のりをも運ばれてくるものもある。また、奈良や以下の都があったところはたいてい内陸に立地するため、とりわけ海産物は乏しくなり、その加工品しか入手できなくなる。わが国に楚割《すはやり》、腊《きたい》、脯《ほしし》などの干物や塩漬けや醤漬けのような漬物などの保存食が発達したのは、そのためである[5]。

とくにサバは「活き腐れ」といって、非常に傷みが激しい魚である。先の『出雲国風土記』にも都にサバがもたら

写真１　サバの棒ずし

されたことが記されているが、それは塩で処理したものであったろう。塩サバにすると日持ちのする食品となり、山深い地方ではなじみ深い保存食である。『延喜式』に出ている能登、周防、讃岐、伊予、土佐などの国々から京都に送られたのも、塩物のサバであろう。

　ところが、すしの史料においては、材料に海魚が散見されるようになるのは室町時代からで、それ以前は、もちろん古代史料にタイのすしやアワビ、イガイ、ホヤなどの海産物のすしも見られるが、大半がアユやフナなど淡水魚であった。

　もっとも、ここで参照した古代の史料はいわば公文書的なものである。書いてある内容は、基本的に素材の一覧である。したがって、例えば『延喜式』にある「アユずし」とは煮塩アユや醤フナと同様の「すし」の意味、つまり単なる保存技術法の名称であって、実際に当時の人たちが、ひとつの料理として食べていたかどうか、疑問である。対して室町資料は、個人の日記あり、書簡ありと、実際に動いている人物の記録が多い。その中に出ている「すし」は、実際に料理として食べられている、という違いがある。

　しかし、前々代の平安期に荘園開発が広がり、耕地面積が増加した。また牛馬の使用から厩肥の使用が増え、続く前代の鎌倉時代には肥料（人糞尿）の使用も一般化して、単位面積当たりの収量が増加した。そうして迎えた室町時代では、ようやく庶民にも米がめずらしくなくなった。すしも口にすることができるようになった、と考える方が自然である。

ご飯を捨ててしまうのはもったいない、と考えたのは、それまですしを食べ慣れてきた上流階級の人ではない、新しくすしを食べ始めた庶民層の人であった、と考えられる。だからこそ室町時代になって、ご飯を捨ててしまうホンナレに対して、ご飯も食べるナマナレが生まれた。今までになかったような海魚のすしも登場して、のちの時代につながっていったのではないか。京都の街にサバのすしが出回るのは、これ以降だったと思われる。

三　京都のサバのナマナレ

室町時代のすしはナマナレである。今日、京都府の近くでサバのナマナレを探すと、南部（奈良県側）にはなく、現・京都市の北部とその郊外あたり、例えば京都市左京区久多、同市右京区京北、京都府南丹市美山町、京都府京丹波町和知、滋賀県高島市朽木などにある。これらのうちのいくらかは別書にて製法を述べたが(6)、今ここで概略を記しておく。

①　京都市左京区久多のサバずし

六月中旬に漬ける。ご飯は普通の固さで炊き、暖かいうちに塩と酒を混ぜる。サバは塩サバで、水洗いし、ご飯とサンショウをはさむ。このサバを樽に漬ける。これを約四か月間、発酵させる。最初に見える色の黒ずんだサンショウを取り除き、ご飯を引っかいてサバずしを取り出す。

②　滋賀県高島市朽木のサバずし

若狭の塩サバを五月中旬に買い、簡単に洗う。ご飯は普通に炊き、サバの腹に抱かせる。桶にこのご飯を厚く敷き、サバを詰める。サンショウの葉を散らしながらサバを並べ、最後まで詰めたら、約五か月程度の発酵期間をおき、一〇月頃に食べる。

③　京都府南丹市美山町のサバずし

やや小ぶりのサバを使い、九月末に漬ける。塩サバは水洗いして、ひと晩、生酢に浸け、ご飯をサバに抱かせる。サバの口にはササの軸を差し込み、桶に並べる。一段詰め終わると笹の葉を敷いて、最後に、塩サバから取り除いた中骨をご飯の上に並べる。落としぶたをして、重石を乗せ、一週間発酵させる。

④　京都市右京区京北のナスビずし

秋祭りのサバの棒ずしのアラとして出た頭骨、中骨、ヒレなどを再利用して（今は身も使う）発酵させたものである。一緒にナスを漬ける。塩サバは二枚に下ろし、頭も尾もヒレも、食べやすい大きさに切り刻む。ナスも小口切りにする。ご飯はよく冷ましておく。サバとナスを、塩を混ぜながらかき混ぜ、落としぶたと重石をして、約十日～二週間おく。

⑤　京都府京丹波町和知のサバずし

一一月初めから三月末までの間に漬ける。サバは洗って骨を取り、ヒレも切る。皮は剥かない。ダイコンは輪切りにする。ご飯が人肌に冷めたら糀と合わせ、サバに詰める。ササの葉四～五枚でサバをくるみ、四本のシュロで固定して、ダイコンとともに桶に詰める。いっぱいになったら、酒とみりんを上からかけ（母親の頃には使わなかった）、ふたをし、重石を乗せる。一か月ほどして、ダイコンからシエが上って（発酵して）、オシル（水）

が出ると食べられ、最長は五か月である。ダイコンはたくあんのようである。ある老人は、ササの葉代わりにハクサイを使う。ダイコンも使うため、ハクサイとダイコン、二種類の漬物の味が楽しめる、という。

ひと口にナマナレとはいいながら、実際には①②のような古式ナマナレのパターン、③のような改良型ナマナレのパターン、④⑤のような糀と野菜を漬けるイズシのパターンと、製法は一様ではない。また、食べどきにも秋（①②③④）と冬（⑤）とがあり、そのバリエーションの生成過程を調べるのも興味深いのであるが、ここでは、ナマナレの分布は京都市北郊に多いということだけをいうにとどまっておく。

写真３　和知のサバずし作り

写真４　和知のサバずし

四　京都のサバの早ずし

現在、京都市内では、たくさんのサバの早ずし（棒ずし）が売られている。今一度、江戸時代の料理本から明らかにしてみよう。(7)

まず、一六〇〇年代前期の料理本にはサバずしの記事は見当たらず、最も古いのは延宝二年（一六七四）の『江戸料理集』中、夏のすしの「刺しサバ」(8)のすしであった。漬け方は古い時代のようにすることとあるから、ナマナレだったらしい。

具体的なのは享保一五年（一七三〇）の『料理綱目調味抄』で、こけらずし（身をおろして刺身にし、塩味をつけた飯にかき混ぜ、重石をかける）(9)が出ている。続いて寛延三年（一七五〇）の『料理山海郷』に、米飯ではなくアワ飯を使った、発酵ずしらしきものが載っている。寛政四年（一七九二）の『料理食道記』のサバずしは、まわりのすしが古典的なものばかりであるところを見るとナマナレだった可能性が高い。酢を使うとはっきり述べているのは享和元年（一八〇一）の『料理早指南』で、「サバは酢に浸し、塩で味をつけたご飯をすし箱に入れ、サバも乗せて押した後、切って食べる」とのサバの一夜ずしの製法がある。

翌・享和二年（一八〇二）の『名飯部類』は、サバの丸ずしは、塩サバを水洗いし、ご飯を抱かせて桶に詰め、重石をかけて、日を待つ、というような発酵ずしの製法を紹介し、京都の人が祭りの時に作るのはこのすしである、と述べる一方で、酢をふりかけるすしを「早ずし」と呼ぶことや、発酵ずしでは人の好き嫌いがあって万人の口に会うものではないから、最近では酢で洗って食べる「早ずし」の方がよい、と、早ずしの登場を京都の祭りにからめて説明している。著者の杉野権右衛門は京都の医者であるから、記載内容には相当な信憑性がある。これで、一八〇〇年をさほどさかのぼらない年に、サバの早ずし（丸ずし、すなわち姿ずしか棒ずし）が現れたと考えることができる。なお『名飯部類』のサバの丸ずしは、すぐに食べるのではなく、朝に作って夕方食べる、との注釈がある。

『東本願寺御膳所日記』[10]によると、本願寺の御霊会（宝暦一三年（一七六三）、一四年（一七六四））、稲荷祭（宝暦一四年（一七六四））の時にサバずしが出ている。漬け方の詳細はわからないが、いずれも祭りの二日前に漬け込んでいるからナマナレではなく、早ずしであったろう。

また、この頃は町衆も力をつけてきた頃である。京都の商家・杉本家の祇園祭りの様子を見てみよう。以下、同家のしきたりや作法を書いた『歳中覚』（安永元年（一七七二）～文政一三年（一八三〇））[11]によれば、祇園祭りの膳の準備として、六月四日に塩アユを水につけ、そのアユは六日にすしとなって膳に上る。[12]つまり、杉本家の祇園祭りのすしといえばアユずし、しかもできあがりまでに二日（塩漬け期間は除く）しかかからない早ずしであったことが知れる。年代がはっきりしないが、史料の成立年を考えれば、この頃なら、アユの早ずしも出てきたはずである。さらに注目すべきは、いいアユが手に入らなかった時のみ、サバ（の「こけらずし」）を準備、とある。この「こけらずし」がどんなものかわからないものの、[13]サバがアユの代用として用いられたことが、ここにわかる。

五　京都のサバの入手経路

冒頭にも述べたとおり、京都の街中ではサバが獲れない。では、それはどこから来たのか。『名飯部類』には、北サバは若狭や丹後産のもので、塩漬けにしたのがよい、熊野サバという名高いものもあるが、海は遠いから刺しサバにしてくる、とある。つまり、一八〇〇年代の京都の街中では、若狭や丹後産の北サバがよく見られたのであろう。

ではそれは、いつからか。[14] 若狭や丹後産の海産物を京の都に運ぶには「鯖街道」というルートが見えてくる。近代的交通が敷設される以前、日本海で水揚げされた海産物の輸送路とされた「鯖街道」は、小浜から南へ下り、山中を通って京へ着くルートが有名であるが、道は一本ではなく、宮津など丹後産を運ぶルートもあった。この道が京都のサバずしを形成した、少なくとも『名飯部類』にある北サバを支えたことはまちがいない。

だが「鯖街道」という名前は文献では見当たらず、新しいものと思われる。小浜から京都へ至る道は、「西近江路」「若狭街道」など大規模なものがありはしたが、そこには「サバ（を代表とする海産物）が通る道」という認識は生まれていなかったようである。

次に、若狭や丹後において、サバの生産が一般化したのはいつからであろう。

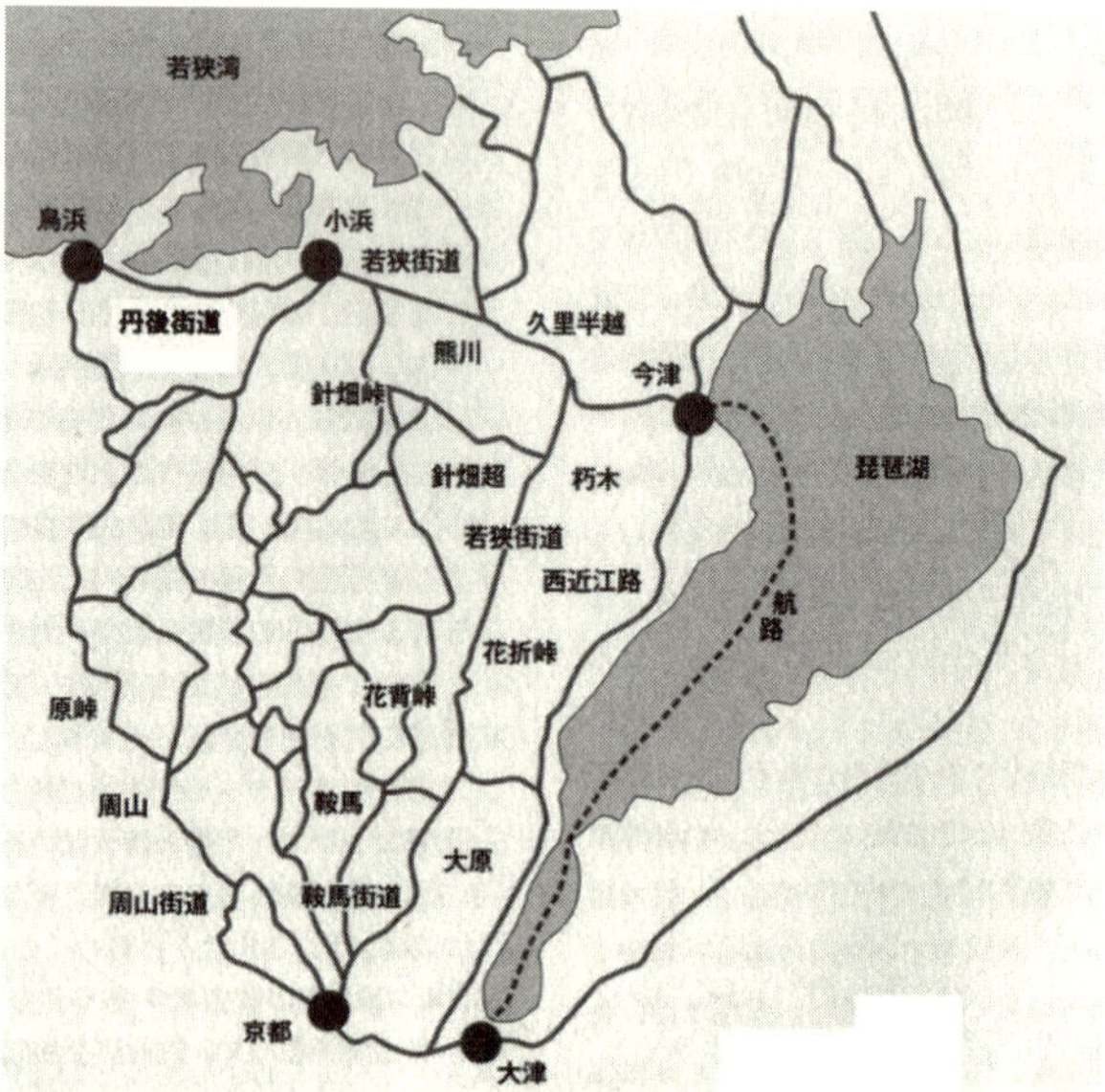

図3　若狭小浜からのサバ街道（日比野（2016）より）

だいたい若狭や丹後のサバは古代においては有名ではなく、例えば『延喜式』にも両国の名はない。とくに能登のサバは上品だったらしく、江戸期の元禄一〇年（一六九七）『本朝食鑑』でも、能登産は頭が小さく肉も美味で越中、佐渡産がそれに次ぎ、周防、長門産がさらに次ぐ、と、賞賛している。それが明和五年（一七六七）の若狭の地誌『稚狭考《わかさ》』には、昔は能登サバは有名であったが、能登にはサバが少なくなって、若狭へと魚道が移っていた、とある。若狭のサバが名をはせるのは、このあたりに求められよう。

ただしそれは今のような塩サバ（ひと塩もの）ではなく、たっぷりの塩で漬けた刺しサバであった（『稚狭考』より）。一方で、同じ一八世紀半ばの『市場仲買文書』には、生サバに塩をして担い、京へ行く、との記載があり、この頃から生サバに塩をあてる、いわゆる「ひと塩」のサバが京都に運び始めた様子がうかがえる。丹後についても、おそらく、若狭と似たような時代であったと類推する。

六　京都のサバの早ずしの店売り

京都のサバずしの老舗のいづうは、天明元年（一七八一）の創業を誇る。店の口伝では、初代・いづみや卯兵衛は、魚屋を辞めて、京の町衆がハレの日や祭りの日に好んで食べた家庭の味であるサバずしを売り出した。その味つけは、塩分濃度など細かな諸点は変わってはいるものの、基本的に当時と同じだという[15]。これで町衆の味がベースとなったサバずしが、多少の改変があったにせよ、一般に売り出されたことがわかる。

しかしながら、サバずしが京都の街中で盛んに売られていたかというと、そうでもないらしい。それはサバが京の料理屋にほとんど出ていないことや、京都（山城国）の地誌、名物誌などにその名がないことから推察され

写真５　いづうのサバずし（手前の白いのはタイと白板コンブのすし）

る。ここに上田純一編の『京料理の歴史』なる本があり、橋爪伸子の「近世京都の料理屋」と東昇の「近世京都・山城国の産物と鮎」の二論文が所収されている。[16]

橋爪の論考から、江戸期の京都の料理屋事情がよくわかる。当時の京都の茶屋には料理茶屋と門前茶屋があり、このいずれにもサバずしはもちろん、サバが出された形跡はない。橋爪は料理屋「円山安養寺」ほかを例に挙げ、十八〜十九世紀の江戸時代の諸書物がその料理の見事さのほか、酒、芸妓をはじめ、書院や庭や池にいたるまでの秀麗さをほめたたえている様子を伝えている。これら料理屋は「精進料理を出す」とはいうものの、タイの皿盛りなどが出されたことなども記されているから、実質は魚も供された。

しかし筆者は、サバがこれらの茶屋で出されたとは思えない。それはサバが大衆魚で有名だったことが関係していよう。建暦二年（一二一二）から建保三年（一二一五）に成立した『古事談』に「鯖は苟物たりと雖も供御に備う（サバはいやしい魚というが、お供えにも用意する）」とあり、サバを下賤な魚とする観念は中世からあった。近世も同様だったろう。豪華な酒肴と優美なこしらえで名をとどろかせた料理茶屋には、タイやコイならばともかく、サバで人をもてなすなど発想のかけらもなく、料理の積み重ねがなかったものと思われる。門前茶屋にしても同じだったのではあるまいか。

橋爪はまた、いけすの中で魚を飼って、それを調理して客に供する「いけす茶屋」についても述べている。この時代、海水輸送など無理であったから、いけす茶屋は淡水魚ばかりだったろう。享和二年（一八〇二）の旅行の記録『羇旅漫録《きりょまんろく》』は京都の有名いけす茶屋を挙げ、ウナギやハモを若狭、大坂などから運んでいると記している。少なくともサバではなかったことはいうまでもない。

また、東の論考によれば、江戸初期の地誌や名物誌では、『毛吹草』（寛永一五年＝一六三八）、『雍州府志』（貞享元年＝一六八四）にはもちろん、サバやサバずしの記載はない。十八世紀に入ると『和漢三才図会』（正徳三年＝一七一三）や『日本山海名物図会』（宝暦四年＝一七五四）、『都名所図会』（安永九年＝一七八〇）、『拾遺都名所図会』（天明七年＝一七八七）、『都林泉名勝図会』（寛政十一年＝一七九九）、『五畿内産物図会』（文化一〇年＝一八一三）などの地誌や名所図会などが出るが、ここにもサバは出てこない。同時期、およびこれらかややや遅くにかけて出た名物番付、例えば『水の富貴寄』（安永七年＝一七七八）、『文政雑話集』（文化二年＝一八〇五〜文政三年＝一八二〇）、『諸国産物大数望』（天保一一年＝一八四〇）、『諸国産物競』（近世後期。以下「同」と記）、『諸国産物見立相撲』（同）、『くにゝゝ名物つくし』（同）、『庖丁里山見立角力』（同）、『まけずおとらず三ケ津自慢競』（天保一一年＝一八四〇）、『京大坂名物合』（同）、『大坂京都名物合見立』（同）、『京都土産』（元治元年＝一八六四）などにも出ていない。

ただ、『世話仕立こわけなし三都自慢競』（同）には「若狭の一夜塩」が出ている。若狭産の一夜ものの塩魚であろう。東が注を付しているように、塩サバだった可能性もある。例外はこれだけで、いかにサバが京都の名物たり得なかったかがわかる。

七　京都のサバのナマナレ文化と早ずし文化

現在（少なくとも高度成長期まで）、京都市街から京都府全般、そして周辺府県までも、サバの早ずし（姿ずし、棒ずし）は広く作られ、食べられている。その文化は、『名飯部類』が出た享和年間から今日、聞き取りが可能な昭和初期までの間に（こんなにも広く普及したのは昭和のことと筆者は憶測するが）、おそらく波状的に分布していった。

伝播の起点は京や大坂などの大都市、京都府でいえば南端の京都市からで、人々は都からもたらされた新しいかたちのすしを味わったのであろう。京都にサバを送り続けたのは若狭や丹後、つまり北サバであった。したがって京都市北郊では、一度は日本海側から京都へサバが送られるのを見た後、再び京都からサバの早ずしが普及してきたことになる。

ここで、筆者が南丹市や京丹波町などで聞いた「こけらずし」のことに触れておく。製法は、塩サバを酢で締め、刺身のように、またはサイコロ状に切る。ハチクやモウソウチクのタケノコを甘辛く煮たものとサンショウ葉を刻んで、サバとともにすしご飯に混ぜ、ゴマや紅ショウガを乗せる、というものである。六月の農上がりや八月の愛宕祭りなどに作る（南丹市美山町鶴ヶ丘、同市大野）。また、京丹波町瑞穂の製法では、酢サバとショウガをそれぞれ刻み、すしご飯に混ぜ、上から海苔をふりかけたものを「こけらずし」という。単なる酢サバのちらしずしであるが、季節の野菜を乗せてもよいという。筆者は本来の「こけらずし」とはそれで、京丹波町で聞いたのは省略されたかたちだろうと思う。(17)

サバずし（姿ずし、棒ずし）だと肩に力が入るが、「こけらずし」は簡単である、ということばもよく聞いた。

姿ずしや棒ずしよりも、サバの消費量が少ないからである。そういうすしが、姿ずしや棒ずしと並んで、一ランク下がった地位のすしとして存在する。

同じ説明をされるのが、南丹市美山町内久保のサバ飯である。「サバ飯」といいながらサバのちらしずしで、毎年、十月二十九日（現在は土日曜日にずらす）の奥庵堂《おくなんどう》の例大祭で作る。(18)サバずしといえば、このあたりはサバの半身を使う棒ずしであるが、昔はサバを金を出して買うことは年に何度もあるものではなく、手に入ったときでも数は一～二本であった。そんなぜいたくはせず、細かく切って五目ずしの具に使った。製法は、塩サバを一センチ角に切り、酢で締めて、薄味に煮た油揚げと一緒にすしご飯に混ぜる。錦糸玉子と紅ショウガを乗せるものである。これらは姿ずしや棒ずしとともに、京都から伝わった、と見てよかろう。

写真６　美山町洞のこけらずし

写真７　美山町内久保のサバ飯

さて、次は、サバのナマナレについてである。

筆者は、すしの歴史の中で、ナマナレが早ずしよりも古いことを知っている。民俗の周圏論も知っている。だから、サバの早ずしが京都から外側へもたらされたことを語ると、発酵ずしも同じように伝播したはずだと、無意識的に思ってしまう。京都の市街を中心とみると、まず中心地付近（実際にはそれよりもかなり広範に、であるが）にサバの早ずしが分布し、その背後にサバの発酵ずしが分布する。これはまさに「古いものごとは新しいものごとの周辺に位置する」という周圏論に一致する、と片づけたくなる。

もちろん、発酵ずし自体が早ずしより古いことは、是非もないことである。しかし、すべての発酵ずしがそうだったわけでもないと、筆者は考える。だいたいサバの発酵ずしが古いものであるなら、塩サバが普及している地域全体にその習慣が見られるはずである。だが現実にはそうではなく、京都では北郊ばかりで、南郊、例えば大和平野や笠置山地、さらには伊賀や吉野地方にはサバの発酵ずしの伝統はない。[19]

こういうことから、筆者は、京都近郊のサバの発酵ずしは、早ずしが京都からもたらされたのとは別に、北サバ文化のひとつとしてもたらされたのではないか、すなわち、伝播の中心地が京都ではなく、若狭湾であった、

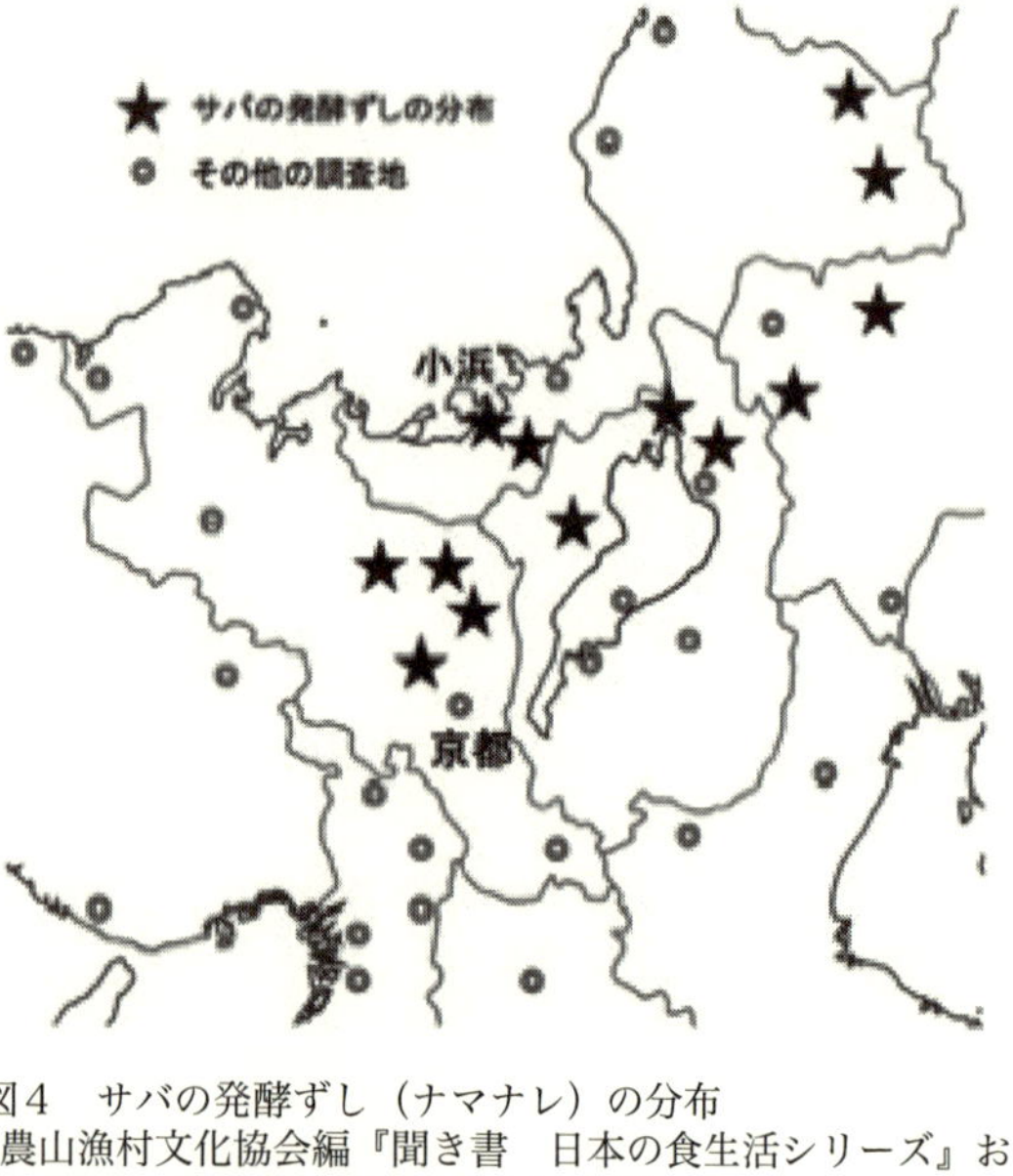

図4　サバの発酵ずし（ナマナレ）の分布
（農山漁村文化協会編『聞き書　日本の食生活シリーズ』および筆者の聞き取り調査をもとに作成）

と推測する。もたらされた時期は、サバのナマナレが生まれたとされる室町期より時代は下り、北サバが京都で一般に定着した享和年間から遠くない頃以降、つまり、京都のサバの早ずしが人気が出始めるのとさほど変わりがないのではないか、と考える。

京都府下のサバずし文化は、京都から流れ出た早ずしの文化と、若狭・丹後から広がったナマナレの文化とが混合して存在する、と結論づけたい。

むすびにかえて

本稿は、京都のサバずしという身近な現象を取り扱った。身近すぎて文献資料はなく、さらに、聞き取りも満足になされた形跡がない。名物といわれる京都のサバずしでさえ、これが現状である。

今回、筆者は従来の研究成果を整理し、限られた資料からのみ、京都のサバずしの歴史や分布などを論じた。「資料がないのは探し方が悪いからだ」という批判は甘んじて受けるが、さりとていつまでも「資料がない」とばかりもいっておれない。よって、多少強引かもしれぬが、筆者なりの仮説を示したつもりである。読者諸賢のご意見を賜りたい。

なお紙幅の制限から、サバずしでもご飯のない「きずし」文化や酢サバで作る丹波の握りずし、焼きサバを使う丹後の「ばらずし」などについては、本稿には書ききれなかった。稿を改めるつもりである。

（元京都府立大学特任教授）

註

(1) 京都の人にとって、この雑駁な分類は我慢できないであろう。「洛中」「京都市内」などの言葉を使用しようかとも考えたが、だいたい「洛中」「京都市内」の範囲も、人によって、あるいは時代によって変わる。本稿ではここまではっきりとした定義は無用との考えから、漠然とした「京都の街」としておく。
(2) 頭や尾を落としてあっても「姿ずし」と呼んでいる店は、サバずしに限らず、結構ある。また「松前ずし」「バッテラ」は明治になって、大阪で出た名称で、「松前ずし」はサバずしの上に白板コンブを貼ったもの（通常のサバずしにはコンブは使わないことが明らかである）、「バッテラ」はコノシロのすしを指したものであったが、今日でははっきりとした使い分けができていない。
(3) 林寛（二〇一一）『鯖のはなし』クイックス
(4) 奈良国立文化財研究所編（一九九一）『平城京長屋王邸宅と木簡』吉川弘文館
(5) 楚割は肉を細く割いて干したもの、腊は丸ごと干し固めたもの、脯は干肉のことをいう。
(6) 日比野光敏（二〇一六）「すしの将来性　滋賀県湖南地方の早ずしと京都府京都市に北接する地域のサバの発酵ずし」『だれも語らなかったすしの世界』旭屋出版
(7) ここでは吉井始子編（一九七八～一九八一）『翻刻江戸時代料理本集成』全十巻と長谷川青峰監修（一九五八～一九五九）『日本料理大鑑』全九巻をもとにした。
(8) 刺しサバとは、なまサバを背開きして塩干しにしたものである。それを二枚用意し、エラとエラをつなげて二枚重ねたものを「一刺し」と呼ぶ。
(9) この「こけらずし」の説明は、寛永二〇年（一六四三）刊『料理物語』や元禄九年（一六九六）刊『茶湯献立指南』にもとずく。『料理網目調味抄』でも同じような解説をしているが、別法として、早ずしとしてご飯に酢を注ぐ方法も記されている。
(10) 国立民族学博物館蔵
(11) 現存のものは享保一二年（一八四二）、新たに書き写したものである。
(12) 祇園祭りは旧暦六月七日（前祭）と一四日（後祭）であったが、明治六年（一八七三）、新暦の導入によって七月の行事となり、明治十年（一八七七）以降は現在の一七日と二四日になった。
(13) ここに挙げた「こけらずし」と、現代、京都北郊で見られる「こけらずし」（「七　京都のサバのナマナレ文化と早ずし文化」参照）

の関係は知らない。

(14) 若狭サバと「鯖街道」については別稿にて述べたので、詳しくはそちらをご覧いただきたい。日比野光敏（二〇一六）「保存食としてのすし　福井県小浜市のサバのヘシコずし」『だれも語らなかったすしの世界』旭屋出版

(15) 「いづう」の名前は初代の名前からとった。塩分濃度は時代差というより日による格差があって、その日の天候によって変わることもある。なお、サバずしの上にコンブ（なまの黒板コンブ）を貼ったのは初代の発明で、購入したサバずしのサバが乾燥しないように、とのことだという。

(16) 橋爪伸子（二〇一七）「近世京都の料理屋」上田純一編『京料理の歴史』思文閣出版、東昇（二〇一七）「近世京都・山城国の産物と鮎」『同書』思文閣出版

(17) 南丹市美山町大野のサバは宮津（舞鶴）モノと小浜モノが来たが、多かったのは宮津モノであるし、質がよいのも宮津モノであった。対して鶴ケ岡は、小浜のサバばかりであったという。なお、大野には、器にすしご飯、サバ、タケノコ…と別々に置いてゆき、さらにそれを何層にも重ねてゆく「こけらずし」の方法もある。ある人は、丹後地方の「ばらずし（と称する箱ずし）」を見た人が、この地でも似たようなものができないかと工夫してできたものではないか、という。

(18) 第十九代允恭天皇の第一皇子・木梨軽皇子が四五二年、この地に住み、「大内」の名を賜った。四六三年、皇子の死去したとき、南山に埋めたのが奥庵堂で、その命日が十月二十九日である。大正末期、世界恐慌と結核の流行という時期、世の安寧を願って木内軽皇子と薬師如来を祀った。サバ飯に油揚げを入れるのは僧の知恵だったという。現在、サバ飯を公民館で作り、会食している。作り手は、昭和三〇年頃までは地区の役員の妻が作り、地区の全員に分け与えていたが、現在は、地区を半分にし、交互に作っている。

(19) 大和平野から吉野地方にかけてはサバの握りずしを柿の葉で包んだ柿の葉ずしがあり、昔は発酵させたとも聞く。また吉野地方にはアユの発酵ずしがあったし、今もサンマの発酵ずしがある。しかしこれらは京都付近のサバの発酵ずしと同格に扱うべきかどうか迷うし、サバの産地が北サバとは断定しがたいこともあって、ここでの議論はやめておく。

メディアの変化と東映
―映画からテレビの時代への変容―

荒木　慎太郎

はじめに

我々の生活にはメディアが深く関わっている。

朝起きると時計代わりにテレビやスマートフォンの電源を押し、明日の天気を知るためにテレビやニュースサイトを見るという行為は多くの人々が経験しているだろう。また余暇時間にインターネットで検索を行う、テレビを視聴する、ラジオを聴く、雑誌や書籍を読む、これらの行為は全てメディアへの接続である。

メディアは我々の暮らしと密接であるが、我々の暮らしが技術の発展により便利になるにつれメディア自体も変化を行ってきた。マーシャル・マクルーハンは「メディアはメッセージである」という命題をかかげ、メディアを人間の身体や精神を拡張するものであると捉えた。また、人間の機能を拡張するテクノロジーをメディアと捉えている。

活版印刷が発明されてから現在まで、メディアはテクノロジーと密接に関係しながら変化を行ってきた。新しいメディアは古いメディアの機能を内包し、現在のインターネットを利用したメディア内にはテレビ局の運営するオンデマンドサービスも存在する。テレビという強力なメディアですらインターネットという新しいメディアの中にコンテンツを配信し、新たな取り組みを行っている。このような変化は、テクノロジーとメディアの変化が起こる度に繰り返されてきた。

テレビが新しいメディアであった頃、最盛期であった娯楽の主軸の映画も例外ではない。

本稿では、映像メディアの誕生から現在のインターネットを活用したデジタルメディアまでのメディアの変容と要素を簡単に整理したうえで、映画からテレビへと娯楽の中心が変化した時代の東映の動向と、京都の観光地として有名である京都太秦映画村の関係について論ずる。

一　メディアの変容

マーシャル・マクルーハン（Marshall Mcluhan, 一九一一～一九八〇）はメディアを人間の身体や精神を拡張するものと捉え、テクノロジー全般もまた身体や精神の拡張物でありメディアであると捉えた。

書籍や新聞や雑誌などの文字を用いた印刷メディアからテクノロジーの進歩により電気的な技術を用いたラジオが生まれた。音声言語を目に見える文字として用いた書籍や新聞や雑誌などの印刷メディアが視覚的なメディアであったのに対し、ラジオは聴覚的なメディアであった。文字を用いたメディアは視覚から音が切り離されたが、ラジオもまた聴覚から視覚が切り離されることとなった。現在、我々の生活の中では当たり前に享受されている映像と音声、視覚と聴覚から情報を獲得するメディアの原型は映画である。

映画が誕生し娯楽の中心として最盛期を迎え、テレビ放送が開始されることによって映画が斜陽となり、テレビが娯楽の中心となり最盛期を迎えた。これは新しいメディアの誕生により古いメディアが新しいメディアの要素として内包されることの典型例である。メディアとテクノロジーの変化によっておこった変化を「映画の時代」「テレビの時代」「インターネットの時代」に分け整理を行ったうえで京都と関わりの深い東映の変遷との関連付けを行う。

一―一　映像メディアの誕生と「映画の時代」

世界で初めて映画が上映されたのは明治二八年（一八九五）リュミエール兄弟によって発明されたシネマトグラフによるものであった(1)。当時音声は無く連続した写真による運動の記録であったが、昭和二年（一九二七）にトーキー映画が公開されることで映像と音声を用いた映像メディアが誕生した。

日本における映画産業の最盛期は昭和三五年（一九六〇）頃である。映画館観客数は昭和三三年（一九五八）に最多を記録し、映画が量産され、映画が娯楽の王様と呼ばれた。この頃の映画製作は専属俳優や監督を雇用し自社の撮影所で映画撮影を行い、配給・興行を行うブロック・ブッキングが主流であった。松竹・東映・東宝・新東宝・大映などの大手映画会社が映画製作を積極的に行い、俳優・監督の引き抜きを禁止した五社協定はブロック・ブッキングの強化を感じられる事象であり、映画の黄金期を支えた。

昭和二八年（一九五三）にテレビ放送が開始され、家庭にテレビの普及が進むにつれて映画館に訪れる観客数は減少する。内閣府消費動向調査によれば、昭和三二年（一九五七）に七・八％であった白黒テレビの普及率は昭和三八年（一九六三）には八八・七％と約九割の家庭に急速に普及している(2)。テレビの普及と反比例をするように映画の観客数は減少している(3)。日本国際映画著作権協会「日本の映画産業及びテレビ放送産業の経済効果に

関する調査二〇一五」によれば、

一九五〇年後半から六〇年代前半にかけて、年間で一〇億人を超えた。その後、一九六四年の東京オリンピックを控え、テレビが急速に普及したことから、映画の興行収入は減少へと転じた。一〇億人規模であった入場者数は、一九七〇年頃にはその約一／四まで激減した。(4)

と述べられており、一〇年で四分の一の観客数になり、普及率の高まったテレビが娯楽の中心となっていくこととなる。

映画の衰退の要因はテレビの普及に伴う娯楽の変化だけではなく、自社で製作・配給・興行を行うという当時最も一般的であった映画の製作方法にもある。自社で製作・配給・興行を行うには資金面でのリスクが高いため、興行の失敗による損失は多大となるためである。観客数の減少に伴い、映画館の数も徐々に減少していく映画会社は次第にテレビドラマの製作へも着手をしていくこととなる。映画会社は映画上映の興行だけでなくテレビドラマの製作や、映画自体がテレビのコンテンツとしても機能していく流れの中で、製作方法は製作委員会方式(5)が映画製作の方法として一般化していくこととなる。

一―二　急速な進化と「テレビの時代」

ラジオという電気的な技術を用いたメディアの誕生は、これまでの書籍や新聞や雑誌といった文字を用いた印刷メディアが物理的手段で人々に情報を与えたことに対し、電波で情報の発信を行うという点で革新的であった。情報の伝達スピードは大幅に速まり、読むという行為を必要とせずに情報を受信することが可能となった。しかしラジオは電波で情報を送信し伝達速度が速まったとは言え、印刷メディアと同様に言語を用いたコミュニケーションである。

テレビというメディアの誕生と普及は、これまでの印刷メディアやラジオといった言語的に理解するということに加え、視覚的に見て感じるというコミュニケーションを視聴者、各家庭にもたらした。例示すれば、言葉のわからない者と話す場合に、身振りや表情から感情や意思を感じることが可能であるということは、言語的でなく視覚的に感じるというコミュニケーションの「理解」と「感じる」という性質の違いとして理解しやすい。

テレビの誕生と普及は映像メディアとして娯楽の中心であった映画業界を斜陽化させ、娯楽の中心として急成長を遂げた。戦後復興を終えた一九五〇年代後半に、白黒テレビ・冷蔵庫・洗濯機の三種の神器として新しい生活の必需品、豊かさの象徴として急速に普及した。高度経済成長の一九六〇年代半ばにはカラーテレビ・クーラー・車の三Cとして普及し、豊かになりゆく日本の娯楽の中心として昭和三八年（一九六三）には白黒テレビが八八・七％、昭和五〇年（一九七五）にはカラーテレビが九〇・三％の普及率となった[6]。

テレビの普及に伴い家庭にはお茶の間が形成され、家族そろって視聴が行われた。テレビの製作には映画会社が関わるようになり、これまでの映画の人気コンテンツであった時代劇がテレビで製作されるようになる。テレビを敵視していた映画会社も映画製作だけでなくテレビの製作を行うようになり、刑事ドラマやホームドラマなど様々なドラマが多数製作されテレビの人気コンテンツの一つとなった。

映画製作において、映画会社ではなく出版社である角川が映画製作を行うメディアミックス展開を行うなど、テレビ、新聞、雑誌、ラジオのマス四媒体の距離は近づき、複雑な広告活動を行い巨大な広告費が動くこととなる。映画会社はテレビを敵視していたことと広告料が高額であることからほとんどテレビでの広告を行わなかった。しかし角川は「読んでから見るか、見てから読むか」をキャッチコピーに多額の広告費を投じ『犬神家の一族』昭和五一年（一九七六）を公開した。『犬神家の一族』は角川映画の初作品であり、日本におけるメディアミクスの先駆けであった。

メディアミックスは、広告を行う際に様々なメディアを組み合わせることで各メディアの弱点を補う手法である。異なる性質のメディアを組み合わせせることで補完や相乗効果を期待できるメディアミックスは、あるメディアの作品を異なるメディアで製作するなどメディアの垣根を越えた作品製作と広告活動を行う。『犬神家の一族』の場合「読んでから見るか、見てから読むか」というコピーから読み取れるように、書籍と映画の互いの相乗効果を期待しており、多額の広告費をかけたが投資以上の収益を上げ成功を収めた。角川映画は一九八〇年代後半までブームとなり多くの映画が製作されメディアミックス展開された。近年ではメディアミックスはあるメディアの商品が一定の市場価値を持った時、複数のメディアで多数の製作が行われることが一般的であり、テレビ、ラジオ、映画、印刷メディアのみに限らずゲームやフィギュアなどの玩具や食品、化粧品、衣服など様々な商材とタイアップが行われている。複雑化した広告活動はやがて新たな映画製作の方法である「製作委員会方式」を生み出した。

一九五〇年代後半頃から映画業界が斜陽となった原因として、テレビの普及意外に当時一般的であった映画の製作方法であるブロック・ブッキングでの映画製作がある。ブロック・ブッキングでの映画製作は、映画会社が製作・配給・興行の全を行うという性質上製作費用と興行収入の回収に対してリスクが高い。テレビ広告など広告活動を大々的に行えば尚更映画の興行に失敗した際の損害は多大になる。製作委員会方式での映画製作は、映画製作のリスクを分散・回避するとともに出資率に応じて利益を得るという他に、巨大化し複雑化する市場の中で権利ビジネスを行うことを目的とする。つまり、制作プロダクションは映画製作費用の調達が容易になり、出資するスポンサーはリスクを減らし多くの作品に参加が可能となり、出資比率に応じた配当による利益と権利ビジネスを行う機会を得るのである。映画製作は映画会社主導ではなく、様々な企業が参加し製作に出資を行い、ビジネスチャンスを得るという広告活動の側面を強く持つものとなった。こうした映画の製作は様々な業種、媒体とのタイアップを生み、広告活動を複雑化させた。マス四媒体メインメディアとしてテレビが機能し、その影響力は強大なものとなった。しかし、影響力が大きいために視聴者から倫理的、教育的など様々な角度からの指摘を受けることとなった。昭和三四年（一九五九）の放送法の改正により番組審議機関の設置が義務付けられてから現在まで、放送の審議機関によって放送の適正化が図られている。現在は第三者機関である放送倫理・番組向上機構（BPO）[7]が設立され、言論、表現の自由を確保しながら視聴者からの番組への指摘を検証し、放送界の自律と放送の質の向上が図られている。

テレビはメインメディアとして広告活動の要として機能し、様々なコンテンツを生み出し、老若男女幅広い年齢層へ影響力が強大であるため、その責任として適正な放送であることが求められる。「適正な放送」であるという部分において、視聴者の意見やクレームはテレビにとっては大きな問題である。民放のテレビ局の収益の大半が広告収入であるため、視聴者からの意見は出資するスポンサーの企業イメージに影響する可能性を持つ。低俗な番組を作るために出資をする企業という見方をされると考えれば、スポンサーの企業は視聴者の意見に敏感にならざるを得ない。視聴者とスポンサーに配慮をした番組製作はある種の制約を生み、テレビから奇抜さや革新性といった「思い切り」のある番組製作が行いにくい土壌を作っている。また、娯楽の多様化やインターネットの普及と接続するデバイスの多様化、低価格化によりテレビの視聴率は徐々に低下している。映画の衰退は娯楽の変化と生活様式の変化が大きな要因であり、放送電波を受信するデバイスであるテレビの普及により娯楽がテレビへと移り、映画業界が斜陽化した。テレビという強大な影響力を持つメディアもインターネットの登場と普及によりその在り方が変化している。スマートフォンの誕生と普及はインターネットへの接続の形態とメディアの性質を大きく変化させ、新たな娯楽を作り出した。

一―三 「インターネットの時代」とメディアの変化

インターネットが登場する以前はマス四媒体が最も栄え、メインメディアであるテレビを主軸にラジオ・雑誌・テレビの四大メディアを中心とした広告活動が行われていた。消費者が商品や情報を知るきっかけは主にマスメディアからの情報であり、マスメディアからの情報を消費者が受信するという一方向的な情報の送信であった。新しいメディアであるインターネットの登場と普及により、メディアの性質は大きく変化した。

四大メディアを中心としたインターネットの登場以前の広告活動は、一九二〇年代にローランド・ホールの提唱した消費行動プロセスAIDMAを強く反映したものであった。広告を利用し消費者に認知（Attention）をさせて興味（Interest）欲求（Desire）をかきたて、繰り返し広告を行うことで記憶（Memory）させ興味欲求を刺激し行動(Action)を促すというAIDMAは、一方向的なメディアの情報の特性が強く反映されたものであった。例を挙げればテレビの場合、放送局からお茶の間の各受信機に電波を送信し視聴を行う。そのためお茶の間の視聴者は同じ電波を受信し、同じ情報に触れるのである。

インターネットを利用した広告活動は、電通の提唱した消費行動プロセスAISASを利用すると理解しやすい。Attention、Interest、Search、Action、ShareのプロセスでI消費行動が行われるというAISASは、Attention（注意）、Interest（興味）、Action（行動）はAIDMAと同じであるが、インターネットの特性に対応したSearch

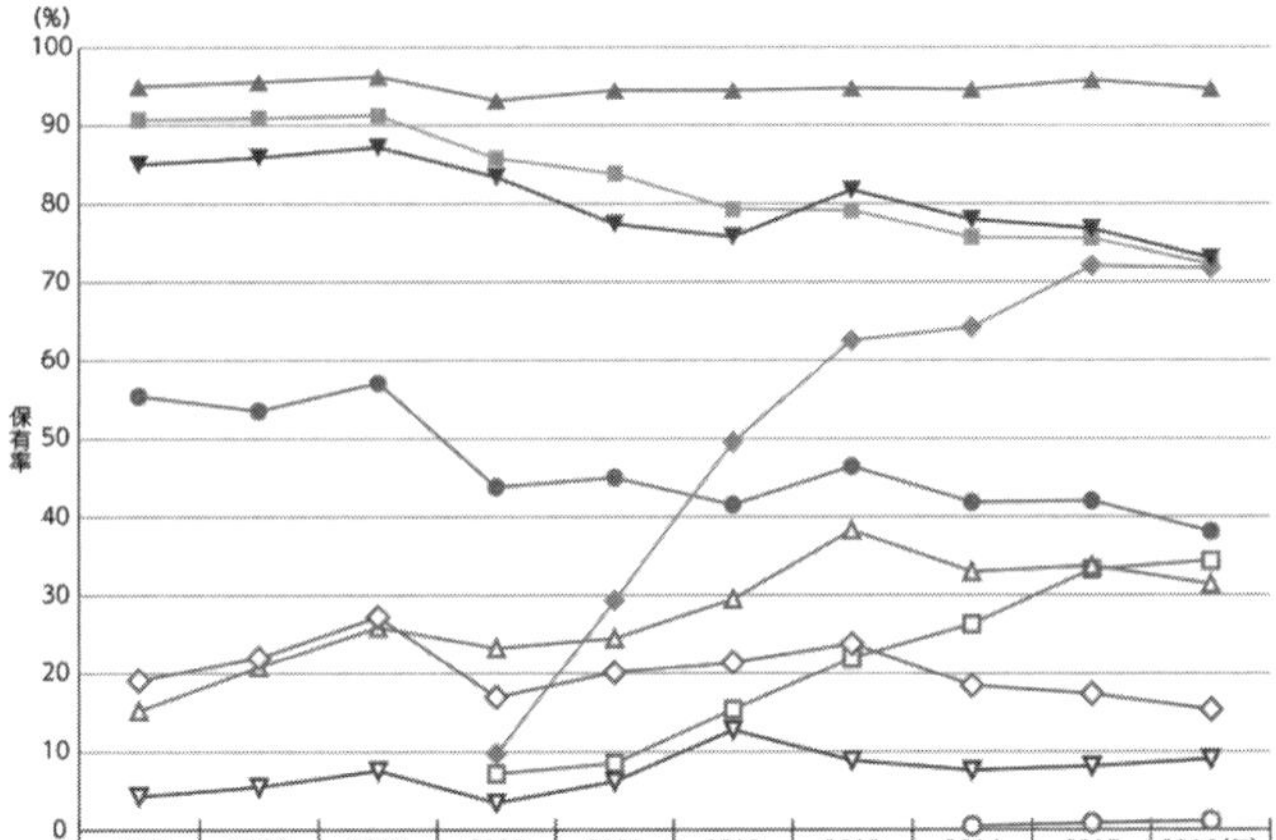

	2007 (n=3,640)	2008 (n=4,515)	2009 (n=4,547)	2010 (n=22,271)	2011 (n=16,530)	2012 (n=20,418)	2013 (n=15,599)	2014 (n=16,529)	2015 (n=14,765)	2016(年) (n=17,040)
固定電話	90.7	90.9	91.2	85.8	83.8	79.3	79.1	75.7	75.6	72.2
FAX	55.4	53.5	57.1	43.8	45.0	41.5	46.4	41.8	42.0	38.1
モバイル端末全体	95.0	95.6	96.3	93.2	94.5	94.5	94.8	94.6	95.8	94.7
スマートフォン	–	–	–	9.7	29.3	49.5	62.6	64.2	72.0	71.8
パソコン	85.0	85.9	87.2	83.4	77.4	75.8	81.7	78.0	76.8	73.0
タブレット型端末	–	–	–	7.2	8.5	15.3	21.9	26.3	33.3	34.4
ウェアラブル端末	–	–	–	–	–	–	–	0.5	0.9	1.1
インターネットに接続できる家庭用テレビゲーム機	15.2	20.8	25.9	23.3	24.5	29.5	38.3	33.0	33.7	31.4
インターネットに接続できる携帯型音楽プレイヤー	19.1	22.0	27.3	17.0	20.1	21.4	23.8	18.4	17.3	15.3
その他インターネットに接続できる家電（情報家電）等	4.3	5.5	7.6	3.5	6.2	12.7	8.8	7.6	8.1	9.0

図１　情報通信端末の世帯保有率の推移

(検索)とShare(共有)が消費行動のプロセスに入っている。テレビや雑誌などの広告(Attention)で興味(Interest)を持ち検索(Search)を行い、購入(Action)し共有(Share)を行う。検索し購入したレビューをインターネット上で共有し、共有された情報は第三者の検索時の対象となる。[8] インターネットは一方的な情報の発信と受信の構造ではなく、消費者は情報の受信者かつ発信者となり、双方向性のあるインタラクティブなものである。情報の受信者である視聴者は一方向的な情報の受信者から双方向的な情報の受信者かつ発信者となったのである。

インターネットの特性として情報を検索する即時性があるが、情報の確実性は必ずしも高いものではない。インターネット上には膨大な情報が蓄積され即時的に接続可能であるが、現実社会とは違う匿名性の高さが存在し

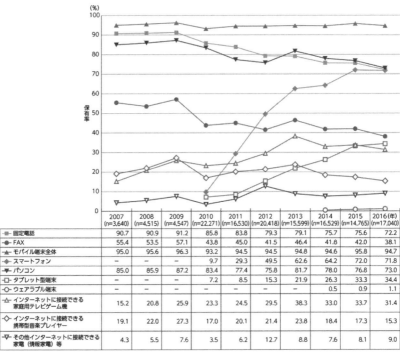

誤った情報が混在するため、正しい情報であるか否かを精査し判断するリテラシーが必要である。

テクノロジーの進歩によりパソコンでのインターネット接続だけではなく、より小型で持ち運び可能であるスマートフォンやタブレットなどデバイスの登場と普及により、デバイスの携帯性とインターネットでの検索の即時性は向上し、いつでもどこでもインターネットに接続可能となった。図一[9]の情報通信端末の世帯保有率の推移から読み取れるように、スマートフォンの普及率は平成二二年（二〇一〇）に九・七％であったが、平成二四年（二〇一二）には約半数の四九・五％、平成二七年（二〇一五）には七二・〇％の普及率となっており、急速な普及が見られる。

スマートフォンの登場と普及によりどこでもインターネットに接続可能となったことで、インターネットへの接続時間は長時間化し、コンテンツの多様化と人との関わり方に大きな変化がもたらされた。動画共有サービス、ソーシャル・ネットワーキング・サービス[10]（以下SNSという）の誕生と普及は特筆すべき事柄である。

動画共有サイトは利用者が撮影・録画・編集した動画をアップロードし共有を行うことで、他の利用者が動画を視聴し評価することができるサービスである。利用者は情報の受信者かつ発信者であり、容易に動画の作り手となり得る。全世界的に見るとYouTubeが動画共有サービスとして最も有名であり、日本発のものにおいてはニコニコ動画が有名である。平成一七年（二〇〇五）に登場したYouTubeなどの動画共有サービスは専用のソフトウェアを用意する必要が無く、ブラウザ上で閲覧可能であることが革新的であり、ブログなど様々なインターネット上のコンテンツと連携をとることが容易となった。現在、ニュースサイトや料理のレシピサイトなど様々なジャンルのウェブサイトのページ上に動画サイトの埋め込みやリンクが行われており、レシピを読む代わりに動画で工程を見るといった様々な趣味趣向、様々なシーンでの利用が行われている。

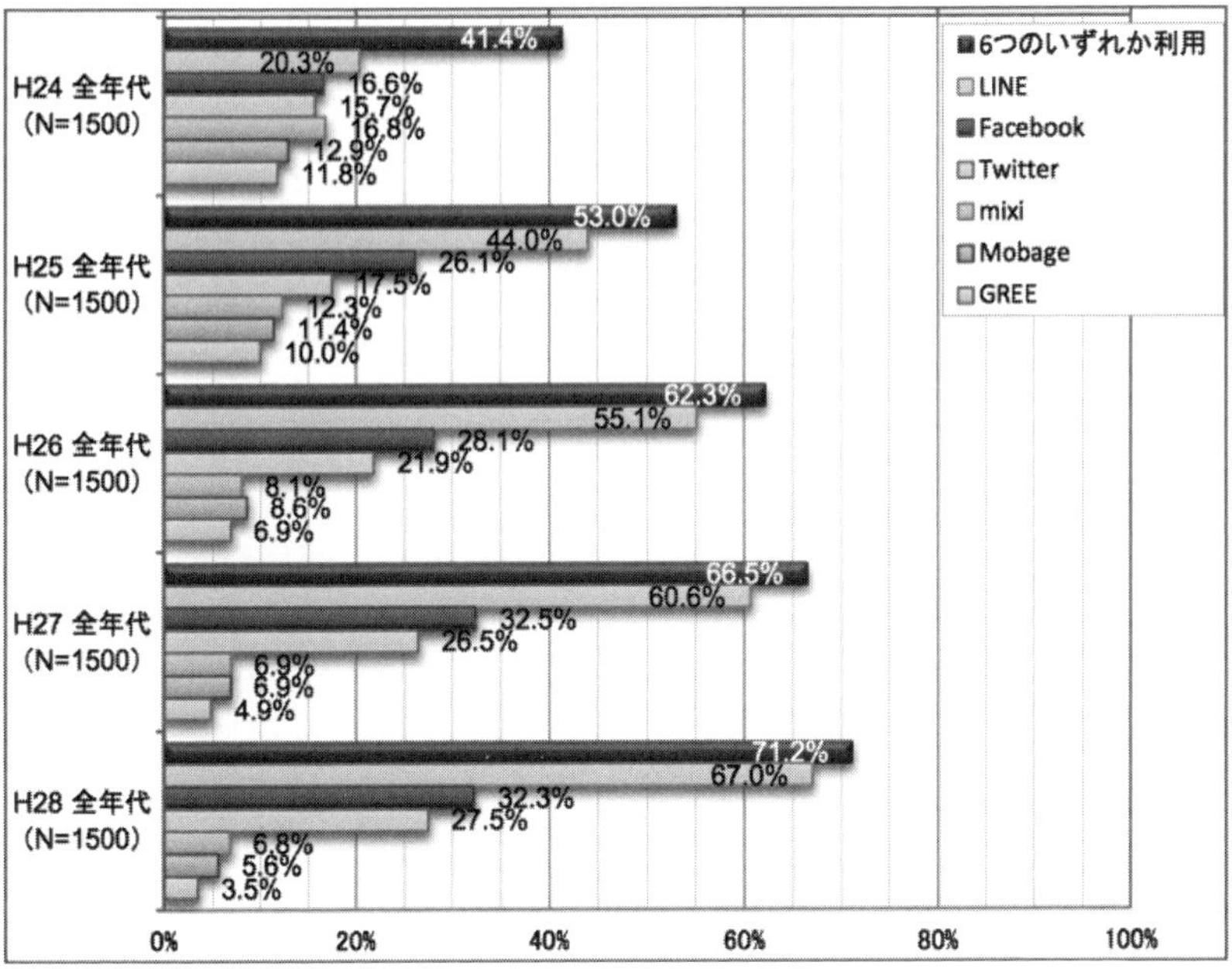

図２　ソーシャルメディアの利用率（全年代）

総務省「情報通信白書平成二八年版」によれば、動画共有サービスを利用したことがあり今後も利用したいという利用率が全体では七四・五％、二〇代で八八・五％、三〇代で八三・〇％と若い年齢層の利用率が高いが、五〇代六八・五％、六〇代五七・〇％と高い年齢層での利用率も半数を大きく超え、下限でも約六割の利用率がある。[11] 動画共有サービスは若者だけでなく幅広い年齢層に利用され、生活の中で様々な利用がされている。Think With Google「YouTube Human Stories - ユーザー分析から見る YouTube の今」は次のように述べている。

YouTube の視聴時間は全体に増加の傾向にあり、特に増加が目立つカテゴリーが、メイク動画や化粧品、ファッショントレンド紹介などの「ビューティー」と「ファッション」（合わせて二・〇倍）、レシピ動画等の「フード」（二・二倍）、サッカー動画などの

「スポーツ」（二・一倍）（中略）気軽に動画を楽しむ場所として、YouTube はすでに日本の人々の生活に根付いており、より密接な存在となっています。ユーザーの声に耳を傾けてみると、使い方は人それぞれで、毎日の生活に合わせて YouTube を利用している姿がはっきりわかります。[12]

動画共有サービスの利用率と視聴時間は増加し、視聴の形や用途は多様化している。多様化の要因は人々の趣味や興味とライフスタイルであり、インターネットで検索する即時性や、動画を見る習慣が人々の生活の中に根付いてきていることがうかがえる。余暇時間の娯楽として、日常の学習に、新たな発見を、スマートフォンなど携帯性の高いデバイスの普及はインターネットというメディアとの距離を近づけ、生活の中に根付かせた。

SNS はスマートフォンの普及と同じように急速な普及を行い、利用の増加を行ってきた。[13] 図二のソーシャルメディアの利用率からわかるように、スマートフォンも SNS も普及の過程では一〇代二〇代三〇代の若い世代の利用率が高い傾向にあったが、全年代で平成二四年（二〇一二）に四一・四%であった利用率は平成二八年（二〇一六）には七一・二%に増加している。平成二八年（二〇一六）の六〇代の利用率が三〇・七%と全年代の利用率の半分以下だが、五〇代六〇・八%、四〇代七八・三%と高い年齢層にも普及率は増加している。[14]

SNS は文字だけでなく画像や動画など様々なものが共有される。様々なサービスが提供されており、近年では Instagram など写真や動画に特化した共有を行うサービスも登場した。撮影された写真や動画はアプリケーションによって編集が行われ共有され、ヴィジュアルが共有されている。映像や写真は見るだけでなく個人が撮影、編集し簡単に共有が行われる時代となり、一〇代二〇代の若い年齢層を中心に生活の中に根付いている。Instagram においては、生活を切り取り共有し SNS 上にストックを行うことで広告収入を得るインスタグラマーと呼ばれる者も出現した。

テクノロジーの進化によって映像は個人で簡単に撮影、編集が行えるものとなり、一つのコミュニケーションのツールとなった。映画と共に始まった映像は現在、映画とは全く違う質の映像として若者を中心とした文化のコミュニケーションに用いられ全世界で共有が行われている。

活版印刷から始まったメディアは現在、インターネットという新しいメディアの発展の中にいる。メディアは一方向公的な言語的に「理解」するものから、映画の発明により言語的に「理解」するのに加え視覚的に「感じる」というものになった。テクノロジーの進歩によってラジオやテレビが登場し情報の伝達速度が飛躍的に向上した。インターネットの登場により一方的に情報を受信していた我々は発信者かつ受信者となり、メディアは双方向性のあるものとなった。

現在SNSや動画配信サービスで全世界に行われている動画の共有は、言語的な壁を越えてヴィジュアルで「感じる」という共感がインターネットを介して行われているものである。映画を原点として発展してきた映像と現在の動画共有は大きく違うものであると考えがちであるが、映像の視覚的に「感じる」という部分を強く強化したものであり、テクノロジーの進化とメディアの変化から生まれ、時代に対応した新しい映像の形であると考える。

二　映画からテレビへの娯楽の移行と東映の動向

京都という都市と映画、この二つは意外な関係性を持っている。リュミエール兄弟によって発明されたシネマトグラフの試写実験が明治三〇年（一八九七）に京都の京都電燈株式会社で行われた。また、日本映画の父と呼ばれた牧野省三の第一作目である『本能寺合戦』（一九〇八）も京都で撮影が行われ、以降様々な日本映画の撮影が行われた。

現在、京都における観光地の一つとして東映太秦映画村があるが、東映太秦映画村も映画との関係性は強い。東映太秦映画村は日本の映画会社である東映株式会社の運営する施設であり、元は東映の映画撮影所であった。そのため、映画の最盛期から太秦映画村の誕生までの東映の変遷はメディアの変化と強い関係性を持っている。映画最盛期から東映太秦映画村の誕生までのメディアの変化に伴う東映の動向の整理を行い、メディアの変化との関係性を論じる。

二―一　映画の衰退と東映

戦後昭和二〇年（一九四五）から昭和二七年（一九五二）の間、GHQ（連合国軍最高司令官総司令部）の統治下にあった時代は検閲や情報統制などが行われた。映画は教育や文化に関する改革を担当したGHQの下部組織CIE（民間情報教育局）によって管理され、CCD（民間検閲支隊）とともに検閲が行われた[15]。これにより時代劇や戦争を題材とした映画製作は行えなかったが、サンフランシスコ講和条約の発効によって時代劇や戦争を題材とした映画の製作が可能となった。これにより多数の映画が製作され、昭和三三年（一九五八）には映画観客者数は最大となり、映画は娯楽の王様となった。

図三の興業および入場者数の推移[16]と図四のテレビ普及率の推移[17]を比較すると、最大値を記録した昭和三三年（一九五八）では白黒テレビの普及率は一〇・四％であったが、観客者数が最大値から半数以下となった昭和三八年（一九六三）には、白黒テレビの普及率は八八・七％と約九割の家庭に白黒テレビは普及した。この急速なテ

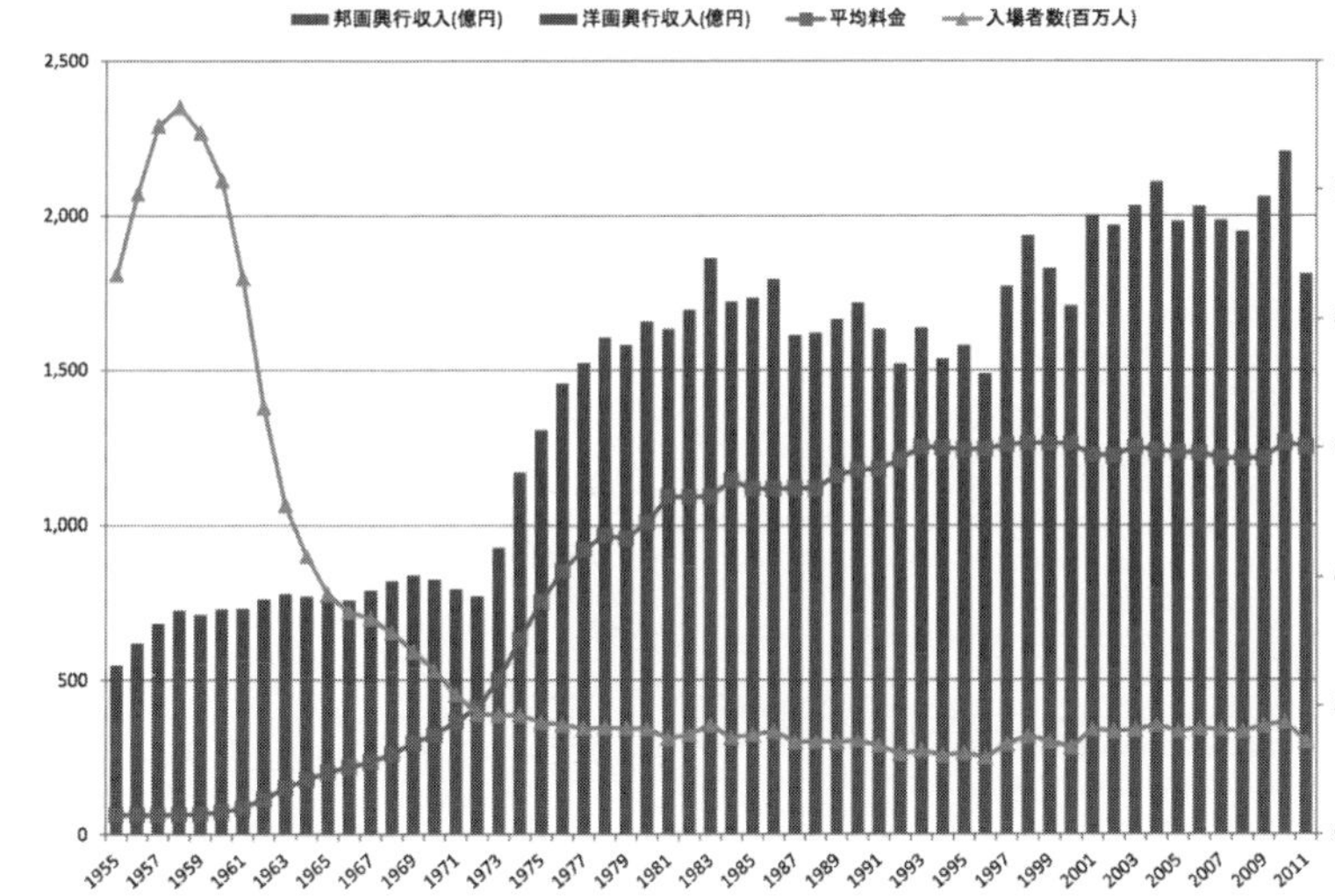

図３　興行及び入場者数の推移

レビの普及は日本の高度経済成長によってもたらされた。豊かになりゆく日本の豊かな生活の象徴とされた三種の神器の一つの白黒テレビは、その普及と共に映画産業を斜陽化させた。

映画産業の最盛期に映画の製作・配給・興行を行っていた大手映画会社は映画産業の斜陽に伴い大きな影響を受ける事となった。大手映画会社である新東宝は昭和三六年（一九六一）に倒産、大映も昭和四六年（一九七一）に倒産し、映画会社の経営は大変厳しいものとなった。映画産業の斜陽化は大手映画会社に映画だけではない、新たな経営路線の創出を強いることとなった。新たな経営路線を創出するという部分において、東映の行ったことは「新しいメディアであるテレビとどう付き合うか」「テレビとは違う価値をどう作るか」であった。

東映は一九五〇年代末という早い段階からテレビとの提携を行い、当時東映の社長であった大川博は「一元的経営」という理念を掲げた。[18] 昭和三四年（一九五九）に開局した現在のテレビ朝日である日本教育テレビ（NET）に

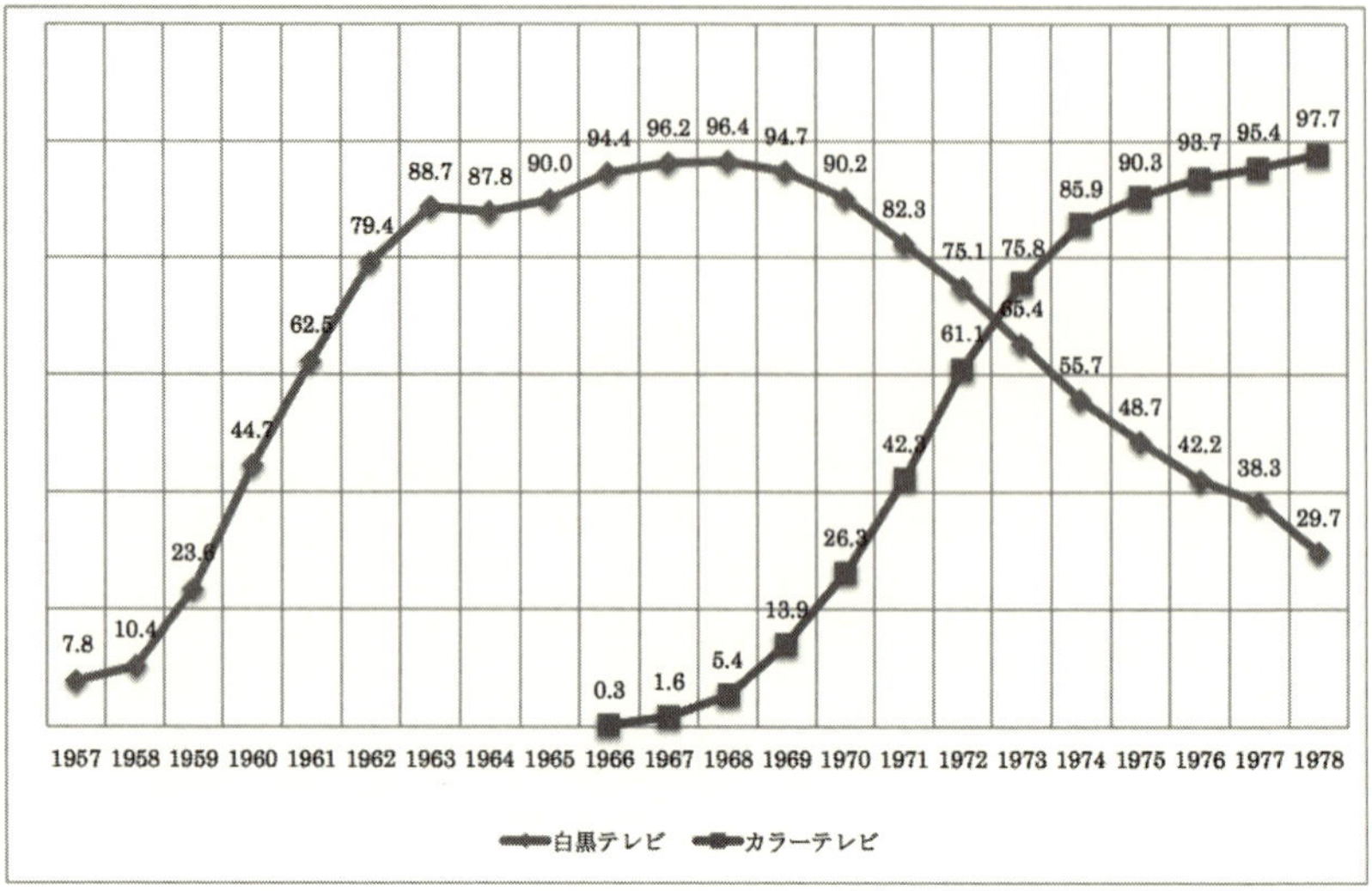

図4　テレビ普及率の推移
（内閣府　消費動向調査「主要耐久消費財等の普及率平成16年」を参考に作成）

出資を行い、テレビとの提携を図った。東映が制作を行った初の作品は『風小僧』である。目黒祐樹、山城新伍が出演し製作されたこのテレビ時代劇は、昭和三三年（一九五八）に西日本テレビにてテレビ時代劇の第一号として放送された。翌年には開局した日本教育テレビで放送が開始された。この頃、京都では『風小僧』、東京では『捜査本部』の製作が行われ、京都で時代劇、東京で現代劇のテレビ製作が行われた[19]。

東映の行ったテレビとの提携策において「特別娯楽版」は東映がテレビと映画の双方を意識していたことがわかる提携策である。昭和三四年（一九五九）から始まった「特別娯楽版」について、北浦寛之は「テレビへの接近――東映の「一元的経営」について――」の中で次のように述べている。

> 東映のテレビ映画製作は単にNETの放送を成立させるためだけに機能したわけではないということである。すなわち東映は、自作の「テレビ映画」を「テレビ」の枠を取っ払い、劇場で「映画」として二次

利用を図ったのである。東映は一九五九年五月の第一週から、三〇分のテレビ映画二話分をまとめて五〇分程度の中編劇映画にし、「特別娯楽版」（一六ミリを三五ミリにエンラージ）として東映系劇場に三本立てとして配給したり、非東映系の劇場に売り込んだりした。(20)

テレビ映画を映画館で上映するという「特別娯楽版」は、第二東映を設立し昭和三五年（一九六〇）三月より東映による二系統の配給を行うに至ったが、昭和三六年（一九六一）一一月には中止された。この原因は昭和三四年（一九五九）二三・六％、同三五年（一九六〇）四四・七％、同三六年（一九六一）六二・五％、同三七年（一九六二）七九・四％というテレビの急速な普及と視聴形態の変化が大きな要因であると考えるが、映画というメディアから新しいメディアであるテレビに娯楽の中心が移りゆく過渡期を映す事象であると考えられる。それは、松竹・東宝などの大手映画会社も映画産業の斜陽化にあたり、独自の路線の開拓を行ったためである。

昭和三八年（一九六三）には約九割の家庭にテレビが普及したこともあり、徐々に東映の時代劇はテレビへ進出し、片岡知恵蔵ら映画スターもテレビ局制作のドラマに出演するなどテレビで時代劇の製作が盛んに行われるにあたり、映画とテレビの距離は製作・興行・配給を自社で行っていた映画全盛の時代に比べて近いものになってゆく。

二―二　テレビとは違う価値の創出

昭和三四年（一九五九）出資を行った日本教育テレビが開局し放送を開始、同年に東映テレビ・プロダクションを設立。東映はテレビ放送の開始からいち早くテレビ業界に進出し、多くのテレビドラマや時代劇などを製作していくこととなる。テレビ映画を劇場で映画として上映し二次利用を行った「特別娯楽版」は、結果として時代劇をお茶の間に定着させ、観客は映画館からテレビに移行することとなった。
昭和三九年（一九六四）に東映京都テレビ・プロダクションを設立、テレビ番組の製作を主として行う会社が発足した。東映が製作を行った多くのテレビ時代劇の中には『遠山の金さん』や『水戸黄門』など長寿作が存在し、長きにわたってお茶の間に時代劇が提供されている。テレビでの時代劇の製作が盛んになるにつれ時代劇映画の製作本数は減少し、時代劇映画は量より質の製作となり文芸大作路線へ向かうこととなる。創立一〇周年に片岡知恵蔵をはじめとする東映俳優の豪華キャストで製作された『反逆児』（一九六一）や『赤穂浪士』（一九六一）は代表例であろう。

時代劇の観客が映画館からテレビへ移行を行うにつれ、東映はテレビには不可能なことを映画館で行うというテレビに対抗する形での映画製作を行う。テレビは視聴がお茶の間で行われることから、視聴者が老若男女幅広い層が同時に視聴することとなる。そのため暴力的な表現や残虐性の高い表現などは好まれない。

東映のテレビ対抗策は、テレビでは見ることのできない暴力的な内容を含んだ「任侠映画」であった。東映は鶴田浩二、高倉健が出演した『人生劇場　飛車角』（一九六三）を公開し、任侠映画路線をスタートさせる。『日本侠客伝』（一九六四）『昭和残侠伝』（一九六五）などヒットした作品はシリーズ化され、鶴田浩二、高倉健、菅原文太などの名優を擁し多数の任侠映画が製作された。[21] 任侠映画の観客について、楊紅雲は「任侠映画路線における東映の成功――テレビに対抗した映画製作（一九六三 - 一九七二年）を中心に――」の中で次のように述べている。

任侠映画はテレビに奪われた観客層を取り戻すのではなく、テレビに吸い込まれない観客層をしっかりと掴み、映画館収入を確保していくことから出発したということである。言い換えれば、任侠映画は成人層、学生層、労働者層、水商売の女性層を確実に掴み、明確にテレビと映画の観客層を分けることができたのである。最終的な目的は映画館保護にあり、それこそが任侠映画路線の本質なのである。また、任侠映画は時代劇の伝統を継承しながらもテレビには出来ない題材を狙った。やくざの世界を表現することによって、テレビの盲点を突いたのである。(22)

テレビでは放送できない表現を含んだ任侠映画はテレビと観客を奪い合うのではなく、テレビとは違った価値を求めることで狭い訴求対象からではあるが確実に観客の足を映画館に向かわせた。義理・人情・仁義という独特な日本的な様式の世界が描かれている任侠映画は、テレビでは好まれない表現がなされている。任侠映画のほとんどが明治から昭和初期を作品の時代背景に設定しており、着流し姿の男が仁義を通すというストーリーが多く見られる。時代劇映画の製作が減少し任侠映画の製作が増加したが、描かれる様式には近しい部分が見られる。任侠映画に登場する着流し姿もその一つであり、主人公の精神性である「任侠」は時代劇映画の「武士道」に近しい感覚をいだかせる。

任侠の意味である、弱きを助け強きをくじき、命を惜しまず義を重んじるという部分は時代劇に描かれる様式と似ている。時代劇は正義が悪を勧善懲悪するという内容の作品が多く、任侠の弱きを助け強きをくじくという意味と近しい。また、任侠映画の多くに悪の卑劣な行いに耐えて、誇りや義理のために悪を倒すという構造が見られ、時代劇の勧善懲悪の構造と似ている。武士道や任侠という日本的な独特な様式は形を変えて映画の中に描かれ、観客へと届けられた。

昭和四八年（一九七三）には『仁義なき戦い』が公開され、任侠路線から実録路線へと移行する。実録映画は『仁義なき戦い』（一九七三）が大ヒットし、シリーズ化が行われた。菅原文太、高倉健、梅宮辰夫などの名優が出演し実録映画は多数製作された。同じヤクザ映画であっても任侠映画と実録映画には大きな違いがある。それは時代劇から続く武士道と任侠に共通する「仁義」が大きな要素である。「仁義」において、仁は広く人や物を愛すること、義は正しい筋道にかなうことである。「仁義なき」は人を愛すること無く正しい筋道も無いということであり、時代劇から任侠映画へと続く勧善懲悪といった構造には当てはまらない。ヤクザ映画の中でも任侠映画と実録映画では、東映の時代劇映画から長く続いてきた日本的な様式に当てはまるか否かという大きな差異があり、ある種長く続いてきた日本的な様式が時代に合うか否かという問題にも置換可能であろう。

テレビの登場と普及の背景には高度経済成長があった。高度経済成長は都市への人口の集中や生活様式の変化と共に核家族化を進行させた。高度経済成長期によって核家族化が進行し、家族の形が変化したことに関して、中小企業庁「中小企業白書　二〇〇五年版」では以下のように述べられている。

高度経済成長期以降、日本の家族形態については、核家族化等の変化が進み、家族の規模は縮小してきた。一九六〇年には、平均的な家族数（一般世帯の平均世帯人員数）は四・一四人であり、三世帯同居等の世帯（その他親族世帯）は、一般世帯の三割を占めていた。これが、一九八〇年には核家族が一般世帯の約六割まで上昇し、家族の平均的人員は三・二二人に減少している。核家族の比率は、その後も六割程度で推移しているが、三世帯同居等の世帯は長期に減少を続けてきた。近年では、単独世帯が増加し、離婚が増加傾向で推移してきており、離婚数は二〇〇二年に過去最高となっている。[23]

昭和三五年（一九六〇）に平均的な家族数は四・一四人から昭和五五年（一九八〇）には三・二二人に減少し、核家族が一般世帯の約六割まで上昇したとしている。核家族化の進行による家庭における人員の減少は、祖父母や父親など時代劇を視聴する者の居ない世帯の増加につながり、時代劇を視聴する機会を減らし、世帯における時代劇の視聴者を失う要因の一つとなった。

戦後急速な経済成長を遂げた日本の生活は急速に近代化し、電化製品に囲まれ化学繊維やプラスチック製品を使用する生活が当たり前の時代となった。急速な近代化は人々の生活様式を変え、衣食住だけでなく人口の都市集中や過疎、過密といった社会的変化をもたらした。一九七〇年代以降は中流意識を持つ者が多く、所得、消費、教育の水準の向上や、人口の移動による大規模なニュータウンの建設といった生活の均質化が要因として考えられる。日本の生活は時代劇や任侠映画の描く時代とは大きく違うものとなり、時代劇の世界は近代的な人々の暮らしから遠いものとなった。

二―三　京都の価値と太秦映画村

時代劇という映画最盛期から続くコンテンツは、テレビの登場により衰退し、テレビのコンテンツの一部となり、テレビの成熟に伴うコンテンツの多様化を受けて訴求対象が縮小した。映画からテレビへと娯楽の中心が変化したメディアの変化は、映画館へ足を運ぶことをなく家庭に映像という娯楽をもたらした。現在も映画、テレビ、インターネットから視聴を行う映像コンテンツは娯楽の中心である。テクノロジーの進化によって解像度は向上し、精細な映像が視聴者に提供され、映像を視聴するデバイスや視聴形態は多様化し、コンテンツは訴求対象を細分化した配信が行われている。しかし、映画からテレビに娯楽の中心が変化する過程には様々な葛藤と試行錯誤が行われた。東映はテレビが登場し映画が衰退し娯楽の中心がテレビへと変化する過程において、映画会社として最も柔軟に舵取りを行い映画とテレビ双方を意識しながら経営を行った。

東映太秦映画村は『トラック野郎　御意見無用』（一九七五）の公開と同年の昭和五〇年（一九七五）に開業した。同年は現在も続くスーパー戦隊シリーズの第一弾である『秘密戦隊ゴレンジャー』の放送開始年でもあり、東映にとっては非常に大きな転換を迎えた年である。

実験的に開催した昭和四九年（一九七四）の一日映画村は約二万人の入場者を動員した。昭和五〇年（一九七五）に開業をした際には三日間で七万人以上の入場者を動員し、昭和五五年（一九八〇）には入場者数が一・〇〇〇万人を突破した。(24) 東映太秦映画村は開業当初、東映京都撮影所の一部を公開しオープンセットと撮影現場を公開することを行い、大きな資本投資を行わなかった。映画の斜陽の中で撮影所の存続を賭けた事業は成功をおさめ、一九七七年に中村座や大手門などの施設が完成し、現在まで様々なアトラクションやイベントか開催されている。日本のテーマパークとしては昭和五八年（一九八三）に開業をした東京ディズニーランドが有名であるが、時代劇の世界を体験できるテーマパークとして昭和五〇年（一九七五）から現在まで営業を続けている東映太秦映画村は、テーマパークの草分け的存在である。時代劇や江戸の町並みを見るだけでなく、時代劇中の扮装をして江戸の町並みの体験を行ったり、スーパー戦隊シリーズや仮面ライダーなどの特撮ヒーローやアニメといった東映の持つ技術やコンテンツを利用した幅広いアトラクションが運営されている。

東映京都撮影所は阪妻プロ太秦撮影所（一九二六～一九三〇）松竹太秦撮影所（一九三〇）帝キネ太秦撮影所（一九三〇～一九三一）新興キネマ太秦撮影所（一九三一～一九四二）大映京都第二撮影所（一九四二～一九四七）東横映画撮影所（一九四七～一九五一）東映京都撮影所（一九五一～）と何度も名を変えているが、戦後昭和二七年（一九四七）からは東映の前身の一社である東横映画株式会社の撮影所となり、昭和二六年（一九五一）に東映京都撮影所となった。戦争で製作の少なくなった映画を戦後の復興と共に盛り上げ、黄金期をむかえ現在まで支えた東映京都撮影所は現在、京都でも有数の観光地となっている。

京都という土地をブランドという視点で考えたものとして、小川孔輔は「京都ブランドの成り立ち――都市としてのブランド形成の歴史的な変遷と今――」の中で次のように述べている。

世界をめぐってみたときに、京都に対抗できるのは、一〇〇〇年以上の歴史をもち、建物や風景がゆっくり変わっていった街、ミラノ、パリ、フィレンツェのようなヨーロッパの街だ。京都も昔は東京のような都だった。政治・経済・文化の中心、パリも同じで、人々が上京していく都。最初は政治都市からスタートするが、文化都市として残っていって、それが街としてのバリューになっていく。そこでは、かならず、衣食住と遊の文化がすべてセットになっている。[25]

京都は延暦一三年（七九四）より一〇〇〇年以上王城が所在したため、日本らしさが集積している。ミラノ、パリ、フィレンツェのような歴史ある文化的な町と京都の類似性は、ミラノといえばイタリア、パリといえばフランスと言ったように瞬時に国と都市がリンクする「らしさ」を強く内包している点である。日本らしさと考えた時、京都は実に日本らしさにあふれた都市である。京都の文化を色濃く反映した「小京都」という都市が日本各地に存在し、それぞれの都市に伝統と観光的価値が存在するためである。

三　おわりに

伝統的な日本らしい雰囲気を色濃く残す京都において、京都では失われた江戸の町並みを体験することができる。それは時代劇を製作してきた東映京都撮影所に蓄積された技術とセットである。映画都市としての京都の蓄積と東映の柔軟な経営戦略は時代劇の技術と町並みを現代に残した。江戸の町並みは戦争で焼け、復興と高度経済成長によって近代化を遂げた。京都は戦争で焼けずに文化財や町並みは比較的変わらず残された。変わらぬ町並みが残されたことで、戦後盛んに時代劇映画が製作されることとなり、名作が多数製作された。テレビが登場し普及すると次第に東京で現代劇が、京都で時代劇が多く製作されることとなった。京都という伝統的な都市に映画という新しい技術と文化を取り入れたことで、現在の東映太秦映画村は誕生し京都に新しい観光の形と価値をもたらしたのである。

戦後の復興とともに盛んに製作された映画というメディアの最盛期から、テレビの登場と普及によって起こった映画の斜陽化によって苦境にたたされた映画会社。映画会社は生き残りをかけて試行錯誤を行い、様々な経営戦略を取った。本論ではメディアの変化と変容を時系列ごとにまとめた上で、映画会社の大手五社の中で現在もさかんに映画やアニメや特撮といった広いジャンルの作品を製作する東映に焦点を当て、東映太秦映画村の開業する昭和五〇年（一九七五）までの東映の動向を詳らかにした。今後は松竹、東宝、大映、新東宝、日活などの大手映画会社の動向に焦点をあてさらに比較を行い、その社会的背景や動向との比較を行うことにより当時の映画会社が重要視したものを明らかにし、京都との関係性とメディアの変化による変容を明らかにしていきたい。

（花園大学文学部助手）

註

（１）リュミエール兄弟が発明。世界初の映画が作成された。
（２）内閣府　統計表一覧：「消費動向調査　主要耐久消費財等の普及率（平成一六年）」を参考。
http://www.esri.cao.go.jp/jp/stat/shouhi/shouhi.html（二〇一八年一月八日閲覧）
（３）内閣府　統計表一覧：「消費動向調査　主要耐久消費財等の普及率（平成一六年）」
http://www.esri.cao.go.jp/jp/stat/shouhi/shouhi.html（二〇一八年一月八日閲覧）
日本国際映画著作権協会「日本の映画産業及びテレビ放送産業の経済効果に関する調査二〇一二」を参考。
http://www.jimca.co.jp/research_statistics/（二〇一八年一月八日閲覧）
（４）日本国際映画著作権協会「日本の映画産業及びテレビ放送産業の経済効果に関する調査二〇一五」二二頁　より引用
http://www.jimca.co.jp/research_statistics/（二〇一八年一月八日閲覧）
（５）映画を複数の企業が出資し製作する。映画製作のリスクを分散・回避し、出資率に応じて利益を得る。複雑化する市場の中で権利ビジネスを行うことを目的とする。
（６）内閣府　統計表一覧：「消費動向調査　主要耐久消費財等の普及率（平成一六年）」を参考。
http://www.esri.cao.go.jp/jp/stat/shouhi/shouhi.html（二〇一八年一月八日閲覧）
（７）NHKと民放連によって設置された第三者機関。放送界の自律と放送の質の向上を促す。
（８）電通報“Dual AISAS”で考える、もっと売るための戦略。」を参考。
https://dentsu-ho.com/articles/3100（二〇一八年三月二三日閲覧）
（９）総務省「情報通信白書平成二九年版」図表六‐二‐一‐一より引用
http://www.soumu.go.jp/johotsusintokei/whitepaper/ja/h29/html/nc262110.html
（10）インターネット上で行われる会員制のコミュニケーションサービス。Facebook、Twitterなど。
（11）総務省「情報通信白書平成二八年版」図表三‐二‐二‐六を参考。
http://www.soumu.go.jp/johotsusintokei/whitepaper/ja/h28/html/nc132230.html（二〇一八年一月二三日閲覧）
（12）think with Google「Human Stories 第１回：定量データ分析から見るYouTubeユーザー」より引用。

(13) https://www.thinkwithgoogle.com/intl/ja-jp/articles/video/humanstory-1/（二〇一八年一月二三日閲覧）
総務省「平成二八年情報通信メディアの利用時間と情報行動に関する調査」七三頁 図五-一-二-一 より引用。
http://www.soumu.go.jp/menu_news/s-news/01iicp01_02000064.html（二〇一八年三月二三日閲覧）

(14) 総務省「平成二八年情報通信メディアの利用時間と情報行動に関する調査」七三頁を参考。
http://www.soumu.go.jp/menu_news/s-news/01iicp01_02000064.html（二〇一八年三月二三日閲覧）

(15) 板倉史明 二〇一二「占領期におけるGHQのフィルム検閲：所蔵フィルムから読み解く認証番号の意味」東京国立近代美術館研究紀要（一六）五五-五六頁を参考。

(16) 日本国際映画著作権協会「日本の映画産業及びテレビ放送産業の経済効果に関する調査-二〇一二」二四頁より引用。
http://www.jimca.co.jp/research_statistics/ecr_japan_2012.html（二〇一八年一月八日閲覧）

(17) 内閣府 統計表一覧：消費動向調査「消費動向調査 主要耐久消費財等の普及率（平成一六年）」を参考に作成。
http://www.esri.cao.go.jp/jp/stat/shouhi/shouhi.html（二〇一八年一月八日閲覧）

(18) 北浦寛之 二〇一五「テレビへの接近――東映の「二元的経営」について――」日本映画学会会報（四三）三-四頁を参考。

(19) 東映株式会社 社史 を参考。
http://www.toei.co.jp/annai/outline/history.html（二〇一八年一月八日閲覧）

(20) 北浦寛之 二〇一五「テレビへの接近――東映の「二元的経営」について」日本映画学会会報（四三）四頁 より引用。

(21) 東映株式会社 会社案内 東映ブランド紹介 を参考。
http://www.toei.co.jp/annai/index.html（二〇一八年一月八日閲覧）

(22) 楊 紅雲 二〇〇四「任侠映画路線における東映の成功―テレビに対抗した映画製作（一九六三-一九七二年）を中心に―」多元文化（四）一九六頁 より引用。

(23) 中小企業庁「中小企業白書 二〇〇五年版」より引用
http://www.chusho.meti.go.jp/pamflet/hakusyo/h17/hakusho/html/17313000.html (2018/03/23

(24) 東映太秦映画村 会社概要 を参考。
http://www.toei-eigamura.com/company/（二〇一八年三月二二日閲覧）

(25) 小川 孔輔 二〇〇八「京都ブランドの成り立――都市としてのブランド形成の歴史的な変遷と今――」イノベーション・マ

ネジメント（五）二頁より引用。

参考文献

古田尚輝　二〇〇九「教育テレビ放送の五〇年」NHK 放送文化研究所年報二〇〇九　一七五 - 二一〇頁 NHK 出版
楊　紅雲　二〇〇四「任侠映画路線における東映の成功――テレビに対抗した映画製作（一九六三 - 一九七二年）を中心に――」多元文化（四）一九一 - 二〇二頁
楊　紅雲　二〇〇五「「斜陽化」に生きる東映――テレビに対抗した実録映画路線（一九七三 - 一九七五年）を中心に――」多元文化（五）一一五 - 一二六頁
北浦寛之　二〇一五「テレビへの接近――東映の「一元的経営」について――」日本映画学会会報（四三）二 - 六頁
板倉史明　二〇一二「占領期における GHQ のフィルム検閲：所蔵フィルムから読み解く認証番号の意味」東京国立近代美術館研究紀要（一六）五四 - 六〇頁
大向一輝　二〇一五「SNS の歴史」電子情報通信学会　通信ソサイエティマガジン九（二）七〇 - 七五頁
小寺敦之　二〇一二「動画共有サイトの「利用と満足」―「YouTube」がテレビ等の既存メディア利用に与える影響―」日本社会情報学会誌二六（二）一 - 一四頁
小川孔輔　二〇〇八「京都ブランドの成り立ち――都市としてのブランド形成の歴史的な変遷と今――」イノベーション・マネジメント（五）一 - 二一頁
みずほ銀行　産業調査「コンテンツ産業の展望―コンテンツ産業の更なる発展のために―」
https://www.mizuhobank.co.jp/corporate/bizinfo/industry/sangyou/index.html（二〇一八年一月八日閲覧）
内閣府　統計表一覧：「消費動向調査　主要耐久消費財等の普及率（平成一六年）」
http://www.esri.cao.go.jp/jp/stat/shouhi/shouhi.html（二〇一八年一月八日閲覧）
日本国際映画著作権協会
http://www.jimca.co.jp/（二〇一八年一月八日閲覧）
日本国際映画著作権協会「日本の映画産業及びテレビ放送産業の経済効果に関する調査二〇一五」

http://www.jimca.co.jp/research_statistics/　（二〇一八年一月八日閲覧）
日本国際映画著作権協会「日本の映画産業及びテレビ放送産業の経済効果に関する調査二〇一二」
http://www.jimca.co.jp/research_statistics/　（二〇一八年一月八日閲覧）
東映京都ナビ
http://www.toei-kyoto.com/about/　（二〇一八年一月八日閲覧）
東映株式会社　会社案内　東映ブランド紹介
http://www.toei.co.jp/annai/index.html　（二〇一八年一月八日閲覧８）
東映株式会社　社史
http://www.toei.co.jp/annai/outline/history.html　（二〇一八年一月八日閲覧）
東映太秦映画村
http://www.toei-eigamura.com/　（2018/03/22）
京都市メディア支援センター　京都の映画文化と歴史
https://kanko.city.kyoto.lg.jp/support/film/culture/　（二〇一八年三月二三日閲覧）
スカパー JSAT 株式会社　社史
https://www.sptvjsat.com/sp_world/worldtop/history/history_detail/index.html　（二〇一八年一月二三日閲覧）
総務省「情報通信白書平成二九年版」
http://www.soumu.go.jp/johotsusintokei/whitepaper/h29.html　（二〇一八年一月二三日閲覧）
総務省「情報通信白書平成二八年版」
http://www.soumu.go.jp/johotsusintokei/whitepaper/h28.html　（二〇一八年一月二三日閲覧）
総務省「平成二八年情報通信メディアの利用時間と情報行動に関する調査」
http://www.soumu.go.jp/menu_news/s-news/01iicp01_02000064.html　（二〇一八年三月二三日閲覧）
中小企業庁「中小企業白書　二〇〇五年版」
http://www.chusho.meti.go.jp/pamflet/hakusyo/h17/hakusho/　（二〇一八年三月二三日閲覧）
think with Google「YouTube Human Stories - ユーザー分析から見る YouTube の今」

https://www.thinkwithgoogle.com/intl/ja-jp/articles/video/humanstory/　（二〇一八年三月二三日閲覧）
電通報“Dual AISAS”で考える、もっと売るための戦略。
https://dentsu-ho.com/articles/3100　（二〇一八年三月二三日閲覧）

第Ⅱ部　京を知る2

―考古学・古代史・仏教学―

レプリカが作成された小野毛人墓誌

山田　邦和

一

学術研究や博物館の展示において、資料のレプリカ（複製品や模作品）[1]が果たす役割はきわめて大きい。日本の文化財には紙や布、木といった傷みやすい材質のものが多いから、取り扱いには細心の注意が必要であるし、長期間の展示によって外光にさらし続けるといったことは避けねばならない。しかし、その資料が博物館の展示にとって不可欠の存在であった場合には、公開と保存は二律背反の状態に陥ることがある。この解決策として最上のものは、精巧に作られたレプリカに実物の代替の役目を果たさせることである。京都の建仁寺蔵の俵屋宗達筆「風神雷神図」は桃山文化を代表する芸術品のひとつとして国宝に指定されている。その現物は京都国立博物館に寄託されてその収蔵庫に厳重に保管されており、市民にとっては特別の機会でなければ目に触れることはできないし、たとえ公開された場合でも展示ケースのガラス越しの見学に限られる。そこで、NPO法人京都文化協会とキヤノン株式会社が高精度デジタルカメラおよびプリンターによる「風神雷神図」の高精細複製品を作成して同寺に寄贈した。この複製品は建仁寺方丈にガラス無しの状態で展示されており、拝観者が常に間近で見学することを可能にしている。

また、宗達の作品を尾形光琳が模写した「風神雷神図」(東京国立博物館蔵、重要文化財)は、本来は裏面に酒井抱一筆「夏秋草図」が描かれていたのであるが、現在はその表裏は分離されて別々の屏風に仕立てられている。そこで、文化財の複製印刷に実績のある便利堂は、カラーコロタイプ印刷によって光琳の「風神雷神図」の複製品を制作するとともに、その裏面に抱一の「夏秋草図」の複製を合わせ、もとの姿を取り戻させた。こちらの複製品は京都府に寄贈されて各種の展示に使われている。(2) これなども、レプリカの持つ可能性を広げるものであろう。

筑前国の志賀島(現・福岡県福岡市東区)において天明年間に発見された「漢委奴国王」銘の金印は漢(後漢)の建武中元二年(五七)に光武帝が倭の奴国の王に下賜したものであり、わが国の古代国家の成立を知るための最重要の文化財として国宝に指定されている。(3) この現物は福岡藩主黒田家に伝来したが、後に福岡市に寄贈され、現在は福岡市博物館の「目玉作品」のひとつとして同博物館常設展示室に陳列されている。一方、大阪府立弥生文化博物館は弥生時代の専門博物館であって、ここの常設展示でも金印が必要欠くべからざる資料となることは当然である。しかし、金印の現物を福岡市博物館から常時借用するというのは不可能であるから、弥生文化博物館では金印の精妙なレプリカを製作してそれを展示に供している。

信仰上の理由などで、文化財を元の位置に復帰させたため、その後はその文化財に容易に接することができなくなる場合もある。京都の清凉寺(嵯峨釈迦堂)の本尊である釈迦如来木像は、インドから中国に伝来した像を宋(北宋)に留学中の奝然上人が模刻させ、寛和三年(九八七)に日本に持ち帰ったものである。近代になってこの像が修理された際、その胎内に多数の納入品が入れられていることが確認され、その中には絹でできた五臓

（内臓）の模型といったものもあった。しかし、この五臓模型は現在では像の中に戻されており、見ることはできない。ただ、その替わりとして作られた模造品があり、こちらは清凉寺本堂に展示されていて見学が可能になっている。(4)

文化財の現物が不慮の災難で失われてしまったことで、レプリカが往時を偲ぶ貴重な資料となっていることがある。法隆寺金堂壁画は昭和二四年（一九四九）の火災によって大きく損傷してしまったが、不幸中の幸いというべきか、昭和一〇年（一九三五）に便利堂によってコロタイプ用の白黒写真と四色分解写真が撮影されており、これをもとにして再現模写が作製され、再建された金堂に飾られた。また、昭和六年（一九三一）に直良信夫が兵庫県明石市で発見した「西八木人骨」は、当時は日本列島では存在が確認されていなかった旧石器時代の人類の存在を示すものとして「明石原人」とも呼ばれて大きな話題を呼んだが、この骨の現物は昭和二〇年（一九四五）の東京大空襲によって焼失してしまった。ただ、東京帝国大学人類学教室の松村瞭が作成した石膏製レプリカが現存しており、これをもとにして再検討を進めることが可能となっている。(5)

二

レプリカが作られ活用されるのは、近代より前の時代にも存在した。

古代ローマは地中海世界全体を覆う大帝国を造り上げたものの、文化的な水準はギリシアにおよぶことはなく、かの地の文明に限りない憧憬を抱いていた。特に、ギリシア文明の石造彫刻はローマ人のあこがれの的であった。したがって、ローマではギリシアの彫像の模刻が盛んに作られていた。古代ギリシアの彫刻の原品は失われていることが多いのであるが、われわれはローマの模刻像によってその様相を類推することができる。あちこちの博物館で企画される古代ギリシア彫刻の展覧会で、しばしば展示品にローマ時代のものが含まれているのは、こういう事情によっているのである。たとえば、アテナイのプラクシテレスによって紀元前三六〇年頃に制作された「クニドスのアフロディーテ」は、古代ギリシア世界でも初の等身大女性裸像として著名となった作品である。しかし、そのオリジナルはコンスタンティノポリスにおいて六世紀に失われてしまった。しかし、この像はローマ時代にヴァチカン美術館蔵「コロンナのウェヌス（ヴィーナス）」や伝ローマ・テヴェレ川出土で大英博物館蔵のアフロディテ胸像をはじめとする多数の模刻像を生み出しており、(6) それらの作品から原像の様相を復元することができる。

古代より「文字の国」であった中国では、「書聖」と呼ばれた晋（東晋）の王羲之をはじめとして、有名な書家の書が尊ばれてきた。唐の二代皇帝である太宗李世民は王羲之の書を多数収集したことで知られている。しかし、その中の最高の名品である『蘭亭序』の原品は、太宗が遺詔によって自らの陵である昭陵に副葬してしまったためにもはや見ることはできないし、そのほかの作品も相次ぐ戦乱などによって失われてしまった。しかし、王羲之の書は石碑や木板に彫られ、その拓本が採られ、または双鉤塡墨《そうこうてんぼく》という方法によって模写されることによって後世に伝えられた。

ただ、もちろん石碑も永遠不滅ではない。戦争や火災で損傷したり、また永い年月の間に碑面が摩耗して価値が損なわれる場合がある。こうした際、拓本をもとにして「重刻碑（重修碑）」と呼ばれるレプリカが作られることがある。(7) また、たとえ原碑が良好な状態で残っていたとしても、その文化財的価値の保護のために碑面に接することが禁じられることがあり、この際にはあえて重刻碑を作り、これを拓本採取の専用に供することがある。

石碑の宝庫として知られている陝西省西安市の西安碑林博物館のミュージアム・ショップで販売されている石碑拓本には、しばしばこうした重刻碑から採拓されたものがある。(8)

前述した清凉寺の釈迦如来木像は、生前の釈迦の姿そのものであると信じられ、「三国伝来の釈迦」「生身の釈迦」と呼ばれて平安時代以降の貴賎の厚い尊崇を集め続けた。そうした信仰によって、鎌倉時代以降には同寺の釈迦如来像の模刻が数多く作られ、全国に百体以上とも推定される「清凉寺式釈迦如来像」を生み出すことになる。その多くは原品に倣った木像であるが、中には、京都の善導寺像のように石像も多く作られていった。

信仰を動機として作られたレプリカには、原品とやや違った形になってしまうものもある。福岡県宗像市の宗像大社には「阿弥陀仏経碑」と呼ばれる中国製の石碑がある。宋（南宋）の慶元元年（紹熙六年、一一九五）に造られて日本に将来されたもので、平重盛が宋に砂金を献じたためその返礼として宋皇帝が送ってきたものだという伝承を持っている。この模刻碑が京都に二基存在する。ひとつは百万遍の知恩寺碑（正徳二年〈一七一二〉）、もうひとつは小松谷正林寺碑（延享三年〈一七四六〉）である。ただ、原形となった宗像大社碑と知恩寺碑では、後者のほうがかなり背が高く、像容も若干ながら違っている。これは、知恩寺碑は宗像大社碑を直接見て作ったのではなく、原品の拓本と『宗像軍記』（元禄一七年〈一七〇四〉刊）に記された誤った寸法だけに頼って製作したことによる差異であった。(9)

寺院にはしばしば、宗教上の理由によって秘仏とされている仏像がある。普段は厨子の中に収められたまま人目に触れないようにされているのである。この中には定期的に公開されるものもあるけれども、その周期も数ヶ月ごと、一年に一度、数年ごと、数十年ごとというようにさまざまである。中には「絶対の秘仏」としてまったく開扉されない仏像もある。著名な例は、長野県長野市の善光寺の本尊の阿弥陀三尊像であろう。こうした寺院

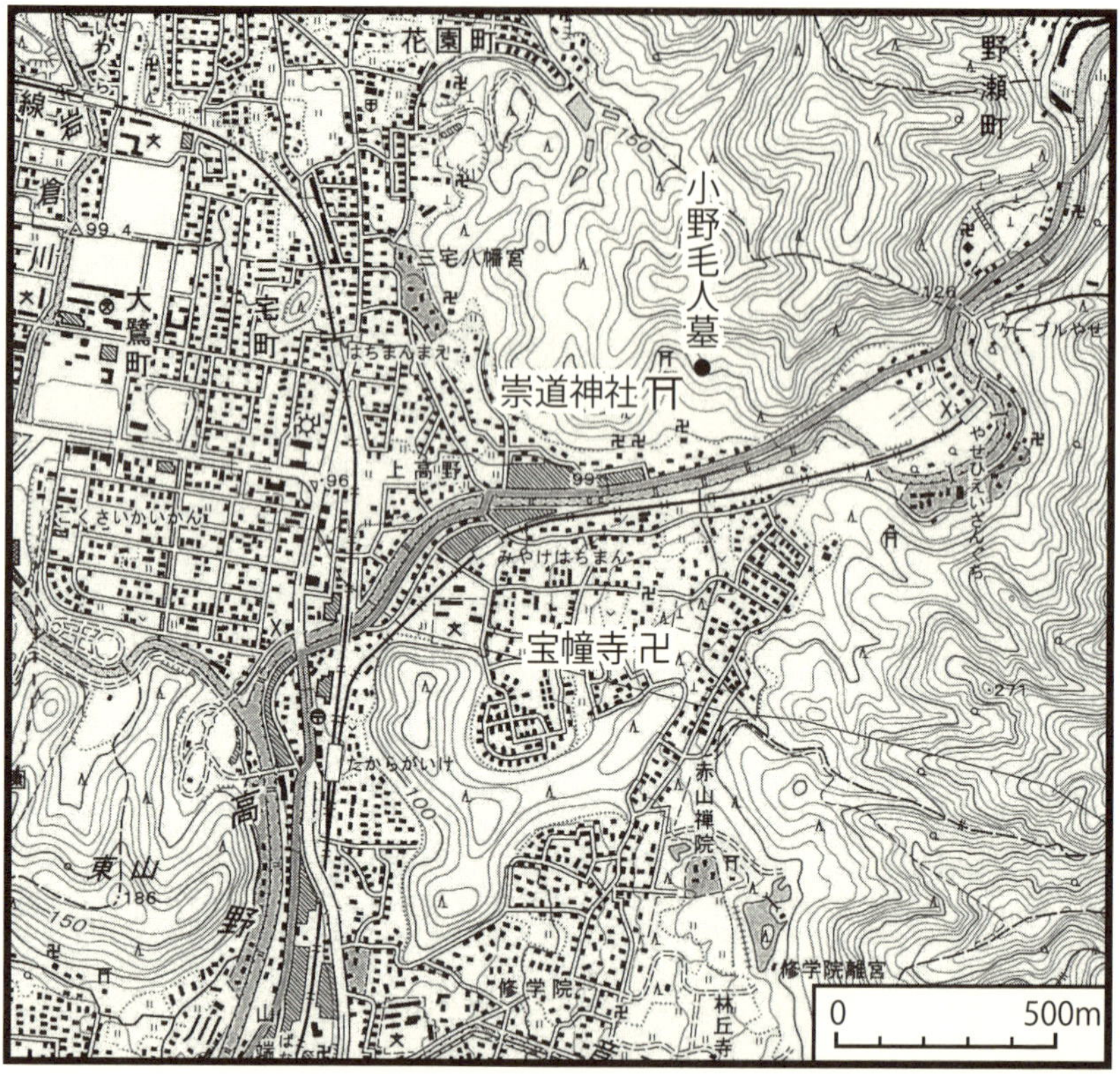

図１　小野毛人墓位置図
（国土地理院２万５千分の１地形図「京都東北部」に拠る）

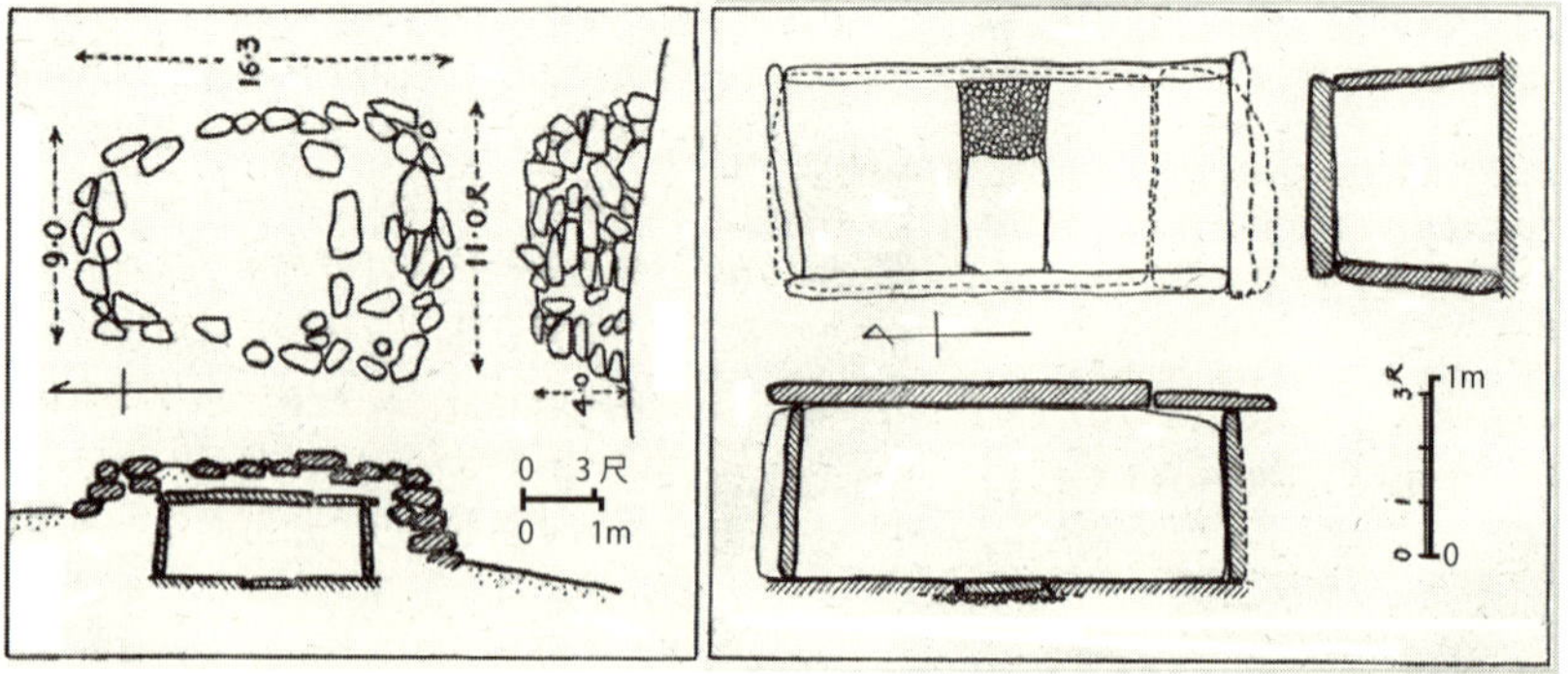

図２　小野毛人墓遺構図
（註 11 文献に拠る）

では、秘仏の厨子の前に「御前立《おまえだち》」と呼ばれる仏像を置き、それを礼拝の対象としていることがある。この「御前立」は原像とまったく同じとは言わないまでも近似した像様であるはずだから、広い意味では原像のレプリカに含めることができるであろう。

三

京都市左京区上高野西明寺山町（旧・山城国愛宕郡修学院村大字高野）の崇道神社の裏山（図1）に、小野毛人墓（図2・3）がある。この遺跡は慶長一八年（一六一三）、地元民によって発掘され、金銅製の墓誌[10]（図6）が出土した。墓誌は長さ五八・九五㎝、幅五・八～五・九㎝、厚さ〇・三～〇・四㎝、重さ一〇一一gを測り、次の銘文が刻まれている。

（表面）飛鳥浄御原宮治天下天皇御朝任太政官兼刑部大卿
位大錦上

（裏面）小野毛人朝臣之墓　営造歳次丁丑年十二月上旬
即葬

図3　小野毛人墓（現状）（山田撮影）

この墓誌は古代の葬制を知る上での重要資料として、大正三年（一九一四）に国宝に指定された。墓誌の所蔵者は崇道神社であるが、現品は京都国立博物館に寄託されており、しばしばその常設展示に出陳されている。

この墓については、大正六年（一九一七）に梅原末治が詳しい調査報告[11]を出しているので、その報文と彼が引いた近世史料をもとに、墓誌の発見の顚末とその後の変転を略述しておこう。江戸時代の初め、崇道神社（崇道天皇社、崇導神社）の裏山には、歩くと一ヶ所だけ音が違っているところがあって奇異に思われていた。慶長一八年（一六一三）一一月二三日、同神社神主の高林山城守政重[12]という人物が神社の東の峰に「高位之記」があるという夢のお告げを受けた。それを聞いた彦太夫・又五郎という地元住民が、その翌日に山に登って「石の唐櫃（石槨）」を見つけてそれを発掘し、そこから墓誌を取り出した。当時の史料では墓誌は「位牌」「金牌」「鍮板」「神牌」「神主《しんしゅ》」などと呼ばれている。

こうして世に出た小野毛人の墓誌であったが、この後は二転三転した後、再び墓の石槨内に戻されることになる。それまでの経緯については、崇道神社境内の観音堂に置かれていたが防犯上の理由から高野村の徳雲軒という寺院に移されたという伝えと、当初は発掘者が自宅に持ち帰っていた

図4　小野毛人墓石室内部（山田所蔵写真）

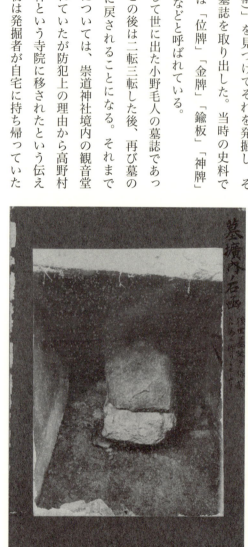

が、墓の祟りによってその一家が病気にかかったために同村の宝幢寺に納められたという話があるが、どちらが正しいかはよくわからない。ともあれ、その後にも祟りが広がって村が衰微したため、村民には墓誌をもとの石槨に戻すべきだという意見が強まった。そこで延宝元年（一六七三）に発見の顛末を刻んだ銅函と、その外箱である石函が作られ、その中に墓誌が納められた。ただ、どうしたわけかこの時には再埋納は実行されず、墓誌は宝幢寺に安置されてしばしの時を過ごすことになる。そして、元禄一〇年（一六九七）にいたって墓誌はもとの墓の石槨に再納置されたのであった。文政四年（一八二一）に狩谷棭斎がこの墓を訪れた際には、石槨の蓋石は地表にあらわれていたが、石槨の内部には小礫がぎっしりと詰められていたという。

その後、墓誌はさらなる変転に見舞われる。明治二八年（一八九五）三月八日、地元の理髪師某が毛人墓を盗掘して墓誌を持ち去るという事件がおきたのである。ただ不幸中の幸いだったのは、盗掘者が速やかに逮捕されたために墓誌が回収されたことであった。そして村民の手によって墓誌は三たび石槨の中に戻され、その上には周囲に積石を巡らせた小墳丘（図２）が新たに築かれたのであった。

ただ、大正期にはいると村民の間に再度の盗掘を危惧する意見が高まり、その結果として大正三年（一九一四）二月一日には三度目の発掘がおこなわれて墓誌が取り出される（図４）とともに、京都帝国大学文科大学から内藤湖南（虎次郎）、小川環樹、梅原末治などの研究者が墓と墓誌の調査をおこなった。ここで墓誌は崇道神社の所蔵となったが、現品は京都帝国大学に移されて研究に資するとともに、国宝に指定され、翌年末には京都帝室博物館（現・京都国立博物館）に寄託されて現在にいたっている。また、墓に築かれていた小墳丘は一回り大きく増築される（図３）とともに、その上には内藤湖南が撰文した顕彰石碑が建立されたのであった。

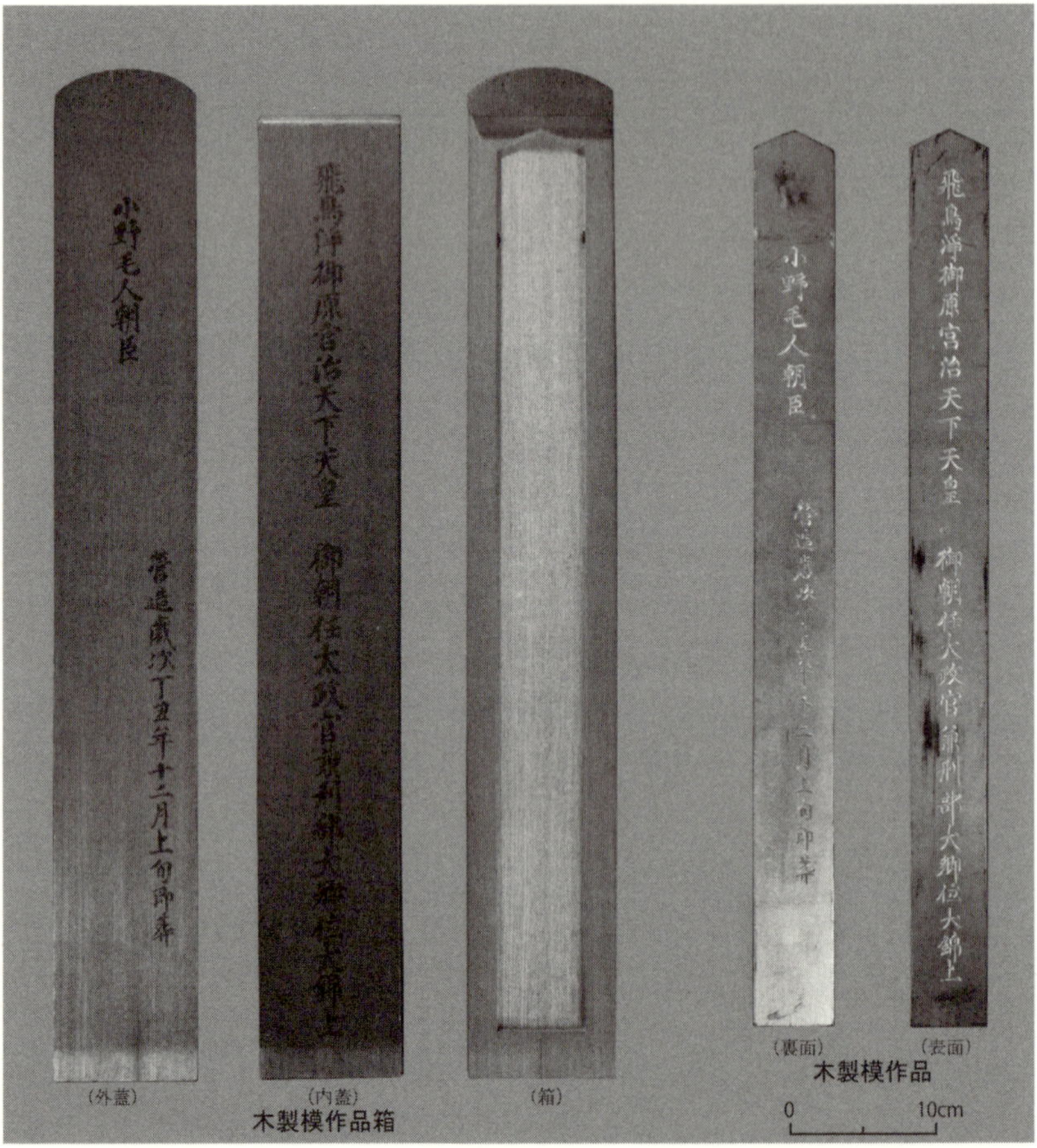

図５　小野毛人墓誌模作品（宝幢寺蔵、山田撮影）

四

一七世紀に小野毛人の墓誌が安置されていた宝幢寺は、霊芝山と号する浄土宗西山禅林寺派の寺院であり、現在の京都市左京区上高野釜土町に所在する。寛永一一年（一六三四）に薫空旭移上人の創建にかかり、その前身は下京の新町通四条下ル善長寺町にあった寺院であったらしい。

ここで注視したいのは、この寺には小野毛人墓誌の模作品（図５）が所蔵されていることである。元禄一〇年（一六九七）に墓誌の現物が墓に戻された際に作られたものである。これは、伊藤東涯の『輶軒小録』に「先子の門人西谷道室と云老人有て、高野邑に隠居す。吾十二三歳の時、先子に侍して、老人を訪ひ、因て銅牌を見る。（中略）其の後卅年復た（中略）携行く。銅牌のことを尋れば、牌を掘り出してより後、邑衰弊するに依り、本の処に納置と云り。其形木に造り寺に有り」[13]と書かれる通りである。現在では本堂の本尊阿弥陀如来に向かって右側に安置されている（図７）。墓誌模作品は木製で、金箔を貼り付けて原形を再現している。模作品は長さ六〇・二一cm、幅五・八cm、厚さ〇・六cm[14]であり、現品は前述の通り長さ五八・九五cm、幅五・八～五・九cm、厚さ〇・三～〇・四cmをはかるから、ほぼ近似した大きさに作られていることになる。表面には墓誌の銘文が刻まれる

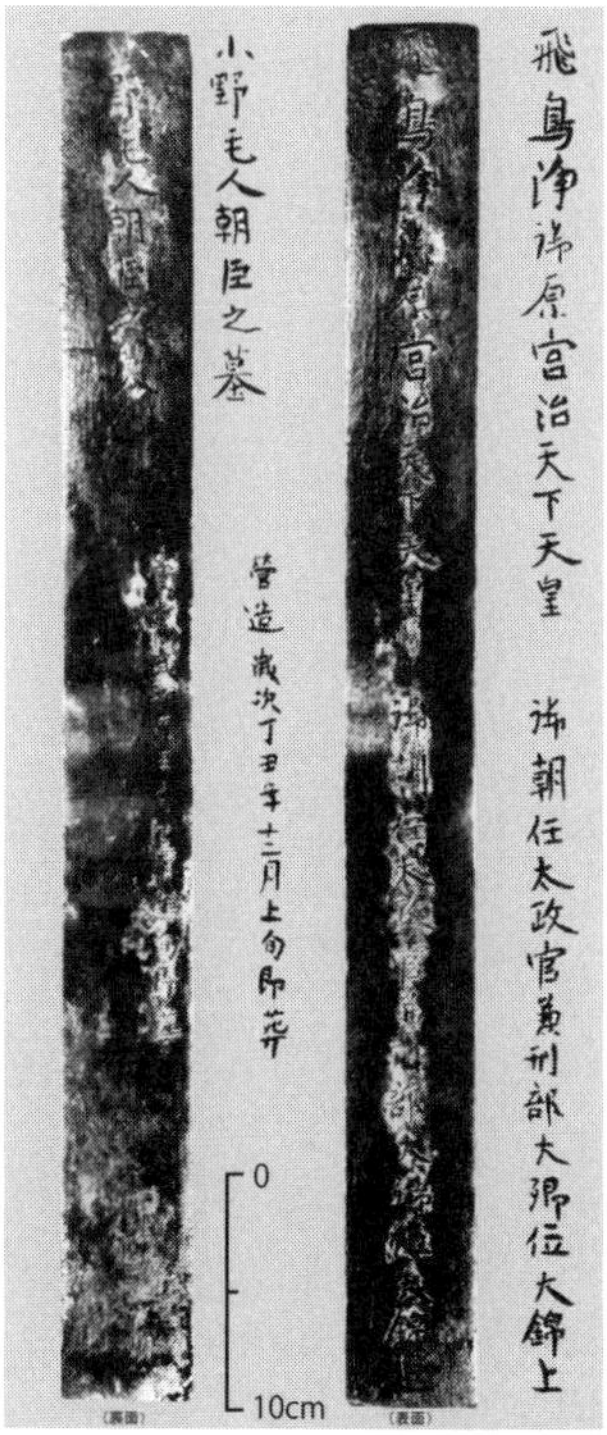

図６　小野毛人墓誌
（註10文献に拠り作成）

（表面）飛鳥浄御原宮治天下天皇御

朝任大政（ママ）官兼刑部大郷（ママ）位大錦上

（裏面）　小野毛人朝臣　営造歳次丁丑年十二月上旬即葬

墓誌模作品には外箱が付く。外箱は上端部を孤形にした長方形で、長さ六七・五㎝、幅九・七㎝、厚さ三・五㎝をはかる。箱の身の部分には墓誌模作品の形に合致する凹みがあり、そこに墓誌模作品を挿入することができる。箱には二重の蓋があり、内蓋に墓誌表面の、外蓋に墓誌裏面の銘文が墨書される。さらに、外箱は下端を台に嵌め込んで直立させるようになっている。外箱を含めたこの形状は、一見すると位牌を思い起こさせるが、これは儒教で故人を祀る「神主《しんしゅ》」[15]の形式である。なお、墓誌の実物を入れるために作られた外箱のことを黒川道祐は神主と呼んでいる（『近畿遊覧記』）。

宝幢寺蔵の小野毛人墓誌模作品を現品と比較すると、いくつかの部分で差異が認められる。大きさの若干の違いは誤差の範囲内と見てよいし、現品の文字がいささかぎこちないタガネ彫りであるのに対して、模作品のそれがきっちりとした楷書体であるのは、金属製と木製という材質の差に起因するのであって大きな問題ではないだろう。銘文の中では、現品の「刑部大卿」が模作品では「形

図７　小野毛人墓誌模作品安置状況
（宝幢寺本堂内、山田撮影）

部大郷」に、また「太政官」が「大政官」になってしまっているが、これも単純な誤字と見てよい。後者の「大政官」については、墓誌外箱の墨書には正しく「太政官」と記されている。ただ、現品の「小野毛人朝臣之墓」が模作品では「之墓」が抜けて単に「小野毛人朝臣」のみになっている。

現品と模作品の一番大きな違いといえるのは、現品の平面形が長方形であるのに対して、模作品は上端が尖頭形（山形）を呈していることであろう。白慧（坂内直頼）の『山州名跡志』や藤原貞幹の『好古小録』では小野毛人墓誌を尖頭形に図示しているのであるが、これらは現品ではなく模作品を写した可能性がある。なお、近世の記録の中でも、『山城名勝志』、『拾遺都名所図会』は毛人墓誌の上部を弧状に描き出しているが、こちらは模作品の外箱の形状をスケッチしたのであろう。

五

このように、小野毛人の墓誌は、発見された後にも何度も発掘と埋納を繰り返して現在にいたった。その中で注目されるべきことは、元禄一〇年（一六九七）に墓誌の現物を埋め戻す替わりとして木製の模作品が作成され、それが地元の寺院に保管されたことである。もちろん現代のレプリカ製作のような精密な作業ではないから、必ずしも現物そのままの形状が写しとられているわけではなく、形状や文字には過誤も存在する。梅原末治はこれを採り上げて「形を異にし、銘文を記して精なざるものありしが為に之に依れる多くの研究者を誤らしむに至れり」と批判しているのであるが、これはいささか酷評にすぎよう。この墓誌模作品が製作されたのは、現物の形状を精密に伝えるというよりも、被葬者の魂魄を祀るための憑代とする目的のほうが大きかったと思われるからである。

ともあれ、江戸時代前期において文化財のレプリカを作成するという意識が存在したことには驚くほかはない。小野毛人墓誌の模作品は、近世日本における文化財に対する認識を知る上での重要資料ということができるであろう。

（同志社女子大学現代社会学部教授）

【付記】

私が初めて芳井敬郎先生とお会いしたのは、昭和五六年（一九八一）のことでした。その時、先生は花園大学文学部史学科の民俗学担当の専任講師に就任され、京都にも民俗学の学会を創設するために在洛大学の民俗学研究会に檄を飛ばされたのです。当時の私は同志社大学で考古学を学んでいた学生でしたが、同大学の民俗学の研究会にも所属していたため、先生の呼びかけに応じたのです。こうして設立されたのが京都民俗学談話会（現・京都民俗学会）でした。(16) 時を経て、平成一一年（一九九九）に私は花園大学の考古学担当教員として赴任することになりましたが、この人事についても芳井先生から並々ならぬご尽力を賜りました。花園大学で先生の御指導のもとで共に仕事をさせていただくことができたことは、私の人生の中で最も充実した期間のひとつだったと思います。四十年近くの間、芳井先生から賜った御厚誼に改めて感謝を捧げるとともに、先生の今後のご健勝とますますのご活躍をお祈りいたします。

註

（1）レプリカには、複製品、模作品の別がある。複製品は、材質はプラスチック樹脂などを使用したことで現物と異なっているが、見た目をできるだけ現物に近づけたものをいう。模作品は、木像の模刻など、現物に近い材料を使うことによって現物の質感を残すけれども、極細部までの忠実さにはこだわらないものを指す。また、複製品や模作品には、現物が劣化したり変質したりしている場合に、現物の製作時の状況を再現した「復元複製品」や「復元模作品」もある。住友和子編集室・村松寿満子編『レプリカ―真似るは学ぶ―』（東京、ＩＮＡＸ出版、二〇〇六年）、参照。

（2）便利堂・西村寿美雄・小池佳代子企画・編集『時を超えた伝統の技―文化を未来に手渡すコロタイプによる文化財の複製―』（京都、便利堂、二〇一六年）。

（3）大谷光男『研究史　金印―漢委奴国王印―』（東京、吉川弘文館、一九七四年）。

（4）瀬戸内寂聴・鵜飼光順『古寺巡礼京都　二一　清凉寺』（京都、淡交社、一九七八年）。

（5）春成秀爾『「明石原人」とは何であったか』（東京、日本放送出版協会、一九九四年）。

（6）イアン・ジェンキンズ、ヴィクトリア・ターナー監修『大英博物館　古代ギリシャ展―究極の身体、完全なる美―』（東京、朝日新聞社・ＮＨＫ・ＮＨＫプロモーション、二〇一一年）。

（7）『中国碑刻紀行―一千年の石刻書道史をたどる―』（「季刊墨スペシャル」第一四号、東京、芸術新聞社、一九九三年）。

（8）たとえば、ネストリウス派キリスト教がローマ帝国から唐に伝来したことを示す証拠として人気の高い「大秦景教流行中国碑」の拓本は、現在では拓本専用の特別の重刻碑から採られている。

（9）原田大六『阿弥陀仏経碑の謎』（「ロッコウブックス」、東京、六興出版、一九八四年）。

（10）奈良国立文化財研究所飛鳥資料館編『日本古代の墓誌』（「同館図録」第三冊、奈良県明日香村、同館、一九七七年）。同館編『日本古代の墓誌 銘文篇』（京都、同朋舎、一九七八年）。

（11）梅原末治「小野毛人の墳墓とその墓志」（『考古学雑誌』第七巻第八号掲載、東京、日本考古学会、一九一七年。後、梅原『日本考古学論攷』所収、東京、弘文堂書房、一九四〇年）。

（12）高村政重とも書かれるが、高林が正しいようである。

（13）斎藤忠『日本古代遺跡の研究　文献編　下』（東京、吉川弘文館、一九七一年）。

(14) 平成二八年二月五日、KBS京都・BS11の番組『京都・国宝浪漫』「平安遷都ミステリー~御霊信仰と古代の国宝」(山田邦和監修、同年三月七日KBS京都放送、三月一〇日BS11放送)の撮影の機会に実見および計測した。実見にあたっては、宝幢寺住職・釋真盛師の御高配を得た。記して謝意を表したい。

(15) 『古事類苑』「礼式部」二一。

(16) 京都民俗学談話会事務局「京都民俗学談話会設立に至る迄の記録」(『京都民俗』創刊号掲載、京都、同会、一九八四年年)。

高床式入母屋造家形埴輪の研究

高橋　克壽

はじめに

家形埴輪は、古墳に置かれる形象埴輪の中で、もっとも普遍的な種類であり、分布も前方後円墳の築かれたほぼすべての地域に及んでいる。また、その具象性から、早くから好事家、そして学者の目に止まることとなり、資料集成も昭和はじめ頃までにかなり進み、後藤守一による分類大系が提示され、以後の研究の礎となった（後藤一九三二）。その後の家形埴輪に関する多様な研究史については、前稿を参照されたいが（高橋二〇一七）、ここで重ねて述べておきたいことがある。

それは建物の機能に対する経験的、感覚的な推測による機能推定の弊害である。おそらく、集落遺跡での建物に対する二大別、すなわち、居住用の建物と倉庫の対概念をそのまま家形埴輪の軸部構造に当てはめたことに始まると思うが、開口部を多く持つものを住居、入口を一つだけ開けるものを倉庫とする認識は長い間踏襲されてきた（小林一九七四）。比較的最近では、稲村繁がさらにその論法を発展させ、四面すべてが入口・窓で開放されているものを祭殿、入口・窓を表現しない壁を一面以上もつものを住居、窓がなく入口のみ一面に表現されるものを倉庫だとして家形埴輪を論じている（稲村二〇〇〇）。

しかし、それは本末転倒であり、アプリオリに建物を開口部のみによって性格分けして論じた結果、それなりの説明がついたとしても、あくまで、仮設にとどまる話にしかならないであろう。

そのような現状を打破することを考えて、前稿では、寄棟造家という一つの形式に絞って、主として、古墳でのその他の形式の家形埴輪とのセット関係や地域性、そして年代的推移などから考察を試みた。その結果、寄棟造家形埴輪はこれまでに想定されがちな倉庫ではなく、被葬者の依代に関係する特殊な性格を有する建物であることを導きだした。

とはいえ、そうした依代的性格は、家形埴輪全体に対しても十分推測されてきたことであり、寄棟造家形埴輪だけでは論証できたとはいえない。他の形式の家形埴輪についても同様なレベルの再検討が必要である。そこで、本稿では、家形埴輪の中でももっとも中心的位置を占めると認識されてきた入母屋造家について初歩的な分析を試み、将来の研究の基礎を作っておきたい。

ただし、入母屋造家形埴輪については、前稿において、東日本の家形埴輪では後期にならないと採用されないことや、その段階で何らかの性格の変化が予測されることなどに言及したように、寄棟造家のように一律には本質を規定できないと思われる。そのため、本稿では、もっとも基本的な高床式かつ西日本にあるものを中心に検討することを了解いただきたい。なお、本稿で用いる入母屋造家各部の部分名称は図一に示してある。軸部の構造には、粘土板や粘土紐の巻き上げによる壁面構造のものと、円柱を連ねて固定する構造の2種類があるので、その違いは壁構造、円柱構造と呼び分けることにしたい。また、高床部が円柱構造なのに対して、身舎が壁構造のものもあるが、その場合は広義の円柱構造に含めることとする。

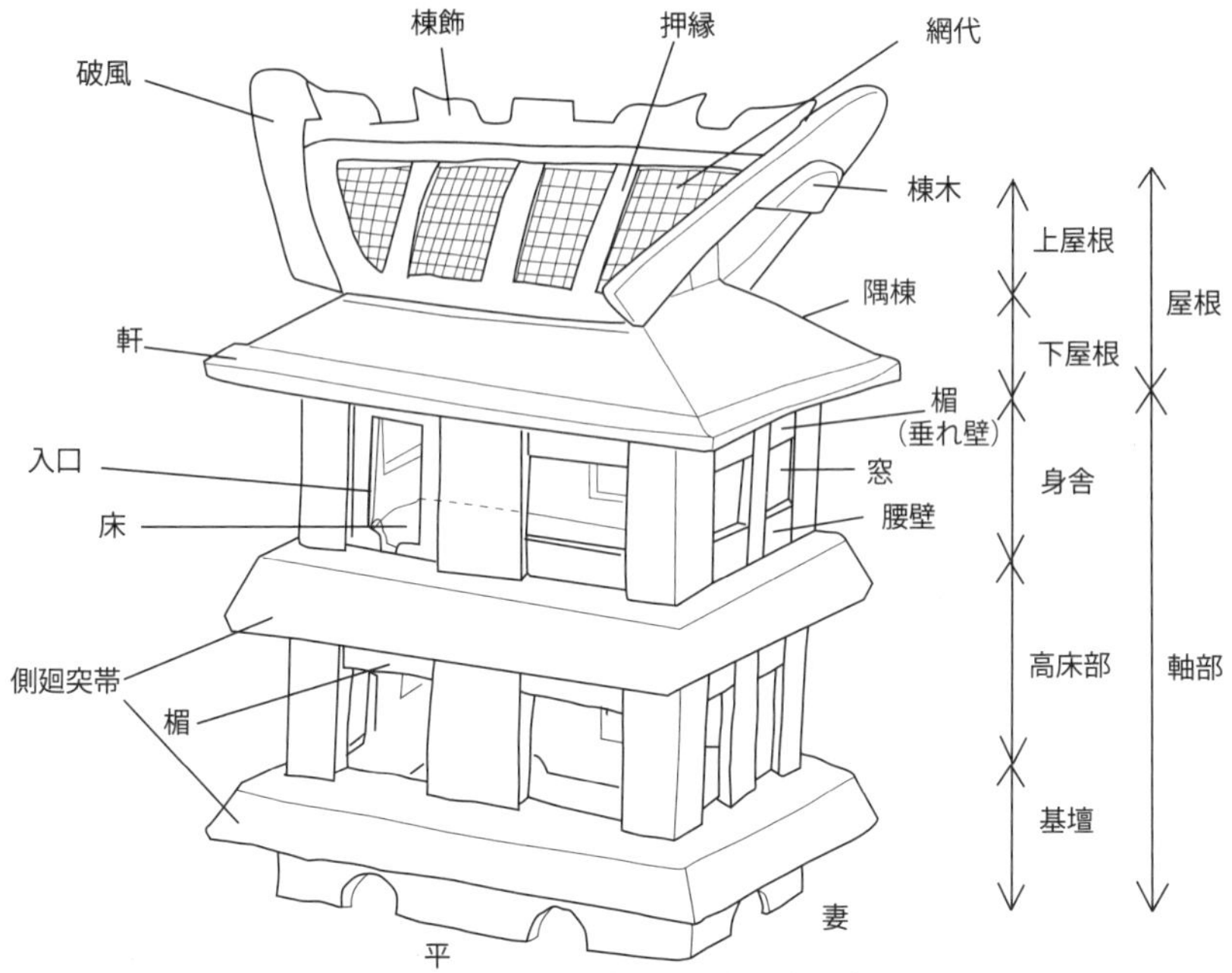

図１　高床式入母屋造家形埴輪　各部名称

一　入母屋造家形埴輪の特徴

一、屋根

入母屋造のもっとも大きな特徴は、上下二部構成の屋根にある。埴輪に表現された形態は、全国各地の遺跡で復元されている古代風建物や、現代にも続く民家建築の屋根が上屋根と下屋根の平側勾配が同じなのと異なり、下屋根の傾斜が上屋根よりも緩い錣屋根に該当するが、慣例的に入母屋造と呼んでおり、本稿でもこれに倣う。

上屋根が切妻、下屋根が寄棟となる複雑な屋根は大きいことが一般的で、寄棟と切妻の他の二形式よりも格式が高いと見られる。実際に、西日本の古墳にあっては、複数の家形埴輪が並べられた場合、もっとも立派に作られ、また、飾り立てられた家形埴輪が入母屋造であることが多い。

粘土の造形としてもそうだが、実際の建築においても、上下の屋根の連接部位の処理や、下屋根の上端で棟木（大棟）を載せた上屋根を支えることはかなり難しいことであったに違いない。後期の円柱構造の家形埴輪には、軸部の梁から下屋根を突き抜けて棟木を支える柱が表現されているものがあるのは、実際の建築を写したものであろう（図五ー二、図七ー一）。前期から中期のものにそのような柱の表現はないが、下屋根に比べて大きく破風の転びもきついものを実際どのように支持していたのかはわかっていない。実物には独立棟持柱や上記の施設があったのかもしれない。

しかし、もともとは上屋根が本来それほど大きくなく、大阪府中田古墳の事例のような比率のものが本来であって（八尾市調査会二〇〇九）、中期以後の上屋根の増大化、装飾化は埴輪においてのみ著しく進行した現象の可能性もある。完形に復元された最古の例に挙げられる京都府土辺古墳の入母屋造高床式家も（図三ー一）、上屋根のバランスに無理はない（京都府センター二〇〇四）。

さて、近畿の入母屋造家形埴輪の屋根の表面仕上げについては、ひとつの約束が認められる。それは、上屋根に網代を被せる場合は上面全体になされ、それを帯状の押縁で棟から下端まで抑えるようになっている。これは、網代の表現がなく、押縁だけを突帯や線刻で表現してあっても同じである。したがって水平方向の押縁表現があるにも関わらず、屋根の勾配がそこで変わらない場合、切妻造の屋根とほぼ認定できる。つまり、入母屋造屋根の上屋根を途中で水平方向に分割することはないのである。

ただし、後述するように中期中葉以後、水平方向の分割が上屋根の途中でも行われるものが現れるのは、原則が忘れ去られたものとみなしうる。

実際の建築において上屋根と下屋根の境に水平方向の押縁以外の造作があったことは容易に想像でき、古い時期の埴輪の造形からも下屋根の上端にも押縁と類似した水平材が取り付けてあったらしいことがわかる（図三ー一）。鰭状装飾を設置できるようなものであったのだろう。

しかし、両者の区別は埴輪においては省略されがちであり、連接部に突帯を一本取り付けるか線刻で表示するのが基本となった。その中でも大阪府美園古墳例のように上屋根の下端に突帯がくるものが前期には多く（図三―二）、中期以後は逆に下屋根の上端ともいえる位置につくものが主流となる（大阪府センター一九八五）。

この推移に促されるように、中期中葉に上屋根と下屋根の境に突如水平方向に平たい鍔が四周に出現する（図四）。桁のようにも見えるが、梁方向にも同じように突出することから、先に述べた鰭などの装飾を置く台を模した可能性も否定できない。どちらかと言えば、具体的な建築意匠に由来するものではないと思われる。

この鍔状の張り出しが、時を経てさらに次の変化をもたらす。すなわち、ここまでで下屋根の造形を打ち切り、それとは別に上屋根を成形する方法が後期に始まる（図五・六）。

次に棟である。大棟の装飾には、鰭状装飾を一列並べるもの、堅魚木を置くもの、それらがないものなどが早い時期から存在する。ただし、その中でも堅魚木は前期には遡らないようである。いっぽう、古墳時代後期になると、さらに多様な棟周辺の装飾が見られるが、地域的偏差も大きく本稿では言及しない。

切妻造家とも共通して、棟木の表現にも半截柱状の写実的なものから、ボタン状に破風に貼りつける簡単なものまで実に多様である。ここでは、棟木が先端から妻壁まで上屋根の下側に貼り付けてある写実的なものが中期前葉までに限定できることだけを指摘しておく。

下屋根については、隅棟に鰭飾りを載せるものもあるが、総じて、上屋根より飾られることは少ない。網代が刻まれることとも基本的にない。軒先には突帯を巡らしたり、梯子状の立体的帯表現や線刻、直弧文を刻んだりする例もあるが、大概単純な縁取り線を加える程度である。これ以外に、軒先にも鰭状装飾などを付加する例がいくらか存在する。

二、軸部

高床式に限定している本論文では、やはり身舎の開口のあり方が中心的検討対象となる。よく知られているとおり、四壁すべての柱間に、腰壁がある窓か縦長の入口があけられるものと、入口以外は開口部のない壁の状態になっているものの二者が基本形である。入口は妻側に付く例は少なく、多くが平側にある。また、実際の建築を反映しているかわからないが、一つではなく表裏二面に入口のある例もある。

なお、厳密には四壁それぞれの開口の仕方の組み合わせで多様に分類できるが、四壁すべての情報がそろっている場合が少なく、明確な作り分け意識が上記2種にあったこと以上は確実なことを指摘できない。

そのことは平地式入母屋造の軸部にも基本的に通じるものである。高床式に比べて閉鎖的であるが、開口の仕方はむしろこちらのほうが多彩かもしれない。たとえば、五世紀前半の京都府丸塚古墳の大型家形埴輪は平側一面に互いに似た入口と窓を表現するも、あとの面は開口していないようである。同じように大型平地式の入母屋造家形埴輪の代表である奈良県寺口和田一号墳のそれも、軒先や隅棟をはじめ要所に鰭飾りをつけた重要建物であることを示すものであるが、三間の平側中央に中間柱で左右に分けられた珍しい入口をもちながら、それ以外の壁には開口部がない。このように閉鎖的でありながら装飾をもつ平地式入母屋造家は、飾られた高床式の例とともに特別な性格をもった建物の可能性がある。

岡山県月の輪古墳のＨ７の二重円文を施した立派な個体や（近藤一九六〇）、兵庫県茶すり山古墳の第二主体部の真上から出土した線刻で上屋根や軸部を飾られた入母屋造家も閉鎖的である（兵庫県二〇一〇）。総じて時代が新しくなるにしたがって、平地式で入口部しかもたない個体の割合は多くなるようである。

このような五世紀前半の諸例に照らせば、兵庫県行者塚古墳の西と北西の造り出しから一棟ずつ出土した鰭状飾りを載せた入母屋造家は、平地式には珍しく、入口のほかすべての柱間に窓が開口している。二棟はほぼ同形と言えるものだが、西造り出しのものが軸部の柱が線刻だけで表現されているのに対して、北東造り出しの方は柱が段差で表現されている。行者塚古墳では、高床式の建物が、屋根倉くらいしかないようで、本来、この二点の開放的な埴輪が入母屋造高床式家形埴輪の代用だった可能性もあろう（加古川二〇〇一）。

今述べたように、壁構造の高床式入母屋造家は身舎の壁については、柱部分を一段厚く作るものと、作らないもの、平面的だが線刻で柱を表現するものと表現しないものなどがある。これらはその他の形式の家形埴輪にも共通するバリエーションである。同様に、軸部中間に巡らす側廻突帯がネズミ返し状にへの字に折れ、基壇部分と相似形になるものと、どちらか一方だけが折れるもの、ともに折れないもののいずれも存在する。基壇部分を省略するものもあるが、双方ともに折り返すのが古く位置づけられる。

ところで、中間の側廻突帯の裏側には、床を粘土板で表現してあるものが多い（図一・図三―二）。概して、時期が遡るものに普遍的な造形であり、中央は隅丸方形に大きく孔があく。その取り付けにはかなりの技術が必要なことは言うまでもない。製作にあたっては壁側から中心へ向かって床を伸ばしていく。

これまでに、軸部を積み上げる途中に中間の側廻突帯と一緒に取り付け、そのあと続けて壁を成形した例を三重県石山古墳で確認しているが（三重県埋文二〇〇五）、近年では、広島県甲立古墳で、木製の枘で壁と床を固定した痕跡が確認された(安芸高田二〇一五)。同様な技術は、石山古墳でもあったようで、高床式入母屋造家(U)の壁にその機能を推測させる円孔が残っている。

この床が実際の建築を写したものとするならば、その中央の開口部分から屋内に出入りする仕組みになってい

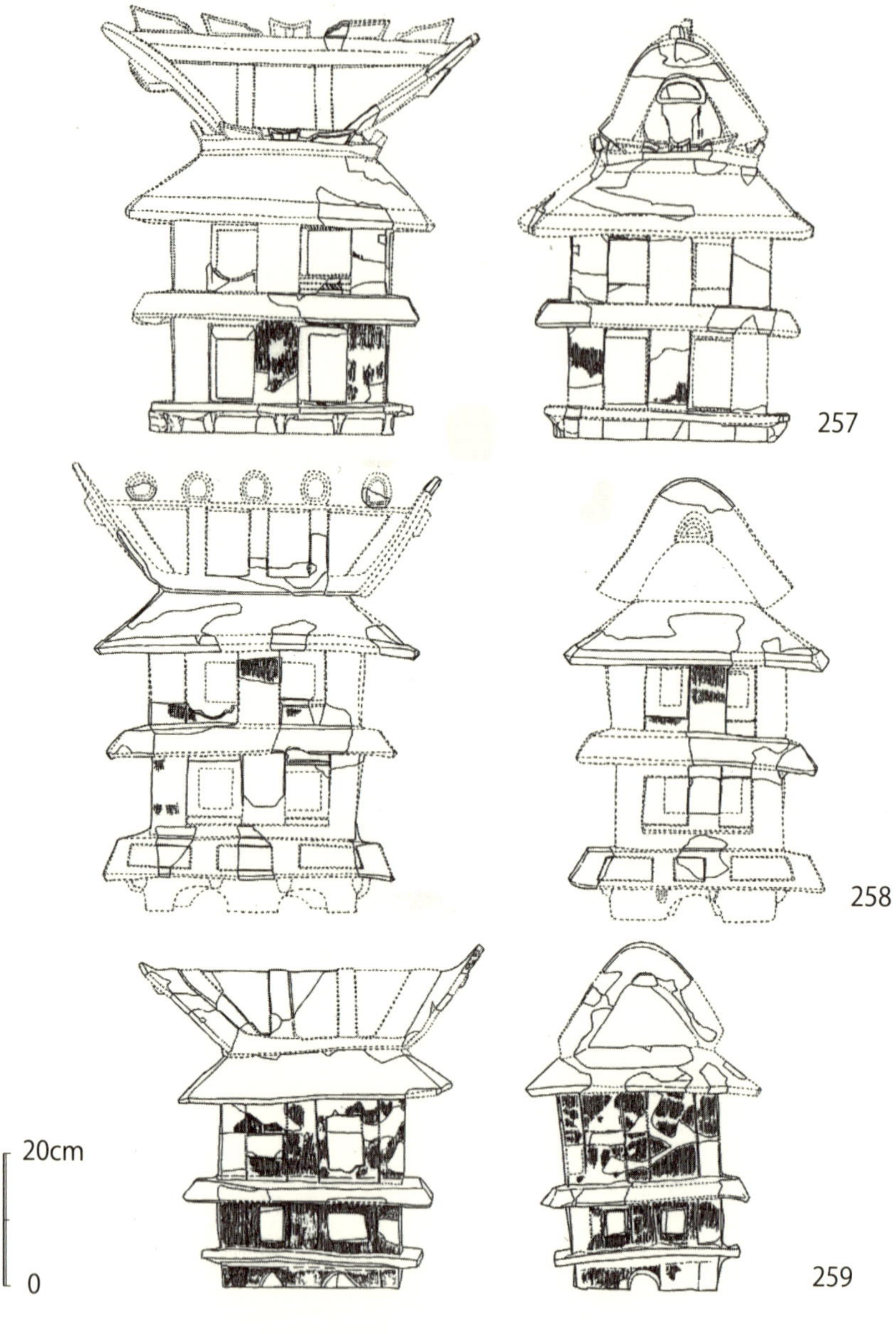

図２　宝塚１号墳　入母屋造家形埴輪

た可能性もあるが、奈良県佐味田宝塚古墳出土の家屋文鏡の高床式入母屋造家の表現は、階段で外から妻側身舎に上がるようになっているので（梅原一九七三）、埴輪ならではの工夫と見た方が良い。大阪府美園古墳ではその上にベッドまで表現してあり（大阪センター一九八五）、そのために床面の方孔は、中心からややはずれた位置にあけられている。本来その場所に孔があれば、安全に行動できないことは言うまでもない。箱形の軸部を保持するためか、写実のために床を表現しようとしたのかどちらかに結論は出せないけれども、中期前半から後半にかけて徐々に面積が縮小し省略されていく過程を見てとれる。

中間の側廻突帯より下に、上端の楣（垂れ壁）が柱より薄く表現してあるものとしてないものとがあるのは、軸部上層と同じである。これに対して下方の側廻突帯上に框（蹴放し）状の高まりを残すものと、残さないものがあるのは、建築上の差異ではなく、埴輪製作者の認識の差であり、基壇上面と柱との関係からすれば、後者が本来の姿と考えられる。ただし、下段の側廻突帯が基壇の表現でなかったら話は別である。

今述べた軸部のバリエーションがよくわかる事例が、三重県宝塚１号墳の出島状施設周辺で出土した三個体の高床式入母屋造家である（図二）。棟上に鰭状装飾の施された二五七と堅魚木を載せた二五八、何も載せていない二五九と明瞭な違いがあるが、軸部のつくりにも差異が認められる（松阪市二〇〇五）。

三例の中で畿内中央工人の手になる可能性がいちばん高いと判断できるものが鰭状装飾のある二五七である。これは高床の表現が額縁状にならず正しく基壇上面の高さまで開口しているのに対して、後二者は框状の造形があり、かつ額縁状の表現となっている。出現期まもない堅魚木を載せてあることから、二五八がもっとも格式が高いもののように映るが、製作者が熟練者かどうかは必ずしも対応していない。ただし、棟飾りのない二五九は、さらに窓のあけ方も不規則で重心のバランスも悪く、未熟練工人によるものであると判断できる。

このように、一括の家形埴輪についても、熟練工人と未熟練工人とが協業して生産にあたっていたことが推測されるので、実際の建物の機能がどれほど意識され、造形に反映されていたかを軽々に論じることは難しい。時期や地域などを意識して、なるべく原則の姿を明らかにするよう心がけるべきである。

二　壁構造の高床式入母屋造家形埴輪の編年

それでは以下に上述の各部の特徴と変化に基づき四期に分けて説明する。定形化した家形埴輪以前にも、高床式入母屋造家形埴輪はあったと思われるが、今のところほとんど詳細がわからないので、現段階では四世紀後半以後の分期を行なう。京都府寺戸大塚古墳や同平尾城山古墳、同蛭子山一号墳から出土した家形埴輪がそれら定形化前の資料になろう。

Ⅰ期　大阪府美園古墳や三重県石山古墳の著名な高床式入母屋造家がこの時期の代表である（図三一―二）。壁が立体的に表現されており、かつ、軸部すべての壁が粘土の貼り足しにより立体的にあらわされており、軸部内面には基本的に床状の造形を有している。また、押縁の下辺の位置が上屋根の裾と合致し、高床部の柱間に梱（蹴放し）を付けないという約束が守られている。

Ⅰ期の初期に位置づけられる京都府土辺遺跡の例は、その後にない精巧な造形が注目される（図三一―一）。王権周辺の入母屋造建物を忠実にかたどったものではなかろうか。方杖で軒を支える表現や、軒下の幕板など建築情報は実に豊富である。なお、高床部は妻側は二本柱で一間なのに対して、身舎は二間×二間で身舎に主眼があったことがわかる。

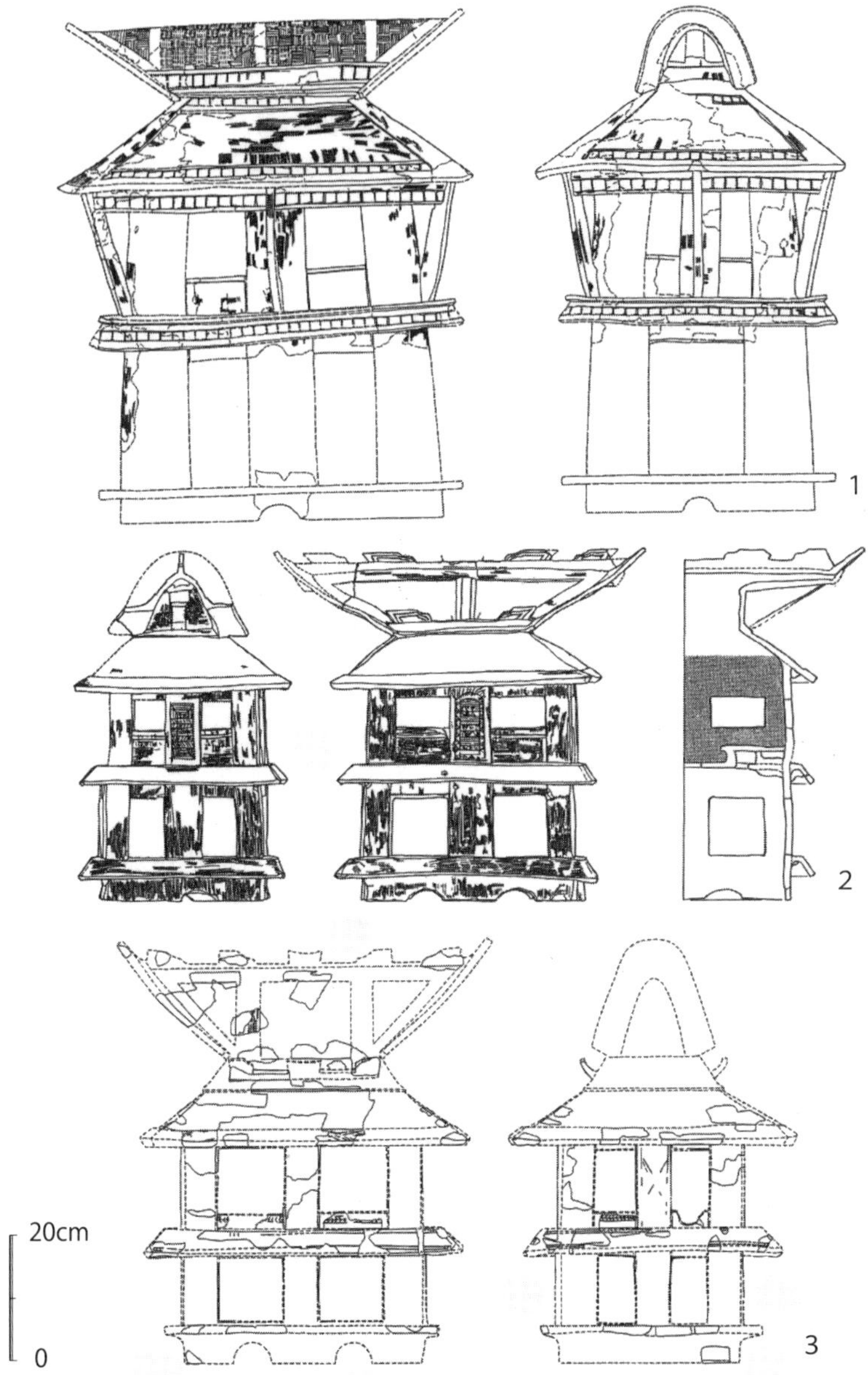

図３　入母屋造家形埴輪１
１ 土辺古墳　２ 美園古墳　３ 池田古墳

いっぽう、屋根の形状は不明だが、大阪府中田古墳の大型高床式家には床はなく、I期の高床式家がすべて床をもっていたわけではなさそうである(1)。中田古墳の船形埴輪は木製形代の姿に作られており、王権の埴輪生産の規範に則らないマイナー工人集団の個性が反映している可能性もある。

II期　代表は、兵庫県人見塚古墳や、同池田古墳例(図三—三)などがある(兵庫県二〇一五)。全体的なプロポーションは、I期とあまり変わらないが、屋根の押縁下辺は、下屋根の上辺にあたる位置に降りる。そして、三重県宝塚一号墳二五七などに見られるようにそこに鰭状装飾を並べる例も出てくる。なお、この段階に、鰭状装飾のほかに、棟に堅魚木を配列するものが増加する。

軸部の柱を柱間より一段厚くすることをやめた型式もこの時期にはかなり増加する。その場合でも、柱と壁とは線刻で区切るのが基本である。

この動きと関連するのかわからないが、軸部四面に開口部を表現する例が減少する。京都府恵解山古墳の前方部墳頂に置かれていた高床式入母屋造家は、開口部が入口一つしかない、閉鎖的な造形であった(長岡京市二〇一五)。とはいえ、本例は軸部中央の側廻突帯の裏側にあたるところに、面積は減ってはいるが依然として床が取り付けてあった。開口部の少ないことは前方部の機能と関わる特別な性格を示すのかもしれないが、その他の共伴する家の詳細がわからないため、これ以上の論究はできない。とはいえ、その大きさからこれが中心的建築であったことは確かであろう。

III期　この段階で、上屋根の押縁下辺のところに水平方向の張り出しが付くようになる。窖窯焼成への転換が起きたころである。また、上屋根の妻壁には焼成のためと見られる方形や円形の孔があけられるようになり、写実からの逸脱が顕著になる。代表的な例としては大阪府栗塚古墳の大型品があげられる(図四—一)。ただし、

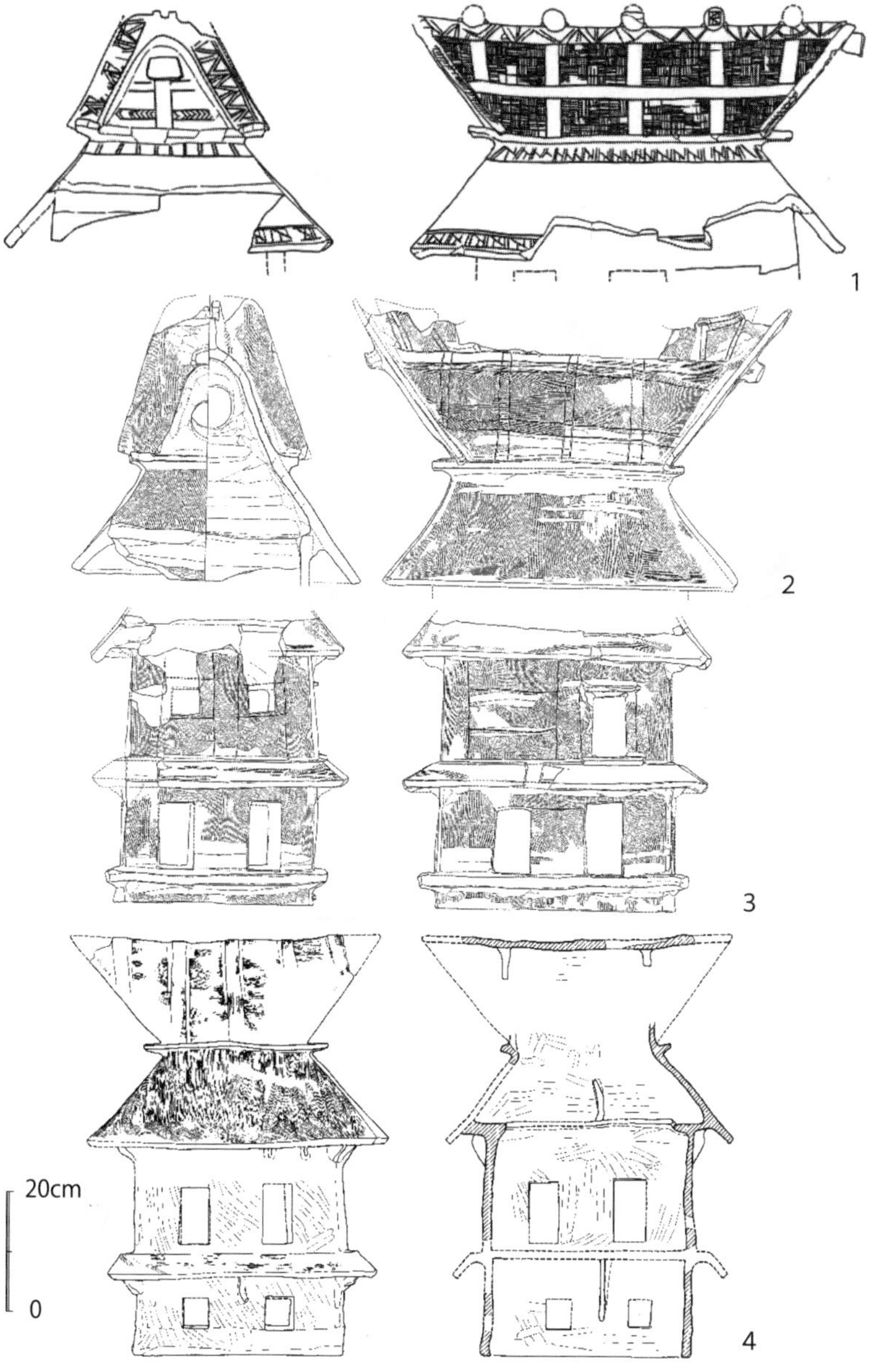

図４　入母屋造家形埴輪２
１栗塚古墳　２・３西清水２号墳　３茶山遺跡

本例については高床式であったか平地式であったかはわからない（羽曳野市二〇一一）。

大阪府西清水二号墳の高床式入母屋造家（図四―二・三）では、高床中央の床状造形は完全に省略されているが、軸部上層は依然として四壁全てに窓と入口を有している。ただし、入口のある壁には窓を設けないという変則もうかがえる。西清水二号墳の年代は、上田睦によると大仙古墳とほぼ平行するというから（藤井寺市二〇〇九）、誉田御廟山古墳の陪冢である栗塚古墳より一段階新しいとみなせる。栗塚古墳と西清水二号墳の家形埴輪は、形態的に異なるが、上屋根の押縁がともに従来の約束にはない格子状の表現になっているという共通性と、その中での型式学的な変化が見て取れる。

いっぽう、大阪府茶山遺跡（東馬塚古墳か）からも西清水二号墳例とよく似た家が出土している（羽曳野市二〇〇二）。ただし、これには壁の内側に床状の貼り付け痕跡が残っていた（図四―四）。おそらく床の残るもっとも新しい例であろう。(2) 床の造形を残してはいるものの、柱の線刻省略や開口部のラフなあけ方は、西清水二号墳よりさらに少し遅れるものと思われる。なお、図では基壇の側廻突帯がないように見えるが、剥離しただけで、単純な形の変帯が付加されていたと推測できる。

上記諸例で確認できる一つの造形上の画期的変化は、軸部から下屋根への成形の移行にあたって、軸部上端をいったん外側へ折り、すぐに反対に折り返して屋根の造形を続けるという改良である。これはその後に続く軸部と屋根との接続の仕方の始まりであり、軒の造形の効率をよくしたものである。これに対して、軸部上端に直接下屋根の板をT字形に載せる接続方法は減少する。

Ⅳ期　上屋根が下屋根と分離成形、焼成するものが現れる。これまで述べてきた壁構造のものでは、あとで紹介するように変則的な造形が増え、軸部が長身化、単層化するも、屋根の中間でのみ分離成形するようになる。

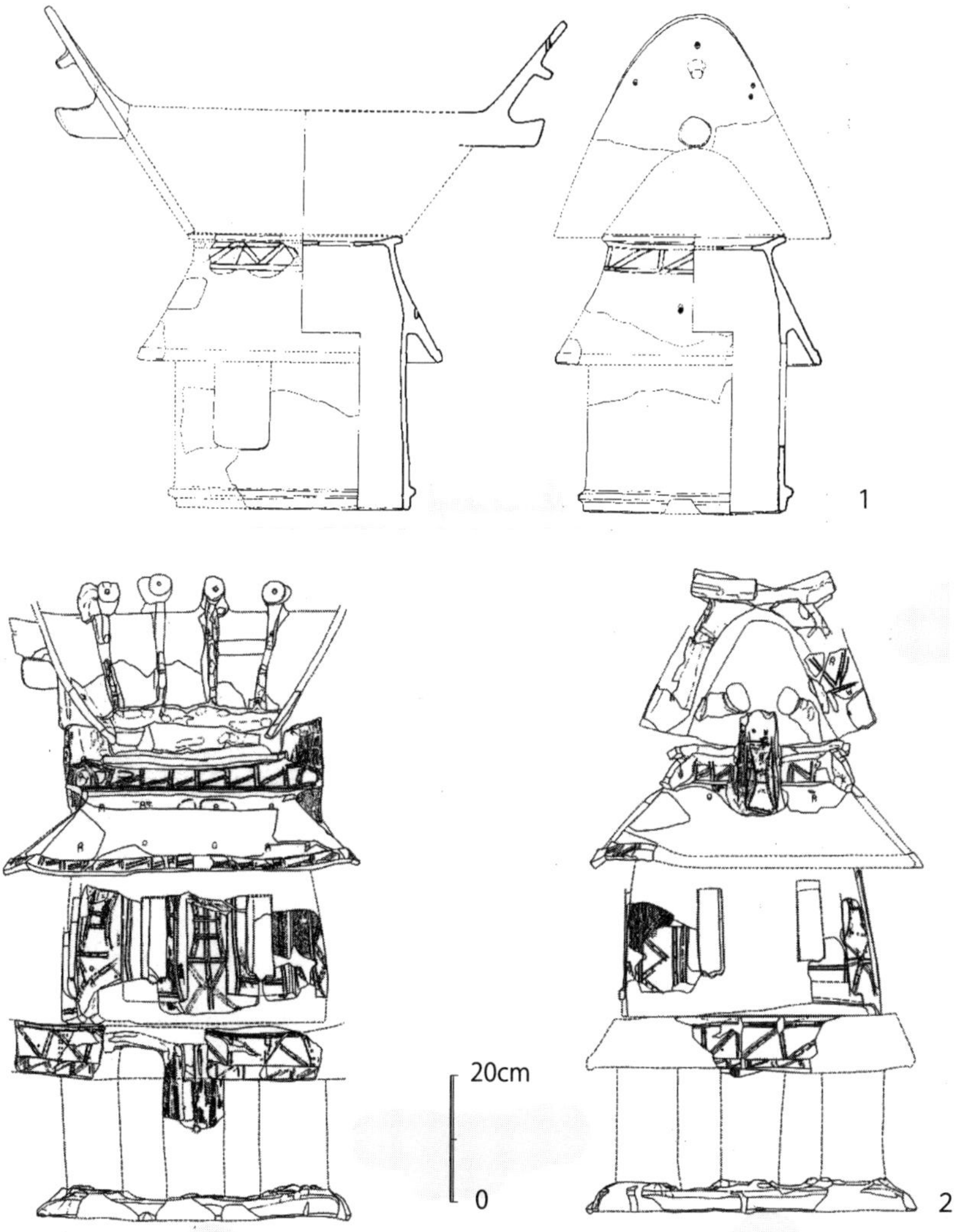

図５　入母屋造家形埴輪３
1 井辺八幡山古墳　2 大日山 35 号墳

屋根を分割する理由は、言うまでもなく、造形上の問題を解決するためであったろう。もともと入母屋造の構造としては、下部の変形を起こす上屋根の重厚さの問題があった。Ⅲ期に流行した水平方向の張り出し部の製作は、下屋根上端面の強化をもたらした。さらに、上屋根の主要部分を別に成形しておいて、そのうえに固定するという方式を編み出させた（図五―一）。平地式のものではあるが、近畿では和歌山県井辺八幡山古墳の入母屋造家が比較的早い例であろう（森一九七二）。ここに、上屋根は、両妻を除いた鞍形のアーチ央部分を作り、その後、両妻部分を伸ばしていく成形作業を、軸部とは別に進めることができるようになった。

しかし、水平な面を上屋根の設置面にもつとはいえ、これではあまりに不安定な構造に思える。上下に重ねる形象埴輪であれば、通常、ソケット状の端部の処理や、内側に落とし込むような工夫をするものだが、ただ載せるだけのものが早い段階にあることこそ、上記の上屋根と下屋根の水平板に端を発する出現経緯を物語るものであろう。固定用の工夫は新しくなってようやく見られるようになる。

さて、長身化した一層構造の軸部については、平側の一面に長方形の入口をあけ、妻壁には円孔ないし方孔をあけるだけのものが基本となる（図六―二・七―一）。妻壁に円孔を穿つことは、屋根ならばすでにⅢ期に流行り出していた（図四―三）。六世紀初頭を過ぎるころからは、もともと平地式の入母屋造家が長身化したものとも、高床式の高床表現が省略されたものともどちらとも取れるようなものが現れる。その中には、上屋根が極端に矮小化したものも見られるようになるが、その出現の意義については同期の寄棟造家との関連が窺われる（高橋二〇一七）。

長身化とからんで目立つのが、軸部に突帯を一重から三重回して、その間に長方形や方形の透かし孔を段違いに不規則にあける京都府門ノ前古墳例（図六―一）のような個体である（宇治市一九九八）。これが、高床式の

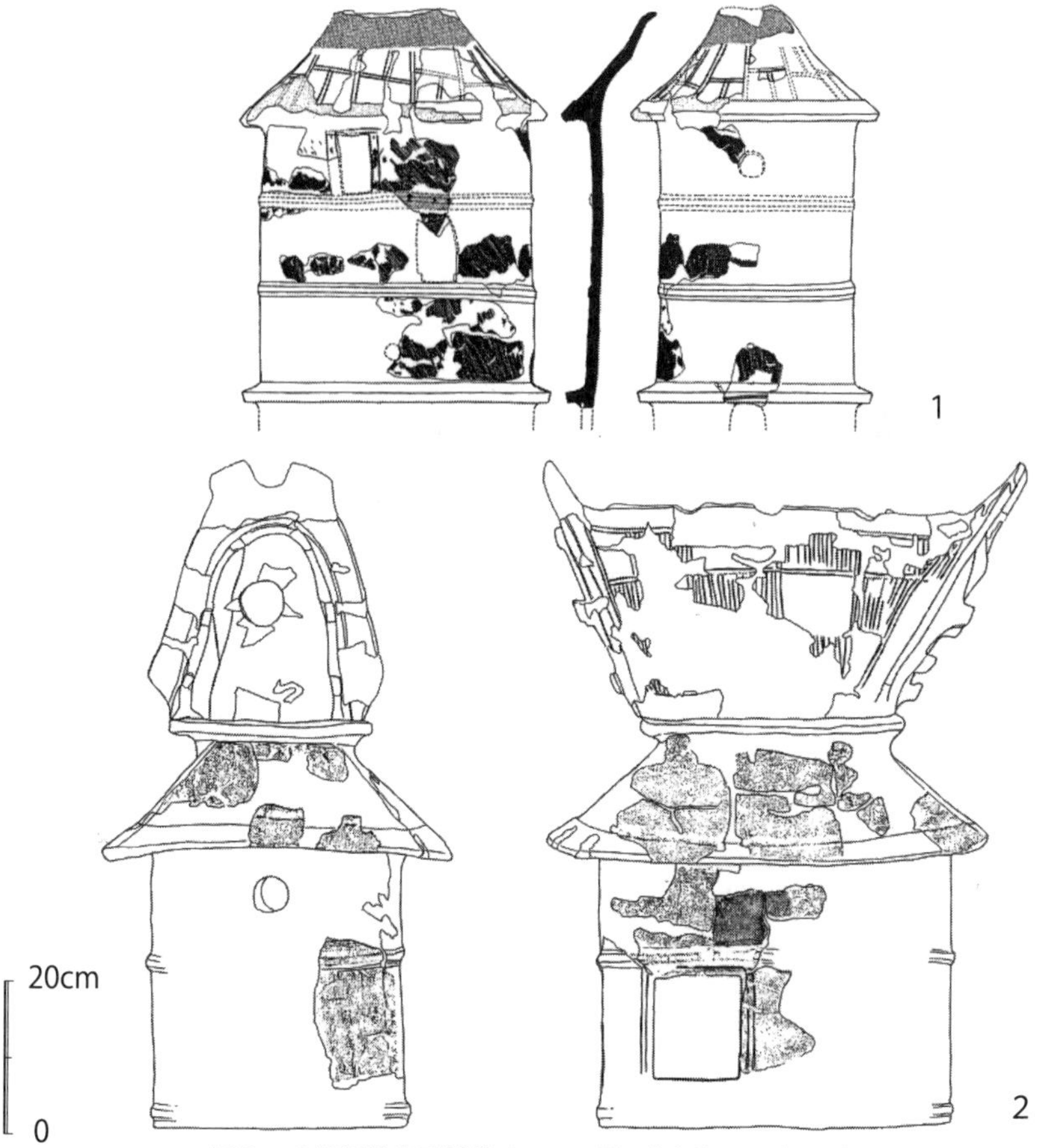

図６　入母屋造家形埴輪４　　１門ノ前古墳　２百足塚古墳

デフォルメ表現なのか、装飾的意図によるものなのか、それだけ見ていても解決するものでなさそうだが、本来入口を示す長方形透かしを同じ面の異なる段に開けているところを見ると、もはや原型を探すことは難しい。突帯を軸部に回す事例は、遠く宮崎県百足塚古墳でも確認できる（図六―二）。この古墳の形象埴輪群は九州でももっとも近畿のものに近い内容となっている（新富町二〇一五）。いっぽう、関東でようやく作られるようになった壁構造の一層立ちの入母屋造家も、茨城県舟塚古墳の大型品のように平側に入口を一つあけるだけで、他の三面はせいぜい焼成孔しかもたないというのが基本である。建築を正しく写そうとする姿勢が見られなくなることが全国的な動静となっていく（明治大博二〇一〇）。

三　円柱構造入母屋造家

一、円柱構造の入母屋造家の変遷

壁構造の高床式入母屋造家が減少したⅣ期には、近畿中央部の大型古墳ではかわって円柱構造の高床式入母屋造家が主流になった感がある（図五―二）。これらは、身舎も円柱構造のもの（図七―二）と、身舎は壁構造になっているもの（図五―一・図七―一）とがあるが、いずれも開口部が腰壁などがほとんどない開け放しの作りで、これまでの壁構造の高床式家形埴輪が閉鎖的な方向に変化した流れとは正反対である。そして、その構造上、軸部でも身舎と高床部で分離成形で作られているものも出てくる。そのことが可能になったもうひとつの要因として、高床部が総柱式になったために、床を側廻突帯から連続する大きな平面として造形できたことがあげられる。これに対して、身舎は屋根を載せるためもあって側柱だけからなり、高床の柱と一連で作られることはない。このような特殊な造形の円柱構造の入母屋造家については、いまだ、その出現と展開過程は不明瞭である。以下、簡単に現段階での知見を整理しておこう。

円柱そのものは確認できないが、円柱が剥離した軸部や側廻突帯とみられる破片は、四世紀末の三重県石山古墳や大阪府塚ノ本古墳以後、散見されるようになる。石山古墳では東方外区で、他の形式の家形埴輪とともに出土している（三重県埋文二〇〇五）いっぽう、五世紀初頭の大阪府上石津ミサンザイ古墳では前方部墳頂で出土

図７　今城塚古墳入母屋造家形埴輪

している（高橋二〇一五）。

その後、さほど出土量は増えないまま、五世紀中ごろに、丹波の京都府桝塚古墳例を例外として（中澤一九九三）、近畿中央部に限定される存在であり続けた。しかし、それまでの円柱式の高床建物がすべて入母屋造だったわけではない。たとえば、大阪府玉手山遺跡出土の円柱構造家形埴輪は高床式切妻造家である。[3]しかし、Ⅲ期併行の奈良県河合大塚山古墳の破片の場合、革盾を柱に貼り付けた立体的表現がなされており、美園古墳の入母屋造家形埴輪の事例が想起され、入母屋造家が基本であった可能性が高い。なお、本古墳からは、初期の人物埴輪の腕が出土しており、後期の諸例の先駆け的存在ともみられる。

このような状況のあと、五世紀後葉には円柱式の建物の存在はいったん見えなくなる。その空白の後に、突如、畿内の主要古墳において、円柱構造高床式入母屋造家が急増する。いったいこの間に何があったのだろうか。Ⅳ期は、畿内全域で人物埴輪が充実してくる時期に相当するが、先に紹介した河合大塚山古墳例からすれば、Ⅲ期の段階で人物埴輪が発達し始めるのにあわせて円柱構造の入母屋造家形埴輪もさかんになっていったと推測できよう。円柱の部材は、動物や人物の埴輪を作る際にもよく使用されることとも相関していよう。

ところで、Ⅲ期からⅣ期の移行期にあたる五世紀末の帆立貝式古墳の大阪府軽里四号墳で前方部上に長胴化し閉鎖的な入母屋造家形埴輪が単独で置かれていたことは重要である（羽曳野市一九九二）。おそらく、墳頂樹立を象徴的に一棟で継承したものと見てよい。先に述べた軸部に突帯を回した門ノ前古墳の個体もこの延長で理解されよう。

伝統的な家形埴輪がこのような軸部の長胴化した見かけ上平地式の入母屋造に集約される動きからすると、後期に発展する円柱構造の入母屋造高床式建物は、それとは異なる性格を有していたと見て間違いない。そこで、

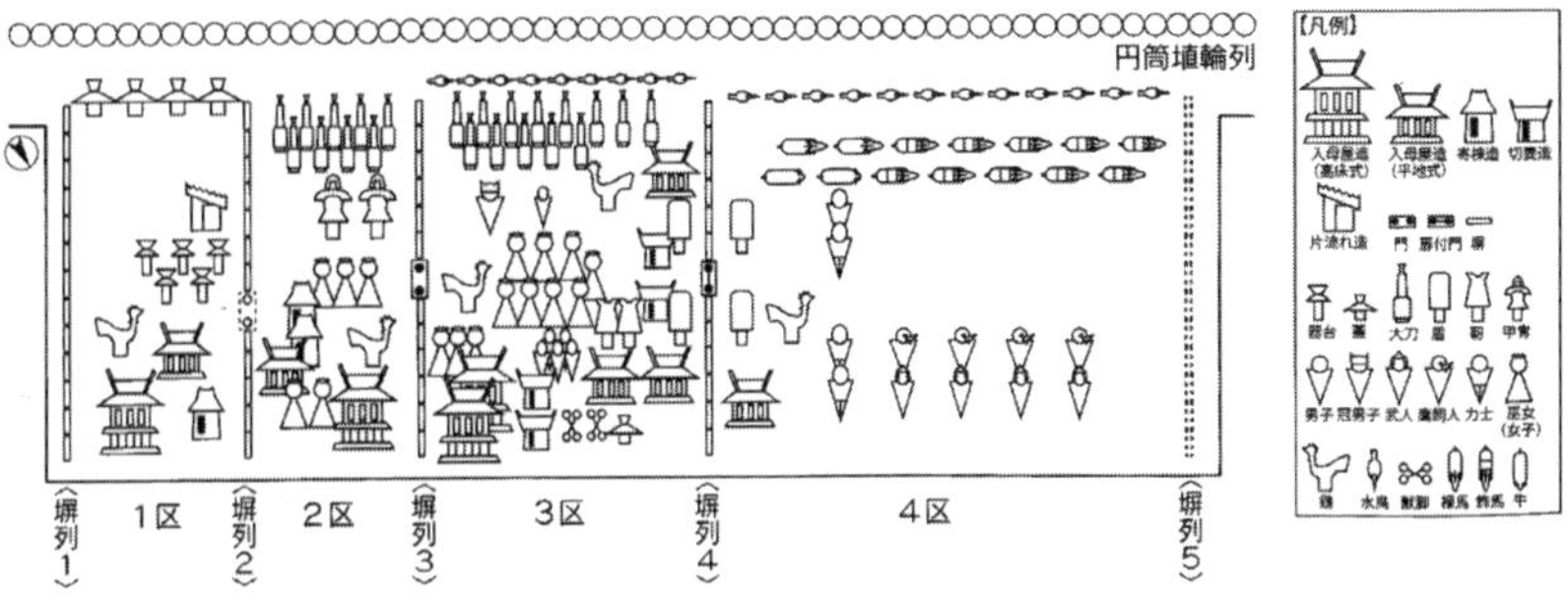

図８　今城塚古墳埴輪樹立区配置復元図

両者の空間的配置が明確化した大阪府今城塚古墳の埴輪樹立区の様相を検討したい。

二、今城塚古墳の形象埴輪群構成

全国でもまれな形象埴輪群の、四区画に分けられた外堤上における集中配置から、さまざまな情報が得られているが、こと、家形埴輪に関しても、多くの知見を与えてくれている。前稿では、寄棟造家形埴輪が人物群像の少ない一区と二区に偏ることを指摘し、同埴輪の性格を議論したが、円柱構造と壁構造の違いや切妻造家の性格などについても同様に有益な情報が引き出せる。まず、後者から見てみよう。

切妻造家は概報の文章では二区からも出ていることになっているが、もっとも人物群が密集する三区にのみ四棟あるように復元図で紹介されている（高槻市二〇一四）。そのうち、写真に公開された二棟は三間×一間で、柱の間がすべて開放的に作ってあることが説明されている（図八）。

しかし、少なくともこの二棟に限っては、諸特徴からそれが三間×一間の屋根倉であることは間違いない。開放的な作りと表されたのは、高床の表現であり、妻壁下端には屋根倉特有の本来ネズミ返し状断面となる梁材が表現されていることもその証左である。他の二例の情報はないが、四例がすべて倉であった可能性は高い。

このことから、今城塚古墳では、屋根倉を除けば、一区と二区のわずかな寄棟造家と、一棟の片流れ家以外はすべて入母屋造家であったことがわかる。このうち、壁構造の平地式入母屋造三棟はいずれも入口以外に開口部の少ない閉鎖的な姿で、すべて三区内の偏った位置に置かれていた。

これに対して、何か特別な性格を持っていたと考えられる円柱構造平地式の一棟が四区にあるのを除けば、円柱式はみな高床式であり、身舎が壁構造であろうが円柱構造であろうが、四壁すべて柱の間をあける開放的な姿で対照的な様相を呈している。（図七）このことからも、円柱構造のものと壁構造のものとでは、大きく機能・性格が異なっていたことが推測できる。

円柱構造高床式のものは、下屋根を貫通する棟持柱、板格子状の屋根飾りや千木をもつなどの派手な特徴が多くあり、まさに居住用よりも儀礼用の建物にふさわしい。後期に見られる円柱構造の高床式入母屋造家は、豪族居館などではなく、ともに置かれた人物埴輪の集団が執り行う儀礼を行う上で必要な施設であったとみなすことができよう。

対して、今城塚古墳の三区に共存した平地式の入母屋造家は、たとえば、祖先や神をまつる祠のようなものとしてその場に用意されたものではなかろうか。そうすると、前稿では後期にかけて独自な展開を遂げる寄棟造家を被葬者の依代ではないかとした結論と矛盾するように見えるが、その当否については今後の課題としたい。

なお、先にその性格について言及しなかったが、今城塚古墳の四区に置かれた唯一の壁構造で平地式の入母屋造家は、周囲に馬や牛の埴輪が置かれていることからすると、それらをつないでおく下馬のための施設か、馬小屋などの管理の場所を示したものであろう。こうした、場に応じた家形埴輪の作り分けが見られる事例は稀有であり、大王墓の真髄を見る思いである。

しかし、その他の多くの古墳では、後期になると、先に述べたような長胴化した軸部に突帯をめぐらした入母屋造家が目立つようになる。この種のものは、時期が下がるにつれ割合が増えるようだが、もはや儀礼の場や祠、倉といった作り分けを真面目にしない場合の方策として編み出されたものと言えよう。埴輪製作の形骸化を示すものである。

ちなみに、切妻造家は、全国的に後期には激減する。京都府弓田遺跡の例がその一つであるが、もはや入口や窓、柱の表現はまったくなく、妻壁上部に焼成用の円孔があくだけである（京都府一九九七）。屋根の形態から屋根倉のつもりで作ったことが推測できるが、もはやそういう推測に意味がないであろう。

おわりに

本稿では、これまでの家形埴輪が住居と倉庫とに二大別する場合や、さらにそれに改良を加えて儀礼の場とする認定基準もあらかじめ想定した稲村繁らの研究方法への見直しを行い、壁構造の高床式入母屋造家形埴輪をとらえなおし、さらに、同種の屋根をもつことの多い円柱構造の同種家形埴輪との対比を試みた。

その結果、四壁が開放的だからといって、前期から存在する前者と高床式家形埴輪と後者を同じ性格のものと見ることは正しくなく、後者が古墳時代後期に新たに盛行したことには、人物埴輪の儀礼の場を象徴する役割があったからであることを示した。

それでは、後期になってようやく東日本に広まった入母屋造家形埴輪はこの儀礼の場の形象化が伝播したものということができるのであろうか。関東地方の後期古墳においては、円柱構造の家を多数樹立した古墳はなく、多くても一棟の、埼玉県瓦塚古墳や茨城県舟塚古墳、栃木県富士山古墳などがあるくらいだ。しかも、前者は寄棟造家であり、近畿との違いが大きい。その様相は、宮崎県百足塚古墳のあり方にも通じる（新富町二〇一五）。

しかし、関東の事例の多くは近畿で形骸化が進んだ段階に見られるものであり、多数の家形埴輪の間に人物埴輪が居並ぶ構造にはなっていない。関東の中で、作り分けがあったかなかったかについては、今後の検討が必要であろう。

（花園大学文学部教授）

註

（1）前稿では、家形埴輪の形式の構成を一覧にする際、中田古墳には入母屋造家二棟しかないかのように表を作成してしまった。お詫びして訂正する。ただし、ここに述べた高床式のものでも、屋根の形式が判別するものはない。

（2）いずれの形式の高床式家形埴輪においてもこの段階で床はなくなるようである。

（3）ただし、これは、明確な古墳の存在が認められていないところでの出土例であるため、建物の性格の究明は困難である（加藤一九七四、三輪・宮本一九九五）。

参考文献

安芸高田市教育委員会二〇一五『甲立古墳─発掘調査報告書─』
稲村　繁二〇〇〇「家形埴輪論」『埴輪研究会誌』第四号

宇治市教育委員会一九九〇『宇治市埋蔵文化財発掘調査概報』第一五集
宇治市教育委員会一九九八『菟道門ノ前古墳・菟道遺跡発掘調査報告書』
梅原末治一九七三『佐味田及新山古墳研究』
大阪府文化財センター一九八五『美園』
後藤守一一九三二『上野国佐波郡赤堀村今井茶臼山古墳』帝室博物館学報第六
加古川総合文化センター二〇〇一『行者塚古墳の時代』
加藤由紀子一九七四「柏原市玉手山丘陵遺跡群の調査」『帝塚山大学考古学実習室だより』
京都府埋蔵文化財調査研究センター一九九七「弓田遺跡第二次発掘調査概要」『京都府遺跡調査概報』第七四冊
京都府埋蔵文化財調査研究センター二〇〇四『下植野南遺跡』Ⅱ（京都府遺跡調査報告書第三五冊）
小林行雄一九七四『埴輪』陶磁大系第三巻
近藤義郎一九六〇『月の輪古墳』月の輪古墳刊行会
新富町教育委員会二〇一五『百足塚古墳新田原六二・六三・二〇九号墳』遺物編
高槻市立今城塚古代歴史館二〇一四『大王の儀礼の場―今城塚古墳にみる家・門・塀の埴輪―』
高橋克壽二〇一五「護る埴輪から見る埴輪へ―履中天皇陵古墳の形象埴輪―」『巨大古墳あらわる～履中天皇陵古墳を考える～』堺市文化財講演会録第七集
高橋克壽二〇一七「寄棟造家形埴輪の研究」『古代文化』第六九巻第二号
長岡京市教育委員会二〇一五『史跡　恵解山古墳保存・整備事業報告書』長岡京市文化財調査報告書第六七冊
中澤　勝一九九三「桝塚古墳出土の丸柱をもつ家形埴輪」『亀岡市文化資料館報』創刊号
羽曳野市遺跡調査会一九九二『古市大溝（軽里四号墳）発掘調査概報』
羽曳野市教育委員会二〇〇二『羽曳野市内遺跡調査報告書』‐平成六年度―羽曳野市埋蔵文化財発掘調査報告書四五
羽曳野市教育委員会二〇一一『羽曳野市内遺跡調査報告書』‐平成二〇年度―（羽曳野市埋蔵文化財調査報告書六八
兵庫県教育委員会二〇一〇『史跡　茶すり山古墳』兵庫県文化財調査報告第三八三冊
兵庫県教育委員会二〇一五『池田古墳』兵庫県文化財調査報告第四七一冊
藤井寺市教育委員会二〇〇九『石川流域遺跡群発掘調査報告』ＸＸⅣ（藤井寺市文化財調査報告第二九集）

松阪市教育委員会二〇〇五　『史跡宝塚古墳群』（松阪市埋蔵文化財報告書一）
三重県埋蔵文化財センター二〇〇五　『石山古墳』
三輪嘉六・宮本長二郎一九九五　『家形はにわ』日本の美術№三四八
明治大学博物館二〇一〇　『王の墓－玉里舟塚古墳の埴輪群－』
森　浩一編一九七二　『井辺八幡山古墳』和歌山市教育委員会
八尾市文化財調査研究会二〇〇九　「中田遺跡第一九次調査」『八尾市文化財調査研究会報告』一二六

藤原古子の従一位叙位と文徳天皇の後宮

中野渡　俊治

はじめに

天安二年（八五八）十一月七日、清和天皇は即位の儀を行った[1]。清和天皇は、この年八月二十七日の文徳天皇急逝をうけて天皇となり、この日即位儀を迎えたのである。『日本三代実録』（以下『三代実録』と表記[2]）天安二年十一月七日条は、他の天皇の即位儀の場合と同様に、①即位宣命、②官人などへの叙位、③還宮記事という構成になっている。ここで②の箇所の記事をみると、男性官人への叙位が続いた後に「是日」と書き出して、「進㆓文徳天皇女御従三位藤原朝臣古子階㆒。加㆓従一位㆒。无位源朝臣良姫従四位上」とある。すなわち、ここで文徳天皇の女御従三位藤原古子が従一位、嵯峨天皇皇女の無位源良姫が従四位上に叙されている。藤原古子への叙位は、清和天皇の即位宣命中で生母の女御藤原明子を皇太夫人としたこととあわせて、先帝の後宮に対する優遇を示したものといえる。しかし、藤原古子については、いかに先帝の女御であったとはいえ、天皇の生母でもない女性が一位に叙されたのは異例であろう[3]。

藤原古子に関する史料は限られており、また古子の存在に言及した論考は少ない。中野まゆみ氏は、『伊勢物語』第七十七段にみえる「田邑の帝」の女御に関して、現行刊本本文や註釈では藤原多賀幾子のこととされるのに対して、藤原古子であることを指摘し、古子と藤原順子が発願した安祥寺との関係を論じている。(4)また栗原弘氏は、藤原冬嗣の家族を考証するなかで、古子の位置づけを整理している。(5)近年では山田邦和氏が、山科の安朱古墓の被葬者に関して、藤原順子ではなく古子である可能性を指摘しつつ、古子の従一位叙位の背景にも触れている。(6)ここで山田氏は古子の従一位叙位には、同じ文徳天皇後宮の藤原明子との関係が背景にあり、それは藤原良房・順子の配慮のもと、明子とのバランスの考慮と、他の文徳天皇後宮との差異化のためであるとした。山田氏の論説は、古子の存在を文徳天皇の後宮の女性たちや藤原良房の動向と関連づけた点で示唆に富む。しかし山田氏の指摘は安朱古墓や後山階陵の考証の一環として触れるに止まっており、さらなる検討が求められよう。

本論は、限られた史料のもとで、推測に頼る部分が多くならざるを得ないものの、文徳天皇女御藤原古子が従一位に叙された背景を、藤原順子・古子の出家の事情や、文徳・清和天皇をとりまく環境から考えてみたい。

一　藤原古子の周辺

藤原古子は藤原冬嗣の娘であり、藤原良房や仁明天皇女御にして文徳天皇生母である藤原順子とは兄弟姉妹の関係となる。(7)冬嗣の娘である史料上の根拠は「六国史」では確認できず、『尊卑分脈』の記載による。『尊卑分脈』は冬嗣の女子として、文徳天皇生母順子のほかに、従一位で「文徳天皇后」の「吉子」を載せる。しかしこれは、従一位になった文徳天皇のキサキということから、『日本文徳天皇実録』(以下『文徳実録』と表記)(8)や『三代実録』にみえ、本稿でとりあげる文徳天皇女御藤原古子のこととみてよいであろう。(9)古子の生母・生歿年は不詳であるものの、父である冬嗣は天長三年（八二六）七月に歿しているので、遅くともその前後までには生まれていたと考えられる。なお文徳天皇は天長四年（八二七）の誕生、藤原良房は延暦二十三年（八〇四）、藤原順子は大同四年（八〇九）、藤原明子は天長六年（八二九）の誕生である。[10]

良房・順子との年齢差は不明であるものの、ある程度年齢が離れた姉妹が、親・子の天皇に相次いでキサキとなることは、藤原不比等の娘、宮子・安宿媛（光明皇后）がそれぞれ文武・聖武両天皇のキサキとなった例がある。[11]

古子は、『文徳実録』嘉祥三年（八五〇）七月甲申条に「従四位下藤原朝臣古子。无位東子女王。藤原朝臣年子。藤原朝臣多賀幾子。藤原朝臣是子等為二女御一」とあるように、文徳天皇即位（嘉祥三年三月）にともなって女御となった。古子は、同時に女御となった四名が「无位」なのに対して、この時点ですでに、従四位下の位階を有していた。また女御となってからは、「北御息所」とも呼ばれていたようである。[12]

文徳天皇の後宮は、皇后が立てられた嵯峨・淳和天皇と異なり、先代の仁明天皇と同様に女御・更衣以下のみである。[13]女御とは、桓武天皇の時期になって置かれた後宮の地位であり、おおむね令制后妃の妃・夫人・嬪と同じ待遇とされていた。[14]また仁明天皇以降しばらくは、皇后・妃のような令制后妃が置かれず、女御が天皇のキサキでは最高位にあった。女御の位階は、当初は令制の嬪の位階に相当する四位から五位であったのが、仁明天皇の時期になって、夫人の位階に相当する三位の女御が現れるようになったとされる。[15]

こうしたなかにあって、文徳天皇のキサキたちのうち、清和天皇生母となった藤原明子と藤原古子は位階の上で優遇されており、『文徳実録』仁寿三年（八五三）正月己亥条に「正四位下藤原朝臣古子。明子等並授二従三位一」とあるように、両者のみ揃って正四位下から従三位に陞叙している。なお古子と同日に女御となった、藤原良相の娘である藤原多賀幾子は、仁寿二年に正五位下、続いて仁寿四年に従四位下に叙され、天安二年に従四位下のまま卒している(16)。早くに歿したという事情もあるものの、位階の昇進は、明子・古子に後れを取っているのである。

このように、藤原古子は文徳天皇即位の段階から、他のキサキに比して高い待遇を与えられており、さらに文徳天皇との間に所生皇子女は無かったものの、文徳天皇の皇太子惟仁親王の生母藤原明子(17)と並ぶ待遇となっているのである。

二　古子と順子の出家

文徳天皇は、先述のように天安二年（八五八）八月に急逝し、皇太子惟仁親王が即位した（清和天皇）。その約二年半後の、『三代実録』貞観三年（八六一）二月二十九日癸酉条に「皇太后落餝入道。文徳天皇女御従一位藤原朝臣古子相従出家」とあるように、藤原古子は皇太后藤原順子とともに出家している。藤原順子の出家については、文徳天皇崩御と関連するという指摘があり(18)、また古子は順子が庇護する立場にあったので、ともに出家したと思われる(19)。

藤原順子の出家は、『三代実録』貞観十三年九月二十八日条の藤原順子崩伝にも「請二東大寺戒壇諸僧於五條宮一。受二大乗戒一。屈二延暦寺座主円仁一。受二菩薩戒一」とあり、順子の居所である五条宮に東大寺の僧を請じて大乗戒を受け(20)、さらに延暦寺座主の円仁を屈して菩薩戒を受けたとある。円仁の伝記である『慈覚大師伝』には貞観三年八月の淳和太后（正子内親王）受戒に続いて、「五条太皇大后。又累年請二大師一。受二菩薩戒一。預レ之者前後百有余人。又行二大乗布薩一。太皇大后。前恵運律師受二小乗戒一。奉二法号一曰二本覚一。後大師受二大乗戒一」とあり、五条太皇太后（順子）は、円仁を請じて菩薩戒を受け、また大乗布薩を行ったとあり、さらに受戒は最初に恵運律師から小乗戒を受けた後、円仁から大乗戒を受けたとある。[21] 小乗戒を授けた恵運に関する「恵運僧都記録文」（逸文）には、この出家と受戒に藤原良房が関わっており、それによって円仁からの大乗戒受戒が行われたことがみえる。[22]

貞観三年四月二十五日。皇太后並北御息所剃頭出家。貧道為二出家和上一。長禖師為二教授阿闍梨一也。五月二十五日。啓「奉レ令レ受二比丘尼大戒一。太政大臣為レ崇二重延暦寺一。勧二進皇太后一令レ受二大乗戒一賜。爰貧道啓。比丘大戒不二必小乗戒一。任二受者意楽一。有二大小別一也。令下為二大乗心一受賜上者。則菩薩戒也。加以令二法久住一利益有情菩薩用レ心者也。今世之人面柔口柔。故自是非他。唯有二名利之貧一。都無二護法之志一。是故東大寺所レ授之戒。偏称二小乗戒一。而令二前人一退レ心。由レ茲彼毗尼蔵。嗚呼息滅時。人不レ弁二是非一。偏納二此言一。恰如二仁王経説一。夫法依レ人而興。人依レ法以隆。万人嗷々不レ如二一人之一諾一。今　殿下受二比丘尼大戒一賜者。清庭之戒深重二興隆一。天下緇徒儛レ之。踏二涑戒一。聖人奉レ加二被殿下一。又諸寺僧尼進レ啓奉レ賀者。豈非二玉体安穏宝寿長遠一乎」。殿下允許。請二二十僧尼伝戒師於五条宮一。以受二比丘尼大戒一賜。右大臣女二人大使御令御先倉人管原町為レ首五十余人。皇太后法諱本覚。北御息所初法諱法忍。受戒之日改為二空性一。云々。

この史料の内容は、おおむね次のようにまとめられる。

① 貞観三年四月二十五日、皇太后（藤原順子）と北御息所（藤原古子）は貧道（恵運の自称）を出家和上、長禖を教授阿闍梨として剃髪出家をした。

② その後恵運は五月二十五日になって、藤原順子に以下の内容を啓した。

すなわち、東大寺は種々の事情で小乗戒を授けているが、太政大臣（藤原良房）は延暦寺を重んじているので、大乗戒受戒を勧めてきた。したがって、殿下（皇太后藤原順子）にも、改めて大乗戒によって比丘尼大戒を受けてほしい。

③皇太后はこれを容れて、居所の五条宮に伝戒師を請じて、比丘尼大戒を受けた。その際は、右大臣の娘[23]が天皇の使いとなるなどであった。[24]皇太后の法名は本覚、北御息所（古子）の法名は最初は法忍であり、受戒の日に空性と改めた。

ここに登場する恵運（七九八〜八七一）は、入唐八家の一人で、東大寺の泰基及び中継より法相教学を学び、また東寺の実恵から密教を受けたのち、渡唐して長安の青竜寺で義真和尚より灌頂を受けた僧である。[25]また藤原順子が発願して建立した安祥寺の開基でもあり、そもそも藤原順子との関係が深かった。この恵運は真言宗の僧である一方、当初東大寺に学んでいるように、南都との関係も深かった。[26]

その一方、延暦寺の円仁は、大乗戒受戒を勧めた藤原良房やその周辺との関係が深かったとされる。嘉祥三年（八五〇）三月、道康親王（文徳天皇）は、藤原良房の弟である良相を通じて円仁に「手書」を送り、四月十七日の即位儀が平穏に行われることを期して、大般若経の転読を依頼している。[27]ここで道康親王は、直接の面識が無い円仁を「欽仰」しているのは「右僕射与大師本自相識故也」としており、右大臣（右僕射）である藤原良房が円仁と面識があったので、自身も円仁を知っていたとする。文徳天皇や藤原良相は、良房を介して円仁との接点があったのである。また良房は、外孫惟仁親王の成長や無事の即位実現などの祈願を円仁に依頼しており、[28]「円仁自筆書状」には、良房が円仁を通じて延暦寺諸院に「今上陛下」の心裏不安の平癒のために、寿命経の読経を依頼したことがみえる。[29]さらに、文徳天皇や藤原明子は斉衡三年三月と九月に、円仁から灌頂を受けている。[30]こうした灌頂は、天皇と近しい臣下との一体性を高める儀礼として行われたとされ[31]、藤原良房の周辺の、文徳天皇・藤原明子・皇太子惟仁親王・藤原良相らを一体化する意味を持っていた。

しかしこの円仁からの灌頂には、藤原順子や古子は加わっていなかったようである[32]。良房の姉妹であり、かつ二代の天皇のキサキでもある順子と古子は、良房の周辺で行われる仏事とは、距離を置いていたようなのである。『慈覚大師伝』などをみると、順子も円仁との接点は持っていたようであるものの、恵運との関係の方が優先されていたようであり、円仁からの大乗戒受戒は良房の「勧進」の結果として行われている。正史である『三代実録』には、藤原順子の受戒は大乗戒受戒のことのみがみえ、良房の勧めによる受戒が記されるのみである。「恵運僧都記録文」をみると、最初の受戒は恵運と長祿の二僧が、藤原順子・古子両名のみに授けるものであったのに対して、五条宮での大乗戒受戒は、東大寺の僧を平安京に招き（「恵運僧都記録文」では「二十僧尼」）、また多くの関係者がともに受戒しており（『慈覚大師伝』では「百有余人」）、大規模なものとなっている。

藤原順子が恵運を開基として建立した山科の安祥寺は、清和天皇、藤原順子皇太后や、仁明・文徳両天皇の菩提に加えて、太政大臣藤原良房を筆頭とする藤原氏の繁栄を祈念する性格があるとする指摘がある[33]。しかし恵運勘録の「安祥寺資財帳」[34]には、施入御願として太皇太后宮（藤原順子）・田邑天王（文徳天皇）・従一位藤原女御（古子）・尚侍従三位広井女王の名があるのみであり[35]、仁明天皇や藤原良房との関係は薄く、藤原順子や文徳天皇との結びつきが強い寺院といえる[36]。しかも、古子とともに従三位に叙せられたこともある文徳天皇女御藤原明子は、順子らとともには出家することはなかった[37]。安祥寺は生母藤原順子・女御藤原古子・尚侍広井女王が文徳天皇の追善の目的も含めて建立したといえるのであり[38]、藤原順子・古子の出家は、先に触れたように文徳天皇追善の意味があったといえるのである。藤原順子と古子は、藤原良房との関係は決して悪くはないものの[39]、必ずしも良房と歩調を合わせているともいえないのである。

三　藤原古子の従一位叙位

(一) 一位の叙位

一位の位は当然のことながら、律令位階制において臣下が叙される最上位の位階であり、「官位令」正一位条・従一位条では太政大臣が相当の位階とされている。実際、「六国史」が扱う時期内においても、一位になった事例は決して多くはなく、まして生前に叙された者は限られる。別表にみるように[40]、まず奈良時代の場合、生前に一位に叙されたのは、藤原宮子（正一位）・橘諸兄（従一位、のち正一位に陞叙）・藤原仲麻呂（従一位、のち正一位に陞叙）・藤原豊成（従一位）・藤原永手（従一位、のち正一位に陞叙）であり、女性は聖武天皇生母藤原宮子のみである[41]。なお追贈ならば、光明皇后生母にして孝謙・称徳天皇外祖母の県犬養橘三千代が初め従一位、のち改めて正一位に叙されている。

また平安時代においても、天皇の外祖父母への追贈か、藤原園人・百川・冬嗣のような重臣や多治比高子・百済王慶命といった天皇の寵姫の薨去に際して贈られる例が多く[42]、生前に一位に叙されたのは、天安元年（八五七）四月の藤原良房の従一位が初例であり[43]、その後はほかならぬ藤原古子（天安二年、従一位）、藤原基経（元慶五年、従一位）と続く[44]。つまり、天皇の生母以外で生前に従一位となった女性は、藤原古子が初例なのである。古子の後も、天皇生母以外のキサキが一位になるのは、後朱雀天皇の女御藤原生子（教通女）が永承五年（一〇五〇）三月に従一位に叙されるまで例がない[45]。

後宮女官に目を向けると、尚侍藤原淑子（長良女）が仁和三年（八八七）十一月二十一日に、従一位に叙されている。宇多天皇は同年八月、光孝天皇崩御をうけて即位し、十一月十七日に大極殿で即位儀を行い（この日に生母班子女王は皇太夫人となっている）、二十一日に藤原基経に万機を関白させる勅を発するとともに、尚侍正三位藤原淑子を従一位に叙している[46]。これに関しては、淑子が宇多天皇の養母のような関係となっており、宇多天皇となるべき源定省の立太子と即位に影響力を行使したことが、背景にあるとされる[47]。

後宮関係の女性に限らなければ、寛弘五年（一〇〇八）十月に、藤原道長室の源倫子が従一位に叙されている[48]。これは倫子娘の中宮彰子所生の敦成親王（のちの後一条天皇）誕生に関係した叙位であり、夫の藤原道長はまだ正二位であった。

このように、生前に一位に叙された女性は、天皇の生母（藤原宮子）かそれに相当するような者（藤原淑子や源倫子）に限られている。藤原古子が従一位に叙された明確な理由は、もはや不明である。しかし古子もこのような天皇との関係が背景にあることが想定できる。次節では、藤原古子をとりまく環境をみることで、多少なりともその背景に迫ってみたい。

（二）藤原古子の一位

（a）女御の位階

藤原古子が従一位に叙された事情については、明子との「バランスをとる」ためであるとして、良房の配慮があったとみる指摘が多い[49]。しかし、天皇生母と他のキサキで釣り合いをとるために一位に叙したような先例はなく、古子の場合のみ「バランスをとる」積極的理由はない。また古子と同日に女御となった藤原良相の娘多賀幾子は、古子が従一位に叙された七日後の天安二年十一月十四日に従四位下で卒しており（『三代実録』天安二年

表　「六国史」中の一位叙位者

人名	正・従の別	直前の位階・官職など	理由など	叙位または初見年月日	西暦	出典	備考
石上麻呂	従一位	正二位左大臣	追贈	養老元年三月癸卯三日	七一七	続日本紀	
藤原不比等	正一位	正二位右大臣	追贈	養老四年十月壬寅二十三日	七二〇	続日本紀	太政大臣も追贈
藤原宮子	正一位		生前叙位（これ以前）・聖武天皇生母	神亀元年二月丙申六日	七二四	続日本紀	
県犬養橘三千代	従一位	正三位内命婦	追贈・光明皇后生母	天平五年十二月辛酉二十八日	七三三	続日本紀	天平五年正月庚戌薨去
藤原武智麻呂	正一位	従二位右大臣	臨終叙位	天平九年七月丁酉二十五日	七三七	続日本紀	左大臣にも任官
藤原房前	正一位	正三位参議民部卿	追贈	天平九年十月丁未七日	七三七	続日本紀	左大臣も追贈
橘諸兄	従一位	正二位右大臣	生前叙位	天平十五年五月癸卯五日	七四三	続日本紀	左大臣にも任官
橘諸兄	正一位	従一位左大臣	生前叙位	天平勝宝元年四月丁未十四日	七四九	続日本紀	
藤原仲麻呂	従一位	従二位大保	生前叙位	天平宝字四年正月丙寅四日	七六〇	続日本紀	大師にも任官
県犬養橘三千代	正一位	従一位	追贈	天平宝字四年八月甲子七日	七六〇	続日本紀	
藤原仲麻呂	正一位	従一位大師	生前叙位	天平宝字六年二月辛亥二日	七六二	続日本紀	
藤原豊成	従一位	正二位右大臣	生前叙位	天平宝字八年九月甲寅二十日	七六四	続日本紀	
藤原永手	従一位	従二位左大臣	生前叙位	神護景雲三年二月壬寅三日	七六九	続日本紀	

藤原永手	正一位	従一位左大臣	生前叙位・光仁天皇即位	宝亀元年十月己丑一日	七七〇	続日本紀	
長屋王	従一位	正二位左大臣	追贈	宝亀五年十二月丁亥二十二日	七七四	続日本紀	天平宝字七年以降追贈か
藤原良継	従一位	従二位内大臣	追贈	宝亀八年九月丙寅十八日	七七七	続日本紀	
紀諸人	従一位	従五位上	追贈・光仁天皇外祖父	宝亀十年十月己酉十三日	七七九	続日本紀	
紀諸人	正一位	従一位	追贈・桓武天皇外曾祖父	延暦四年五月丁酉三日	七八五	続日本紀	太政大臣も追贈
藤原種継	正一位	正三位中納言式部卿	追贈	延暦四年九月丙辰二十四日	七八五	続日本紀	左大臣も追贈
藤原旅子	正一位	従三位夫人	追贈・大伴親王（淳和天皇）生母	延暦七年五月辛亥四日	七八八	続日本紀	妃も追贈
藤原是公	従一位	従二位右大臣	追贈	延暦八年九月戊午十九日	七八九	続日本紀	
阿倍古美奈	従一位	従三位尚蔵兼尚侍	追贈・藤原乙牟漏生母	延暦九年閏三月甲午二十八日	七九〇	続日本紀	乙牟漏埋葬記事。追贈時期不明
高野乙継	正一位		追贈・桓武天皇外祖父	延暦九年十二月壬辰一日	七九〇	続日本紀	
土師真妹	正一位		追贈・桓武天皇外祖母	延暦九年十二月壬辰一日	七九〇	続日本紀	
藤原継縄	従一位	正二位右大臣	薨去	延暦十五年七月乙巳十六日	七九六	日本後紀	
藤原良継	正一位	従一位内大臣	追贈・平城天皇外祖父	大同元年六月辛丑九日	八〇六	日本後紀	太政大臣も追贈
阿倍古美奈	正一位	従一位尚蔵	追贈・平城天皇外祖母	大同元年六月辛丑九日	八〇六	日本後紀	

藤原内麻呂	従一位	従二位右大臣	薨去	弘仁三年十月辛卯六日	八一二	日本後紀	左大臣も追贈
藤原園人	正一位	従二位右大臣	薨去	弘仁九年十二月戊辰十九日	八一八	日本紀略	左大臣も追贈
藤原百川	正一位	従二位右大臣	追贈・淳和天皇外祖父	弘仁十四年五月己未六日	八二三	日本紀略	太政大臣も追贈
藤原諸姉	正一位	従三位尚縫	追贈・淳和天皇外祖母	弘仁十四年五月己未六日	八二三	日本紀略	
多治比高子	従一位	従二位妃	薨去	天長三年三月己巳二日	八二六	日本紀略	
藤原冬嗣	正一位	正二位左大臣	薨去	天長三年七月辛卯二十六日	八二六	日本紀略	嘉祥三年太政大臣も追贈
橘清友	正一位	従三位	追贈・仁明天皇外祖父	天長十年三月乙卯二十八日	八三三	続日本後紀	承和六年太政大臣も追贈
田口氏	正一位	従三位	追贈・仁明天皇外祖母	天長十年三月乙卯二十八日	八三三	続日本後紀	
藤原三守	従一位	従二位右大臣	薨去	承和七年七月庚辰七日	八四〇	続日本後紀	
藤原緒嗣	従一位	正二位致仕左大臣	薨去	承和十年七月庚戌二十三日	八四三	続日本後紀	
橘奈良麻呂	正一位	贈従三位大納言	追贈・仁明天皇外曾祖父	承和十四年十月丁酉五日	八四七	続日本後紀	太政大臣も追贈
橘氏公	従一位	従二位右大臣	薨去	承和十四年十二月庚戌十九日	八四七	続日本後紀	
百済王慶命	従一位	従二位尚侍	薨去	嘉祥二年正月丁丑二十二日	八四九	続日本後紀	
藤原美都子	正一位	従三位尚侍	追贈・文徳天皇外祖母	嘉祥三年七月壬辰十七日条	八五〇	文徳実録	

源常	正一位	正二位左大臣	薨去	斉衡元年六月丁卯十四日	八五四	文徳実録	
藤原良房	従一位	正二位太政大臣	生前叙位	天安元年四月丙戌十九日	八五七	文徳実録	
藤原古子	従一位	従三位女御	生前叙位・清和天皇即位	天安二年十一月七日甲子	八五八	三代実録	
源潔姫	正一位	正三位	追贈・清和天皇外祖母	天安二年十一月二十六日癸未	八五八	三代実録	
藤原良相	正一位	正二位右大臣	薨去	貞観九年十月十日乙亥	八六七	三代実録	
源信	正一位	正二位左大臣	薨去	貞観十一年三月四日壬戌	八六九	三代実録	貞観十年閏十二月二十八日薨去
藤原良房	正一位	従一位太政大臣	薨去	貞観十四年九月四日辛未	八七二	三代実録	
藤原長良	正一位	従二位権中納言	追贈・陽成天皇外祖父	元慶元年正月二十九日辛丑	八七七	三代実録	左大臣も追贈
藤原乙春	正一位		追贈・陽成天皇外祖母	元慶元年正月二十九日辛丑	八七七	三代実録	
藤原基経	従一位	正二位太政大臣	生前叙位	元慶五年正月十五日甲子	八八一	三代実録	
藤原総継	正一位	従五位上	追贈・光孝天皇外祖父	元慶八年三月十三日甲戌	八八四	三代実録	
藤原数子	正一位	正五位下	追贈・光孝天皇外祖母	元慶八年三月十三日甲戌	八八四	三代実録	

十一月十四日辛未条）、良房側が良相に対して牽制したということにもならないであろう。さらに文徳天皇の皇子の生母となったキサキたちも、惟喬親王の生母紀静子や滋野氏などは、良房に匹敵するような後見をもっておらず、両氏とも、藤原氏に対抗する力を持っていなかったとされる。[50]

前章でみたように、文徳天皇生母藤原順子と文徳天皇女御藤原古子姉妹は、必ずしも藤原良房との結びつきは強くなく、むしろ距離を置いていた感もある。[51]古子に対する叙位に、ある程度良房の意向が働いたことは想定し得る。しかし女性が生前に一位に叙される環境を考えると、良房との関係だけではなく、この時期の後宮の動向とも関連づけて考える必要があろう。

まず、古子は文徳天皇との間に所生皇子女は無かったものの、文徳天皇との関係は良好であったと考えられる。それは、先に触れたように、文徳天皇即位にともなって女御となった際、すでに従四位下を有しており、また惟仁親王生母の明子と同日に従三位となっていることから考えられる。天皇と後宮女性との間の寵愛関係は、一概には量りがたいものの、一つの目安となるのが位階である。女御の位階はおおむね四〜五位であり、第一章で触れたように仁明天皇の時期になって、夫人の位階に相当する三位の女御が現れるようになったとされる。

ここで仁明天皇の女御で生前に三位となった、藤原貞子と藤原順子の例をみてみたい。藤原貞子は、初め従四位下であったのが、承和六年（八三九）に従三位となり、続いて嘉祥三年（八五〇）に正三位となっている。[52]貞子は仁明天皇からの「寵数殊絶」であり、「雖レ不レ登二后位一。而宮闈権勢无二与為一レ比。嬿私加愛。終始無レ衰焉」とあるように、[53]仁明天皇の寵愛が深く後宮での権勢が絶大であったとされる。また藤原順子は天長十年、仁明天皇即位に際して従四位下となり、次いで承和十一年正月に従三位となっている。[54]

この従三位叙位は、『続日本後紀』承和十一年正月壬辰（九日）条に「皇太子入二覲於清涼殿一。拝舞。縁レ被レ授二所生女御藤原氏従三位一也」とあるように、叙位の翌日に皇太子道康親王が奏賀の拝舞を行っており、承和の変後の道康親王立太子との関連が考えられる。このように、仁明天皇の女御のうち位階の上で優遇されていたのは、天皇の寵愛が深いか（藤原貞子）、または皇太子の生母（藤原順子）という場合であった。

（b）藤原古子の従一位叙位

藤原古子は、文徳天皇即位に際して女御となった段階ですでに従四位下となっており、さらに文徳天皇在位中に正四位下を経て、明子と同日に従三位となっている。こうしたことから、文徳天皇との間に子女は無かったとはいえ、文徳天皇の後宮のなかでは、一定の存在感を持っていたと思われる。(55)

古子の従一位叙位は、文徳天皇急逝後の、清和天皇即位儀に際してのことである。文徳天皇は、天安二年八月二十三日に急病となり、翌日には言葉を発することができない状態となった。(56)おそらく遺言を残す余裕は無かったと思われる。また即位した清和天皇はこのとき九歳であり、先帝の後宮に関して判断ができる年齢ではない。したがって古子の従一位叙位は、実質的には太政大臣藤原良房、あるいはその周辺（文徳天皇生母藤原順子や清和天皇生母藤原明子）が関与した結果であると考えられ、良房の意向による「配慮」や、後宮内のバランスと関わる良房の意図があったことは想定し得る。(57)では、古子が従一位となる背景には、いかなる事情が考えられるであろうか。

先述のように清和天皇は九歳で即位しており、史上初の「幼帝」の出現となった。この段階において、幼帝を補佐する摂政の地位は、結果的に藤原良房が担うことになるものの、制度としては不十分なまま始まることとなった。(58)その一方、幼帝在位時は、母后が補佐するべきであるとの認識もあった。

清和天皇譲位直後の貞観十八年（八七六）十二月、藤原基経は清和天皇から委ねられた陽成天皇の摂政を辞する表を上っている。[59] ここで基経は「太上天皇在レ世、未レ聞二臣下摂政一。幼主即レ位之時、或有二太后臨一レ朝」として、太上天皇がいる場合は臣下が摂政することはなく、また幼主が即位した際は太后が臨朝することがあるとしている。このことは、摂政辞表中の表現なので、必ずしも当時の実態を反映するものではない。[60] しかし清和天皇即位時は現実問題として、太上天皇は不在であり、また外祖父藤原良房の「摂政」職能は、確立したものではなかった。こうしたなか、清和天皇は即位後しばらくは内裏ではなく東宮を御在所としていた。[61] また幼帝であるため母后明子と同居しており、そこには清和天皇の祖母に当たる藤原順子も滞在していた。[62]『三代実録』天安二年八月二十九日丁巳条には「皇太子与二皇大夫人一。同輿遷二御東宮一。儀同二行幸一。但不二警蹕一。先レ是廿七日。奉レ迎二皇大夫人於東五條宮一。欲レ令レ擁二護幼冲太子一也」とあり、即位間もない清和天皇は、母后と祖母后が「擁護」していたことになる。[63] 藤原古子は、明子との関係（同日に従三位に陞叙）や順子との関係からみて、ここに同行していた可能性がある。これまでみてきたような一位に叙された例を踏まえると、古子は明子・順子とともに幼帝清和天皇を後見する立場にあったのではないだろうか。

清和天皇の立太子・即位は、藤原良房が長く期していたことであり、円仁に修法を依頼するなど、無事の成長と即位を実現するために心を砕いていた。そして良房は、妹の順子（文徳生母）・娘の明子（清和生母）に加えて、文徳天皇の女御であり、文徳天皇との関係も深かった順子妹の古子という、冬嗣・良房周辺の女性によって、清和天皇を保護しようとしたということになる。このような状況において、藤原氏出身（特に冬嗣系統）のキサキを一位に叙し、生母に准ずる待遇とすることによって、より強固な清和天皇の「擁護」を目指したのだと考えられる。何よりも、古子が従一位に叙されたのは、清和天皇即位儀の日（天安二年十一月七日）である。同じ日、清和天皇生母の藤原明子は、即位宣命の「辞別」で皇太夫人となっている（『一代要記』には、明子がこの年従一位に叙されたとある。このことについては註（44）参照）。また同じ「辞別」には、即位宣命につきものながら「仕へ奉れる人等の中に、其の仕へ奉れる状の随に冠位上げ賜ひ治め賜ふ」として叙位を行うことが述べられており、その後に「是日」と書き分けられているとはいえ、藤原古子と源良姫への叙位記事となっている。さらに、十一月二十六日には「帝之外祖母」源潔姫（斉衡三年薨去）に正一位が追贈されており[64]、清和天皇をとりまく、良房と関係がある女性たちが相次いで高位に叙されている。

したがって古子の従一位叙位は、清和天皇生母藤原明子との関係というよりは、文徳・清和天皇の後宮との関連でとらえるべきではないだろうか。すなわち文徳天皇急逝による前例のない幼帝即位と関連するものであり、初めて直面した幼帝への対応の模索が背景にあると考えられる。しかし後宮の女性による「擁護」は「太后臨朝」にはならなかった。摂関政治とは、母后が持つ王権への後見力、すなわち太后権を、母后の父や兄弟が代行することでもある[65]。こうした構造はあらかじめ築かれているのではなく、成人天皇不在のような事態を通して形成されていくものである。『三代実録』などをみる限り、実際の国政は（おそらくは良房の主導で）太政官によって運営されていた。これは、この時期もなお太政官が国政運営の機能を保持していたからであり、藤原順子や明子らによる「擁護」も、幼帝の身辺に関することにとどまるのである。

おわりに

本論は、文徳天皇女御藤原古子が従一位に叙された背景を、清和天皇即位時前後の状況から考察をした。その結果として、①古子は文徳天皇の女御としては、明子と並び高い待遇を受けており、②姉に当たる文徳天皇生母藤原順子とは行動を共にするような関係で、揃って文徳天皇追善に関与しており、③兄弟となる藤原良房との関係は、藤原順子と歩調を合わせる形で、疎遠ではないものの、良房に従属するようなものではなかったとした。その上で、推測となるものの、清和天皇即位時の幼帝補佐との関係から、従一位に叙された可能性を指摘した。

藤原良房は最終的に清和天皇の「摂政」となり、それまでの藤原氏一族に比して突出した待遇を受ける存在となった。(66) 清和天皇即位前後の後宮の状況は、母后藤原明子を媒介として、結果的に外祖父藤原良房の権力確立につながることになる。しかし、先帝の母后や、明子以外の后も存在する後宮は、必ずしも良房のもとで一体的になっていたのではない。同じ冬嗣系統出身の女性でも、藤原順子や古子のように、良房とはいささか一線を画するような存在もあったのである。

もとより天皇や皇子女の生母ではない後宮女性については残存史料が乏しく、推測に頼る場面が多い。藤原古子も、北家冬嗣の娘であり、かつ従一位に至ったにも拘わらず、足跡をたどるに充分な史料が残されていない。本論もまだ検討を要する箇所が多く残されてはいるものの、今回はここで筆を置く。大方の叱正を仰ぎたい。

（花園大学文学部教授）

註

（1）『日本三代実録』天安二年十一月七日甲子条。
（2）刊本は新訂増補国史大系による。

（３）近世の認識になるものの、本居宣長の『玉勝間』に「延喜天暦などのころになりては、女御と申すは、皇后につぎて、いにしへの妃夫人などのつらにあたりて、いと貴かりしにあはせては、なほ位階はひきくぞ有けん、小野宮左大臣の御女の女御の、天暦元年にかくれ給へりし、四十九日の願文に、女御贈従四位上藤原朝臣とぞ見えたる、これらも文粋にあり」（六の巻　むかしの女御の位階）とあり、平安時代中期の女御の位階は必ずしも高くはなかった（『玉勝間』は『日本思想大系40　本居宣長』による）。

（４）中野まゆみ「伊勢物語七七段「安祥寺での多賀幾子法要」存疑　―「田邑帝の女御」は藤原古子か―」（『国文学研究』一〇八、一九九二年）。

（５）栗原弘「藤原冬嗣家族」（『平安前期の家族と親族』校倉書房、二〇〇八年。初出一九九二年所収）一五七〜八頁。

（６）山田邦和「太皇太后藤原順子の後山科陵」（上原真人編『皇太后の山寺―山科安祥寺の創建と古代山林寺院―』柳原書店、二〇〇七年）一〇七〜一一〇頁。筆者が藤原古子を論題として採りあげたのは、山田氏のご教示による。

（７）古子の家族関係については、栗原前掲註（５）論文に拠るところが多い。

（８）刊本は新訂増補国史大系による。

（９）新訂増補国史大系本の校注は「吉、文實三實作古」とする。

（10）鷺見等曜氏は、藤原順子と古子が共に剃頭（出家）していることから、同母姉妹の可能性が濃いとする（『前近代日本家族の構造―高群逸枝批判―』弘文堂、一九八三年。一一六頁）。しかしこれに触れた栗原氏は史料がないことから確定はできないとする（栗原前掲註（５）論文一五八頁）。また中野まゆみ氏は、従来藤原多賀幾子のこととされていた、『伊勢物語』第七十七段での「田邑帝の女御」七七法要の対象を、藤原古子のこととし、それを貞観十年以降の晩春とした（中野前掲註（４）論文八頁）。この指摘が妥当ならば、歿年は貞観十年以降ということになる。

（11）鷺見等曜氏は前掲註（10）書一一三頁以降で、このような母方オバとの婚姻例を挙げている。ただし、いずれも同母姉妹の例のみであり、順子・古子の事例も、同母姉妹の可能性が濃いとの前提で挙げている。

（12）『東大寺要録』巻第一本願章第一所引「恵運僧都記録文」に、「貞観三年四月二十五日。皇太后並北御息所剃頭出家」とある。この史料については、第二章で改めて検討する。また「御息所」は、平安時代を通じて様々な用例があるものの、ここでは『国史大辞典』の「天皇の休息する所。また、そこに伺候し、天皇の御寝所に侍る宮女をいう。皇子・皇女を産んだ女御・更衣をいうとする説もあるが、それに関係なく、天皇に寵愛をうけた女御・更衣ら、女官をのぞく後宮に奉仕する女性をいう」（山中裕執筆）とある説明に従う。
なお、北御息所の「北」が何に対しての「北」なのかは、後考を期したい。

(13) 文徳天皇の後宮は『平安時代史事典』資料・索引編所収「日本古代後宮表（歴代皇妃表）」を参照。

(14) 『本朝月令』十日中務省奏給後宮并女官春夏時服文事に、「弘仁中務式云。後宮時服云々、妃夫人嬪女御更衣云々」とあり、時服支給に当たって女御は妃以下と同様の扱いであり、また妃〜嬪の下位、更衣の上位となっている。

(15) 宮内庁『皇室制度史料　后妃四』（吉川弘文館、一九九〇年）二頁

(16) 『三代実録』天安二年十一月十四日条藤原多可幾子（多賀幾子）卒伝。

(17) 惟仁親王の立太子は、嘉祥三年十一月のことである（『文徳実録』嘉祥三年十一月戊戌条）。

(18) 大江篤「正子内親王と嵯峨野」（『日本古代の神と霊』臨川書店、二〇〇七年所収。初出一九八九年）二六一頁。ここで大江氏は「儒教的な道徳観・倫理観が重んじられた律令国家において、藤原貞子のように夫である仁明天皇の崩御に従って出家する行為は、后のあるべき姿として称賛に値するものであっただろう。貞観三年（八六一）二月に、文徳天皇の崩御にともなって、生母藤原順子、女御藤原古子が出家したのも同様の事例である」と指摘している。

(19) 中野前掲註（4）論文八頁。ここで中野氏は、「早く文徳を亡くし、子供もないまま夫に先立たれた古子を、年の離れた姉順子が庇護する立場となったものか、とも想像される」とする。

(20) この「五条宮」は東五条第のことであり、順子がたびたび御所としたほか、良房・基経の周辺で使用され、藤原忠平が伝領している（『平安時代史事典』「東五条第」の項目参照）。

(21) 『慈覚大師伝』は、佐伯有清『慈覚大師伝の研究』（吉川弘文館、一九八六年）による。

(22) 『東大寺要録』巻第一　本願章第一」所引「恵運僧都記録文」逸文。刊本は筒井英俊編纂・校訂『東大寺要録』（国書刊行会、一九七一年）による。

(23) 本文に「右大臣女二人」とある。大臣藤原良相の娘は、天安二年に卒去した多賀幾子のほかに、清和天皇女御となった藤原多美子が確認できる。『尊卑分脈』には良相の子女として、常行・行方・忠方・直方と、二名の「女子」多賀幾子・多美子を載せる。一方、『三代実録』貞観九年十月十日条の良相薨伝には「有レ子。男女九人」としつつ、常行・直方・忠方の三子のみに言及しており、また『大鏡』天　右大臣良相には「この大臣の御女子の御ことよく知らず。一人ぞ、水尾の御時の女御（多美子を指す）」とあり、名を確認できる子女のほかに、娘がいた可能性がある。

(24)「大使」以下は、右大臣女二人が大使（天皇からの使い）となり、先導（御先倉人）の「菅原町」以下五十余人、と解釈できるであろうか。「菅原町」は、文徳天皇の後宮に菅原氏女（源富子生母）がいることからすると、その菅原氏女を指す可能性はある。

(25)『平安時代史事典』「恵運」の項目参照。

(26) 空海および真言宗は南都東大寺との関係も深く、真言宗僧は東大寺戒壇院で授戒しており、弘仁十三年二月、東大寺に真言院が創立されたことは、僧綱や東大寺が、南都と対立した最澄の大乗戒壇創設を牽制する意図をもつものであるとされる（堀池春峰「弘法大師空海と東大寺」『南都仏教史の研究　上〈東大寺篇〉』法藏館、一九八〇年。初出一九七三年所収。四五二、四五五頁）。

(27)『慈覚大師伝』嘉祥三年春三月条（『慈覚大師伝』は佐伯註（21）前掲書による）。仁明天皇は嘉祥三年三月二十一日に崩御し、皇太子道康親王が神器を継承した。しかし道康親王は、しばらくの間天皇としての礼遇を受けず、「殿下」のまま「令旨」を発している。この間の事情については、拙稿「古代日本における公卿上表と皇位」（『古代太上天皇の研究』思文閣出版、二〇一七年所収。初出二〇一一年）二三四頁参照。

(28) 佐伯有清『円仁』（吉川弘文館、一九八九年）二三〇頁や、小山田和夫「天長から天安年間の天台教団」（『智証大師円珍の研究』吉川弘文館、一九九〇年所収）六七頁など。

(29) 青蓮院蔵「円仁自筆尺牘（円仁自筆書状）」（『古文書時代鑑続編』東京帝国大学史料編纂掛編、一九二七年所収による）。なおこの書状は「十一月二十四日」とのみ記され、年紀は不明である。そのため良房が祈願を依頼した「今上陛下」については文徳天皇・清和天皇両説があり、現在は良房との関係から、清和天皇であるとする見解が有力となっている。本論はいずれにせよ、良房と円仁との関係が深かったことを重視する。

(30)『慈覚大師伝』には「（斉衡）三年三月廿一日、天皇請二大師於冷然院書堂南殿一。受二両部灌頂一」とあり、このとき文徳天皇皇子の毎有・時有や、藤原良相、基経らも灌頂を受けている。また「九月。東宮又請二大師一受二灌頂一。太政大臣及雅院女御同預レ之」とあり、東宮（惟仁）と太政大臣（藤原良房）、雅院女御（藤原明子）が灌頂を受けている。

(31) 駒井匠「天皇の受灌頂と皇帝の受灌頂」（佐藤文子・原田正俊・堀裕編『仏教がつなぐアジア―王権・信仰・美術』勉誠出版、二〇一四年所収）一〇〇頁。

(32) 文徳天皇は、天安二年三月にも灌頂を受けているものの（『慈覚大師伝』に「天皇又受戒灌頂。預レ之者十余人」とある）、『日本文徳天皇実録』天安二年三月丙子条には、この日皇子毎有・時有が「於二殿上一落髪入道」したとあり、このとき藤原古子が加わっていた可能性は低いと考える。

(33) 小山田和夫「天長から天安年間の天台教団」（『智証大師円珍の研究』吉川弘文館、一九九〇年所収）七七頁。

(34) 「安祥寺資財帳」に関しては、京都大学日本史研究室編（中町美香子・鎌田元一編集・解説）『京都大学史料叢書17　安祥寺資財帳』（思文閣出版、二〇一〇年）および中町美香子「「安祥寺資財帳」の成立」（上原真人編『皇太后の山寺—山科安祥寺の創建と古代山林寺院—』柳原出版、二〇〇七年所収）を参照。

(35) 広井女王は、『三代実録』貞観元年十月二十三日乙巳条にある薨伝をもとにすると、長親王（天武天皇皇子）の五世孫であり、淳和天皇の天長八年（八三一）従五位下尚膳となり、権典侍を経て貞観元年（八五九）に従三位尚侍に至っている。薨去時は八十余歳であったとされ、四代（淳和〜清和）三十年近く後宮に出仕したことになる。

(36) 中野前掲註（4）論文も「当時の安祥寺は冬嗣女姉妹（順子・古子）と深く結び付き、冬嗣女姉妹の寺としての性格を強く持っていたことが認められよう」と指摘する（七頁）。

(37) 清和天皇はこのとき（貞観三年）、まだ元服前の十二歳なので、生母明子が出家することは現実的ではない。ただし角田文衛氏は、文徳天皇と明子との関係について、「天皇の寵幸はさほどではなかったらしい」とする（角田文衛『日本の後宮』學燈社、一九七三年。一二二頁）。

(38) 藤原氏出身の皇太后が建立した寺院であるので、藤原良房が何らかの形で関与したことはあり得る。

(39) 『三代実録』貞観三年二月十八日条に「皇太后臨二御太政大臣東京染殿第一。王公以下莫レ不二畢会一。盛設二肴饌一、終日歓飲」とあり、出家を目前に控えた皇太后藤原順子が、藤原良房の染殿第を訪れている。

(40) この表は「六国史」の記事に基づいて作成したので、「六国史」以外の史料にみえる一位叙位（例えば『一代要記』にみえる藤原明子の従一位叙位。註（44）参照）は、表中に反映していない。

(41) 『続日本紀』神亀元年二月丙申条に「勅尊二正一位藤原夫人一称二大夫人一」とある。これは聖武天皇が、正一位藤原夫人を大夫人と称させる勅を発した記事であり、この時点で藤原宮子はすでに正一位となっていることになる。

(42) 仁明天皇女御の藤原貞子に関して、『平安時代史事典』は薨去後に従一位を贈られたとする（「藤原貞子」の項・「日本古代後宮表」）。これは『三代実録』貞観六年八月乙卯朔条の藤原貞子薨伝をもとにしたものである。しかし薨伝に「勅贈従一位」とある箇所は、新訂増補国史大系本では「二、原作一、今従文實仁寿三年四月紀」として、底本である谷森本が「従一位」としたものを、「従二位」としている。なお、『文徳実録』および『日本紀略』の仁寿三年四月戊寅条（貞子所生成康親王薨伝）には「贈従二位貞子」とある。

(43) 藤原良房はその後、清和天皇から正一位への陞叙を打診されているものの、これを辞退し（『三代実録』貞観十三年四月十日条）、薨去に際して正一位を贈られている（『三代実録』貞観十四年九月四日条）。

(44)『一代要記』文徳天皇の後宮の項目（女御）に「従三位藤原朝臣明子」とあり、その註文には「天安二年超叙二従一位一、貞観十一年四月五日薨。良房女」とある。これによれば清和天皇生母藤原明子も、藤原古子と同じ天安二年に従一位に叙されたことになる、明子に関する多くの事典類の記述は、これによって明子が従一位に叙されたとする。しかし『三代実録』はこの年に明子が皇太夫人となったことを記すのみであり、正史には明子が従一位となったことを裏付ける記述はない。天皇の生母であるから一位に叙されるのは不自然ではないものの、検討を要する。なお『一代要記』は「続神道大系　朝儀祭祀編」による。

(45)『一代要記』後朱雀天皇の後宮の項目に「女御　従四位下藤原生子」とあり、その註文に「同（永承）五年三月二十六日従一位」とある。

(46)『日本紀略』仁和三年十一月二十一日庚寅条に「尚侍正三位藤原淑子叙二従一位一。天皇以二神筆一。染二黄紙一。因二龍潜之時有一レ功也」とある。

(47) 角田文衞「尚侍藤原淑子」（『角田文衞著作集第五巻　平安人物志　上』法藏館、一九八四年所収。初出一九六六年）三三一頁。

(48)『日本紀略』寛弘五年十月十六日癸卯条に「又左大臣室源倫子叙二従一位一」、『御堂関白記』同日条に「源倫従一位」とある。なお東海林亜矢子氏は、源倫子の叙位に関して、后母として若い后や孫皇太子を後見する役割が背景にあるとする（「摂関期の后母—源倫子を中心に—」服藤早苗編『平安朝の女性と政治文化—宮廷・生活・ジェンダー—』明石書店、二〇一七年所収。八六、九六頁など）。

(49) 中野前掲註（4）論文、栗原前掲註（5）論文、山田前掲註（6）論文。

(50) 目崎徳衛『日本の歴史文庫4　平安王朝』（講談社、一九七五年）一四四頁。

(51) 請田正幸氏は、藤原長良・良房・良相・順子が藤原美都子所生の同母兄弟姉妹であるとの説に対して、良房の生母を大庭王女継子女王であるとする（「藤原良房の母」續日本紀研究会編『続日本紀と古代社会』塙書房、二〇一四年所収。五七頁）。これに従うとすれば、藤原順子と良房との間の距離感は、より説明できるのではないだろうか。

なお藤原順子に関しては、仁明天皇との関係も女御藤原沢子・貞子の寵愛に及ばず、仁明天皇在世中は立后に至らなかったとの指摘もある（須田春子『平安時代後宮及び女司の研究』千代田書房、一九八二年。九二頁）。

(52)『続日本後紀』承和六年正月辛酉条、『文徳実録』嘉祥三年七月辛丑条。

(53)『文徳実録』仁寿元年二月丁夘条、『三代実録』貞観六年八月三日条。

(54)『三代実録』貞観十三年九月二十八日条崩伝、『続日本後紀』承和十一年正月辛卯条。

(55)藤原古子は薨伝も無く、また所生皇子女がいないために生母としての伝も無く、文徳天皇との具体的な関係は不明である。ただ、女御となった時点において従四位下であったことから、文徳天皇の皇太子時代からの関係が想定できる。また皇子女がないにも拘わらず、藤原明子と並ぶ高い待遇を受けていることから、他の女御に比べて文徳天皇との関係が深かったと思われる。あるいは、文徳天皇元服時の副臥のような存在であった可能性はないかと考えたが、文徳天皇元服時の記事（『続日本後紀』承和九年二月辛巳条）にはそれを窺わせるものは無く、また副臥自体も、九世紀後半からみられるものであるとの指摘もあり（服藤早苗「副臥考　平安王朝社会の婚姻儀礼」倉田実編『王朝人の婚姻と信仰』森話社、二〇一〇年所収。三四頁）、後考を期したい。

(56)『文徳実録』天安二年八月辛亥条に「今宵天皇倉卒有㆓不予之事㆒。近侍男女騒動失㆑精」とあり、八月壬子条に「帝病劇弥加。言語不㆑通」とある。

(57)「選叙令」2内外五位条に「凡内外五位以上勅授」とあり、同条義解に「謂。勅授・奏授・判授者、宮人授法亦同」とあるように、五位以上は女性も併せて勅授であり、天皇の判断で授与する位階を決めることができた。なお古子と同日に叙位（従四位上）された源良姫については、その理由は不明である。あるいは、藤原良房の妻である源潔姫との関係があるだろうか。源良姫は『三代実録』元慶八年二月二十二日癸丑条に「廿二日癸丑。従四位上源朝臣良姫卒」と短い薨伝があり、嵯峨天皇皇女であることはわかるものの生母は不明である。

(58)今正秀「摂政制成立考」（『史学雑誌』一〇六―一、一九九七年）四九頁など。

(59)「為㆓昭宣公㆒辞㆓摂政㆒上㆓太上皇㆒第二表」（『本朝文粋』第四　表上　摂政関白辞職表）。

(60)拙稿「清和太上天皇期の王権構造」（『古代太上天皇の研究』思文閣出版、二〇一七年所収）一九六頁参照。

(61)目崎徳衛「文徳・清和両天皇の御在所をめぐって―律令政治衰退過程の一分析―」（『貴族社会と古典文化』吉川弘文館、一九九五年所収。初出一九七〇年）二九頁。

(62)東海林亜矢子氏は、文徳天皇の治世後半は天皇（文徳）・皇太子（惟仁）・皇太子生母（明子）に加えて、母后（順子）も冷然院に同居していた可能性を指摘し、惟仁親王即位後も、女御明子が后位にないこともあり、皇太后順子が同居したとする（「母后の内裏居住と王権」『平安時代の后と王権』吉川弘文館、二〇一八年所収。初出二〇〇四年。一九～二一頁）。また服藤早苗氏は、幼少天皇との同輿、即位儀に際しての母后登壇は、女御明子では不可能なため、皇太后順子が補佐をしたとする（「九世紀の天皇と国母―女帝から国母へ―」『平安王朝社会のジェンダー』校倉書房、二〇〇五年所収。初出二〇〇三年。二一二～三頁）。さらに目崎徳衛氏は註（61）論文二九頁で、「この祖母が当初半年余も天皇・明子と同居したのは、幼帝に対する良房の慎重をきわめた配慮を示すものであろう」とする。

(63) この場合の「皇大夫人」とは、東五条宮から迎えたとあることから、斉衡元年（八五四）に皇太夫人から皇太后となっているものの、藤原順子のことを指す。これと対応する記事として『三代実録』貞観元年四月十八日条に「皇太后遷レ自二東宮一。御二右大臣西京三條第一。去年八月廿九日。与二今上一同レ輿。遷レ自二冷然院一。御二於東宮一。擬レ還二五條宮一。暫御二大臣第一。為レ避レ忌也」とあり、皇太后が今上と同輿して冷然院から東宮に入ったとある。

(64)『三代実録』天安二年十一月二十六日条。

(65) 遠藤みどり「日本古代王権とキサキ」（『日本古代の女帝と譲位』塙書房、二〇一五年所収。初出二〇一四年）二五一頁。

(66) 拙稿註（60）論文一九六頁参照。

大西祝の因明理解

師　茂樹

はじめに

近代において、京都大学を中心に形成された「京都学派」の存在はよく知られている。西田幾多郎や田邊元を中心とした人々の知的営為は、「東アジアに哲学なし」という言説に対する一つの反証としてとりあげられることもある（朝倉〔二〇一四〕）。歴史に「もし」はないが、本稿でとりあげる哲学者・大西祝《はじめ》（一八六四〜一九〇〇）がもし夭折していなければ、「京都学派」の趣も異なったものになったのではないか、と思うことが筆者にはある。

新島襄が同志社を設立したのは明治八（一八七五）年のことであるが、大西が同志社に入学したのは明治十（一八七七）年である。そこでキリスト者となるとともに、哲学などを学んだ大西は、東京大学、そしてヨーロッパにおいて研鑽を重ね、また東京専門学校（現在の早稲田大学）などで教鞭をとった。京都帝国大学文科大学（現在の京都大学文学部）の開設と初代文科大学長への就任が内定していたが、三六歳、志半ばで亡くなった。

岩波文庫で『大西祝選集』全三冊（二〇一三〜二〇一四年）が刊行されるなど、近年、大西の再評価が進んでいる。その主著とされる『良心起源論』や『倫理学』については、西田幾多郎にも高く評価されており（片山〔二〇一三〕

一三一頁、小坂〔二〇一四〕五二六～五二八頁参照。筆者が「もし夭折していなければ」と思う所以である)、右の選集にも収録されている。しかし、大西が亡くなった直後に編まれた『大西博士全集』全七巻の第一巻に収録されている『論理学』については、先行研究もほとんどなく、選集にも収録されていない。これは第一篇「形式論理」と第三篇「帰納法大意」という西洋論理学についての章のあいだに、仏教論理学(因明)について分析した第二篇「因明大意」を挟む三部構成となっており、論理学史や比較論理学研究のみならず、仏教論理学研究においても注目される文献である。

因明《いんみょう》とは仏教内で発達した論理学の一種である。インドの討論術が諸学派で論理学として発達し、唯識派の学匠・陳那(Dignāga、五世紀)によって一つの完成をみた。その一部が玄奘によって唐にもたらされ、その弟子・基の『因明入正理論疏』(因明大疏)によって大成し、新羅・日本へと伝播した。因明(*hetu-vidyā*、理由についての学問)は推論をはじめとする論理学一般を意味する言葉であるが、狭義にはこの『因明大疏』などの漢文文献に基づき、東アジア、特に日本の仏教内で発達した論理学の伝統を指す。

因明においては、次のような三支作法とよばれる形式にしたがって証明や推論を行う。

・宗(主張)　太郎は死ぬ。
・因(理由)　なぜなら［太郎は］人間だから。
・喩 ― 同喩　喩体＝［およそ人間であれば必ず死ぬ。］喩依＝ソクラテスのように。
　　 ― 異喩　喩体＝［死なないものは人間ではない。］喩依＝［机のように。］

三支作法では通常、［……］の部分を省略する(右の例では「太郎は死ぬ。なぜなら人間だから。ソクラテスのように」となる)。大西も議論していることであるが、この三支作法は三段論法と概ね対応する。

・大前提　人間は死ぬ。　↑三支作法の同喩の喩体に相当
・小前提　太郎は人間である。　↑三支作法の同喩の因に相当
・結論（断案）　ゆえに太郎は死ぬ。　↑三支作法の同喩の宗に相当

論理学的に言えば、三支作法と三段論法の論理的な内容は異なる。たとえば、三段論法と異なり三支作法の同喩の「およそ人間であれば必ず死ぬ」の「（必ず死ぬ）人間」グループに、まだ「死ぬ」ことが論証されていない太郎を含めることはない（太郎が史上初の死なない人間の例になる可能性が残っている）。その意味では帰納法的である（後に見るように大西は因明の三支作法を三段論法と同等の演繹的な論理と見ている）。しかし、日本に三段論法が紹介されて以来、両者の形式的な共通性が注目されていた。

因明研究の文脈において、大西『論理学』は特に次の三点が重要であると考えられる。①同時代の因明研究が雲英晃耀や村上専精ら仏教者によって行われていたのに対して（船山〔一九九八〕、師〔二〇一五a〕、師〔二〇一七〕等）、大西がキリスト者であった点。②同時代の西洋哲学研究者が否定的に因明を評価するなかで、批判的ながらも因明の価値を認め、形式論理・帰納法と因明を批判的に統合して「新しき論理学」を構築すべきだ、と主張した点。以上の二点は、因明をはじめとする論理学的伝統の普遍性と特殊性という問題系（師〔二〇一五b〕）にもつながる。③中国で翻訳され（胡茂如訳、一九〇六年）、後の近現代中国における因明研究に大きな影響を与えた点（鄭〔二〇〇七〕三〇一頁）。中国で最初に口語で書かれた陳望道『因明学概論』（世界書局、一九三一年）は大西『論理学』に基づくという（姚〔二〇〇八〕一八九頁）。現在でも「今中国において因明研究への関心が燎原の火のように広がりつつあることを報告しておく」（桂〔二〇一二〕ⅳ頁）と言われているが、その淵源には大西の『論理学』があったのである。

本稿では、大西祝の『論理学』に説かれる因明理解を概観することで、その再評価の端緒としたい。

一　大西祝の生涯と『論理学』

先行研究（平山〔一九八九〕、片山〔二〇一三〕、小坂〔二〇一四〕等）にもとづきながら、論理学に関する事項を中心に大西祝の生涯を確認しておきたい。


元治元（一八六四）年八月七日　岡山城下で生まれる。父・木全正脩、母・嘉代。後に母・嘉代の父・大西定静の養子となる。

明治一〇（一八七七）年九月　同志社入学。山崎為徳らが同期。

明治一一（一八七八）年四月　新島襄より受洗。

明治一四（一八八一）年六月　同志社普通科を主席卒業。特に数学・論理学・文学に優れていたという。

明治一五（一八八二）年夏　『七一雑報』に初論文（「基督復活論」「論基督教之道徳」）掲載。

明治一七（一八八四）年六月　同志社神学科卒業。

明治一八（一八八五）年一月　東京大学予備門第一級（三年）に入学、同九月文学部に入る。外山正一（スペンサーなどの英米哲学、社会学・心理学）、Ludwig Busse（新カント派のロッツェの哲学）らの学恩を受ける。当時、印度哲学では原坦山『大乗起信論』、吉谷覚寿『八宗綱要』が講ぜられ、論理学は千頭清臣の授業で「初めてデポンのロジック、主として三段論法をやり、次にミルのロジックの大きい本を教科書に持たされて帰納論理学をやった」という（片山〔二〇一三〕九一～九四頁）。『哲学会雑誌』などの編集に参加。

明治二二（一八八九）年七・九・十月　「因明につきて」一〜三（『哲学会雑誌』三―二九・三一・三二）

明治二三（一八九〇）年八・十月　「雲英晃耀氏の読哲学会雑誌因明論」一〜二（『哲学会雑誌』四―四二・四四）

明治二四（一八九一）年九月　東京専門学校で哲学の講師となる。

明治二五（一八九二）年六・十月、明治二六（一八九三）年一・四・七・九月　「形式的論理学の三段論法、因明の三支作法并びにミルの帰納則を論ず」（『哲学雑誌』七―六四・六八・七一、八―七四・七七・七九）

明治二六（一八九三）年九月　松井幾子と結婚。この頃、『教育と宗教の衝突』論争。

明治二八（一八九五）年秋〜　姉崎正治と交流。

明治三〇（一八九七）年十一月　東京師範学校倫理科講師を嘱託される。

明治三一（一八九八）年二月　ヨーロッパ留学（イェーナ大学、一一月ライプツィヒ大学）。新カント派のOtto Liebmannなどに師事。

明治三二（一八九九）年七月　京都帝国大学より文科大学の学課及び組織の取調べの依頼。

同年九月　健康上の理由で帰国。

同年十一月　文部省より「ローマ字日本語書方取調委員」に任命される。

明治三三（一九〇〇）年十一月二日　三六歳で逝去。

大西の論理学の修学についてみてみると、明治一四（一八八一）年以前に同志社で論理学を学んでいることがわかるが、誰からどのようなことを習ったのかは管見の範囲ではわかっていない。また、東京大学時代には、千頭清臣（一八五六〜一九一六）が三段論法と帰納法を講じており、それを学んでいる可能性がある。明治期の西洋論理学は、西周らがミルの*A System of Logic*(一八四三年)を通して受容したため、形式論理と帰納法がセットになっていた。大西の『論理学』も第一篇・第三篇がそれに対応し、ミルの影響下にあると考えられる。

明治二二(一八八九)年頃から因明についての研究を発表しているが、大西の因明修学については不明である。基『因明大疏』を読んでいた形跡があり(大西〔一九〇三〕三一〇頁)、雲英晃耀に対する批判を述べていることからを考えると、「国会開設の詔」などと連動して出回っていた雲英晃耀らの因明入門書(師〔二〇一五a〕)を読んでいたのかもしれない。

明治二四(一八九一)年に東京専門学校で論理学などの講義を担当するようになるが、その講義録の一つが『論理学』である。『論理学』は明治二四年以来、東京専門学校の講義録として何度か出版されており、没後に全集の第一巻に収録された。全集第一巻の「本集の編纂につきて」に編者の言として「本集の纏まりたる著述の中完全せるは「良心起源論」と「論理学」との二つのみ」とあるように(大西〔一九〇三〕一頁)、『論理学』は大西が生前に完成させた著作の一つと考えられていたようである。

二　大西祝の因明理解

因明研究の背景

では、大西祝の因明理解について見ていこう。大西は当時の仏教哲学の研究方法に対して、次のように不満を述べている。

予輩は従来の僧侶の攷究に満足する能ハず。何となれば其の攷究法は実に拙なる者なれバなり。近頃日本学

> てふ学問を主張する者あるが、其学問の方向の如何に拘らず少くとも攷究法のみハ西洋の学問に倣はざるを得ざるべし。殊に仏教哲学の如きハ茲に新しき攷究法を採用するにあらずば到底満足すべき結果を得る事能はざらん。予輩は此迄の仏教の攷究に於て一の大欠点あるを見る。即ち此迄の攷究者ハ歴史的発達てふ思想を有せざりし事是なり。（二五一頁。以下、頁のみの場合は大西〔一九〇三〕からの引用。適宜句読点を補う）

仏教者による因明の伝統的な研究方法に対する大西の批判は、仏教や因明を「西洋の学問」より劣ると考えていたからではない。むしろ「予輩は哲学上仏教に頗る見るべき所を知る」（二五一頁）とあるように仏教を哲学として高く評価している。一方で大西は、西洋論理学に対する不満も述べる。船山信一によれば、「彼（＝大西祝）はさらに「形式的論理学の三段論法因明の三支作法並弥児の帰納則」（明治二十五―二十六年）においては、三段論法も三支作法も共に既知から未知へ推す推論でないか、または論点窃取の似而非推論であるかどちらかである（『哲学雑誌』第七巻―第六四号―四三頁、第八巻―第七一号―五八一頁）といって、演繹法および因明を批判し、かつミルの帰納法も推論の確実性を保証しないか、またやはり論点窃取におちいっているかどちらかであって、けっきょく（中略）帰納法をも批判している」（船山〔一九九八〕三二一〜三二二頁）という。そして、

> 形式論理と因明とミルの謂ふ帰納法とに通ぜば、従来最も広く世に行はれたりし論理説の要領はほゞ之を知り得たりと云ふべく、又新しき論理学の研究に進み入るの準備はこゝに成れりと云ひて不可なかるべし。（四頁）

と述べているように、大西は形式論理や帰納法と「東洋の論理学」（二〇二頁）である因明とを批判的に比較検討することで「新しき論理学の研究」へと進むことができると考えていた。

因明の演繹法的理解

大西は因明を、全体としては演繹法（形式論理）であるが、帰納法的残滓があるものと理解していた（ディグナーガ以前の因明については例証的論法 analogical resoning とする。附録六九頁）。

又因明は形式論理に比すれば多少帰納論理の趣を帯ぶる所なきにあらねど、大体は演繹論理の姿を具へて帰納的方面に於いて甚しく粗なる所その大欠点なれば、是れ亦おのづから此の方面の研究を促し来たらざる可からず。（四頁）

ここで述べられているように、大西は三支作法の喩を「大欠点」と批判し、不要であると考えていた。先に見たように、三支作法の喩の部分は、三段論法の大前提に相当する同喩と、その対偶である異喩とで構成される。また、同喩・異喩のなかには、「ソクラテスのように」という実例を表す喩依《ゆえ》と、「およそ人間であれば必ず死ぬ」という原則部分である喩体がある。大西は喩体を全称命題と見て三段論法における大前提と同一視し、喩依は「無用と云はざる可からず」と説く（二四四頁。さらに大西は、二四五頁にあるように、因の三相の第二相を不要とも考えた）。浄土宗の学僧・林彦明《げんみょう》が喩体を特称命題と解釈したのに対して、大西は次のように述べている。

仏学会より発兌する『仏教』第五十八号を見るに同会員林彦明氏が因明作法と西洋論理とを比較せられたる一文あり。氏は曰く因明作法の喩体は西洋論理の大前提の如くに全称命題にはあらずして特称命題なりと。氏の意は約言すれば因明喩体の諸の言は全部総計の諸にあらずして多数之義を顕はす言なりと云ふにあり。（中略）然れども予は寧ろ諸々は実に諸々にして総計の義なりと考ふ。因明の作法をして論点窃取なりとの非難を逃れしめんが為めに諸々の言を多数の義に解するは寧ろ牽強付会の譏を免れざらん。予は因明喩体の諸々は総計の義に解するが至当なりと考ふ。又然るが故に因明の作法も要するに論点窃取なりとの非難を逃れずと考ふ。予が林氏と意見を異にする所なり。（三一一～三一三頁）

ここで言う「論点窃取」という批判は、形式論理に対してもなされている。これはミルが *A System of Logic* のなかで三段論法に対して行なっている批判の援用であるが（三〇九頁）、先に述べたように大西は帰納法に対しても批判的なので、ミルの議論を絶対視しているわけではない。

認識論を欠くことへの批判

加えて大西は、因明が認識論を欠く点を批判していた。

現量比量各々に真似の別あり。如何なる場合に現量又比量の誤謬を生ずるかは多少因明に於いて説く所あれど其の論甚だ細しからず。之を現今の心理学又智識学に論ずる所の精しきには比すべくもあらず。因明に於いて最も不足を感ずるは自悟の論なり。（大西〔一九〇三〕二七五頁）

ここでの「現量」とは直接知覚に、「比量」は推論や証明に概ね相当する。大西の頃には玄奘訳に基づく漢文の因明文献のみが参照でき、漢訳されなかったディグナーガの *Pramāṇasamuccaya*（『集量論』）のように高度な認識論を含む文献はまだ参照できない状況であった。大西が言う「心理学・智識学」が具体的に何を指すのかはわかりにくいものの、中村元が東アジアの因明に対して「知識の根拠、妥当性を論及したような認識論の書物が訳されていない」点を批判しているのを先取りしている（中村〔一九五八〕一一頁）。なお、ここで「自悟」という語がでてくるのは『因明入正理論』冒頭の偈によっている。明治以来、仏教徒は西洋論理学が自悟であるのに対して、仏教は悟他だ、と述べ、その優位を主張してきた（船山〔一九九八〕三〇五～三〇六頁、師〔二〇一五ａ〕）。これに対して大西は、自悟が足りない、と批判したのである。

おわりに

以上、雑駁ながら、大西祝の因明理解について概観した。よく知られているように京都学派は言語や論理に対して否定的な大乗仏教の思想を吸収する一方、因明のような論理学的な伝統については大きくとりあげることはなかった。大西祝が夭折せず「新しき論理学の研究」が生まれていたならば、京都学派の哲学は大きく変わっていたのかもしれない。

（花園大学文学部教授）

参考文献

朝倉友海〔二〇一四〕『「東アジアに哲学はない」のか――京都学派と新儒家』（岩波書店）
大西祝〔一八九〇〕「雲英晃耀氏の読哲学会雑誌因明論」（『哲学会雑誌』四一―四二・四四）
大西祝〔一九〇三〕『大西博士全集1　論理学』（警醒社）
片山純一〔二〇一三〕『大西祝　闘う哲学者の生涯』（吉備人選書）
桂紹隆等〔二〇一二〕桂紹隆等編『シリーズ大乗仏教9　認識論と論理学』（春秋社）
小坂国継〔二〇一四〕「解説」（『大西祝選集Ⅲ　倫理学篇』岩波書店）
鄭偉宏〔二〇〇七〕『漢伝仏教因明研究』（中華書局）
中村元〔一九五八〕「因明入正理論疏」（『国訳一切経和漢撰述部　論疏部23』大東出版社）
平山洋〔一九八九〕『大西祝とその時代』（日本図書センター）
船山信一〔一九九八〕『船山信一著作集第8巻』（こぶし書房。原著、理想社、一九六六）

師茂樹〔二〇一五ａ〕"Kira Kōyō's Inmyō Interpretations and Western Logic."（『印度学仏教学研究』六三―三）
師茂樹〔二〇一五ｂ〕『論理と歴史　東アジア仏教論理学の形成と展開』（ナカニシヤ出版）
師茂樹〔二〇一七〕"Counterargument to the West: Buddhist Logicians' Criticisms of Christianity and Republicanism in Meiji Japan." *International Journal of Buddhist Thought and Culture*, 27(2).
姚南強〔二〇〇八〕『因明辞典』（上海辞書出版社）

第Ⅲ部　京の美に触れる

―美術史研究―

佐藤辰美コレクション春日曼荼羅小考

郷司　泰仁

はじめに

博物館・美術館において文化財を取り扱う学芸員という仕事は、これまで研究者や一般の人々にあまり知られていなかった作品に巡り会え、実際に触れられるという点で、大変刺激的な職業である。今回紹介する春日曼荼羅二幅もそのような中で知り得た作品である。

筆者の勤務先である神戸御影の香雪美術館では「悉有仏性─全てのものに仏性がある─佐藤辰美コレクション展」と題して、広島の大和プレス（ラジエターなどを取り扱う会社「大和ラヂエター」から分社化、出版事業なども行う）の社長であり、米国のアート雑誌『Art News』でも世界のトップ・アート・コレクター二〇〇人の一人として紹介されている佐藤辰美氏の膨大なコレクションのうち、仏教美術に関する作品を紹介した。(1) 今回取り上げる作品もその際の展示品で、一幅が春日社寺曼荼羅（以下、佐藤社寺本と称する）、もう一幅が春日鹿曼荼羅（以下、佐藤鹿本と称する）であり、これまで紹介されたことのないものであった。(2) どちらも室町時代（一五世紀）のものではあるが、佐藤社寺本は図様の継承を考える上から、佐藤鹿本はその伝来から興味が持たれ、報告した方が今後の春日曼荼羅研究に寄与できると思われたため、ここに詳細を紹介する。

一　各本の概要

（一）　佐藤社寺本の概要

佐藤社寺本（図1）は、絹本着色、一幅一鋪、縦九七・三㎝　横三七・二㎝の懸幅装である。画面半ばに界線を設け、上方に春日山、御蓋山とその山麓に広がる春日大社の境内を、下方に興福寺の伽藍を堂舎に安置される尊像で表現する、「春日社寺曼荼羅」に属する作品である。彩色がかなり剥落して、春日大社境内の樹木や土坡などは下書きの墨線が見える状態ではあるが、支持体である絹は健全で、補絹、補彩もほとんど行われていないとみられる。

まずは春日大社の景観から見て行きたい[3]。春日大社は春日一の鳥居、西東御塔周辺から描き出され、画面最上部には円相内に春日大社の五柱の神が本地仏坐像として描かれる。多くの春日社寺曼荼羅の春日大社境内には鹿の姿が見られるが、佐藤社寺本ではそれが確認できない。制作当初は描かれていたとも考えられるが、剥落が多いため推測の域を脱しない。

一の鳥居の左側に廻廊に囲まれた西御塔、その上方に東御塔の第四層より先が霞から覗いている。一の鳥居から参道伝いに進むと、馬出橋、五位橋、車舎、二の鳥居、祓戸神社、着到殿、青龍瀧、瀧本橋、そして本殿前に至る。廻廊内の本殿や藤鳥居内側の竈殿、酒殿、御供所周辺、若宮周辺はほかの春日宮曼荼羅とほとんど差異がない。しかし、本殿廻廊裏側の板倉、酒殿・御供所の奥の辻塀に囲まれた堂舎[4]（図2）、さらに東西御塔の左斜め上方には小社（玉垣、辻塀、鳥居が付随する、図3）が描き込まれている。御塔近くに表させる小社は、位置的に氷室社ないしは興福寺四恩院内の浮雲社ではないか、との指摘がされている。(5)

御蓋山、春日山部分は鱗状に樹木が表現されていたとみられるが、彩色のほとんどが剥落し、現状ではその詳細が確認できない。山麓には霞が充満しており、春日山の端には白雲がたなびき、左上に金泥で日輪が描かれる。その上方は、地に群青を刷いて空を表し、そこに白の円相（輪郭に截金）を設けて春日大社五柱を本地仏坐像で

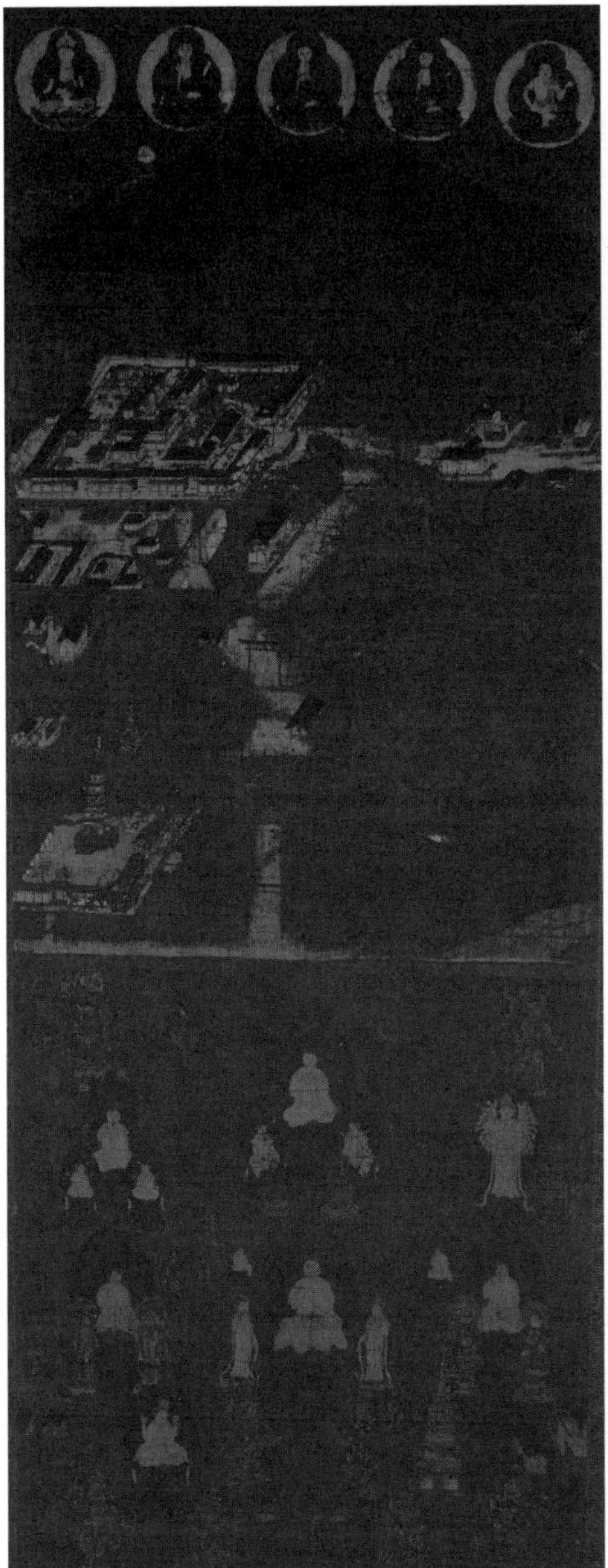

図1　佐藤社寺本　全図

図2　佐藤社寺本　春日本殿周辺

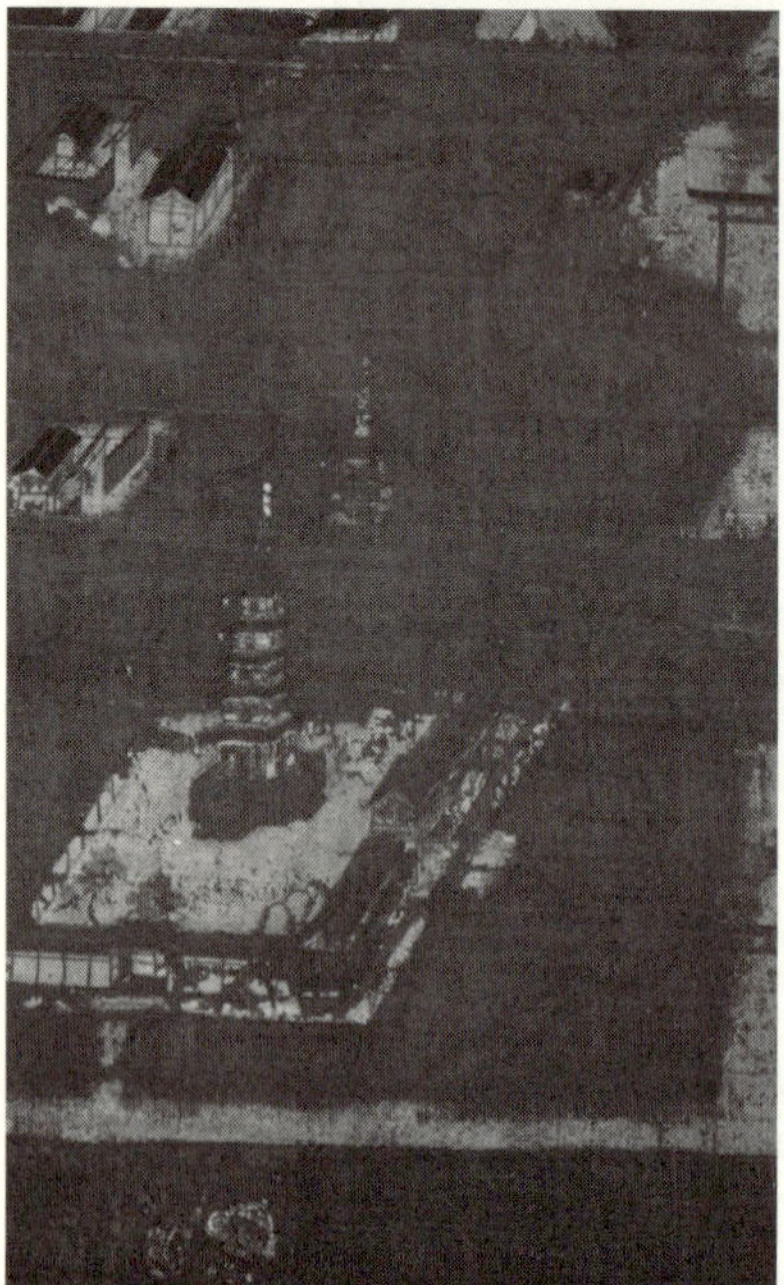
図3　春日社寺本　東西御塔周辺

図4　佐藤社寺本　本地仏・春日の山

図5　佐藤社寺本　興福寺境内

表現する（図4）。右より文殊菩薩、釈迦如来、薬師如来、地蔵菩薩、十一面観音菩薩である。これらは各々、二重円光（頭光は緑青、身光は群青とし、輪郭に截金を施す）を負い、蓮華座（輪郭に截金を施す）に趺座する。文殊は五髻、肉身が白、白の条帛と朱の裙（どちらも金泥で文様を描く）を著し、左手は剣を執り、右手は拳として肩辺りの高さで外向きに掲げる。蓮華座の色は剥落により不明。釈迦は肉身金泥、朱の衲衣（金泥で三円文）を著し、左手は施無畏印、右手は腹前で仰掌する。蓮華座は緑青である。薬師は肉身金泥、緑青と見られる衲衣（金泥で文様、周縁部は丹地に金泥線を添える）を著し、左手は胸前で仰掌し、持物を執ると見られ、右手はそれに掲げるように一・二指を捻じ、他指を伸ばすか。蓮華座は朱である。地蔵は肉身が白、朱の衲衣（金泥で文様）、茶色の袈裟と見られる衣[6]（金泥で花文）を著し、左手は肩辺りの高さで外向きに掲げ（持物を執るかは不明）、右手は胸前で錫杖（截金の柄のみが認められる）を執る。蓮華座は群青と見られる（ほとんどが剥落）。十一面観音は肉身が白で、頭上面は三段（上から仏面、二段目に四面、三段目に六面で都合十一面）、中央には金の如来立像をいただく。朱の条帛、白の裙（それぞれ金泥で文様）、緑青の天衣を著す。左手は胸前で水瓶（蓮華茎が挿すか）を執り、右手は垂下して与願印とする。蓮華座は白緑である。

一方の興福寺は下方の中央より、山門（金剛力士立像二軀）、二天門（増長天・持国天立像）、中金堂（釈迦三尊坐像、弥勒如来坐像、吉祥天立像の五軀）、講堂（釈迦三尊坐像、文殊菩薩坐像、維摩居士坐像の五軀）を中心ラインとして、右に五重塔と総宮社（小社に鳥居、玉垣、拝殿が付随する）、東金堂（薬師如来坐像、文殊菩薩坐像、正了知神将立像、弥勒如来坐像の四軀）、食堂（千手観音立像、賓頭盧坐像の二軀）、左に南円堂（不空羂索観音坐像のみ）と一言主社（小社に鳥居、玉垣、拝殿が付随する）、西金堂（釈迦如来坐像、毘沙門天立像、十一面観音立像、菩薩形立像の四軀）、北円堂（弥勒三尊坐像の三軀）、全体の四方に四天王立像を配置している

(図5)。さらに北円堂と講堂の間、講堂と食堂の間にそれぞれ小さな堂舎が描かれる。北円堂と講堂の間には小社、拝殿(図6)、講堂と食堂の間には寄棟屋根で左右に各三間二間の部屋を設け、中央の二間を通路とした建物(図7)がある。後者は興福寺部分を堂舎で描いた春日社寺曼荼羅である奈良国立博物館本(鎌倉時代[一四世紀])と奈良・興福寺本(室町時代[一四〜一五世紀])、および大阪市立美術館本(鎌倉時代[一三〜一四世紀])と東京・根津美術館本(室町時代[一四〜一五世紀])にも、食堂の北側(奥)に同形の建物が見られる。時代は下るが、宝永五年(一七〇八)銘のある「興福寺伽藍春日社境内図」(奈良・興福寺蔵)(7)、およびを宝暦一〇年(一七一三)以降の制作とされる「春日興福寺境内図」(奈良・春日大社蔵)(8)を見ても同じ位置に同形の堂舎があり、「竈殿」と墨書され、興福寺の竈殿と判断される。(9)前者については奈良・薬師寺の「春日社寺曼荼羅」(室町時代[一五世紀])の北円堂の左、広目天の足元に描き込まれる小社と同一と考えられるが、その詳細は不明である。

仏像は輪郭を朱線で引き起こし、蓮華座は繧繝彩色とするなど、伝統的な仏画の描法で描かれる。しかし、仏像の顔に丸みが強く、興福寺諸尊は頭が小さ目で、肩が張らず、脚部の幅を広くする傾向にあり、時代の降下を表している。さらに、興福寺五重塔が正面観で表現されるのは鎌倉時代後期以降であり、春日大社境内域に蛇行する川筋を長く描き込むのは南北朝時代(一〇四世紀)以降で、上方に十社も本地仏と垂迹神をともに描いた春日宮曼荼羅であるMOA美術館本、静嘉堂文庫美術館本(ともに南北朝時代[一四世紀])がその代表である。霞の形態や施彩、粗めの絹の状況なども鑑みると、室町時代(一五世紀)の制作を考えられる。

なお、佐藤社寺本には木箱が付属するものの、伝来を示すような墨書などは見られず、表装裏にも文字情報などはない。伝来は不詳である。

図6　佐藤社寺本　北円堂・講堂間の小社

図7　佐藤社寺本　講堂・食堂間の小堂

（二）　佐藤鹿本の概要

佐藤鹿本（図8）は絹本着色、一幅一鋪、縦六八・五㎝　横三〇・四㎝の懸幅装である。画面下四分の三は背景を群青地とし、そこに白い飛雲にのった白鹿の鞍上に一本の榊が配され、その上方に金箔捺した神鏡（輪郭は截金線）が懸る。上方四分の一には春日曼荼羅によく見られる御蓋山、春日山とその山の端にかかる日輪、若草山端が描かれる。本作品も彩色の剥落はあるものの、補絹や補彩はほとんど見られない。

鹿は左右とも三つ又に分かれた角を生やし、後ろを振り返る（図9）。体にはやや赤みを帯び、白の細かな毛描きがあり、胴には鹿の子模様がある。目は上瞼を濃い墨で太く引き、眼球がやや出っ張っているように表現され、金泥地に朱の虹彩、眼は弓形で、緑青の中心に墨を点描する。鼻は淡墨で形作ってから濃墨で黒さを強調する。鞍は前後輪を緑青に金泥の麻葉繋文、居僕を群青に金泥の渦文、覆輪・鞍爪・鐙を金泥とし、下鞍は縁を朱・緑青・群青の繧繝、中央を朱に金泥で六弁花斜格子文とする。鞍と胴をつなぐ帯は朱で、所々に金泥の五円文を配している。この鞍の上方から榊一本が伸びる。途中で三方に枝分かれし、その先端に緑青の葉を茂らす。榊には細い藤が絡まり、所々紫の花房を垂らす。鹿曼荼羅ではこの榊から御幣が垂れていることがあるが、本作品では見られない。鹿の乗る白雲は輪郭内に沿って白線が引かれ、全体に僅かに朱が刷かれ、ところどころに金泥を添えることで、荘厳さを醸し出している。

榊上の神鏡（裏箔を施す）には春日社五柱の本地仏坐像、第一殿（釈迦如来）を中心に、右上より左回りに第二殿（薬師如来）、若宮（文殊菩薩）、第四殿（十一面観音菩薩）、第三殿（地蔵菩薩）が描かれる（図10）。これらは二重円光（身光を群青、頭光を緑青として輪郭とその内側に截金を施す）を負い、蓮華座に坐す。蓮華座は釈迦が群青、薬師・十一面が朱、地蔵・文殊が群青で、対角線状に対称の配色とされている。各尊体躯部分に剥

図8　佐藤鹿本　全図

図9　佐藤鹿本　鹿・榊

図10　佐藤鹿本　神鏡・本地仏

図11　佐藤鹿本　春日の山並み

落が目立ち詳細は不明であるが、釈迦は丹の衣（裏地が緑青）を偏袒右肩に著し、右手施無畏印、左手与願印とする。薬師は緑青の衣を偏袒右肩に著し、右手は屈臂して胸前で掌を正面に向け、一・二指を捻じる。左手は腹前で薬壷を執る。文殊は五髻・童子形で、白の条帛、丹の裙（折返しは白）、白の腰布を著し、右手に剣、左手は腹前で仰掌するとみられる。十一面は丹の条帛、白群の裙（折返しは白）を著し、右手は垂下して蓮華の入った水瓶、左手は垂下して念珠を執る。地蔵は白の大衣・袈裟（裏は緑青）、丹の横被を著し、右手を屈臂して宝珠を執る。左手は屈臂して掌が胸前にあるが、持物を執るかどうかは分からない。これらの本地仏は輪郭を朱線で括り、蓮華座蓮弁は繧繝とし、衣には金泥で文様があったと見られる。周囲四尊は体をひねり、中央を向く体制をとり、小さいながらも伝統的な仏画の描法で細かく描かれる。

御蓋山はほかの春日曼荼羅と同様に数種の緑と白により、樹叢を鱗状に表現する（図11）。春日山は彩色の剥落が目立つが、群青地を主として、緑青や白で御蓋山と同じように樹木を鱗状に表現しているように見受けられる。左端に山の裾の一部が見える若草山は作品によっては金泥で描かれるものもあるが、本作品では緑を基本としている。これらの山の裾には下方の鹿のいる空間と区別するかのように輪郭に沿って白線を施した白群の霞が満ち、山々の間に見える空には白雲、春日山の左稜線には金泥を刷いて、輪郭外側にうっすらと朱を施す日輪が配されている。画面の最上部には群青を塗り、空が表される。

鹿の背に立てられた榊の幹が細く、すらりと伸びるところは、春日鹿曼荼羅の現在最古作である京都・陽明文庫本（鎌倉時代［一三世紀］）や、奈良・西城戸町本（南北朝時代［一四世紀］）など、古様な作品に認められる特徴である。しかし、上方の山々は形式化した鱗状であり、霞はやや鈍い発色の白群で、輪郭に白線を沿わせて硬い形状とするところは室町時代（一五世紀）の諸作品と共通する。特に鹿の姿は、首の長さやかしげる角度、

図12　佐藤鹿本　表装八双裏墨

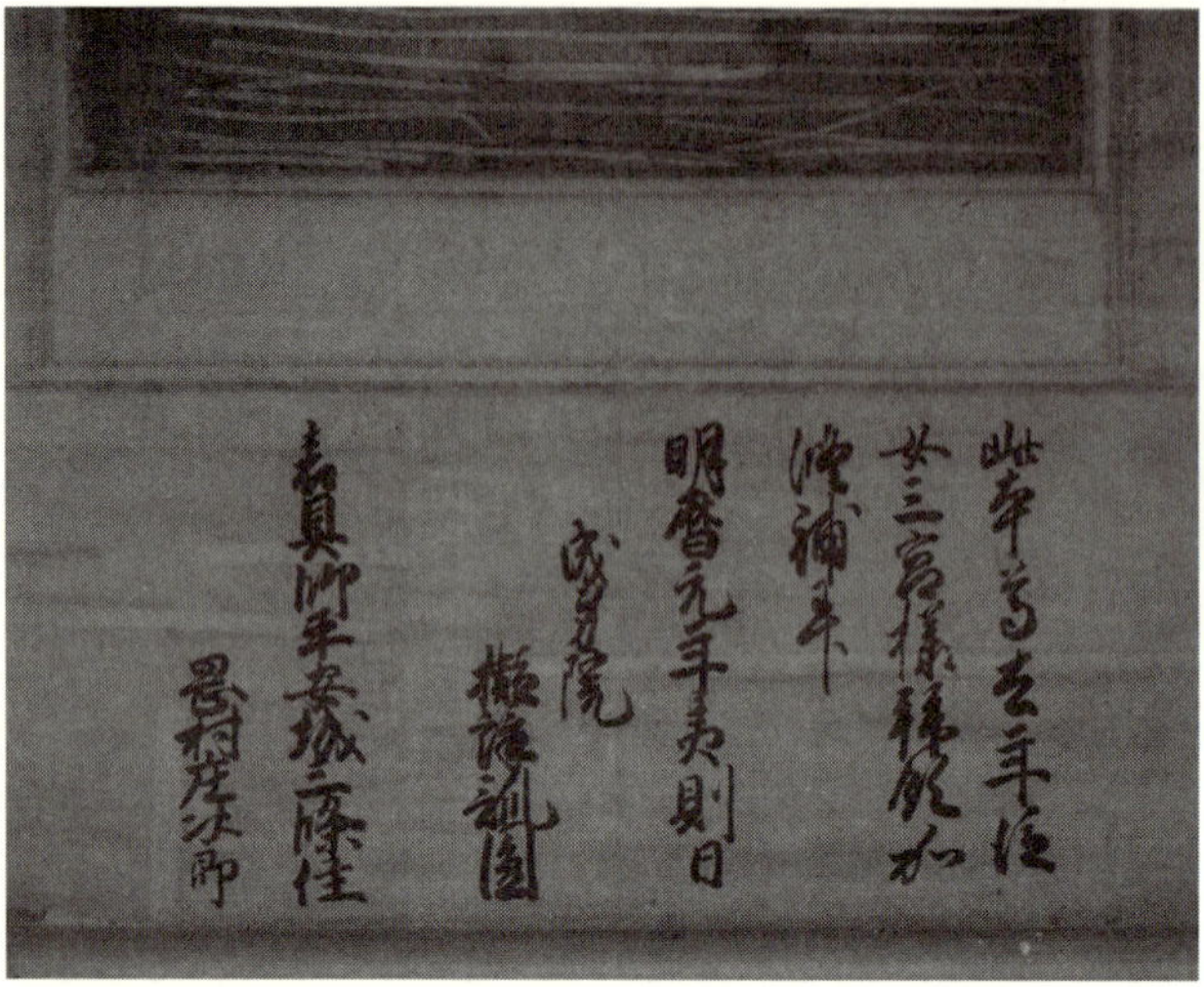

図13　佐藤鹿本　表装裏墨書

毛描きの描法などは、円相内に武甕槌命と見られる老神坐像を描いた東京・根津美術館本（室町時代［一五世紀］）と酷似する。粗めな絹も室町時代の特徴を示している。

伝来については、表装の裏、八双の巻止部分に、

鹿曼陀羅尊智筆　　［　］擬講訓圓

と墨書があり（図12）、さらに表装裏の下方に、

此本尊去年
女三宮様拝領加
修補畢
明暦元年夷則日
　成身院
　　擬講訓圓
表具師平安城三條住
　　岡村庄次郎

と墨書される（図13）。これらの墨書銘により、佐藤鹿本が鎌倉時代の絵仏師で、興福寺一乗院に所属し、南都絵所座の一つである松南院座の祖とされる尊智の筆との伝承を持っていたことが分かる。佐藤鹿本は典型的な室町時代の鹿曼荼羅であるため、尊智筆というのは伝承に過ぎない。これは後述するが、佐藤鹿本が興福寺に伝来し、興福寺に関係の深い春日大社に関係した作品であること、作品自体が中世に遡ることなどが起因して、尊智の作とされたのであろう。

さらに墨書からは、承応三年（一六五四）まで「女三宮様」が所蔵し、それを奈良・興福寺の子院の一つである成身院の「訓圓」が拝領後、京都三条に住していた「岡村庄次郎」という表具師に修復させ、明暦元年（一六五五）七月に訓圓の元に戻ってきたという。ここでいう女三宮は、後水尾天皇の第四皇女である女三宮昭子内親王（一六二九〜一七七五）と考えられる。[10]昭子内親王は母が徳川和子（東福門院）で、女三宮は幼名とされる。寛永一四年（一六三七）一二月に内親王宣下をされた。生涯独身で、寺院への入室もせず、主に女院御所内で後水尾天皇・東福門院のそばで生活していたとされる。寛永年間には岩倉に山荘が築かれ、そこが岩倉御所と称された。出家もしなかったようだが、仏教には傾倒していたとみられている。ここで問題となるのは本裏書の「女三宮様」を昭子内親王とした場合、寛永一四年一二月八日に内親王宣下があって昭子という名を賜った後も幼名である女[11]三宮を用いたかどうかである。寛文一一年（一六七一）九月一一日の岩倉山荘に後水尾天皇と明正上皇、東福門院が御幸したことを記す『无上法院殿御日記』では「女三の宮」と記す。[12]同書では延宝三年（一六七五）閏四月一九日に昭子内親王が病気になったという部分でも「女三の宮」[13]とし、同二六日に薨じた際の『堯恕法親王日記』では「女三宮」[14]と記される。このように宮中や法親王などが昭子内親王を「女三宮」と称しており、佐藤鹿本裏書の「女三宮様」は昭子内親王である蓋然性が高いと考えられる。佐藤鹿本は昭子内親王の信仰を考える上でも貴重な作例といれるであろう。

成身院訓圓についてはその詳しい業績を知る術はないが、少なからずその生涯を知ることができる。まず、国立公文書館にある寛文七年（一六六七）大乗院・信雅筆の「皇年代記（略年代記・興福寺略年代記）」（二冊、紙本墨書、請求番号・古〇三一‐〇五一六、興福寺大乗院旧蔵）にその名が記される。[15] 該当部分を記すと以下の通りである。

（第一冊七十六項裏）
写本云
　寛文六年丙午衣更着日
　以他筆令写切訖写本書
　明王院仁在之
　　　　訓円戒四十二才五十三
（同七十七項表）
　寛文七年神無月上旬
　以自筆令書写之畢
　写本成身院仁在之
　　慈氏末第信雅

（第二冊四十七項裏）
写本云
寛文六年丙午衣更着日
以他筆令切訖写本者
明王院仁在之
訓円戒四十二才五十三
（同四十八項表）
寛文七年神無月上旬
以作筆令書写之畢
写書成身院仁在之
慈氏末流信雅

訓圓は同書を寛文六年（一六六六）二月に明王院本をもって書写した。その当時五十三歳とあるので、生年は慶長一九年（一六一四）となる。「戒四十二」は受戒して四十二年と考えたほうが妥当であるため[16]、戒律を受けたのは一一歳の時、寛永二年（一六二五）となるであろう。大乗院の信雅はこの訓圓書写本（成身院本）をもとにさらに書写をしたのである。また、現在京都大学総合博物館が所蔵する『一乗院文書』からも訓圓について断片的に知ることができる[17]（表1）。それによると、寛文年間に挙行された興福寺維摩会に関わっている。明暦元年の時点で擬講に任じられているため、寛文四年・五年の維摩会でも擬講を務めたものと思われる。

表1　成身院訓圓　業績一覧

年月日	事項	出典
慶長一九年（一六一四）	訓圓生まれる	『皇年代記（略年代記・興福寺略年代記）』（国立公文書館蔵）
寛永二年（一六二五）	受戒を授かるか	『皇年代記（略年代記・興福寺略年代記）』（国立公文書館蔵）
承応三年（一六五四）七月	毘沙門天像を取得し、修復を行う	米国・ボストン美術館所蔵「毘沙門天像」（Accesson number 11.4.87）裏書墨書
承応三年（一六五四）	佐藤鹿本を女三宮様から拝領し、修復に出す	佐藤鹿本裏書墨書
	この年、すでに訓圓は擬講になっている	米国・ボストン美術館所蔵「毘沙門天像」（Accesson number 11.4.87）および佐藤鹿本裏書墨書
明暦元年（一六五五）七月	佐藤鹿本が表具師・岡村庄次郎より戻る	佐藤鹿本裏書墨書
寛文四年（一六六四）八月一八日	訓圓より会所目代御房宛に出される	『一乗院文書』「興福寺別当御教書（維摩会執行）」（京都大学総合図書館蔵）
寛文五年（一六六五）一月二五日	訓圓より会所目代御房宛に出される	『一乗院文書』「興福寺別当御教書（維摩会執行）」（京都大学総合図書館蔵）
寛文六年（一六六六）二月	明王院本をもって『皇年代記』を書写する	『皇年代記（略年代記・興福寺略年代記）』（国立公文書館蔵）
寛文七年（一六六七）一〇月	訓圓書写の成身院本をもって大乗院信雅が『皇年代記』を書写する	『皇年代記（略年代記・興福寺略年代記）』（国立公文書館蔵）
江戸時代前期カ	寺務一乗院（専寺出世奉行）から訓圓に維摩会寺聴衆交名が来る	『一乗院文書』「維摩会寺聴衆交名」（京都大学総合図書館蔵）
年代不詳	寺務一乗院（専寺出世奉行）から訓圓に維摩会十聴衆交名が来る	『一乗院文書』「維摩会十聴衆交名」（京都大学総合図書館蔵）
年代不詳	寺務一乗院（専寺出世奉行）から訓圓に維摩会一床交名が来る	『一乗院文書』「維摩会一床交名」（京都大学総合図書館蔵）
年代不詳	寺務一乗院（専寺出世奉行）から訓圓に維摩会隠密聴衆交名が来る	『一乗院文書』「維摩会隠密聴衆交名」（京都大学総合図書館蔵）

さらに佐藤鹿本に関連して興味深いのは、米国・ボストン美術館に所蔵される「毘沙門天像」（絹本着色、鎌倉時代［一四世紀］、Accesson number 11.4.87）である。この裏書、外題には以下のように記される。(18)

（裏書）
承應三年買得之即時令修幅畢奉資現當安樂迷界平等臣益者也
承應三年甲午孟夏日
成身院訓圓
表具師平安城三條住
岡村庄次郎

（外題）
毘沙門天王　擬講訓圓

この毘沙門天像は佐藤鹿本とほぼ同じ伝来を有する。佐藤鹿本が女三宮様から拝領したのと同じ年、承応三年に訓圓が入手し、即時に修復に出されている。しかも佐藤鹿本と同じ表具師の岡村庄次郎に任せている。この修復は現当安楽、迷（冥カ）界平等を祈願し、資財が投じてられている。佐藤鹿本とこの毘沙門天像には何かしら関連があったものと考える。

二　各本の特徴について

（一）　佐藤社寺本

春日大社に対する信仰を具現化した絵画である春日曼荼羅は、ほかの垂迹画に比べて、バリエーションが多いのが特徴と言える。その中で、同図像、同図様を継承するものは数が限られる。春日諸社のうち十社を、垂迹神立像とその左に沸き上がる雲の上に坐す本地仏で構成された「春日本迹曼荼羅」は奈良・宝山寺本（鎌倉時代［一三世紀］）に代表されるが、その他に兵庫・白鶴美術館本（鎌倉時代［一四世紀］）[19]、個人蔵本（南北朝〜室町時代［一四〜一五世紀］）[20]、鳥取・大雲院本（慶応四年［一八六八］）[21]が知られる。さらに上方に春日の山、下方に鳥居と参道を描き加えた静嘉堂文庫美術館本（南北朝時代［一四世紀］）[22]、宮曼荼羅、鹿曼荼羅と組み合わせたMOA美術館本（南北朝時代［一四世紀］）[23]、静嘉堂文庫美術館本（南北朝時代［一四世紀］）[24]、上方に御蓋山などの山並み、下方に一の鳥居、影向の松、東西両御塔などを描いた奈良・金剛寺本（室町時代［一五〜一六世紀］）[25]が存在し、派生系が認められる。[26]春日大社と興福寺の境内を一幅中に描く「春日社寺曼荼羅」のうち、興福寺の諸堂塔を俯瞰的に描くもので、興福寺を南面から描いた作品として、奈良国立博物館本（鎌倉時代［一四世紀］）と奈良・興福寺本（室町時代［一四〜一五世紀］）、興福寺を西面から描く作品として、大阪市立美術館本（鎌倉時代［一三〜一四世紀］）と東京・根津美術館本（室町時代［一四〜一五世紀］）も同図像、同図様を継承することが知られている。このような中で、佐藤社寺本の図像、図様は同一のものが複数存在し、注目に値する。

①東京・根津美術館本（絹本着色、縦一一九・五㎝　横四一・三㎝、南北朝時代［一四世紀］）[27]

②兵庫・西光寺本（絹本着色、縦九三・八㎝　横四〇・〇㎝、南北朝〜室町時代［一四〜一五世紀］）[28]

③大英博物館本（絹本着色、縦九九・八㎝　横三五・〇㎝、室町時代［一五世紀］）(29)
④奈良・久度神社本（絹本着色、縦九六・三㎝　横三八・七㎝、室町時代［一五～一六世紀］）(30)

それぞれに天地左右の切り詰めが見られ、①は他本より幾分縦長ではあるが、その他はほとんど法量に変化がみられない。佐藤社寺本を含めたこれら五幅は、興福寺部分では五重塔が正面向きに表され、東西各金堂と南円堂の本尊が内側を向き(31)、総宮社をはじめとした四棟の小さい堂舎（五重塔右の総宮社、南円堂左の一言主社、講堂と食堂の間の竈殿、講堂と北円堂の間の小社）を描き込み、同じ特徴を有している。しかし、①のみ、中金堂の釈迦の両脇侍のさらに外側に菩薩立像（十一面観音か）が各一軀ずつ配され、一言主社の左斜め下に窪弁財天社（拝殿、玉垣、背後に一本の樹木が生えた小社で表現される）を描き、これを含めた五棟の小さい堂舎の地面に金泥を刷く。春日大社部分では、本殿廻廊裏側の板倉、酒殿・御供所の奥の辻塀に囲まれた堂舎、西御塔廻廊の北面まで描き、描かれる空間の広さには共通するところがある。しかし、各本によって若干の差異が認められる。

●西御塔廻廊を西面まで描く（①）
●東西御塔の左上に小社を描く（佐藤社寺本、②、③、④）
●川の流れの周辺に金泥を施す（②、③、④）
●本地仏を描き込む（佐藤社寺本、①、③）
●馬止橋の手前に霞を配して参道の長さを強調するもの（佐藤社寺本、①、②、③）、参道に霞がかからないもの（④）
●春日野の樹木を多数描いて、自然の豊かさを表す（佐藤社寺本、①、③、④）

などと、複雑な変化が認められる。このほか、本地仏を表す佐藤社寺本と①、③でも、佐藤社寺本は画面の横幅いっぱいを使って均等に配置するが、①は春日山の幅内に抑えてこじんまりと表され、二重円光の周囲に火焔が見られ、③は若宮のみ少し離して配置される。日輪も佐藤社寺本は全体が見え、①・③は山に少しかかり、④は半分近く隠れ、その大きさにも違いがある。このように大同小異の特徴を有するこれら五幅の作品は、原本と模写の関係にあるわけではなく、同一原本からの派生であるといえるだろう。

（二）　佐藤鹿本

春日曼荼羅の中でも、佐藤鹿本と同じ図柄の春日鹿曼荼羅は特に作例が多い。そのような中で、佐藤鹿本の特徴は、①榊にかかる円相内の本地仏のうち脇に位置する四尊（薬師と地蔵、十一面と文殊）がそれぞれ体を内側に向ける点、②鹿の背景を群青一色で塗り、そこと上方の山並みに連続性を持たせずに明確に分ける点、が挙げられるであろう。

まず、①について。円相内の本地仏の描写は、奈良国立博物館本（鎌倉時代［一四世紀］）やメトロポリタン美術館甲本（南北朝時代［一四世紀］）[32]、サンフランシスコ・アジア美術館本（南北朝時代［一四世紀］）[33]、根津美術館本（二幅、南北朝時代［一四世紀］と室町時代［一五世紀］）[34]のように立像で表現されるものや、坐像であってもケルン東洋美術館乙本（室町時代［一六世紀］）[35]のように、全ての尊像が正面を向くものが存在する。佐藤鹿本のように周囲四尊が内を向く作例としては、メトロポリタン美術館乙本（南北朝時代［一四世紀］）[36]や金沢学院大学図書館（奥野文庫）本（室町時代［一五世紀］）[37]、立体の作品としては京都・細見美術館の「春日神鹿御正体」（鎌倉～南北朝時代［一四世紀］）が知られている。これは中尊である第一殿（釈迦如来）へと視点が向かうように構成されている。

②については、春日鹿曼荼羅のみならず春日宮曼荼羅、春日社寺曼荼羅などでも、上方の御蓋山などの山並みと鹿の背景、春日社境内に連続性を持たせるために、霞を配置して、空間の広がり、奥行きをも表現する。しかし、佐藤鹿本では山の下に霞はあるものの、鹿の背景である群青地とは連続するというより、立ち切られた感がいなめない。この背面を一色にすることは、榊に懸る神鏡に春日第四殿を本地仏である十一面観音立像（長谷寺式）で表現した鹿曼荼羅である東京・静嘉堂文庫美術館本（室町時代［一五世紀］）と通じるが(38)、鹿が雲に乗らない点や鹿の向きなどに違いが見られる。

おわりに

今回はこれまで未紹介であった佐藤辰美コレクションに所蔵される春日曼荼羅二幅を取り上げた。佐藤コレクションの作品は、佐藤辰美氏ご自身が「摩滅ジャンキー」と称するように、表面が摩滅したり、手足がない仏像、飾りや巻子の一部など、摩滅したものや断片、断簡となったものが多い。さらに、春日大社旧蔵との伝承をもつ大型の「地蔵菩薩懸仏」（平安時代［一二世紀］）、表面を鉈彫りとし、衣文線を墨線で表現する「女神坐像」（平安時代［一〇～一一世紀］）、頬にC字型の突起を表した天王立像（平安時代［一一～一二世紀］）など、他にはあまり見られない特徴を示した作品が含まれる点も見どころのひとつである。今回紹介した作品は後者にあたり、佐藤コレクションを代表する仏画といえよう。

佐藤社寺本は、春日社寺曼荼羅に属する作品でありが、同様の図様系統を示す作品が、本作品のほかに四幅知られており、バリエーションにとんだ春日曼荼羅の中でも、注目すべきものである。これら五点は形式化しているものの、他本には見られないモチーフが描き込まれ、春日曼荼羅の展開を考える上で貴重である。

一方の佐藤鹿本は春日鹿曼荼羅の典型的な作品ではあるのもの、本地仏の描き方、背景処理にも特色が見られた。さらに、江戸時代の修理銘が見られ、昭子内親王、成身院訓圓、岡村庄次郎と気になる人物が記されていた。今回は両作品の概要、図様の確認と、伝来、特徴に終始した感がある。今後は今少し様式の検討を行い、春日曼荼羅内での詳細な位置づけができればと思う。

（香雪美術館学芸員）

【謝辞】
本稿を執筆するにあたりまして、図版の掲載をご快諾いただきましたご所蔵者の佐藤辰美氏に心より御礼申し上げます。

註

（1）この展覧会は、二〇一七年五月二〇日（土）から七月二日（日）までを第Ⅰ期、同年七月一五日（土）から九月三日（日）までを第Ⅱ期として、両期併せて一五〇件あまりを紹介した。

（2）これら両作品は、香雪美術館『悉有仏性―全てのものに仏性がある―　佐藤辰美コレクション』（二〇一七年、大和プレス）にて、

（3）筆者が解説を付けて紹介した。

（4）以下、杉野愛「春日社寺曼荼羅説―図様とその継承」（『美術史家、大いに笑う―河野元昭先生のための日本美術史論集』、二〇〇六年、ブリュッケ）を参考に図様を確認した。

（5）この堂舎に関しては、奈良・春日大社に所蔵される江戸時代と考えられる境内絵図「春日社頭並山内之図」をみると、この場所に朱書で「廃」と記された紙が貼られるが、その下には「安居屋」「假建」という墨書が認められる。この安居屋の建立がいつまで遡るかは不明であるが、佐藤社寺本に描かれた件の堂舎が安居屋である可能性はある。奈良女子大学の奈良地域関係資料画像データベース内の春日大社所蔵電子画像集（http://mahoroba.lib.nara-wu.ac.jp/y08/08/index.html）を参照した。

（6）『おん祭と春日信仰の美術』（展覧会図録、二〇〇七年、奈良国立博物館）や奈良国立博物館『春日大社のすべて』（展覧会図録、二〇一八年、奈良国立博物館ほか）など、同図様系統の奈良・久度神社本の解説の中で、北澤菜月氏によって指摘されている。

（7）この茶色の衣は趺座する脚部全体まで覆う。袈裟であればここまでは覆われない。写し崩れと見られる。

（8）奈良六大寺大観刊行会『奈良六大寺大観　第七巻　興福寺一』（一九六九年、岩波書店）、東京藝術大学大学美術館ほか『興福寺国宝展　鎌倉復興期のみほとけ』（展覧会図録、二〇〇八年、朝日新聞社）。

（9）註4　前掲　画像データベース（http://mahoroba.lib.nara-wu.ac.jp/y08/kasuga_taisha/keidai_zu/index.html）を参照した。

（10）白原由紀子氏は東京・根津美術館に所蔵され、佐藤社寺本と同一原本から派生した図様で描かれた春日社寺曼荼羅（南北朝時代［十四世紀］）の解説の中で、講堂と食堂の間に描かれる堂舎を「興福寺の竈殿と思われる建物」と指摘している。根津美術館学芸部『春日の風景―麗しき聖地のイメージ―』（展覧会図録、二〇一一年、根津美術館）。

筆者は註2　前掲書の解説では、女三宮を後西天皇第三皇女、宗栄王女とした。その際は、女三宮という呼称が、歴代天皇の三番目の姫宮（第三皇女）のことを示すこともあり、さらに裏書の年代からそのように判断した。しかし、本論を著すにあたり再度検討した結果、「女三宮」は昭子内親王である蓋然性が高まった。解説に誤りがあったことをこの場でお詫びしたい。

女三宮に関しては、熊倉功夫『後水尾院』（一九八二年、朝日新聞社）、久保貴子『徳川和子』（二〇〇八年、吉川弘文館）を参照。姉である女二宮（実名は不詳）を昭子内親王と記すものがあるが、誤記とされている。ちなみに女二宮（一六二二～五一）は、後水尾天皇第三皇女で、母は女三宮と同じく徳川和子、関白近衛尚嗣の北政所である。

(11) 宮内庁図書寮編『天皇皇族実録 明正天皇実録』一巻 一七五頁。
(12) 宮内庁図書寮編『天皇皇族実録 後水尾天皇実録』五巻 一四七〇頁。
(13) 註12 前掲書 一四七一頁。
(14) 註12 前掲書 一四七一頁。
(15) 本書の確認は、国立公文書館デジタルアーカイブ（https://www.digital.archives.go.jp/）にて行った。
(16) 「戒四十二」を受戒年齢として捉えると、明暦元年（一六五五）に戒律を受けたことになる。佐藤鹿本、ボストン本毘沙門天像を手に入れた承応三年は四十一歳となり、受戒以前に三会の講師である擬講という高位になったとは考えがたい。そのため、「戒四十二」は受戒して四二年と考えられるが、そうすると一一歳の時に受戒したことになり、若年すぎる気もする。
(17) 勝山清次研究代表者『中世寺院における内部集団史料の調査・研究』（科学研究費補助金（基盤研究（B）（2））研究成果報告書、二〇〇六年）。
(18) この毘沙門天像の裏書および外題の起こしは、ボストン美術館所蔵品データベース（https://www.mfa.org/collections）を参照した。
(19) 註5 前掲書『春日大社のすべて』。
(20) 奈良国立博物館『おん祭と春日信仰の美術 【特集】威儀物―神前のかざり―』（展覧会図録、二〇一四年、一般財団法人仏教美術協会）、『武将たちは何故、髪になるのか―神像の成立から天下人の神格化まで―』（展覧会図録、二〇一八年、滋賀県立安土城考古博物館）。
(21) 田鍬美紀『神と仏、大習合』（展覧会図録、二〇〇〇年、財団法人鳥取市文化財団）。本図録の中では「山王本地垂迹曼荼羅」とされ、大雲院十三世住職光範が比叡山薬樹院に伝えられた軸を模写させ奉納した、と解説される。しかし、図様を検討すると、四段目の左の一言主社が麈尾で顔を隠さず、全体的に形式化してはいるものの、一連の春日本迹曼荼羅と同系統であるとわかる。なぜ本作品が山王曼荼羅とされたのか、薬樹院伝来の作品がどういったものであったのかは不明である。
(22) 註5 前掲書『春日大社のすべて』。
(23) 東京国立博物館ほか『特別展 春日大社 千年の至宝』（展覧会図録、二〇一七年、NHKほか）、註5 前掲書『春日大社のすべて』。
(24) 註5 前掲書『春日大社のすべて』。

(25) 註20　前掲書『おん祭と春日信仰の美術　【特集】威儀物―神前のかざり―』。
(26) これら諸本は細部の比較をすると、大きく二系統に分けられ、わずかな差異が認められる。これに関しては別の機会に報告したい。
(27) 註9　前掲書。
(28) 神山登監修、谷本政春編集『但馬の錦』(一九七九年、岡書店)、『特別展　ふるさとの神々―祝祭の空間と美の伝統―』(展覧会図録、二〇〇八年、特別展「ふるさとの神々」実行委員会)。
(29) 大英博物館所蔵品データベース (http://www.britishmuseum.org/research/collection_online/search.aspx) を参照。
(30) 奈良国立博物館で開催される「おん祭と春日信仰の美術」で数回展示されている。『おん祭と春日信仰の美術』(展覧会図録、二〇〇七年、奈良国立博物館) ほか。また、註5　前掲書『春日大社のすべて』にも掲載される。なお、景山春樹『日本の美術　一八　神道美術』に同図像・同図様の「春日社寺曼荼羅」が掲載されるが、所蔵が記載されていない。画像の上部が切れられはいるが、モチーフの配置、損傷具合が久度神社本と一致するため、今回久度神社本と判断した。
(31) この脇に配された堂舎の本尊が内側を向く特徴は、神奈川・總持寺に伝わる春日社寺曼荼羅 (長禄四年［一四六〇］) にも見られる。しかし、佐藤社寺本と同系統の作品は東西各金堂と南円堂の本尊であったが、總持寺本は東西各金堂と北円堂の本尊である。また、總持寺本では興福寺境内に描かれる仏像・堂舎の数が、十一堂舎分の十五尊と大変少ない。この総持寺本は表褙裏書に長禄四年 (一四六〇) に現在の奈良県香芝市周辺に所在した平田荘岡郷の郷民による春日講の本尊として制作させたことが知られる。梅沢恵「【資料紹介】總持寺所蔵の中世絵画―春日社寺曼荼羅と役行者像―」(『神奈川県立博物館研究報告―人文科学―』三二、二〇〇六年)、清水健「おん祭と春日信仰の美術」(奈良国立博物館『おん祭と春日信仰の美術』、展覧会図録、二〇一三年、一般財団法人仏教美術協会)。
(32) メトロポリタン美術館所蔵品データベース (https://www.metmuseum.org/art/collection) を参照。
(33) 『海外所在日本美術品調査報告　五　サンフランシスコ・アジア美術館　絵画・彫刻』(一九九五年、東京国立文化財研究所)。この中では、武甕槌命が常陸国鹿島を発ち、鹿に乗る武甕槌命と、これに付き従ったという中臣時風と秀行が描かれるため「春日明神図」とされる。しかし、画面上方には春日鹿曼荼羅と同じく、榊に懸けられる神鏡が描かれる。
(34) 根津美術館本二幅は各尊が右斜め下を向き、影向するかのように描かれる。
(35) 『海外所在日本美術品調査報告　八　ケルン東洋美術館　絵画』(一九九九年、文化財保存修復学会)。

(36) メトロポリタン美術館所蔵品データベース（https://www.metmuseum.org/art/collection）を参照。
(37) 金沢学院大学図書館HP（http://library.kanazawa-gu.ac.jp/kasuga/index.html）を参照。
(38) 註5　前掲書『春日大社のすべて』。

大法院と土方稲嶺

志水　一行

はじめに

平成二二年（二〇一〇）、花園大学歴史博物館において企画展「大法院展 真田家と佐久間象山ゆかりの文化財」が開催された(1)。江戸時代初期にはじまりをみる妙心寺山内塔頭大法院に伝来する文化財を展観するものである。

この展覧会に際して、花園大学歴史博物館では大法院に蔵される書跡・絵画資料の悉皆調査を行った。大法院の障壁画については、これまでに詳らかな研究がなされているものの(2)、その他の資料に関しては未調査の状態が長らく続いており、調査対象となるすべての資料が未紹介のものであった。掛幅装および巻子装のものだけでも一五〇件を超える。したがって、展覧会を通じて紹介した資料は大法院所蔵資料の一部にすぎない。

さらに、展覧会に際する調査時より一〇年程の年月を経た現在、展観後に課題を残したままの状態の絵師や資料がある。その一つに、大法院に数点の作品を遺し、同院での作画活動に重きを置いたことが想定される絵師の存在がある。その絵師とは鳥取藩絵師の土方稲嶺（一七四一～一八〇七）である。稲嶺が描いた「叭々鳥図」が大法院庫裏の一室を飾るほか、開基である長姫（?～一七〇二）の肖像画「長姫像」(3)（寛政一二年・一八〇〇）

および「瀑布図」[4]（寛政一〇年・一七九八）を遺しており、大法院との関連が注目される絵師である。また、作期が判明する作例もあり、これらの作品が稲嶺の画業の解明に資することを期待し、本稿において大法院に蔵される稲嶺作品を改めて紹介することにしたい。

一　大法院小史

大法院は上野国沼田城主・真田信吉（一五九五～一六三五）の娘・長姫（天祥院殿瑞現慈雲尼大姉、？～一七〇二）による創建と伝えられている。長姫が祖父である信濃国松代藩初代藩主・真田信之（一五六六～一六五八）の遺命をうけて建立した信之の菩提所であり、信之の法名「大法院殿徹岩一洞大居士」に因んで院号とした。

開基の長姫は、生前、曹溪寺（東京都港区）開山の絶江紹隄（円覚大鑑禅師、妙心寺一七五世、一六〇二～一六六三）に参禅しており、大法院の開創にあたっては、絶江の法嗣である淡道宗廉（大転法輪禅師）が開祖に招請された。長姫が参禅した絶江および開祖の淡道は、東海派玉浦下に属する禅僧である。したがって、大法院は妙心寺四派のうち東海派に属する塔頭として開創した。

その創建年次について、川上孤山氏は『妙心寺史』「法山通紀年表（其二）」において「寛永二年　淡道、法山に大法院を創す」と記し[5]、大法院の開創を寛永二年（一六二五）とする。この『妙心寺史』が刊行されて以後、妙心寺史に関する文献はいずれも寛永二年創建をとる。[6]その一方で、後述する「長姫像」の賛文においては、寛文二年（一六六二）の創建と記されており、『妙心寺史』が示す創建年と大きな齟齬をきたす。

大法院関係法系図

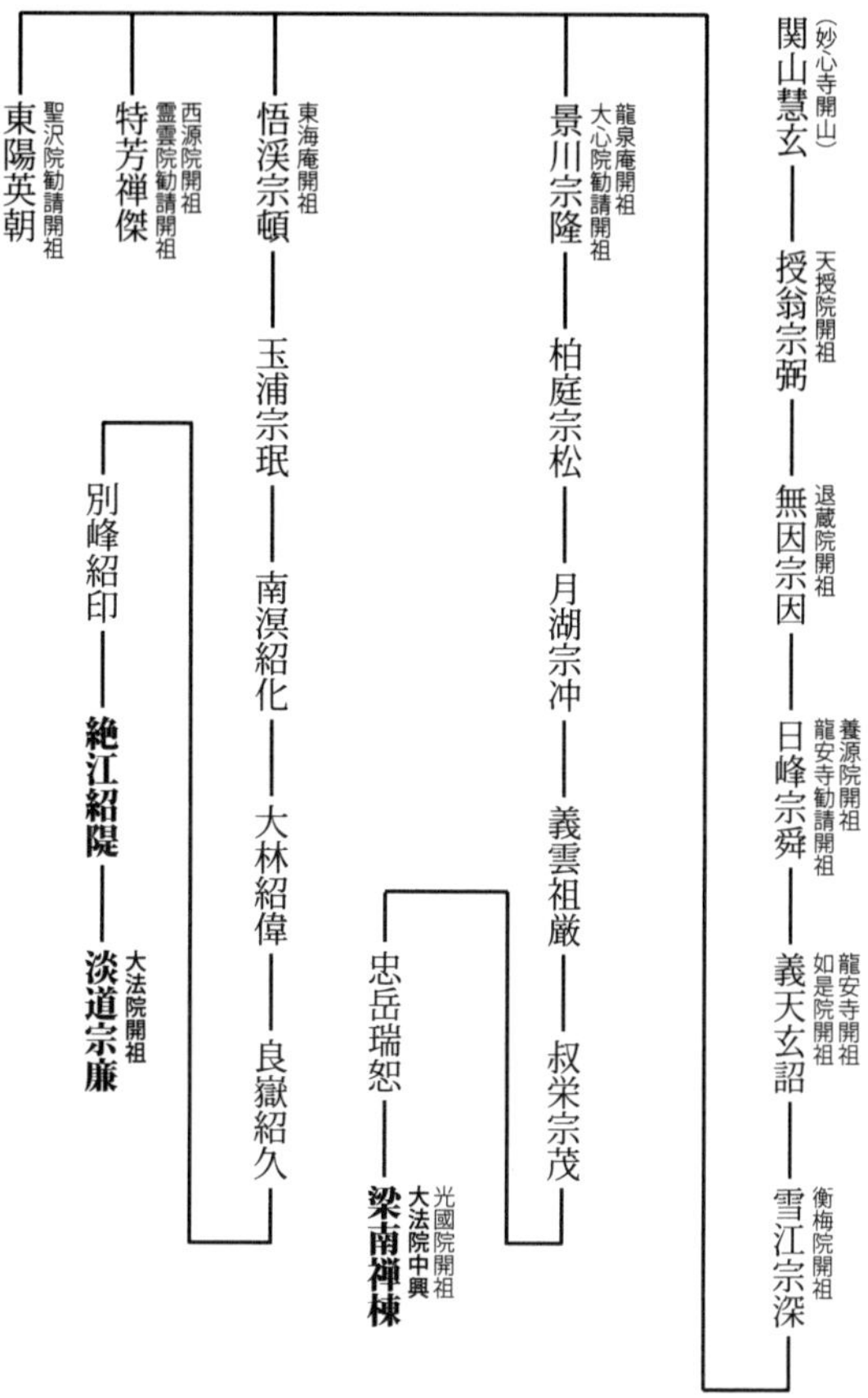

ただし、寛永二年を採用した場合、この年は信之在世中であり、信之の遺命により長姫が建立したという創建由来と矛盾が生じる。さらに、大法院諸堂宇の建立に関して、建築史の立場から興味深い見解が提示されている。すなわち、妙心寺大工家の資料によれば、寛文二年に大法院の庫裏が建立され、その翌年に方丈と玄関が上棟された可能性が高いことが指摘された。(7) その点、寛文二年の創建とおもわれるが、万治元年（一六五八）、狩野理左衛門によって描かれた「妙心寺伽藍並びに塔頭総絵図」(8)（妙心寺）には、すでに現在と同じ位置に大法院の名

とともにその堂宇の姿を確認でき、寛文二年の創建にも疑問がのこる。大法院は開創の発願から長期間にわたって諸堂宇の建立・整備などが進められた可能性があり、段階を経ての開創であった可能性も視野に入れて考えることが必要であろう。

また寺伝によれば、のちに龍泉派柏庭下の梁南禅棟(妙心寺一〇〇世、一五五四～一六三八)によって中興されており、中興と同時に妙心寺塔頭のひとつ盛徳院を併合し、このときより龍泉派に属する塔頭に変わっている。しかし、先の『妙心寺史』「法山通紀年表(其二)」によれば、梁南禅棟は寛永一五年(一六三八)に示寂しており、寛文二年の創建とみなした場合、梁南禅棟ではなくその法脈をひく禅僧によって中興された可能性を想定すべきである。いずれにせよ、大法院は盛徳院を併合して新たな展開をみることになる。

妙心寺伽藍並びに塔頭総絵図[部分] 狩野理左衛門筆
万治元年(一六五八) 妙心寺

この梁南禅棟は近世初期妙心寺における傑僧の一人であり、妙心寺山内に二つの塔頭を開創している。その一つが、元和六年(一六二〇)に松平忠隆(実相院殿大林宗功大居士、一六〇八～三二)が父・忠政(光國院殿雄山常英大居士、一五八〇～一六一四)の菩提を弔うために建立した光國院であり、もう一つが盛徳院である。

盛徳院は寛永五年（一六二八）、松平忠明（天祥院殿心巖玄鉄大居士、一五八三〜一六四四）によって忠隆の祖母である亀姫（盛徳院殿香林慈雲大姉、一五六〇〜一六二五）の菩提寺として建立された。亀姫は徳川家康の長女にあたり、天正四年（一五七六）、奥平信昌に嫁いでいる。大法院に梁南が着賛する久五郎重徳筆「奥平信昌夫人（亀姫）像」(9)が伝来する所以はここにある。なお妙心寺史に関する資料に目を向けると、無著道忠（一六五三〜一七四四）撰述の『正法山誌』巻九「正法山妙心禅寺塔頭」に盛徳院の名が記されており、「正法山妙心禅寺塔頭総図」(10)（安政六年・一八五九年刻）および「妙心寺伽藍並びに塔頭総絵図」によれば、現在の光國院の地に所在していたことが知られる。

また寛永一一年（一六三四）、盛徳院の檀越・松平忠明が光國院の檀越・松平忠隆の菩提所として塔頭実相院（現・廃寺）を建立している。この実相院の開祖は梁南の法嗣・繁室玄昌であり、梁南が繁室に与えた道号が大法院に伝来する。さらに付け加えておくならば、妙心寺塔頭天祥院は忠明の菩提所として正保二年（一六四五）に建立された一院である。

時代は下り、明治一一年（一八七八）一一月、大法院は妙心寺塔頭松林院を併合する。松林院は淡道を開祖とする一院であり、元禄三年（一六九〇）の創建、開基は中村氏という。「正法山妙心禅寺塔頭総図」は南惣門の南に所在した境外塔頭であったことを伝える。

大法院は創建以後、松代藩真田家から毎年五〇石の院禄をもって外護され、長姫の姻戚関係により、真田・千種・久我・内藤四家の菩提所として展開する。幕末には、松代藩第八代藩主・真田幸貫（一七九一〜一八五二）の儒臣であった佐久間象山（一八一一〜六四）の墓地が設けられ、今日に至っては、真田家のほか佐久間象山ゆかりの寺院として広く知られている。

二　大法院の土方稲嶺作品（作品データ）

大法院の歴史はやや複雑な様相を呈すものの、永い歴史のなかで蓄積された多彩な美術品が伝来している。ここに紹介する土方稲嶺の遺作もそのひとつであり、稲嶺の画業において重きをなす作品に位置付けられる。さらに大法院史の解明にあたり新たな切り口となり得る可能性をも秘めている。

稲嶺は鳥取藩家老荒尾家の家臣である土方弥右衛門の子と伝えられ、江戸にて南蘋派の宋紫石（一七一五～八六）に師事したという。寛政一〇年（一七九八）一〇月一九日に鳥取藩第七代藩主池田斉邦より藩絵師として召し抱えられ、その際に、名を「廣邦」から「廣輔」に改名している。稲嶺の生涯における作画活動については、先学による精緻な研究がなされており(11)、本稿においては大法院における作画活動に視点を当て論じることにする。

先に述べたように、大法院における稲嶺の作品は当院庫裏の一室を飾る「叭々鳥図」がこれまでに知られており、詳細な調査報告がある(12)。この度の調査により新たに見出すことができた「長姫像」と「瀑布図」を含む大法院所蔵稲嶺作品の基本データをここに記す。

【叭々鳥図】

《員数》［襖］八面

［床・壁貼付］一面

［床・袋戸（地袋）］四面

《品質》紙本墨画
《法量》［襖］（各）縦一八〇・〇cm　横一一二・二cm
（各）縦一七九・〇cm　横九二・四cm
［床・壁貼付］縦一一七・七cm　横一八一・五cm
［床・袋戸（地袋）］（各）縦三〇・五cm　横八八・七cm
《制昨年》江戸時代（一八〜一九世紀）

【長姫像】
《賛者》泰明智秀
《員数》一幅
《品質》絹本着色
《法量》縦一一八・〇cm　横五六・六cm
《制作年》江戸時代　寛政一二年（一八〇〇）
《箱蓋表墨書》「当院創建　天祥院殿画像　一幅」
《箱蓋裏墨書》「寛政十二庚申歳孟春之日　［因州住人／画師　土方稲嶺廣邦］」
《賛文》（「花園一華」白文葉形印）
当院創建天祥院殿瑞現慈雲尼大姉者俗名長姫上野州沼田城主前河州刺史
真田源信吉之嫡女母雅楽頭酒井源忠世之女千種前亜相源有維卿之室也大

大法院庫裏　十畳間

長姫像　箱蓋表墨書［部分］

長姫像　箱蓋裏墨書［部分］

第Ⅲ部 京の美に触れる ―美術史研究―

長姫像

當院創建天祥院殿瑞現鸞雲尼大姉者俗名長姫上野州沼田城主前河州刺史
眞田源信吉之嫡女母稚栄頭酒井源忠世之女千種前亞相源有雅卿之室也大
妙自壯歲留心訪祖道入曹溪之室請詣絶江師祖提撕瑞嚴王人公之話者年久
矣一旦得力之後託師寓稱獅子窟瑞現之二大字錦裏諮於其下盂印授他云祖
父前豆州太守信章從幼鐘愛而永訣之日遺以黄金者干矣因尼有慇懃梵字以
祓資祖父實厭志矣寛文第二主寅歲相纖於華園之西陛月岔雲亡夫人合厭功
成一舉金碧燦爛扁曰 大法於是請決道先祐爲開祖安祖父神儀廣燈之香以償
素願矣 一日病筆從容話林遁卻祖日想義没俊更無橿力可賞持恐他日記荒
慶我師信力堅固卯貧俠比州創之功永世以不朽面復接筆告識謹歎也兩後七
日溘然而逝寛元禄十五年五月十七日是故土于壬戌歲平酉正值大姉一百年之諱景今春新繪眞彩衆
兒孫者假勿遽以冀來千京來歳掌西正值大姉一百年之諱景今春新繪眞彩衆
錄英搜聚紀之於懼上以報洪德萬分之一伴祈鎭護且贅語 一章日
開唯合德式芳風　　秋潭明月寫方丁
千種眞田結此親　　寒埠勁松爲此倫
天降休祥姓彦子　　曹溪密母傳心印
地占林麓祀先人　　永轉如来大法輪

寛政十二歲次庚申季春之日
　　　　　　住持從五春明誌秀謹題

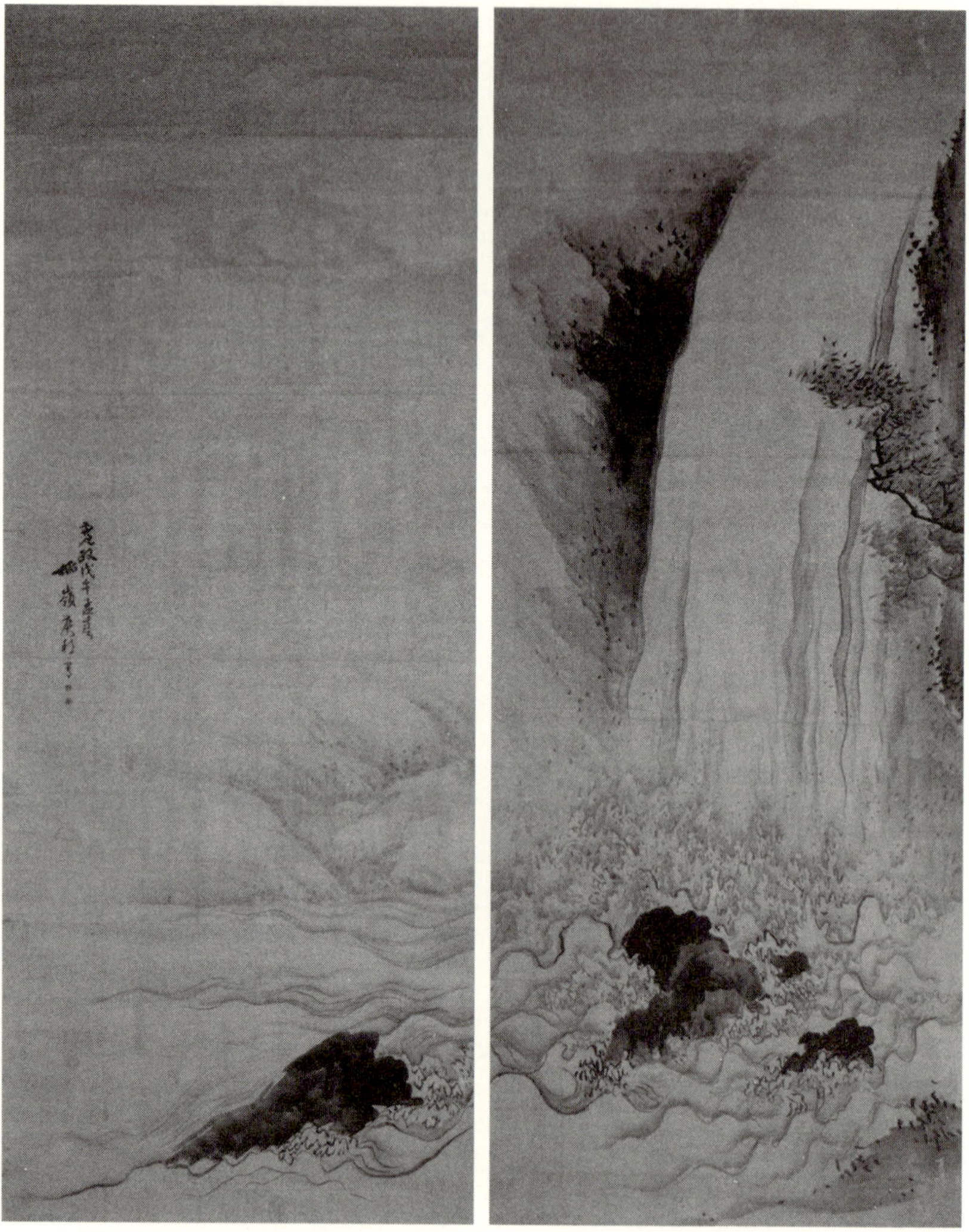

瀑布図

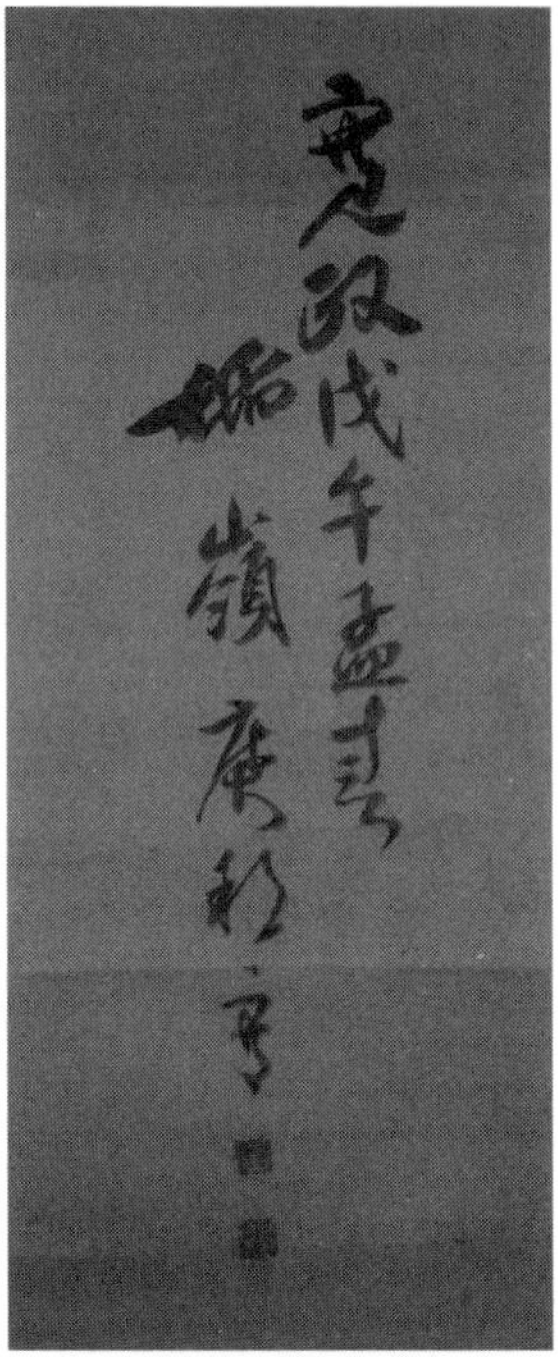

瀑布図　落款　［左幅］

瀑布図　印章　［左幅］

［左幅］　［右幅］

瀑布図　巻留墨書

姉自壮歳留心於祖道入曹溪之室請益絶江師祖提撕瑞巌主人公之話者年久矣一旦得力之後就師需称号仍書瑞現之二大字録垂語於其下蓋印授他云祖父前豆州太守信幸従幼鍾愛而永訣之日遺以黄金若干矣因此有営構梵宇以欲資祖父冥府志矣寛文第二壬寅歳相攸於華園之西陲月斧雲斤天人合応功成一挙金碧爛朗扁曰大法於是請淡道老衲為開祖安祖父神儀晨灯夕香以償素願矣一日病革時従容語林道師祖曰想我没後更無檀力可資持恐他日就荒廃我師信力堅固仰冀使此艸創之功永世以不朽而復援筆告誡謹厳也爾後七日溘然而逝実元禄十五年七月廿七日也是故主于此院者伝持遺訓如護眼目為児孫者慎勿遺忘焉于茲来歳辛酉正値大姉一百年之諱景今春新絵真影采録其梗概記之於幀上以報洪徳万分之一併祈鎮護且贅讃偈一章曰

千種真田結此親　関睢令徳式芳塵　秋潭明月写方寸　寒嶂勁松為比倫
天降休祥旌孝子　地占殊勝祀先人　曹溪室内伝心印　永転如来大法輪

寛政十二歳次庚申季春之日　住持比丘泰明智秀謹題

（「智秀」白文方印）（「泰明」朱文方印）

【瀑布図】

《員数》二幅

《品質》紙本墨画

《法量》（各）縦一八二・九㎝　横七四・〇㎝
［紙継：縦］（右幅）二八・三＋三九・五＋三九・八＋三九・八＋三五・五
（左幅）二〇・一＋三八・四＋三九・八＋三九・六＋三九・六＋五・四
《制作年》江戸時代　寛政一〇年（一七九八）
《款記》「寛政戊午孟春／稲嶺廣邦写」※左幅のみ
《印章》「廣」「邦」（白文聯印）※左幅のみ
《巻留墨書》「稲嶺之瀧画弐幅対　右」（右幅）・「稲嶺之瀧画弐幅対　左」（左幅）

三　長姫像

「長姫像」の図上には、寛政一二年（一八〇〇）に当院住持の泰明智秀が着賛する。長姫についてはこの賛文に詳しい。それによれば、長姫は真田信吉の長女であり、母は酒井忠世（一五七二〜一六三六）の娘という。寺伝および一部の記録は、長姫が千種有能に嫁したことを伝えるが、[13]ここでは夫に有能の息子有維（一六三八〜九二）をあてる。はじめ美作国宮川藩初代藩主・関長政（一六一二〜九八）に嫁ぐが離縁してのことであった。また長姫は、幼少の頃に千種家に身を寄せていた波多基維（波多家祖、後代は六角氏）の育ての親として世話をしていたという。[14]基維は元禄八年（一六九五）に二一歳にして早世し、大法院に葬られた。大法院には基維の肖像画も伝来している。いずれにしても、長姫と基維の関係は深かったものとおもわれる。

先述のように、生前は絶江紹隄に帰依しており、明暦元年（一六五五）に絶江より「瑞現」の道号が与えられ

波多基維像
江戸時代（17～18世紀）
大法院

千種有能像
江戸時代（17～18世紀）
大法院

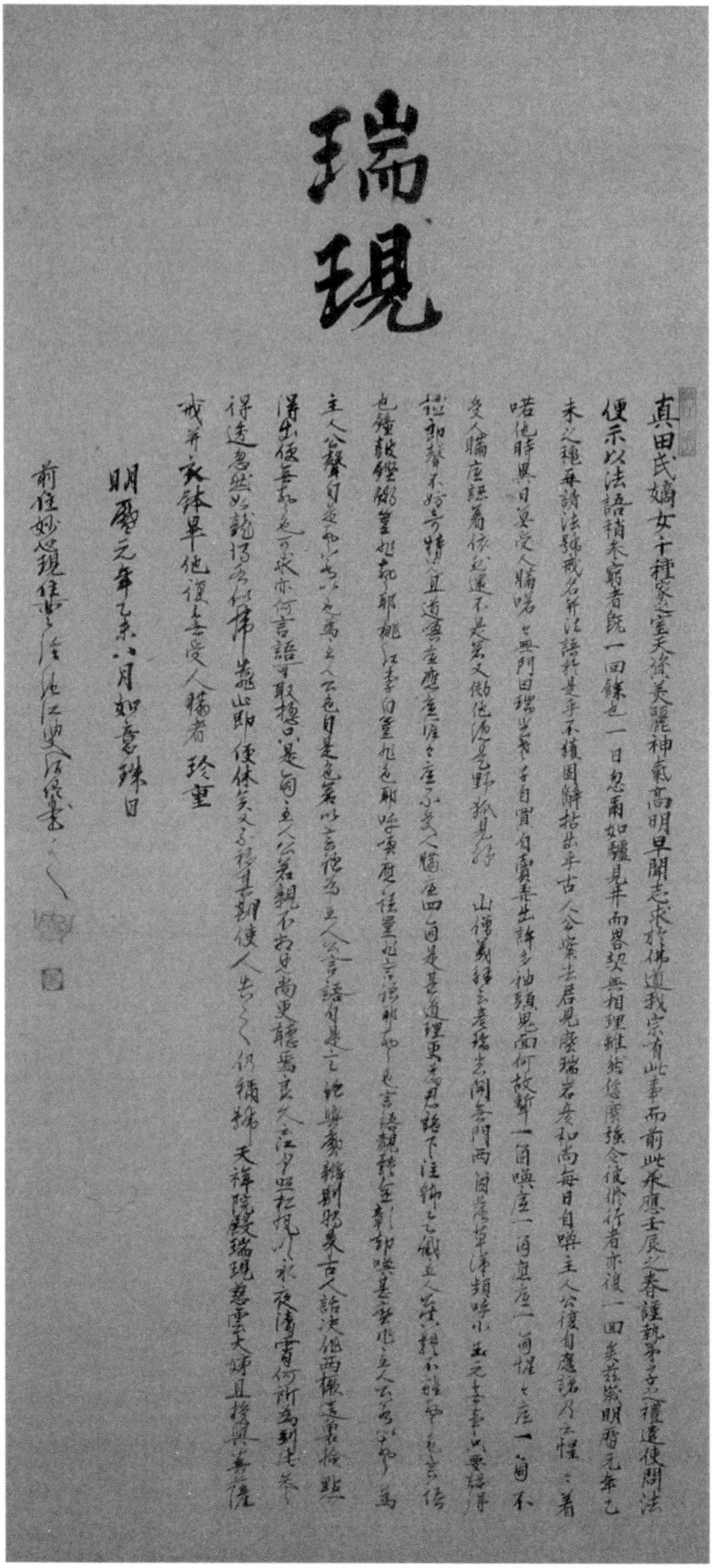

絶江紹隄墨蹟「瑞現」道号　明暦元年（一六五五）大法院

ている。当院創建にあたっては絶江の法嗣・淡道宗廉が開祖に迎えられた。長姫の法名は「天祥院殿瑞現慈雲尼大姉」という。なお、泰明は賛文において本画像制作の経緯を記しており、元禄一五年（一七〇二）七月二十七日に他界した長姫の百回忌にあたり本画像が制作されたことが知られる。なお、長姫の遠諱法要は寛政一三年（享和元年）を正当年として執り行われたようである。

本画像は無落款であるものの、本画像をおさめる箱の蓋裏には「寛政十二庚申歳孟春之日　〔因州住人／画師土方稲嶺廣邦〕」の墨書があり、筆者は土方稲嶺と伝える。また大法院には泰明智秀によって纏められた校割帳が伝来しており、賛者である泰明自身が稲嶺であることを記している。ここに校割帳のうち肖像画の項目を抜粋する。

一開基和尚尊像　〔団中天筆／泰寧山賛〕　壱幅　※淡道宗廉像
一松林中興尊像　曹渓清梁州賛　壱幅　※林道祖桂像
一徳巌創建尊像　龍津識径山賛　壱幅　※喝伝全密像
一介然禅師尊像　曹渓瑞林廣賛　壱幅　※介然維石像
一大法院殿画像　壱幅　※真田信之像
一天桂寺殿画像　壱幅　※真田信吉像
泰明代
一天祥院殿画像　寛政十二年土方稲嶺絵　壱幅　※長姫像
一法雲院殿画像　壱幅　※波多基維像
（中略）
泰明代
一瑞祥院殿画像　千種前中納言有政卿被納之　壱幅　※千種有能像

長姫像［部分］

この校割帳は「寛政十一己未歳十月　泰明代」の奥書を有する。寛政一二年に制作された「長姫像」がここに記載されることに疑問が生じるが、泰明住持期の寛政一一年一〇月以後も付け加えられ加筆されたものとみなしたい。長姫の百回忌にあたり寺宝の整理がすすめられたのであろう。

繧繝縁の畳に坐す長姫は、白袴に黒衣を着し、頭巾を被る。右手に扇、左手には数珠を執り、絶江に参禅していた当時の姿を想起させる。長姫の晩年の姿であろうか、顔貌は年老いた姿であらわされている。おだやかな表情であるとともに、全体を通して慎ましい姿である。また礼盤には六文銭があしらわれており、当院に伝来する「真田信之像」「真田信吉像」「真田信利像」と同様、信之菩提寺としての真田家公式の肖像画であることがうかがえる。

多岐にわたる領域の画題を描いている稲嶺であるが、肖像画の作例は極めて珍しい。その点、稲嶺の肖像画制作における代表作に位置付けられてしかるべき作例である。当該期における女性肖像画においても特筆すべき作品といえよう。

四　瀑布図

掛幅装にて伝来する「瀑布図」は、左幅のみに「寛政戊午孟春／稲嶺廣邦写」の款記と「廣」「邦」（白文聯印）の印章をともなう。その款記によれば、本図は寛政一〇年（一七九八）一月に描かれたことが知られる。先述のように、稲嶺は同年一〇月に名を「廣邦」から「廣輔」に改名している。したがって、本図は「廣邦」時代の作例であり、稲嶺の生涯における制作活動においても過渡期の作画に位置付けられよう。さらにこの二年後には、泰明智秀が「長姫像」に着賛しており、大法院に伝来する一連の稲嶺画との関係が興味深い。

とりわけ、本図において注目されるのが、（各幅）縦一八二・九㎝×横七四・〇㎝という大幅の対幅であることである。右幅は水しぶきを上げて豪快に流れ落ちる瀑布が画面全体に描かれ、その水流は左幅へと続く。祐徳寺（兵庫県養父市）本堂（上間一の間）を飾る「虎渓三笑図」[15]の一場面にみる瀑布を想起させる作例である。水しぶきなどにみる水流の描き方は、雑華院（京都府京都市）書院の一室を飾る襖絵「芦岩浪図」[16]や、春光院（京都府京都市）書院の障壁画（襖絵・壁貼付）の一部「岩浪図」[17]に描かれる表現と近似し、各所に稲嶺画の要素が認められる。年記を有する点からも稲嶺の画業において重きをなす作品の一つである。

ここにおいては、本図が大幅であるとともに、モチーフとなる瀑布が大画面の稲嶺作品に多くみられることから、当初は襖絵などの障壁画であった可能性が考えられることを指摘しておきたい。大法院庫裏の障壁画「叭々鳥図」のうち、襖絵の法量は縦一八〇・〇㎝×横一一二・二㎝と縦一七九・〇㎝×横九二・四㎝のもので構成され、本図の縦の法量は「叭々鳥図」のそれと近似する。また、右幅の左上端および右下端に本紙の大きな欠損が認められ、本紙に傷みが生じていたことが明らかである。したがって、現在の表装に仕立てられる以前、掛幅と異なる形態のものであった可能性は考えられる。さらには、稲嶺が開基像である「長姫像」を描き、障壁画「叭々鳥図」をも制作していることから、大法院における何らかのモニュメンタルな作品であった可能性は考えられよう。

しかし、本図は瀑布から水流まで両幅において構図がまとめられ完結している。さらに、左幅に落款をともなうことからも、四面にわたるような大画面の襖絵であったことは考えがたい。また、両幅における左右両端の大幅な切り詰めは認められない。このほか本図にともなう情報として、巻留には「稲嶺之瀧画弐幅対　右」（右幅）および「稲嶺之瀧画弐幅対　左」（左幅）の墨書があり、表装時には対幅として仕立てられたことを知る。しかし、制作年代や表装時期などの伝来は記されておらず、この巻留墨書を記した人物についても詳らかでない。

瀑布図　右幅［部分］

現在、大法院は「叭々鳥図」が一室を飾る庫裏、そしてその背後（西側）に接続する書院が主要伽藍をなしている。書院は南側三室と北側三室の六室からなり、中央奥に仏間を配す。しかし、幕末から明治初期に方丈が失われたことにより、書院に仏間等が設けられるなど当初の書院と大きく間取りを変えているようである。書院の建立時期は詳らかではないが、一七世紀中頃をくだらない様式が示され、それ以前は二室構成の小規模の書院だったという(18)。

今日は、書院の一室を渡辺了慶の障壁画(19)が飾るが、間取りが大きく改変されており、建具における当初の様相も詳らかでない。もし本図が大法院の当初の書院あるいは方丈の障壁画であったとするならば、「叭々鳥図」と同時期の制作の可能性が高い。

おわりに

このように、大法院における稲嶺の作画活動は、開基像である「長姫像」および庫裏の一室を飾る「叭々鳥図」という、大法院の歴史において極めて重きをなす作品にわたる。さらに大幅の「瀑布図」を遺していることから、大法院と密接な関係があったものとおもわれる。

稲嶺の生涯における作画活動を見渡すと、禅宗寺院、とりわけ妙心寺派寺院における制作活動が多いことに気付く。寛政八年（一七九六）の年記を有する興國寺（和歌山県日高郡由良町）書院襖絵(20)をはじめ、妙心寺山内塔頭においても雑華院書院襖絵(21)、春光院書院障壁画(22)を描いている。同じく塔頭の大雄院には「竹燕図屏風」（六曲一隻）が遺されているほか(23)、退蔵院（妙心寺塔頭・京都府京都市）には稲嶺の手によるものと推測される「波濤図屏風」（六曲一隻・紙本墨画）が伝来している。[24] さらに、妙心寺派寺院ではないものの、大徳寺派寺院である祐徳寺の本堂（上間の間）に「虎渓三笑図」（八面・紙本墨画）を描いているほか、同寺には「猛虎図」（一幅・紙本着色）が伝来している。[25]

稲嶺は天明二年（一七八二）あるいは同三年頃より一時期、京都に滞在していたようである。京都滞在中に禅僧との交流があり、のちに妙心寺あるいは妙心寺派寺院をはじめとする作画活動へと結びついたのかもしれない。大法院の作画活動においては、当時の住持職であった泰明智秀が依頼主であった可能性が高く、泰明との関係に注目される。しかし、泰明の詳細については、それを知る資料が乏しい状況にあり、大法院伝来作品の制作背景にも謎がのこる。稲嶺作品が伝来する禅宗寺院における住持のネットワークの解明も、制作過程を知る上での鍵となりそうである。

また、禅宗寺院に現存する稲嶺作品の数から、今後も禅宗寺院における稲嶺の作画活動を示唆する作品が見出されよう。あるいは禅僧との直接的な関係を示す資料も見出される可能性も高い。泰明をはじめとする禅僧と稲嶺の交流を今後の課題とするとともに、妙心寺派

泰明智秀像　自賛　天保一三年（一八四三）　大法院

をはじめとする禅宗寺院において、新たな稲嶺作品および関係資料が見出されることを期待したい。

（花園大学歴史博物館研究員）

註

（1）花園大学歴史博物館編『大法院展 真田家と佐久間象山ゆかりの文化財』花園大学歴史博物館、二〇一〇年
（2）『―鳥取画壇の源流をさぐる―紫石・応挙と土方稲嶺展』鳥取県立博物館資料刊行会、一九九七年
中谷伸生・福井麻純「大法院庫裏十畳間の土方稲嶺「叭々鳥図」〈妙心寺大心院・大法院の建築及び障壁画の調査研究報告〉」『関西大学博物館紀要』六、二〇〇〇年
山岡泰造・長井健「大法院書院一の間の渡辺了慶の障壁画〈妙心寺大心院・大法院の建築及び障壁画の調査研究報告〉」『関西大学博物館紀要』六、二〇〇〇年
（3）志水一行〈作品解説：四〉「長姫像」（前掲註（1）花園大学歴史博物館編『大法院展 真田家と佐久間象山ゆかりの文化財』）
（4）志水一行〈作品解説：三五〉「瀑布図」（前掲註（1）花園大学歴史博物館編『大法院展 真田家と佐久間象山ゆかりの文化財』）
（5）川上孤山著・荻須純道補述『増補 妙心寺史』思文閣、一九七五年
（6）竹貫元勝「妙心寺の塔頭」（荻須純道編著『妙心寺 寺社シリーズ（2）』東洋文化社、一九七七年）
木村静雄『妙心寺 六百五十年の歩み』妙心寺大法会事務局、一九八四年
竹貫元勝『京都の禅寺散歩』雄山閣出版、一九九四年
竹貫元勝『妙心寺散歩 大寂常照禅師五百年遠諱記念』霊雲院、二〇〇四年
（7）永井規男「大法院の書院〈妙心寺大心院・大法院の建築及び障壁画の調査研究報告〉」『関西大学博物館紀要』六、二〇〇〇年
（8）志水一行〈作品解説：四一〉「妙心寺伽藍並びに塔頭総絵図」（九州国立博物館編『京都 妙心寺 禅の至宝と九州・琉球』西日本新聞社、二〇一〇年）

(9) 朝賀浩〈作品解説：七〇〉「奥平信昌夫人像」（大阪市立美術館編『―人のすがた人のことば― 肖像画賛』大阪市立美術館、二〇〇〇年）
田沢裕賀〈作品解説：一三五〉「奥平信昌夫人像」（東京国立博物館・京都国立博物館・読売新聞社編『妙心寺』読売新聞社、二〇〇九年）
〈作品解説：一三六〉「奥平信昌夫人像」（特別展「妙心寺 禅の心と美」実行委員会編『妙心寺 禅の心と美』特別展「妙心寺 禅の心と美」実行委員会編、二〇〇九年）

(10) 前掲註（5）川上孤山著・荻須純道補述『増補 妙心寺史』

(11) 細見古香庵「鳥取の画人 土方稲嶺」『日本美術工芸』二七三、一九六一年
星野鈴「土方稲嶺筆 松に孔雀図」『国華』九四三、一九七二年
小山勝之進「土方稲嶺と動物画」『郷土と博物館』七四、一九九二年
鶴田武良『宋紫石と南蘋派』〈日本の美術 三二六〉至文堂、一九九三年
小谷惠造「画聖、土方稲嶺」『藝林』四五（三）、一九九六年
前掲註（2）『―鳥取画壇の源流をさぐる―紫石・応挙と土方稲嶺展』
小谷惠造『土方稲嶺伝』富士書店、二〇〇一年

(12) 前掲註（2）『―鳥取画壇の源流をさぐる―紫石・応挙と土方稲嶺展』
前掲註（2）中谷伸生・福井麻純「大法院庫裏十畳間の土方稲嶺「叭々鳥図」〈妙心寺大心院・大法院の建築及び障壁画の調査研究報告〉」

なお、「叭々鳥図」の詳細データについては、右記の文献を参照した。

(13) 前掲註（6）竹貫元勝「妙心寺の塔頭」
前掲註（6）木村静雄『妙心寺 六百五十年の歩み』
前掲註（6）竹貫元勝『京都の禅寺散歩』
前掲註（6）竹貫元勝『妙心寺散歩 大寂常照禅師五百年遠諱記念』

(14) 松澤克行「公武の交流と上昇願望」（堀新・深谷克己編『〈江戸〉の人と身分3 権威と上昇願望』吉川弘文館、二〇一〇年）

(15) 菅村亨〈作品解説〉「土方稲嶺筆 虎渓三笑図襖」（木村重圭・菅村亨編『近世の障壁画（但馬編）』但馬文化協会、一九八二年）

田中敏雄「興国寺（和歌山県由良町）の障壁画―土方稲嶺の襖絵―」『日本美術工芸』五六四、一九八五年（『近世日本絵画の研究』作品社、二〇一三年 所収）
(16) 前掲註（2）『―鳥取画壇の源流をさぐる―紫石・応挙と土方稲嶺展』
(17) 中谷伸生「春光院書院の障壁画―土方稲嶺の壁貼付絵と襖絵「武陵桃源図」―〈妙心寺春光院の建築及び障壁画の調査研究報告〉」『関西大学博物館紀要』三、一九九七年（『大坂画壇はなぜ忘れられたのか―岡倉天心から東アジア美術史の構想へ』醍醐書房、二〇一〇年 所収）
前掲註（2）『―鳥取画壇の源流をさぐる―紫石・応挙と土方稲嶺展』
(18) 前掲註（7）永井規男「大法院の書院〈妙心寺大心院・大法院の建築及び障壁画の調査研究報告〉」
(19) 前掲註（2）山岡泰造・長井健「大法院書院一の間の渡辺了慶の障壁画〈妙心寺大心院・大法院の建築及び障壁画の調査研究報告〉」
(20) 前掲注（15）田中敏雄「興国寺（和歌山県由良町）の障壁画―土方稲嶺の襖絵―」
前掲註（2）『―鳥取画壇の源流をさぐる―紫石・応挙と土方稲嶺展』
(21) 宮島新一〈作品解説：二三～二五〉「竹林七賢図」「柳鶯図」「孔雀図」（京都府文化財保護基金編『京都の江戸時代障壁画』京都府文化財保護基金、一九七八年）
前掲註（2）『―鳥取画壇の源流をさぐる―紫石・応挙と土方稲嶺展』
(22) 前掲注（17）中谷伸生「春光院書院の障壁画―土方稲嶺の壁貼付絵と襖絵「武陵桃源図」―〈妙心寺春光院の建築及び障壁画の調査研究報告〉」
前掲註（2）『―鳥取画壇の源流をさぐる―紫石・応挙と土方稲嶺展』
(23) 前掲注（17）中谷伸生「春光院書院の障壁画―土方稲嶺の壁貼付絵と襖絵「武陵桃源図」―〈妙心寺春光院の建築及び障壁画の調査研究報告〉」
(24) 前掲註（2）中谷伸生・福井麻純「大法院庫裏十畳間の土方稲嶺「叭々鳥図」〈妙心寺大心院・大法院の建築及び障壁画の調査研究報告〉」
(25) 前掲註（2）『―鳥取画壇の源流をさぐる―紫石・応挙と土方稲嶺展』

【付記】

本稿脱稿後、鳥取県立博物館にて「鳥取画壇の祖 土方稲嶺 ―明月来タリテ相照ラス―」（会期 二〇一八年一〇月五日～一一月一一日）が開催され、大法院をはじめとする禅宗寺院に伝来する稲嶺作品が紹介された。同展覧会の図録には一〇〇点を超える稲嶺作品が詳細な作品解説とともに掲載されているほか、印章などを含める稲嶺関係資料がまとめられている。稲嶺と禅宗寺院の結びつきが強いことを改めて認識させられる展観であり、同展における研究報告をもとに、今後も禅僧との関係の解明に取り組んでいきたい。

秦テルヲの仏画
―南山城・奈良における仏教美術研究をとおして―

荻山　愛華

はじめに

秦《はだ》テルヲ（一八八七〜一九四五、本名・秦輝男。以下、テルヲ。）は、明治末期から昭和初期に活躍した日本画家である。その画風は、下層社会に生きる女性を描いた女郎作品から西洋美術の聖母子像を意識した母子図作品、また古典的な仏像などから影響を受けた仏画作品にいたる。特に女郎作品では、奇抜な構図や独特な画風から明治大正期の美術雑誌や新聞に取り上げられ、「デカダン（退廃的）な作品」として、近代の日本画壇に大きな反響を与えた。[1]一方、晩年の仏画作品は本物の仏画と同様、真摯な宗教性の高さを感じつつも安心感（母性）を与える作風を特徴とした。テルヲの仏画作品や作風については、田中日佐夫氏と上薗四郎氏、JOHN D.SZOSTAK 氏の三論が認められる。

田中日佐夫氏は、明治以来大正期における美術の流れの中で仏画を描くことに専念した画家、あるいは仏画の傑作を描いた画家たちの共通点は、テルヲ同様若い時期にデカダンに走り、自らの本性を自覚した画家であると位置付けた。そのなかで、テルヲの独特な雰囲気をもった仏画の原点はデカダンであった当時の時代背景にあると考えられた。[2] また、上薗四郎氏は安心感（母性）を与える作風について、テルヲが子供の誕生を機に、妻・初の子に対する愛と自身が受けた母・久の愛が派生したものであるとした。[3] さらに、JOHN D.SZOSTAK 氏は、女郎作品から《佛化開縁之図》をとおし、テルヲの仏画作品は伝統的な宗教絵画を参考に自身の思想を加えることにより成立する「モダニスト仏画（近代仏画）」であると提言した。[4] つまり、テルヲの仏画作品は古典的な仏画から影響を受け、それにテルヲの思想を加えたものがテルヲ独自の作風につながったと考えられた。それでは仏画作品を制作するにあたり、テルヲはどのような作品を参考にしたのだろうか。テルヲが南山城にて仏教美術研究を行っていたことは、島田康寛氏の論から確認できる。[5] しかし、島田氏以降仏教美術研究の内容についてはふれられておらず、また晩年の作品にどのように反映されたのかも論証されることはなかった。

本論ではテルヲの仏教美術研究の内容を知るため、現存する日記（京都国立近代美術館蔵）やテルヲ自身が美術雑誌に執筆した文章を基にどのような文献や仏像、仏画作品から影響を受けたのかを考察する。また、仏教美術研究時代に制作された作品やその後に制作された作品の中でも、テルヲの作風の特徴でもある「母に見守られているような安心感（母性）を与える作風」である《恵まれしもの》、《聖観音図》、それらの二作の間に制作されたテルヲの大作《佛化開縁之図》の三作を中心にみていく。

なお、本論は平成一五年（二〇〇三）から一六年に開催された展覧会「デカダンから光明へ　異端画家秦テルヲの軌跡—そして竹久夢二・野長瀬晩花・戸張孤雁」[6] と昨年テルヲの生誕一三〇年を記念し星野画廊にて企画された「生誕一三〇年　秦テルヲの生涯」[7] にて得られた研究成果を大いに参考とする。

一　テルヲの仏教美術研究

テルヲは、大正一〇年（一九二一）一二月、仏教美術研究のため東京から京都府相楽郡加茂村観音寺（現・京都府木津川市加茂町観音寺）へ移住する。テルヲはこの時期を「共同生活を始めて　子供の出産と共に／性欲物質欲以外の愛を視る様になった時代[8]」とあらわしている。また、自身の画歴を回顧した《自叙画譜》（昭和一二年、京都国立近代美術館蔵）では、東京生活の中で自身が病に罹り死に直面した後、大正九年に父となり、思想転化のために東京から南山城へ移住したとの内容も認められた[9]。つまり、この南山城への移住はテルヲにとって作品の変遷だけでなく、生活の再起をかけた移住であったと考えられる。加茂へ移住した経緯については詳らかでないが、日記の記述からパトロンの一人であった今村繁三（一八七七〜一九五六）[10]がお金を工面していたことがわかっている[11]。それらの記述の中には、テルヲが奈良において仏像を研究することに今村が大いに賛成し、進んで金銭面を援助したと認められる。テルヲの交友関係については、当時の画家や美術史家、建築家、心理学者、また実業家など多くの人物たちと親交をもっていたことがわかっており、それらの人物たちの中には制作活動を支援するパトロンもいた[12]。テルヲは、そのような社会的に地位の高い人物たちからの援助により作品を制作することができた。さらに、大正一四年又は翌年に、京都府相楽郡加茂村瓶原（現・京都府木津川市加茂町河原二三）へ移住し、森岡丈夫氏なる人物の離れに住んでいたことがわかっている[13]。研究生活は、昭和四年（一九二九）一〇月初めに京都市北白川上終町一〇一へ移住するまでの約八年にわたった。それでは、テルヲが約八年も過ごした京都相楽郡はどのような地域であったのだろうか。

テルヲが移住した京都府相楽郡は「南山城」と呼ばれ、京都府南部の木津川流域を中心とした地域で、奈良に近いこともあり、奈良の宗教や文化から影響を受けた地域であった。晩年瓶原の恭仁山荘に隠棲した、東洋史学者の内藤湖南（一八六六〜一九三四）が執筆活動に専念した場所としても知られ、今日まで多くの学者や文化人たちが影響を受けた。特にテルヲが移住した加茂町では、海住山寺、岩船寺、浄瑠璃寺、また隣町の笠置町には笠置寺があり、古くから多くの十一面観音像を安置する。さらに、南山城は茶の名産地であり、新芽が出ると害虫の予防や遮光のために寒冷紗をかける茶畑景観が風物詩の一つでもある。寒冷紗とは、麻や綿などを荒く平織りに織り込んだ布で、しばしば日本画材として用いられることもある。テルヲも移住時に寒冷紗を画材として用いた作品を遺している。[14] 以上の点から、テルヲが仏教美術研究をする上で十分な場所であったと認められる。それでは、文化的に恵まれていた南山城でテルヲはどのようなものから影響を受けたのだろうか。

その内容を知る手掛かりとして、大正一二年（一九二三）三月から翌年四月までに執筆されたテルヲの日記（京都国立近代美術館蔵）が挙げられる。日記の中には主に宗教や美術に関する文献が列挙されており、様々な書物を参考にしていたことがわかる。[15] これらの文献の中には、『日蓮全集』や『歎異抄』、「金光明最勝王教」などの浄土真宗から密教に至るまでの仏教書をはじめ、母・久がクリスチャンであったため『旧約聖書』に眼を通していた。さらに、パトロンの一人であった児童心理学者・高島平三郎（一八六五〜一九四六）の勧めであろう児童文学も認められる。またトルストイなどのロシア文学を翻訳した文献も確認することができ、当時のロシアにおける社会的・政治的問題を強く反映した文学にも興味があったと考えられる。

次に、昭和元年（一九二六）二月から四月にかけてテルヲが寄稿した、「奈良を中心としての古美術の数々　上・中・下」（『大毎美術』第五巻第二号〜四号）が挙げられる。『大毎美術』とは、大阪毎日新聞社（大毎）の旧館で活動した大毎美術社が発行した美術雑誌で、昭和一八年（一九四三）まで発行された。当時活躍していた多くの画家たちが展覧会や画会についての評論をのせており、近代美術の動向を知る上で重要な雑誌資料の一つである。そのため、本資料は近代美術史からみても重要な美術雑誌に記載された記事として重要な資料であろう。「奈良を中心としての古美術の数々　上」では、テルヲが奈良国立博物館に展示されていた仏像の図像や様式について触れている。テルヲが奈良国立博物館で観た仏像は以下のとおりである。

観世音菩薩像（法隆寺）、虚空蔵菩薩（法輪寺）、不空羂索観世音菩薩像（大安寺）、乾漆十大弟子立像、八部衆（興福寺）、塑像四天王（法隆寺）、宝生如来（唐招提寺）、十一面観音菩薩（薬師寺）、僧義淵の像（岡寺）、維摩居士（法華寺）、衆宝王菩薩・獅子吼菩薩（唐招提寺）、楊柳観世音菩薩・聖観世音菩薩（大安寺）、梵天像・帝釈天像（法隆寺）、四如来（西大寺）

（※掲載された仏像の名称や寺院名はそのまま引用した。）

以上の仏像から、飛鳥時代をはじめ白鳳、天平、平安時代と幅広い年代の仏像を観ていたことがわかる。特に如来の内容では図像学的説明が多くとられ、詳細に記載されている点からも、テルヲが作品を制作する上で影響を受けた図像であったと考えられる。テルヲは本稿の中で作品を観る上で仏教美術を知ることの重要性を説き、「入り易い仏教美術の著書」を載せている。それらの文献は、案内記から仏教芸術に関する専門書や印相の辞典まで多岐にわたる。(16) 特に小野玄妙著の『画図解説　仏教美術講話』（蔵経書院）では、南山城の仏像や仏画をはじめ、奈良の古寺から支那やインドのアジャンタ窟の壁画など、多くの古寺が紹介されている。これらの文献は図像学と様式論の説明に加え、作品の画像も所収されているため、テルヲが作品を制作するにあたり大いに参考にしたであろうことは間違いないだろう。さらに、案内書として挙がる和辻哲郎著の『古寺巡礼』や『古美術行脚大和』では奈良国立博物館の展示作品についての項目が記載されており、それらの内容がテルヲの記事と類似していたため、テルヲが以上の文献に倣った形式や内容を基に執筆したと考えられる。

二　研究による仏画作品

テルヲは、昭和四年（一九二九）一〇月一七日から一九日に個展（於・神戸三越六階ギャラリー）を開催した。展覧会の詳細は、当時の新聞記事に確認できる。(17) それらの記事には、かつて淪落した女を対象としたグロテスクな作風から一転し、瓶原での研究をもとにした仏画作品へと画題が転化した点に着目している。展覧会開催時期の作品として、《出山釈迦之図》（昭和二年頃、星野画廊蔵）（図1）が挙げられる。本作は裏面に《瓶原》（昭和

図１《出山釈迦之図》昭和２年（1927）頃
33.1 × 24.1cm　麻布着色・額

図２《瓶原》昭和２年（1927）頃
33.3 × 24.3cm　麻布着色・額

二年頃、星野画廊蔵）（図2）の風景を描いている。

表の《出山釈迦之図》は、悟りを開くことができず下山する釈迦の痩相な姿を従来の図像に倣い描く。裏の《瓶原》は、恭仁京跡近くから海住山寺を望む景色を描いており、テルヲが生涯好んだ景観の一つである。先述したとおり、瓶原や笠置周辺（南山城）は、ただ仏教文化と深い関係があっただけでなく、テルヲにとって制作活動や生活の再起をかけた特別な場所であった。つまり、《瓶原》の景観を描くことはテルヲにとって《出山釈迦之図》のような仏画作品を描くことと同様の意味を成していたと考えられる。

そのほか、上記の二作と近い時期に制作された作品の中には、《釈迦如来図》（京都市美術館蔵）、《大日如来図》（星野画廊蔵）（以上、大正一五年または昭和元年頃）が遺る。《釈迦如来図》は、結跏趺坐を組み、禅定印を結ぶ。衲衣を両肩に着け、衣文を水波状に描く。テルヲが読んだ文献の中に堀謙徳著の『美術上の釈迦』があり、本書では釈尊（釈迦）の前生から成道するまでの内容が詳細に記載されている。そのため、図像学を勉強した後に制作されたと考えられる。本作は寒冷紗に彩色を施しており、この時期の作品にみられる寒冷紗や麻布に裏彩色を施した独特な絵肌は晩年の作風にもみられる技法である。この絵肌の効果により、テルヲの仏画作品にはどこか神々しくも温かみある作風が認められる。《大日如来図》は、胸の前で智拳印を結ぶ金剛界の大日如来を描く。本作は五智宝冠（五智如来の化仏）を付け、胸飾や腕釧など、大日如来の特徴である装飾品を的確に描く。

上記の二作からは、日本の従来からみられる仏像や仏画の図像や様式を用いているが、一方で《千手観音図》のようにどこか印度風の作品や、《降魔》に描く釈尊の修行を邪魔する魔を西洋絵画の悪魔に倣う図像も認められる。

以上の作品から、テルヲは日本の伝統的な仏像や仏画を中心にインドや西洋にみられる宗教画全般を確認し、自身の制作思想にあう図像や様式を模索していたと考えられる。これらの仏画作品の中でも、特に画風の変遷が顕著である作品が、《釈迦三尊図》（昭和一五年頃、星野画廊蔵）（図３）と《阿弥陀三尊仏》（昭和一六年頃、星野画廊蔵）（図４）である。

《釈迦三尊図》は、紙に黒チョークで描いたデッサン調の作品であり、本作以外にも同様の画材を用いた釈迦三尊図を制作している。昭和九年（一九三四）に制作された《釈迦三尊図》（星野画廊蔵）は、脇侍に普賢菩薩と文殊菩薩の尊仏を配し、光背の模様などを細部まで描く。顔が面長でアルカイックスマイルを基調とする表情から飛鳥時代にみられる仏像の特徴を示す。一方、本作は脇侍に蓮華手観音を描き、豊満な体躯に切れ長の眼が特徴である。中央の釈迦の胸に吉祥を意味する卍の印を付す点は、華厳経の世界を表した《東大寺大仏蓮弁線刻図》（天平時代）の釈迦に倣うものであろう。翌年に制作された《阿弥陀三尊仏》も同様の特徴がみとめられるが、全体的に筆数が少なく観音の装飾などを簡略化して描き、また顔を丸形ではなく楕円形に近い像容であらわす。背景を暗くすることで、観音の肩から垂れる天衣の細さが際立つ作品となっている。テルヲは晩年紺地に観音を描いた作品を数点遺しており、そ

図３《釈迦三尊図》昭和 15 年（1940）頃
（各）125.8 × 19.8cm　紙に黒チョーク・軸

図４《阿弥陀三尊図》昭和 16 年（1941）頃・軸
64.4 × 54.4cm　紙本着色

れらは形相を小さく捉えた像容で描かれている。従来紺地に金泥を用いた経典や仏画等があり、本作も少なからずそのような伝統的な様式を意識し制作した作品であると考えられる。

三　母子図から仏画へ

本章では、テルヲの「安心感（母性）を与える作品」として母子像を描いた《恵まれしもの》、晩年の仏画作品の中でも特作である《佛化開縁之図》、そして仏画作品の中で最も母性愛を感じる《聖観音図》の三作を中心にみていく。またそれらの作品をテルヲの画歴や当時の時代背景に沿ってみていくことで、テルヲの作風にみられる「安心感（母性）を与える作風」の根源を考察する。

（一）《恵まれしもの》

テルヲは、大正一〇年から一四年（一九二一～二五）の間に同様の題名または同様の構図を成す作品を多く描く。それらの作品のなかで《恵まれしもの》と題された母子図作品は、テルヲが理想とした母子像を表す代表的

図5《恵まれしもの》大正 10 年（1921）頃
21.2 × 15.2cm　寒冷紗着色・額

な作品群である。本節は、《恵まれしもの》の作品群の中でも、仏教美術研究の形跡が認められるもの、且つ作風の特徴が顕著にみられる作品を中心にみていく。

大正一〇年頃に制作された《恵まれし者》（星野画廊蔵）（図5）は、女人（母）が左手に花を掲げ、子にやさしく微笑みかける姿を描く。

女人が持つ花や背景の装飾は、古来エジプト美術の装飾モチーフとして愛用された「ロータス」[lotus(英)、lotos(希)]を想起させる。テルヲが参考文献として挙げた矢代幸雄著の『西洋美術史講話　古代篇図録』には、エジプトの装飾文様も掲載されており、テルヲが本作を制作するにあたり参考にしたと考えられる。[19] さらに、蓮華はインド・中国・日本等の仏教界において装飾文様として多用されており、従来の仏画に倣うものである。次に大正一二年頃に制作された《恵まれしもの》（星野画廊蔵）（図6）は、左右対称の構図をとるルネサンス期の神殿を想起させる。

大正一四年四月六日から五日間行われたテルヲの作品展（於・川端丸太町下ル丸山病院楼上）の評に「シンメトリカルな構図や浮彫やタツペ（タペストリー）や壁画などに印度や伊太利や南仏辺でかつて宗教的に使用された表現技巧」[20] とある。本作も同様の構図であり、また上記展覧会には過去二年間の作品が出品されたため、本作もこの時期の出品作であった可能性が考えられる。本作は画面右に桃を持つ女人を描き、背景には柘榴のような

図6《恵まれしもの》大正12年（1923）頃　46.0×57.5cm　寒冷紗着色・額

果実を描く。桃は不老不死の実や俗界を離れた理想郷（桃源郷）を表す吉祥果とされ、西王母の象徴として知られる。柘榴も桃と同様吉祥果であり、多産と安寿を意味し、訶梨帝母（鬼子母神）をあらわす。訶梨帝母は、鬼子母神と称し、もとは幼児を食する悪女鬼であったが、釈迦の戒めにより改心し、幼児を庇護する善神となった仏法の守護神である。また、日本では日蓮聖人が「法華経」の守護神として信仰され、密教においても重視された神である。従来の図像は、右手に柘榴を持ち、左手に最愛の一子（氷掲羅天）を抱きかかえ乳を与える姿である。本作は訶梨帝母の図像とは異なるが、図像学的意味は当てはまる。テルヲが当時読んだ文献の中に『日蓮全集』（図書評論社、一九一七年）が含まれており、訶梨帝母の図像学的意味を知った上で画題に用いたと考えられる。

昨年、大正一二年四月一四日から一六日にかけて京都岡崎の京都府立図書館楼上で開催された「秦テルヲ作絵画展覧会」に出品されたであろう《慈悲心鳥の唄》（大正一二年頃、星野画廊蔵）が新出された。[21] 本作は他の母子図作品とは異なり、作品に三人の児が描かれており、長男の真砂光、次男の瑠璃男、そして女人（妻・初）に抱かれる長女の恭仁子の姿を想起させる作品である。本作は、先述した二作と同様、妻・初や子供から受けた影響がみとめられる作品である。これらの母子図作品が制作された背景には、母・久と妻・初の存在、そして長男・真砂光の誕生が関係する。大正八年の夏から、母の住む知多半島野間村天野へ遊びに行き、同年に妻となる初と同棲を始める。また、翌年にも知多半島に遊びに行き、長男の真砂光が誕生する。さらに、大正一〇年夏に、テルヲは病を患い、知多半島で三ヶ月程療養する。これらの事項は第一章で述べたとおり、テルヲが仏教美術研究をするため南山城へ移住した理由の一つでもある。また、同時期に描かれた作品の中には、寒冷紗に描かれた《聖観音図》（大正一二年頃、星野画廊蔵）がみとめられる。聖観音は、古くから安産、子授、子育安全の神として知られる。本作は同様に寒冷紗を用いた作品の《釈迦》（大正一二年頃、星野画廊蔵）と同様の光背を描く。以上の作品から、テルヲが《恵まれしもの》の制作時からすでに母のイメージを与える母子図（観音）の姿を意識し、制作していたと考えられる。

（二）《佛化開縁之図》

《佛化開縁之図》（昭和一二年、星野画廊蔵）（図7）は、テルヲの仏画作品の中で最も時代を反映した作品であり、テルヲが当時どのような思想を持ち制作したのかを知る重要な作品である。本節は、先行研究を踏まえ、テルヲが何を本作で表現しようとしたのかを再考する。

《佛化開縁之図》は、仏教説話の「二河白道図」[22] をもとに描かれた作品である。二河白道とは、浄土教におけ

図7《佛化開縁之図》昭和12年（1937）　49.2×86.7cm　絹本着色・額

る阿弥陀信仰を比喩した画題である。南北に大河が流れ、その大河により東西に大地が分かれ、東岸に現世、西岸に極楽浄土をあらわす。その大河に、東岸から西岸に至る一本の白い道が延びており、その両側に水の河（貪愛）、火の河（嗔恚）を描く。東岸では群賊悪獣が誘惑しようとし、念仏を唱え阿弥陀仏を強く信じることで、細く白い道を渡りきることができる、つまり極楽往生できるとの内容である。しかし、本作は火の河だけでなく白い道も描かれていない。画面手前右側に群衆が様々な主張を表明した旗を掲げ、浄土を目指している。群衆たちが持つ旗には、「唯物主義」、「利己主義」、「理想主義」、「世界主義」、「民主主義」、「個人主義」、「侵略主義」、「迎合主義」、「無抵抗主義」、「修養主義」、「厭世主義」、「社会主義」、「科学万能主義」、「排他主義」、「禁欲主義」などの言葉がある。これらの混乱した世界とは相反し、画面上では阿弥陀が一人の女性（母）を浄土へ導いており、その様子を子供が静かにみつめている。

本作については、すでにJOHN D.SZOSTAK氏[23]や星野桂三氏[24]が作品の図像や様式について述べている。JOHN D.SZOSTAK氏は、波に流される人々の描写、例えば波と波

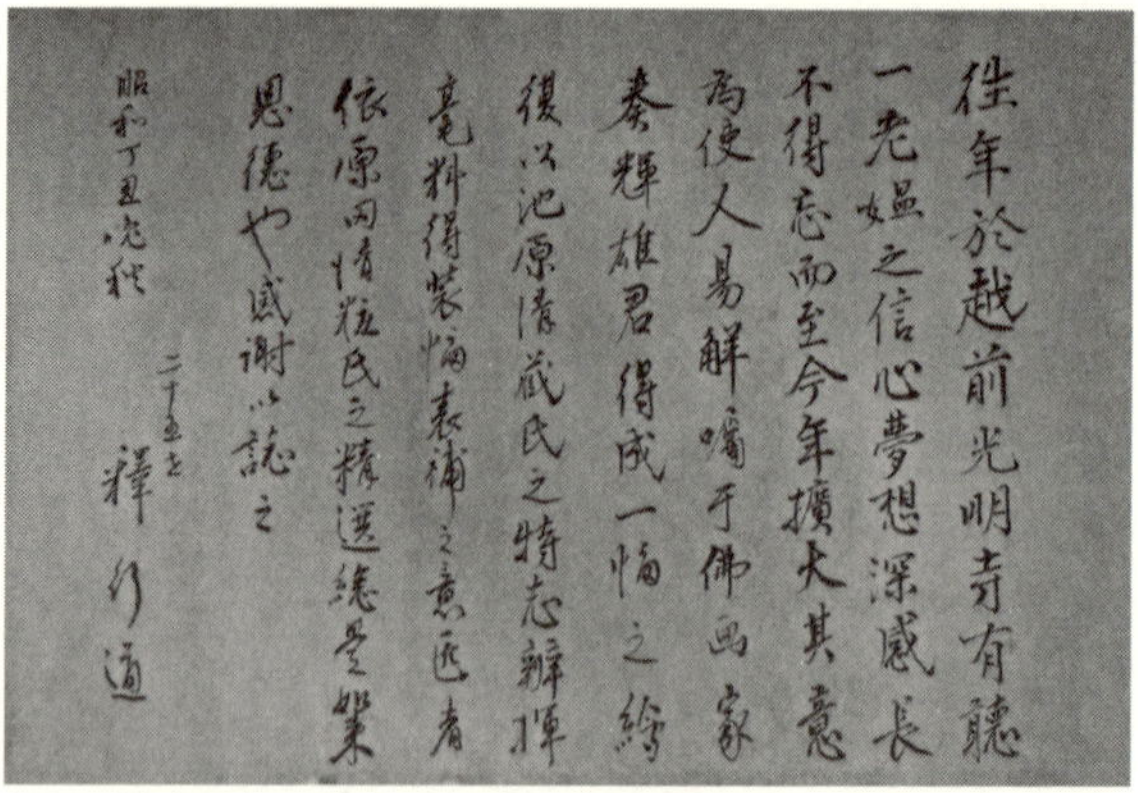

図８《佛化開縁之図》の裏面（紙本墨書）

との間に描かれた手足や流される人々の表情から《矢田地蔵縁起　巻一》［重文・室町時代（一四世紀）、矢田寺（京都市中京区）］との類似を指摘した。テルヲの作風だけでみると、それらの作品の影響下にあったことは歴然だが、テルヲがどのような経緯で作品に触れる、又は知ることができたかは未確認である。星野桂三氏は、これらの旗に掲げられた言葉には、昭和一一年（一九三六）の二・二六事件、翌年の日華事変、その後の日中戦争（昭和一二〜二〇年）など、日本が軍国主義へと向かった時代背景が関係すると述べた。また、テルヲが本作を制作するにあたり《玄奘三蔵絵　巻一》［国宝・鎌倉時代（一四世紀）、藤田美術館蔵］のような作品にみられる様式を参考にしたのではないかと考えている。[25]以上の論は、テルヲの仏教美術研究の内容から十分考えられる影響ではあるが、テルヲは一体どのような考えに至り、このような作品を制作したのだろうか。

本作は当初掛軸であり、その裏面に制作に至った経緯をしたためた紙（図8）が貼付けられていた。内容は以下のとおりである。

往年於㆓越前光明寺㆒有聴㆓一老媼信心㆒夢想深感長
不㆑得㆑忘而至㆓今年㆒拡大㆓其意㆒

為二使人易解嘱一于二仏画家
奏《ママ》輝雄君一得レ成二一幅之絵一
復以二池原清蔵氏之特志一弁二揮
毫料一得二装幅表補之意匠一者
依二原田情粧氏之精選一総是如来
恩徳也感謝以誌レ之
昭和丁丑晩秋　二十五世釈　行通

その内容は、釈行通なる住職が越前（現・福井県永平寺町）の光明寺で聴いた老女のみた夢の話が忘れられず、テルヲに制作をお願いした、とある。また、作品を制作するに際し、池原清蔵氏の特志から表具料を出してもらうことになり、さらに原田氏がよりすぐりのものを選び表装した。本作が老女のみた夢の話をもとに描かれたかは詳らかでないが、以上の内容から本作を制作する上で援助を受け制作に至ったと認められる。

テルヲは本作の前に《二河白道図》（昭和五年頃、星野画廊蔵）を制作している。《二河白道図》では、修行の妨げとなる盗賊や猛獣から逃れた人物（男）が阿弥陀の導きにより水の河と火の河の間にある白道を渡ろうとする場面を描く。制作年代が《佛化開縁之図》の前であることから、本作を制作する前の習作として描いた作品であると考えられる。制作前後の画歴を確認すると、昭和一〇年（一九三五）に、蓮光寺（京都市下京区）にて「釈尊降魔記念奏テルヲ作品展」を開催している。蓮光寺は本尊を阿弥陀如来とする浄土宗寺院である。本山の知恩院（京都市東山区）には《阿弥陀二十五菩薩来迎図（早来迎）》［国宝、鎌倉時代（一四世紀）］が蔵されており、作品の様式から時代がわかる上で重要な作品とされる。テルヲが読んだ『画図解説　仏教美術講話』の参考図版にも挿入された作品である点から、テルヲが本作を眼にする機会があったと考えられる。[26] またテルヲの移住先近くの海住山寺には、《十一面観音来迎図（本堂旧壁画）》［加賀守筆、室町時代　文明五年（一四七三）］が伝わる。本作の波にみられる丸みを帯びた形状や構図の余白にすやり霞を用いる点に《佛化開縁之図》との共通点がみられる。以上の点から、当時テルヲが二河白道図という画題をとおし、浄土信仰を基に制作された仏画（来迎図）を意識していたと考えられる。本作の作風については、テルヲが仏画という形式をとり、母性愛を表現する上で、幼い頃に父を失い、貧しい中で生きてきた母・久とテルヲの姿を描いているとの見解もある。[27] さらに、《戦中絵日記》（昭和二〇年七月九日）から、昭和一〇年（一九三五）から二〇年の間に長男・真砂光が死去していることがわかっている。つまり、《佛化開縁之図》は、仏教美術研究の際に影響を受けた仏画、特に来迎図の構想を基に、テルヲ自身に起きた出来事を背景とした母子の姿が描かれた作品と考えられる。

（三）《聖観音図》

南山城周辺の寺院は、天平時代からはじまる様々な観音菩薩像を安置していることで知られる。観音の中には「慈母観音」や「子安観音」などがみられ、母と子の姿を反映した像容が認められる。そのためテルヲが制作した母子図（恵まれしもの）と近い図像学的意味を持つ観音像は、テルヲにとって好画題であった。テルヲの晩年作には白衣観音、楊柳観音等の作品が数点遺っているが、その中でも特に多く描いた図像が「聖観音」である。本節は、《佛化開縁之図》以降に制作された《聖観音図》の中でも仏教美術研究の跡が顕著にみられる作品を中心にみていく。

まず《聖観世音菩薩尊像》（昭和一四年、星野画廊蔵）は紺地に描いた作品である。紺地に描く点は、第二章でもふれたとおり経文や仏画をかく際に紺地金泥を用いた伝統的な様式を意識したものであると考えられる。この様式は《阿弥陀三尊仏》（昭和一六年頃、星野画廊蔵）などの作品群にも用いられている。胸飾りや宝冠の装飾は細部まで丁寧に描いており、仏教美術研究時代のスケッチにおける成果がみられる。[28] 聖観音の図像は、阿弥陀如来を戴いた宝冠をつけ、左手に蓮華のつぼみ、また水瓶や宝珠などを持ち、右手に与願印を結ぶ像容が特徴であり、阿弥陀三尊の左脇侍としても知られる。その像容は多種様々であるが、本作の《聖観音図》は左手に与願印、右手に施無畏印を結んでおり、従来の印相にはみられない像容を成す。テルヲの記述から「印相の事は曼

図9《聖観音図》
昭和15年（1940）頃
132.6 × 29.9cm
紙に黒チョーク・軸

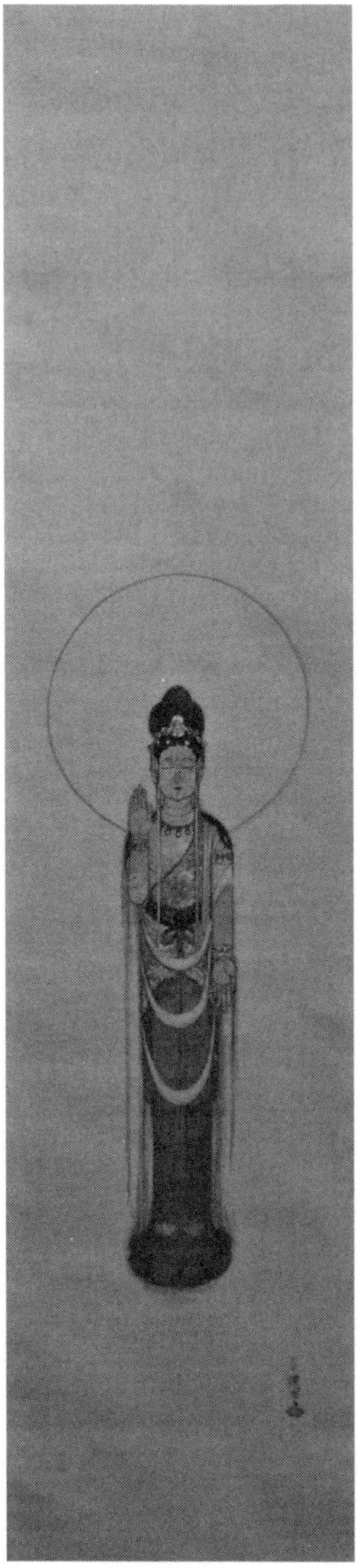

図10《聖観音図》
昭和16年（1941）頃
132.5 × 29.3cm
絹本着色・軸

茶羅通解を通じて佛教字典を見ると大抵出て来る」[29]とあり、印相を間違えて用いるとは考え難いため、本論については今後検証を要する。

《聖観音図》（昭和一五年頃、星野画廊蔵）（図9）は、抑揚のある体躯から天平時代にみられる仏像の像容が認められる。また、同年に描かれた《聖観音図》（昭和一五年頃、個人蔵）は先述の天平時代の仏像とは異なり、飛鳥時代の仏像にみられる像容とアルカイックスマイルを想起させる。テルヲの《戦中絵日記》に、「数年として加茂と瓶原に住む様になってから、法隆寺への親しみを増してきた」（昭和二〇年八月六日）との記述から、法隆寺でみた金堂や夢殿から影響を受けたと考えられる。また、法隆寺周辺の法輪寺や中宮寺などの寺院も拝観しており、その影響が作品にも反映されている。

《聖観音図》（昭和一六年頃、星野画廊蔵）（図10）は、細かい模様などに彩色が施されており、聖観音の像容をより的確に捉えている。このような作品を制作できる背景にはパトロンの存在が関係していたと考えられる。この時期の経歴を確認すると、昭和一六年頃に「秦テルヲ後援画会」が発起され、その発起人の中には中井宗太郎（一八七九～一九六六）[30]などの人物たちが参加していた。中井宗太郎は、テルヲが女郎作品を描いていた若い頃から親交があり、テルヲが作品を寄贈した人物でもある。[31]本作もそのような大事な人物（パトロンなど）のために描いた作品であるとも考えられる。

聖観音を制作する背景を知る手掛かりとして、テルヲの「日記」が挙げられる。「真砂光の健康と瑠璃男の成育、妻の忠実、母の健康と甥の健康」（大正一二年九月十四日）とあり、さらに先述の第二節でふれた、《戦中絵日記》の中に「長子は世を去り」（昭和二〇年七月九日）との記述がある点から、昭和二〇年あるいはその年以前に長男の真砂光を亡くしたと考えられる。《戦中絵日記》には、テルヲが毎日太平洋戦争の空襲警報に怯えながら作品制作をしていたことが確認でき、さらに昭和一五年から原因不明の病に罹り自身の病とも向き合っていたテルヲにとって、「聖観音図」を制作することは重要な意味があったのではないだろうか。上記の件を裏付ける作品として、晩年に制作された《観音母子図》（昭和二〇年、星野画廊蔵）が挙げられ、本作には「摩訶般若波羅蜜多心経」（般若経）に児を抱いた観音（子安観音）が描かれている。テルヲにとって母子図（観音図）は、生涯制作活動をする上での原動力となっていたと考えられる。

おわりに

以上、第一章で南山城での仏教美術研究の内容を確認し、第二章と第三章で考察を加えた結果、以下のことがいえるだろう。

第一に、仏教美術研究時に制作された仏画作品は、文献に記載された内容や図版の様式に倣いつつも、その中で画材などを変えることで自身の画風を模索していた。結果、テルヲは温かさを与える作風を表現するための画材として寒冷紗を用い、独特な絵肌を得た。

第二に、《恵まれしもの》は、仏教美術研究時に読んだ文献の内容や図版から受けた影響を基に、テルヲの思想を加えた作品であった。そのため本作は、西洋の宗教画と仏画の両方の特徴を兼ね備えた独特な作品となった。また、テルヲの思想に影響を与えた事柄として妻・初と子供の存在、さらに母・久との知多半島での生活から「安心感（母性）を与える作風」を確立した。

第三に、《佛化開縁之図》は依頼を受け制作された作品であるが「二河白道図」の画題的意味を理解し、その中で当時の社会情勢をテルヲ独自の解釈をもち描かれた。さらに、当時テルヲが二河白道図をはじめとした仏画（来迎図）を意識していたことが画歴より見出すことができた。つまり、「二河白道図」の画題的意味を構想の基盤とし、自身の出来事を加え、母と子の姿を描いた。

第四に、《聖観音図》は、仏教美術研究で得た奈良の古寺や博物館で観た仏像から、飛鳥時代をはじめ幅広い年代の仏像の像容などを取り入れた。またテルヲが《恵まれしもの》で表現した母のイメージ（母性愛）を観音といった母性愛を表現しやすい図像に反映させ、その中で従来の様式や像容にはないテルヲ独自の仏《ほとけ》を表現しようとした。

本論は、仏教美術研究から得た内容とテルヲの母・久、妻・初そして子供の存在を再確認することで「母に見守られているような安心感（母性）を与える作風」の根源を僅かに考察できた。しかし、作品を再見した中で仏教美術研究の内容だけでは説明できない部分も確認できた。それは、西洋画の流行や南山城の土着性も関係するだろう。また、テルヲの独特な作風をみていく上で、テルヲと同時代に活躍し交流があった日本画家で、尚且つテルヲと同様晩年仏画制作に至った、村上華岳（一八八八～一九三九）や堂本印象（一八九一～一九七五）などの仏画作品との比較も重要となってくる。さらに、テルヲが活躍した明治末期から大正時代は印刷技術が進み、図版を含む文献や雑誌などの書物が多く出版されたことにより、様々なものを眼にする機会が増えた。つまり、作品（もの）ではなく文献から受けたイメージが当時の画家たちの作品制作にどのような影響を与えたのかをみていく必要がある。

今後、以上の事項を確認することでテルヲ独自の作風を再見し、近代仏画におけるテルヲ作品の位置付けを検証していきたい。

（花園大学歴史博物館研究員）

註

（1）加茂川酔歩「グロ・エロ的傾向作家の行路」（『美之国』第六巻第九号、一九三〇年九月）六八～七一頁。また、数多くある新聞記事の中でもテルヲの作品について詳しく言及する記事は以下のとおりである。
・「美術工芸」（『京都日出新聞』一九一二年一月一六日）一面。
・（容）「テルヲ画会瞥見」（『京都日出新聞』一九一二年一月三一日）二面。
・都路華香「華香縦談」（『京都日出新聞』一九一二年二月九日）一面。
・「美術工芸」（『京都日出新聞』一九一二年五月二六日）一面。

（2）田中日佐夫「日本美術史夜話⒂　デカダン派と近代の宗教画」（『紫明』第一五号、二〇〇四年一〇月）五三～五七頁。

（3）上薗四郎「秦テルヲのデカダン」（笠岡市立竹喬美術館、練馬区立美術館、京都国立近代美術館、日本経済新聞社編『デカダンから光明へ　異端画家秦テルヲの軌跡　そして竹久夢二・野長瀬晩花・戸張弧雁』日本経済新聞社、二〇〇三年）一七六～一八三頁。

（4）JOHN D.SZOSTAK,“Two Paths to the Pure Land: The Niga-byakudo Theme and the Modernist Buddhist Art of Hada Teruo,”(“ ARCHIVES OF ASIAN ART— vol.57,2007.University of Hawai, i Press.) p.121-150

（5）島田康寛「秦テルヲの足跡を辿って」（笠岡市立竹喬美術館、練馬区立美術館、京都国立近代美術館、日本経済新聞社編『デカダンから光明へ　異端画家秦テルヲの軌跡—そして竹久夢二・野長瀬晩花・戸張弧雁』日本経済新聞社、二〇〇三年）一八頁。

（6）笠岡市立竹喬美術館、練馬区立美術館、京都国立近代美術館、日本経済新聞社編『デカダンから光明へ　異端画家秦テルヲの軌跡—そして竹久夢二・野長瀬晩花・戸張弧雁』（日本経済新聞社、二〇〇三年）。

（7）『星野画廊蒐集品目録　画家たちが遺した美の遺産　その④　生誕一三〇年　秦テルヲの生涯』（星野画廊、二〇一七年五月）。

（8）秦テルヲ「日記」一九二三年四月四日（上薗四郎　註（3）前掲論文　一七五頁に所収）。

(9)《自叙画譜》は、昭和一二年(一九三七)に制作された作品で、初期の作品である下層社会を題材としたカンカン虫から女郎作品、母子図そして晩年の仏画作品が所収されている。本論では、この作品の詞書に書かれた内容を要約した。

(10)今村繁三(一八七七～一九五六)は今村銀行の頭取で、成蹊学園の設立に尽力するとともに、秦テルヲだけでなく中村彝(一八八七～一九二四)や高村光太郎(一八八三～一九五六)などの画家たちの後援も行った。古美術品の所蔵家としても知られる。笠岡市立竹喬美術館、練馬区立美術館、京都国立近代美術館、日本経済新聞社編『デカダンから光明へ　異端画家秦テルヲの軌跡―そして竹久夢二・野長瀬晩花・戸張孤雁』(日本経済新聞社、二〇〇三年)に詳しい。

(11)秦テルヲ「日記」一九二三年九月一四日(笠岡市立竹喬美術館、練馬区立美術館、京都国立近代美術館、日本経済新聞社編『デカダンから光明へ　異端画家秦テルヲの軌跡―そして竹久夢二・野長瀬晩花・戸張孤雁』日本経済新聞社、二〇〇三年)二一五頁。

(12)テルヲと親交があった人物たちについては、大正五年(一九一六)六月に設立された「秦テルヲ画会」や、昭和五年(一九三〇)五月頃に発起された「秦テルヲ後援画会」(以後、二回程結成される。)などに関わっていた人物から知ることができる。それらの人物たちの詳細については、笠岡市立竹喬美術館、練馬区立美術館、京都国立近代美術館、日本経済新聞社編『デカダンから光明へ　異端画家秦テルヲの軌跡―そして竹久夢二・野長瀬晩花・戸張孤雁』(日本経済新聞社、二〇〇三年)二〇〇～二〇七頁に詳しい

(13)増田無相「秦テルヲ」(『洛味』第二五五集、一九七三年)四六～四八頁。

(14)テルヲが寒冷紗を画材として初めて用いた作品は、東京生活の際に描かれた《安来節の女たち》、または《吉原の女》(ともに大正五年頃の作品で和歌山県立近代美術館蔵)であると考えられる。テルヲがどのような経緯で寒冷紗を用いたかは詳らかでないが、テルヲと同時期に活躍し、親交があった日本画家・野長瀬晩花(一八八九～一九六四)も《スペインの田舎の子供》(大正一三年、和歌山県立近代美術館)に寒冷紗を用いており、何かしらの関係を示唆させる。秦テルヲと野長瀬晩花との関係については、以下の論に詳しい。

・寺川信「大阪カフェ源流考　カフェを中心としたる大正初頭の大阪文芸運動」(『上方』第二七号、一九三三年三月)五一頁。

・橋爪節也「道頓堀ものがたり　浪花のんき倶楽部の時間旅行　カフェ・パウリスタ」(『産経新聞(大阪・夕刊)』二〇〇二年一一月二五日)一一面。

(15)島田康寛　註(5)前掲論文　前掲頁。

なお以下の書誌情報は、テルヲが日記を執筆した一九二三年から翌年までに該当した出版年を中心に補記した。

・『日蓮全集』（図書評論社、一九一七年）
・岡倉天心著、日本美術院編『天心全集』（日本美術院、一九二二年）
・『旧約聖書』（米国聖書会社、一九二一年）
・『トルストイ全集　第一巻～一三巻』（春秋社、一九一八～一九年）
・「子供のための物語」／「新読本から」（内田魯庵監修他『トルストイ全集　第二巻』所収）
・ロマン・ロラン「ミケランジェロの生涯」（蛯原徳夫訳『ロマン・ロラン全集　第三八巻』みすず書房、一九四九年）
・上田敏「現代の美術」（『太陽　第二〇巻一一号』博文館、一九一四年九月）
・上田敏『独語と対話』（弘文館書店、一九一五年七月）
・メレジユコーフスキイ「神々の復活　前編・後編」（メレジユコーフスキイ著、米川正夫訳『世界文芸全集　第六編・第九編』新潮社、一九二一～二二年　所収）
・ゴンチャロフ著、山内封介訳『オブローモフ　縮刷全訳叢書　上・下』（新潮社、一九一七年一月・五月）
・大谷尊由述、大阪毎日新聞社編『文化大学叢書　第二　釈尊から親鸞へ』（大阪毎日新聞社、一九二二年）
・親鸞述、永田文昌堂編輯部編『歎異抄』（永田文昌堂、一九二三年）
・矢代幸雄『西洋美術史講話　古代篇』（岩波書店、一九二一年三月）
・矢代幸雄『西洋美術史講話　古代篇図録』（岩波書店、一九二一年三月）
・加藤一夫訳『美術上の基督』（警醒社、一九一七年）
・伊達源一郎編『近代文学現代叢書』（民友社、一九一五年）
・喜田貞吉「「平城京及大内裏考」評論三」（『歴史地理　第二〇巻第四号』一九一一年）
・真下飛泉著、杉本邦三編『童謡と其研究　児童本位叢書　第一編』児童本位社、一九二〇年）
・井上秀天『東洋文化叢書　第二編　禅の文化的価値／第三編　禅の新研究』（寶文館、一九二三年三月・五月）
・塚本賢暁編『国訳密教経軌　第一』（国訳密教刊行会、一九二〇年六月）
・湯次了栄『円覚経の研究』（安居会、一九一七年）
・雑誌『制作　第一巻第一号～第三巻第四号』（一九一八～二一年）

(16)　秦テルヲ「奈良を中心としての古美術の数々　上」（『大毎美術』第五巻第二号、一九二六年二月）一四頁。

紹介された文献名に該当した文献は、以下のとおりである。
・木村定次郎『西国古寺めぐり』（東亜堂、一九二〇年）
・足立源一郎、小嶋貞三、辰巳利文『古美術行脚大和』（アルス、一九二三年三月）
・和辻哲郎『古寺巡礼』（岩波書店、一九一九年）
・小野玄妙『仏教美術概論』（丙午出版社、一九一七年）
・小野玄妙『仏教之美術及歴史』（仏書研究会、一九一六年）
・手島文倉『印度仏教の研究』（文献書院、一九二二年）
・小野玄妙『画図解説 仏教美術講話』（蔵経書院、一九二一年一〇月）
・平子鐸嶺『仏教芸術の研究』（三星社、一九二三年）
・堀謙徳『美術上の釈迦』（博文館、一九一〇年）

(17) この時に開催された「秦テルヲ作絵画展覧会」は、以下の新聞記事に詳しい。
・「秦テルヲ氏の瓶原記念展　神戸三越で」（『大阪朝日新聞神戸版』一九二九年一〇月一五日）一三面
・「美術界　秦テルヲ展＝神戸三越にて＝」（『神戸新聞』一九二九年一〇月一六日）四面

(18) 小野玄妙『画図解説 仏教美術講話』（蔵経書院、一九二一年一〇月）四一四〜四一五頁。

(19) 矢代幸雄『西洋美術史講話　古代篇図録』（岩波書店、一九二一年）一四〇頁。

(20) 「秦テルヲ個展」（『芸天』第一八号、一九二五年七月）二一頁。

(21) 註（7）前掲書　に詳しい。

(22) 「二河白道図」の図像や様式については、加須屋誠氏の「二河白道図試論―その教理的背景と図様構成の問題―」（『仏教説話画の構造と機能』中央公論美術出版、二〇〇三年）に詳しい。

(23) JOHN D.SZOSTAK　註（4）前掲論文　一四〇〜一四二頁。

(24) 星野桂三「石を磨く　美術史に隠れた珠玉　秦テルヲ 中」（『産経新聞』（大阪・夕刊）二〇〇三年八月二〇日）六面。

(25) 星野桂三　註（7）前掲書　六一頁。

(26) 註（18）前掲書　三八〇〜三八一頁。

(27) 尾崎眞人「作家紹介 作品解説」（相賀徹夫編『明治・大正・昭和の仏画仏像2　昭和編〔I〕』小学館、一九八七年一月）九七頁。

(28) 島田康寛　註（5）前掲論文　前掲頁所収のスケッチブックの挿図。
(29) 秦テルヲ　註（16）前掲頁。
(30) 中井宗太郎と秦テルヲとの関係については、田中日佐夫氏の「日本美術史夜話⑭ 中井宗太郎先生と秦テルヲ」（『藝術文化雑誌 紫明』第一四号、二〇〇四年三月、六九～七二頁）に詳しい。
(31) 「芸界消息」（『京都日出新聞』一九〇九年九月一四日）一面。

【付記】

本稿を執筆するにあたり、星野画廊・星野桂三氏に作品の画像をご提供いただきました。末筆ながらここにお名前をあげ、心から感謝の意を表します。

藤原期の「比叡山仏所」をめぐる試論
―大きな鼻をあらわす二軀の尊像を中心に―

伊藤　旭人

はじめに

平安中期に存在した「比叡山仏所」をめぐっては、すでに宇野茂樹氏や清水善三氏、岩田茂樹氏らによる論考が発表されている。(1)「比叡山仏所」は、比叡山を中心に点在する天台薬師像や後に触れる善水寺諸像などの作例に見られるように、当代における比叡山の勢力拡大に伴う造像が盛んに行われた仏所であったと推測される。しかし先行研究の多くは、比叡山や善水寺といった大寺院を中心とした宗教圏を設定して考察したものや近隣の地域内でのみ比較検討されるに留まっており、それらを広い枠組みで考察されることは少ない。比叡山周辺に伝来した尊像と地方の天台寺院に伝来した尊像の様式、作風に共通した特徴が見出せる場合、それは寺院の本末関係によるものと考えるのが何より自然であろう。つまり「比叡山仏所」の活動は比叡山周辺のみならず、地方寺院の造像に携わることがあったことを想定させるのである。

本稿は、まず先行研究を踏まえた上で、「比叡山仏所」の活動について若干の論及を試みるものである。

一　平安中期の「比叡山仏所」

（一）　箒形の腰布表現

岩田茂樹氏は、京都・妙傳寺蔵木造十一面観音菩薩立像、滋賀・九品寺蔵木造聖観音菩薩立像、滋賀・盛安寺蔵木造十一面観音菩薩立像の分析から、(2)「延暦寺工房」の存在を推定された。(3)さらに岩田氏は、同時期の造像である善水寺諸像についても「八瀬・九品寺・盛安寺三像を造立した工房は、善水寺梵天・帝釈天像その他の諸像を造立した工房と同系の工房」と指摘した。

今日滋賀県下には、比叡山の影響を受けて造像されたと考えられる彫刻作品が多数伝来している。それらの中には、先の三像や善水寺諸像と作風を同じくする諸像、すなわち同系統の工房による造像を推測させるものや、「比叡山仏所」の系譜上に位置付けるべきものもあり、考察の余地を残したままとなっている。それに加えて、従来の地理的な考察では地域（市町村）単位やその地域に所在する天台寺院を中心とした圏内で検討されることが多い。多種多様な図像・様式を見せる天台系彫刻であるが、ある種共通した作風を持つ尊像が広範囲に存在しており、それらを広い視野で「比叡山仏所」の活動として検討しなければならない。

筆者が天台彫刻に顕著な作風として着目している点は、比叡山麓の三像にあらわされる腰布の衣文表現である。腰布正面にあらわされた、中央から放射状に広がる箒形の衣文表現は珍しく、同時代の作品を見ても同様の表現は少ない。先述した三像以外では、滋賀・櫟野寺諸像に幾例か見られるほか、同・元龍寺十一面観音菩薩立像、同・大岡寺十一面観音菩薩立像など、滋賀県甲賀地方の一部の諸寺院に見られるに過ぎない。

滋賀県を除くと類例はほとんど見当たらないことから、ある種地方仏的な要素のあらわれにも思われるが、平安中期末から後期初頭に造像された尊像を見ると、これと等しい表現をするものがある。兵庫・円教寺大講堂木造釈迦三尊像のうち右脇侍像、同・弥勒寺木造弥勒三尊像のうち左脇侍像、同・能福寺木造十一面観音菩薩立像がそれである。これらの尊像が、「比叡山仏所」の系譜上にあるものかについては慎重に考えねばならないが、腰布の表現以外にも「比叡山仏所」や比叡山とのつながりを想起させるものが多く含まれていることから、比叡山の影響によるものと考えられる。

すでに円教寺や弥勒寺に伝来する尊像の多くは、感阿や安鎮という仏師によって造像されたことが判明している。(4) 資料が伝えるところでは、円教寺釈迦三尊像については「仏則感阿代天刻像」であるとし、永延元（九八七）年に供養したことが記されている。安鎮は如意輪堂の如意輪観音像を刻んでいるほか、「綵色木像上人影像一軀」を造立している。弥勒寺中尊像の内刳り部に記された結縁交名からも「僧安鎮」の名が見出されており、両像の制作年や地理的環境を踏まえても円教寺で造仏に当たった安鎮と同一人物であると考えられている。(5) 感阿と安鎮については、いずれも『一乗妙行悉地菩薩性空上人伝』に「感阿即是上人資也」、「安鎮即是上人資也」とあり、性空の弟子であったことが明らかである。高僧の弟子という歴とした学問僧でありながら、寺院造営のための造像に深い関わりを持っていたのであろう。(6) 筆者は常々比叡山から仏師を出張させるという事例（「比叡山仏所」臨時出張所のようなもの）が少なからずあったのだと推測しているが、(7) それを論証する上で円教寺の諸像や弥勒寺弥勒三尊像は実に好事例である。先に述べた分析では、感阿作の伝承をもつ尊像と安鎮作の伝承をもつ尊像とで分類した上で行ったものであった。

以上、尊像の様式、作風を中心に述べてきたが、平安中期彫刻の中で箒形の腰布をあらわすものは、天台寺院に顕著に見られる特徴であるという問題提起をすることができた。先述した通り、箒形の腰布表現は、比叡山周辺や甲賀地方の天台寺院に僅かに認められるものであり、全国的に見られる特色とは言い難い。その中で比叡山とのつながりが想定される諸寺院には、これと酷似する表現が見られることを指摘した。現存作例を見る限りでは、このような作風は一〇世紀から一一世紀における比叡山の特に山門派で主流であった[8]、もしくは好まれたものであったと推測され、比叡山から地方の天台寺院に図像・様式、さらには仏師を派遣したことにより、その作風をあらわす尊像が地方寺院においても造られたものと考えられる。

一〇世紀末から一一世紀初頭の比叡山では、すでに仏像修理をはじめ、勢力拡大に伴う新たな尊像の造立が盛んに行われており、多数の仏師が存在していたであろう。記録に名を残す仏師たちの実態は、それ以上の史料を欠くため明らかにならず、比叡山専属の仏師であったのかあるいは個人で独立した仏所・工房を持っていたのかも不明である[9]。滋賀や京都を主な活動拠点としていた仏師の中には、場合によって地方寺院に出向いて造像に携わることがあったのであろうか。推測に頼らざるを得ないが、もしそれが当を得ているのであれば、やはり宗派に並々ならぬ強い結び付きが存在していたことを再認識することとなる。

憶測により多くの課題を生むことになってしまったが、今後は比叡山を中心として京都をはじめ各地方の天台寺院との関係を前提に検討することが必要である[10]。

(二)「甲賀様式」

比叡山麓の三像と様式、作風が酷似するものに善水寺諸像があることは先述した通りである。特に九品寺像、盛安寺像と善水寺梵天・帝釈天像の様式上の酷似は、これらの尊像を造立した仏師が近い関係にあったことを物語っている。

また甲賀地域には、櫟野寺を中心に「甲賀様式[11]」と呼ばれる尊像群がある。これらは善水寺諸像に通じる作風を主にあらわしているが、中には比叡山麓の三像に見られた箒形の腰布をそなえているものもある。制作時代に違いがあるが、善水寺諸像の作風の延長線上に櫟野寺諸像があるとするならば、比叡山麓の三像も含めて、すべて同系統の工房で尚且つ比叡山に専属的な工房で造られた可能性が想定される。本節において少しばかりまとめておきたい。

この様式上に位置付けるべき尊像として、櫟野寺十一面観音立像や同寺聖観音立像、兵庫・能福寺十一面観音立像[12]を掲げておく。

妙傳寺像、九品寺像、盛安寺像とそれぞれ比較してみると、やはり作風に似通う箇所は多々認められ、同系統の工房による造像であることを想起させる。善水寺薬師像、梵天・帝釈天像をはじめ永昌寺地蔵菩薩像とも比較してみると、丸顔に三日月形の眼、小ぶりな鼻、少し前へ突き出した唇をやや中央寄りに配置する面相部や約六、七頭身の体型、若干鎬立てた衣文表現など、ほとんど同じである。正面観では、まるで眠っているような優し気な表情を浮かべているように見えるが、実際は目を見開いて下方に視線を向けるつくりも同じである。

両耳の形状においても共通した特徴が認められる。

いずれの尊像も対耳輪を強調してつくり、その耳の中央に鬢髪一条をあらわすが、鬢髪の形状（中央を鎬立たせる）に至るまで作風が一致している。また岩田氏によると、妙傳寺像、九品寺像、盛安寺像の両耳には、「ほとんどめだたないが、耳をわたる鬢髪から分かれた細い髪を耳と頬の境目に一筋表す箇所」があると指摘されたが、善水寺梵天・帝釈天像をはじめ、先に掲げた櫟野寺十一面観音像など同形の鬢髪をあらわす尊像には、これと全く同様の表現が認められる。[13]私見によると、これら細部の一致が示すものは、おそらくある仏師集団における両耳とその周辺部の一つの型（規格）であったと推測され、その型が平安後期に至っても存続していたか、あるいは妙傳寺像や九品寺像などの作例を手本として櫟野寺吉祥天像[14]などの尊像が造立されたと考えるのが自然である。

しかしながら櫟野寺諸像の作風は、同時期に造像された尊像同士においても一律ではなく、部分的に若干の差異が認められるが、これは造像を担当した仏師の裁量の範疇にあるものと考えたい。

両耳及び鬢髪の表現の一致により、比叡山麓の三像と善水寺梵天・帝釈天像、櫟野寺諸像に一つの共通した特徴を見出すことができた。これらの尊像を、主に様式的観点から通観すると、概ね妙傳寺像が最も古く、九品寺像と盛安寺像、それと善水寺諸像がおおよそ同時期、櫟野寺十一面観音像はそれ以降の造像であると推測される。つまり善水寺諸像は、比叡山麓の三像と櫟野寺諸像（「甲賀様式」）の中間的な作風であると位置付けることができる。

すでに先学により、野洲川流域に天台寺院が散在していることが指摘されているが、[15]「甲賀様式」の尊像もまたその多くは、多少の移座が行われているとしても、およそ野洲川沿いの寺社に伝来している。比叡山の宗教圏で検討する場合、一つの可能性として、これら一連の尊像群が「比叡山仏所」、もしくはそれと同系統の仏所による造像であったことが推測される。

かねてより善水寺諸像は、平安中期当時の比叡山根本中堂の諸尊配置をそのまま写したものと理解されている。[16]つまり、善水寺の存在意義は比叡山末寺の中でも非常に大きく、また杣場を統治する役割を担っていたとされることからも、善水寺が比叡山における重要拠点寺院であったといえる。かつて甲賀の地に、比叡山の専属的な仏所が存在したことが推定されているが、[17]仏所の存在も杣場と合わせて比叡山の宗教圏として見るべきであろう。

二　藤原期彫刻の一様式

仏師や造像工房について考察する場合、善水寺薬師像のように造像銘記や像内納入品があるものは同時期の中でも稀である。寺院記録や縁起、また寺伝等に仏師名が表れていることもあるが、それを明確に裏付ける資料はさらに少なく、結果として尊像自体に仏師名が銘記されていない場合は「伝」とならざるを得ない。そのような状況下で分析を行う際に、最も重要な手がかりとなるのはやはり様式である。造像を担当した仏師の彫り口や彫癖を知ることで、作品を大別することができる。

筆者は、一〇世紀に造立された尊像の鼻の表現、作風に着目し、ある一つの時代的特徴ともいうべき様式を見出すことができた。これらの尊像もまた「比叡山仏所」によって造像されたと推測される。

本章では、筆者が着目している二軀の尊像を中心に取り上げ若干の指摘を行いたい。

最初にその二軀の尊像を掲げておく。

滋賀・石山寺所蔵　木造如意輪観音菩薩半跏像　（図1 以下、石山寺像と呼ぶ。）

滋賀・浄土寺所蔵　木造天部形立像　（図2 以下、浄土寺像と呼ぶ。）

いずれも、展覧会の作品解説を除くと詳細な研究はほとんどなされていない。[18] そこで貴重な先行研究を踏まえつつ、一から検討していきたい。

（一）　作品の概要と伝来

石山寺像は、像高五二・八糎で半跏の姿勢をとる一面二臂の如意輪観音像である。頭体幹部及び岩座までを含めて一材とし、各所を矧ぐ。内刳りは施さない。表面は漆箔とする。

先端が花弁状となる円筒形宝冠を被り、その中に髻をあらわす。天冠台は二条の紐の上に列弁帯を刻みつける。

図1　木造如意輪観音菩薩半跏像　石山寺所蔵

図2　木造天部形立像　浄土寺所蔵

髪はまばら彫として髪束を区画する。耳朶は環状とし、鬢髪一条が中央を横切る。後補の現状では、左手は屈臂して掌を上に向けて五指を伸ばし、右手は屈臂して掌を正面に向けて五指を伸ばし施無畏印を結ぶ。両手首先、右足先、腰布先端、白毫、台座の下框は後補である。

石山寺は、大津市石山に所在する東寺真言宗の大本山である。草創は奈良時代の天平宝字年間（七五七～七六五）に遡る。『石山寺縁起』が伝えるところでは、東大寺大仏造立にあたり大量の金を求めていた良弁が奈良・金峯山で祈願したところ、蔵王権現の夢告により近江国勢多にある一山が如意輪観自在霊応の地であり、そこで祈念すれば必ず金を得ることができると指示された。勢多へ赴いた良弁は比良明神に出会い、この地が観音の霊区であることを教授され如意輪観音に念じたところ、奥州で金が産出されたという。後に丈六の観音像を造立し、聖武天皇の勅願寺として開かれたと伝えている。創建当初より二臂如意輪観音像を本尊としており、造立に関しては「正倉院文書」に詳述されている。

現在の本尊像は、承暦二（一〇七八）年の火災後の再興像とされており、平安後期（一一世紀）の定朝様に近い様式をもつ尊像として知られる。石山寺本尊像は、如意輪観音像として特異な図像で、『図像抄』や『別尊雑記』などにも記載されている。[19]その尊容は、右手を屈臂して開敷蓮華を執り、左手は垂下させて仰掌し与願印を結び、岩座に左足を踏み下げた半跏の形式で坐すもので、「石山様」と呼ばれるものである。また両脇侍に蔵王権現と執金剛神を従える点も特異である。

本稿で取り上げている石山寺像は旧前立本尊とされ、石山様を示した如意輪観音像の中では現存最古の作品である。しかし記録上においては石山寺像の存在は明らかでなく、『石山寺縁起』や『近江輿地誌』にも特に記載されていない。しかしながら、前述のような事情からこの尊像が石山寺に伝来することは最も相応しく、異を唱える必要はないであろう。前立本尊という役割から、特筆すべき尊像として取り上げられなかったのかもしれない。石山寺には、様式的観点から同時期の制作と考えられる不動明王坐像、兜跋毘沙門天立像を伝えているが、これらの尊像が同時の造立によるものかについては資料を欠いている。

浄土寺像は、像高一〇六・五糎の一面二臂の天部形立像である。構造は石山寺像と同じく、頭体幹部は両手首先を除いて両沓先までを含めて竪木一材とし内刳りは施さない。現状では表面は古色、面相部のみ後補の漆箔とする。

髪束を刻まない太い髻をあらわし、正面に山形の宝冠を被る。天冠台は二条の紐の上に列弁帯を刻みつけるが、両耳より後ろは紐・列弁帯ともにあらわさず、太い帯状となる。髪はまばら彫として髪束を区画する。耳朶は環状を示すが貫通せず、鬢髪一条が中央を横切る。左手は屈臂して未敷蓮華（後補）を執り、右手は垂下して五指を伸ばすが、第三指を少し内側へ曲げる仕草をする。持物の未敷蓮華のほか、山形の宝冠に取り付けられた金銅製宝冠、胸飾、両手首先、面相部の漆箔、光背、台座は後補である。浄土寺像は現在聖観音として祀られるが、その服制から推測すると当初は梵天もしくは吉祥天として安置されていたものと思われる。

浄土寺は、大津市上田上大鳥居に所在する浄土宗の寺院である。浄土寺像は脇侍の不動・毘沙門立像[20]とともに本堂内右脇壇に安置される。これら三尊像は、かつてこの地域に存在した安楽寺の旧仏とされる。安楽寺は大鳥山安楽寺と号す天台寺院で、草創時期は不詳であるが、寺伝によると天平三（七三一）年快堂の開基という。火災によって度々焼失したが、その都度再建されたようである。延宝元（一六七三）年に黄檗僧骨岩和尚が入寺し黄檗寺院に改められた。文政三（一八二〇）年二月二三日に焼失した際にも再建されたが、明治時代の神仏分離、廃仏毀釈により廃寺となった。本尊像をはじめ仏像・仏具類は、一般の在家の家に移されたという[21]。その後本尊像は、個人宅での管理が困難なことから浄土寺へ寄贈という形で移されたようである。[22]
今日に旧安楽寺の棟札の写しが現存しているが、[23]それを素直に読むと、安楽寺は聖観音を本尊とし脇侍に不動・毘沙門を安置していたことがわかる。単にこの三尊形式から宗派を推察すると天台寺院の可能性は高い。観音の脇侍に不動と毘沙門を配す形式は天台の特に山門派独自のもので、比叡山横川中堂本尊の形式と同じくしている。
しかしながら旧安楽寺本尊像を浄土寺像に比定する場合、浄土寺像の像容が明らかに天部形である点や中尊と両脇侍の制作時代が異なる点、不動像と毘沙門像は同時期の制作と見られる点から、何らかの事情により天部形像を観音像に改造し、両脇侍像を加えてこのような形式で安置されたのだと考えられる。造像当初の尊名を変更し「観音」として信仰する例はいくつか確認できるが、浄土寺像も同様の信仰を受けてきた一尊なのである。
浄土寺や旧安楽寺が所在する上田上大鳥居町は、大戸川沿いで田上から信楽へと至る街道沿いの集落で、地理的には金勝山の西南に位置し金勝寺とも深い関わりを持った地域である。田上は、奈良時代においては東大寺の杣場であり、「正倉院文書」に頻出する田上山作所を拠点として主に檜皮や板、柱などの木材が大量に運ばれていたことが判明している。そのため現在は、金勝寺また南都仏教を中心とした宗教情勢の中で造像された尊像として位置付けられている。[24]

（二）　作品の分析

これら二軀の尊像は、いずれも明確な伝来情報を欠いているため、寺伝や当時の宗教情勢から類推する他ない。そのような中で尊像同士の結び付きを指摘する場合、やはり図像・様式論的に論ずることが重要である。尊像にあらわされた作風をそれぞれ細かく比較検討し、二軀の尊像の共通性を指摘したい。

まず構造についてであるが、先述したように二軀ともに内刳りを施さない完全な一木造を基調とし、両手首先

図3　石山寺像　右横顔

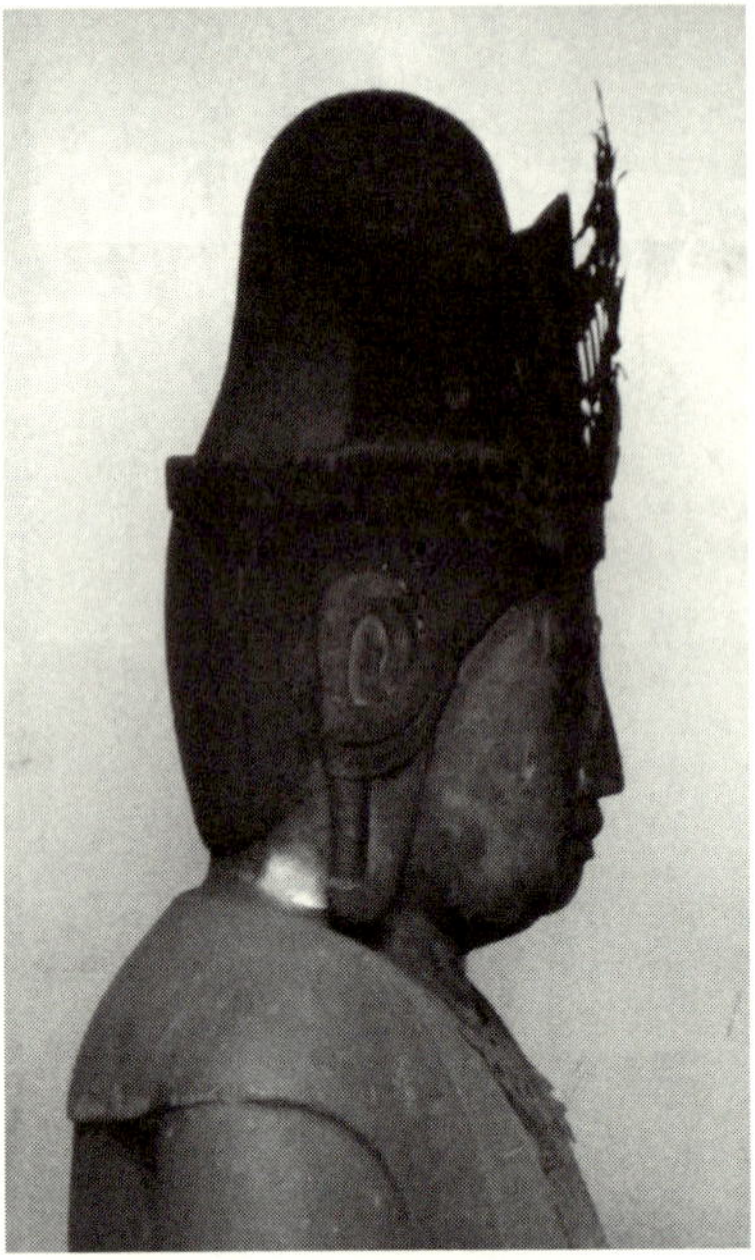

図4　浄土寺像　同前

や足先などを矧ぐ木寄せである。当代において内刳りを全く施さないのは珍しいが、前述した善水寺諸像をはじめ、滋賀県下の一〇世紀彫刻の多くは内刳りを施さないものの方がむしろ多い。平安前期彫刻に通ずる古様な木寄せである一方、「比叡山仏所」において造像された諸像と構造が等しいことに注意したい。

宝冠の形式は石山寺像と浄土寺像とで大きく異なるが、天冠台はともに二条の紐の上に列弁帯を刻む形式である。但し、石山寺像では天冠台を三六〇度すべてに彫出するが、浄土寺像では後頭部においてその表現を省略する。

頭髪部においては、大きく三つの作風上の共通を指摘したい（適宜図3・4を参照されたい）。

一つは髪束の表現である。髪束を区画するように線刻する表現は両像に認められる。後頭部（およそ両耳より後方）においては髪束を区画せず平彫のままとする点も共通し、また背面から見た際に左の襟足が右の襟足よりも短く設定される点もこれまた同じである。この特徴は、石山寺像と浄土寺像の制作時代や造像に携わった仏師集団が同系統の工房関係にあったか、もしくは同一工房、さらには同一仏師によって造像されたことを裏付ける彫技と言えよう。

二つ目は両耳の中央を一条の鬢髪が横切る点である。この鬢髪の形状は、両像とも同じくしており、後方へ向かうにつれて少し広がりを見せる点、一条の鬢髪に見せるためか鬢髪の中央を深く凹ませている点も同じである。形状化の進んだ、細くシンプルな鬢髪をあらわすものが一般的である中で、このような形状の鬢髪をあらわす尊像は同時期ではあまり見られない。構造と合わせて古様である。

三つ目の耳の形状についても同様に、安全ピンのようなシャープな形の大きな耳をあらわす点も共通する特徴である。正面観では両耳朶が少し外側へ張り出し、動きのある柔らかな印象を与えるが、側面観ではそれを覆らせる硬さを感じさせる。またこの両耳朶に関して、額の髪際線を左右にそれぞれ辿っていくと、緩やかなカーブを描いてコメカミの下辺りを通り、そのまま鬢髪の一部を経由し、そして両耳朶へと繋がっていることに気付く。前述した善水寺薬師像や天台薬師像と呼ばれる薬師像にも似た表現があるが[25]、髪際線が両耳朶と完全に繋がるものは少ない。

この二軀の尊像で最も特異であるのは、やはり面相部である。下ぶくれ気味の丸顔に、目尻を少しつり上げた三日月形の眼、大作りの鼻、唇の両端を少しつり上げて微笑する面相表現は、見る者に対して強烈なインパクトを与える。特に鼻は正三角形に近く、唇とほぼ同じ幅をそなえており、顔のパーツとしてはあまりにも大きすぎる。先に掲げた九品寺像や盛安寺像に見るように、小作りで大人しい印象の鼻をあらわすのが主流である中で、これほど強い印象を与える鼻の表現は他に例を見ない。同時期に造像された尊像と共通する特徴をそなえつつも、部分的にある種強い個性を感じさせる。しかしながら、両像の顔面はすべて後補の漆箔に覆われており、彫口が明瞭ではない。

衣文表現においての比較分析は、尊格及び着衣形式が異なるため詳細な分析を行うことを拒否している。しかし、着衣に動きを出そうとする意識はそれぞれに見出すことができ、衣文線を等間隔に刻む点や平面的で立体感に欠ける点は時代の特色をあらわしている。

以上述べてきたように石山寺像と浄土寺像は、構造をはじめ様式、作風の類似性が認められた。制作時代はいずれも平安中期末（一〇世紀末～一一世紀初頭）とみて良かろう。また主要部における細部に至るまでの作風や表現の一致は、仏師の彫癖を示したものであり、同系統の工房での造像が推測される。もはや、この二軀の造像には工房内の同一仏師が携わっていたと見ても良さそうである。

（三）法隆寺大講堂諸像

様式的観点の検討により、石山寺像と浄土寺像が同系統の工房による造像が推定された。ここで、奈良・法隆寺大講堂に安置される薬師三尊像のうち両脇侍像[26]を加えて検討したい。

まず、構造と作風について概要を述べておく。

頭体幹部は両脇侍像とも左右二材として矧ぎ、さらに後頭部から体部背面地付部までを浅く矧ぎ付ける。両腕は肩と臂で矧ぐ。両膝部はそれぞれ横木一材で内刳りを施し、胴部に枘を用いて矧ぎ付ける。また頭部と体部（両膝部とは別）にそれぞれ内刳りを施す。両脇侍像同士では構造をほとんど同じくするが、木材の都合であるのか左脇侍像のみ宝冠の半ばから上を矧ぎ付けているという。宝冠に打ち付けられている菊座形はその多くが後補だが、当初からこの形式であったとみられる。垂髪の耳後から肩に至る部分も後補である[27]。

ここで掲げている両脇侍像においても円筒形の宝冠を被るなど古様な一面もあるが、全体的に彫りが浅く彫法も穏やかである。下膨れ気味の面相部や胸・腹部に刻まれた線、条帛の形状など、先に掲げた二像の特に石山寺像に近い作風を示し、外側へ張り出した両耳朶の形状や中央を少し凹ませた鬢髪の形状、地髪部の髪際線がそのまま両耳朶へと繋がる点などその多くが共通する。特徴の一つとして先に掲げた鼻の表現は、両脇侍像とも鼻翼にこんもりとした肉付けを行うもので、ほとんど同じ形状である。ちなみに、両脇侍像同士でも部分的に異なる作風が認められるが、これは同系統の工房内において生ずる程度のものであろう。丈六の中尊に周丈六の両脇侍、約二〇〇軀の四天王という、大寺院の一堂宇の本尊で尚且つ巨像の造立には、一つの工房のみならずいくつかの工房がこれに関わっていたことが想定されるのであり、いくつもの図像や様式、そして技術（彫技や表現力）を持った仏師集団が造像に携わっていたはずである。つまり、同系統の工房による造像であっても、担当仏師（監督や造像を指揮する立場の人と実際に鑿をふるう人）の技量や意匠などによって尊容や作風に多少の違いがあらわれることは許容範囲の内である。

（四）　法隆寺大講堂諸像をめぐる諸問題

次に資料が伝えるところの法隆寺大講堂諸像について検討したい。

平安期成立の『法隆寺別当次第』では、法隆寺大講堂は延長三（九二五）年に焼失し、六六年後の正暦元（九九〇）年に再建されたことを伝えている。[28]この記述から、本尊の薬師三尊像も大講堂再建期に造像されたものとして位置づけられている。すなわち嘉承元（一一〇六）年から保延六（一一四〇）年当時を記した『七大寺巡礼私記』や延応元（一二三九）年成立の『聖徳太子伝私記』の講堂条に記載される諸像がこれに当たるものと推定される。[29]

しかしながら法隆寺大講堂諸像に関する資料は、非常に乏しい。

右に掲げた『七大寺巡礼私記』の法隆寺大講堂に関する記事を見ると、当時そこに安置されていた尊像は、大講堂本尊の「丈六薬師坐像」、堂破損の為に講堂へ移されていた西円堂本尊の「薬師丈六坐像」、それ以外では仏前の机上に安置された「龍自在王佛坐像」、それと「等身救世観音像」、「六尺許四天像」であったと記している。つまり、ここでは両脇侍像について全く触れられていないのであり、保延六年に現存の薬師三尊像が大講堂に安置されていたという裏付けを取ることができない[30]。

『聖徳太子伝私記』では、薬師像の脇侍として「金色仕者二體」があると記されるが、尊名や法量が不明である以上、現状の両脇侍であるという確証はない。しかし先に述べたように、中尊と両脇侍の光背と台座がともに鎌倉時代の補修が認められることから、『七大寺巡礼私記』には見ることができなかった両脇侍像がこれに当たるものとして考えると、少なくとも『聖徳太子伝私記』が成立した鎌倉時代前後の時点で現状の薬師三尊像が法隆寺大講堂に安置されていたと考えることもできる。

しかし、この『聖徳太子伝私記』や『法隆寺白拍子記』には、延長三年の焼失後の再建に際して、当時別当であった観理僧都が、法隆寺領近江荘と引き替えに京都・普明寺を移築して大講堂としたと伝えている[31]。この記事と資料に対する信憑性については検討を要するが、現在建築学において大講堂移築説は否定されている[32]。

建築面では大講堂移築説を否定しているが、薬師三尊像をはじめ大講堂諸像はいかがであろうか。法隆寺大講堂が再建された正暦期に、薬師三尊と四天王が一具として造像されたとするのが通説であるが、大講堂移築が事実か否かは別の問題として、京都の寺院名や法隆寺領近江荘が出てくる点は、「移築」や「移座」に関する諸問題に対して何かを暗示しているようにも思われる。法隆寺大講堂の両脇侍像が、何らかの理由によって滋賀から移座されたのであれば、石山寺像や浄土寺像と合わせて、その仏所を滋賀の地に求めることも可能性ありとするが、現段階ではそれを証明するに足りる資料が揃っていない(33)。

しかしながら、中尊・両脇侍像、それと四天王像の制作時代に大差がなく、いずれも平安中期末の正暦元年頃の特徴をそなえていることは先述した通りである。今日法隆寺大講堂に安置される諸像が、①通説のとおり、すべて正暦期の大講堂再建に伴ってそれと同時に造像が進められたものであるのか、②京都・普明寺の堂宇とともに法隆寺へ移座されたものであるのか、③近江荘周辺から移座されたものであるのか、④現状では一具として安置されているが、当初は中尊像と両脇侍像、四天王像がそれぞれ異なる場所で造像されて安置されていたものを、何かしらの事情によって法隆寺へ移座されて、一具として安置することになったのか、など少々視野を広げて検討すると法隆寺大講堂及び大講堂諸像をめぐっては未だいくつもの問題が残されている。これについては改めて検討する必要がある。

本章で掲げている石山寺像、浄土寺像、法隆寺大講堂本尊の両脇侍像が、すべて同系統の工房による造像であるかについては慎重に判断するべきであり、現時点で結論を出すのは困難である。しかしながら一〇世紀末から一一世紀初頭にかけ、特徴の一つとして鼻を大きくつくる仏師集団が存在しており、現存作例から推測すると、活動拠点は滋賀を中心としていたと考えられる(34)。鼻の表現以外にも図像・様式的に共通した作風をそれぞれ持っていることから、筆者はいずれも同系統の工房による造像であると推測した。大規模な造像に携わっているにも関わらず、本稿においては記録上から誰ひとりとして明らかにすることができず、また仏所の推定にも至らなかった。法隆寺大講堂諸像に関しては、延享三（一七四六）年成立の『古今一陽集』において「舊記闕佛巧名」としており(35)、まさに作者不明と言わざるを得ない。

尊格が異なるため比較判断が難しいが、石山寺不動像と法隆寺大講堂四天王像のうち増長天像の面相部に、ある種似た特徴をそなえていると筆者は考えている。これはつまり、石山寺と法隆寺大講堂の尊像において、それぞれ菩薩形の面相と厳めしい面相の作風に類似が認められることを示している。石山寺像と同寺不動像はともに一木造を基調としているが、法隆寺大講堂の両脇侍と四天王像はともに正中矧ぎとなる構造で、新様を取り入れているといえる。法量の違いが構造に影響するとも考えられるが、いずれにせよ石山寺諸像と法隆寺大講堂諸像には強い結び付きが想定される。

以上、石山寺像、浄土寺像、法隆寺大講堂諸像について作風や構造の一致を指摘したが、現段階ではこれらの尊像を結び付けるための確たる証拠を見出すことができず、多くの課題を残すことになってしまった。中でも法隆寺大講堂移築説については建築学の面のみならず、美術史、文献史など多方面において今一度検討する必要があろう。

むすび

本稿では、平安中期の「比叡山仏所」で制作された尊像について、先行研究で指摘された比叡山麓の三軀の観音像や善水寺諸像、「甲賀様式」の尊像群以外にも、比叡山との関わりが想定される天台寺院において作風が酷似する尊像が見出せること、またこれらの尊像とは異なる様式、作風で造立された一群の尊像が確認できることを指摘した。

先述したように従来の研究においては、技術や様式の地方伝播という観点から地域性を強く重視する傾向にあった。無論、地方の作例を分析するにあたり、それは仕方のないことである。しかし、比叡山を中心とした宗教圏で検討した結果、「比叡山仏所」が地方の天台寺院へ仏師（工人組織）や造仏に秀でた僧侶を派遣することで、造像技術や図様、作風が伝播する一つの契機となっていたのではないかと推測するに至った。つまり、宗派の結び付きは、新たな技術や図様を共有するという役目も同時に果たしていたのであろう。

「比叡山仏所」に関する史料は全く現存しないため、検討を加えるには限界があるが、京都や奈良の諸大寺に存在した仏所を参考に検討することで明らかとなる面も少なからずあろう。筆者の今後の課題としておきたい。

（花園大学歴史博物館研究員）

註

（1）宇野茂樹「天台末山の彫刻群」（『近江路の彫像』雄山閣出版、昭和四九年）。清水善三「平安前期における工人組織の変遷（中）」（『佛教藝術』一三五、昭和五六年）。のち同『平安彫刻史の研究』（中央公論美術出版、平成八年）第二部第四章第二節に「平安時代における工人組織の変遷」と改題の上再収。岩田茂樹「康尚時代の延暦寺工房をめぐる試論―三躯の観音立像を中心に―」（京都国立博物館編『学叢』二〇、平成一〇年）。

（2）以下、三像をそれぞれ妙傳寺像、九品寺像、盛安寺像と呼ぶ。なお、妙傳寺像はかつて八瀬文化財保存会の所蔵であったが、近年妙傳寺の所蔵となったため本稿では妙傳寺像と呼ぶ。

（3）注（1）岩田氏前掲論文。

（4）井上正「康尚時代の彫刻作例三種」（京都国立博物館編『学叢』二、昭和五五年）。同「和様彫刻の成立と展開」（『日本古寺美術全集』一五　平等院と南山城の古寺、集英社、昭和五五年）。根立研介「〔表紙・口絵解説〕兵庫・円教寺阿弥陀如来坐像」（『佛教藝術』二二〇、平成七年)。神戸佳文「作品解説　弥勒寺弥勒仏及び両脇侍像」(久野健編『仏像集成』七、日本の仏像〈近畿〉、学生社、平成九年)。奥健夫「作品解説　弥勒寺弥勒仏坐像」(『日本美術全集』四　平安時代Ⅰ密教寺院から平等院へ、小学館、平成二六年)。根立研介「作品解説　円教寺阿弥陀如来坐像」(『日本美術全集』四　平安時代Ⅰ密教寺院から平等院へ、小学館、平成二六年)。

(5)　同右。

(6)　このような、造仏や絵画の制作にすぐれた僧侶として、聖宝や会理が知られる。彼らは学問僧でありながら、東寺や東大寺を中心として、各地で造仏や仏画の制作に深い関わりを持っていた。造仏において、彼ら自身が実際に彫刻したかは不明だが、あくまでも現場の監督的立場にあったと考えられる。感阿や安鎮も、聖宝や会理のような立場の僧侶であったかもしれない。

(7)　すでに奥健夫氏による先行研究がある。「書写山円教寺創建期造像の調査研究」(鹿島美術財団編『鹿島美術研究』年報二八別冊、平成二三年)。

(8)　現存作例は、いずれも山門派寺院に伝来していることから、現段階では山門派の尊像の特徴として位置付けている。

(9)　東大寺では、造東大寺司廃止以降、東大寺専属の仏師集団は見出されないが、天暦七(九五三)年に東大寺別当光智が行った千手堂の仏像修理以降、東大寺の大仏師の名が資料にあらわれるようになり、彼らの名も同じ字を用いる傾向があると指摘されている。田中嗣人「仏師康尚論」(古代学協会『古代文化』二四八、昭和五四年)。

(10)　当代に造像された尊像の多くは詳細な伝来を欠くものが多いため、主に尊像の図様や様式的観点の分析に頼るところが大であろう。

(11)　井上一稔「仮称「甲賀様式」の仏像について」(『滋賀県立琵琶湖文化館研究紀要』四、昭和六一年)。

(12)　能福寺十一面観音像は、光背銘によると宝暦年間(一七五一～六四)に兵庫・和田神社本寺堂に安置するために善水寺から移され、その後明治維新の神仏分離に伴って能福寺へ再び移されたといわれる。尊像を見ると、目尻がつり上がる三日月形の眼や少し尖らせて前へ突き出すような唇、箒形の腰布をあらわす点など比叡山麓の三像や櫟野寺諸像と極めて近い作風であることに注目されよう。

(13)　現存する櫟野寺諸像を見ると、平安後期(一二世紀)の制作になる尊像においても同様の作風が認められる。

(14)　筆者が掲げている櫟野寺吉祥天像とは、像高一〇五・四糎、木造彩色、平安時代後期(一一世紀)の制作と考えられている尊像を指す。

(15) 松岡久美子「十・十一世紀における天台の野洲川流域進出の一側面」(栗東歴史民俗博物館編『テーマ展　近江の彫刻―湖南・甲賀の十・十一世紀―』平成一四年)。同「善水寺蔵　木造四天王立像」(『國華』一四〇七、平成二五年)。

(16) 宇野茂樹「近江国善水寺の諸尊」(『滋賀県立琵琶湖文化館研究紀要』四、昭和六一年)。

(17) 岩田茂樹「甲賀の仏教彫刻」(甲賀市史編さん委員会編『甲賀市史』五　信楽焼・考古・美術工芸、甲賀市、平成二五年)。

(18) 石山寺像は現在石山寺境内の豊浄殿（収蔵庫）に展示されている。石山寺に関係する展覧会等にも度々出品されている。浄土寺像については、以下の展覧会等において紹介されている。岩田茂樹「作品解説　浄土寺天部形（伝聖観音）立像」(大津市歴史博物館編『大津の仏像―一千年の造形―』、平成九年)。上野良信「作品解説　浄土寺天部形立像」(滋賀県立琵琶湖文化館編『特別展　天上界のほとけたち―天部の諸尊―』、平成一〇年)。岩田茂樹「作品解説　浄土寺木造天部形立像」(大津市教育委員会編『大戸川ダム建設地域文化財調査報告書』、大津市、平成一一年)。松岡久美子「作品解説　浄土寺天部形立像」(栗東歴史民俗博物館編『「国際博物館の日」記念事業　テーマ展　近江の彫刻―参詣道と金勝寺文化圏の諸像―』、平成一五年)。寺島典人「作品解説　浄土寺天部形立像」(大津市歴史博物館編『企画展　石山寺と湖南の仏像―近江と南都を結ぶ仏の道―』、平成二〇年)。

(19) いずれも『大正新脩大蔵経』(図像編第三巻) 所収。

(20) 脇侍の不動・毘沙門像は、法量、作風の観点から、おそらく江戸時代に同時に造られたものと推測される。

(21) 栗太郡役所編『近江栗太郡志』(五、名著出版、昭和四七年)。以下、安楽寺条を抜粋する。
安樂寺は上田上村大字大鳥居に在り、寺傳に天平三年僧快堂の開基する所と見ゆ、弘安四年三月十日夜回祿の災あり翌年再興す、後ち文明十年再建ありしが更に炎上して爾後僅かに一佛堂を存するに過ぎざりき、延寶元年黄檗の僧骨岩來り廢を興して黄檗宗に改め稲荷白山兩社の社僧を兼ぬ、文政三年二月廿三日朝又回祿の災あり再建す、明治維新社僧廢して後ち寺を廢し古佛は今人家に安置さる。

(22) 浄土寺像の伝来については、浄土寺を管理される小林茂宣氏の御教示による。

(23) 當寺建立ハ天平三年辛未天、燒失弘安四年辛巳三月十日夜、成同年號五年壬午三月吉祥再興供養二二事畢。
天下泰平　萬民和順　近江州栗太郡金勝郷
(梵字) 奉建立堂舎乙字本尊聖観世音菩薩安置之所
日月清明　寺門繁榮　大鳥村西山谷

昔天平三年辛未三月吉日　　大鳥山　安樂坊慧心敬白
天下泰平　萬民和順　江州栗太郡金勝庄大鳥村
（梵字）奉再興堂舎乙字安置聖観世音菩薩
諸佛威徳　寺門繁榮　大鳥山安樂坊
昔弘安五壬午三月吉祥日　　　現住　快岩阿闍梨敬白

日月清明　萬民和順　近江國栗太郡金勝庄大鳥村
（梵字）奉修覆堂中乙字本尊聖觀世音 不動明王 毘沙門天 安置之所
天下泰平　寺門繁榮　大鳥山安樂坊現住
元細川家來祖玄法印敬白
文明拾年 戊戌 三月吉祥

（『近江栗太郡志』五）

(24) 注（18）前掲論文。
(25) 同様の作風は、善水寺薬師像、滋賀・蓮台寺薬師像、同・充満寺伝薬師像、同・充満寺十一面観音像など比叡山の宗教圏において造像されたと見られる一〇世紀彫刻に顕著な特徴である。
(26) 多くの先行研究により、法隆寺大講堂に安置される薬師三尊像は、中尊像と両脇侍像で様式、作風に差異が認められることが指摘されている。中尊薬師像は丈六でありながら主要体幹部を一材とし、各部を別材として補う。平安前期彫刻に通ずる作風で、どっしりとした重量感をそなえている。両脇侍像とは対称的な作風である。
(27) 垂髪の構造は、後補の現状ではその上部を耳の後ろに差し込み、肩に垂らしているが、これは石山寺像と同形である。造像当初も現状と同じく、耳の後ろと肩とで垂髪を取り付けていたのであろう。
(28) 観理大僧都
治十二年。東大寺人。延長年中任之。件任中。延長三年乙酉講堂焼失。同北室等焼失畢。

（中略）

任階大徳
治五年。東大寺人。正暦元年庚寅任之。或本云。専寺僧。従勾當昇進人也。正暦元年庚寅。講堂造立畢。焼失以後相當六十六年云云。
件任中。舎弟以定好已講上宮王院補任院主。従其時次第相傳也。但別當經尋法印之時。別院主停止本寺別當沙汰也。

（『続群書類従』四・下）

(29)『七大寺巡禮私記』
講堂一宇、六間四面瓦葺、安丈六藥師坐像本佛也、又安藥師丈六坐像、斯像者西圓堂佛也、彼堂破損之後所奉移此堂也、
口傳云、爲除播〔橘カ〕大夫人御悩所造願〔顯カ〕也、靈檢〔驗カ〕殊勝也、盲聾瘖瘂之輩致祈請者、必蒙感應云々、何況於自余病云々、
又佛前机上安龍自在王佛坐像彩色、高一尺余、其形女〔如カ〕童子、着帽子、其首有青龍像、
又等身救世觀音像、
件像有中尊左方、左手持寶珠、有《右》手覆於寶珠上
又六尺許四天像無別事、

（『校刊美術史料』寺院篇上）

『聖徳太子伝私記』
次講堂者。昔堂焼失。故其時別當觀理僧都。北京法性寺或云白河普明寺云寺。當寺荘以二近江荘一替二請彼寺一所レ造二此寺一也。（中略）
石壇高□此内金色藥師。丈六并金色仕者二體。四天王□上堂丈六。金色盧遮那。脇士二體普賢。文殊。西円堂藥師丈六金色。賓頭盧等
奉レ居者也。於二此講堂一。（後略）

（『大日本仏教全書』一一二）

(30) 大江親通著『七大寺巡礼私記』は、奈良の諸寺院に当時安置されていた仏像や仏具、また信仰に関する伝承などをかなり詳細に記した資料として重要視されているが、両脇侍についての記載が全くなく、尚且つ中尊と両脇侍で構造や作風に違いがあることを踏まえるとこの点は聊か疑問を呈し、当時は現状のような三尊一具ではなかったという情報を投げかける。但し、単なる著者の書き忘れであることも想定され、実際は現状のように三尊一具であったと考えられる。『七大寺巡礼私記』については、法隆寺条のみならず資料自体の検討が必要である。

(31)『法隆寺白拍子記』

（前略）醍醐天皇ノ御宇延長年中ノ事ニ也北野ノ天神荒人神ト成リ給シ時諸寺ノ寺院多ク回禄ノ災ヲナシ給シニ當寺ノ講堂炎上ノ難ニ遇シ時北ノ室西ノ連室八ケノ室ニ至ルニテ余炎ニヲカサレシカトモ此一宝ニイタリテ火炎ノ難ヲ□レシソ不思議トソ覚ル于時ニ吏務別當ハ東南ノ観理僧都ナリ歎キニ講堂灰燼之災ヲ一以テ平安城ノ内法性寺ノ側ニ普明寺ト云寺アリ□寺ヲ別移シテ速ニ建立シ給ケリ（後略）

（『法隆寺史料集成』八）

(32) 太田博太郎「作品解説　大講堂」、「同　上御堂」（『奈良六大寺大観』法隆寺一、岩波書店、昭和四七年）。

(33) 太田博太郎氏は、延長三年に講堂が焼失した際に、上御堂（上堂とも）を講堂の代わりとして用いられた可能性を踏まえ、「上堂は十世紀には講堂でもあったのだから、普明寺堂を移して上堂を建てたという伝えが、講堂を建てたというように誤られたとするならば、移建して講堂を建てたという伝えが生まれた理由」と推測された。また、聖宝と普明寺、法隆寺の関係から、聖宝と深いつながりが想定されることを指摘された。「普明寺堂の法隆寺移建について」（『佛教藝術』八四、昭和四七年）。

(34) 石山寺像や浄土寺像の作風と共通した特徴をそなえる尊像を幾例か掲げておく。

滋賀・充満寺蔵木造伝釈迦如来立像

同　　木造十一面観音立像

京都・六波羅蜜寺蔵木造薬師如来坐像

京都・平等院蔵木造伝帝釈天立像

いずれの尊像も、丸顔に切れ長の眼、鼻筋のとおる立体的な鼻、軽くすぼめたような口を配し、比叡山（天台）との関わりが想定される寺院に伝来していることに注目される。

(35) 講堂一重□□拾七間四寸八間二尺八寸

（中略）

本尊金色丈六藥師如來日光菩薩月光菩薩四天王像舊記闕佛巧名

【付記】
本稿中の挿図の出典は以下の通り。
図1　大津市教育委員会編『大津の文化財』平成一〇年から複写した。
図3　滋賀県立近代美術館編『近江路の観音さま』平成一〇年から複写した。
図2・4　筆者が撮影した。
なお、図1・3は所蔵者である石山寺の許可なく複製することを禁ず。

【謝辞】
本稿の執筆にあたり、大本山石山寺様、大鳥山浄土寺様のほか多くの方々より御協力を賜った。記して謝意を表する。

第Ⅳ部　京に住まう

―京町家の復元と実態―

一 京町家と梅忠町家屋敷絵図

明珍 健二

一 はじめに

「梅忠町家屋敷絵図（以下「絵図」）は現・京都市中京区梅忠町で、近世期から大正時代まで居住した遠藤弥三郎家文書群の一部である。(1)「絵図」に表題はないが梅忠町全戸を対象として調査記録した家屋敷絵図の綴であり、京町家および都市京都の町並の歴史的、建築史的研究を推進する重要な資料である。資料の在り様は、家並順が分かるように三条通り両側町の南側西から綴じ進み、さらに北側西方から綴る（写真1）。紙縒でまとめられた「絵図」は、綴り順を確認後に紙縒も含めて水伸ばしを行い記録撮影した。

これまでの京町家研究は、建築史からのアプローチ、都市史からの研究あるいは民俗学的研究など多くの領域から多様な視点で行われてきた。しかしこれまでの京町家研究は、町家の一階平面図の検討を中心に行われてきた。この研究環境は、京町家が平屋・二階建ての家屋であるにもかかわらず、伝世資料が一階のみを平面図として描かれことに起因している。そうした研究環境に対し「絵図」は、梅忠町全戸を対象とした二階間取りを含む平面図が、現地調査の上で作成されている点にその資料的価値を見出すことができる。この「絵図」の特徴は、

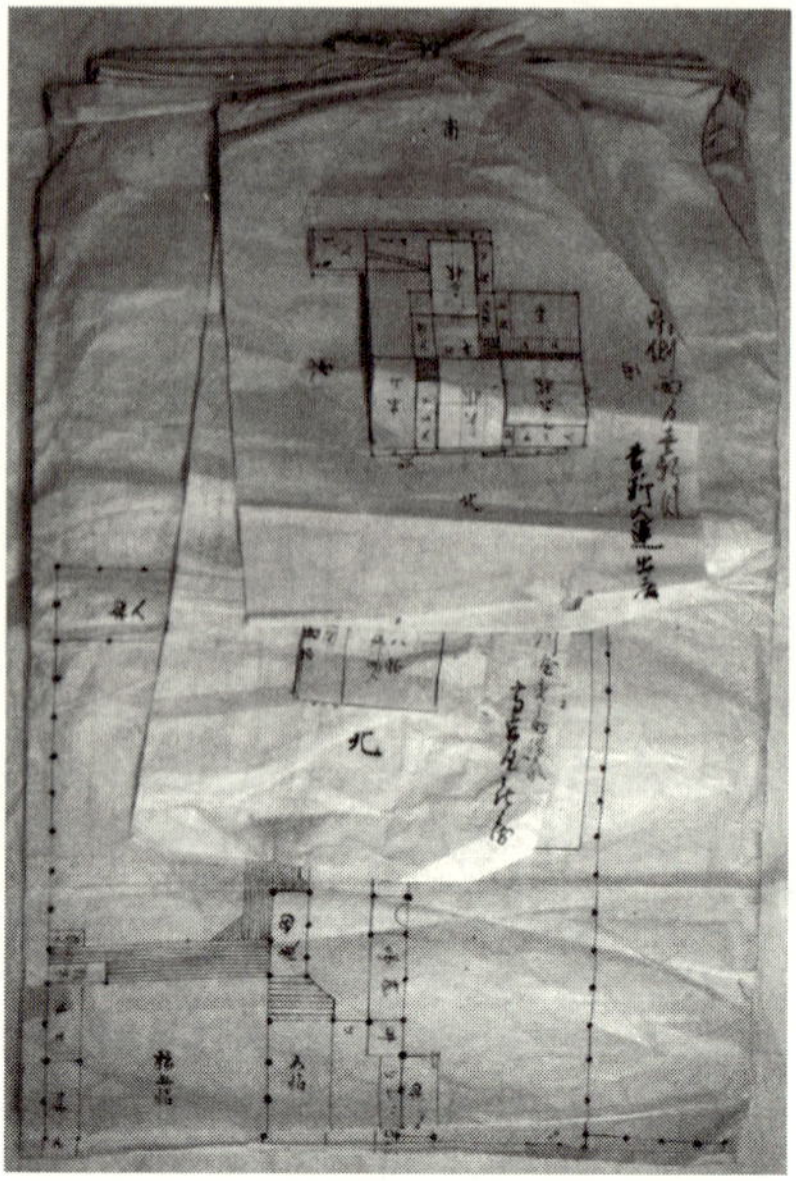

写真１　梅忠町家屋敷絵図

一階平面図に加え二階平面図を貼紙として加えている点にある。梅忠町内三一軒の内二八軒の二階を含む平面図が伝世したことは、京町家研究において、「絵図」が一町の街区および家屋敷の構成を二階まで含めて復元できる画期的な図面である（表１）。また「絵図」を所蔵する花園大学歴史博物館が『梅忠町家屋敷絵図目録』[2]を刊行したことが契機となり、梅忠町家屋敷の復元が希求され、各家屋敷を図化する共同研究を立ち上げた。さらに梅忠町が属した下京四番組二八町総図（以下「総図」）（図２）の町家の有り様および梅忠町沽券地等の変遷を明らかにし、可能な限り梅忠町各家屋敷の図化を行った[3]。本稿の目的は、京市中の中心部で長く営為を維持した下京四番組を外観し、梅忠町の街区・沽券地等（図３）を検討した上で、業態を鑑みながら町のようすがを顧み、如何に人々が暮らしていたかを考察するための基盤を整備する基礎的研究である。

一　幕末から近代初頭における京町組

梅忠町は三条通と烏丸通が交差する東入ル町であり、現在は両側町として北側はＮＴＴ西日本京都支社となっており、南側はほとんどビルが立ち並ぶビジネス・繁華街となっている[4]。京都における明治初頭の町組制度確立

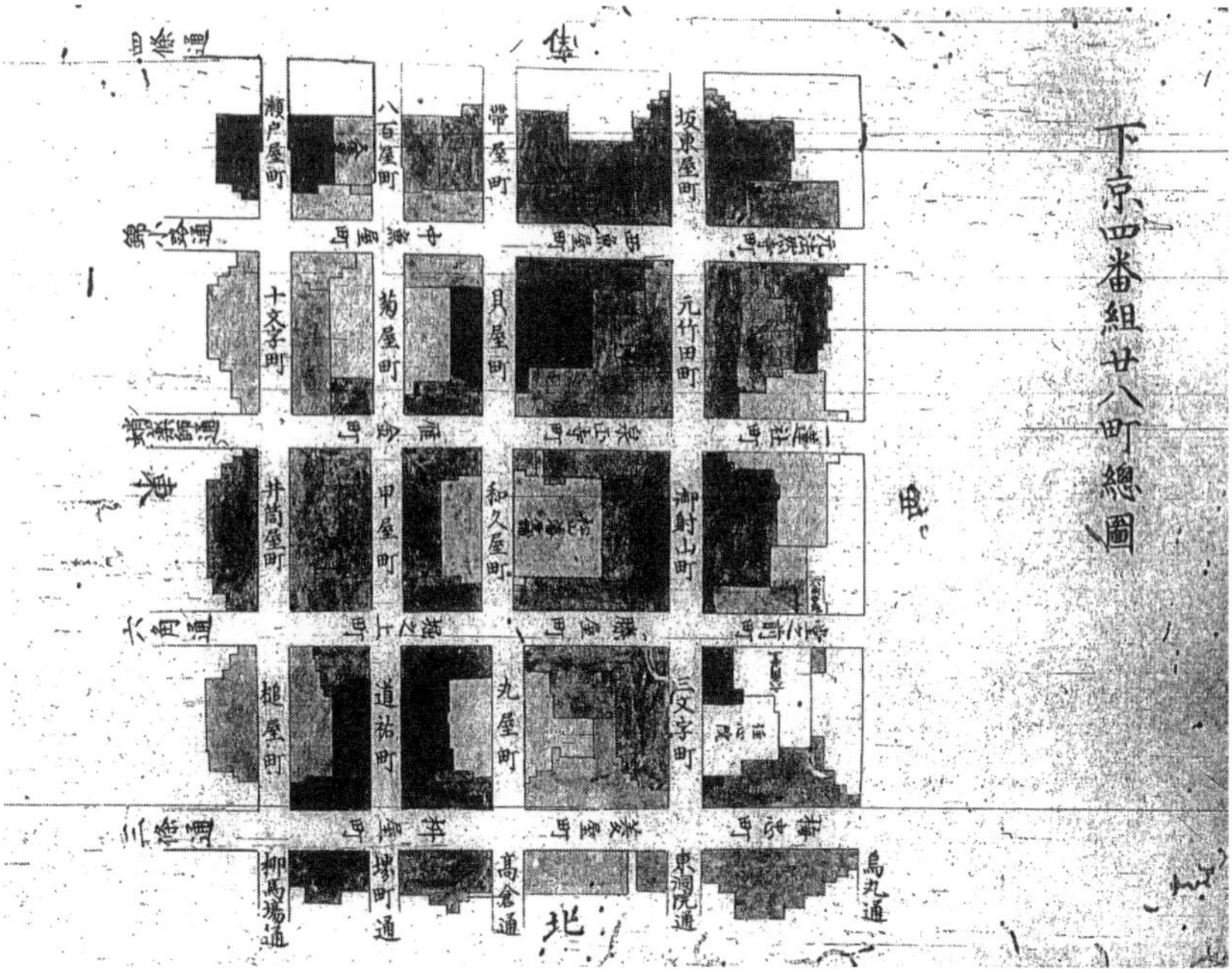

図２　下京四番組二八町総図

とその変遷については、大政奉還を契機としてめまぐるしい変革をみせる。明治元年四月には京都府と改称し知事を任命、市政はその所管と定められた。急激ともいえる変革の中で、町政は年寄・五人組が引き続き担っていた。同六月、各町に議事者を置くことになったが、議事者の意見を取り入れ、翌年七月「町組五人組仕法」へと改めた。それまで古町・新町・枝町・離町としていたものを、一五町から三〇町にまとめた番組を編成することとなり、二条通を境として上大組と下大組とした。その結果、上京は四五番組、下京は四一番組となった。また中年寄・添年寄を選出し、上・下大組にはそれぞれ大年寄を置いた。研究対象とする地域は、下京の町組が改められた地域である。

京都府は小学校設立の企図をもって、明治二年一月に新町番組制を布告し、上京三三番組、下京三二番組に改めた。この時に上下京の境を三条通とし、研究報告する地域は下京四番組と町組が改められた。同一〇月の「総図」は、この時期に四番組梅忠町で中年寄を勤めていた遠藤家文書であり、新番組制が布告された年に作成されたものである。下京四番組は「総図」により、北は三条通北から南は四条通北、東は烏丸通西から西は柳馬場通東を境とした区域となった。この下京四番組における各町の表記順は、「総図」に記された調査の際に記入した順に次のようになっている。まず、三条通に面し烏丸通と柳馬場通間に位置する東西両側町を、東側の梅忠町から順に菱屋町、枡屋町と番号付けしている。次に柳馬場通に面し南北両側町である槌屋町から西へ数え、堺町通両側町道佑町、高倉通丸屋町、東洞院通三文字町とする。つまり通りの北から南へと下げつつ、北に位置する通の最初の町を左から一番としている。次に下がった通りでは、西から順に南北となる両側町を数えていることが分かる。

京は上京・下京に大きく分かれた区画で構成され、近代に入り梅忠町は下京四番組に属した。この下京四番組の概要を示す史料が残されている。下京四番組で中年寄を勤めていた遠藤家文書である（京都市歴史資料館本）。以下、その概要を記す。

明治二年乙巳十月

（表紙）

下京四番組

中年寄　遠藤弥三郎

添年寄　市田　理八

（下京四番組廿八町総図）

四番組の略図が描かれている。すべての町は通りに面して両側に町家を構える両側町となっており、その組内の概要は以下のとおりである。

組内総計

一　町　数　　二十八町
一　軒　役　　八百二十軒役
　　　　　　　又二軒役六角堂法頂寺相勤
　　　　　　　内　七軒役御免除町
一　町　夫　　七百三十一人半
一　沽　券　　七百十五通
一　屋　敷　　五箇所
一　寺　院　　六箇所
一　地蔵堂　　十五箇所
　　　　　　　内一ケ所沽券地
一　髪結床　　七箇所
一　番部屋　　三十五箇所
一　物入小屋　五箇所
一　雪駄店　　一箇所
一　塵　溜　　二十五箇所

「総図」は明治二年の作成であるが、その成立過程はどのような経緯を踏んだのか見てみよう。鈴木亜香音氏は、京都旧市街における町絵図の作成に注目し、明治元年から同二二年に至るその経緯を明らかにした[5]。対象とした地域は安寧学区・下京十一番組であり、大工町に残された絵図・地籍図・旧公図の変容について論及している。同元年、町触により第一次町組改正にかかる町絵図が作成され、同二年には第二次町組改正にかかる町絵図が作成されている。本論で取り上げた「総図」は、まさに第二次町組改正のために同二年一〇月に作成されたものである。さらに同三年には町触によって軒役改正を目的とした新券状・町内絵図の作成が命ぜられた。一般的に軒役改正絵図と総称される。また同六年には京都府地券発行地租収納規則による地券願書・町内絵図が作成された。所謂「壬申地券地引絵図」と呼ばれるものである。これ以降、地租改正地引絵図（同六年）、地籍編纂地籍地図（同一七年）、地押調査校正地図（同二一年）、旧公図（土地台帳附属地図・同二二年）と町地図が作成された。こうした絵図や地籍図の作成は、地租改正を目的としたことは否めない。近世期の京都は地子免除であり自由な商都市として栄えた。京都の近代化は地租を得るための精確かつ市中の実態を把握するための手段の一つであったろう。この絵図・地図が作成されたことには、第一次町組改正絵図（同元年）・第二次町組改正絵図（同二年）と新券状・町内絵図までの作成目的と、同六年以降に発行された絵図・地図は地租改定を目的としたものと理解できる。このことは近世的社会・経済制度を近代的新社会へ転換する大きな試みであった。

「総図」は、下京四番組の町の概要を知る史料として貴重な情報を提供する。注目すべきは、軒役数・町夫数や沽券数、屋敷地、寺院など基本情報を書き上げている。他に地蔵堂・髪結床・番部屋・雪駄店・塵溜等を書き上げたことにも注目すべきである。京は、屋敷や寺院を含めた町家もまた原則として地子免除である。ただし軒役は、建物一棟ずつを対象としたもので、町の運営構成員である家持町人に平等に負担させるもので賦課方式の単位となっており、家持町人に対しての人頭税的性格を帯びている。また町夫人数を書き上げている。これは国家や領主権力への役負担として、京における堀・溝・河川・道路・橋梁等の普請・修理や清掃の人足、火消や防火のための人足からなり都市居住に伴って発生する膨大な雑益に従事することである。一方、地蔵堂や番部屋等の設置されている場所は沽券地ではなく、通りと溝に設けられている点にあろう。公儀地に設けそれらを利用することに容認していることとなる。京町家と通りの境は一尺ほどの溝の外側（町家寄り）であり、通りと溝は公有地である。

二　梅忠町の概要と梅忠町家屋敷絵図の特徴

下京四番組に関する先行研究は、日向進氏によって行われている。(6) 明治二年一〇月に作成された「総図」を用い、地域範囲と各沽券地を復元している。また各町の職業一覧を作成分析し、商家が六七％を占めており職人が一二％に留まっていることを指摘した。さらに明治初年における下京四番組の人口を三千人程度と推考している。また御射山町の町並復元図を作成し、町並復元の可能性を提示した。総図が描かれた時点で注目すべきことは、番組制度が整った際の下京四番組梅忠町の中年寄が遠藤弥三郎であったことである。「総図」は、中年寄の遠藤家が保管していたものであり、京都府への提出文書控としての性格を帯びていよう。また、梅忠町家屋敷絵図も遠藤家文書であることから、京都府は京市中内の土地所有および家屋敷に強い意識を持っていたと考えられる。

現京都市中京区梅忠町は、三条通り烏丸を東に入り東洞院通りに至る、三条通りを挟んで北側と南側に家並を広げる両側町である。『洛中絵図』寛永一四年に梅忠丁と記され、『洛中洛外大図』寛文一二年や『宝暦町鑑』で

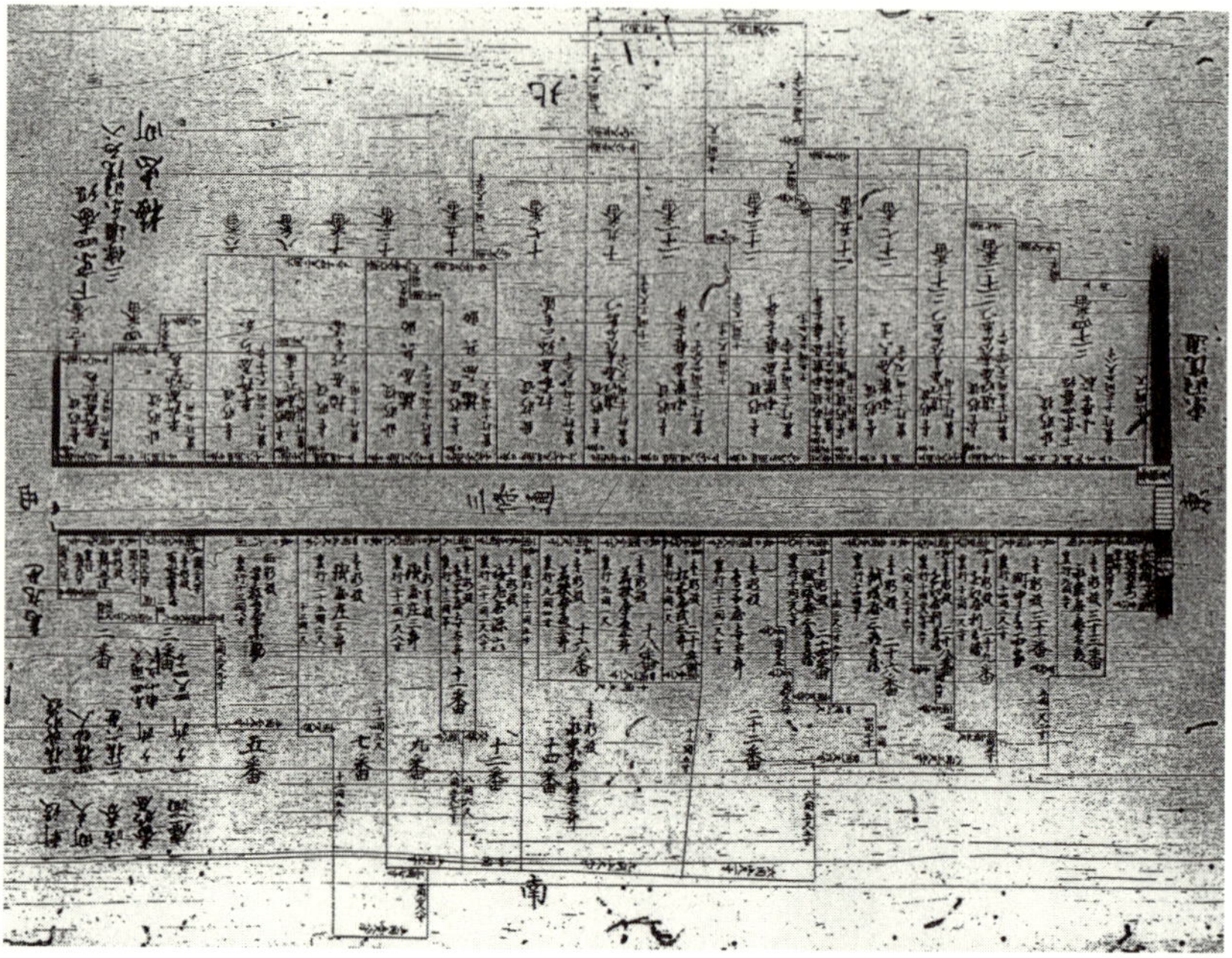

図３　梅忠町家屋敷の概要

は埋忠町と記されている。『宝暦町鑑』によれば、この町に鍛治埋忠が居住していたことに由来するとある。また、『寛文後期洛中洛外之絵図』には武藤町とも称していたことが知られる。

近世の庶民教育施設として設置された「教諭所」が、室町通竹屋町から東洞院通三条下ル町に移転し、近代に入り「下京四番組小学校（旧日彰小学校）」となった。明治二年の町組改正により下京四番組、同五年に第四区に改称し、同二五年に第四学区に編成された。行政町名は、同一二年に下京区梅忠町、同二二年に京都市下京区梅忠町、そして昭和四年現在の京都市中京区梅忠町となっている。

「絵図」は、各町家の一階平面図に二階部分の平面図を貼紙に描き、一階の平面図の該当部分に貼り付けることで各町家の部屋の位置を表している。こうした一町内に立ち並ぶ町家の一・二階をすべて平面図として起こした事例は希有であり、今後の京町家研究あるいは町の経営等の研究に寄与するであろう。また「総図」が下京四番組二八町をいかに表現したか、まず北から俯瞰するような形で表記されている。北から見て読み取れるよう文字表記されていることも特徴である。さらに町位置を示す表記が、現在の京都で用いられている通りを「上ル」「下ル」という表記ではなく、「下ル」だけを用いることも本資料の特徴とすることができる。次に書き上げられた項順に概要を見てみよう（図４）。

イ．下京四番組内の寺院

「総図」には、明治二年時に六カ所の寺院が記されている。北側から槌尾町に一カ所・宝蓮寺、道祐町に一カ所・光浄寺、三文字町に一カ所・往心院、堂之前町に二カ所・六角堂頂坊寺、元法然寺町に一カ所・順照寺の計六カ寺の所在を確認できる。ほとんどの寺は無軒役となっているが、六角堂頂坊寺だけは二軒役となっている。昭和六三年に認められる寺院は、六角堂・愛染院（六角堂から分離）・往心院・光浄寺・順照寺・明福寺である。

ロ．下京四番組内の屋敷

下京四番組内に確認できる屋敷は、北から道祐町に米沢藩屋敷（明治三年廃邸）、和久屋町に久松隠岐守屋敷、瀬戸屋町に佐竹従三位屋敷（明治三年廃邸後民地）、元竹田町に佐土原藩知事嶋津従四位屋敷、八百屋町に久保田藩屋敷、坂東屋町に嶋津少将屋敷地の六カ所の屋敷地が認められる。これら屋敷群はその多くが民地になったと考えられるが、梅忠町に設置された下京四番組小学校が手狭となったため、和久屋町三百六十五番地「久松隠岐守屋四鋪、名代松屋作十朗」旧松山藩邸屋敷地に明治五年、下京第四区小学校として移転先が決定し、同九月に階松小学校が開校した。

ハ．木戸門

京市中の木戸門に関する記述として知られているのが、曲亭馬琴が著した『羇旅漫録』である。享和二年夏、京都を遊歴した馬琴は、続いて大坂へ向かい次のように記す。

一体大坂はちまたせまく俗地にて、見べき所もなし。京の市中に木戸なし。大坂は一町一町に木戸ありて。木戸の柱に札をうちつけ。是へ町名をしるしおく。橋〃にも札ありてはしの名をしるしたり。［割註］橋に名をしるすことはふるし、木戸に町名をしるすことは近ごろのことなりといふ。(7)（傍点筆者）

江戸後期の京市中における木戸門は、大坂に比べ少ないということであろう。しかし、総図の木戸門設置情況をみると、ほとんどの町が木戸門を設けている。木戸門を設置していない町は、三条通に面した両側町である梅忠町、菱屋町、桝屋町と東洞院三条下ル三文字町、六角通烏丸東入ル堂之前町の五町だけとなっている。また門柱だけとなっているのが、蛸薬師通六角下ル井筒家町、高倉通六角下ル和久屋町の二町である。残る二一町は、町の東西、南北に二カ所の木戸門を設置している。幕末明治期の動乱の舞台となった京都では、町保安の必要性から木戸門を復活させることが求められていたのかもしれない。主要幹線道であった三条通には木戸門が設置されてないことを知ることができる。

下京四番組内の木戸門に関する取り決めは、文政二年、菊屋町「町式定書」に記している。

家屋舗買得出銀之定

家代銀壱貫目ニ付

一、銀四拾目　　両木戸会所、文政四年ゟ改

修復手当銀

木戸門は町が設置した共有財産であり、町の治安等を維持するために設けられる。その修復のために町出銀が

文政四年に改定されたのである。[8] 一方、幕末の木戸門に関する興味深い町触がある。元治元（一八六四）年四月発布のこの触は、市中における木戸門の有り様を知ることができる。[9]

一、今般市中御取締之義ニ付、御所ゟ改而被遇う仰出候趣も有之候間、洛中洛外町続所〃木戸門之義ハ、凡三町宛一組合ニ相立、惣而夜五つ限大扉〆候積相心得候様（以下略）

元治元年四月、御所からの意向で市中木戸門について、三町ほどで一組合を組み、木戸門の管理を徹底するよう求めている。さらに

一、右ニ付市中往還、仮者一条ゟ七条迄、竪ハ烏丸、東洞院、油小路、寺町等、素ゟ木戸門無之場所、其外在来柱斗ニ而両扉仕附不申候分ハ、凡三町程目当ニいたし、木戸門一ヶ所宛新規取建、亦ハ修復相懸り候筈ニ申渡（以下略）

この触は、東西通り一条から七条までと南北通り烏丸・東洞院・油小路・寺町通りに、元々木戸門の無い町があったことが判明し、門柱だけが残された町もあった。そこで三町ほどで木戸門を新規に建て、柱だけの門には扉を付けて管理すべし旨が記される。天明の大火以降、比較的平穏であった京市中は、幕末の騒々しさの中で各町の木戸門整備を図ろうとしていたことが見てとれる。まさにこの四カ月後、元治元年八月に禁門の変が起こる。

二．番部屋

「総図で番部屋を設置していないのは、丸屋町、和久屋町、元竹田町のみであり、二五町は番部屋を設置している。また、番部屋を通りの東西または南北の両端に設置する町は、槌屋町、道祐町、滕屋町、三文字町、一蓮社町、泉正寺町、雁金町、御射山町、瀬戸屋町の九カ町であり、梅忠町・菱屋町・桝屋町・堀之上町・堂之前町・一蓮社町・甲屋町・十文字町・菊屋町・貝屋町・元法然寺町・西魚屋町・中魚屋町・坂東屋町・帯屋町・八百屋

町の一六カ町は通詰めの一カ所に番部屋を設置している。各町に設置された番部屋は、それぞれの大きさを東西南北の寸法を記しており、すべて木戸門の内側に設置されている。番部屋は、いかなる様相であったかを下京四番組内に散見できる式目によってみてみよう。

安永六年一月　梅忠町「町儀式目控（須羽家文書）[10]」に

家買被申候節内礼之分左之通り

（前　略）

一、金百疋宛　　五人組え

一、金百疋宛　　老分中え

一、金弐百疋　　年寄え

（中　略）

一、銭弐百文　　番人作兵衛へ

一、銭三百文　　同親方儀兵衛へ

一、銭三百文　　悲田院出入之者へ

右は町内之衆家買被申候時も同様之事

「中魚屋町式目」には、次の記載がある。

中魚屋町［式目］文政六年二月～明治四年二月

「文政八年乙酉九月改　　式目」

（中　略）

諸出銀之定
家屋敷買得家代銀三貫目ゟ弐捨貫目迄
（中　略）
振舞料
但他町之仁ニ借家衆買得之説は銀拾枚出銀可有之事
町中披露盃之節、諸入用此内ニ而可致諸雑用、凡百日前後ニ而可致事
年寄へ　金弐百疋
（中　略）
番人親方へ　銭三百文　改五百文
番人へ　同弐百文　改三百文
非田院へ　同弐百文　改三百文
（中　略）
家代銀拾九貫九百目ゟ拾貫目迄、左之通
番人親方へ　銭三百文
番人へ　同弐百文
非田院へ　同弐百文
（中　略）
家代銀拾九貫九百目ゟ拾貫目迄

番人親方へ　銭三百文
番人へ　同弐百文
非田院へ　同百文
（以下略）

こうした記述は、当該町における番人、番人親方あるいは悲田院支配構造を窺い知るものである。[11]梅忠町・中魚屋町ともに町式目の中に町内の家屋敷を購入した場合の振舞料の在り方と金額が示されている。江戸時代前期から取り決めが明示され、時代が下るにつれ金額が細分され、家屋敷の購入額によって振舞料が変わるというシステムへの変容が分かる。また振舞料を差出す相手に番部屋に勤める者、その者を差配する親方、さらに悲田院出入りの者および悲田院である構造は興味深い。

ホ．塵溜

下京四番組「総図」に描かれた各町内には、塵溜と記されたものが二五町に設置されていることが分かる。設置していないのは、堂之前町と元竹田町のみで、各町一カ所番部屋に並んであるいは近くに置かれている。この塵溜は、縦・横の寸法が記されている。しかしながら、その塵芥の内容を知る手立ては無く、いかなるシステムによって市中塵芥の収集が行われ、処理されていたのか興味深い。

市中における塵芥処理は、どのように行われていたのであろう。その一端を示す史料を、元禄八年の「町触」[12]に見出すことができる。

ちり捨場之覚
一室町頭小山口明地

一今出川川口川東長徳寺北川端
一二条口川東頂妙寺北川端
一七条出屋敷木津屋橋東少将藪内
一同所木津屋橋西祐光寺藪内
一三条通西土手東際
一聚落天秤堀之西新町東裏
右七ヶ所ニ札有候事
亥九月
上下京町代

奉行所は洛中外に七カ所の塵捨場を指定し、これ以後に鴨川・堀川筋への塵芥投棄を禁止した。これらの塵捨場は当時、都市部の外れに当たると考えられ、拡大を続ける都市の衛生・景観等を保全するための塵捨場であったろう。奉行所が、市中各所で塵芥の違法投棄の調査を実施し、市中の衛生対策に苦心している姿が浮き彫りとなる。七カ所の塵芥場が、設置以降いつごろまで機能していたかは判然としない。しかし、下京四番組各町に設置された塵溜のような形態となった時期と塵捨場の設置時期の相関性が認められれば、市中における塵芥処理のシステムを明らかにすることができよう。

へ　地蔵堂

京市中では、今でも地蔵盆がさかんに行われている。しかし、明治二年に下京四番組二八町で地蔵堂が記載されているのは、槌屋町・丸屋町・　屋町・一蓮屋町・泉正寺町・雁金町・甲屋町・十文字町・瀬戸屋町・中魚屋町・菊屋町・八百屋町・帯屋町・西魚屋町・元法然寺町の一五町であり、全体の半数強の状態である。地蔵堂の分布は、二八町の上手に少なく下手に多くなる傾向が認められる。さらに地蔵堂の土地に関する縦・横の規模が記されている。但し元法然寺町だけは、沽券地に地蔵堂が設置されている。

ト．髪結床

下京四番組内に設けられている髪結床は七カ所である。北から堂之前町、一蓮社町、瀬戸屋町、中魚屋町、八百屋町、帯屋町、坂東屋町の七町で、それぞれの建屋の規模が記されている。最も大きい髪結床は八百屋町の南北二間四尺五分・東西四尺三寸で、最小のものは中魚屋町の南北一間五尺東西五尺六寸である。いずれも通りに面し設置される。

髪結の業態はどのようなものであったのだろう。

上　京・樋之口町の髪結床に関する天明八年の「諸式録」覚[13]には、

年分納リ銀の覚

一、銀拾弐匁　　町内髪結床地面貸付之

地子也、但し毎月弐拾匁ツ、

一、毎月鳥目八百文ツ　　西髪結床地面借し付之地子

とあり、町内二カ所にある髪結床に地面を借して地子を毎月取っている。

三条通梅忠町を西方へ行った室町通下ル烏帽子屋町の「文化十一年戌六月改　町内式目」[14]に次のように記される。

一、髪結手間賃上下押込

并法体小児とも
一ヶ月ニ付き　銀七分五厘宛
油元結代壱ヶ月ニ付　銀六分宛
若衆一ヶ月度ニ　銭三拾弐分
一、同祝儀　名前人え　銀壱両
惣領　銀弐匁
但元服後は銀三匁
次男　同弐匁
弐人　同三匁
三人　同壱両
手代　銀壱匁五分位
右髪ゆわせ候ものへ遣ス候事

これらの記述のみで髪結が町抱えであったのか、通いの者であったのか判然としないが、髪を結う手間賃と町から髪を結わせた町内人に祝儀が遣わされたことがわかる。下京四番組内で七カ所の髪結床は、書き込まれた状態はすべて軒先を利用したものである。

チ．裏借屋

「総図」を復元する中で一カ所、裏借屋を経営している町が認められる。錦小路東洞院を下がった西側町のほぼ中央にある「嶋屋み弥」所有の三軒役地がそれである。当時の調査番号六百九十五番地で、間口九間一尺七寸五分・奥行三四間二寸の二軒役地と間口五間・奥行三四間一尺の一軒役の土地である。間口九間一尺七寸五分二軒役地に裏長屋の路地を設け、通りに面して表店を建てている。路地幅を仮に一間半とすると約七間五尺強の奥行の北側の裏借屋地が設定される。一方、南側の借屋地は奥行五間の長屋が設定できる。両沽券地の奥行は、共に三四間強の奥行があり、表屋奥行を十間と仮定すると借屋地は二四間ほどとなる。北側に一〇戸、南側に一〇戸を均等に分割しているため、各戸の間口は約二間四尺となろう。北側に一〇戸、南側に一〇戸の裏長屋地が設けられたが、どのような建物なのかは判然としない。

下京四番組域は市中の中心部分であり、商中心の町であるため裏長屋の経営は盛んでないと推定されるが、菊屋町の嘉永四「町式目定帳」(15)に裏借家の様子がみえる。

裏借家町入候節挨拶引移候上可致左ニ

一、為御酒料　銀弐匁　年寄え

一、同　銀壱匁五分ツ、　五人組え

一、同　銀壱匁五分　口請え

一、同　銭弐百文　用人え

右ニゆお弐抱つ、添送る事

一、ゆお五抱計　当日行事え

一、請候節銭百文　用人え心付

一、家主替候節町銀差出用人え百文

一、請人并引取人替候節町銀不及事

また、菊屋町明治二年の「御一新ニ付町中旧来相定（以下省略）」[16]に

一、表借家出金弐拾五疋

一、裏借家出銭三百文

北ハ丸太町　南ハ五条　東ハ寺町　西ハ堀川

右請引取人かく定、尤借家町入之節年寄并御跡行事五人頭ニ至迄品もの差贈候義一切無用之事

菊屋町の裏借家史料として、幕末期に式目で定められていた借家に関する規定が、明治になると軽減されている様子が分かる。また、嘉永四年以前から表裏借家人を町内へ受け入れる範囲が示されている。

リ．雪駄店

下京四番組内に雪駄店が一カ所認められる。中魚屋町の堺町通錦小路下ル東側にあり塵溜と並び置かれ、対面に髪結床が見える。京市中に住む人々が、雪踏をどのように考えていたか知る記録がある。柳馬場通御池下ル八幡町の「申渡条々」[17]享保一四年正月には、

一、雨天之節、町中え参候節、門口より下駄はき申間敷候

并ニ常々雪踏はき申間敷候、私用ニ而他行候節ハ格別之義ニ候事

と記され、雪踏が正装を求められる私用に用いていた。

雪踏店が二八町で一カ所のみ設置されている。この事情を知る資料は、松原通新町東入ル中野之町「町内定」[18]明和二年六月に、

一、是迄ニ有来リ候分ハ格別、此後申合、同商売は寄合之上ニ而聞合相談可有、米屋、材木屋等之荒商売之分ハこれをよける、外ニ　呑酒屋　けんとんや　おさ屋　雪踏屋　藍染屋　たびや　紺屋　茶染屋　湯屋

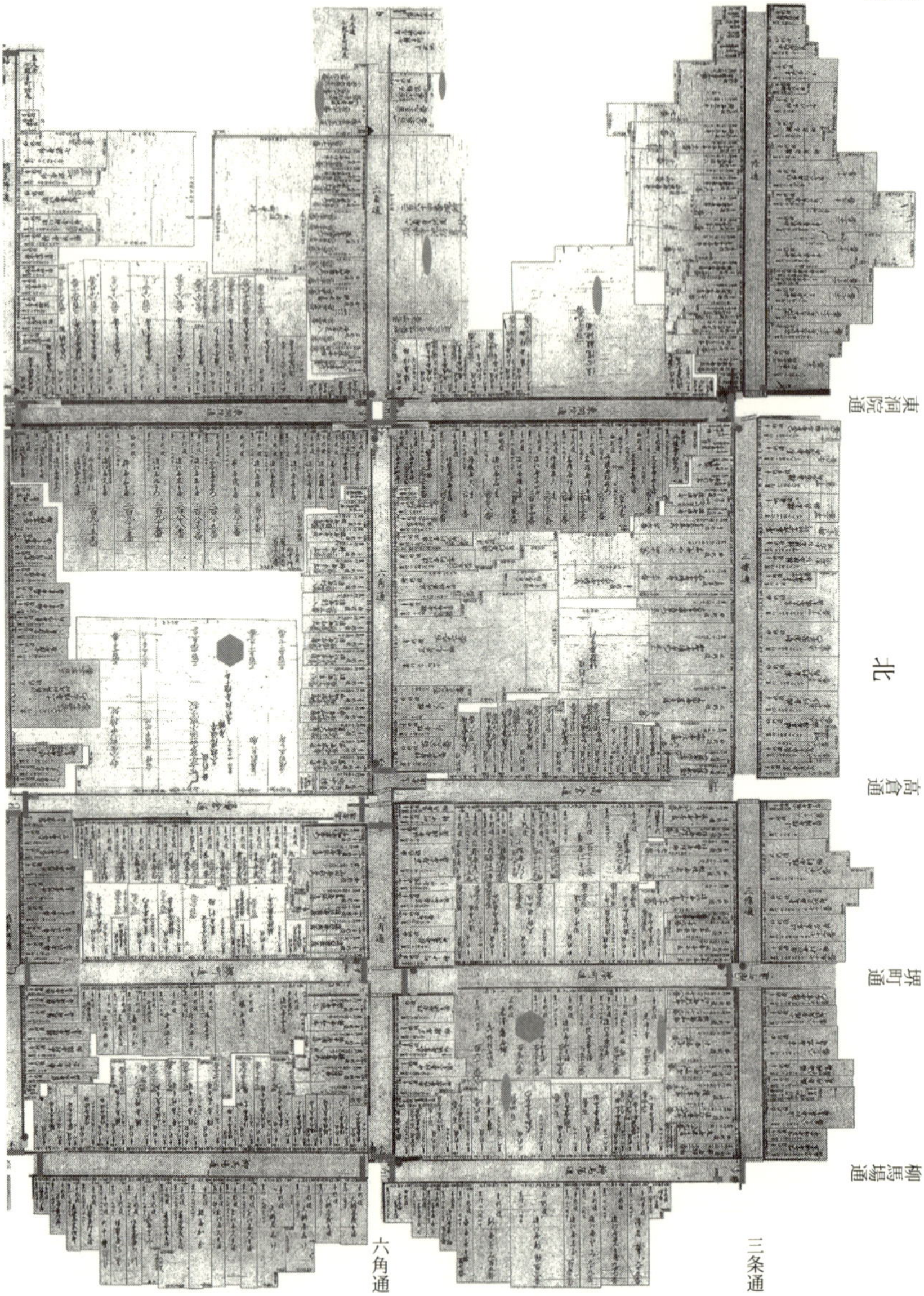

図４　下京四番組絵図の概要

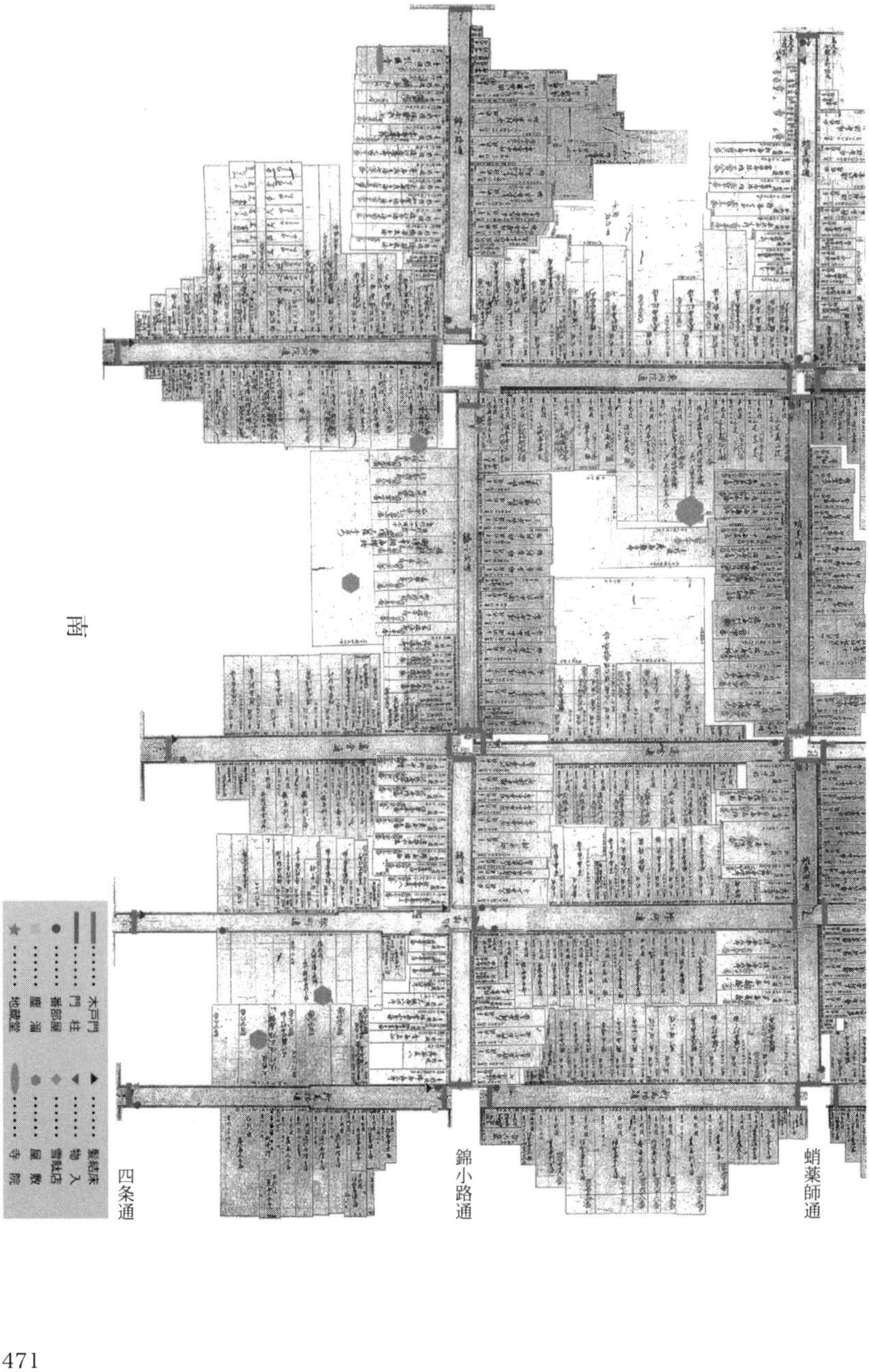
南
四条通
錦小路通
蛸薬師通
木戸門
門柱
地蔵堂
物入
屋敷
寺院

こしや　きつけや段々数多候得共書附かたし　但シ右体之商売方先年より有来は格別、此以後年寄五人組役
　除之候事　家屋鋪譲リ之事

と記され、町定による規制が及んでいた。

「総図」に記された情報を概括すると、軒役・沽券・町夫・寺院・屋敷地数を確認することが重要視されている。当然のことながら二八町に住む住人全体像を示すものではないが、土地所有の有り様・隣接町との境界問題・業種や業態等多くの課題を提供する。「総図」の描き方は、公有地と私有地の境界を意識したものであることも指摘できる。『絵図』で描かれた一階平面図には、庇部分を示した書き入れが多くみられる。庇部は私有地と考えられ、溝の内側の石積みまでがそれに当たる。公有地である通りは、両溝の溝を含んだ幅であることが分かる。「総図」に書き入れた番部屋・地蔵堂・髪結床・塵溜・物入・雪踏店等は、すべて木土門の内側に設置され、溝の上から通りに出て位置している。つまり公有地を占拠して設置されている。この占有状況は「総図」を作製する上で重要な意味を持っていたのであろう。

近世から近代へ移行する最中にあったこの時期に、どのような意図で「総図」が作製され、活用されたかは今後の課題となるだろう。

三　梅忠町家屋敷絵図の成立年代について

梅忠町家屋敷絵図は、梅忠町北側東から一軒目として一紙に一軒ずつ描き、南側は西から描き綴っている。ただし、屋敷番号は北側の東端が一番と表記され、南側の東端が二番と表記され、通りを挟んで交互に番付がされ

ている。また、明治二年の梅忠町宅地割図（図3）が残されている。この平面図は、各屋敷の間口および奥行きを示しているが変形している土地はすべてに数字を入れ、別帳には坪数まで記されている。梅忠町の概要を次のように記す。

下京四番組　三条通東洞院西入　梅忠町
軒役　　四拾弐軒役
町夫　　四拾弐人
沽券　　三拾六通
番部屋　一ヶ所　東西一間二尺　南北五尺
塵溜　　一ヶ所　四尺四方

という基本構成となっている。

これまでの梅忠町家屋敷絵図の先行研究として、谷直樹氏が「京の町家」（『明治大正図誌』昭和五三年　筑摩書房刊）で東洞院から続く梅忠町北側の一部を検討している。今回の検討資料のように、梅忠町全体を示したものと同等の範囲が資料として残されているのではなく、北東から下京四番組小学校、長屋、永楽家亀太郎居宅、橘屋平助居宅と続くもので、概ね絵図の制作年代は明治初年との検討結果を得ている。まず下京四番組小学校の成立は、明治二年であること、さらに元治元年に勃発した禁門の変によって、京の中心部に集住していた二万八千余軒の家屋敷が灰燼に帰していた点があげられる。町内髄一の屋敷値を持つ永楽家亀太郎居宅が仮普請の姿であり、橘屋平助地面も通に面しながら一部が空き地となっていることからも、兵火の跡を示していると考えて差し支えない。

また、下京十二番組にも明治初年に作成された全住戸間取図[19]が伝えられている。木屋町と河原町通を含んだ四条通と五条通に挟まれた短冊状の街区は二〇町で構成されている。このうち一五町について全住戸の一階平面図が伝世した。記載内容は、間取りは一階のみで部屋の広さで畳数は書き込まれているが、「絵図」と同様に建具等柱間装置は判然としない。しかし、五〇〇〇戸以上の町家の一階間取りを知る点で貴重な史料である。[20]検討の結果、この間取図群は、規模が小さく座敷飾りの装置を備えるものは例外的であり、板畳の使用頻度が高いという傾向にあり、禁門の変の大火直後という特殊な事情に起因すると考えられる。それでは、今回検討した梅忠町の家屋敷絵図の成立年代はいつ頃であろう。成立を検討する史料として『日彰百年誌』[21]に次のよう記す。

〔須羽源一家文書〕

「明和四丁亥年十一月、沽券御改帳　三条通東洞院西江入梅忠町」

家屋鋪之事

壱ケ所　弐軒役　三条通梅忠町北側
東者　東洞院
西隣　近江屋彦右エ門

表口　七間九寸五分

奥行　拾壱間壱尺

但　地面入組在之別紙絵図ニ記

大蔵壱ヶ所

右家鋪弐拾三年己前近江屋喜兵衛より銀弐拾貫目ニ買請私所持相違無御座候此度沽券御改ニ付
御割印願候尤右家鋪ニ付親類縁者其外他所より出入差構毛頭無御座候　以上

戸
持主　五人組
福嶋屋　弥兵衛
年　寄
永楽屋　伊兵衛
明和四年亥十一月　五人組
近江屋彦右衛門
同
平野屋　弥三郎
西隣　近江屋彦右衛門

右絵図之表相違無御座候　以上
持主
福島屋　弥兵衛

この土地は、買得された紙片が添付されており、持ち主の変遷をうかがい知ることができる。その中に次のような記載が注目される。

明和五戊子年三月六日　大文字屋七右衛門買得

吹挙人　柏屋治兵衛

寛政元己酉年十月十九日　吉益周助買得

代金四貫弐百五拾目帳切　吹挙人丹後屋甚兵衛

但シ去申年正月晦日建物致焼失当時地屋敷ニテ候

天保七年申十一月十八日　買主　町　中

代銀拾三貫目帳切　戸五人組吹挙人

右之外ニ此度難渋ニ付　伊勢屋吉右衛門

銀七貫五百目助力渡ス

但シ当時土蔵無之候

嘉永六年癸丑四月五日　日野葛民買得

代銀拾壱貫帳切　吹挙人

但シ当時土蔵之無　永楽屋　伊兵衛

安政三丙辰年二月廿九日　日野葛民より

従弟

安藤桂州江譲渡

元治二乙丑年二月廿九日　　町中江買得

但シ内実　教諭所買得候得共

但し世話方中より一札取之町よりも一札置シ世話方持故町中名前ニ致ス

此壱札明治二巳年三月下京四番組中江買得ニ付双方一札差戻し候事

明治二己巳三月　下京四番組中江買得

一家代金千両也　小学校ニ相成

但し畳建具其外付物共　元教諭所世話方中江

内地屋敷代金百両也　相談之上取計ひ之事

家代金　九百両也　西隣近江屋彦右衛門

都合金千両也　東者東洞院通

右ニ付此度四番組中より一札申請候事　別紙写在之

「梅忠町家屋敷絵図」の作成年代は、いつ頃と想定されるのであろうか。禁門の変による元治元年の大火により多くの史資料が焼失、散逸したため、確実に断定できないが、遠藤弥三郎家文書および須羽家彦右衛門家の両文書群が貴重な情報を提供する。まず「梅忠町家屋敷絵図」を所有していたのが遠藤弥三郎家である。遠藤家は、

表1　梅忠町家屋敷絵図概要

No	家屋敷絵図による各建物の位置	墨書	法量（㎝）	備考
1	北側東より／壱軒目	安藤精研家／中路関之助／右之通相認御明野二階東物而大破ニ付住居出来不候以上	三二・四×二六・二	貼紙（二階部分）3点あり
2	北側東より／弐軒目	梅忠町／北側東より弐軒目／近江屋彦右衛門借家／一文字屋三右衛門	四〇・四×一八・二	貼紙（二階部分）一点あり
3	北側東より三軒目	永楽屋伊兵衛	三九・七×二八・二	貼紙（二階部分）二点あり
4	北側東より／五軒目	梅忠町／北側／東より五軒目／近江屋彦右衛門	四一・四×一七・七	貼紙（二階部分）一点あり
5	北側東より／六軒目	松前屋弥三兵衛	三九・五×二七・三	貼紙（二階部分）一点あり
6	（北側東より七軒目カ）	和久屋幸兵衛	四〇・三×二八・〇	貼紙（二階部分）一点あり
7	北側東より八軒目	橘屋豊次郎／不出来	二七・七×八・五	図面なし
7	（北側東より八軒目カ）	袈裟衣渡世／橘屋豊治郎	三八・〇×二四・七	貼紙（二階部分）二点あり（紙本朱墨書）「松前屋源三郎江貸地／朱引之分／場之町地面」
8	北側東より九軒目	柏屋治兵衛	三六・三×二五・四	貼紙（二階部分）一点あり
9	北側東より拾軒目	柏屋治兵衛借家／大文字屋仙十郎	二五・〇×一七・一	貼紙（二階部分）一点あり
10	北側東より十壱軒目	平野屋弥作	三八・二×二七・五	貼紙（二階部分）一点あり
11	北側東より拾弐軒目	平野屋弥三郎居宅	四〇・一×二八・六	貼紙（二階部分）一点あり紙背に（紙本朱墨書）「北側家数合／拾弐軒」とある
12	南側西より壱軒目	吉野五運出店	二四・五×一九・一	貼紙（二階部分）一点あり
13	南側／西より弐軒目	錦小路室町西入／中川屋秀之助持／当時明家／間口三間半壱ニて／奥行五間カケ地アリ	三四・二×二四・二	貼紙（二階部分）一点あり
14	南側／西より三軒目	中川屋秀之助借家／田村屋要助	三七・〇×二八・三	貼紙（二階部分）一点あり

15	南側西より／四軒目	仲川屋秀之助借家／高富屋喜兵衛	三四・二×一六・七	貼紙（二階部分）一点あり
16-1	南側／西より五軒目	三條通り烏丸東梅忠町南側／銭屋庄三郎	九四・〇×六一・一	表記なしの平面図一点あり
16-1	―	―	三一・〇×三〇・六	南側西より五軒目の二階部分
16-2	―	―	三九・七×二七・八	不明（土地面積図）
17	南側／西より六軒目	烏子屋家奥借家／悉皆／賣薬渡世／近江屋源兵衛／家内四人／右二階惣物置ニて御座候／台所ニてニワ巾弐尺三寸／奥ニてニワ巾壱尺六寸	二四・六×一六・七	貼紙（二階部分）一点あり
18	南側西より／七軒目	いせ屋こ郎	三八・七×一一・五	貼紙（二階部分）一点あり
19	南側西より／九軒目	南側／橘屋伊助	三四・五×二五・〇	貼紙（二階部分）一点あり
20	南側西より／拾軒目	三条通烏丸東江入町／橘屋壱助借家／篠屋成兵衛	二四・七×一七・一	貼紙（二階部分）一点あり
21	南側西より拾壱軒目	烏子屋家奥借家／明き家／三條通烏丸東江入町／烏子屋家奥借家／明き家	三三・一×一六・三	
22-1	南側西より十弐軒目	烏子屋家奥居宅／不出来	二七・五×六・八	図面なし
22-1	（南側西より十弐軒目カ）	三條烏丸東入江町／烏子屋家奥	三九・三×二七・四	付箋あり「先絵図ト此度之絵図ト相違有之／二階ト下ト間尺相借りかたく／御調らべ御直し候べく候」貼紙（二階部分）一点あり
22-2	（南側西より十弐軒目カ）	烏子屋家奥	四九・七×二八・〇	
22-3	（南側西より十弐軒目カ）	烏子屋家奥	四〇・〇×二八・〇	貼紙（二階部分）一点あり
23	南側西より十三軒め	紙渡世／越後屋幸七／家内三人	二四・三×三四・一	貼紙（二階部分）一点あり
24	南側西より十四軒目／西より拾五軒目	紙商売／越後屋三郎兵衛／家内十人／内小分四人／召遣六人	二八・三×三九・八	貼紙（二階部分）一点あり
25	南側／西より十五軒目	町中借家／近江屋利兵衛／近江屋利兵衛	三四・五×二四・八	貼紙（二階部分）一点あり
26	南側西より／拾七軒目	梅忠町／南側／会所家	三四・三×二四・八	貼紙（二階部分）一点あり
27	南側西より／十八軒め	永楽屋伊兵衛借家／井筒屋喜助／南側／井筒屋／喜助	二四・七×八・〇	
28	北側東より四軒目	常盤家／不出来	二七・五×六・三	図面なし
29	南側西より十六軒目	伊勢屋次兵衛居宅／不出来	二七・五×六・七	図面なし

近江国三上の城主遠藤慶隆の分家であり、屋号を平野屋と称し代々商業を営んだ。須羽家は東近江から出て近江を名乗り、代々羽二重、縮緬、悉皆商を営んだ。共に明治二年二月の番組自治組織の改正によって初代中年寄を遠藤家が、第二代中年寄を担い、小学校の創設と運営を初めとし帯刀禁止の実行、断髪の奨励、戸籍簿の新作、土地の番地制定、土地家屋台帳の制作、暦や度量衡の改正実施や衛生管理面では種痘の普及奨励、民間防火組織の創設など多岐にわたり手腕を揮ったとされる。この両家に梅忠町文書が伝世したことは、本論を進める上で重要な情報を含んでいる。

前述した須羽家文書「明和四年丁亥年十一月、沽券御改帳」は、「梅忠町家屋敷絵図」沽券地のうち北側東端の「安藤精研家 中路関之助 右之通相認御明野二階東惣而大破ニ付住居出来不候以上」所有の沽券地および屋敷地である。明和四年沽券改帳によれば、表口七間九寸五分、裏行拾壱間壱尺、大蔵壱ケ所の所有者は、明和四年から弐拾三年己前に近江屋喜兵衛より買得している。この後、沽券御改帳に貼紙を重ね、所有者の変遷を知ることができる。明和五年三月六日には大文字屋七右衛門が買得し、さらに寛政元年一〇月一九日、吉益周助が買得しているが、「但シ去申年正月晦日建物致焼失当時地屋敷ニテ候」とあり、屋敷を焼失し以後地屋敷となり空き地となっている。そのためか天保七年申一一月一八日、町中（梅忠町）が買主となり買得する。嘉永六年四月五日、日野葛民が買得し、安政三年一一月四日に日野葛民から従弟である安藤桂洲へと譲渡されている。

この後、元治元年七月の禁門の変による元治の大火によって、梅忠町も類焼し多大な損害を被っている。翌元治二乙丑年二月廿九日に町中が買得している。しかしこの買得は次の事情があった。「但シ内実　教諭所買得候得共　但し世話方中より一札取之町よりも一札置シ世話方持故町中名前ニ致ス」というのである。安藤桂洲所有沽券地を所有梅忠町世話方が仲介し、町中が買得するように段取りを行っている。その結果、明治二年三月に「下京四番組中江買得」することとなり、梅忠町北側東端の沽券地は小学校となった。「畳建具其外付物共　元教諭所世話方中江」とも記され、この沽券地と教諭所との関連も興味深い。一連の沽券地買得の中で注目すべき名が登場している。日野葛民と安藤桂洲である。共に京都・大阪における医学振興に活躍し業績を残した人物である。

日野葛民は、日野鼎哉（寛政九年～嘉永三年）の弟である。鼎哉は豊後国速見郡山浦に生まれ、文化一〇年、日出藩儒学者帆足万里の元で学んだ後、文政七年、葛民とともに長崎に赴き、シーボルトの鳴滝塾へ入門する。天保四年、鼎哉は京にのぼり小石元瑞のもとで蘭方を学び、東洞院蛸薬師下ルで外科を開業したといわれる。大坂に緒方洪庵、京に日野鼎哉ありといわれるほどであった。鼎哉は、種痘に見識があり牛痘接種法を京で成功させたとされ、京に除痘館を創設し、緒方洪庵の除痘館の創設に協力している。

一方、日野葛民は天保一一年、大坂道修町五丁目の原老柳の旧宅で開業している。兄鼎哉が種痘に成功したことは、当然知っていたと考えられる。こうした経緯によって嘉永六年に日野葛民が梅忠町に居を買得したことは十分に考えられる。嘉永三年は鼎哉が没した年と一致している。さらに、この家屋敷を安政三年、日野葛民より従弟安藤桂州に譲渡した事がわかる。この安藤桂州は、福井小浜の出身で日野鼎哉の門下となり、一時は養子であったという。鼎哉が没したのち理由は判然としないが、旧姓安藤を名乗ったという。安藤桂洲は、鼎哉が京都で種痘に成功した時に協力したとされ、この頃にはすでに京都にいたと推察できる。この家屋敷をめぐる買得・譲渡の関係を考慮すれば、この記述は日野葛民より従弟安藤桂州へ譲渡したことを物語っている。

安藤精軒《ママ》は天保六年六月九日、福井藩医・山田道意の次男として生まれ、嘉永元年十四歳で、笠原良策について蘭方医学を学んだ。十九歳で京都へ出て安藤桂洲の門下となっている。「梅忠家や指揮絵図」北側東端の沽券地は、日野葛民から安藤桂洲へ、さらに安藤精軒へと日野鼎哉を端を発した譲渡であったと考えられる。優秀な

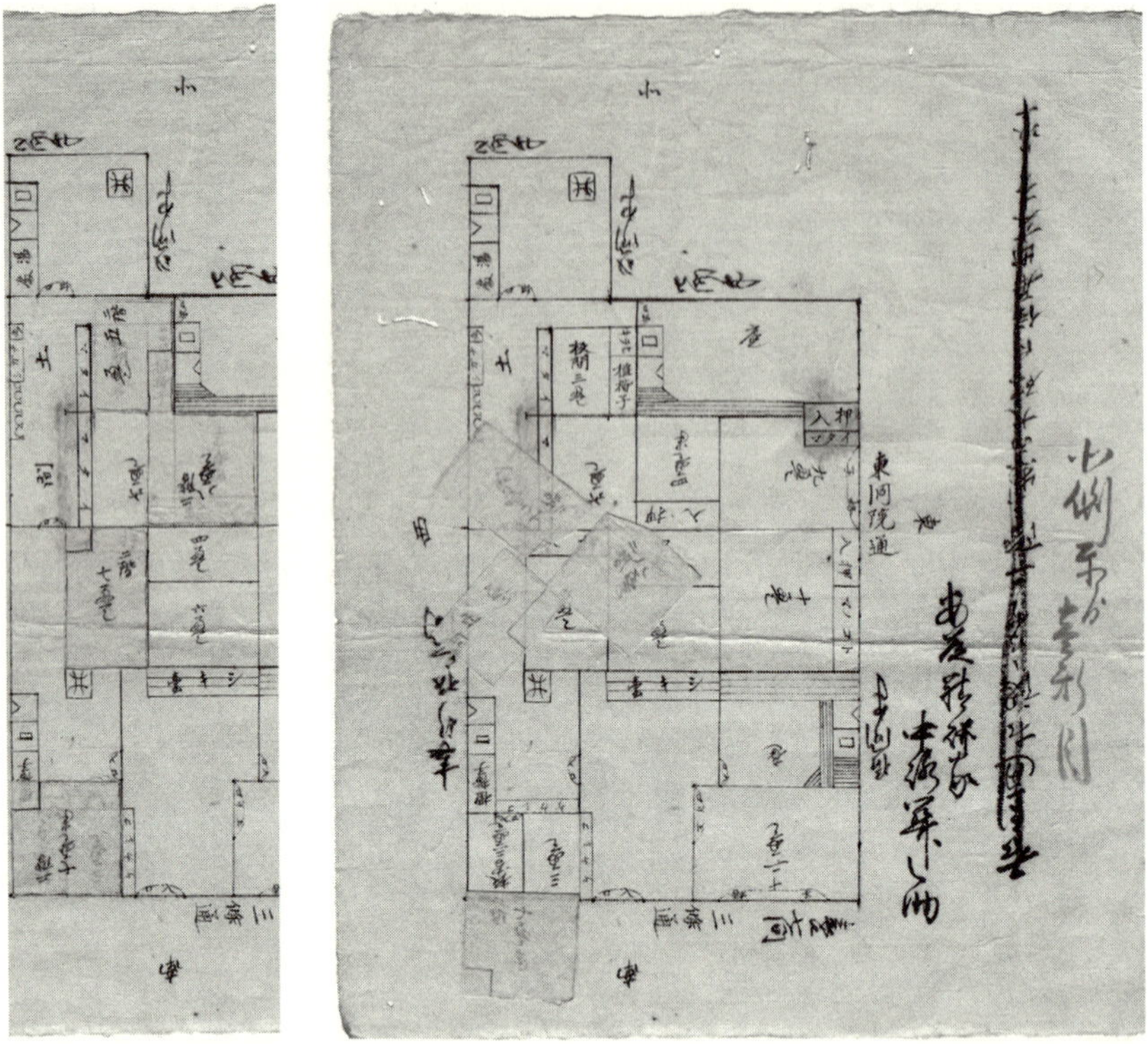

図５　安藤精軒所有の町家

門下生や姻戚による譲渡が行われたと考えられよう。この屋敷地を所有していた安藤精軒と中路関之助の関係は判然としない。

こうした経緯から「梅忠町家屋敷絵図」の成立は、安政三年に日野葛民から安藤桂洲へ譲渡され、元治二年に梅忠町が買得した間ということになろう。さらに禁門の変で市中の二万八千軒余の家屋敷が灰燼に帰していたことを勘案すれば、安政三年から元治元年の間と推定することができる。さらに建物間取りに一般的な京町家には無い特徴が認められる。建屋の入口がほぼ中央にあり、左に腰掛けが二カ所に設けられている。また、京町家には見られない式台が設けられ、右側表には十二畳の部屋と板廊下が回り、式台に続いている。この建物には三カ所の厠があり、二階部屋割りを見ると表と裏の棟が分かれている特徴が認められよう。この建物は、日野葛民がこの沽券地を買得したが、地屋敷だったため新たな種痘所を開いたのではないだろうか。「梅忠町家屋敷絵図」が作成された時点で、「安藤精研家　中路関之助　右之通相認御明野二階東惣而大破ニ付住居出来不候以上」と記され空き家になっていた経緯について明らかにすることは、現資料によって求めることはできない。今後の研究進展を望む。

空き家となった家屋敷は、梅中町が元治二年に買得している。その目的は「但シ内実　教諭所買得」にあった。教諭所とは、天保四年室町通竹屋町上ル町に設置された教育施設である。京都では、幕府直営の学問所は開設されなかったが、京都町奉行所管轄とし民間の協力によって半官半民的教諭所が設立された。「宣教館」と命名された教諭所は、設立出願者である儒医・北小路三郎など石門心学の同志が参画した。この教育所でも掟書が定められ、京都町奉行所指導のもとで、京都庶民の教育活動が推進されていった。しかし同一一年に東洞院通下ル町に移建した。この教諭所はどこにあったのか判然としない。東洞院通下ル町の往心院境内地と推定されているが、須羽家文書によると元治の大火翌年に安藤精軒所有地を買得した理由として、教諭所買得を行っている。さらに明治二年に小学校設立のために下京四番組中が買得している。つまり、梅忠町が教諭所の移転を目指し、町組再編となった明治二年に小学校設立となったのである。しかしながら「但し畳建具其外付物共　元教諭所世話方中江」とあり、安藤精軒沽券地が教諭所となり何らかの活動をしていたものと推定されよう。当時の上方では、借家住まいは裸貸しの慣行があったためであろう。畳・建具・付物などを遣わしている。

おわりに

幕末から明治初頭における京都の変化について、その町組の変容を見ながら、明治二年時の下京四番組梅忠町の沽券地居住の実態を明らかにすることに成果を上げた。これは京町家研究にあたり、二階平面図を含んだ「梅忠町家屋敷絵図」が初出資料として見出されたことによる。これまでの京町家復元が一階平面図によって推定されたため、梅忠町一町分の家屋敷を復元できたことは今後の町家研究に影響を与えるものであろう。

梅忠町の各沽券地には、どのような町家が建ち如何なる業種営為したのか、一部ではあるが梅忠町北側西沽券地の変容を明らかにすることができた。その結果、医業を専らとした日野葛民・安藤桂洲・安藤精軒の名が登場し、種痘所として活動したことが判明した。その後、梅忠町中が買得し教諭所となり、明治二年に下京四番組小学校になった。また、明治以降の沽券改絵図には、沽券地と公儀所有の通りの境界ある木戸門とセットの番部屋や塵溜、地蔵堂、髪結、雪駄店等の市中悉皆調査を行っている。地子免除であった沽券地と公共地を明確にし、近代的課税制度の確立を目指したものであろう。

「梅忠町家屋敷絵図」がどのような目的を持って作成されたのであろうか。一町分の家屋敷二階部分までも書き込んだ絵図は、京市中から見出されたことはない。公儀による公の調査であれば、町触等に記録が見出されるものであり、町式目等にも何らかの記述があろう。しかしながら、現段では その記述を見出せない。今後、同様内容を持つ史資料の発見に期待するとともに、多くの研究者の皆様にご教示いただくことを念じて、筆を置く。

（花園大学文学部教授）

註

(1) 梅忠町に関する史料は、京都市歴史資料館が調査で得た「遠藤家文書」をはじめ、大阪商業大学・佐古慶三教授収集「梅忠町史料」、同志社大学人文学研究所蔵「細辻家文書」等がある。細辻家は梅忠町で代々木綿・太物商を営んだ永楽屋伊兵衛家の文書。江戸時代中期から昭和中頃までの店経営・土地・町運営等の史料を含んでいる

(2) 花園大学歴史博物館資料叢書第二輯『梅忠町家屋敷絵図目録』平成二三年三月刊。花園大学歴史博物館。叢書は本学の研究成果を広く公開するために刊行している。本書は「梅忠町家屋敷絵図」を全て公開するために、一軒毎に作成された一階平面図と貼紙に二階部分を描いているため、町家平面構成が判別できるよう工夫した。展観図録に掲載した図版のうち京町家の典型的な屋敷を掲げたが、一階に留まらず二階を貼紙として加えた貴重な絵図である。

(3) 花園大学歴史博物館資料叢書第四輯『梅忠町家屋敷絵図研究報告』平成二六年三月。花園大学歴史博物館。「梅忠町家屋敷絵図」を図化するため、絵図作図プロジェクトチームを結成した。本学教授芳井敬郎・同高橋康夫・同明珍健二、文化遺産学科助手・伊ヶ崎鷹彦、一級建築士梅本直康・同溝尻純子・同藤原美菜子が参画した。

(4) 『京都市町名変遷史』５　鉾町周辺１（中京区）　京都市町名変遷史研究所　一九九〇年

(5) 鈴木亜香音　「明治期京都における町絵図群とその系譜的研究」平成二七年三月　『佛教大学総合研究所紀要第二二号』　佛教大学総合研究所

(6) 日向進　「明治初年における下京四番組の地域構造と町並」『日本建築学近畿支部研究報告集』　昭和五八年六月。さらに『近世京都の町・町家・町家大工』思文閣出版　平成一〇年一一月で、「明治初年における京都町家の一動向」について論じた日向氏は、禁門の変以降に再建される五〇〇軒以上の京町家の特徴を平面形式・座敷飾りの装置を備えた座敷・板畳を用いる事例・〇〇帖余等から、下京十二番組を構成する住戸は規模が小さく、座敷飾り装置を備える住戸は例外であり、板畳の使用頻度が高いという傾向を導いた。

(7) 日本随筆大成編纂部『日本随筆大成１』曲亭馬琴「覊旅漫録」巻の下 吉川弘文館 昭和五十年二月

(8) 京都市歴史資料館　叢書京都の史料３『京都町式目集成』下京区菊屋町の項　二五六頁

(9) 京都町触研究会　『京都町触集成』第十三巻　岩波書店　九・一〇頁　二三【三】　一九八七年

(10) 京都市歴史資料館　叢書京都の史料３『京都町式目集成』下京区梅忠町の項　二七七、二八一頁

(11) 京都町触研究会『京都町触集成』第一巻　岩波書店　三六頁　一〇二【古】三六頁　一九八三年
(12) 朝尾直弘「公義橋から町衆の橋まで」『京と鴨川の橋　その歴史と生活』思文閣出版　一六四頁　二〇〇一年七月
(13) 京都市歴史資料館　叢書京都の史料3『京都町式目集成』上京区樋之口町の項　一九七頁
(14) 京都市歴史資料館　叢書京都の史料3『京都町式目集成』下京区烏帽子屋町の項　二四四頁
(15) 京都市歴史資料館　叢書京都の史料3『京都町式目集成』下京区菊屋町の項　二六六頁
(16) 京都市歴史資料館　叢書京都の史料3『京都町式目集成』下京区菊屋町の項　二六九頁
(17) 京都市歴史資料館　叢書京都の史料3『京都町式目集成』上京八幡町の項　一八三頁
(18) 京都市歴史資料館　叢書京都の史料3『京都町式目集成』上京中野之町の項　三五九頁
(20) 京都市歴史資料館寄託資料である「田中家文書」は、江戸時代に代々近江屋吉兵衛を名乗る大工。天明大火以前の住戸絵図、普請願書など近代に及ぶ多くの普請・家作に関する史料が伝えられている。
(21) 日彰百年誌編集委員会『日彰百年誌』日彰百周年記念事業委員会　昭和四六年一二月

〔参考文献〕

秋山國三『近世京都町組発達史』法政大学出版会　一九八〇年十一月
京都町触研究会『京都町触集成』全十二巻　岩波書店　一九八三年一〇〜一九八九年九月
京都市歴史資料館　叢書京都の史料3『京都町式目集成』平成十一年二月
日彰百年誌編集委員会『日彰百年誌』日彰百周年記念事業委員会　昭和四十六年十二月
門脇禎二・朝尾直弘『京の鴨川と橋　その歴史と生活』思文閣出版　平成十三年七月
日向進『近世京都の町・町家・町家大工』同朋社　平成十年十一月

二　梅忠町家屋敷絵図の作成過程と京町家の復元

藤原　美菜子

一　梅忠町家屋敷絵図の作成過程について

（一）　作図者

花園大学歴史博物館所蔵遠藤家文書「梅忠町家屋敷絵図（以下「絵図」と表記）」の作成目的は判然としないが、一町の家屋敷絵図を作成したことは公儀の指示等があってのことと想定される。当然のことながら、こうした図を作成するためには、大工の関与があったと考えるべきであろう。

近世に作事に関する組織の中で明らかになっているのは幕府の作事方・小普請方であろう。先学の研究により、その職制は明らかにされた。その職制は武家奉行職の下に大工たちが配置され、御大工頭・大頭梁・頭梁以下へと続くピラミッド構造として組織されていた。(1)

江戸時代を通して京大工頭中井家は、五機内と近江の六カ国内に居を構えていた大工たちを支配し、公儀が造営する際に支配下大工を動員し作事に当たっていた。中井家が行った造営は多く、上方の伏見城、大坂城、京二条、内裏をはじめとする御所などはよく知られている。しかし中井家大工支配の全容は明らかにされた観はなく、史料不足も相まって進んでいないと謂わざるを得ない。

中井家を精力的に論じている谷直樹氏は、寛永期における「東林寺奉加帳（法隆寺東院の東側にあった。廃絶）」によって中井家大工支配を明らかにしている。(2) 奉加帳寄進者は三〇五筆で、職種は大工・大鋸・木挽・材木屋・鎊屋・塗師などとなっている。この研究によって山城国・京・伏見の大工と大工組を論究した。京大工に関し弁慶左衛門組、池上五左衛門組、矢倉屋組、鑓屋新右衛門組、豊後市右衛門組、五条次兵衛組、下京長兵衛組、清右衛門組が中世以来の名門「京拾人棟梁」の大工組に比定し、東福寺新兵衛、建仁寺久右衛門組、京作左衛門組、京四条喜兵衛組、大仏与助組、大仏久左衛門組、大仏又右衛門組は、京拾人棟梁の系譜を引く一〇組とともに「京大工二十組」を構成していた東福寺組、建仁寺組、福井組、四条組、大仏組であると比定した。吉田高子氏は、延宝三（一六七五）年の「京都拾人之棟梁組々大工所持町分絵図」から京市中の作事に関し一定の縄張りを想定した。(3) さらに「京大工組名前帳」(4) により、一八世紀初頭の京大工組の実態について論考している。「京拾人棟梁」に比定されるのは平松組、池上組、矢倉組、神野組、弁慶組、柳田組、小山組、萩野組、木子組、田辺組の一〇組となっている。別の京十組として福井組、智恩寺組、東福寺組、伊豆組、四条組、建仁寺組、大仏組四組を確認し、京大工二十組の確認を行った。各組の配下人数も一二六一人（二組欠）と報告した。このように近世初期と一八世紀初頭の大工組の様相が明らかにされているが、この大工組が町家住戸にどのように関わってきたかは史料不足によって、その実態は知るべくもないのが現状である。(5)

京市中の大工は中井家による大工支配下にあり市中大工組は二〇組あったが、その構成や町家の普請等にどのように関わったかは不明な点が多い。しかし「絵図」には多くの情報が書き込まれている。この情報を元に「絵図」の作成過程を考えてみよう。

二八軒の町家平面図を作成しているのは「誰か」という視点で、まず筆跡に注目し全図の分類を試行した。一定の大工グルーピングが可能であろうと想定したが、各図に共通する筆跡を見いだすことはできなかった。例として用語の用字・用例について挙げると、部屋の広さを「疊」「疉」「帖」を用いるが、くずし方に共通するものはない。竈は「カマト」「カマド」「釜戸」「クド」「ヘツイ」「カマ」と表記される。「流し」も「ハシリ」「ナカシ」「走リ」「走」など統一性はない。このことは各屋敷図を家持・借家人等居住する者が書き入れたことを示すものではないだろうか。当初は大工が数組で計測・作図を行ったのではないかと想定したが、用例・用字・くずし方から大工たちが複数組で作図したとするのは想定できない。

次に平面図の線の描き方に注目し分類を試行した。「絵図」の町家平面図の描き方は、原則として細実線を原則としている。しかし北側東から三・四・五・一一・一二・一四、南側西から三・一四軒目の各屋敷は、沽券地境界と土蔵を太実線で描いている。細実線に柱位置を●で描き込みがあるのが南側西から一・五軒目だけ確認できる。しかしこの太実線は、北側東から五・七軒目を観察すると太実線の下に細実線が見え加筆し強調する意図が読み取れる。またフリーハンド（定規などを用いない状態）で描かれた平面図も含まれる。南側西から六・一一・一五軒目に認められるが、細実線をなぞるように書くものと全くフリーハンドに描かれたものと建物土間奥や屋敷裏にフリーハンドで描かれたものがある。

この有り様を整理すると、次の通りである。

イ　絵図に書き込んだ文字情報は、家屋敷所有者または借家人等が書き入れている。

ロ　「絵図」は原則、細実線によって間取りを一定の縮尺で描いている。

ハ　フリーハンドで描く平面図もあり、縮尺は一定基準で描かれているが加筆している部分も認められる。

絵図のうち、南側西から一二軒目に次のような書込みがある。

「先絵図ト此度之絵図ト相違有之／二階ト下ト間尺借りかたく／御調らべ御直し候べく候」

間尺によって絵図起こしをしているが、二階と一階で間尺を使い回せなかったため納まりの悪い絵図となり、調べ直して再調査し二通目の絵図を作成している。これは、東側の境界部分が雁行していることに加え、寸法の目安となる畳などの寸法モジュールに沿ったものもない上に、物置などの奥行の視認・採寸を困難にする要素が並んでいることから混乱が起きたことがうかがえる。しかし、ほかにこのような表現がなされているものや、複数の絵図が存在する家屋はないことから、全体的精度は高いといえよう。この精度の高さは大工および大工集団の関与によるものと推察される。

（二）　作図方法

この「絵図」は、大工集団が間尺によって精度の高い平面図を描き、その平面図に各家屋の者が部屋・内部仕様等を書き入れて仕上られたものであると考えられる。それぞれの「絵図」を北側東から家屋敷に番付し、南側西から番付した文字は一人の筆跡であり、とりまとめを行った時点のものであろう。また「絵図」を取りまとめた際に紙縒りとして用いた紙は、どの家屋敷が調査不出来であったかを朱書きしている。その裏書きにも注目したい。そこには家屋敷白平面図が描かれている。まさに調査不出来住戸の図であると考えられる。この平面図の書き方は、各家屋敷に配布して部屋等の書き入れを依頼したが、何らかの事情で書き入れが行われず、完成に至らなかった白絵図を紙縒りとして再利用したものと思われ、その可能性は高いと言えよう。（図1）

つまり、大工集団が各家屋敷の白平面図を描き、各戸に書き入れを願い、各住戸が調査依頼内容を書き入れたものと判断されよう。では、基本となる平面図はどのように作図されたのであろうか。

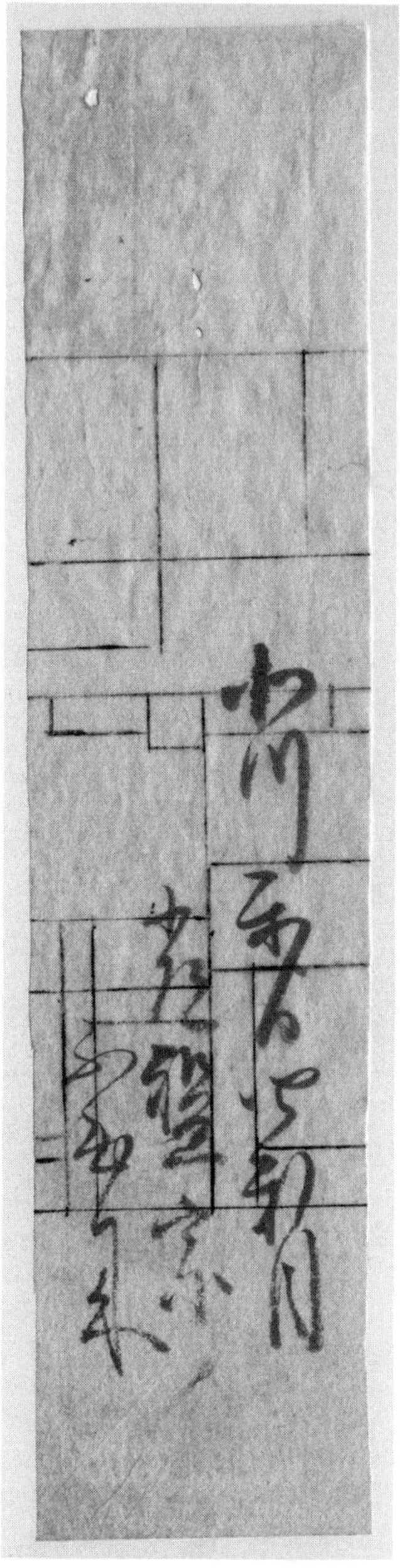

図1　完成できなかったと思われる絵図

すでに存在する土地・家屋の図面化順序に考えられるのは、次のいずれかであろう。

イ　敷地を作図したうえで、建物を作図

ロ　建物を作図したうえで、敷地を追記

イの順序の場合、敷地形状が事前に明確であれば、現地での調査の前に敷地図を準備し、現地調査では建物を記入するだけでよいが、建物を敷地に合わせて作図する煩雑さが生じる。また、敷地形状が事前に明確でない場合、建物等の存在により敷地形状の把握が困難であろう。一方、ロの順序は、畳割り等の基本モジュールを目安に建物を作図すれば、建物を目安に敷地を追記できるため、敷地形状が分かっていなくとも作図しやすいと考えられる。先述の南側西から一二軒目で推察される混乱も、この順序の選択が作図状況に適していなかったことによるものと考えれば一連の流れとして不自然ではないが、いずれも推測の域を出るものではない。

作成過程の詳細は、さらなる調査・研究を要するところであるが、このように一町全体の住戸を二階平面も含めて精度の高い「絵図」が作成され伝世したことは、家屋敷がどのように調査され、どのように記録されたかを知る格好の情報を提供し、今後の町家絵図・図面の調査研究に寄与するものとなろう。

二　梅忠町家屋敷絵図の縮尺について

いずれの絵図も、一見して整ったものであることが明確であり、百分の一に近い縮尺で作図されている。（図2）京都を中心とする上方では、土地の一間を六尺五寸とし建築の一間が六尺三寸することは周知のとおりであるが、一間を六尺と換算して百分の一とした際の誤差が±五％以内となる絵図がいくつかあり、この事実は看過できない。例として、ＥＮ－01を挙げてみる。(6) 実寸は表口七間、裏行一三間であるのに対して絵図に描かれた縮尺は、表口十二・七㎝・裏行二三・五㎝であった。一間を六尺とするならば、表口は一二・七二mで裏行は二三・六三mとなり、いずれも誤差は一％未満である。

いかなる理由で一間を六尺としたのかを示す史資料は残念ながら現時点において見出せていないが、一間を六尺（百分の一で六分＝一・八一㎝）とした方が作図は簡便であろう。例えば、表口が三間の家を百分の一で作図する際は、一間を六尺五寸とすると一九分五厘で描かなくてはならないが、一間を六尺とすれば一八分（五・四五㎝）で描けばよいのである。五厘（一・五一㎜）を端数とするのはいささか強引なのかもしれないが、端数が無い方が手間なく描けるはずである。もちろん、この考えは推測の域を出ないものであり、一間＝六尺の百分の一とした場合の誤差が±一〇％以上の絵図面も約半数を占めている。また、北側の図面は誤差が±五％以内に

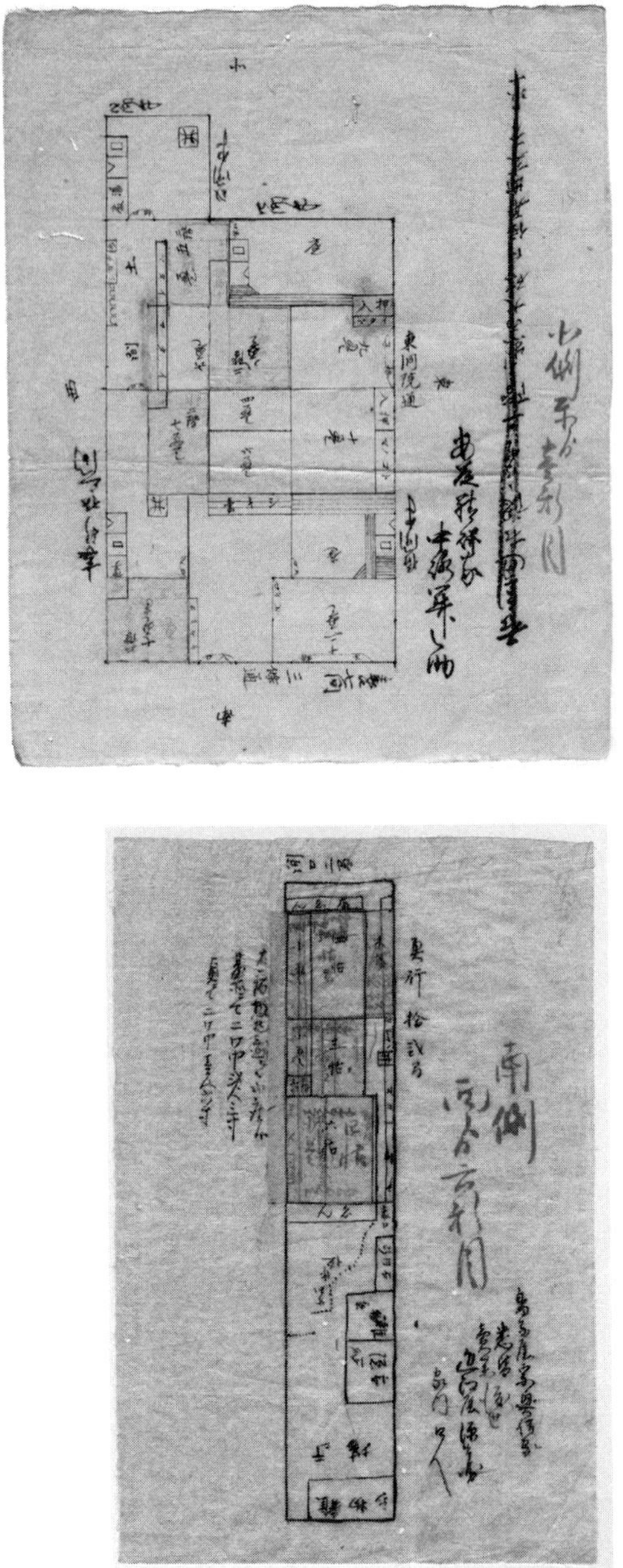

図2　ほぼ1/100で描かれたと思われる絵図（上・北側）（下・南側）

収まっているものが多いのに対し、南側は各家屋間でばらつきが見られる。

建物平面図の作図に、現代において方眼紙を用いる方法があるのと同様に、一間あるいは半間を示す格子を記入した板もしくは紙を下敷とした場合、各絵図で下敷きとした格子の縮尺が異なれば、縮尺のばらつきは当然のこととなる。一間を六分五厘とするか六分とするかという基準の差異のみならず、何らかの事情のもと、将棋盤のような手近にあり基準に近似した格子が書かれたものを利用した可能性も否めない。各屋敷の図面をそれぞれ別の大工が描いたのであれば、大工の資質・技術・経験の差、および、採寸尺・作図尺の差などからも図面表現や精度に影響が生じたであろう。これらのより詳細な考察は、絵図縮尺のばらつき・精度のさらなる分析とともに今後の課題としたい。

三　梅忠町家屋敷絵図の復元作図について

（一）復元作図の作業前提について

復元作業は二名の建築士[7]で行った。家屋敷の連続的検討を行う必要上、三條通を挟む梅忠町街区を「北側町」、「南側町」に分割し、同時並行的に作業を進めた。今回の作図作業に使用したCADソフトウェアは、今後の研究継続、発展を考慮し、フリーウェアであり普及率が高い「Jw_cad」[8]を選定した。

実際の作図に先立ち、絵図に含まれる情報を整理する。家屋敷絵図の構成要素は、間取り等の「線要素」、室名称、町内位置、注記等の「文字要素」に大別される。このうち、「線要素」では間取り等の区画は表現されているが、壁、開口の区別、建具の有無、外井戸の屋根の有無、土蔵の階数、出入口の位置などは表現されていない。一方、「文字要素」には様々のものがあり、要素の重要度の順に並べると下記の通りである。

町家空間構成における一次的要素としては、室名（奥の間、広間、ミセの間など）に規模（畳、帖数）が加えられたものと、室名のみ（木上、ニワ、物置、押入、上り口、便所、風呂、土蔵等）がある。二次的要素としては、記号のみだが用途が明確なもの（井戸、便所、エンなど）があり、仕上やしつらいを示すもの（イタマ・エン・トコ・ミセなど）がある。三次的要素としては、備品等を示すもの（井戸、カマド、ハシリなど）があり、さらに四次的要素として状態、状況、部分詳細を示すもの（入口、ヤネ、戸袋など）が認められる。いずれの絵図も、室帖数から判断できる室平面の縦横比が概ね整っていることや、大規模で複雑な間取りの家屋の両端部を比較しても、線表現の縮尺のズレ等による不整合がないことから、作図には、複数の建築知識を持った大工が関与している蓋然性が高いと推測される。これは、空間構成における要素の重要性の次元が上位のものほど高精度で表現され、次元が低くなるに従い、直線性や幅の均一性、表現の共通性が低くなっている等、要素の次元と表現精度の比例性が認められることからも推察される。

絵図から推察、想定できることを述べたが、絵図には表現されていない要素や解釈が分かれる部分があり、それらについては個々に検討するとしても、先ずは一定の共通条件の下での比較、検証が必要であることから、作図に当たっての基準を設定した。作図基準については、花園大学歴史博物館資料叢書第四輯『梅忠町家屋敷絵図研究報告』（以下、研究報告）を参照されたい。

（二）　想定敷地について

絵図情報と作図基準により各絵図を復元図面化するが、はじめに平面図を作図するにあたり、各町家の「敷地」の想定を行う。土地面積に余程の余裕がある場合を除いて、建物は土地区画に沿って建てられるのが一般的であり、特に区画が狭小になりがちな町家においては、境界際まで建物や塀が設置されることが通例で、京都市中においても同様のことが今日まで継続している。このため、平面図、特に、一階平面図、配置図の作図には「敷地」の想定が不可欠である。

この絵図が作成された時代の土地区画情報は見当たらないため、家屋敷図の形状を順に並べたものが図3である。現時点で土地区画各部寸法が明確に記載された最古の資料と考えられる「梅忠町軒役図」[9]（明治二年十月）と図三を比較すると、いくつかの区画の位置に相違が認められるが、全体的には概ね絵図と同様の形状であると認められることから、明治二年の町割図を念頭に置いて作業することとした。

（三）　平面図・連続平面図の復元作図について

南北とも敷地を前提として平面図を作図するが、絵図における縮尺の整合性を確認するため、異なる手法により比較、検証を行った。それぞれの平面図作図作業の過程は次の通りである。

イ　北側町平面図

北側については、絵図そのものに着目して作業を行った。Jw_cad の画面上に絵図の JPEG データを Susie の plug-in[10] にて読込み、縮尺を調整した上、各帖数の室を作成、四寸角柱を配置していった。また、井戸、便所、エンなどは絵図からトレースし作図した。絵図に間口、裏行の記載のある「北側東より壱軒目」と「北側東より拾弐軒目」は絵図の寸法を優先している。この結果、作図基準を基に絵図をトレース作図したものは、今日に続く伝統的町家の構成形態に沿うと共に、縮尺も極めて正確である（図４）ことが判明し、さらに、一戸ずつ図面化したものを繋いだ連続平面図は、「明治二年町割図」とほぼ整合することが確認できた。

ロ　南側町平面図

南側においては、土地の形状に着目して作業した。「明治二年町割図」を敷地として入力し、各絵図に該当する区画のなかに、作図基準に従って絵図に含まれる間取り等の要素を入力していった。その結果、復元した図は、絵図の形状とほぼ整合するとともに、今日に続く伝統的町家の構成形態に沿っていることを確認できた（図５）。

絵図から書き起こす作業（北側）、及び敷地から書き起こす作業（南側）共、絵図の間取りとほぼ整合し、絵図に表現された図面としての精度は高く、当時の町家だけでなく利用状況や生活風景の情報も包含した貴重な資料であることを再確認できた。

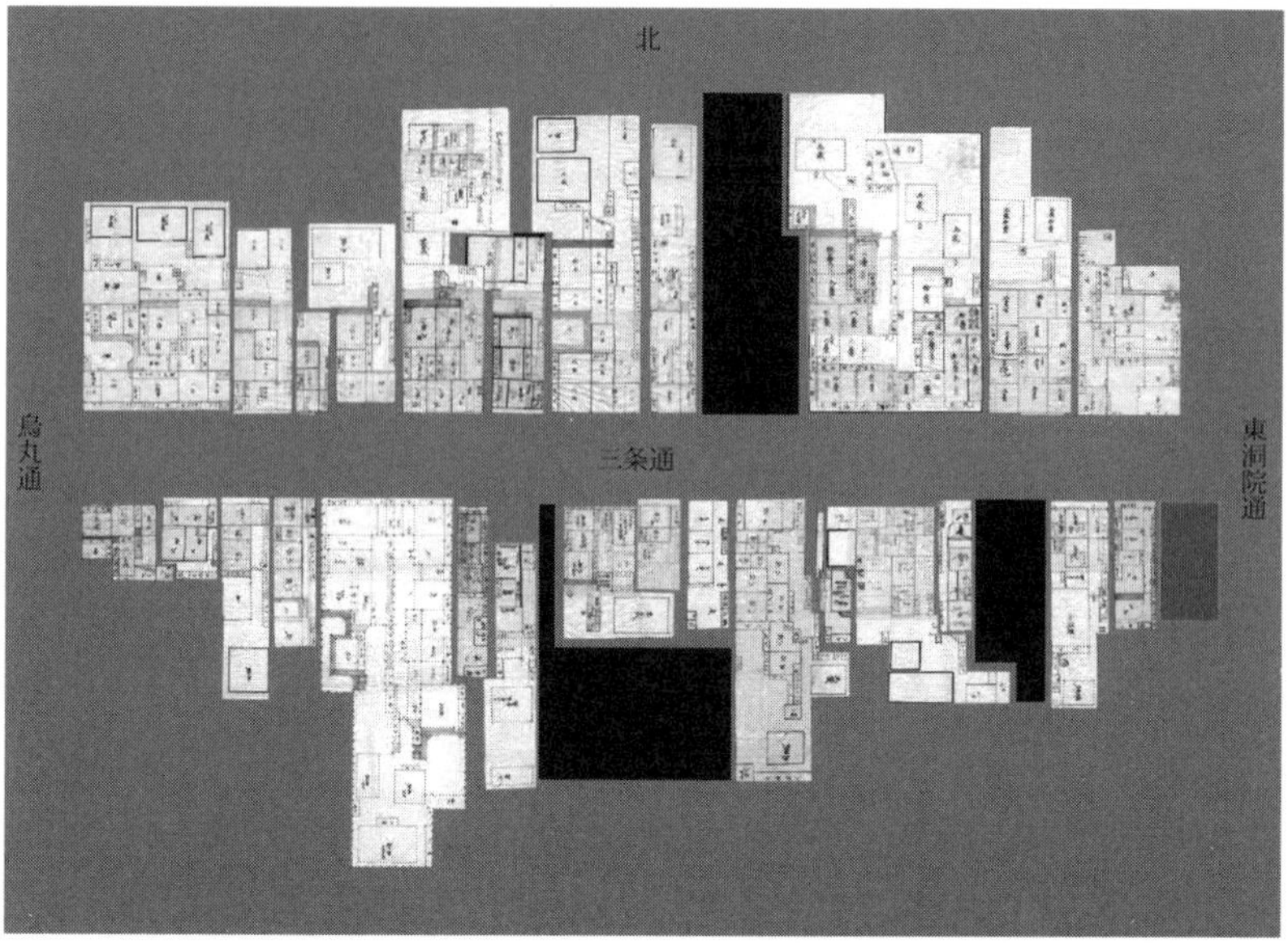

図3　家屋敷配置図

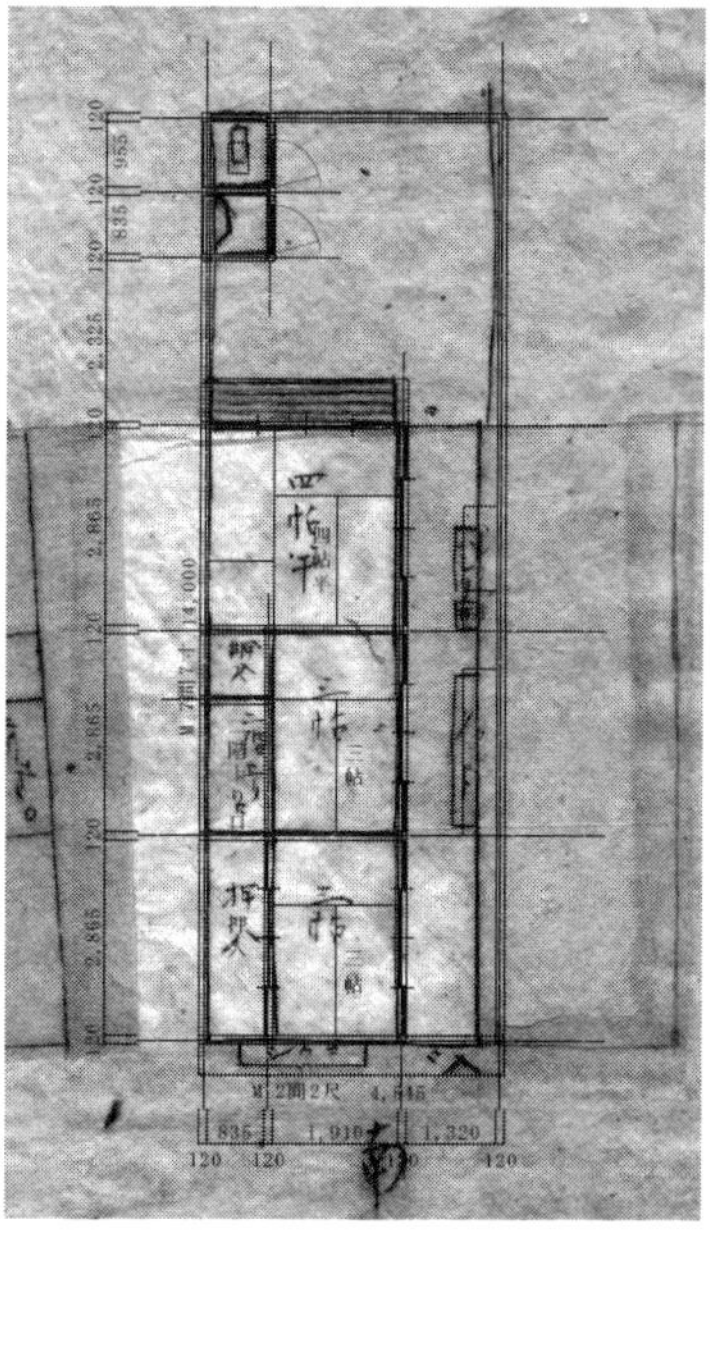

図4　EN-10　絵図＋CAD図

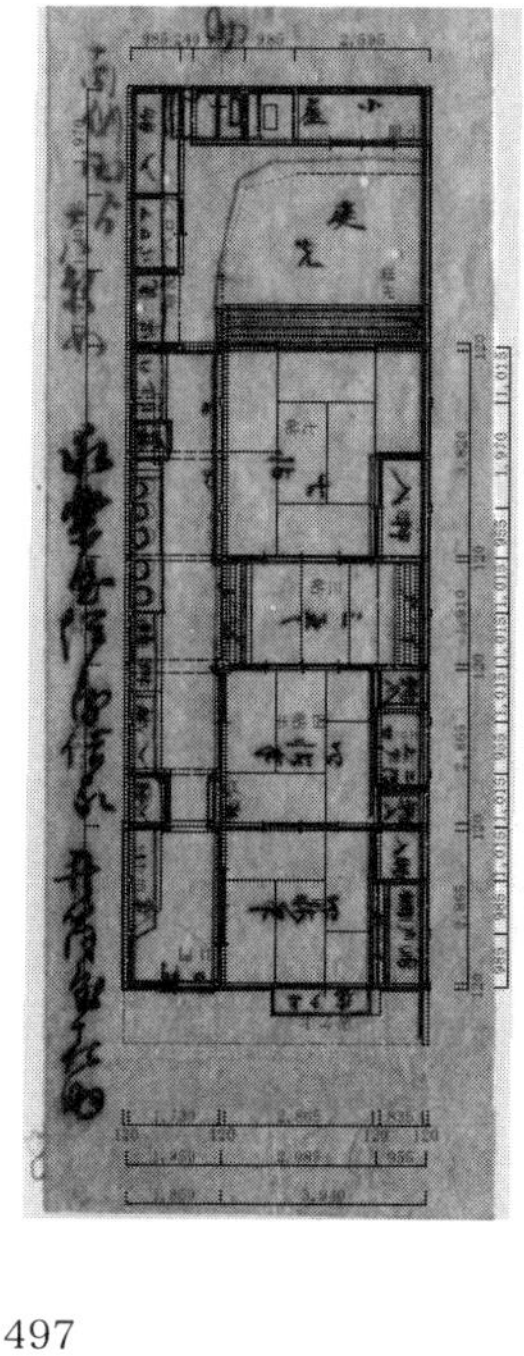

図5　ES-02　絵図＋CAD図

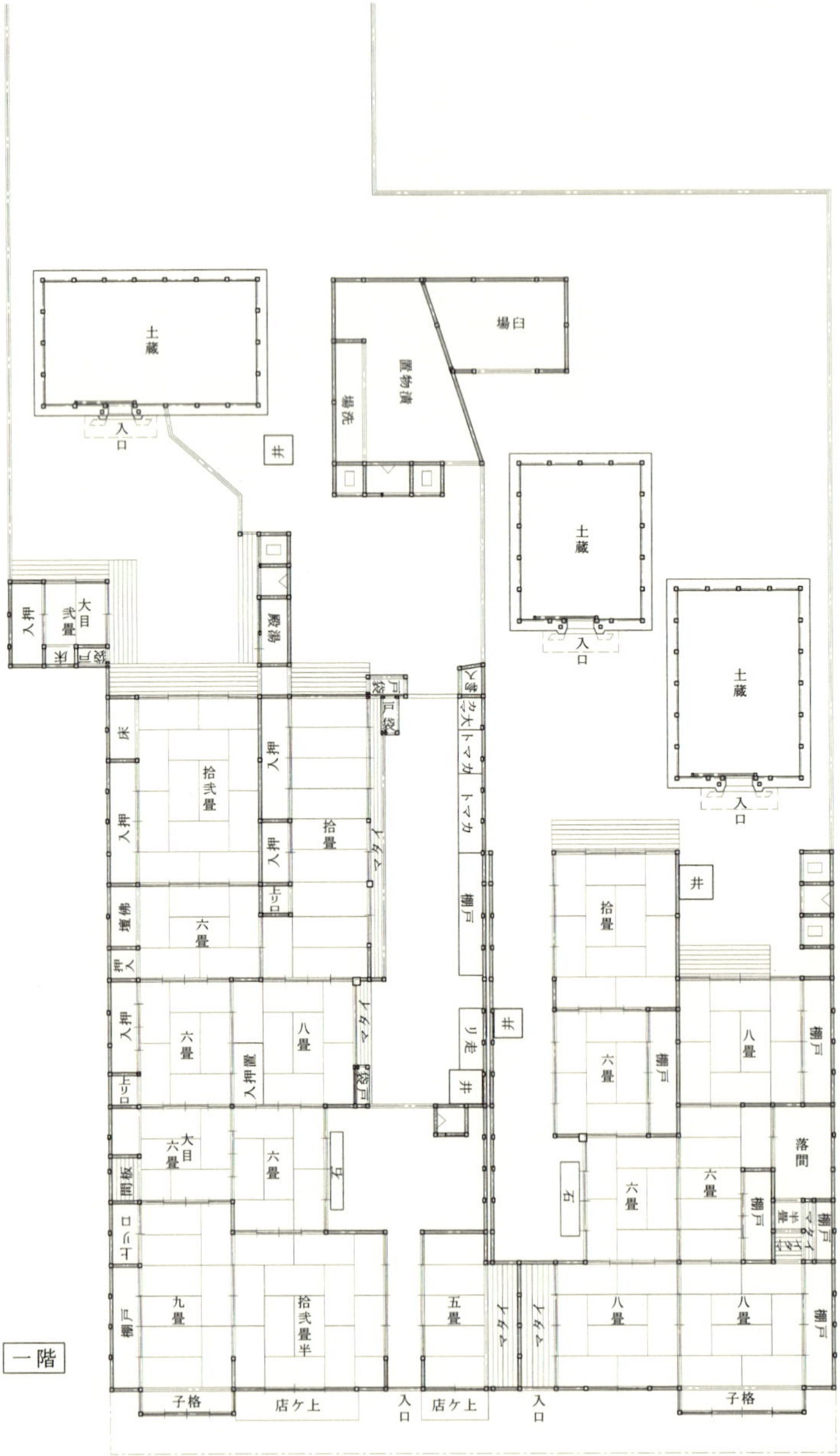
土蔵
入口
臼場
置物漬
洗場
井
土蔵
入口
土蔵
入口
大目弐畳
入押
床
湯殿
拾弐畳
拾畳
六畳
床
入押
仏壇
入押
トマカ
棚戸
拾畳
井
六畳
八畳
入押
八畳
六畳
棚戸
八畳
棚戸
井
大目六畳
六畳
落間
六畳
六畳
棚戸
九畳
拾弐畳半
五畳
八畳
八畳
棚戸
棚戸
一階
子格
店ケ上
入口
店ケ上
入口
子格

図６　EN-03（二次成果）

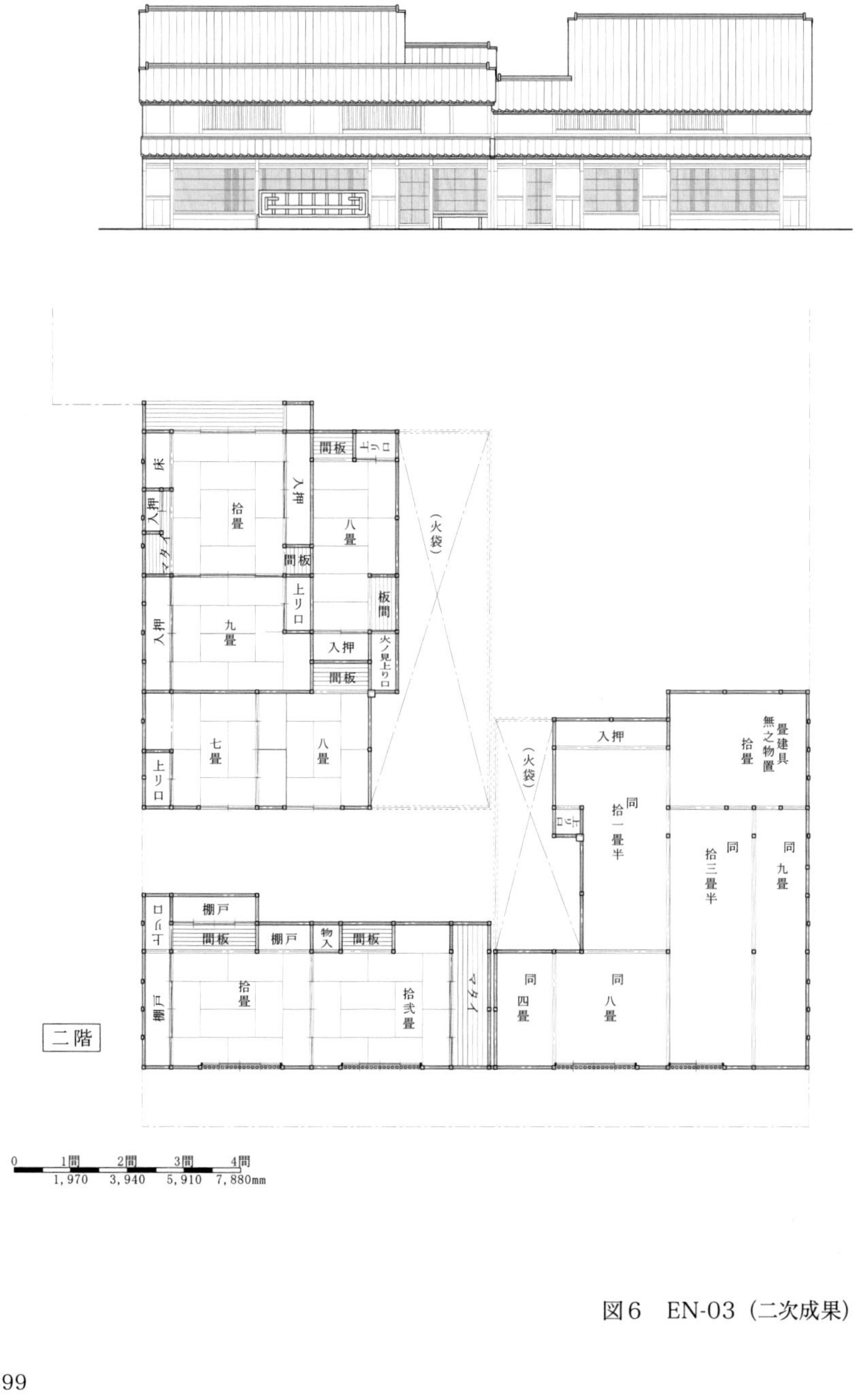
二階
床
入押
マタイ
拾畳
入押
八畳
間板
上リ口
間板
上リ口
板間
九畳
入押
火ノ見上り口
間板
(火袋)
七畳
八畳
上リ口
入押
畳建具無之物置
拾畳
(火袋)
上リ口
同
拾一畳半
同
拾三畳半
同
九畳
上リ口
棚戸
間板
棚戸
物入
間板
棚戸
拾畳
拾弐畳
マタイ
同
四畳
同
八畳
0
1間
2間
3間
4間
1,970
3,940
5,910
7,880mm

図6　EN-03（二次成果）

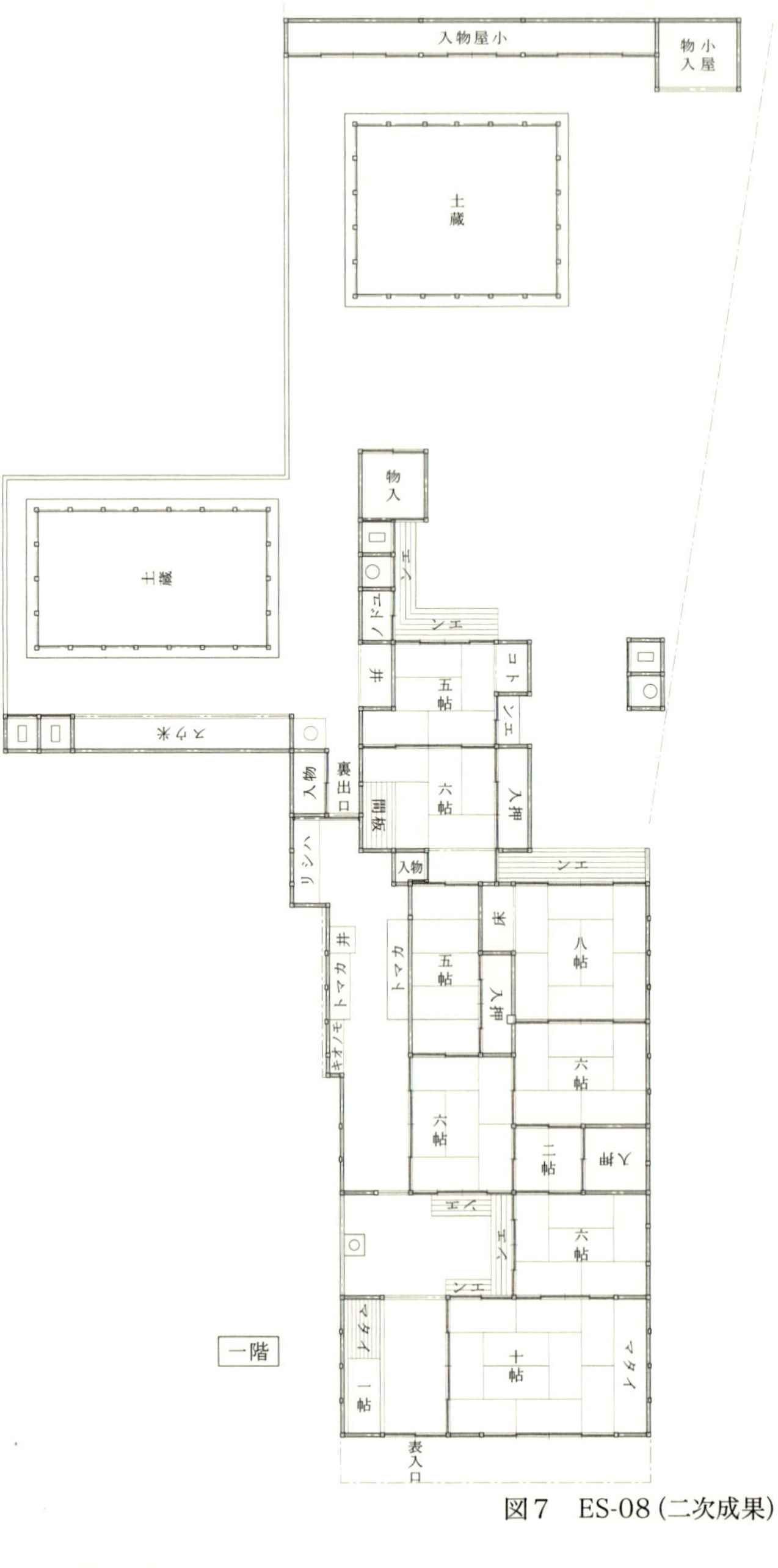

図7　ES-08（二次成果）

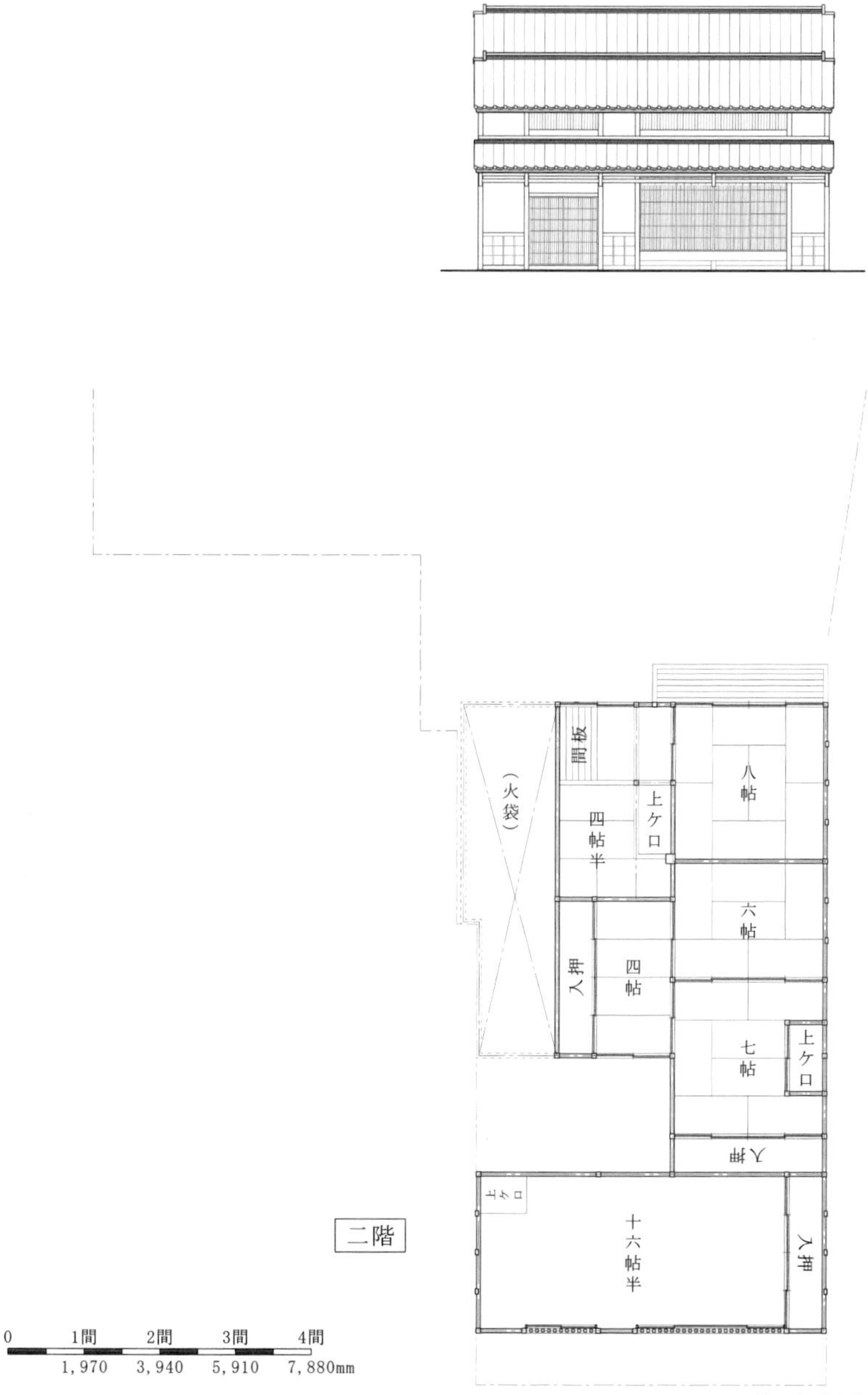
間板
火袋
上ケロ
四帖半
八帖
六帖
押入
四帖
七帖
上ケロ
押入
十六帖半
押入
二階
0 1間 2間 3間 4間
1,970 3,940 5,910 7,880mm

図7　ES-08（二次成果）

（四）　立面図・断面図・屋根伏図の復元作図について

平面図から構造架構素案を作成し、作図メンバー、検討メンバーにて確認と検討の上、修正、再確認、検討を数度繰り返し、個々の不整合の解消を図った。この段階で検証結果が平面図に影響をあたえることもあったが、その都度、各図面調整を並行して進めた。

架構等の検討内容の詳細は、後段（三―四）を参照されたい。

（五）　連続立面図・平面図・屋根伏図の復元作図について

各家屋敷復元図を並べた連続立面図、連続屋根伏図を作成し、隣接間の干渉状態を確認する。干渉が生じるのは主に屋根である。屋根のケラバは、建築時期の順に相互干渉の回避措置（高さ、出幅等の調整）が行われたはずであるが、各町家の建築時期は不明であるため、隣接屋根の棟の位置、長さ等を勘案して高さを想定のうえ調整した。本研究は一次と二次に分けて実施され、一次成果としての復元作図第一案の全葉は「研究報告」[11]に収録されているので参照されたい。二次成果として、EN‐03（北側東より三軒目／永楽屋伊兵衛）及びES‐08（南側西より十弐軒目／鳥子屋宗輿）の図面を掲載する（図6・7）。

おわりに

以上の各種復元作図作業を経て、土地区画と絵図、絵図と復元平面等、概ね整合を見ることができた。また、三次元を推定できる複数の二次元情報（一階平面図と二階平面図）およびその集合体として、梅忠町全域の区画・建物ともに記録された「絵図」が伝世したことの価値を再確認できた。しかし、さらなる調査・研究を要することは先述の通りである。解釈の分かれる部分、未整合部分や整合性の低い部分、詳細不明部分等、さらなる詳細検討の余地を残しているが、それらは今後の課題として継続して検討と作業を進め、復元精度の向上を図る所存である。

「絵図」の含む情報は多く、各情報の入力条件により再現結果は異なるものとなる。今回は、南北で異なる視点から作図を進めたが、同条件下での作図を複数行うなどのシミュレーションを繰返して比較検証することも必要であろう。また、縮尺や土地区画に関する考察を深めるため、絵図原本については寸法・角度などのより詳細な解析を、絵図作成状況については当時の計測道具に関する調査も進めたいところである。

今後の課題への思いは尽きないが、今回の成果が今後の町家の歴史研究推進に寄与することを願う。

（㈲ Equation 代表取締役　一級建築士）

註

（1）平井聖「中井家文書の研究」１　作事関係文書の構成　１、図面類　日本建築学会論文報告集第１９９号　昭和四七年九月

（2）谷直樹「寛永期における中井家配下の大工構成」日本建築学会計画系論文報告集第４１５号　一九九〇年九月

（3）吉田高子「中井役所支配の大工組について」『近畿大学理工学部研究報告』第八号　一九七三年

（4）「京大工組名前帳」は、大阪商業大学商業史博物館蔵・佐古慶三教授収集「梅忠町文書」として収蔵されている。

（5）吉田高子「『京大工組名前帳』による京大工組の組織とその構成」日本建築学会大会学術講演　概集（東海）一九九四年

（6）梅忠町家屋敷絵図を江戸期宅地割に沿って並べ、北側をEN、南側をESとして、東から順に付けた番号を町番号とした。

（7）溝尻順子（溝尻建築設計室／代表）・藤原美菜子（有限会社Ｅｑｕａｔｉｏｎ／取締役）

（8）Windows Vista, 7,8 上で動作する二次元汎用ＣＡＤ。二〇一五年一〇月時点の最新版は「Version8.00d」（二〇一八年一月現在の最新版は「Version 8.03a」）であるが、今回の作図作業では、安定した動作を担保するため、「Version7.11」を使用した。　http://www.jwcad.net/

（9）『遠藤家文書』所収（京都市歴史資料館蔵写真版）

（10）Susie（画像ビューア）の plug-in（拡張プログラム）。http://www.digitalpad.co.jp/~takechin/download.html

（11）花園大学歴史博物館資料叢書第四輯『梅忠町家屋敷絵図研究報告』は、『梅忠町家屋敷絵図目録』の成果を踏まえ、梅忠町に建つ二八棟の平面図作成し、さらに立面図を起こして連続立・平面図を提示した。平成二六年三月

三　京町家の復元と今後の課題

梅本　直康

一　梅忠町家屋敷絵図の前提条件

梅忠町家屋敷絵図目録(1)（以下、絵図）は研究(2)により「天明の大火」（天明八／一七八八年）と「禁門の変」（元治元／一八六四年）の間に作成されていることが判っている。さらに、絵図墨書に書かれた所有者名から安政三（一八五六）年から元治元（一八六四）年の間にまで絞り込まれている。

川上貢先生は京市中の建築遺構と文献史料調査によって、近世における京町家の動向について総括し、天明大火以前の町家の平面構成・構造形式に関し、「田中家文書」の住戸絵図の分析で、次の指摘をしている(3)。

イ　現存する京町家は天明大火以前の類型とほぼ共通し、著しい差異がない。
ロ　天明大火以降は生活空間における接客機能の分離・整備が進み、居住性が向上した。
ハ　職能専用空間と居住生活空間が機能と空間の両面で分化された。

この分析により、近世中期から後期に至る京町家の大略は示された観があり、現存京町家の知識を基に一棟造り及び表屋造りの類型を参考にして、絵図を図化復元することとした。

（一）畳割りとモジュールについて

建築士が日頃慣れ親しんでいる現代の木造町家（民家）の設計法は、柱の芯々間寸法をモジュールとした「柱芯」制（柱割《はしらわり》）である。建築の生産性を重視する故の設計方式で、東日本の板間文化を中心に発達してきた方式である。これは、一間《いっけん》間隔の柱の芯から芯の寸法を固定して、柱を配置していくため、柱の太さによっても、その内側に入る畳の寸法は変わってくることになる。また、一間梁間と二間梁間とでも畳寸法が違ってくるので、部屋間で畳を敷き替えるという融通はきかない。

これに対して関西以西では、早くから畳に馴染みが深く、基準寸法は柱間の内法《うちのり》を固定した、すなわち柱間の内側に敷かれる畳の寸法を固定した「畳割」制と呼ばれる設計方法が発達した。これは、畳の寸法が固定されているため、部屋間での畳の交換や同一部屋における畳の入れ替えは自由となる。この畳割を利用した近世大坂での長屋の裸貸し制度(4)は有名である。

「間」は元来、建物の柱と柱の間、すなわち柱間《はしらま》のこと

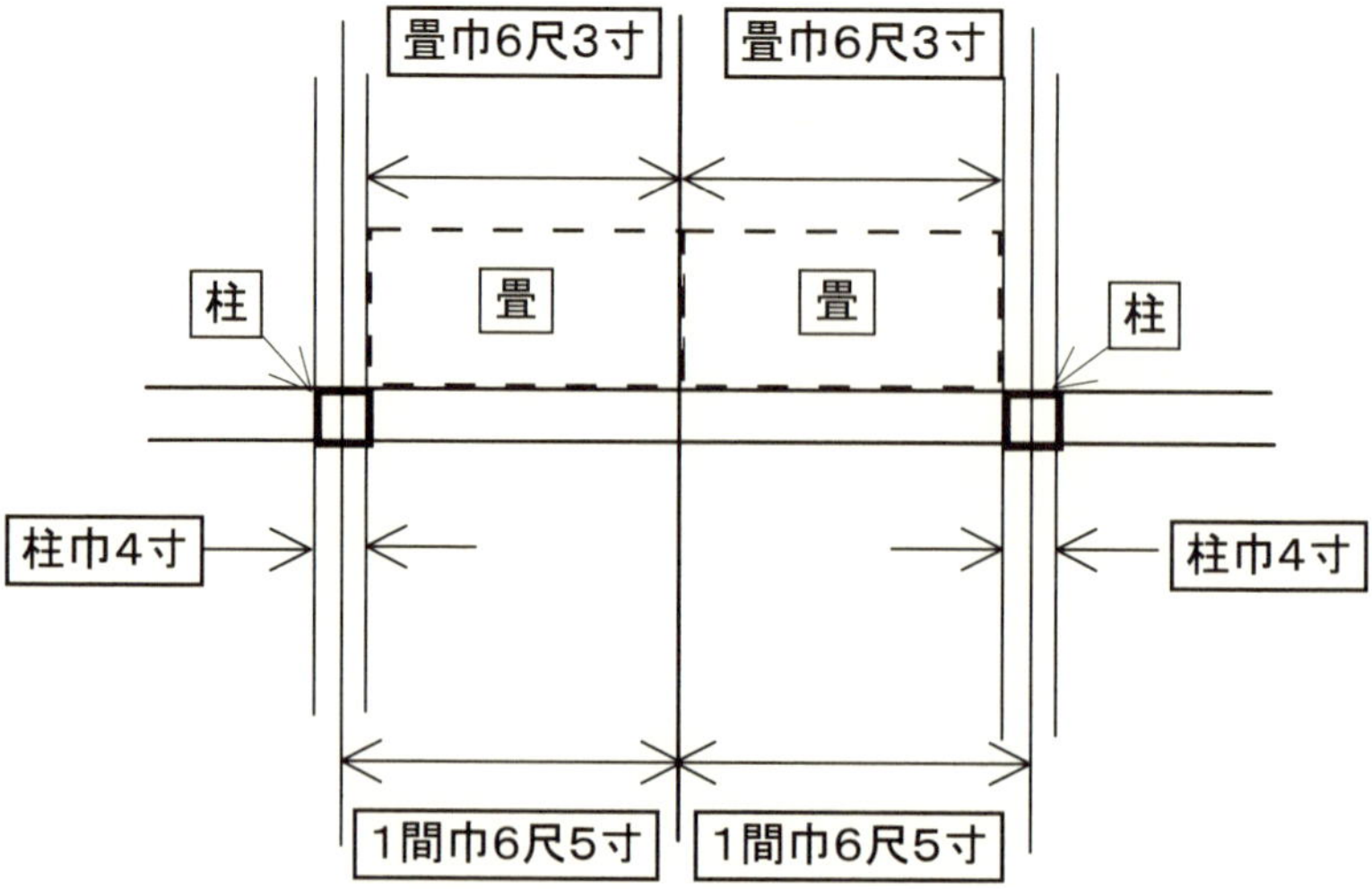

図１　六尺五寸の根拠

であり、長さを表す単位ではなかった。古来では、たとえば、寺社建物では柱配置位置により柱間寸法は違うことも常であった。建物の寸法に用いる主単位は「尺」である。ところが、日本では次第に租税計算を目的とした土地の測量時に間が単位として用いられるようになり、その長さはときの為政者によって恣意的に決められ、たとえば、豊臣秀吉の太閤検地以来一間は六尺三寸とされてきた。これが現代の、いわゆる京間、関西間の一間に引き継がれ、畳のサイズは三尺一寸五分×六尺三寸となったと考えられる。京町家の改修経験によると、現代の町家の柱断面は三寸五分角が多いが、文献(5)によると江戸時代後期における町家の柱断面は四寸が標準であることが判明し、この畳寸法を元に柱を配置すると、建築における柱間一間の寸法は六尺五寸（図1参照）となることが分かった。この寸法を現代のメートル法に置き換え、一尺を三〇三㎜、一間を一，九七〇㎜として、建物を作図することに決定した。

この「畳割」は、このようにモジュールとしては甚だ便利なものではあるが、実際の設計においては、そう簡単ではない。すなわち、正方以外の部屋、または畳数の違う部屋（図2参照）が連続する場合は(6)、柱配置により当然のごとく部屋により畳寸法が変わることが容易に想像できる。大坂の長屋のように小さな部屋（三畳間や四畳半間）が続く場合は問題は生じないが、京町家のような持ち家の場合は、建物の構造上、柱配置が優先されるため、主要部屋以外の畳寸法に不都

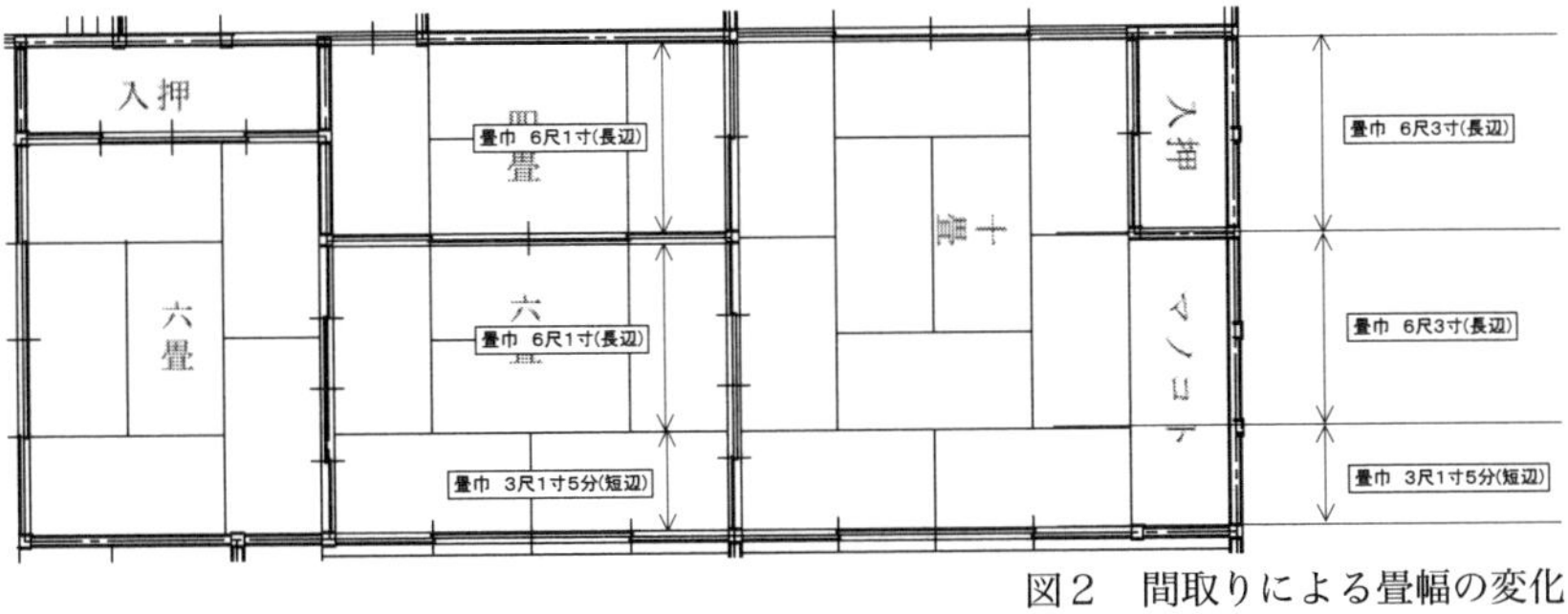

図2　間取りによる畳幅の変化

合が出易くなる。畳割といっても、すべての畳寸法を同一として配置することは設計上不可能で、建物の構造を優先すると、主要部屋以外はその都度、畳寸法を変えていたことが容易に想像できる。

なお、「絵図」に記載されている間取り図は畳数を基本にした間取り図のため、また柱配置は主要柱しか表記（●点）されていないため、伝統的町家の柱配置を参考に、構造的配慮を加え、前述の部屋配置の軽重を考慮して柱位置を決定した。

（二）地割について

梅忠町の地割・街区の変遷は、梅忠町家屋敷絵図研究報告（以下、絵図研究報告）「梅忠町の街区及び宅地割の変遷に関する報告」[7]、及び「京下京『梅忠町屋敷絵図』の３ＤＣＧ復元に関する共同研究」（以下、共同研究）「梅忠町の街区および宅地割の変遷と絵図の図化」[8]に詳述されている。これによると、「梅忠町家屋敷絵図」と制作年代が近く、表口と裏行が詳細に書かれている明治二

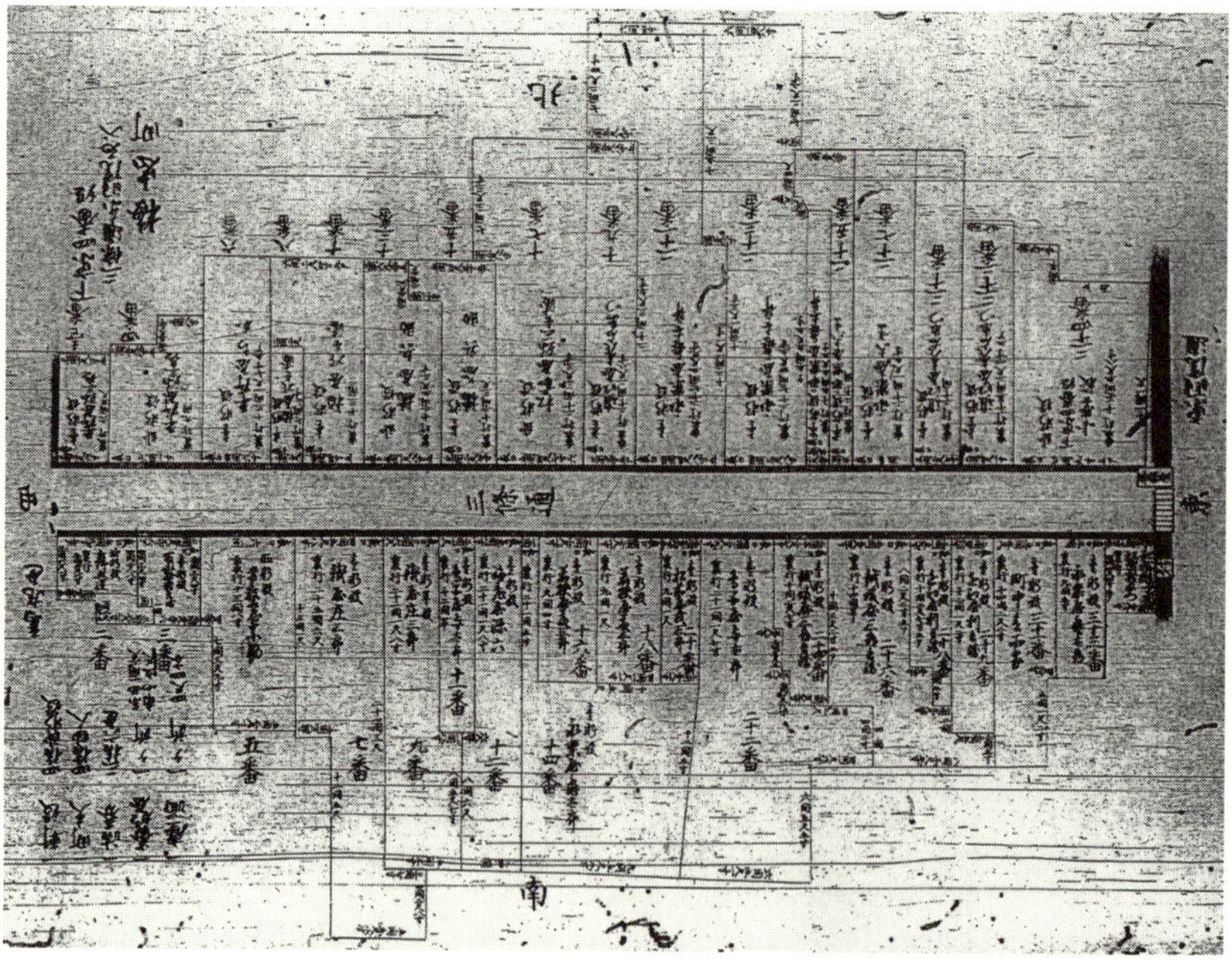

図３　梅忠町軒役図明治２年

年の「梅忠町軒役図」(9)（以下、軒役図）（図3参照）と比較してみると、北側の若干の相違点と南側の不明部分が見受けられるが、各家屋敷の表口、裏行はほぼ一致することが分かったため、復元作図においては、この軒役図を敷地として採用することにした。

（三）復元作図凡例

○絵図に描かれた居室（畳割）を基準に、建家間口を想定し、町割り（敷地）の間口とは通り庭で調整した。

○絵図に記載された「畳数」を基本に畳割りしたが、一部間取りの組み合わせにより、主要室以外の畳は、正規の畳よりも小さな畳を採用した。

○絵図の間取りには開口（建具）が描かれていないため、伝統的町家の構成形態を参照して、壁、建具を想定した。また、引き戸、大戸等もそれぞれの使い方により想定した。便所等の開き戸については、あえて開き勝手は記載しないこととした。

○絵図の階段は「上り口」表記しかないため、伝統的町家の構成形態を参照して、階段のかけ方を想定した。

○絵図により明らかに平屋と考えられる町家は平屋建てとしたが、その他は厨子二階建てを原則にした。さらに、建物の立面を作図するため、伝統的町家の構成形態を参照して、屋根伏せを想定し、さらに連続立面を作成した上で、棟高、軒高等を調整した。

○町家のデザインを形成する重要な要素である出格子、戸、虫籠窓等は、伝統的町家の構成形態を参照して、建築士の判断で創生した。

○絵図には二階部分は「部屋」部分しか表記されていないため、二階壁線が不明なことが多いが、「火袋」等の表記がある場合は、「実線」で壁を想定し、その他表記がない場合は、壁心を「一点鎖線」で、壁を「点線」

で想定した。
○絵図では、畳の敷き方は表記されていないため、現代の畳の敷き方を参考に「実線」表記した。
○部屋名称等の表記は、絵図の表記を踏襲し、そのまま表記することとした。
○板敷きについては、「イタマ」表現の部屋は、板の張り方は表記せず、「エン」や、「イタ」と表記された部分は、「実線」で板の張り方を表記した。
○二軒の町家を一軒に改修したと想定される場合でも、絵図では単線表記であるため、間口が微妙に異なることから、建築士の判断で隣あう壁を「実線」で書き加えた。
○土蔵に入り口表記がないものは、入り口を特定せず、表現しない。
○復元平面図・同連続平面図の敷地境界線は、一点鎖線で示した。
○梅忠町の町家全図を一：一〇〇で、また南北に位置する代表的町家を二軒ずつ抽出し、一：五〇で作図することとした。
○整理のため梅忠町家屋敷絵図に描かれた屋敷絵図を、江戸期地割り(10)により南北に並べた(11)上、北側をEN、南側をESとして、東から順に番号を振ったものを町家番号とした。

二　町割と京町家の立面構成

(一) 町割について

京都の伝統的町割の特徴は、「おもて」と呼ばれる通りを挟んだ両側町(図4参照)である。東西方向、または南北方向の通りに面した両側町には原則「通り」に優劣のない職住一体の町割である。同じ両側町でも、町通り（通り）と脇通り（筋）という優劣に分かれる大坂とは大きな違いである。梅忠町は、三條通りの東は東洞院通り、西は烏丸通りに挟まれた両側町である。もともと道は三間幅であったが、両側側溝外側から半間ずつ張り出した町家下屋庇部分を取り込み、四間幅の公道となった（図5参照）と思われる。明治二年の軒役図に書かれている寸法は敷地の寸法を示すもので、建物寸法ではないため、全町家図を作図した上、町割の表口寸法に照らして、建物間口幅寸法を主にトオリニワの幅で調整するという手法を取った。

（二）京町家の立面構成について

京町家は、一般的に平入りの建家の連続をなしている。通常、「平」の方向は一般的な家屋においては、長い方向が多いが、京都や大坂などの町家は逆転している場合が多い。これは、間口の大きさに比例した間口税や二階建ての建物の制限（梁間規制（後述））などの影響をうけているものと考えられる。

京町家の平面構成は、通りに面した部分を商いの場としての「ミセ（店）」の間、その奥に生活空間である「ナカノマ（中の間）／ダイドコ（台所）」、「オクノマ（奥の間）」と、それらを繋ぐ表から奥に連続した「ミセニワ（店庭）／ミセドマ（店土間）」、「トオリニワ（通り庭）」を持ついわゆるウナギの寝床型の間取り[12]（図6参照）である。さらに町家の規模が大きくなると、表と奥の棟を分け、真ん中に玄関、中庭を設けた「表屋造」[13]（図7参照）と呼ばれる形式に発展する。

京町家立面構成は、「三条油小路町西側・東側町並絵図」[14]以下、町並絵図1）や百足屋町所蔵「百足屋町並図絵」[15]（以下、町並絵図2）に残されているように平屋建て、または軒高の低い二階を持った厨子《つし》二階建てが原則である。当該絵図は、二階部分の間取り図も添紙の形で残されている希少な資料であり、このことから容易に平屋建て

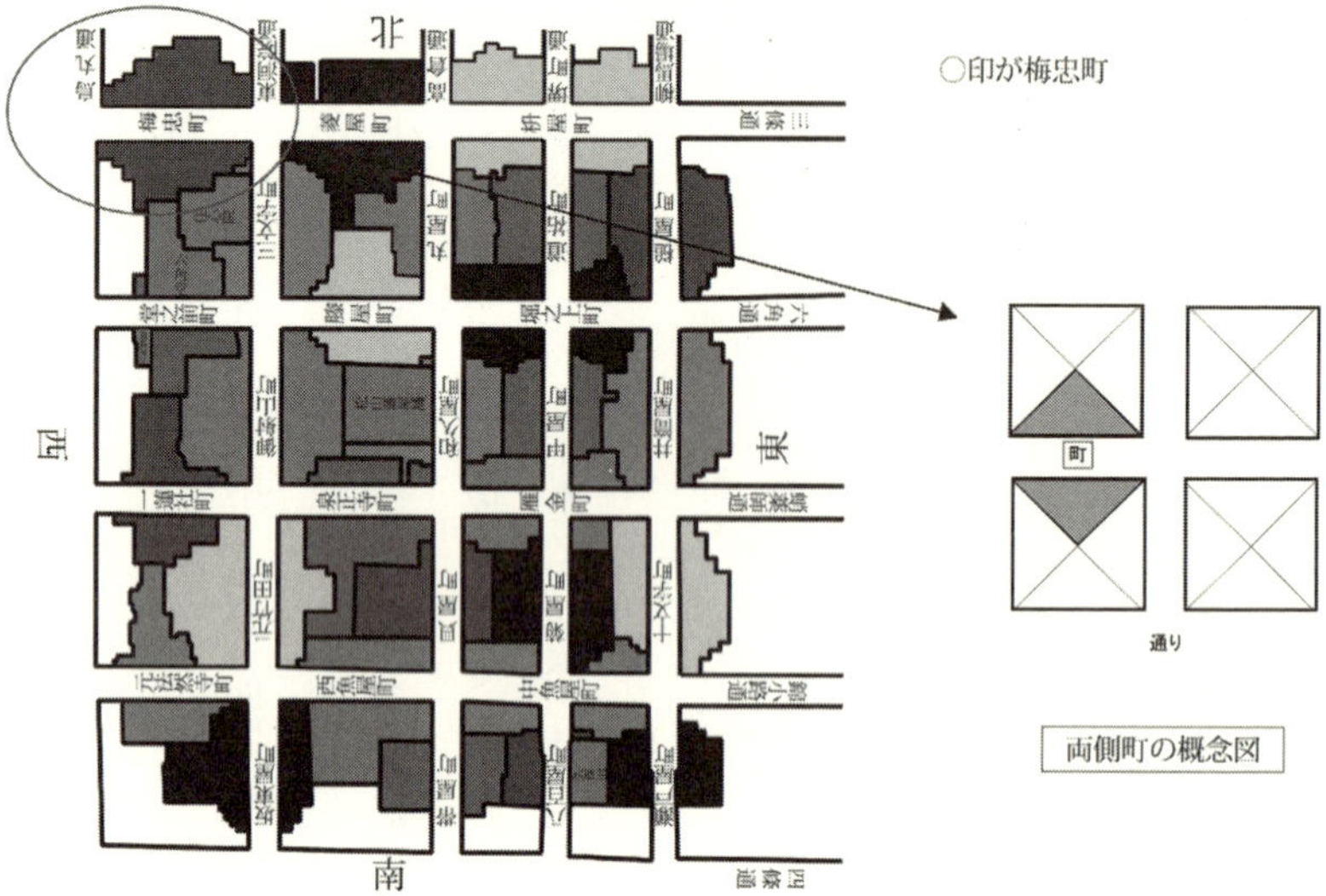

「下京四番組廿八町総図」復元図より

図４　両側町の概念図

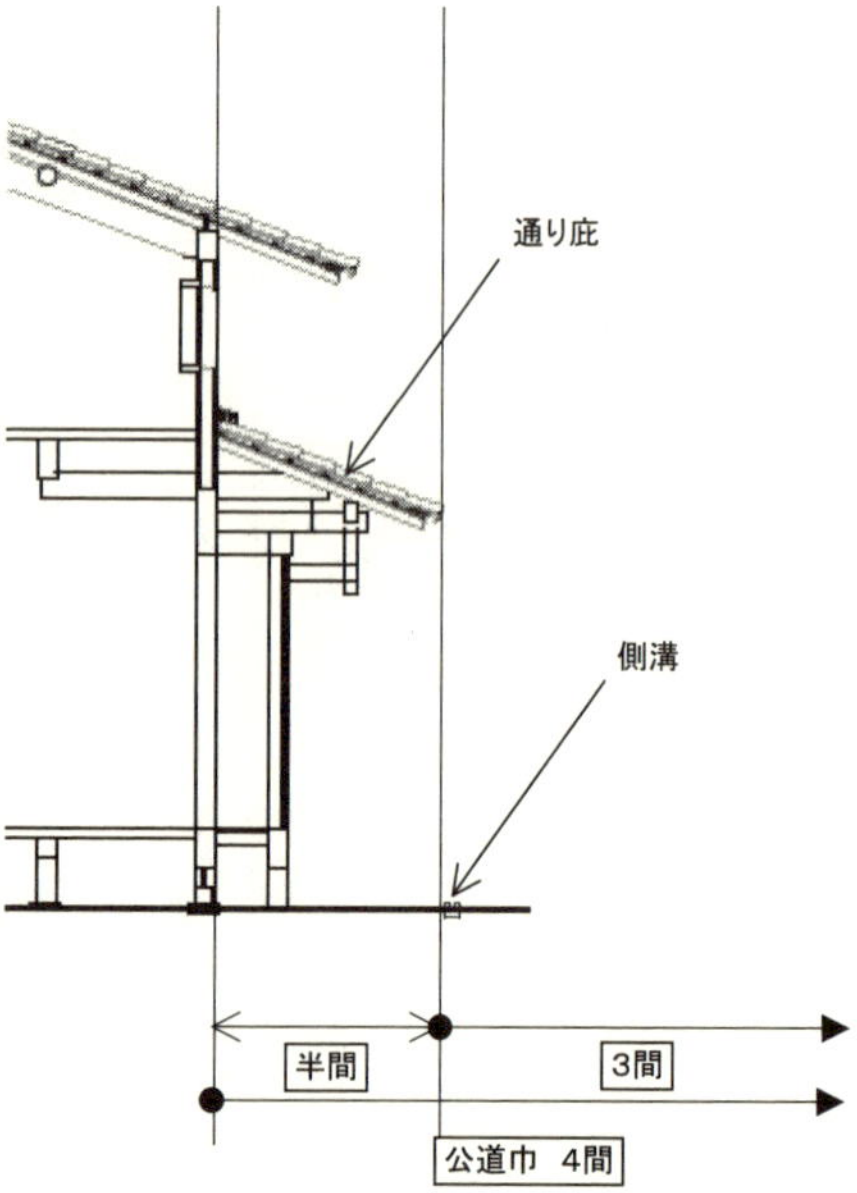

図５　通り庇と公道の概念図

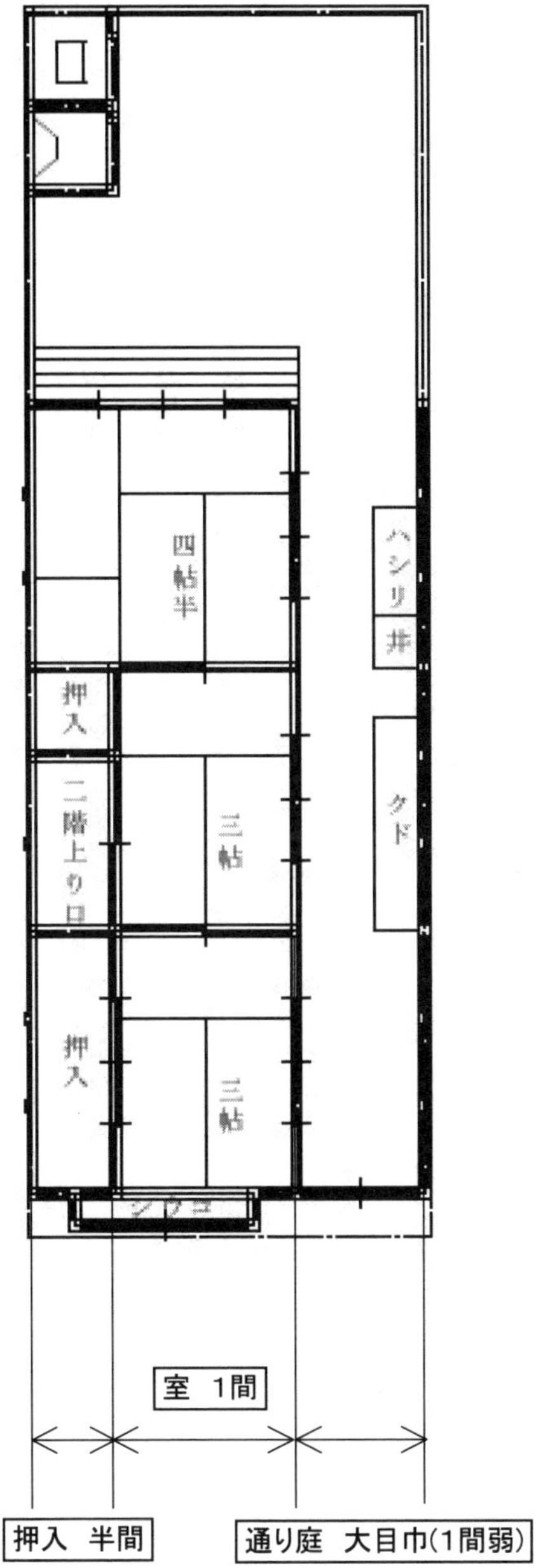

図6　ウナギの寝床型間取りの概念図

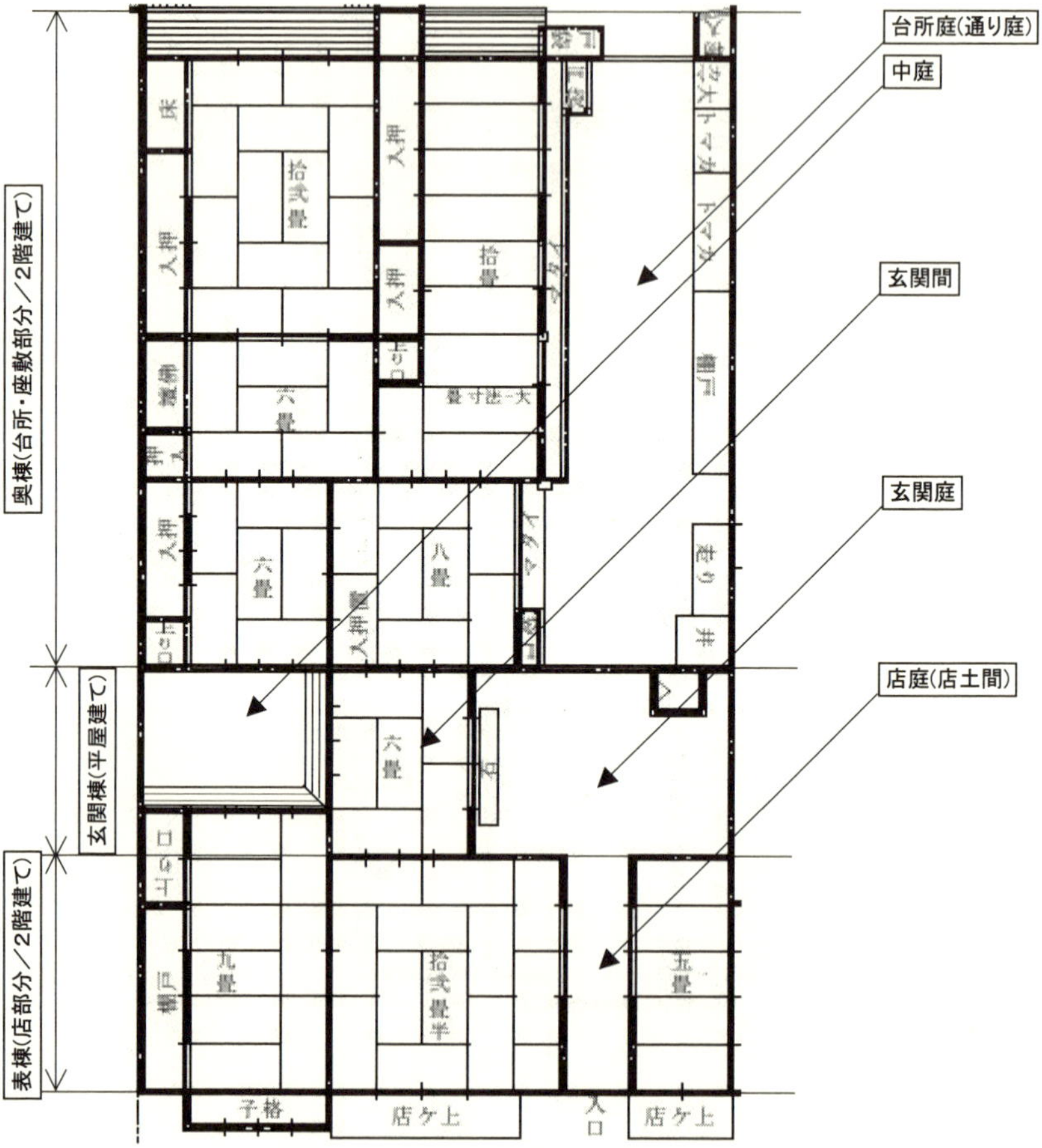
台所庭(通り庭)
中庭
玄関間
玄関庭
店庭(店土間)
奥棟(台所・座敷部分／2階建て)
玄関棟(平屋建て)
表棟(店部分／2階建て)
子格
店ケ上
入口
店ケ上

図７　表屋造りの概念図

か二階建てかを判別できる。絵図に描かれた一軒毎の間取りから、建物の規模や、一棟建てか表屋造か、平屋建てか厨子二階建てかを判断し、さらに間取りの特異性から二戸一化した町家であるかどうかを推定した上、個々の町家の棟位置を想定した。また、連続立面構成は、個々の建家の建ち順や建て替え順により、主屋根軒高は両側の建家の軒とケラバ、そして下屋庇の高さで決まるため、上述の通り、個々の町家の立面を仮に決定し、連続して並べてみた上、棟高、軒高等を調整した。町家のデザインを形成する重要な要素である出格子、戸、虫籠窓等は、あくまで建築士の判断で現存する資料[20]を基に伝統的デザインを参考に創生したことをお断りする。

三　復元町家第一案について

（一）　復元平面図について

注記　本文中に出てくる室名は絵図表記に準じ、（　）内に現代表記を記した。

イ・町家番号［EN―01］（1・北側東より／壱軒目[17]）

当該町家は、区内職分総計照会[18]（以下、職分総計）によると、「木綿商売」となっている（以下、特記なき限り同資料による）が、絵図作成時は「精研家」となっており、安藤精研家／中路関之助とある。この町家は医業に携わる者の家で種痘所として使われた。まさしく、医院の待合室を思わせる部屋や、診察室に上がるための上がり口、患者用と思われる便所が中庭に面して設えられている。また、奥座敷へ上がるための式台が設けられているのも特徴で、物品販売用の店舗から改装されたことが伺える。また、二階の構成が居室としての使い勝手が甚だ悪いことや、道路側（南側）の二階七畳半間は一部通り庭側に床が持ち出されていることから判断すると、収納スペースとして増築された蓋然性が高い。また、二階間取りは不思議な配置で描かれているが、「二階東惣而大破ニ付住居出来不候以上」とあり、何らかの事情により、東側が壊れてしまい、住居としては使用されなくなっていると断り書きがあり、絵図には描かれなかったものと推察される。このため、大規模な町家ではあるが、大黒・小黒柱等の主柱は、あえて記載しなかった。なお、敷地に関しては、明治期の軒役図（地割り図）と絵図では異なっているが、当該絵図には寸法表記があったので絵図の敷地を採用し、建物の全体寸法を調整した。

ロ．町家番号［EN－02］（2．北側東より／弐軒目）

当該町家は、西陣端物商売である。近江屋彦右衛門（須羽彦右衛門）借家／一文字屋三右衛門とある。代表的な物品販売店舗の構成である。「上ケ店」(19)を備えた畳敷きの店の間二間と、店土間を挟み小間(20)が並ぶ。

建家形式は、表屋造りであったものを改造したと推察され、本来は大店近江屋が使っていたものを何らかの理由で借家としたものと推察される。

二階間に大目（台目）六畳との記載があるが、絵図に書かれた部屋の大きさから判断すると、通常茶室で使われる表記とは異なり、台目畳(21)を六枚敷いたものと解釈できる。畳割りによる設計と言ってもかなり自由な設計法が採られていたことが分かる。なお、間取りを復元したところ、敷地間口より建物間口が一九五㎜大きくなることが分かったが、建家間口を一九五㎜縮めると、間取りが成り立たなくなるため、そのまま表記することにしたことをお断りする。

ハ．町家番号［EN－03］（3．北側東より／三軒目）

当該町家は、木綿商売の永楽屋（伊兵衛）であり、梅忠町では筆頭店舗の一つである。平面構成を見ると、元は並び二軒の町家を合体した町家と考えられる。京町家の特徴である単棟建てと仮定すると、二軒の境界壁は、かなり厚みがあるはずではあるが、絵図では単線表記である。当該町家の西側住戸の二階間取りを見ると、一階玄関間は平屋建てなっているため、「表屋造り」構成の商家となっている（絵図に中庭はないが、本来中庭であった部分に部屋を増築した可能性有り）ことが分かり、西側町家で商売を興し、その発展とともに東側町家を買い取ったものと推測され、元々が長屋建てとは考えにくい。東側住戸の店土間に板間を増設し、一棟としたとする方が自然である。

北西奥庭に面した「大目二畳」は、大目畳を二枚敷いた小部屋と思われたが、絵図の寸法から通常サイズの畳が入っているものと判読できる。では、「大目」とは何を指しているのか、茶室の炉の切り方の一つに「道具畳の上手に接した畳を切ったもの」を「大目切り《だいめぎり》」と呼ぶが、その大目を指しているのか、単なる誤記なのかどうかは分からないが、押入、床の間を備えていることを考えると、奥座敷に面した大店のご主人の書斎または接待用茶室であった可能性も考えられる。当時の筆頭商家の暮らしぶりを想像させる一軒である。なお、物入れに「戸棚」と「押入」の表記を使い分けている箇所が認められるが、内部の仕切棚の違いによる区分けと推察する。

ニ．町家番号［ＥＮ―04］（28．北側東より／四軒目）

当該町家は、常磐屋とあるが、「不出来」との表記があり、何らかの理由により調査が完了せず、線書き表記のみとなっている。どのような理由で調査が中断されたか判然としないが、興味は尽きない。部屋らしき部分を六畳間と仮定して間取りを起こしてみると、敷地図と寸法がほぼ一致することが分かった。二階部分は全く記載がないため、連続立面作成時、厨子二階建てと仮定して正面立面を描いたことをお断りする。

ホ．町家番号［ＥＮ―05］（4．北側東より／五軒目）

当該町家は、西陣端物商売であり、職分総計によると町家番号［ＥＮ―02］と同様、近江屋（須羽）彦右衛門所有である。本建家は、総二階建てである。間口が三間と、いわゆる京町家の特徴である「うなぎの寝床」形態の典型的町家で、大店の［EN―02］とどのような関係にあるのか想像してみるに、［EN―02］が比較的建築年代が新しいことを考えると、本来［EN―05］で商売を興し、その発展と共に［EN―02］を建てたと考えるのが、自然である。土蔵が二つあることからその発展ぶりが伺える。

当該建家の調査者（実測者）は、相当に細部にこだわる人物だったらしく、庭の灯籠や細かな室名表示がある。また、「床の間」、「飾り棚」と思われる絵も描かれているが、説明書きがないので、詳しいことは分からない。絵図全体では、複数の調査者が調査に従事したことが、絵図の精度からもうかがい知ることができる。

へ．町家番号［EN―06］（5．北側東より／六軒目）

当該町家は、松前屋弥三兵衛とあるが、職分総計とは一致せず、職業は「不明」である。この町家も典型的な京町家のスタイルを持っている。二間の店と小店の間の店土間の奥に「中庭」、「中戸」があることから、玄関庭を持つ表屋造りの変形と思われる。また、台所庭に面した板間を持ったダイドコも京町家の特徴の一つである。敷地の大きさから通り土間幅を推測すると、二階十二畳間は、畳のサイズが大きかったか、または板間部分があったかの可能性はあるが、詳細は不明である。二階にも床の間があるため、階高も高かったのではないかと思われ、間取りに合わせて畳のサイズを大きくした可能性がある（復元に当っては、板間があったものとし、通常寸法の畳を敷いた）。なお、土蔵の入り口前に表記されている「シヲキ」は何を意味するのかは解明できなかった。

ト．町家番号［EN―07］（6．北側東より／七軒目カ）

当該町家は、和久屋幸兵衛とあるが、職分総計とは一致せず、職業は「不明」である。本建家は、総二階建てである。江戸期と明治期の敷地の大きさに食い違いが大きく、隣地との繋がりから明治期の敷地寸法に準じて作図したことをお断りする。

間口としては中途半端な大きさで、店及びダイドコ間に「半間」と書かれた部分があり、この部分で調整したものと考えられるが、小畳二畳を敷き込んだものか、板間なのかも不明である。また、店としての規模の大きさから考えて、土蔵の大きさが不釣り合いに大きく、どのような商いをしていたか、興味をそそられる。当該絵図には朱書きで書き足した部分があり、調査時点の不備を正したものと思われる。しかし、例えば、一階奥座敷の表記は七畳であるが、絵図の縮尺では六畳であり、誤記とも考えられるが、「佛間」に隣接する「袋棚」を吊り戸棚様の形態と解釈すれば、七畳とも考えられ、調査者による表記のばらつきも見て取れる。また、一階台所土間と二階火袋[22]の幅が一致しない（二階部分が迫り出している）等、調査の精度にも問題が認められる。絵図には一階台所庭に「カマト」を貫通する線が引かれているが、本線が意味するところも解明できなかった。

チ．町家番号「EN―08」（7．北側東より／八軒目カ）

当該町家は、橘屋豊治郎／不出来とあるものの、同じ綴りの中にそれに該当すると推定できる絵図があり、それに基づいて作図した。本建家は、総二階建てである。職業は袈裟衣渡世[23]となっているが、職分総計とは一致しない。「渡世」とあることから、袈裟衣の製造（縫製等）関係の職業であったことが伺え、間口五間の大店であり、便所の数、及び店の二階の使用人部屋の大きさから判断して、使用人（職人）の数も多かったことが推測される。

奥庭の土蔵のさらに北側に貸地（朱書き、松前屋弥三兵衛の貸地とあり、敷地自体は場之町地面とある。なお、復元図では表記しない）があり、土蔵、二畳間、三畳間、四畳間、漬け物小屋、便所が描かれていることから、これらは使用人部屋として使用されたと推察される。

リ．町家番号「EN―09」（8．北側東より／九軒目）

当該町家は、柏屋治兵衛となっているが、職分総計とは一致せず、職業は「不明」である。本建家は、総二階建てである。明治期の敷地との大きさに食い違いがあり、絵図を基本として作図したが、西側のL字型の部分が隣と重なるため、調整した。本町家もEN―07と同様、店の大きさに比して、土蔵が二つもあることや、そのうちの一つはかなりの大きさであることから、商いの種類に興味が惹かれる。なお、道路側の二階の作り方（木上げ）を考えると、絵図には何の表記もないが、一階台所庭上部は「火袋」だったと推察される。

ヌ．町家番号［EN―10］（9．北側東より／拾軒目）

当該町家は、柏屋治兵衛借家／大文字屋仙十郎とあるが、［EN―08］と同様、職業は袈裟衣渡世とあり、職分総計とは一致しない。梅忠町最小の借家で、(24)一、二階がほぼ同じ間取りの総二階建てで、経済的設計を追求したものと想像される。風呂もない「借家普請」のため、他の町家とは木材等の材質も違ったのではないだろうか。なお、本町家は、格子（押入部から店の間に連続した格子）の付け方から推測するに商家を廃業した「仕舞屋」(25)の可能性がある。なお、大坂では、仕舞屋になると通り庇の下に道路を取り込むように背の高い柵を設け、この形式を「大坂出格子」と呼んだが、京都ではこのような格子形態は現認できず、判然としない。

ル．町家番号［EN―11］（10．北側東より／拾壱軒目）

当該町家は、平野屋弥作とあり、職分総計とは一致しない。［EN―12］平野屋弥三郎とは、血縁関係にあると考えられる。絵図と明治期の敷地には奥行きに違いがあるが、間口を八、〇〇〇で作図すると、絵図の敷地に正しく納まる。本建家は町家としては大きい方であるが、絵図には「コヲシ」の表記がないこと、及び格子の付き方を考えると、「仕舞屋」の可能性もある。なお、二階上り口が中庭に面して取り付く平面構成は特異であるが、本来この部屋は、一部板間になっていることから判断して、台所庭に面したダイドコとして機能していたと推察され、「表屋造」の変形であろう。

ヲ．町家番号［EN―12］（11．北側東より／拾弐軒目）

当該町家は、平野屋弥三郎居宅となっているが、職分総計に真綿商売、遠藤弥三郎とある。両側町の西端の町家でかなりの大店（土蔵が三つもある）である。一、二階の柱位置を合わせるよう試みたが、構造的に無理が生じるため、あえて柱はずれたままで作図したことをお断りする。また、一階の畳割で壁を設定したため、二階の畳寸法を調整する必要が生じた。二階には床や広縁を備えた座敷があり、さらに三畳の前室もあることから、客間として使われていた可能性がある。西側にある土間には井戸があるため、店土間ではなく、奥の中庭（玄関庭）に続く家専用の通り土間と考えられ、中庭に続く「八畳半次の間」は平屋になっているため、これも表屋造りの変形の可能性がある。店の間四畳半は、畳としては三畳半しかなく、隣接する押入を家具的な「置き押入」や「吊り押入」とすると、四畳半と解釈することができる。店に二つの階段があるのは、店の二階の従業員部屋が「男衆《オトコシ》」、「女衆《オナゴシ》」部屋に別れていたものと推察される。なお、西に「外地」があり、変形敷地となるため、元々は二軒の町家が合体した可能性がある。これは、一、二階の間取りに整合性がないことを考えると、かなりの改築が施されたものと想像される。

ワ．町家番号［ES―01］

当該町家は元々絵図に残されていない（不出来の表現もない）。

カ．町家番号［ES―02］（27．南側西より／拾八軒目）

当該町家は、永楽屋伊兵衛借家／井筒屋喜助とあるが、職分総計とは一致せず、職業は「不明」である。二階の絵図貼紙は残されていないが、「二階上り口」の表記があることから、本建家も二階部分があったことが分かり、二階間取りを推定復元した。通常は奥座敷の縁に隣接して造られる便所が奥にあることから、便所及び小屋は増築された蓋然性が高い。二間＋土間の間口にしては、クド（かまど）の数が多く、奥座敷前の座敷は板間があり、ダイドコとして使われていた模様で、家族または従業員の数が多かったことが伺える。

ヨ・町家番号［ES—03］（26・南側西より／拾七軒目）

当該町家は、梅忠町会所である。会所らしく、表入り口に「供待《ともま》ち」と呼ばれるイタマを持っているが、式台は設えられていない。表二間は町代《ちょうだい》の事務所である。しかし、（裏）入り口から奥にはいると、踏み石が置かれた座敷（玄関間と思われる）があり、その奥には大広間（二十畳）があることから、町人専用の入り口であったことが伺える。なお、通り庭奥に裏口と書かれた建具が入っているが、その使用形態を考えると、表の供待ちとダイドコの間にも本来仕切りの建具があってしかるべきであるが、絵図にはない。裏庭の土蔵は、会所用に後施工された可能性がある。

タ・町家番号［ES—04］（29・南側西より／拾六軒目）

当該町家は、伊勢屋次兵衛居宅とあるが、［EN—04］と同様「不出来」の表があり、何らかの理由により、調査が完了せず、線書き表記のみとなっている。

レ・町家番号［ES—05］（25・南側西より／拾五軒目）

当該町家は、町中借家、近江屋利兵衛とあり、職分総計の今井利兵衛、袋物商売がそれに当たる可能性がある。店土間にもイタマが設えられ、商品展示に使われていたようである。江戸期から明治期にかけて、ES—05〜07で区画割境界が変動した可能性が認められる。

ソ・町家番号［ES—06］（24・南側西より／拾四軒目）

当該町家は、紙商売であり、職分総計に越後屋三郎兵衛（中井三郎兵衛）とある。大店であるが、敷地の変形性や表通りに面して土間（荷造場）と蔵があることなどを考慮すると、次々に敷地を取り込み（買収?）、大きくなっていったことが、大店であるにも関わらず奥座敷の縁に便所が隣接せず、離れになっていることからも想像される。また、中庭に隣接した便所があるのも、町家としては不自然で、本来玄関間であった部屋が店に転用され、改造を重ねていったことが容易に想像できる。基本的には、町家形式は表屋造りなのかもしれない。台所庭のカマドが部屋側壁に取り付いているのも不自然である。中庭に面した便所は、小用から大用に入る構造となっており、これも当時の建て方からすると特異である。この便所の汲み取りはどこからおこなったのであろうか興味をそそられる。店土間に二階への上り口があるが、二階は明き箱（空き箱）等の置き場になっている。通常、店土間から上がる二階は、従業員部屋になっている場合が多いが、これも店の拡大で転用されたものと考えられる。なお、二階は台目十二畳との表記されているが、上り口込みでも十一畳しかなく、誤表記の可能性がある。

ツ・町家番号［ES―07］（23・南側西より／拾三軒目）

当該町家は、紙渡世とあり、越後屋幸七（中井幸七のことか?）とあるが、職分総計とは一致しない。ES―06と同様、越後屋を名乗り、紙渡世を営んでいるが、表通りからES―06の土蔵横の路地を通った奥にあり、風呂もない借家であったことから考えると、ES―06の分家のような立場で、紙の切断加工を生業とした職人であったことが想像される。

ネ・町家番号［ES―08］（22―1～23・南側西より／拾弐軒目カ）

当該町家は、紙商売の鳥子屋宗輿とあるが、職分総計とは一致しない。鳥子屋は、梅忠町では、永楽屋と並ぶ大店である。絵図が複数あり（「先絵図と此度之絵図ト相違有之、御調べ御直し候べく候」との但し書き有り）、絵図記載番号22—3図面を参照して作図した。

店土間を入り、すぐに庭と表記されたものがあるが、これは本来は玄関庭であった蓋然性が高く、表屋造りの変形かもしれない。絵図における（玄関）庭に面した座敷畳の敷き方の書き込みに不自然な点がある。この町家もES—06と同様、一部カマドが部屋側壁に取り付いているが、従業員の増員により増設された可能性がある。なお、奥座敷の便所とは別に奥庭に独立した便所があるが、この便所を使用するのは誰なのであろうか、興味をそそられる。土蔵が二箇所あるが、東側の土蔵は、本来ならば、ES—06～07の敷地と思われるところに張り出しており、越後屋と鳥子屋の勢力をうかがい知ることができる。

ナ．町家番号〔ES—09〕（21．南側西より／拾壱軒目）

当該町家は、鳥子屋宗輿の借家とあり、絵図作成時点では明き家（空き家）であった。二階の絵図がないこと、一階間取りに上り口がないことから考えて、平屋建てと考えられる。なお、ES—09～11で区画割境界が変動した可能性がある。

ラ．町家番号〔ES—10〕（21．南側西より／拾軒目）

当該町家は、橘屋壱助借家、篠屋成兵衛とあるが、職業不詳であり、職分総計とも一致しない。本町家には一階下屋上二階に物ホシの表記があるが、全体としてはこの表記がある町家の数は少ない。なお、当該建家は借家であるが、奥庭に独立した湯屋があるため、これは後の普請と考えられる。

ム．町家番号〔ES—11〕（19．南側西より／九軒目）

当該町家は、橘屋伊助とあるが、職業不詳で、職分総計とも一致しない。建家の真ん中に通り庭がある町家は珍しく、主に呉服屋商売の町家に見られる形態である。これは通り庭を挟んで両側の店で売る物が違う（呉服屋の例では、主店で正絹物や新品を売り、小店で木綿物や中古品を売る）場合に取られる形態であるが、本町家の商売は何であったのだろう。土蔵がＥＳ―10側敷地に張り出していることから、また座敷、奥庭が西側にあることから東側を後からくっつけたようにも見えるが、西側にも中庭があり不思議な間取り構成の町家となっている。押入の奥行きを見ても、建物間口から寸法がいじめられたように見え、これは、カマドの位置が台所庭ではなく、中庭に面した独立した部屋の中にあることにも見て取れる。火袋の構造がどうなっていたのか、興味がそそられる構造である。なお、奥庭に面した便所の廊下には仕切りらしい線が書かれているが、これを仕切とすると、奥二つ（大小便）が家人用で、仕切り手前は従業員用で土間から出入りするものと推察される。

ウ．町家番号［ＥＳ―12］

当該町家の絵図は残されていない（不出来の表現もない）。

ヰ．町家番号［ＥＳ―13］（18．南側西より／七軒目）

当該町家は、いせ屋こ郎とあるが、職業不詳で、職分総計とも一致しない。本建家は総二階建てである。店に接続した「戸店」とは何を指すのか、また店土間には「小店」もあり、間口の割に土蔵が大きく、さらにその奥に物置と思われる小屋があることや、カマドが波線（恐らく、たくさん並んでいることを表現した略記号と想像される）表記になっていることから、従業員も多かったものと推察され、どのような商いをしていたのか、興味深い。

ノ．町家番号［ＥＳ―14］（17南側西より／六軒目）

当該建家は、鳥子屋借家、悉皆・売薬渡世（借家）、近江屋源兵衛とあるが、職分総計と一致しない。渡世とあるので、合薬製造と思われる。本建家は総二階建てであるが、構成が他町家とは根本的に違い、通りより半間以上下がり、上げ店ではなく、「店えん」と表記されている。通り庇との関係を考慮すると一体どのような構成になっていたのか、不可解である。また、絵図には、「ダイドコ庭巾弐尺三寸、奥庭巾壱尺六寸」とあり、通り庭が通っていないことも他の町家と異なっている。また、便所、風呂の表記がないため、元々借家建てだった可能性もあるが、奥には垣根様の線も絵図に描かれており、不思議な構造である。

オ・町家番号［ES―15］（16・南側西より／五軒目）

当該建家は、銭屋庄三郎とあるが、職業不詳で、職分総計とも一致しない。明治区画では二軒となっているが、通り庭が二つあることから、完全に二つの町家を合体したことは明らかである。これは、隣接二戸の柱割りが一致しないことでも明らかである。西側町家が本来の主家で、後に東側をくっつけた構造と思われるが、常識的な間取りではない。職業不詳ではあるが、土蔵を三つも持ったかなりの大店で、カマドの数から言っても相当数の従業員を抱えていたものと思われる。なお、［EN―06］と同様、土蔵入り口前に表記された「板木」は何を意味するのかは、判然としない。

ク・町家番号［ES―16］（15・南側西より／四軒目）

当該町家は、中川屋秀之助借家／高富屋喜兵衛とあるが、職業不詳で、職分総計とは一致しない。本建家は総二階建てである。よくある町家の形態であるが、セッチン（便所）が二箇所あることから、土蔵横の便所は従業員用と思われる。ただし、家族用の便所、湯殿の取り付き方は、本来の作り方からいくと反対側と思われるが、梅忠町はこの形式が多い。なお、二階奥六畳間は八畳間の表記違いと思われる。

ヤ・町家番号［ES―17］（14・南側西より／三軒目）

当該町家は、中川屋秀之助借家／田村屋要助とあるが、職業不詳で、職分総計とは一致しない。本建家も総二階建てである。ES―16と同様の間口を持つ借家であるが、奥行きが二間短い造りとなっている。本町家にも二階に「モノホシ」の表記がある。絵図の形と敷地の形状が若干ずれており、縁側と敷地の関係が不自然である。

マ．町家番号［ES―18］（13．南側西より／弐軒目）

当該町家は、中川屋秀之助持とあるが、職業不詳で、職分総計とは一致しない。当時明家（空家）であった。本建家も総二階建てである。但し書きに「奥行五間カケ地アリ」とあり、これもES―17と同様、縁側と敷地の関係が不自然である。

敷地の奥行きが短く奥庭が極端に狭く、借家として使われた可能性もある。

ケ．町家番号［ES―19］（12．南側西より／壱軒目）

当該建家は、吉野五運出店とあり、職分総計の吉野ふみの薬商売と推定される。本建家も総二階建てである。風呂がないことから借家と推察される。店の間にイタマが散在していることから、合薬作りもしていたと思われる。なお、南側に、二階三畳間から屋根を渡り、「モノ入」に至る梯子様の絵が描かれているが、どのような構造形態であったか判然としない。

（二）　復元立面図について

第一案では、標準的な厨子二階建てのオモテ（表）の軒桁天端を柱の規格寸法から一四尺（約四二四〇㎜）とし、設定地盤面よりカズラ石まで三〇㎜、カズラ石天端から一階敷居天端まで四七〇㎜、二階敷居天端を一階敷居天端から二五〇〇㎜、軒桁天端を二階敷居天端から一二四〇㎜、表屋根勾配を四寸、軒桁部で四寸五分の起り（むくり）を設定して、代表的町家（EN‐03、ES‐08）の矩計図（断面詳細図）を起こし、これに倣い全町家の立面を復元した。

絵図は、天明の大火の後、禁門の変前の姿を示している。当時の街の成り立ちを考えると、天明の大火の後、まず仮屋を建て商売を再開させ、数年から数十年を掛けて本普請を行うということが常であった。また、禁門の変の直前という時期を考えると、梅忠町は復興を成し遂げた街としての成熟期にあったものと考えられる。個々の建家の建ち順や建て替え順により、町家の主屋根軒高は両側の建家の取り合い上から軒とケラバの納まりと高さで決まることになる。なお、下屋庇（通り庇）は軒の高さをそろえることは京町家の原則である。これらの原則に立ち、一旦個々の立面を北側町及び南側町別に連続的に並べてみて、建物の規模等を勘案して棟高、軒高等を調整した。この調整により、例えば、ＥＮ‐03は階高を約一尺（三〇〇㎜）上げた。

（三）北側町と南側町の復元町家比較について

町家の建築形態等の属性分類は、表1（町家属性一覧表）を参照のこと。

イ・復元町家について

北側町十二区画の内十一戸（九二％）、南側十九区画の内十六戸（八四％）、計二七戸（八七％）が復元できた。職業が判別、または推定できたものは、北側町で計八戸（六七％）、南側町で計六戸（三二％）、合計十四戸（四五％）であった。その他、南側町で空き家が二戸、商家以外の利用が二戸（町会所一戸、居宅一戸）であった。職業不明は、圧倒的に南側町が多く、九戸、北側町は四戸であった。

ロ・建家間口について

宅地割り（軒役）(26)を参考に分類すると、建家間口三間以下の町家は、北側町で計二戸（十七％）、南側町で計九戸（五六％）、合計十一戸（三九％）、間口三間以上六間以下の町家は、北側町で計七戸（五八％）、南側町で計五戸（三一％）、合計十二戸（四三％）、間口六間以上の町家（ＥＮ―01を除くすべてが二戸の町家を合体した二戸一化町家である）は、北側町で計三戸（二五％）、南側町で計二戸（十三％）、合計五戸（十八％）であった。なお、北側町の不出来（EN―04）は線図に基づいて推定復元したため、復元戸数に算入した。江戸期の町割り（宅地割り）でも明らかなように、南側町は細分化されており、建家間口が小さな町家が多く認められる。

ハ・建家階数について

平屋建ては、北側町では認められず、南側町でのみ一戸あった。部分二階建ては、北側町で四戸（三六％）、南側町で七戸（四四％）、計十一戸（四一％）であり、総二階建ては、北側町で計六戸（五五％）、南側町で計八戸（五十％）、合計十四戸（五二％）であった。

ニ・建家形式について

一棟建ては、北側町で五戸（四六％）、南側町で十三戸（八一％）、計十八戸（六七％）であった。表屋造り（その変形も含む）は、北側町で四戸（三六％）、南側町で二戸（十三％）、合計六戸（二二％）であった。二戸一化された町家は、北側町で二戸（十八％）、南側町で一戸（六％）、計三戸（十一％）であり、この点から北側町の町家規模が大きいことが判明する。なお、二次の研究において二戸一化された町家の内、北側町の二戸（EN―03、12）については、当初から一棟として建てられた可能性が出てきたため、第二案では一棟建てとして平面を見直したことをお断りする。

ホ・付属土蔵の数について

土蔵が付属していない町家は、北側町で二戸（十八％）、南側町で八戸（五十％）、計十戸（三七％）であった。一棟あるものが、北側町で三戸（二七％）、南側町で五戸（三一％）、計八戸（三十％）であった。このうちEN―08は貸し地にもう一棟の土蔵を持っている。二棟あるものは、北側町で四戸（三六％）、南側町で一戸（六％）、

表1　町家属性一覧表

		北側町（EN）町家番号	戸数	南側町（ES）町家番号	戸数	合計戸数
宅地割り	総区画（江戸期・案）		12区画数		19区画数	31
町家区画	絵図あり	[01][02][03][05][06][07][08][09][10][11][12]	11	[02][03][05][06][07][08][09][10][11][13][14][15][16][17][18][19]	16	27
	不出来	[04]※1	1	[01]※2[04][12]※2	3	4
職業	判明（商売・渡世）	[01][02][03][05][08][10]	6	[06][07][08][14]	4	10
	推定（商売・渡世）	[11][12]※3	2	[05][19]	2	4
	不明	[04][06][07][09]	4	[01][02][10][11][12][13][15][16][17]	9	13
	明家（空き家）		0	[09][18]	2	2
	その他		0	[03]（会所）[04]（居宅）	2	2
建家間口	2間		0	[14]	1	1
	2間半	[10]	1	[05][07][09]	3	4
	3間	[05]	1	[02][10][13][16][17]	5	6
	3間半	[07]	1	[3][18]	2	3
	4間	[09][11]	2	[08]	1	3
	4間半		0	[11][19]	2	2
	5間	[04][08]	2		0	2

建家間口	5間半	02 06	2		0	2
	6間以上	01（7間） 03（6＋6間） 12（6＋3.5間）	3	06（7間／蔵含む） 15（3.5＋4.5間）	2	5
	不明		0	01 04 12	3	3
建家階数	平屋建て		0	09	1	1
	部分2階建て	02 03 06 11	4	03 05 06 08 10 11 15	7	11
	総2階建て	01 ※4 05 07 08 09 10	6	02 ※4 07 13 14 16 17 18 19	8	14
	不明	04	1	01 04 12	3	4
建家形式（母屋）［想定］	一棟建て	01 05 07 08 10	5	03 05 07 09 10 11 13 14 15 16 17 18 19	13	18
	表家造り	02 03 06 11	4	06 08	2	6
	二戸一化	03 ※6 12 ※6	2	15	1	3
	不明	04 10	1	01 04 12	3	4
付属土蔵	なし	01	2	02 05 07 09 10 14 18 19	8	10
	一棟	07 08 ※5 11	3	03 11 13 16 17	5	8
	二棟	02 05 06 09	4	08	1	5
	三棟	03	1	06 15	2	3
	不明	04	1	01 04 12	3	4

注記　※1「不出来」ではあるが、推定復元した　※2 絵図は元々ない　※3「居宅」となっているが、職分総計より推定　※4 2階の絵図が不完全のため、推定　※5 貸し地にもう一棟あるが、カウントしていない　※6 2次の研究において2戸一化したものでないと判明

計五戸（十九％）であった。三棟あるものは、北側町で一戸（九％）、南側町で二戸（十三％）、計三戸（十一％）であった。これらのことから判断すると、商売の規模を含め、町家規模が大きいのが北側町であることが分かる。

四　復元町家第二案について

第一段階の研究により各棟平面図、連続平面図、連続立面図の完成を見、三条通の烏丸通から東洞院通間に展開した家並の有り様が視覚的に把握できるようになり、「研究報告」として刊行した。

研究の第二段階として梅忠町の姿をさらに視覚的にとらえるための３ＤＣＧ化が復元可能な研究段階に至り、これまでに作成した建築図面を用い、代表的町家（ＥＮ-03、ＥＳ-08）についてさらに詳細な矩計・展開図を作成し、京町家の建築学的特徴が判断でき、構造まで把握できる図面を作成した上、これらの図面を基に３ＤＣＧを製作するのが第二案作成の目的である。いかに歴史的事実に沿った可視化が図れるかという命題を解決するための研究でもある。

（一）復元平面図の再検討について

絵画資料である町並絵図（1・2）を再検討し、屋根の形状について着目した。これらに描かれている平入り町家の屋根は、ほとんど全てが一棟建て形式の単純な屋根形式を見せる。また、第二次世界大戦後に撮影されたと推定できる京の町並みの俯瞰写真(27)においても通りに面した平入りの単純な屋根形式が大半を占める。これらの町家の表間口は三〜五間程度と推定される。

梅忠町は、先行研究(28)における山鉾町に現存する町家一三五戸と比較すると、小戸（表間口三間未満）が圧倒的に少なく（五戸―一七・九％）、中戸（表間口三～八間）、巨戸（表間口八間以上）がそれぞれ、二〇戸―七一・四％、三戸―一〇・七％を占める。山鉾町の比率は、それぞれ五九戸―四四・七％、七一戸―五二・六％、五戸―三・七％である。梅忠町は、「下京四番組の中でも、商いが盛んな大店が多かったと推定され、建家形式不明住戸を除く全二七戸の内、表屋造り、二戸一化建家が七戸―二五・九％（EN-03、12除く）あることが判った。

現存する絵画資料（前出）との比較において、上記の理由から一様に梅忠町の屋根形状を単純化することはできないものの、屋根形状を再度見直し、さらに当時の技術水準の研究から伝統的構造形式に則り構造架構を全面的に見直した。(29)

二次研究で、最も大きく変更したのは、EN-03（北側東より三軒目／永楽屋伊兵衛）である。当該町家は建家中心に隣接する通り庭を二本持つ特異な形状であり、さらに、土蔵もそれぞれ左右の棟に付属し建つことから、第一案では独立した二軒の表屋造りを合体し、二戸一化を図ったものと推定し、作図した。しかし、その後の研究において、東側が元々独立建家と仮定すると、通り庭が建家西側に配置されているためダイドコにおけるクド、ハシリが通り庭の西側に配置されることになる。これは、角地を除きクド、ハシリが東側に配置されるという京町家の原則から外れ、単独の町家としては成り立ちにくいことが判明し、当初から一棟で建てられたものとして、平面及び屋根を見直し、構造架構を再検討した。

EN-12（北側東より拾弐軒目／平野屋弥三郎居宅）についても、二戸一化が図られたと推定したが、EN-03と同様に二軒では成立しにくいことが判明したため、一棟で建てられたものとして、平面を見直し、構造架構を再検討した。絵図において三条通側の表口の寸法を分けて表記されているのは、増築等により分けて表記する理由があったのではないかと推定するが、絵図にそれらの説明がないため疑問が残る。さらに、烏丸通に面している西側町家は西側に通り庭が面していることも理解できない。墨書きでは「居宅」とあるが、職分総計では「真綿商売」となっており、大店が烏丸通に面して通り庭を設けるとは思えない。また、この町家の中に烏丸通に面して「外地」と呼ばれる梅忠町に属さない敷地があることも、この町家が特殊な状況下にあったことをにおわせるが、その内容を特定するまでには至らなかった。なお、南側敷地に関しては、二次研究において平面図復元が大きく変った町家はないが、ES-08の区画形状とES-15奥の二階位置の詳細を詰め切れなかったことを付け加え、今後の研究に譲る。

（二）復元立面図の再検討について

京町家の構造で最も特徴的な架構形式は、いわゆる「蓮台」（後述）（図8参照）と呼ばれるものである。第二案の研究を進める上、この蓮台の組み方に着目した。第一案の復元平面図から町家構造の要となる蓮台がどの位置で組まれたかを検討した。また、蓮台の組み方で留意したのが二階建ての場合二階へ上がる階段の梁（胴差）をいかに蓮台に組み込み、胴差で四角く区切られた構造体を構成できるかということである。これにより

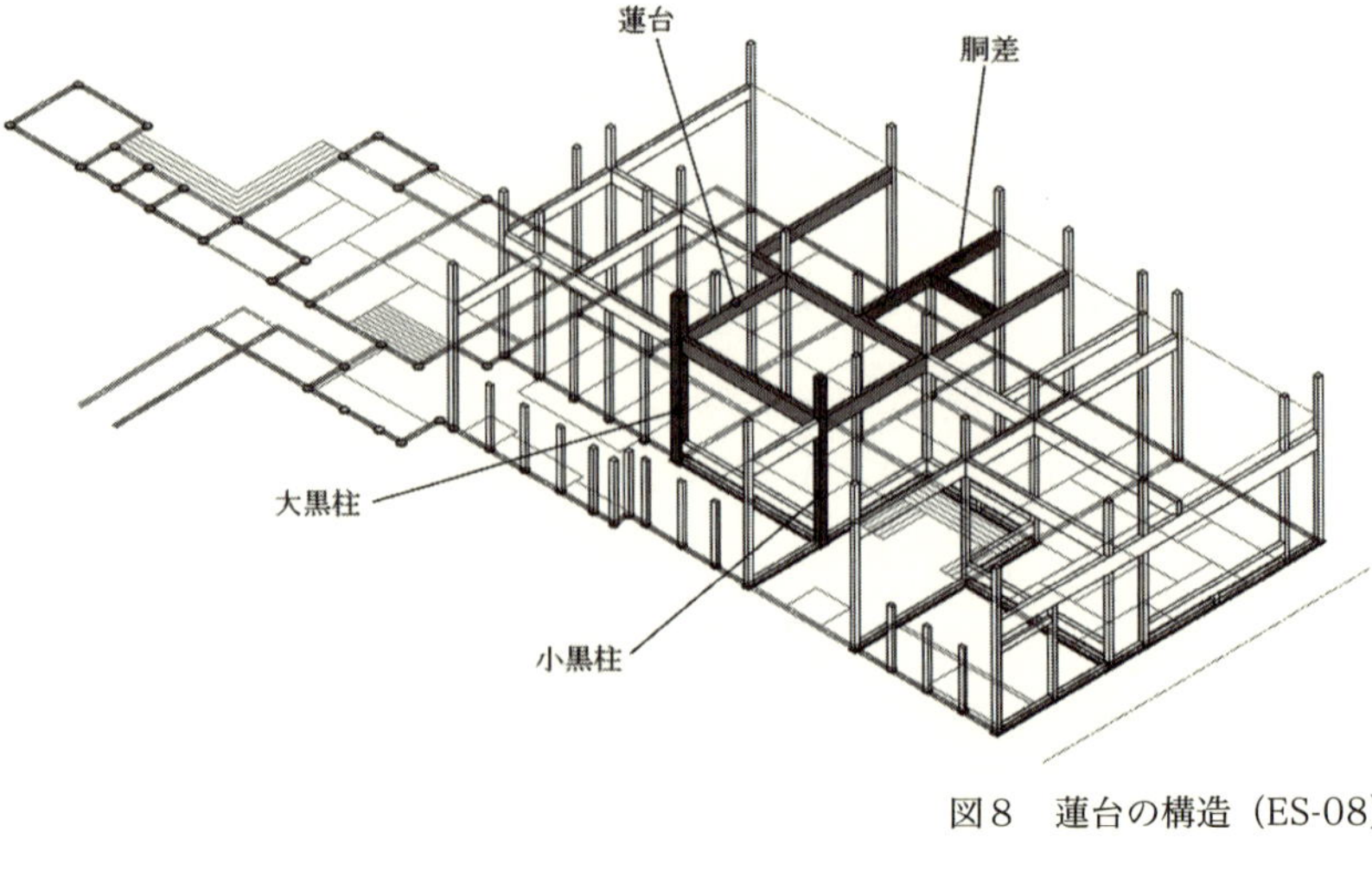

図８　蓮台の構造（ES-08）

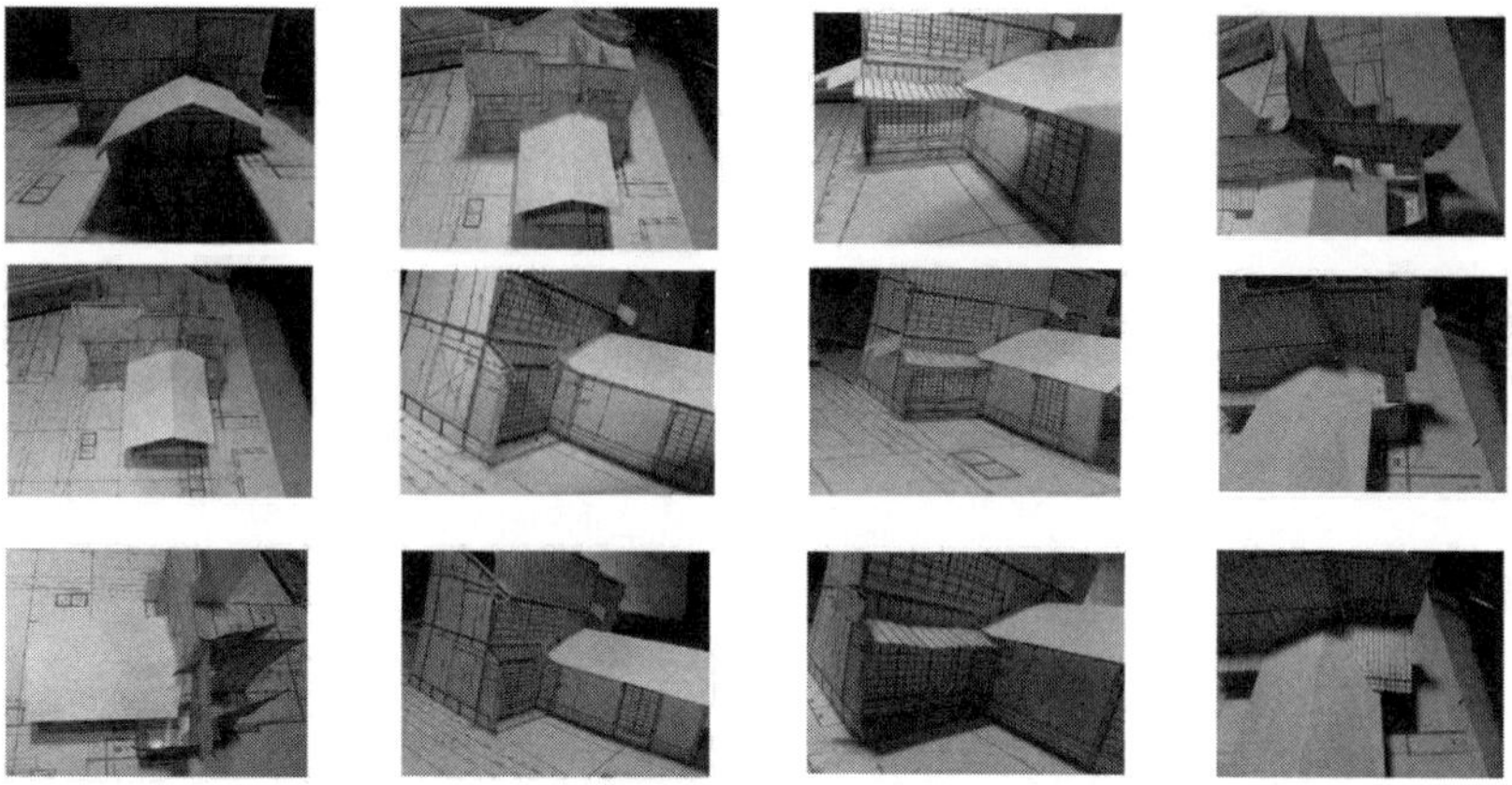

図９　立体ペーパー模型（ES-08）

町家の構造の芯となる部分を明確にし、大黒柱、小黒柱の位置を決め、この柱に取り付く地梁の位置を決めていった。このように決定した蓮台を軸に、さらに二階床組のササラ梁を間口方向に掛け渡し、側柱は母屋まで通し、胴差は入れず、通り庭の側柱と間仕切用柱との間口方向に、側繋ぎを配置していった。通り庭の間口が大きい町家では、一間毎に側繋ぎを配置して、牛梁が入っていたであろうことを推定し架構を検討した。

次に、使用されている材自体のサイズ（断面、長さ）を検証することにより、町家の建物として寸法を再検討した。この際参考にしたのが、過去の大火により一部古材を再利用している可能性や、木材加工の技術、桂川保津峡から市中への運搬技術から運搬可能な長さ等により材料が規格化されていたものがあったという事実[30]である。これらから材の長さや今日現存する町家の基準にもなったであろう材料を想定し、梁は長さを二間半までとした。次に地梁を掛けて、その上に小屋丸太が乗るように割り当て、小屋丸太は、間口方向は三間に一本とし、奥行きは二間半までの長さを基準とすることにした。側柱の長さの最長を二六尺（約七，八〇〇㎜）までとし、側柱の棟の長さに制限を加え、棟の位置を決定することにより、屋根の棟位置を決定していった。

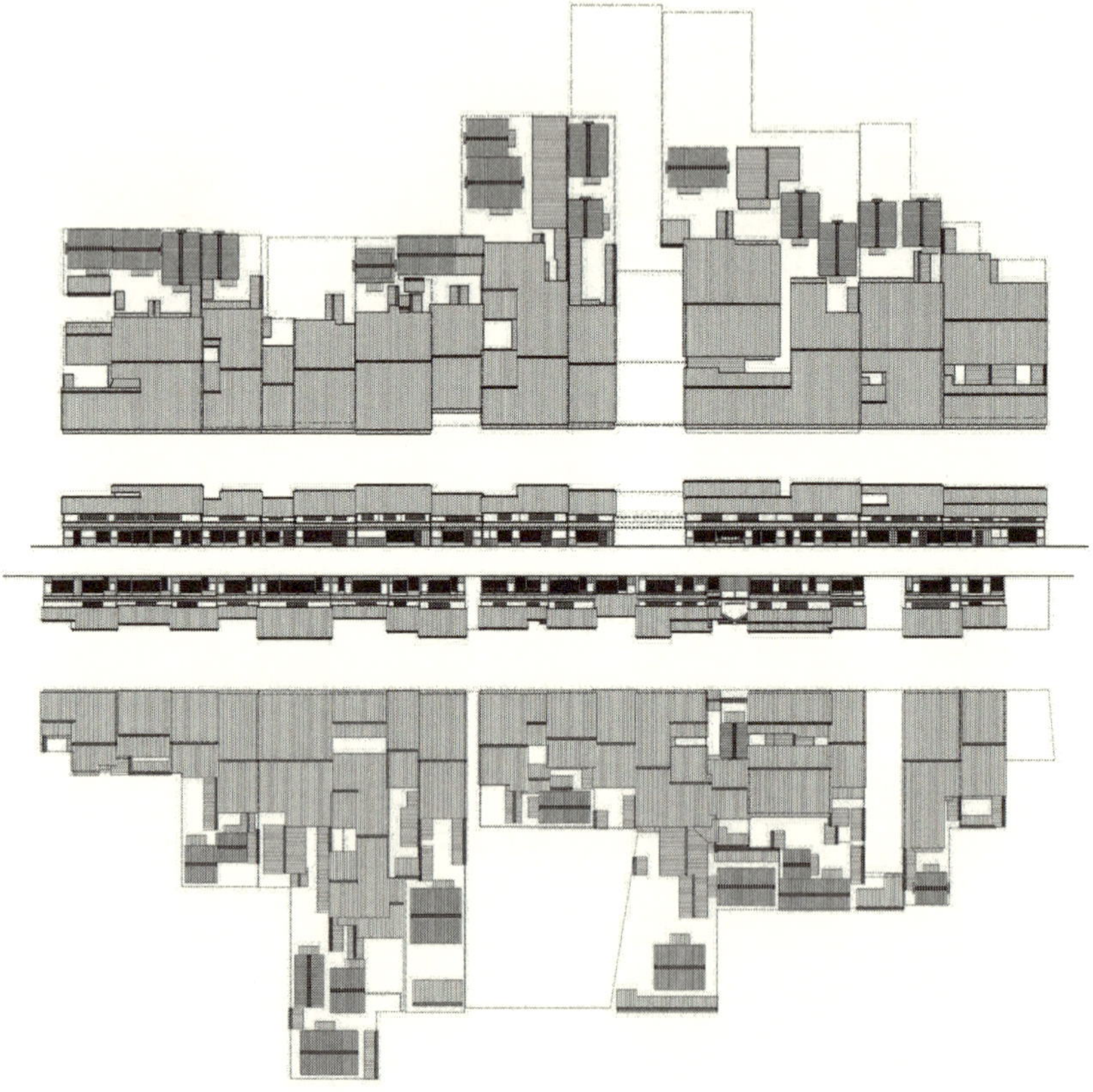

図 10　連続屋根伏図・立面図

これらにより、多くの町家で棟位置を変更することになり、それに伴い断面及び立面が変更された。「表屋造り」の町家では、屋根が交差する箇所は、通常、谷ができることになる。また、同様に庭側の庇と下屋との取り合いも谷になる。当初、谷の納まり仕舞については谷瓦の使用も検討したが、社寺以外に町家で使用した例が見つからず、また銅板等の金属板の使用による納まりも検討したが、これらの材料が当時高価だったため、相当の大店等特別な建家以外での使用は考えにくいことから、可能な限り屋根高さを変えることにより下側の屋根で谷の水が受けられるように配慮した。また、複雑に重なり合う屋根は、中には、明らかに増築したものと推定できる町家もあり、検討するに当たり、ペーパー模型（図9参照）を作り、納まりを検証した。

次に、屋根勾配についても再検討を行った。屋根勾配は、本来は棟を挟んで前後の勾配が違うのが普通であるが、[31]梅忠町における屋根勾配に関する資料がないため、全ての町家において統一的に、第一案と同様四寸勾配を基本とし、これに起りを出すために四寸五分で作図した。これらの検討を全ての建家に対して行い、第一案作成時と同様に、連続的に配置した上、棟の相互干渉を調整するため棟、屋根の高さの微調整を行った。これらの復元作業過程においていかに当時の大工棟梁が巧みに屋根を掛け違え、勾配を駆使したかを実感させ、単純な切妻屋根さえ試行錯誤の連続となった。

以上により、構造架構を再検討することにより、復元作図第一案の屋根伏図及び連続立面図に修正を加え、復元作図第二案（図10参照）とした。

五　蓮台という構造体について

京町家の伝統的構造架構における工程は、下記の順で行われる。「遣り方」→「基礎」→「柱立て・蓮台組み」→「サラ・二階床組み」→「母屋・棟木・側繋ぎ」→「棟上げ（小屋組）」→「屋根下地」→「縁廻り」→「壁下地」→「瓦葺き」→「一階床組」→「造作」である。京町家架構の中心をなすものが「蓮台」と呼ばれる構造形式である。蓮台とは、江戸時代、川渡りのため二本の棒に板を掛け、旅人を乗せた台のことで、主要構造部の床梁を四角く組んだ様が蓮台に似ていることから、京町家ではこのように呼ぶ。まず主要な柱（通り柱）を立て、表間口のヒトミ梁、棟を支える大黒柱及び小黒柱通りの胴差、並びにダイドコ廻りの胴差と床梁を組んだ状態を指し、四方にがっちりと組むことにより、工事の初期段階における柱を中心とした安定した構造体を構築するための重要な工法である（図8参照）。今では「蓮台」という名称が京町家の構造的特徴として研究書等[32]にも用いられているが、一体いつ頃からこのような構造形式を蓮台と呼ぶようになったかは定かではない。この構造形式自体は京だけのものではなく、大坂や奈良でも同じ上方ということで、ほとんど同じような経過をたどり、「側おこし」と「蓮台」組は、長屋建てから戸建てに建て変わっていく過程において、それぞれ技術的必然として発達してきたのではないかと推察される。すなわち、梁間規制[33]の対象外となる上屋梁を持たない両側壁を側おこしする工法とそれを構造的に補強する蓮台組は一体として発達したものと考えられる。また、例えば、隣家との空き空間―施工空間がとれる場合、すなわち側おこしの必要のない場合でもこの台組は、有効な構造的安定性をもたらすことが可能となるはずである。

伊藤ていじ著『日本の民家』[34]によると、『他の地方では指物（さしもの）、指鴨居（さしかもい）、台輪（だいわ）、長物（ちょうもの）などといっている材を、京では「胴差し（どうさし）」というが、この胴差しのおかげで、2間柱間や2階屋をつくれるようになった。この胴差しも使われている場所によって呼び方はちがう。表にかかっているのは人見梁（ひとみばり）である。人見は蔀（しとみ）で、昔はこの胴差しに蔀戸がかかっていた。通り庭に面した表戸柱・中戸柱・大黒柱・裏口柱にかかるのはレンダイ（連台）である。このレンダイには大和天井をうける大梁がかかる。その様は川渡しの連台に似ていた。』（原文のまま）とあり、いわゆる「蓮台」を指していると考えられるが、文章から判断すると、伊藤の言う「連台」は梁の名前を指していたとも読み取れ、今日に言う「蓮台」のように組み方を示していたものではないとも考えられる。蓮台を材の呼称と仮定して調べてみたが、天明大火直後の京都における町家普請に関する研究書記載[35]の「注文帳」木寄にもその呼称は見当たらなかった。

　では、大坂ではどうであろうか。大阪市内の旧三郷にあたる地域の江戸時代に遡る町家はほとんど現存せず、良質な資料は数少ないが、適塾（旧緒方洪庵住宅）の昭和五四年の解体修理工事における詳細な報告書[36]がある。これによると、「差物は二階建部分の側廻りと間仕切り筋にある」との説明があるが、「レンダイ」という呼び名は用いられていない。今では一般化している蓮台が京町家の構造的特徴として使われていることには間違いないが、古参大工のヒヤリングによると、この「レンダイ」という呼び名を知るものはなく、逆に中堅から若手の大工のほとんどはこの呼び名を知っていた。これは、現代に出版された著作物等[37]の影響が大きいのではないかと推察される。なお、京都府教育委員会発行『昭和四四年度　京都市内町家調査報告書』（七）にも蓮台という呼称は認められない。

六　まとめ

（一）京町家復元の特徴について

絵図は、通常一階のみの間取り図が多い中、二階までの間取りが描かれ、ほぼ街区の全ての町家が描かれているという希有な資料である。また、その正確な縮尺により大工という専門家集団による野帳作図であることも判明した。これら絵図を基に、第一次の研究により平面図、立面図が復元され、その図面を基に梅忠町全体の街区の連続平面図、連続立面図を想定復元し、二次研究では、これら復元された作図を基に、より梅忠町を視覚的に表現するための3DCG化復元に必要不可欠な架構復元まで精度を高めた。この見直しの結果、屋根形状がより当時の姿に近いと想定される形状に近づいたものと考えられる（図11参照）。京町家においては、一般的に類型化された建家形態があるため、その復元は形式復元が中心となるが、今回の研究のように平面図から伝統的大工作事手法による具体的な構造架構が検討され、屋根形状、立面形状の復元を試みた研究は少ないであろう。

（二）今後の課題

近世における京町家の平面構成、構造形式、室内意匠構成等の建築構

図11　外観3DCG（ES-08）

成は、遺構による編年的手法によって形式、類型を明らかにすることが中心となるが、近年遺構の残存状況が僅少なことにより極めて困難な状況にある。こうした研究環境により文献史料に重点を置かざるを得ない。僅かな住戸絵図や普請願書等よって近世京町家の町空間の構成を明らかにすることは、これまでの研究成果が指し示している。[38]

二次研究の目的であるいかなるソフトを用い、どのような手順で作業を行い、いかに歴史的事実に沿った可視化が図れるかという命題を解決するために一定の成果を得た。しかしながら、3DCG化については、多大な労力（マンパワー）が必要で時間的制約からES‐08（鳥子屋宗興）の、しかも外観のみの復元に留まった。この復元CG化に関わった共同研究者はいずれも建築士、大工職、左官職、システムエンジニア等の技術者で、[39]汎用性の高い、及び拡張性の高いソフトウェア[40]を利用した復元を実現できたことは、研究を次に繋げることに大きな影響を与えることになるであろう。

今後、3DCG制作に当たり、家屋敷および修景復元等絵画資料との整合性についても検討を加えねばならない。今回の研究成果を基に、さらにこの研究を進めていくためには、左記の研究が欠かせない。

イ　町家内部及び街区全体の3DCG化（町家全戸の矩計詳細図の作図と街区の特徴に関する研究）

ロ　町家における修景（道具類、家具等）の研究（町家の生活、しつらいに関する研究）

ハ　街区の修景（歩行者等の風俗、商売看板等）の研究（梅忠町における街区の特徴と修景の研究）

ニ　町家及び街区の色彩の研究（都市的特徴と伝統的大工作事の有様についての研究）

今回の共同研究は、「指物屋町平面図」、「絵図」がともに京市中を消失させるほどの「天明の大火」と「禁門の変」の間に作成された資料を基に行われた。「指物屋町平面図」と「絵図」は、前者が「天明の大火」における復興の姿を示し、後者は「天明の大火」後の京市中の成熟を示しているといえよう。今後、「指物屋町平面図」「下京一二番組一階間取図」と「絵図」とを比較検討し、近世から近代に至る京町家研究が、建築史学、文献史学、民俗学等が蓄積した業績を駆使し、京都の都市史研究が推進されることを願うものである。

（あとりえあ〜き主宰　一級建築士）

註

（1）『梅忠町家屋敷絵図目録』平成二三年三月三一日　花園大学歴史博物館発行　花園大学歴史博物館資料叢書第二輯　梅忠町家屋敷絵図目録を指す。
（2）明珍健二『絵図』頁三二「五 梅忠町家屋敷平面図の制作年代」参照
（3）京都府教育庁文化財保護課編『調査報告書　第六冊　昭和四四年度京都市内町家調査報告書』（『京都府の民家調査報告』京都府教育委員会一九七一年）　本稿二（一）参照
（4）裸貸し（ハダカカシ）　西日本で広く普及した「畳割」の普及により、畳や建具類の規格化、商品化を背景に大坂では独特の借家システムが確立した。当時の記録に、京都と大坂の借家を比べて、京都では建具、天窓の張り替え、井戸の釣瓶縄等は家主が負担し、大坂では戸締まりの建具（外部に面した建具）以外、すなわち畳や、室内の建具等内部造作（へっつい等）も含まれる）は借り主が負担する（所以者何）とある。このように、家主が備え付けた物（「家付物」）以外、内部の家付物がない大坂の借家システムを裸貸しと呼ぶ。
（5）日向　進『近世京都の町・町家・町家大工』所収第三章第二節　用材　平成十年思文閣出版発行
（6）このような間取りの場合は、重要な座敷（右側床の間のある座敷）を基準として、正規の畳（六尺三寸×六尺一寸五分）を入れ、真ん中の部屋の畳を調整することになる。

(7) 伊ヶ崎鷹彦『梅忠町家屋敷絵図研究報告』平成二六年三月三一日　花園大学歴史博物館発行　頁二一所収
(8) 伊ヶ崎鷹彦『花園大学文学部研究紀要第48号』『京下京「梅忠町家屋敷絵図」の3DCG復元に関する共同研究』二〇一六年三月十日　花園大学文学部発行　頁八所収
(9) 京都市歴史資料館蔵写真版『遠藤家文書』所収
(10) 同掲書（7）頁二十一、二十二所収
(11) 同掲書（8）頁一四所収
(12) この図版事例では、奥行き半間の押入＋間口一間の室＋台目間口の通り庭で構成される一間半台目間口の奥に長い町家を指す。
(13) この図版事例では、店土間の奥に玄関庭を設け、玄関間と中庭を介してオクの私的空間とオモテの店を分離する町家形式を指す。
(14) 京都府京都文化博物館『京の江戸時代　町人の社会と文化』一九九八年四月　開館一〇周年記念特別展で紹介された三条油小路西側・東側町並絵巻。文化三（一八二〇）年、村上松堂筆・絹本淡彩巻子仕立二巻。下京三条油小路町の家並を描いたもので、糀もやし製造を行っていた近江屋吉左衛門家に伝来。吉左衛門が各家の家職・屋号・人名・軒役等を記す。瓦葺き二階建てに虫籠窓、格子、揚げ床几、犬矢来等を描き、京の景観をよく描き風俗も伝えている。
(15) 百足屋町史編纂委員会『祇園祭　南観音山の百足屋町今むかし　百足屋町史　巻二』南観音山の百足屋町史刊行会　二〇〇五年七月　江戸時代後期の新町通に面する百足屋町東側を描いた巻子。作者は不詳、紙本墨書。家並を描き家屋敷の住人名等を記し、京町家の情景をよく描いている
(16) 写真　神崎順一　文　新谷昭夫　写真集『京町家』光村推古書院刊平成十年二月一日、三田村宗二作品集『西陣百家百住』株式会社京都書院刊　昭和六二年十月二四日
(17) 絵図所収番号による。
(18) 明治五年壬申七月改　京都府下下京第四区　『三条通烏丸東入梅忠町職分総計』
(19) 揚げ見世とも書く。本来、店の間の外壁部に半蔀戸（ハジトミト）と一体に設えられた腰部分の装置を指し、外側におろして商品置きの縁台として利用された。そのため、ばったり床几とも言う。
(20) 大きな「店の間」は新品の商品を不扱い、このように小さな「店の間」は、中古の古着などを扱うことが多い。
(21) 茶室に用いる、長手方向の長さが通常の四分の三の畳を指す。台目畳とも書く。茶室で言う2畳台目とは、通常畳二枚＋台目

畳一枚の構成を指す。なお、一間より幅の狭い長さを台目とも表現し、間口二間台目とは、一間半間口の室と半間の押入＋台目巾の通り庭の町家を指す。

(22) 台所庭（ハシリ）の上部は、天井を貼らずに梁組等を見せる吹き抜けとした空間を火袋と言う。防火上の配慮と煙出しや採光の役目もする。

(23) 袈裟衣渡世（ケサイトセイ）　袈裟衣製造をなりわいとしている職業。

職分総計によると、商之部では商売と記され、雑業之部では、渡世と記されている。

雑業に分類されている職業には、両替、染物、髪結、仕立等があり、小売り商以外を「渡世」と呼んでいるようである。

(24) 絵図に「朱書き」で借家と表記されている。

(25) 仕舞屋（シモタヤ）元々は商家であったが、商売をやめて別宅としたり、住宅専用にして家賃や地代で暮らす町家を指す。江戸時代、ある程度財産ができると、店をたたんで、普通の家、すなわち商売をしない家に住むことをいった。

(26) 軒役　宅地間口三間を一軒役として課税する豊臣秀吉の税制。京町家の敷地の間口が狭く、奥行きが深い（「うなぎの寝床」図6参照）と呼ばれる形状は、この税制によるとの説がある。

(27) 二川幸夫・伊藤ていじ『日本の民家』頁一八八　一九六二年一二月五日　(株)美術出版社

(28) 杉本秀太郎・西川孟・中村利則『京の町家』　淡交社　一九九二年

「巨戸・中戸。小戸」は喜多川守貞著『守貞漫稿』に記された分類で、小戸は表間口が二間以下、中戸は二間半から五間（五間以上も含む）、巨戸は一〇間以上と分類された。

(29) 同掲書（5）

(30) 丸山俊明『京都の町家と町なみ』　昭和堂　二〇〇七年

(31) 吉田靖ほか『日本の民家6』　学習研究社　一九八〇年

(32) 京都市・京都市景観まちづくりセンター・立命館大学『京町家まちづくり調査』平成二〇年・平成二一年

1．3京町家の特徴　1　京町家とは何か（5）構造要素の特徴3）柱の項に「大黒柱と蓮台（レンダイ）及び床張りは3方から接合されており（後略）」とあり、蓮台は梁を指している者と解釈できる。

(33) 徳川幕府や各藩が武家や寺社、そして民家の建築規模を制限した建築規制。梁間規制とは梁間の長さに数値的規制をかける政策で、通常梁間規制の対象は妻側上屋梁を持つ妻入り町家となり、京町家の様に上屋梁を持たない平入り町家は規制対象外となる。
(34) 同掲書（27）頁三〇参照のこと
(35) 同掲書（5）頁五〇以降第三章「天明大火直後の京都における町家普請」「木寄」表参照のこと
(36) 文化庁編『重要文化財旧緒方洪庵住宅修理工事報告書』昭和六一年三月文化庁　頁三一参照
(37) 同掲書（28）頁一八五参照のこと。京町家の構成の項に、「この柱を一列に繋ぎ固めているのが、蓮台とよぶ成の高い胴差しである」とあり、蓮台は梁材そのものを指している。
(38) 以下は高橋康夫氏による近世中期から後期の京町家に関する研究報告。『近世における町家の諸類型について』（『日本建築学会近畿支部研究報告集　計画係』第一四号　一般社団法人日本建築学会　一九七四年）
『町家普請における工費と標準工数』（『建築と積算』　公益社団法人建築積算協会　一九七五年）
(39) 共同研究者　３ＤＣＤ　長谷川真也、森田志津恵
建築　溝尻純子、大工　西川睦美、左官　浅原一郎
(40) Autodesk 社 Maya

第Ⅴ部　博物館学の課題と展望

模型論 ―展示上の情報特性について―

青木　豊

はじめに

雛形・模造・模形（摸型）に関しては、今日の社会では勿論のこと博物館界においても区別はされず同義語として認識され、使用されているのが現情であろう。しかし、一般には雛形・模造は、一部の例外を除き単体・個体資料を多くは縮小で製作したものを指し、一方模型は固体・単体資料も当然有り得るが通常は中心となる資料とその資料の背景や情景・環境をも対象とし得る点で異なる資料形態であると考える。(1)

本論は、基本的に用語の違い等に関して論述するものではなく、展示における情報伝達の二次資料としての模型の特質と必要性について論究することにより、博物館における展示での模型使用の必要性の認識を再度促し、情報伝達をさらに進捗させることにより、まだまだ一般的である提示型展示から説示型展示への変換の基礎的展示方法となることを目的とするものである。

一　模型論史

まず、鈴木博之は、模型なる用語について下記のとおり記している。

明治四年の物産会出品物を見ても「模造」「雛型」「摸製品」といった名称しか見えず、明治初期に於いて「模型」はほとんど馴染みが無い言葉で有ったと思われる。(2)

確かに、鈴木の記すように〝模型〟なる用語は、明治時代中頃からの使用が確認される。具体的には、人類学者であり博物館学者であった坪井正五郎は、坪井の記す下記の展示論の文中において認められる一方で、模造も使用している。以下、年代を追って引用すると次の如くである。

坪井正五郎の模型論

・一八九〇「パリー通信」『東京人類學會雑誌』四五号(3)

（前略）第四層にも緒人種頭骨の摸形、最下層には獣足骨五個、猿の手足の摸形二対が有て側にＴＲＡＭＯＮＤ氏の解剖学標品模型の目録がおいて有る、次の棚には四層に成て居て人脳猿脳の諸裁断の摸形、（後略、傍線筆者）

・一八九〇「パリー通信」『東京人類學會雑誌』四七号(4)

○古器物摸造品の印し、古器物の中には得難い物が多く有りますから比較研究の用に充てる為摸造をするのは甚好いことでござりますが摸造品には直に摸造品と云う事の解かるような印を付けて置かないと大いなる間違いを生ずる事がござります、（後略、傍線筆者）

・一八九九「土俗的標本の蒐集と陳列とに関する意見」(5)

大きな物は必ずしも全部を添えて置くには及びません。その小部分でも好し、或いは縮小模造でも好し、その趣きを書き付けて、置きさえすれば宜し。（中略）　成るべく文字を書かず、出来る丈解説を省いて、しかも多くの文字を列ね長い説明を添えたよりも理解し易く仕やうと云ふのが、此陳列法の意でござります。服飾に次いで目立つのは住居。是は雛形が一番宜しい。得られなければ寫真か圖書。（傍線筆者）

以上の如く坪井は、博物館展示の原理とも言える展示論を明記する中で、その具体的方法として模型が果たす展示効用を述べているのである。明治二三年の「パリー通信」四五号では、文章全体において〝模型〟を使用し、一方後刊の「パリー通信」四五号では全く使用させずすべて〝模造〟で統一している。両論文は、明治二三年の同年刊行であるが、用語に異なりを見せている。この点に関しては、坪井の単なる混交なのか或いは異なる二次資料である故の使い分けであるのかどうか判然としないが、「パリー通信」よりやや時代は下るが明治三二年の「土俗的標本の蒐集と陳列とに関する意見」の中に、〝縮小模型〟なる用例も認められるところから、坪井は実寸か縮小を〝模型〟と〝模造〟を区分する基準としていた可能性も想定されるが、詳細は不明である。いずれにせよ、模型が定着するのは明治三〇年代頃と看取される。

濱田耕作の模型必要論

博物館展示の上での模型必要論の濫觴は、既に引用した明治三二年（一八九九）の坪井正五郎による「土俗的標本の蒐集と陳列とに関する意見」(6)であろう。要点のみを抜粋すると左記のとおりである。

機織り道具の大に過ぎた場合は縮小模型を以て之に代えるが宜し。（中略）　成る可く文字を書かず、出来るだけ解説を省いて、しかも多くの文字を列ね長い説明を添えたよりも理解し易く仕ようと云ふのが、此陳列法の意でございます。（傍線筆者）

次いで、模型について論じたのは、京都大学総長を務めた考古学者の濱田耕作で、明治四三年の「建築の模型」

と昭和六年（一九三一）に記した『考古学関係資料模型図録』の「序」において、模型が持つ学術特性について左記のとおり記している。

「建築の模型」(7)

吾輩は建築の模型を製作することは、建築学上、美術史上最も必要なることであって、寧ろ欠く可からざるものであると思うのである。建築学者は製図によって、固より縮図も造り、切断面を現すことが出来るが、矢張り模型によって、三延長のものを其のまま三延長に現すに比べては、靴を隔て々痒みを掻くの感は免れないのである。（中略）要するに建築の模型を造ることは、其の出来あがった模型其の者《ママ》よりも、寧ろ之を造るに至る研究と課程とに、其の学術上の利益が多いことである。

「序」『考古学関係資料模型図録』(8)

考古学の教育に向かって、模型標本の必要欠く可からざることは、今更贅言しない。千の言葉を列ねた説明よりも、一枚の写真図書には若かず、百の図書写真も遂に一個の模型に及ばない。所詮三「ダイメイションン」を有する品物は、矢張り三「ダイメイション」のものを以ってしなければ、（後略）

坪井は、個々の資料の模造ではなく博物館展示における縮小模型の必要性を記し、一方濱田は考古学の教育の上での模型の必要性を説き、さらには二次資料の中での写真・図面・イラスト等の平面資料に対し濱田の云う三延長であり、三「ダイメイション」であるところの三次元記録により、立体的資料に関しては立体的記録資料の必要性を記したのである。しかし、濱田の言う模型は、個体・単体資料の模造を意図している点が行間から読み取れ、模型・模造の同一視が認められるように思われる。昭和二二年（一九四七）に記した「複製の必要」では、下記の如く記されている。

遺物に対する各種の保存法を講ずることは、其の遺物の保存に若干の生命を延長するを得可きも、火災、盗難、其他自然の破壊力を絶対的に防遏することは不可能なり。之に対しては一方記録に拠る保存の途を講ずると共に該遺物の模造複製（ｒｅｐｕｌｉｃａ）を一個若しくは数個製作して、之を各地に配布するときは、其の現物亡失する場合もあるも、複製によりて、その現物を彷彿せしむることを得べし。(9)

昭和二二年には、レプリカを同義とした模造複製なる用語の使用に変化し、固体資料の模造必要論を展開している。つまり、濱田の意図した模型は、坪井とは異なり展示の為の模型ではなく、資料の記録や博物館教育用資料でもなく、あくまで考古学教育の上での固体資料の複製を基本的に目的としたもので有ったことを窺い知る。

二　製作された歴史的模型

本章では、江戸前期から平成元年の間に製作された模型の中から、筆者が代表的と考えている模型を如何に列挙するものである。これらはすべて、個体・単体資料の模型であるところの雛型ではなく、資料の背景等を含み、ただ鑑賞物を目的として製作された模型ではなく、ある一定の意図を介在させて製作された歴史資料である。

沖ノ島木型（模型）

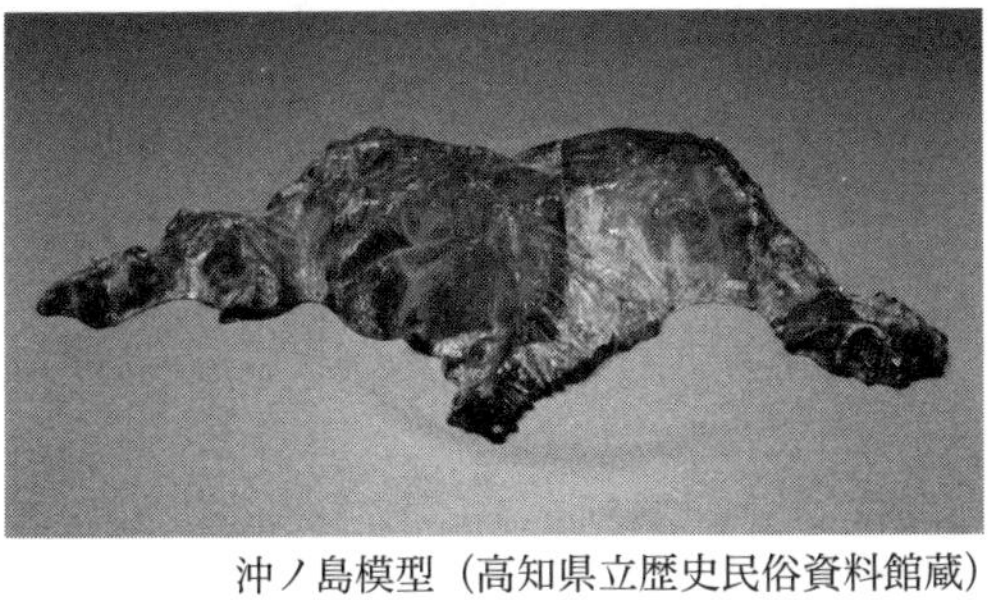

沖ノ島模型（高知県立歴史民俗資料館蔵）

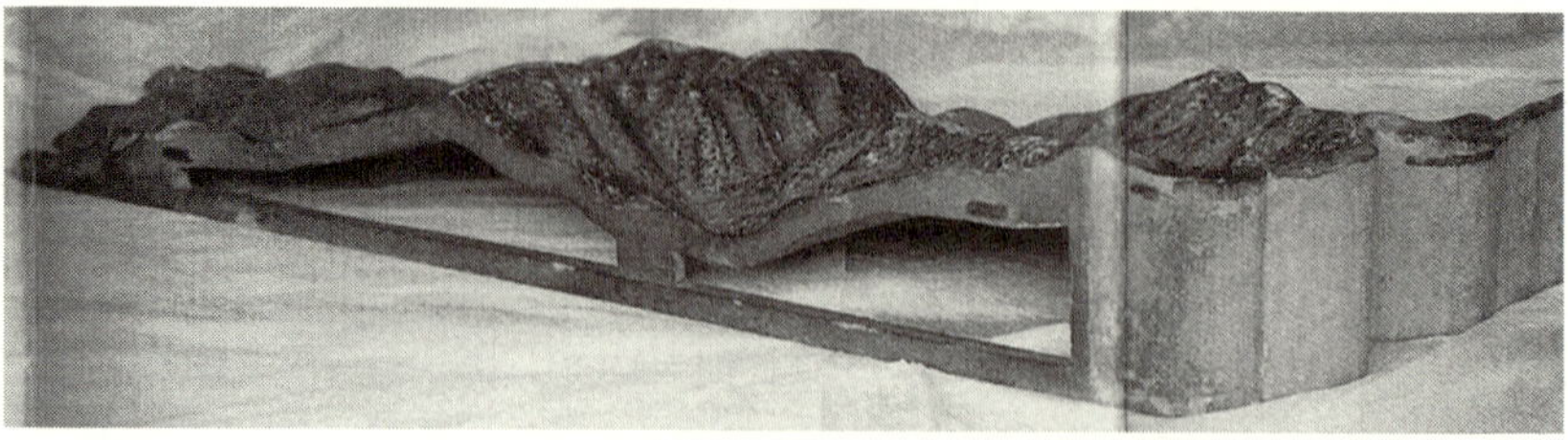
目黒山形模型（目黒ふるさと館　松野町教育委員会）

沖ノ島木型は、万治元年（一六五八）に完成された我が国最古の模型で、檜材を基盤とし胡粉仕上げの後着彩を施す。平面縮尺は、約三二〇〇分の一で、姫島を除き沖島の全体を六分割で構成し、二基（上記模型よりやや小型の同じく沖ノ島木型・写真は大型木型）が製作され、現在高知県立歴史民俗資料館に二基とも収蔵されている。本模型の製作理由は、明暦二年（一六五六）に四国の宇和島藩と土佐藩との間に発生した国境争いに起因する資料である。(10)

目黒山形模型

本模型は、寛文五年（一六六五）に製作された地形模型である。銀杏材に山・谷を模刻し胡粉仕上げの上で彩色を施したもので、縮尺率は約五九〇〇分ノ一で法量は、全体で一九〇cm×二六二・一cmを計測する。輸送の際の簡便さを考慮し、全体を六分割する。製作目的は、寛文四年に四国の吉田藩領の目黒村と宇和島藩の次郎丸村の境界紛争を幕府に提訴した折に、目黒村が裁判資料として製作したもので敷絵図・裁許絵図・文書記録二〇八点を含めて現在重要文化財に指定され、愛媛県北宇和郡松野町立目黒ふるさと館で保管されている。(11)前述の沖ノ島木型に次いで古い紀念を有する模形である。

幕府による当該模型製作指示の目的は、境界紛争の裁判資料として製作を命じられたものであった。この点からも明確であるように、裁判資料として模形絵図等よりもはるかに明瞭で臨場感と臨場感より発生する客観性と言った優れた資料特性が広く周知されていたことに起因するものと看取されよう。同種の模型は、宇和島藩と土佐藩の境界争いに際して製作された前述の〝沖ノ島模型〟二基と篠山模型一基がそれぞれ依存していることからも地形模型の製作は、当該期に於いては常套的手段であったと理解できるのである。

シーボルト・コレクションの模型

フィリップ・フランツ・フォン・シーボルトによる日本滞在時に収集されたコレクションは、一般にシーボルト・コレクションと呼称され、数々の論著や図録に拠り紹介がなされて、広く知るところである。当該コレクションの中には、多数の模型も含まれている点もコレクションの一つの特徴であると言えよう。シーボルト・コレクションの中には、特注品に留まらず市販品と見られる物も含まれている。このことは、雛人形や五月飾りに代表される縮小模型は観賞用としてミニチュアを愛でる習俗が、文化として根付いていたものと思われる。

また、模型の種類に関しては、大まかに二種に大別される。つまり、和船や墓石といった単体物の縮小模型と室内の様子や揚浜式塩田などの単体物の複合とそれらの個体・単体資料の背景・環境・情景を含めた模型である。ただ、シーボルト・コレクションには種類の異なった農機具の模型が複数存在しているが、この件に関して近藤雅紀は、次の如く記している。[12]

一連の農具模型が稲作のほぼ全過程をカバーしていることからすれば、個々の模型が断片的に集まった結果、たまたま整然とした集合を成したとは考えにくい。むしろ、日本の代表的な農具の一式を示すものとして、こうした農具模型に価値を認めて意識的に収集したと考える方が素直であろう。

かかる近藤の指摘は、正鵠を射たものと評価できよう。確かに単体の模型であっても、複数の模型資料の間に相互価値が発生することにより、環境・情景模型と同様な他情報を有する模型となり得る場合もある。さらに、単体模型であっても比較資料化が意図され製作された場合も同様な展示効果であるところの情報伝達が期待できるであろう。

モース・コレクションの模型

一般に称するモース・コレクションとは、米国人モース・エドワード・シルヴェスターが、明治一〇年（一八七七）に来日し、渡日目的であった腕足類の研究の一方で、我が国の生活資料を収集し米国に持ち帰り郷里セーラムのピーボデイエセックスミュージアムに保管されているまだまだ江戸の色濃い明治時代前期の生活資料群を指す。これらは、いずれもが美術工芸品ではなく生活資料であるが故に我が国で製作された資料でありながらも、我が国に於いてすら大半が消滅し去った資料群であるところにコレクションとしての資料価値があると同時に、明治一〇・一一年に限定されている点でも我が国の民俗資料群とは異なる。

モースは、収集にあたり個々の資料が置かれてい

瀬戸物屋模型（モース・コレクション）

提灯屋模型（モース・コレクション）

立体的立版古

立版古（モース・コレクション）

る状況や環境をスケッチで記録すると同時、に数は少ないが模型も製作させている。〃櫛屋商店〃模型は、個々の資料の模造としての模型ではなく資料の状況や背景・環境を含めた模型である。つまり、モースの資料収集の方法は、最初に収集ありきではなくは調査と記録の上で収集を実施しているのであって、この意味でもコレクションの史料価値は一級であると断じ得よう。

立版古の模型

江戸時代後期頃より明治・大正時代頃まで、〃浮世絵〃の後継として〃錦絵〃の出版が隆盛した。これらの錦絵の中で、切り組みを設けることにより立体構成を可能とした形態を〃切組絵〃もしくは〃立版古〃〃起し絵〃などと呼称された。これらは個人で楽しむ一方で、〃覗きからくり〃に組み込まれ、大型の立版古は見世物としても供された。本立版古は、二次元である平面版画を三次元化することにより立体視を具現化したものであり、かかる観点から判断すると明らかな模型であると言えよう。

前述のモース・コレクションの中には、〃虫屋の立版古〃〃雛祭りの立版古〃〃劇場・歌舞伎の立版古〃等々の壁面的立ち上がりで奥深さを表現したものや、〃湯屋の立版古〃のごとき平面的で立ち上がる二種の形態が認められる。(13)

鉱山・城郭等の模型

木図と呼ばれる木製模型で、城郭普請に際して幕府に届け出る付帯資料として或いは所謂軍学での城攻め・城取りのシュミレーション等を目的として製作されたもので、木に城郭の縄張りを削り出すことにより立体視を可能とした製作資料である。事例としては、香川県に所在する丸亀城木図が著名であり、最近では慶長六年(一六〇三)〜同八年にかけて築城された近世城郭である延岡城の木製模型が発見されている。(14)

上海徐家匯（土山湾孤児院）で造られた風俗人形

上海徐家匯で製作された縮小模型的風俗人形は、一九三〇〜一九六〇年の僅か三〇年足らずの間土山湾孤児院で孤児の職業訓練として、中国の生活風俗を柘植材で製作された模型である。天理参考館には、露天床屋・辻占い・西瓜売り・脱穀・牛耕・魚捕り・鵜飼い・洗濯・凧揚げ・人力車に乗る女性・尻打ちの刑等々の町中の商売風景や農業・漁業等の生業の様・刑罰の様子・故事など総数一〇八点が収蔵されているという。(15)

模型の定義

模型は、模造と同様に二次資料の中では、写真・実測図・拓本（立体拓本は除く）などの平面的記録ではなく、立体的記録である。つまり、二次資料の諸形態の中で立体的資料の立体的記録が可能である特殊映像を除き模造と模型のみである。この点こそが、模形模造資料のみが有する資料特性であるのだが、一方で模造と模型の混交要因かと思われる。

模型が模型と大きく異なる点は、実寸大模型・拡大模型・縮小模型なる名称が示すとおり縮尺が自由であることがまず第一に挙げられよう。次いで、〝模型飛行機〟なる呼称に代表されるごとく、模型は記録対象とする資料の有する形態的特徴や機能的特徴のみを捉えることを目的とするものであり、模造のごとく記録対象の客観性に基づく細部に至るまでの記録を目的とするものでは決してない。

具体的に記すと模型飛行機の場合、翼に紙が貼られていたり、推進力がゴムの復元力に拠るもので有ったりするが、現実にはこのような飛行機は実在しないのである。しかし、そこにはプロペラがあり、主翼と尾翼・垂直

上海徐家匯制作の風俗人形

翼といった飛行機の形態上の概略的な特質のみを模し、その上機能の点でも〝空を飛ぶ〟という飛行機の特徴をのみをクローズアップした資料の形態である。

かかる観点に立脚した場合、模型は二次資料の最大の必要々件である実物資料の客観的記録という基本条件からは抜本的に逸脱した資料形態であり、二次資料の中でも異質と言わざるを得ない製作資料形態なのである。

それらの中でも、本論で定義するところの二次資料から除外されると考えなければならないある種の模型、すなわち現状模型ではなく推定模型・想像模型などの研究成果などが学術情報として広く加えることが可能な模型は、復原図・想像図・推定図などと同様に著作権を有する一次製作資料である情報製作資料と同種のものと把握せねばならないのである。

結論を要約すると模型は、一次資料・二次資料の両分類域に存在している資料群であり、それぞれの区分けは模型の有する性格に拠り、決定されなければならないのである。原寸大模型・縮小模型・拡大模型に拘わらず、対象とする実物資料の形状などの記録のみに専念した模型は、当然ながらそれらは二次資料に分類されるであろうし、推定・想像・復元などの考察が加味した所産は一次資料であるのである。

次に模型の博物館資料としての特徴の第二点は、あくまで客観的な実物資料の形状記録であるレプリカとは異なり、考察を加えることが可能であったり、さらには展示の指針に基づき製作が可能であることである。つまり、必要とする展示の意図に基づく個体資料の組み合わせ・背景・情景・環境等を含めた製作が可能であることである。

レプリカ（型取り模造）は、展示資料としてその役割を果たすと同時に、研究資料・形状保存資料としての役割を果たすものであるのに対し、模型製作の主たる目的は博物館の展示にあると言えよう。つまり、二次資料に共通する資料価値は学術情報の保存を目的とした、実物資料の客観的記録であるのに対し、模型はあくまで見せる為の展示資料である。

三　小結

模造と模型の区別は、我が国においては歴史的にあいまいであったことは、前記した坪井正五郎や濱田耕作らの用例からも理解できよう。

本論では、個体・単体資料の模造は、実寸大模型・縮小模型・拡大模型のいずれであっても〝模造〟と呼称し、必要ならばそれぞれに実寸大模造・縮小模造・拡大模造と呼び習わすこととする。一方模型に関しては、上記した如く個体・単体資料の記録物を指すのではなく、個体・単体資料の背景・情景・環境等の大きな視点での製作資料である。また、当然それは縮尺に於いては全く自由である点を最大の特徴とする。

諄い様であるが、模型は原則としてあくまで単体資料・個体資料をではなく、周辺の情報を組み込んだ資料や例え単体資料の複合であっても資料と資料の相互関係が発生する資料が模型である。西村健二は、「地形模型の製作法」のなかで左記の如く記している。

地形模型は、相当広範囲―少く共五万分ノ一地形図以上―でなければ、そのほとんどの使命は果たし得ない。十糎、二十糎平方の小模型は頗る無意味な机上の置物に過ぎない。(16)

将に、地理上における局部的な〝華厳の滝〟や〝富士山〟を対象とする単体である部分模型は、西村のいう「机上の置物」であって、模型は背景・情景・環境の情報の広い記録が必要々件であるとしているとおり、模型は展示上の造作物であるゆえに多情報の伝達が果たせる状況と形態が必要なのである。

完成された模型　―ジオラマ―

見世物興行としてのジオラマは、明治初年頃に我が国へ舶載されたのであろうことは、明治五年（一九七二）に斎藤月岑が著した『武江年表』に、不明瞭であるがジオラマを彷彿させる記事が確認さる。[17]次いで明確なのは、五姓田義松（二世芳柳）が記した「初代五姓田芳柳伝」[18]の左記の記事から窺い知れる。

明治六年、東京に還り、浅草に住し、新門辰五郎と計り、金龍山内に今謂うジオラマの如きものを創む。前面に人物画を等身大に切り抜きて配置し、背景には家屋橋梁等木材を以って構ふるあり、画に因って成るあり、其間樹木を植え、宛然活景を見るが如く、称して活画という。

ここに記されている〝活画〟とは如何なる展示装置であったのか、その実態は不明である。ジオラマの如きものと明示されているところから、この明治六年の時点で明治初年頃に舶載されたジオラマは既に和風化が進んでいたものと推測されると同時に、ジオラマそのものは社会周知されるに至っていたと思われるが、正式なジオラマ館として浅草公園に建設されたのは明治二二年のことである。

多大な人気を博したジオラマ展示は、パノラマ展示と共に明治時代後期に一般化する活動写真の舶載により衰退を余儀なくされるに至り、見世物としてのジオラマ・パノラマ展示は消滅した。

一方、博物館展示としての生態ジオラマに着眼し、理論を展開したのは明治三二年（一八九九）の箕作佳吉の論稿を濫觴とする。[19]次いで、黒板勝美[20]や谷津直秀[21]が理論と展示上での必要性を展開した。

ジオラマ展示推進論が熟すなかで、我が国の博物館に具体的展示としてジオラマが登場したのは、大正元年（一九一二）に開館した通俗教育館の天産部門での動物の生態展示であった。ジオラマの展示場の特質でもある展示効果については、博物館におけるジオラマ展示論者の嚆矢でもある箕作佳吉はジオラマの特質について明記している。

つまり、箕作はジオラマの展示効果については、楽しみながら容易に情報伝達が理解できるものであると記しているのである。当該箕作の指摘は、その後多くの人々に受け入れられ一九八〇年代の末頃までジオラマは、博物館展示において大型化と同時に隆盛を極めたのであった。しかし、それほど魅力のある展示装置で有ったはずのジオラマが、一九九〇代に入いると衰退の兆候が現れ現在製作数は大きく減じたことは事実である。その理由は、製作費用が高額なこと、同様なジオラマが普及しマンネリ化たこと、伝達情報が多いとはいえ映像展示と比較した場合は大きく劣る等の理由により、ジオラマ製作は減少したことは別稿[22]でも記したとおりである。

当該現象の根本的理由は、ジオラマの巨大化であったと指摘できよう。例えば、我が国最大のジオラマである岩手県立博物館の事例を見た場合、将に動かずの資料でその製作費用に対しては余に伝達情報が少なすぎることは事実であろうし、メモリアルとしての象徴展示とした場合も無駄であろう。

しかし、上記の理由でジオラマは不必要かと言うと、筆者は展示の上でジオラマは必要であると考えている。理由は、完成された模型であるからである。つまり、模型には背景が伴わないところから当該場面の環境や状況に関する情報伝達が欠けることと遠近法による臨場感は一般模型の比では無いからである。臨場感を伴うジオラマは、見る人を充分魅了させる力を有しているのである。

ただ、ジオラマは大型である必要は何ら無く、ボックスタイプの小さな縮小ジオラマであっても情報伝達は充分なる効果は果たせ、移動も簡単であるところからも可動性のある常設展示を実現するにも適合しているのである。

おわりに　勢いのある模型・生活感のある模型

我が国では、縮小模造（摸造）である雛形の製作は縄文時代の土製品・石製品をはじめとし、沖ノ島祭祀遺跡出土の金銅製雛型祭祀品や法隆寺献物品である逆沢瀉威鎧雛型等々や、神社に奉納された和船の雛型等は各地で多見されるところからも縮小模型製作は、我が国の歴史上での技術的・嗜好的・趣味的などの文化的土壌として培われてきた創作資料であったと把握されるのである。

模型は、縮小模型・実寸大模型・拡大模型の三種に区分されるが、基本的には縮小模型である事が重要であると考える。逆に、微小な資料に関しての拡大模型は、アメリカの自然史博物館等では多用されているが、我が国の人文系博物館では稀であろう。まして、実寸大模型は型取り模造レプリカと比較しても必ずしも臨場感が伴うとは限らず原則的にはあまり意味は持たないと言っても過言ではなかろう。可変性のある常設展示室を考える場合は、実寸大模型・拡大模型は勿論のこと縮小模型であっても規模の大きな模型は作製するべきではないと考える。

模型は、実物資料の客観的記録を目的とする二次資料の中では異質な記録法である。つまり、地形模型の例からも理解できるように縮小自体もそうであるけれども水平縮尺率と垂直縮尺率が異なるところからも、実物資料の客観的記録では決してない。したがって原則的には保存・研究用の資料ではなく、展示用の資料であることは確認した通りである。

したがって、有る程度の創意工夫を加えることが可能なのであるから、誇張した表現や多数の人物を登場させるなどにより勢いをかんじさせる生活感のある、見る者がほのぼのするような模型製作が必要なのである。この創意工夫による人をして魅了する、あるいはほのぼのさせる力を有する二次資料は、模型であるから故の特徴を最大に生かさなければならないのである。

この意味では、韓国の考古学展示や民俗学展示部門の模型は予想以上の人物を登場させることにより、見て楽しい躍動感に拠る勢いを感じさせる共通特性を有する模型である。博物館へ、元気あふれる模型を見に行くだけでも良しとするような模型を、見学者の為に作製しなければならないのである。人はミニチュア世界への興味を精神的・生理的に潜在しているのである。〃ジオラマは大きさ故に貴とからず〃を格言としたいと考える。

(國學院大學文学部教授)

註

(1) 国立歴史民俗博物館の「沖ノ島祭祀遺跡の遺構」に代表される遺構レプリカ(型取り模造)による広範囲に遺構の状況を確保した実寸大の模造も存在する。
(2) 鈴木博之 二〇〇三『好古家たちの一九世紀』吉川弘文館(四章一節)
(3) 坪井正五郎 一八九〇「パリー通信」『東京人類學會雑誌』四五号
(4) 坪井正五郎 一八九〇「パリー通信」『東京人類學會雑誌』四七号
(5) 坪井正五郎 一八九九「土俗的標本の蒐集と陳列とに関する意見」『東洋學藝雑誌』第一六巻二一七号
(6) (5)と同じ
(7) 濱田耕作「建築の模型」明治四三年二月二五日『大阪朝日新聞』一九八七『濱田耕作著作集』全7巻 同朋出版所収
(8) 濱田耕作 一九三一「序」『考古学関係資料模型図録』岡書店

(9)　濱田耕作　一九四七「複製の必要」『通論考古学』全國書房　二〇三頁
(10)　高知県立歴史民俗資料館　二〇〇四『新収蔵超古絵図録展　描かれた土佐の浦々』　高知県立歴史民俗資料館学芸課長の野本亮から、ご教示を賜った。
(11)　リーフレット「目黒ふるさと館」松野町教育委員会
(12)　近藤雅樹　二〇〇三「ミニチュア博物館の構想―シーボルトがくれたアイデアー」
石山禎一他編『新・シーボルト研究Ⅱ』八坂書房
(13)　小木新造・宮田登　一九九〇「モースと江戸・東京」『モースコレクション』国立民族学博物館
(14)　夕刊ディリー二〇一七・九・一四
(15)　中尾徳　一九一七「上海徐家匯で制作された黄楊製風俗人形」『天理参考館報』第三〇号
(16)　西村健二　一九三七「地形模型の製作法」『科学知識』明治書院
(17)　斎藤月岑著・金子光春校訂　『増訂　武江年表　二』　東洋文庫　一一八
平凡社　○所々に西洋画の覗きからくりを造り設け、見物を招く。夏の頃より浅草寺奥山花屋敷の脇にはじまる。‥‥(中略)‥‥
△車坂町其の他、翌酉年中へ掛け追々に出来たり（明治九年の頃にいたりて追々に廃れたり）。
(18)　五姓田芳柳　一九〇八　「初代五姓田芳柳伝」『光風』　第四年第一号
(19)　黒板勝美　一九一一　『西遊二年　欧米文明記』　文會堂書店
(20)　谷津直秀　一九一二　「活気ある博物館を設立すべし」『新日本』二‐二
(21)　箕作佳吉　一八九九　「博物館ニ就キテ」　『東洋学藝雑誌』　第二一五号
(22)　青木豊　二〇〇二「ジオラマ展示と映像展示の合体」『月刊視聴覚教育』（財）日本視聴覚

持続可能な博物館の構築を目指して
―地域を結ぶ、遊びと学び―

宇治谷　恵

一　博物館制度の改善

生涯学習時代を迎えた地域や社会の博物館において、地域の変化と社会にニーズに対応した、博物館制度の改善と運営の見直しが必要となる。これまでの諸制度、「博物館法」「文化財保護法」「観光行政」に基づいた画一的な制度や運営に依存するだけでなく、さまざまな環境の変化に対応した持続可能な制度の改善が求められている。博物館ばかりでなく、教育界においても問題が生じている。初等・中等教育における「いじめ問題」「不登校問題」、高等教育における「思考力・国際力低下」「内向き志向」など、戦後の日本型教育の課題が山積している。その主な要因は「少子化」等による社会の停滞化に起因するが、受験制度など学校教育そのものに課題が多いが、博物館をはじめとする社会教育制度の硬直化も一因であると考えられる。二〇世紀末における生涯学習時代の到来は、国内では博物ブームをもたらした。そのようなブームも、バブル経済の崩壊に伴い新規の博物館の設立は停滞している。既存の博物館では、運営予算の縮小、学芸員の削減という大きな難題に直面しており、なかでも多くの地域博物館に顕著になっている。確かに、平成二一年四月博物館法施行規則において学芸員課程カリキュラムの改定はおこなわれたが、博物館制度の抜本的な改革にはいたらなかった。「教育を使命」とするミッションはあるが、現場でそれを具体的な制度として構築するには貧弱な状況である。近年、博物館は新たな予算や人材、設備を増強することは容易ではない。今ある資源をどう活用するのか、社会資源としての博物館の在り方を問い直す必要がある。今まさに博物館は新しい時代に対応したシステムの構築と諸制度の改善を具体的に実践する時である。本稿では、それらの背景、事例、課題等を考察する。

二　循環社会おける博物館の役割

(1) 地域の居場所づくり

子どもたちの「自殺」が大きな社会問題になっている。その要因は「いじめ」によるといわれる。学校や社会から「いじめ」や「ハラスメント」をなくすことが重要であるが、どのような集団にもその組織に馴染めない子どもがいる。勉強はできなくても、感性が豊かで、想像力が高い。字を書くことが苦手でも、絵を描くことが好き。しかし、往々にしてこのような子どもは集団生活には不向きである。家庭に帰っても、そのような子どもを親はあまり理解しなく、個性を育む「居場所」がない。欧米や以前の日本では、このような子どもたちの「居場所」は教会や寺社などの宗教施設であった。アメリカでは、休日の午前は教会、午後は博物館でという光景がよく見られる。アメリカでは、宗教と博物館が互いに連携しながら社会教育が行われている。日本でも、以前の寺社は子どもたちが社会とつながる「遊びと学びの場」であった。多くの寺社の境内や周囲には「鎮守の森」があった。森は、単に、木や池など自然的景観だけではなく、日本の伝統や技術を育み伝える場としての「循環社会の場」

を維持してきた。鎮守の森では、虫取り、魚とり、木の実拾い、木登り、かくれんぼ等の遊びを通して、文化や技術の学習と継承が行われた。寺社の周辺に露店や見世物小屋のようなものもあった。このように、以前の寺社には博物館の要素が強かった。森だけでなく、寺社は保有する彫像や調度品を後世に伝承する蔵としての施設でもあった。このような蔵は限られた人々の聖域でもあったが、年に数回は秘蔵公開や出開帳及び祭礼がおこなわれた。その準備の時期に子どもたちが参加することが多かった。笛や太鼓の稽古をおこなったり、祭礼に使われる飾り物の製作や修復を手伝だってきたのである。そこは地域の文化や伝統、そして技術を伝承する場でもあり、子どもと大人（特に高齢者）が出会い、交流できる「居場所」でもあった。しかし、近代化にともなう教育や宗教形態の変容により、社寺の社会教育機能は衰退していった。このような日米の社会教育の歴史の差は、これからの博物館のあり方を考えるうえで大きな要素となる。

（2）地域のオアシスとしての博物館

博物館のあり方の三要素として、モノ（資料）・ヒト（人材）・バ（施設）といわれる。国立民族学博物館の吉田憲司氏は二一世紀の博物館のあり方として、「フォーラムとしてのミュージアム」を提唱している。一九世紀までの「テンプルとしてのミュージアム―宝物を人々が拝みにくるような神殿のようなもの」ではなく、「フォーラム」の博物館は展示する側と展示される側、展示を見せる側と展示を見る側などが互いに交流する施設で、双方向的な対話性を重視した活動が望ましいと提唱している。しかし、国立民族学博物館のような総合博物館にとって「フォーラム」は理想的なあり方であるが、日本の多くの地域博物館には「テンプル」と「フォーラム」の両者の良い点を融合した「鎮守の森―循環社会」型としていちづけたい。そのためには、博物館は利用者、特に子どもたちや高齢者のニーズに対応できるように変革する必要がある。「鎮守の森」は安全・安心、快適な空間であったが、効率性や未来性が乏しい場所でもあった。これからの博物館は映像などのニューメディアをとりいれたサービス中心の博物館、いわば「オアシス―砂漠で水がわき、樹木の繁茂している地。生物群集が形成され、集落や都市が立地し、人々の休息の地」のような形態が求められている。「砂漠の水」に変るものが「資源としての資料と情報」と想定される。小中学校の空き教室、介護等の福祉施設、道の駅等の商業施設に博物館機能を持たせた新たな「居場所」としてオアシス型博物館を構築しようとする動きがある。また、博物館資料を授業の教材として利用するだけでなく、病院・福祉施設等での機能回復材に転用する事例も報告されている。いずれにしても、地域の資源として新たな博物館の役割を構築する時期が到来している。

（3）資料から資源へ、博物館の有限性

博物館は本来、公立、私立を問わず、地域や社会が共有する資産であり、そこで保有する資料は、美術品や歴史的文化財であろうが、「公共の資源」とみなされるものである。博物館の「資源」とは、資料だけでなく、博物館のヒト、モノ、カネ、時間、経営、運営などの「情報」のことであり、利用者があって始めてなりたつ。その意味で、博物館の役割と使命は、地域や社会が保有する様々な文化や自然の情報を博物館資源として活用を前提として収集、整理、保存、利用することである。博物館法では、「博物館が収集し、保管し、又は展示する資料」を博物館資料と定めているが、保存科学者の森田恒之氏は博物館資料を「素資料」、「原資料」、「博物館資料」と分類している。素資料に対して何らかの選択や価値判断を行うことで原資料となり、原資料に何らかの加工を加えることで利用可能な博物館資料となりうると示している。この定義は、博物館の資料が増加しても、資料を収納できる空間と処理できる学芸員があれば適切であり、資料整理の基本的な考えと理論である。しかし、収納できる空間は有限であり、限られた学芸員でどこまで処理できるか課題もおおい。特に、小規模の博物館や学芸員にとっては容易ではない。限られた経費と人材で対応できる、新たな視点を考えなくてならない。例えば、博物館の利用者自らが保存、整理、収集に係ることで、資料の「ワイズユース・利活用」をはかる動きであり、例えば、愛知県豊田市では世界遺産ではなく地域の「世間遺産」と名付け、地域の人々が埋もれた地域資源を保存、公開、活用する動きがある。このように、博物館も利活用を前提として、資料を資源とみなすことで、新たなリサイクルを構築することが求められている。ここでいう博物館とは建物や施設のことではなく、地域全体を博物館として考えることであり、エコミュージアムの概念に相当するものである。地域の資源を循環可能な博物館資源といちづけることで、新たな地域創生の中核となす博物館活動をはかることである。エコミュージアムは地域の創生の核として、環境保護や文化振興の拠点として対話と出会いの場としていちづけされる。博物館は等身大のメデイアといわれるように、人とものと情報の対話空間の場でもある。子どもから老人、健常者から障害者、多種な民族、多様な思考の人々であり、その対話は多様な形態となる。高齢化、情報化、国際化社会など社会環境が変化しているなかで、時代の変化に適合した多用な学習や余暇の場が求められている。博物館の役割は重要であり、柔軟な制度と「持続可能」な経営基盤を構築することが大きな課題である。また、「資源の有限性」が明らかであり、埋もれている博物館資源の再利用と利活用が必要である。

三　持続可能な教育と循環型博物館

(1) ESDの歴史

国連やユネスコ等の国際機関ではESD（持続可能な教育と社会）や温暖化に対するエネルギーのスマート（循

環と省資源）化等の研究や提言を行っている。博物館等にも地域や社会との連携をおこなうことで、省資源で持続可能な運営がもとめられている。ユネスコは一九六〇年一一月の総会にて「博物館は娯楽と知識の根源であることを考慮し、さらに、博物館は美術品、学術資料を保存し、且つ、それらを公衆に展示することで・・あらゆる人に解放する」と定義し、さらに、地域社会における博物館の役割において、「博物館は地域社会の知的、文化的生活に貢献すべく、地域社会はこれに対し博物館の活動と発展に寄与する」と明記してきた。ＩＣＯＭにおいては一九八九年の総会において博物館の一つの機能として「人間とその環境に関する物的資料を研究、教育する」と定義している。国内においては、一九八九年の社会教育審議会の中間報告において「博物館は生涯学習を支援する中核的な施設として一層発展させるために具体的な整備をはかる」と提言され、さらに一九九六年学術審議会の「ユニバーシテイ・ミュージアムの必要性－について」の提案のなかで、我が国は急速に国際化、情報化、高齢化、多様化しており、・・・大学における研究成果については、地域社会に積極的に発信することがもとめられており・・ユニバーシテイミュージアムは「社会に開かれた大学」であると明記されている。しかし、現実の大学や博物館の実態はそのような提言になっていない状況である。社会における少子化、高齢化、経済の衰退等、国家間の不均衡、貧困、飢餓、生態系の悪化などは文化政策の衰退をもたらしている。博物館は運営予算の削減、学芸員の減少、または、「指定管理者制度」の導入など苦しい状況であることは否定できない。そのような厳しい環境のなかで、一九九二年ブラジル・リオで地球サミットが開催され、「持続可能な発展」が大きなテーマとなった。そして二〇〇五年には国連により、「持続可能な発展のための教育（ＥＳＤ）一〇年」がスタートした。ＥＳＤとはEducation Sustainable Developmentの総称である。日本では二〇〇八，二〇〇九年に小中高の学習指導要領が改訂され、学校におけるＥＳＤ教育の一つとして総合的学習を充実することでＥＳＤ教育を実践できるようにした。しかし、近年の総合学習の衰退など課題が多い状況である。中部大学でも「持続可能な社会とは何か」を考えるなかで、一九九六年中部高等学研究所を設置し、広域的で歴史的な課題の総合研究を開始した。二〇〇九年には国際ＥＳＤセンターが設置され、さらに学内外に対しての研究活動を発信、公開する場として二〇一一年に大学博物館として民族資料博物館が開館された。ＥＳＤの思考は、展示の構成や博物館活動を構築するうえで大きな影響を与えた。

（2）エコミュージアムと学芸員

著者が展示の計画、施工、運営にかかわった経験をもとにエコミュージアムの事例を紹介する。民族（民俗も含まれる）とはそれぞれの地域の生活習俗であり、固有の民衆生活である。展示の特徴は、個別の資料をありのまま紹介すること。民族資料やそれらの生活様式を比較することで、より相対的・構造的に文化を紹介する。「歴史や文化の根本を問う地域学としての博物館」の視点により、多元的な展示構成をもとに多様な物質文化を地域とのかかわりで紹介できるように展示を構成した。また、現代のグローバル化にともない、アジアや西欧を中心とした地球の北側だけでなく、中南米やアフリカ地域を加えた、地球の南北諸地域の生活や文化および環境を学ぶことができるようにした。この視点はエコミュージアム「環境と人間との関わりを探る博物館」の考えをもとに生み出された。さらに、エコミュージアムの重要な思考として「ある一定の地域の人々が、自らの地域社会を探求し、未来を創造していく博物館」という使命のなかで、いかに「環境に優しい循環型博物館」を人々に認識してもらうかが課題であった。中部大学においては、大学キャンパスの消費電力の効率化（スマートグリット）を推進することが先進的に行われていた。従来の大規模受電システムから太陽光発電や高ジェネシステムの導入など、エネルギーの地産地消を行うこと、電力エネルギーの平滑化など、必要なエネルギーの有効利用がおこなわれていた。博物館の展示設備においても、展示照明に自然光やＬＥＤを取り入れたりすることで、できるかぎり環境に優しい循環社会を構築することに貢献することとした。組織や運営の面でも、博物館資源の有効活用を前提とした、学内における調査・研究を基盤としつつ、学外にも積極的に資料の収集・展示などの活動をおこなった。それらを通して、資料や情報を学内外の人々に提供し、地域や諸民族についての認識と理解を深めることを目的とした。さらに、地域の文化団体や博物館等の文化施設及び他大学との連携や交流を活発に行った。具体的には学外の研究者や市民の協力をえた連携事業などを通しての博物館事業の確立であった。事業のテーマは「民族資料の収集と活用をベースとした物質文化のグローバル化など、その変遷や伝播をとおして、世界の多様な生き方、多様な知のあり方、多様な価値観を紹介することで、地球人として人間の生き方を発見し、地域と共に学び、共に創造し、それらの活動を循環する場として、スマート（エコ）システムを考え、実践する場」であった。次に、若い人材を育てることを目的とした。そのため、学芸員を養成する学芸員養成課程にも対応できるように、バックヤード等を公開することで、直接資料に触れながら学習できる体験型学習を充実することで、より博物館実習の場としても活用できる施設に認定され

写真１

るようにした。それにより、博物館法（平成一五年法律第一一二号）により定められた「博物館相当施設」として認可されるようになり、要望があれば他大学の学生でも実習ができるようにした。

（3）展示活動と社会連携

展示の構成は「シルクロード室」と「地域研究エリア」の二部から構成されており、陸と海のシルクロードを中心としたルートをもとに、人や文化の往来を視点と捉え、様々の民族を歴史文化や生活様式を多面的に紹介している。シルクロードに関連した展示資料としては、民族の交易を物語るコインコレクションのほか、ガンダーラ、ペルシャ、イスラームの諸文化に関する、絵画や工芸品などを展示している。また、バーミヤンの石窟寺院壁画の模写作品（写真1）やペルシャ王朝をモチーフとしたタイル画などを紹介している。これらの資料も学外の研究者が収集や制作したものであり、連携と循環の成果である。

地域研究エリアでは、世界の民族衣装を「ローカル」

写真2

「グローバル」という二つの視点から展示している。（写真2）次に、世界の民族と文化及び社会というテーマで、オセアニア、アジア、アフリカ、ヨーロッパ、アメリカなど世界各地域の民族資料を通して、人類の営みの豊かな多様性を示す地域文化展示と、所蔵品なかでも特色あるいわゆる生活資料を中心として歴史・経済・生活などの人類の普遍的に見られる諸現象を対象とした通文化展示から構成されている。パプアニューギニアの民族資料のように、今日では現地でもあまり保存されていない貴重な資料が多い。なかでも武器、斧、網袋、狩猟用具、仮面などは、アジア、太平洋地域における伝統的な生活様式や美意識を考えるうえで貴重な資料が多い。さらに、東アジアの資料としては宗教や儀礼に資料する資料が充実している。例えば、朝鮮半島の資料には、葬儀に使用する死者装束などがあり、中国資料としては、日々の生活の無事や幸運を願うことに使われる、吉凶や風水の暦や紙銭などの資料が特筆される。また、中南米資料にも見るべきものが多い。インカやマヤなどの文明を紹介する土偶や土器などの歴史・古代資料、さらに貝紫が染色材料として使用されているグアテマラの民族衣装など国内の博物館にはほとんど見ることができない貴重な資料であり、これらの資料は学外の専門家との連携により収集・展示できた。

このほか、学内の研究の成果を特定のテーマや内容で、総合的及び体系的に紹介する企画展示を年に数回開催しており、展示作業には教員だけでなく学生が積極的に関るようにしている。二〇一四年の春には「私のこの一点」というタイトルの参加および循環型展示を企画した。また、資料に関する講演会やモノづくりなどの体験学習を開催し、夏休みなどは近隣の子どもたちなども参加できるワークショップも企画した。（写真3〜6）

（4）循環型博物館（スマート博物館）の内容とは

展示活動や社会連携における博物館のスマートシステムの主な事例を以下で紹介する。

写真３

写真４

写真5

写真6

A　一方向の展示動線ではなく、自由動線を機軸とした循環型動線
・入口と出口を同一、振り返りが可能、運営、管理等での人員の省力化
B　東西文化と南北文化を融合した循環型展示
・特に、アフリカ、オセアニア、南米との交流を重視
C　過去・現在・未来が融合する展示
・類人猿の道具を展示することでモノづくりを自然史的展示
D　子ども、学生、社会人、高齢者、そして博物館員が交流する場
・学内外の教職員による「私のこの1点」展示
・学生による資料整理や展示活動
E　・映像・情報のネットワークの構築と共有化の推進

四　災害の記録とネットワークの構築

一九九五年阪神大震災、二〇一一年東日本大震災は、記憶に新しく、博物館のあり方にも大きな影響をもたらした。建物では耐震構造、展示のための免震装置、来館者の避難対策及び被災資料の保全活動など多様な提言や体制が提案されている。特に、東日本大震災後には、文化庁が中心となり、博物館、大学、学会等が協力する「文化財レスキュー事業」を実施された。被災した博物館等から緊急的に資料を救出するとともに、応急的な保存処理をおこなうものである。そのためには、学芸員の意識改革と技術的向上、現実的な防災マニュアルの作成とと

もに、平素から博物館や学芸員の連携とネットワーク・システムの構築が必要と考えられる。このようなシステムは博物館等のホームページに多く提供されるようになってきたが、災害の記録そのものや、被災した資料情報などとなると十分ではない。例えば、一九五九年中部地方でおきた伊勢湾台風の記録など、博物館の「デジタル・アーカイブ」として共有化されていない実情がある。当然のことながら、アーカイブ作成には多くの労力と熱意が必要であるため、博物館の使命「次の世代に伝える」を再確認するとともに、地域を超えて連携し、多くの学芸員が対応しなくてはならない。ＩＣＯＭ（国際博物館会議）倫理規定によれば、学芸員は「博物館職員は公共に対し大きな責任を有する・・、すべての活動に誠実である」と規定しているが、それを社会がどのように担保し、支援するかが問われている。とはいえ、博物館自らが今ある災害関係情報を発信・公開することこそ、社会のニーズに対応した開かれた博物館としての存立基盤を確立することであり、博物館の活性化とネットワーク構築にも繋がると思われる。

五　地域を結ぶ博物館―課題を見つめる

地域には、博物館に収集されていない、遺したい限りある資源（資料と情報）が埋もれている。これらの資源を収集するにあたり、まず取り組むことは、基礎となる情報がどこに在るのかなどの資料の所在情報をまず正確に収集することである。収集された所在情報の蓄積と加工にはシソーラス（辞書）の作成や編集及び著作権や知的財産等の権利関係に精通することが課題であり、そのためには専門的な知識・経験と技術が必要となる。さらに、それらで蓄積した所蔵品のアーカイブ化による質の向上を進めるとともに、その情報を広く社会に発信するためには、市民や社会のニーズに対応した博物館独自の情報管理システムの構築と必要性を理解した学芸員を置く必要がある。学芸員は、長期計画を立案するとともに、なにが解決すべき課題か、いつまでに解決するのか目標を設定しマネージメントしなくてはならない。マネージメントには博物館資源の体系的な管理と情報化のあり方、展示・保存・共同利用や社会還元にむけて制度改革など多種多様な課題が存在する。これらの課題を学ぶことが、大学の博物館養成課程の課題でもある。歴史、民俗、美術などの専門的人材が必要であるが、博物館資源のマネージメントをおこなう人材養成とその進路を確保することが最も重要な課題である。多くの学芸員は養成しても、現実には、その就職先がないのである。この課題は、日本の多くの学芸員課程を有する大学教員の共通の課題である。今、現存する博物館に就職先を期待することは難しい。就職先を確保する、最善の案を提示する。社会システムとして小中学校、公民館、福祉施設に「学芸員がいる博物館」を設置することである。この案に対して、行政や上部団体は、予算がないから難しいと回答すると想定される。必要なのは、国や社会として法律的に制度設計することであり、予算は、学校教育や福祉予算に比較すれば僅かである。最低でも、小学校に「学芸員がいる子ども博物館」をつくるべきである。　厳しい社会情勢のなか、これからの博物館の制度づくりや運営には多くの困難と課題が山積する。しかし、博物館は、地域の教育や福祉にとってなくてはならない存在である。博物館は、地域社会の公益や発展を増進する社会基盤であり、その基盤の持続性を維持するためにも制度の改善が必要である。それは。博物館と地域との間で調和のとれた、有機的で多元的な関係を構築することにほかならない。

最後に、二〇一三年愛知県・春日井市制七〇周記念事業「古の技を現代につなぐ」共催展（写真7～8）での体験展示での紹介文の一部を紹介する。

写真7

写真8

「手仕事を学ぶ、木綿が普及する前には人々はどんな衣類を着ていたのでしょうか？・・絆　つなぐ　つながり　伝えようをテーマに動く衣の変遷ショーをおこないます。これからも実践を通して、自然との共生を結い　手仕事の大切さを学び、今に生かす何かを伝え続けたいと願っています」

最後に、この論文を作成するにあたり、春日井市の文化団体・悠遊会、春日井学のメンバー及び大学関係者の方々から貴重な情報とご支援をいただいとことに深く感謝する。

（元中部大学民族資料博物館副館長）

主な参考文献

鶫野　公朗著「アジア太平洋の環境」風媒社　二〇一〇
飯吉厚夫、稲崎一郎、福井弘道編「持続可能な社会をめざして」平凡社　二〇一四

地域博物館学芸員の研修カリキュラム体系化に向けた一考察

緒方　泉

一　我が国の文化芸術振興政策にみる博物館、そして学芸員の方向性

二〇一五年五月、東京オリンピック・パラリンピック大会を念頭においた二〇二〇年度までのおおむね六年間の「文化芸術の振興に関する基本的な方針（第四次）」[1]が閣議決定され、以下のような我が国が目指す文化芸術立国の姿が明らかになった。

①あらゆる人々が全国様々な場で創作活動への参加、鑑賞体験ができる機会の提供
②二〇二〇年東京大会を契機とする文化プログラムの全国展開
③被災地からは復興の姿を地域の文化芸術の魅力と一体となり国内外へ発信
④文化芸術関係の新たな雇用や産業が現在よりも大幅に創出

そして、それを実現する博物館関連の方策として、第三「文化芸術振興に関する基本的施策」の「四　芸術家等の養成及び確保等」では、

「（前略）美術館、博物館における学芸員・各種専門職員、地方公共団体の文化政策担当者等、幅広い人材の養成

及び確保、資質向上のための研修を充実させ、文化芸術活動を担う人材の育成を図る」「芸術系大学等が有する教員や教育研究機能、施設・資料等、様々な資源を活用して、アートマネジメント人材の育成を図るとともに、大学等の教育機関や国立の文化施設等における文化芸術に係る教育及び研究の充実を図る」

さらに、「九　文化芸術拠点の充実等（二）美術館、博物館、図書館等の充実」では、「我が国の美術館、博物館等が国際的に遜色のない活動を展開できるよう、企画展示技術の向上や文化財等の適切な保存管理の徹底を図るとともに、適切な事業評価に取り組む。地域の美術館、博物館等の館種や設置者の枠を超えた連携・協力を促進する。美術館、博物館等の質の高い活動を支える人材を確保するため、学芸員や教育普及等を担う専門職員の研修の充実を図る。また、美術館、博物館等の管理・運営や美術作品等の保存・修復、履歴の管理等を担う専門職員を養成するための研修の充実を図る」としている。

また、同年七月の文化庁報道発表「文化プログラムの実施に向けた文化庁の基本構想[2]」で、二〇一六年から二〇二〇年の東京オリンピック・パラリンピック大会までに、全国津々浦々で二〇万件を目標にした文化プログラムを推進するための三つの取組みの中に、「文化芸術について、人材育成の強化や教育、科学技術、医療・福祉等分野との融合によるイノベーション、つまり新しい基軸の創出を促進」することが上がっている。

このように文部科学省、文化庁は、①専門職員の育成・活用、そして研修の充実②大学、異分野との連携を強く提唱している。

さらに、こうした文化芸術政策に他省庁も連動し、二〇一六年六月の観光立国推進閣僚会議資料「観光ビジョン実現プログラム二〇一六」[3]では、視点一「観光資源の魅力を極め、『地域創生』の礎に」「観光コンテンツとしての質向上」の項目に①「学芸員や文化財保護担当者等に対する文化財を活用した観光振興に関する講座の新設、質の高いHeritage Manager等の養成と配置」②美術館や博物館における参加・体験型教育プログラム等への支援、ニーズを踏まえた開館時間の延長」などを取り上げている。

こうして、国は文化芸術活動と地域振興・観光をセットにしながら、オリンピックに向けた観光客を対象とした取組みを重点事業とし、そのための人材養成に取り組むという流れにあることが分かる。

二　「社会教育調査」で分かった博物館・学芸員の現状

ところで、先述の政策を実現していくことになる我が国の博物館は、現在どのような状況だろうか。

文部科学省は三年毎に、「社会教育行政に必要な社会教育に関する基礎的事項を明らかにすること」を目的として、社会教育調査を実施している。調査項目には「社会教育行政調査」「公民館調査」「図書館調査」「青少年教育施設調査」「女性教育施設調査」「体育施設調査」「劇場、音楽堂等調査」「生涯学習センター調査」と共に、「博物館調査」も含まれる。

直近となる二〇一五年度調査結果[4]をみると、

①博物館数（博物館登録施設、相当施設、類似施設）は五七二〇館（二〇一一年度調査は五七四七館）であった（表1）。全国の市町村数が一七一八（二〇一七年一〇月現在、総務省調べ）なので、単純計算では一市町村平均三・三館の博物館があること。

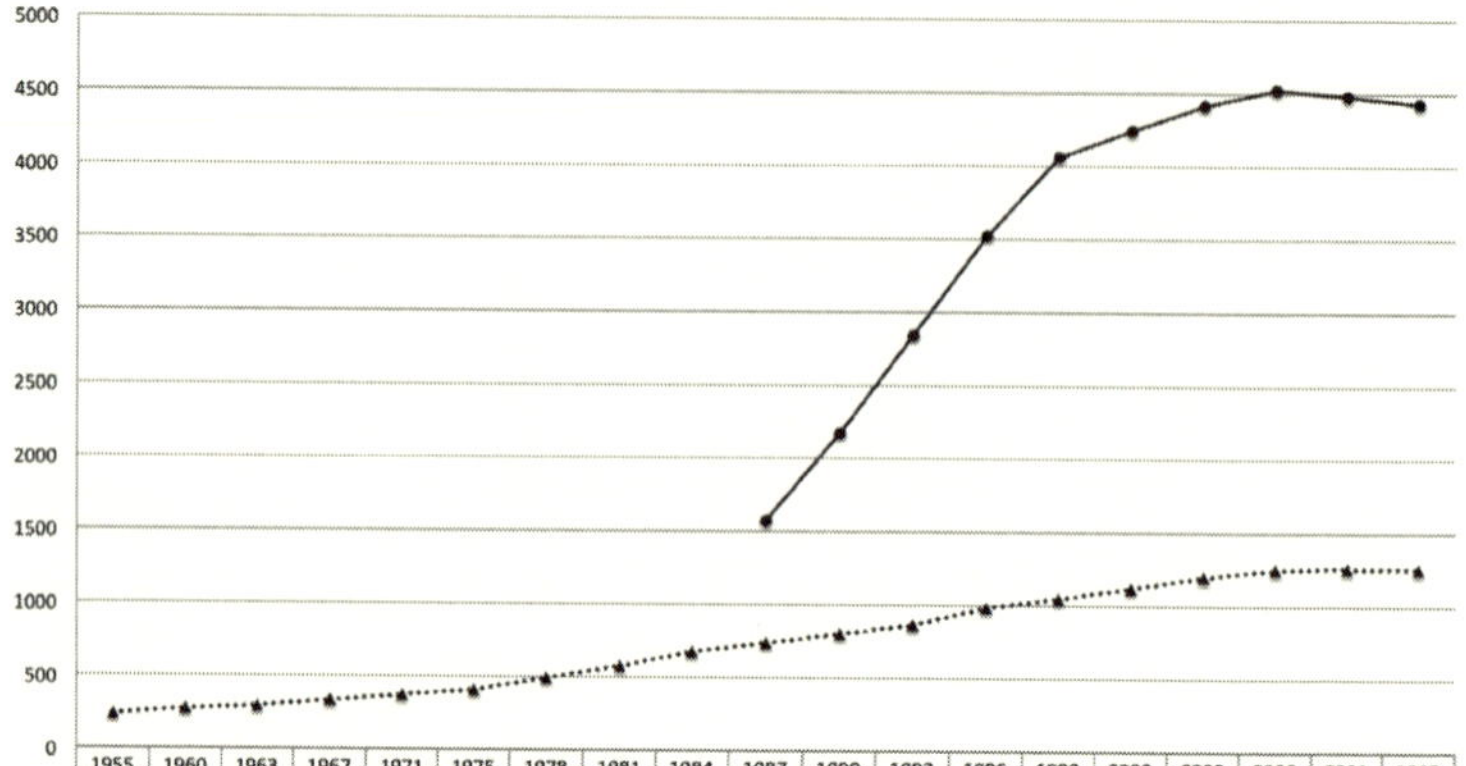

	1955年度	1960年度	1963年度	1967年度	1971年度	1975年度	1978年度	1981年度	1984年度	1987年度	1990年度	1993年度	1996年度	1999年度	2002年度	2005年度	2008年度	2011年度	2015年度
博物館	239	273	294	338	375	409	493	578	676	737	799	861	985	1,045	1,120	1,196	1,248	1,262	1,256
博物館類似施設										1,574	2,169	2,843	3,522	4,064	4,243	4,418	4,527	4,485	4,434

表１　日本の博物館数の推移（文部科学省「社会教育調査」）

②学芸員数は七八二一人（二〇一一年度調査は七二九三人）であり、数は増加しているものの、専任の占める割合が五二％で二〇一一年度調査と比較すると、〇・七％減少して、非正規が四八％を占めること。(5)

③一館で働く学芸員数が一・〇四人（二〇一一年度調査は一・四四人）であること。

④国民一人当たりの利用回数は博物館が一・〇回、博物館類似施設が一・二回（二〇一一年度調査と同じ）であること。

⑤博物館及び博物館類似施設における入館者数は合計すると二億七八九九万六千人で、館種別にみると、歴史博物館七八三二万二千人、美術博物館が五四六七万二千人、科学博物館が三五六二万一千人、動物園が三四六七万九千人であること。

などが判明した。

このような文部科学省「社会教育調査」の学芸員数や雇用状況を考えた場合、文化庁などが目指す文化芸術立国を実現するための体力が、今の地方の博物館に果たしてあるのだろうか、と疑問を持たざるを得ない。

特に、地域博物館学芸員の研修実態は如何なるものだろうか。

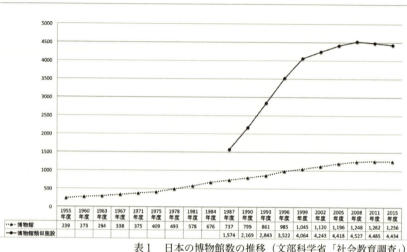

そして限られた人員の資質向上の具体策はどのようなものだろうか、という研究課題が見えてくる。

三　学芸員のつぶやき

ツイッターにこんなつぶやきが上がっていた。

「『博物館学芸員専門講座』行きたいです・・・！しかし企画展等で参加が難しい・・・。専門技術のみならず、様々な分野とつながり、博物館の運営にどのような可能性があるのか、知り、考え、取り組むことができる貴重であり絶好の機会。どなたか参加されたらぜひご感想等を教えてください・・・・！」(6)

これは、東京上野にある国立教育政策研究所社会教育実践研究センターが主催する「博物館学芸員専門講座」への参加が叶わなかった東北地方の学芸員の声である。講座の対象は「登録博物館、博物館相当施設又は博物館類似施設に勤務する学芸員若しくは同等の職務を行う職員で、勤務経験がおおむね七年以上で指導的立場にある者」とある。国実施の場合、受け入れ率がどうしても低くならざるを得ないところだが、研修を受講したくても、研修場所が東京で、さらに二泊三日程度の開催となると、予算面はもちろん、学芸業務をほぼ一人で行う地域博物館学芸員は参加を断念せざるを得ない実情がある。

二〇一七年度、国が実施する学芸員を対象とした研修(7)は上記を含め、どれも人数制約を伴い、実施件数は九件、受け入れ人数は三八五名となる（表2）。全国の地域博物館の学芸員は七八〇〇名強を数えるため、全体で五％程の受け入れ率にしかならないという現状がある。

ところで、各都道府県の博物館協会の研修はどうだろうか。

表2　平成二十九年度 国実施の学芸員対象研修会一覧表

研修会名	開催場所	期間	人数
①博物館学芸員専門講座	東京	三日間	五〇名
②学芸員専門研修アドバンストコース（科学系）	東京、茨城	四日間	二〇名
③歴史民俗資料館等専門職員研修	千葉	五日間	五〇名
④指定文化財（美術工芸品）　企画・展示セミナー	東京、京都	五日間	五〇名（各二五名）
⑤ミュージアム・マネージメント研修	東京	三日間	五〇名
⑥ミュージアム・エデュケーター研修	東京	一回目・三日間　二回目・二日間	五〇名
⑦美術館を活用した鑑賞教育充実のための指導者研修	京都	二日間	八〇名
⑧博物館・美術館等の保存担当　学芸員研修	東京	一二日間	二五名
⑨国際研修「紙の保存と修復」	東京	三週間	一〇名
		合計	三八五名

以下の資料は、「二〇一七年度福岡県博物館協議会総会、研修会開催要項」だが、ホームページで各都道府県の動向を確認しても、大半は「総会、講演、見学」の三点セットで、学芸員向けの研修会があっても「講演・事例報告」が多く、現場の学習ニーズに基づいた技術研修会が積極的に実施されていないことが分かる。

【資料】二〇一七年度福岡県博物館協議会総会、研修会開催要項

1　日時：平成二九年七月一四日（金）十三時三十分～十七時

2　会場：飯塚市歴史資料館研修室

3　総会　十三時三十分～十四時二十分

（一）役員について（二）平成二八年度事業報告及び決算報告について
（三）平成二八年度会計監査報告について（四）平成二九年度事業計画及び予算案について
（五）次期総会等について（六）協議事項について（七）その他

4　講演　十四時三十分～十五時三十分
「筑豊の歴史と地域博物館・資料館」飯塚市歴史資料館　館長　嶋田　光一　氏

5　見学　十五時三十分～十七時
飯塚市歴史資料館　常設展示「立岩遺跡出土の重要文化財等」

こうした状況から、地域博物館の学芸員は研修の機会をどこに求めたらいいのかと思わざるを得ない。全国の大学を見ると、三〇〇大学で学芸員養成課程を開講している。[8]学芸員養成課程は「学芸員を輩出すること」が第一義であるが、今後は輩出した地域博物館で働く学芸員や卒業した学芸員有資格者を「継続して育てていく、つながっていく」という役割も担う必要がある。さらに、それを果たしていくためには、現職学芸員のリカレント教育の場の機能を有する大学に設置される大学博物館[9]と連携することも必要である。

本稿では、国、各都道府県博物館協議会、そして学芸員養成課程を開講する大学、大学博物館との連携による地域博物館の学芸員研修カリキュラム体系化の議論を深めていくために、九州産業大学・九州産業大学美術館が、二〇一三年度から文化庁事業採択を受けて取り組んでいる「学芸員技術研修会」を基に、その成果と課題を論じていきたい。

四　文化庁事業等採択による「学芸員技術研修会」カリキュラム開発のプロセス

（1）学芸員の学習ニーズを把握する（二〇一三年度アンケート調査）

二〇一三年度文化庁「大学を活用した文化芸術推進事業」の採択を受け、先ず取り組んだことは、地域博物館学芸員の学習ニーズ調査だった。

二〇一三年度のアンケート調査は福岡県博物館協議会（六七館）、そして佐賀県博物館協会（三九館）所属の学芸員を対象に質問紙で実施した（提出はＦＡＸ）。主な質問項目は、「この三年以内に研修を受けましたか」、また「どんな研修を受けてみたいですか」とした。

その結果（九七名回答）は、図1のように三年以内の研修受講「あり」が四五％、「なし」が五五％であった。また、「なし」の理由は「時間がない」「予算がない」と共に「受けたい研修がない」が上がった。

そして、「受けたい研修のベスト5」は「展示技術（二三％）」「資料保存（二一％）」「教育普及（一四％）」「広報戦略（一二％）」「情報メディア（一一％）」となった。自由記述では座学だけではなく、演習を取り入れてほしいという声が寄せられた。

従来の研修会に参加しない理由について、「予算がない」「時間がない」「不在時の代替要員がいない」と考えがちであったが、今回のアンケートの結果を見ると、実は「受けたい研修がない」ということも大きな要因だったことが分かった。研修会開催にあたり、主催する側は、受講する学芸員の学習ニーズを踏まえることが大切であり、今回カリキュラム開発に当たっては、学芸員が「受けたい研修ベスト5」を中心に企画していくことにした。

（2）二〇一三年度の研修カリキュラム開発・実施とその成果

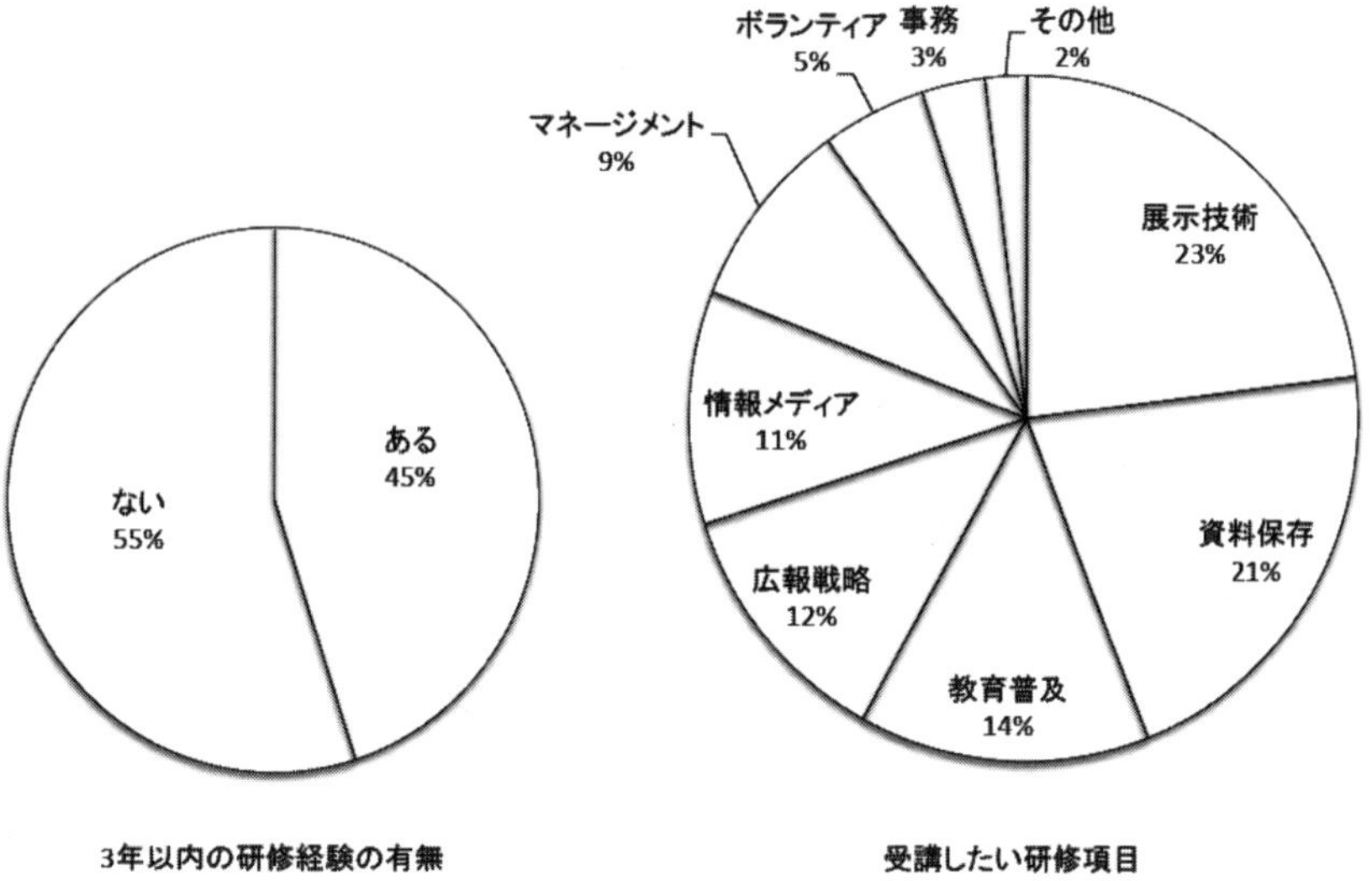

図１　福岡県博物館協議会・佐賀県博物館協会加盟館の学芸員アンケート結果

カリキュラム開発に当たり、以下の三つの事項について留意した。

●開催場所を分散化させる。各地域の学芸員が参加しやすいように、研修会場は福岡県内六ヶ所、佐賀県内二ヶ所と、計八会場設けた。

●研修項目は「受けたい研修ベスト5」の「展示技術」「資料保存」「教育普及」「広報戦略」「情報メディア」を中心に、その他にも希望が上がった「標本作成」「博物館経営」「博物館人材育成」「ユニバーサル・ミュージアム」など計一二回、一四講座とした。また、講師選定に当たっては、「現場で使える技術の習得」に貢献できる実績を有するかどうかを判断材料にした。

●研修形式は座学だけでなく、グループワークを取り入れ、館種を越えてアイデア交換できるようにした。選定した講師とは事前に、メールまたは直接面会して綿密な打ち合わせを行った。

受講生の募集は、講座毎にeメールで申込みを受け付けた。広報活動は大学美術館ホームページで行うと共に、

表3　二〇一三年度学芸員技術研修会日程表（定員は第一回（文化財修復）・第八回（標本作成）の二〇名以外、すべて三〇名）

回数	実施日時	開催場所	研修項目	講師
1	三月五日（水）10:00-17:00 二月六日（木）10:00-15:00	九州産業大学（福岡県福岡市）	文化財修復	福田 栄一（〈株〉福田装錦堂代表取締役）
2	二月一〇日（月）13:00-17:00	九州産業大学（福岡県福岡市）	展示グラフィック	熊谷 淳一（株式会社ノイエデザイン代表取締役）
3	二月一一日（火）13:00-17:00	九州芸文館（福岡県筑後市）		
4	二月一三日（木）13:00-17:00	佐賀大学美術館（佐賀県佐賀市）	展示制作	洪 恒夫（東京大学総合研究博物館特任教授）
5	二月一四日（金）13:00-17:00	嘉麻市立織田廣喜美術館（福岡県嘉麻市）		
6	二月一七日（月）13:00-17:00	佐賀県立博物館・美術館（佐賀県佐賀市）	照明技術	藤原 工（株式会社灯工舎代表取締役）
7	二月一八日（火）13:00-17:00	九州産業大学（福岡県福岡市）		
8	二月一九日（火）11:00-17:00	九州産業大学（福岡県福岡市）	標本作成	三橋 弘宗（兵庫県立大学自然・環境研究所講師）
9	三月四日（水）13:00-17:00	九州国立博物館（福岡県太宰府市）	博物館科学 博物館経営	佐野 千恵（東京文化財研究所保存科学研究室長） 山西 良平（大阪市立自然史博物館長）

10	三月五日（木）13:00-17:00	佐賀大学美術館（佐賀県佐賀市）	博物館科学	佐野 千恵（東京文化財研究所保存科学研究室長）
			デジタル・アーカイブス	内田 剛史（株式会社早稲田システム開発代表取締役）
11	三月六日（木）13:00-17:00	西南学院大学（福岡県福岡市）	博物館人材育成	湯浅 万紀子（北海道大学総合博物館准教授）
12	三月八日（土）13:00-17:00	福岡市博物館（福岡県福岡市）	ユニバーサル・ミュージアム	黒澤 浩（南山大学教授）

九州博物館協会、福岡県博物館協議会、佐賀県博物館協会にチラシを郵送した。その他、全日本博物館学会、日本ミュージアム・マネージメント学会、大学博物館協議会博物館科学会の協力を得て、会員へメーリングリストで広報を行った。

　こうして開催した二〇一三年度の学芸員技術研修会(表3)の事後アンケート結果から、三つのことが分かった。

●現場学芸員は実技学習の場を渇望していること。また、それに応えるために、学びたい研修内容を丁寧にリサーチすることが大切であること。

●博物館に学芸員が一人しかいない場合、グループワークによるアイデア交換が有効であること。

●さらに、学びの場として大学・大学博物館の活用が有効であること。

(3) 二〇一四年度学芸員技術研修会のカリキュラム開発の改善点

二〇一四年度に入り、二〇一三年度受講した学芸員へ追跡調査を行った。

「二〇一三年度の学習成果を今年度の展覧会等で活用していますか」という質問に、「展示制作」を受講した学芸員は、

「展示制作については、まずレイアウトの図面からこれまでとは違うものになりました。順路など線で結んで考えていたものが、ゾーニングという考え方を学んだことで、面で示した図面に変化しました。こちらの方が見やすく、展示計画も立てやすいことが分かりました。また、レイヤー感を意識することで、空間を生かした展示を心がけるようになりました」

「照明技術」を受講した学芸員は、

「LEDの光の演色性に関することを学び、従来の同一色温度での演出から、作品のもつ質感を活かした展示が可能になりました。また、今後館のLED照明器具選定にあたり、財政当局への資料作成で学習した知識が有効に活用できると思います」

と答えた。

二〇一四年度は、「照明技術」、「展示制作」、「展示グラフィック」の三分野で学芸員技術研修会を開催した[10]（表4）。なおカリキュラム開発に当たっては、受講生のリクエストを基に、以下のように改善を図った。

●もう少し研修時間を長くしてほしい。

↓（改善点）研修時間が一三時から一七時だったものを、一〇時から一七時にした。

●研修会開催時期は年度末、一月〜二月は避けてほしい。

↓（改善点）開催時期は九月以降、一二月までにした。

●開催場所は交通の便が良いところにしてほしい。

↓（改善点）電車など交通アクセスがいい、福岡、佐賀、熊本の会場を選定した。

●照明技術は基礎編で知識を身につけ、さらにテクニックを学びたいので中級編を用意してほしい。

→（改善点）照明技術は昨年度修了者に対して中級編を設定した。

（4）二〇一五年度学芸員技術研修会のカリキュラム開発の改善点

二〇一五年度は文化庁「地域の核となる美術館・歴史博物館支援事業」の採択を受け、前年度同様に福岡県、佐賀県、熊本県の三県で、八回の研修会を開催した（表5）。新たに、実行委員会の議論を基に、以下のような改善を行った。

●研修項目を追加する。

表4　二〇一四年度学芸員技術研修会日程表（定員は三〇名）

回数	実施日時	開催場所	研修項目	講　師
1	9月6日（水）10:30-17:00	熊本県立美術館（熊本県熊本市）	展示制作	洪 恒夫（東京大学総合研究博物館特任教授）
2	9月7日（月）10:30-17:00	九州産業大学（福岡県福岡市）		
3	10月9日（火）10:30-17:00	九州産業大学（福岡県）	照明技術基礎編	藤原 工（株式会社灯工舎代表取締役）
	10月10日（水）10:00-17:00		照明技術中級編	
4	10月11日（木）10:00-16:30			
5	12月17日（水）10:00-17:00	佐賀大学（佐賀県佐賀市）	展示グラフィック	熊谷 淳一（株式会社ノイエデザイン代表取締役）
6	12月18日（水）10:00-17:00	九州産業大学（福岡県福岡市）		

表5　二〇一五年度学芸員技術研修会日程表（定員は第五回（著作権）の五〇名以外、すべて三〇名）

回数	実施日時	開催場所	研修項目	講師
1	七月二二日（水） 10:30-17:00	福岡市博物館 （福岡県福岡市）	展示制作	洪 恒夫 （東京大学総合研究博物館客員教授） 松村 利規 （福岡市博物館主任学芸主事） 藤本 和美 （田川市石炭・歴史博物館学芸員）
2	九月二一日（月） 10:30-17:00	福岡市美術館 （福岡県福岡市）	ミッションステートメント	新藤 浩伸 （東京大学大学院教育学研究科講師）
3	一〇月七日（水） 13:00-17:00	九州国立博物館 （福岡県）	資料保存	本田 光子 （九州国立博物館博物館科学課長）
4	一一月一八日（水） 10:00-17:00	熊本県立美術館 （熊本県熊本市）	展示グラフィック	熊谷 淳一 （株式会社ノイエデザイン代表取締役）
5	一二月二日（水） 13:00-17:00	九州産業大学 （福岡県福岡市）	著作権	福井 健策 （弁護士、日本大学藝術学部客員教授）
6	一月一三日（火） 10:00-17:00	九州産業大学 （福岡県福岡市）	アート教育	齋 正弘 （美術家・元宮城県美術館教育普及部長）
8	一月二〇日（木） 10:00-17:00	佐賀県立博物館・美術館 （佐賀県佐賀市）	ユニバーサル・ミュージアム	広瀬 浩二郎（国立民族学博物館准教授）
7	二月九日（火） 10:30-17:00	九州産業大学 （福岡県福岡市）	照明技術基礎編	藤原 工（株式会社灯工舎代表取締役）
	二月一〇日（水） 10:00-17:00		照明技術中級編	
8	二月一一日（木） 10:00-16:30			

表6　二〇一六年度学芸員技術研修会日程表（定員は第五回（著作権）の八〇名以外はすべて三〇名）

回数	実施日時	開催場所	研修項目	講師
1	九月二一日（水）13:00-17:00	九州国立博物館（福岡県太宰府市）	資料保存	木川りか（九州国立博物館博物館科学課長）
2	一〇月三日（月）10:00-17:00	熊本県立美術館（熊本県熊本市）	アート教育	齋 正弘（美術家・元宮城県美術館教育普及部長）
3	一一月七日（月）10:30-17:00	浦添市美術館（沖縄県浦添市）	展示制作	洪 恒夫（東京大学総合研究博物館特任教授）
4	一一月一四日（月）10:00-17:00	佐賀県立博物館・美術館（佐賀県佐賀市）	資料修復（カラーフィル技法）	佐野 智恵子（工房いにしえ代表）
5	一一月三〇日（水）13:00-17:00	長崎県美術館（長崎県長崎市）	著作権	福井 健策（弁護士，日本大学藝術学部客員教授）
6	一二月五日（月）10:00-17:00	大分市美術館（大分県大分市）	展示グラフィック	熊谷 淳一（株式会社ノイエ代表取締役）
7	一二月一九日（月）10:30-17:00 一二月二〇日（火）10:00-16:30	ミュージアム知覧（鹿児島県南九州市）	照明技術	藤原 工（株式会社灯工舎代表取締役）
8	一月一二日（木）10:00-17:00	宮崎県立美術館（宮崎県宮崎市）	ユニバーサル・ミュージアム	広瀬 浩二郎（国立民族学博物館准教授）

↓（**改善点**）作家、作品の保護の観点から「著作権」、米国の博物館教育の実践事例を踏まえた「アート教育」、そしてユネスコの博物館勧告[11]を受けた博物館理念の問い直しから「ミッションステートメント」の三分野を加えることにした。

（5）二〇一六年度学芸員技術研修会のカリキュラム開発の改善点

二〇一六年度も文化庁「地域の核となる美術館・歴史博物館支援事業」の採択を受け、実行委員会の議論や受講者のリクエストを基に、以下のような改善に至った。

●開催場所を九州・沖縄全県、八ヶ所とする。

↓（改善点）これまでの福岡県、佐賀県、熊本県に加え、長崎県、大分県、宮崎県、鹿児島県、沖縄県まで拡大。特に、沖縄県については「県内の研修会はあるが、各県との交流を是非したい」という声を受けて実現した。

●新たな技術を実際に体験する機会を作る。

↓（改善点）陶磁器の修復方法として英国で開発された「カラーフィル技法」を学ぶ機会を提供。

●「照明技術」の期間を二日間とする。

↓（改善点）これまで基礎編一日、中級編二日と三日間としていたが、どうしても期間が長いという意見が多く寄せられたため、講師とカリキュラムを見直した結果、中級編で行う照明作業の中に基礎的な知識のレクチャーも取り込むことで二日間の研修に短縮した。

こうした四年間にわたる研修会体系化に向けた改善の積み重ねから、二〇一六年度にまとまった研修会の内容は表6のとおりである。

（6）二〇一三年度から二〇一六年度までの「展示制作」カリキュラムの変遷（表7〜表10）

ここでは、特に「展示制作」のカリキュラムの変遷について、詳しく述べてみたい。

●二〇一三年度の状況（表7）

①初めての開催であったため、開講時間を午後からの四時間とした。

表7　二〇一三年度「展示制作」のタイムテーブル

十二時三十分	受付
十三時〇〇分	自己紹介、「展示制作」の悩みの共有
十三時三十分	講義「展示制作の最新事例紹介（展示はコミュニケーションツールである）」講師：洪恒夫（東京大学総合研究博物館特任教授）
十四時三十分	グループワーク「伝わる展示をデザインする」新聞をテーマにする
十五時三十分	演習「展示案発表・講評」
十六時〇〇分	講義「展示制作のツボを解説する」講師：洪恒夫
十六時三十分	ふりかえり、アンケート記入
十七時〇〇分	終了

表8　二〇一四年度「展示制作」のタイムテーブル

九時三十分	受付
十時〇〇分	自己紹介、「展示制作」の悩みの共有
十一時〇〇分	講義「展示制作の最新事例紹介（展示はコミュニケーションツールである）」講師：洪恒夫（東京大学総合研究博物館特任教授）
十二時〇〇分	昼食
十三時〇〇分	グループワーク「伝わる展示をデザインする」新聞をテーマにする
十四時三十分	演習「展示案発表・講評」
十五時三十分	講義「展示制作のツボを解説する」講師：洪恒夫
十六時三十分	ふりかえり（アンケート記入）
十七時〇〇分	終了

↓（改善点）事後アンケートで「時間が足りない」という意見が多数出されたため、午前午後の七時間とする。

②講師から事前に「新聞をテーマに展示案を企画すること」という宿題が出された。グループワークはそれぞれが持ち寄った展示案を検討した。

↓（改善点）事後アンケートで「班の人数が多くて、一時間では十分な議論ができなかった」という意見が出されたため、次回は班の人数を四人程度、議論を一時間半とする。

●二〇一四年度の状況（表8）

①午前午後の七時間を使い、ゆっくりと講義、グループワークをすることができた。

↓（改善点）講義時間を午前午後と一時間ずつに設定したが、「午後の講義を十分に確保するために、アンケート記入は後日でもいいのではないか」という意見があったため、アンケートは後日メールで回答してもらう。

②新聞をテーマにした展示案作成は、参加者の多彩な展示案をグループで検討できるため、日ごろ一人で考えることが多い参加者から「とても新鮮だった」という意見がでた。

↓（改善点）しかし、「せっかく、会場が博物館や美術館なので、その場所の展示をテーマにしてもいいのではないか」という意見があったため、開催館の学芸員と実現可能か調整してみる。

●二〇一五年度の状況（表9）

①開催館の福岡市博物館は実行委員会メンバーであったため、展覧会を活用した研修会が可能になった。担当した学芸員から展覧会企画のポイント、展示造作の工夫、今後の課題などを話してもらってから、班毎で展覧会を見学した。午後からはグループワークで班毎に、展覧会を「ここはいいね」と「ここはこうしたいね」という視点から検証を加え、その結果を発表し、担当学芸員、講師と意見交換した。

表9　二〇一五年度「展示制作」のタイムテーブル

十時〇〇分	受付
十時三十分	開会挨拶、自己紹介
十時五十分	事例紹介「展覧会の作り方—山本作兵衛の世界展を事例として—」 ＊展覧会を企画立案・制作した学芸員から話を聞く。 講師：松村利規（福岡市博物館）、藤本和美（田川市石炭・歴史博物館）
十一時五十分	「山本作兵衛の世界展」会場見学（松村講師、藤本講師の案内）
十二時四十分	昼食
十三時三十分	グループワーク①「ここはいいなあ【I like】、ここはこうしたいなあ【I wish】法による」 ＊グループワークを通じて展覧会の成果と課題を検証する。
十四時〇〇分	演習「グループ発表（松村講師、藤本講師コメント）」 ＊各グループからの発表に対して講師がコメントする。
十四時三十分	講義「展覧会の作り方で留意したいこと」講師：洪恒夫（東京大学総合研究博物館客員教授）
十五時二十分	休憩
十五時三十分	グループワーク②「もう一度展覧会を見てみよう」
十六時十分	ふりかえり「今日学んだことを活かそう」（洪講師からコメント）
十六時四十分	アンケート記入
十六時五十五分	閉会挨拶
十七時〇〇分	終了

↓（改善点）発表と意見交換は展示室ではなく、研修室で行ったため、臨場感がなかったので、次回は展示室で行う。

②昨年の改善点となったアンケート記入について、今回も当初スケジュールに入れていたが、「ふりかえり」での講師と参加者の意見交換が活発になったため、実施しなかった。

↓（改善点）アンケートについては、研修会後にメールで提出を求めたが、回収率は問題なく、また研修会後すぐの記入に比べ、じっくり研修をふりかえることができ、内容も充実することが分かったので、次回からは確実にメール提出にしたい。

③展示制作は「受けてみたい研修」で上位に入っていたため、過去三年間福岡県、佐賀県、熊本県の三県五ヶ所で開催した。参加する非常勤職員から雇用期間が決まっているため、なかなか展示技術の継承が困難であるという声が上がった。本研修会で大切にしているグループワークを多く取り入れたカリキュラムは、館を越えた参加者相互の切磋琢磨が可能になる技術継承の場となり、今後も九州・沖縄各県で開催することが望ましいと考えた。

↓（改善点）これまで三年間で培った九州・沖縄各県の学芸員とのネットワークを基に、来年度は沖縄県での開催を模索する。

●二〇一六年度の状況（表10）

①グループ毎に開催館の展覧会を検証し、新企画を展示室で発表したことで、意見交換がスムーズに実施できた。

↓（改善点）展示室を教室にした研修を進めることは、開催館の理解・協力が必要となる。今後も事前打ち合わせを行い、開催館の課題解決も念頭に置いたカリキュラム開発に心がけたい。

②今年度の研修会は九州・沖縄八県すべてで開催することができた。特に、今回の「展示制作」開催館となった浦添市美術館は沖縄県博物館協会の事務局であったため、県内各館への広報活動がスムーズにできた。また九州からの参加者（福岡県、佐賀県、熊本県、長崎県、鹿児島県）もあり、交流の輪が広がった。

↓（改善点）広報活動は沖縄県博物館協会の協力を得たが、今後も各県の博物館協会との連携強化を図り、学

表10　二〇一六年度「展示制作」のタイムテーブル

十時〇〇分	受付
十時三十分	浦添市美術館の紹介（岡本亜紀学芸員）、自己紹介、「展示制作」の悩みの共有
十一時〇〇分	報告「常設展の作り方－浦添市美術館を事例として－」（金城聡子学芸員）
十一時四十分	「浦添市美術館常設展」見学（金城学芸員の案内）
十二時三十分	昼食
十三時二十分	グループワーク①「常設展のココはいいなあ【I like】、ココはこうしたいなあ【I wish】法による」 ＊グループワークを通じて展覧会の成果と課題を検証する。
十三時五十分	講義「展覧会の作り方で留意したいこと」 講師：洪恒夫（東京大学総合研究博物館特任教授）
十五時〇〇分	休憩
十五時十五分	グループワーク②「もう一度展覧会を見てみよう」 ＊グループワーク①で検証したポイントと講義から展覧会を再点検し、展示の新企画を考える。
十五時四十分	演習「常設展の新企画についてグループ別発表・洪先生の講評」 ＊展示室で担当する展示コーナーを決め、グループは順番に発表し、洪先生が講評する。
十六時三十五分	ふりかえり「今日は意味の時間になりましたか」
十七時〇〇分	終了

芸員研修の充実を図りたい。

五　学芸員研修カリキュラム開発に向けた七つの留意点

このように二〇一三年度から四年にわたる研修会の継続による改善点の蓄積からまとまった研修会カリキュラムだが、この開発に当たっては七つの留意点が確認できた。

①研修項目のテーマ設定を行う（誰のために、どんな研修内容にするのかを検討した）
②テーマ設定に応じた講師の選定（多くの実践事例を持つ講師にこだわった）
③開催時間は基本的に一日単位とする（理論と実践を組み合わせ、座学だけでなく、グループワーク、ふりかえりを取り入れ、学芸員の交流の場を作った）
④事務局と地域博物館学芸員との交流促進による企画立案の充実（九州産業大学を事務局に、四年間継続した研修会を実施したことで、九州・沖縄の学芸員との交流が促進した。その理由は事務局と参加者のやり取りはメールで行ったことで、地域の学習ニーズを直接聞く機会も多くなった。例えば、「ぜひ、私のところで開催してください」「次の研修項目は照明技術でお願いします」という声を参考に、企画立案の充実が図れた）
⑤研修会参加者を核とした、広報活動を行う（四年間研修会を継続したことで、九州・沖縄の参加者数はのべ六〇〇名を越えた。研修会開催に当たっては、各県の博物館協議会等加盟館へ広報を行うとともに、これまでの参加者にもメールで開催要項を送り、情報の拡散をお願いした）
⑥事前事後アンケートの収集とカリキュラムの改善（研修会の事前アンケートを基に、参加者の学習ニーズを把

握し、講師と内容の検討を行った。また事後アンケートから講師と研修会の成果と課題を検討した）
⑦学芸員養成課程を有する大学・大学博物館は、現職学芸員のリカレント教育の場になる（学芸員養成課程を有する大学、大学博物館は「学芸員を輩出すること」が第一義的なことだが、輩出した地域博物館学芸員を「継続して育てていく、つなげていく」という役割を果たすためには、博物館実習で学生の受入先となる博物館訪問をする際、学芸員の学習ニーズについて聞き取り調査を行い、研修項目を検討した）

六　おわりに

二〇二〇年東京オリンピック・パラリンピック大会に向け、博物館そして学芸員がますます注目されるようになるだろう。そのこと自体は喜ばしいことだが、近年、博物館資料を「守る技術（保存・修復）」「調べる技術（調査研究）」「見せる技術（展示）」「伝える技術（教育普及）」は常に進化しているため、国が進める①専門職員の育成・活用、そして研修の充実②大学、異分野との連携は、地域博物館の喫緊の課題となる。

そのため、今回は九州産業大学、九州産業大学美術館が九州・沖縄八県の地域博物館学芸員と連携して実施する「学芸員技術研修会」のカリキュラム体系化に向けた四年間の改善プロセスを紹介した。

最後に、「学芸員の研鑽なくして、博物館の活性化はない」という言葉をもって、本稿を締めくくりたい。

（九州産業大学地域共創学部教授）

註

(1) 文化芸術の振興に関する基本的な方針―文化芸術資源で未来をつくる―(第四次基本方針)(平成二七年五月二二日閣議決定)
(2) 文化庁「文化プログラムの実施に向けた文化庁の基本構想について」、二〇一五年七月一七日
(3) 観光立国推進閣僚会議「観光ビジョン実現プログラム二〇一六―世界が訪れたくなる日本を目指して―(観光ビジョンの実現に向けたアクション・プログラム二〇一六)」、六頁、二〇一六年五月
(4) 文部科学省「社会教育調査―平成二七年度結果の概要」
(5) 総務省統計局「労働力調査(詳細集計)平成二九(二〇一七)年七～九月期平均(速報)結果」によると、雇用者五四八六万人に対して、非正規は二〇五〇万人で全体の三七・四%となる。博物館業界は四八%であるため、この数字を今後如何に減少させていくかも大きな課題と言える。
(6) 三沢市先人記念館、二〇一一年八月三〇日、一八時三一分.Tweet。
(7) 文化庁HP「美術館・歴史博物館に関する研修」『平成二九年度研修会等一覧』
(8) 文部科学省HP「学芸員養成課程開講大学一覧(平成二五年四月一日現在)三〇〇大学
(9) 学術審議会 学術情報資料分科会学術資料部会「ユニバーシティ・ミュージアムの設置について(報告)―学術標本の収集，保存・活用体制の在り方について(平成八年一月一八日)」の「Ⅲ ユニバーシティ・ミュージアムの整備二 ユニバーシティ・ミュージアムの機能(五)教育」に、「学術標本を基礎とした大学院・学部学生の教育に参加するとともに，博物館実習をはじめ大学における学芸員養成教育への協力を行う。また，一般の博物館の学芸員に対する大学院レベルのリカレント教育や，人々の生涯にわたる学習活動にも積極的に協力することが望ましい」と記載されている。
(10) 二〇一四年度は、科学研究費助成事業(学術助成基金助成金)基盤研究(C)「新学芸員養成課程に対応するユニバーシティ・ミュージアムの方策研究」(研究課題番号:二四五〇一二七四、研究代表者:緒方泉)により実施した。
(11) 「ミュージアムとコレクションの保存活用、その多様性と社会における役割に関する勧告」は、二〇一五年一一月一七日にユネスコ第38回総会で採択された。日本語訳は国際博物館会議日本委員会が行い、公開している。https://www.j-muse.or.jp/02program/pdf/UNESCO_RECOMMENDATION_JPN.pdf

ＡＩ時代に向けた博物館とコンピュータの関係史にみる学芸員の在り方

下湯　直樹

はじめに

筆記業務の効率化のため、一九世紀の後半にタイプライターが、一九八〇年代にはワードプロセッサが、二〇世紀後半になるとコンピュータが誕生し、普及していった。我が国の博物館界でも、一九七〇年の大阪万国博覧会を契機として、コンピュータ技術や映像に対する意識が芽生え、導入されていくようになった。導入当初は、コンピュータの操作者自らがプログラムを入力する必要があったため、人文系には馴染まないと、その存在を否定する向きもあったが、現在では、博物館職員の多くがコンピュータ利用を前提とした働き方となっている。(1)しかし、国や地方自治体が財政的に厳しく、人員削減が叫ばれている昨今、学芸員の立場からすると、一人の学芸員がこなすべき業務は極限まで膨張しており、コンピュータの導入によって業務が軽減されたかといえばそうではない。むしろ、コンピュータ操作や業務用ソフトウェアの使用方法の学習や保守管理が多く、業務が増大化しているといえる。そして、一九九〇年代にしきりに叫ばれていた社会概念である情報化社会の化は取れ、高度情報社会となっている。博物館業務のあらゆる分野で情報機器が普及し、業務で使われる全てのデータがデジタル化され、資料から通常業務に用いる文書まで、博物館のなかで扱われるあらゆる情報が一元的に管理できるようになっている。それら一元管理された情報に加え、世界各国の博物館からアーカイブ化されて集められた資料情報や画像等が集積され、ビッグデータとして計り知れない情報価値を有している。さらに、蓄積されたビッグデータに基づいて学習する人工知能（ＡＩ）の存在は、これまでの人間の働き方自体をも大きく変える存在として、近年さらに注目されている。

前記のような情報メディアの状況を予見していた人物として、文化人類学者で京都大学名誉教授、国立民族学博物館の初代館長となった梅棹忠夫が挙げられる。梅棹は「博物館は未来をめざす」のなかで、一九八五年当時の博物館の指針を以下のように述べている。(2)

最近は、コンピューターの発達にともなって、なにごとによらず情報化ということがいわれ、高度情報社会の到来ということもいわれております。そのことをかんがえますと、大量の情報を蓄積し、処理し、提供する情報機関としての博物館こそは、このような情報化の時代にもっとも適合した存在であるといえるでしょう。博物館こそは、このような時代の到来をまちのぞんでいたということもできるかとおもいます。

前記の言葉は、梅棹が博物館を「現代文明のアヴァンギャルドたれ」という考えの根幹とも言える。

本稿では、前記の如く、後の博物館界において大きな示唆を与えた梅棹忠夫の思考をもとに先進的に情報化を進めてきた国立民族学博物館を事例に、博物館関係者によるコンピュータの導入から活用方法の模索、活用方法の確立といった流れを追っていく。そのなかで、来るべく博物館職員と人工知能との協働の道を探っていくこととしたい。

二　コンピュータの導入期

我が国の博物館界にコンピュータが導入された先進事例は国立民族学博物館（以下、民博）である。民博では、一九七九年にメインシステム用コンピュータとしてＩＢＭ３７０‐１３８が一台導入され、一九八一年には画像処理用としてＩＢＭ４３４１が一台導入された記録が残っている。また、当時の人文系の博物館としては異色ともいえる情報工学を専門とするスタッフを擁していたことが左記の梅棹の言葉から分かる。[3]

わたしども博物館はそのスタッフのなかに、情報工学を専門とする数人の工学博士を擁しております。博物館における情報と工学の結合のなかから、すでにさまざまなあたらしいくふうをうみだすことができたのでありますが、将来さらに、いっそう先端的なこころみをうみだすことは、このような大量の情報をあつかう機関としては、当然の任務であろうかとかんがえているのであります。

また、上記の情報工学を専門とし、民博において後に「コンピュータ民族学」という理論を確立するに至った杉田繁治が、コンピュータ導入期にあたる一九七七年に「コンピュータと民族学」を著している。このコンピュータ民族学に関する着想について、後に著した「コンピュータ民族学序説」のなかで左記のように述べている。[4]

しかし何故〝コンピュータ〟が表に出てくるのか。いままで梅棹氏の〝文化分析の構想〟に啓発されて、〝コンピュータ民族学〟を模索して来たが、主として情報処理の技術的観点からシステム開発を行ってきた。（中略）つまり、〝コンピュータ民族学〟における〝コンピュータ〟は、三つの意味を持っている。すなわち、（１）モデル記述、データ解釈における偏見のないアルゴリズムの象徴として、（２）また文明社会のシステム構成要素の一つとして、文化の影響をどのように受けているかを考察する対象物の象徴として、（３）そして知的生産の道具として情報処理の役割を持つもの、として使われているのである。

このように初代館長である梅棹の思考がもととなり、民族学の新しい展開を追求しようとして第五研究部に「コンピュータ民族学」という部門が設置されることとなっている。その杉田はコンピュータ導入期において人文系の研究者に受け入れられていない状況に対して左記のように述べている。(5)

コンピュータがまだ誰でも使えるバカチョンレベルまで進歩していないからだといえる。プログラミングや操作手順など強制的な約束ごとを憶えないといけないという所に反発がある。それは今までのコンピュータ情報処理の中心をなしていた人々は、ある意味でハードウェアやシステムプログラムの専門家ではあっても、必ずしも具体的な情報処理を必要としているユーザではなかった。道具を作る立場の人が主で、できた道具の使い具合を試す程度は使用するが、実際には使用していない人が多い。

つまり、当時のコンピュータとは開発側の意向が大きく反映され、ユーザーのニーズは二の次であったといえる。また人文系のユーザーが活発にコンピュータを利用していない要因についても左記のように述べている。(6)

その研究内容が実際問題としてコンピュータで処理できるような性質のものでない場合が多いということもあった。それは問題全体としてはすべてをコンピュータ化できないというだけで、部分部分には当然コンピュータが役立つ部分がかなりある。しかし、その部分を分離させて機会的なデータ処理部分と思考を必要とする部分を分けて考えることになれていない場合が多い。データに思い入れをしてしまってドライに見ることがなかなかできないという事情がある。したがってどこにコンピュータが使用できるかを見つけることがむずかしく、結局使わないでいるケースが多い。

その意味において、当時代に民博が先進的にコンピュータを導入し、人文学系の博物館をリードする形で、研究

における コンピュータ活用のニーズを開発側に提示した意義は大きいといえる。杉田が当論文で示した民族学研究におけるニーズは左記の一二点にも及ぶ。

1　データ化された旅行記や観察記録、歴史的な記述・古典文献から必要な事項の検索機能
2　データ化された文字情報のチェック機能
3　OCRによる文字情報の素早い自動読み取り機能
4　多種文字の入力機能
5　画像処理技術と民族誌データを結合し、古代文字の解明に役立つ機能
6　画像処理を活用し、身体的動きの特徴を自動的に記述する機能（動作分析）
7　資料の形態とその文様の分類と同様の特徴を有する資料の検索機能
8　衛星によるリモートセンシング技術を使った撮影画像の分析機能
9　文化要素の分布図の作成機能
10　生音声の自由な速度変化や声調の変化を視覚化する機能
11　民俗音楽における音と言語の複合音を分離する機能
12　人間の生理的変化（脳波、心電図、脈拍、血圧など）の計量的計測機能

このような今から四半世紀以上前の潜在的なニーズについては、現在では既に実用化されている機能ばかりである。その意味でも、杉田が「問題は真のニーズを開拓できていないところにある」、「なぜ独自の利用形態が生じてこなかったのか、われわれはコンピュータに何を求めるのか、異なる文化における異なるコンピュータのあり方を含めて、情報処理の再考が必要ではないだろうか」と結論付けている通り、博物館職員が将来を見据えて、

博物館に関わる潜在的なニーズを開発側に提示したことは非常に重要な意味があったといえよう。

また、当該期に科学技術館に勤務し、情報処理技術士の資格を有していた吉村典夫が自身のコンピュータ観について述べている。(7) 要約すれば、吉村は一九七九年当時、博物館と情報が結びついていない現状のなか、その両者を結び付ける役割としてコンピュータが必要とされ、大型で高価なコンピュータを使用しているが、コンピュータとは機械であり、情報自身を処理するのは人間であるため、コンピュータと情報処理を短絡することに対し、警鐘を鳴らしている。また、一九七六年にスペインで開催されたＵＮＥＳＣＯの「文化財目録作成の近代的方法に関する専門家会」におけるコンピュータや情報処理に関する情報を翻訳して紹介している。そのなかでの勧告の一つに「ドキュメント化された情報は、世界各地に、安価に、迅速に流すことが可能である。また、コンピュータの利用は、情報をより確実かつ迅速に、蓄積し、組織し、伝達するのに役立つ」ものとし、国家レベルでの資料のドキュメンテーション作成とガイドライン、利用者への配付計画が謳われたことが記されている。つまり、博物館界において前記を達成するうえで必要とされるコンピュータ利用と情報処理に関する指針がこの勧告を契機として示されることとなったことが窺い知れる。

三　コンピュータの試行期

一九八〇年代に入ると、デスクトップ型のオフィスコンピュータが低価格化していき、博物館界にも徐々に普及していくこととなった。全日本博物館学会発行の『博物館学雑誌』には、一九八四年から一九八五年にかけて、コンピュータに関する論文が立て続けに四本掲載されている。その一本である高井芳昭「コンピュータ利用展示の現状とＣＡＩ」を参考に当時の状況を探っていく。まず、高井はコンピュータの普及状況について「昭和五〇年度末の時点で、わが国の汎用コンピュータの台数は、三五三〇五台で、アメリカに次いで、世界第二位であった」と述べ、「その影響は、博物館展示の中にも現れてくる」と示唆している。[8]また、一九八四年当時のコンピュータを利用した展示の状況を、既に導入している博物館展示を事例に挙げ、①コンピュータを目的とした展示、②コンピュータを手段として使った展示、③教育の目的でコンピュータを手段として使った展示、といった展示タイプを類型化している。高井自身の意識は、これまでの展示が博物館から利用者への一方向であったことから、コンピュータを利用し、現在でいうところのインタラクティブな展示を目指すところにあった。その手段として、コンピュータを活用した学習システムであるＣＡＩ（Computer - Assisted Instruction）を展示に応用することを推奨するに至っている。高井は、そのＣＡＩの学習形態を「練習演習様式」、「個別教授様式」、「問合せ様式」、「ゲーム・シュミレーション様式」、「問題解決様式」といった五様式に分類し、「問合せ様式」を博物館に適した学習形態であると主張している。その根拠を新井重三の「展示室にはもっと情報量を多く蓄積する必要がある。しかし、それを全部展示する必要はない。利用者の希望に応じて図書館のように資料を提供できるシステムを開発する必要がある」という主張を裏付けとし、「博物館展示が不特定多数の人々の一過的な利用を前提条件とする時、問合せ様式という学習形態はこの条件に適合する」と述べている。

また、高井は翌一九八五年に「映像展示に対するコンピュータの影響」を著し、「コンピュータの出力で最も一般的なものは画像である。従って、コンピュータが博物館展示に導入される時、大きな影響を受けるのは映像を利用した展示であろう」という視点をもとに実態調査を行っている。その調査の結論を左記のように述べている。[9]

現在、博物館で実施されている映像展示をハードウェアの面で捉えた時、コンピュータの利用は、扱える映像を多量、あるいは、複雑なものにしていると考えられる。一方、リモートセンシングとコンピュータトモグラフィの例からも明らかなように、コンピュータの利用は、記録映像の領域を拡大している。それは、とりもなおさず、映像展示のソフトウェアの領域の拡大であると言える。以上より、コンピュータは、ハードウェアの面からも、ソフトウェアの面からも、映像展示をより豊かなものにしていくと結論できる。

さらに、ソフトウェアの製作には多額の経費と時間を要するものであるため、普段から研究用に映像を活用し、記録映像のストックを作っておく「研究映像ライブラリー」ことを提案した。この先導的役割を担ったにはもちろん民博であり、一九七七年にミニコンピュータが制御・管理するオーディオ・ビジュアル・ライブラリー「ビデオテーク」が世界で初めて実現した。梅棹は、ビデオテークをはじめとした先端技術と博物館の関係性について以下のように述べている[10]。

展示、研究、文献図書資料の収集、音楽、演劇・舞踊の上演、映画の上映、すべて博物館の活動内容をなすものであります。博物館は、それらの諸機能についての先端的な技術をためしてみるのに、まったくうってつけの場所なのであります。あるいは、先端的な技術を開発するのに、まことに好都合な施設なのであります。

事実、わたしども博物館では、ご承知のビデオテークはじめ、先端技術にもとづくさまざまな情報装置の開発をすすめてまいりました。その成果は、博物館だけでなく、いまや各種文化施設においてとりいれられ、おおきな成果をうみつつあることはご承知のとおりでございます。

そして、その先導的な役割を担う博物館の姿勢については左記のように述べている。

わたしどもはなお、さらにあたらしい技術の開発をめざして、いろいろ検討をおこなっております。今日のように技術の進歩のはやい社会においては、どんなあたらしい施設でも、ちょっと油断をしていると、たちまち時代おくれになり、とりのこされてしまいます。技術の進歩に対する不断の注意と、変化に対する柔軟な姿勢が要求されるのであります。こういうことは、技術畑あるいはメーカーからもちこまれるあたらしい商品に対して、うけ身で対応するという追随的な態度では、とうていじゅうぶんなことはできません。われわれ自身の必要性にもとづいて、積極的に技術革新をすすめてゆくという先導的な態度が必要です。

この梅棹の考え方は、以後の民博の展示開発に対する姿勢にも大きく影響を及ぼしていった。

四　コンピュータの普及期

当該期は、コンピュータの確立期といえ、内閣府が発表した消費動向調査によれば、パーソナルコンピュータの低価格化に加え、インターネットと親和性の高い、マイクロソフトが一九九五年に出したオペレーティングシステム（OS）であるWindows95の登場により、コンピュータの普及率が一〇％前後から四〇％前後まで急増している。博物館界におけるコンピュータの利用状況については、一九九五年度に日本博物館協会がまとめた「博物館におけるマルチメディアの活用に関する調査研究報告書」から窺い知ることができる。(11)当報告書によれば回答のあった一五六一館中、何らかの形でコンピュータを使ったマルチメディアを利用している館が六四〇館と全体の約四〇％の館が利用している。また、「将来利用したいと回答した館園が四三六館あり、現在利用していない施設の四七％に達しているが、何らかの改革と来館者サービスの願いの現れ」が出ている。そして、「注目に値するものは、利用目的が資料整理・保管が回答館園の九二％に達しており、展示、調査研究、教育普及においてはいずれも五〇〇件を越え、事務管理等各項目とも七〇％を越える館園が導入を希望しており、利用の現状とはかなり違った様相を示している。」なお、そのデータから特に、「郷土館と歴史館においての資料整理・保管に対する期待が大きい」ことも見て取れた。

当該期には、コンピュータ試行期において高井が「問合せ様式」が博物館に適した学習形態であると結論付けた如く、多くの来館者の知的欲求を満たすコンピュータを活用した「問合せ様式」の展示が登場した。なかでも、コンピュータの試行期にビデオテークを生み出した民博は、一九九七年に実物資料に触れるハンズ・オン展示と映像を組み合わせた「Dr. みんぱく」を、一九九九年には携帯型の展示解説装置「みんぱく電子ガイド」を誕生させている。一九九八年の民博の展示案内にその「Dr. みんぱく」が設置された「ものの広場」について左記のような説明がなされている。[12]

「ものの広場」では直接ものに触れることからすべてが始まる。ものを手にしてはじめてそれについての知識を得ることができるのである。博物館や美術館では、どこへいっても「展示物に手を触れないで下さい」という表示が目につく。もともと人の手で作られ、人の手に触れることを目的に作られているものですら、いつのまにか「見る」だけの対象にかわっている。そのような「視覚」偏重の傾向が広がる中で、このコーナーは改めて「触覚」をみなおすことをめざして構想された。

（中略…）ものに直接触れることをきっかけにして、そのものの背後にある文化や、それを生み出した人々への理解を、少しでも深めることができるにちがいない。「ものの広場」は、博物館における展示の新たな可能性をさぐる実験の場でもある。

当コンセプトをもった「ものの広場」で観覧者は展示資料を自由に手にとり、それを情報端末「Dr. みんぱく」

にかざすことによって、展示資料の中のRFタグが認識され、それぞれの資料に関する情報が情報端末のモニターやスピーカーから像や音声となって情報提供する新たな仕組みが生み出された。展示物に触るという行為を観覧者に促すとともに、従来の解説パネルやキャプションで提供していた資料そのものの情報を、情報機器を通して多角的に提供しようとした点においても画期的試みであった。[13]さらに、日本の博物館界にハンズ・オン展示が根付いていない最中の、ハンズ・オン展示とコンピュータを活用した映像展示を組み合わせた先進事例であり、梅棹の思考における「われわれ自身の必要性にもとづいて、積極的に技術革新をすすめてゆくという先導的な態度」そのものといえる。そして、一九九九年に世界で初めて映像と音声による携帯型の展示解説装置として誕生した「みんぱく電子ガイド」は二〇〇〇年に英語版、二〇〇一年の中国語版、二〇〇五年の韓国語版の運用といった具合に、言語による展示観覧の壁を乗り越える役割を果たし、今なお改良され、機能が向上している。

前記の如く、展示や資料整理等に活発にコンピュータが活用されていく状況について、コンピュータの導入期に人文系の研究者がコンピュータを使えていない理由を「コンピュータがまだ誰でも使えるバカチョンレベルまで進歩していないからだ」と述べた杉田は民博を退官する二年前にあたる二〇〇一年に左記のような言葉を残している。[14]

つまりコンピュータ利用に文系とか理系とかの区別が無くなるということである。またコンピュータが姿を隠してそれを使っていると言う意識がなくなる時期でもある。（中略）人文科学における課題としては直接的なコンピュータ利用ではなく、コンピュータ的な発想に基づく問題解決方法の開発であろう。それは必ずしもコンピュータを利用しないが問題の性質を誰もが理解できるような表現にしていく手法の開発である。例えばモデル＆シミュレーションとして理系では古くから使われている方法を文系でも取り入れて新しい課題に挑戦することである。考察しようとしている事象を要素と関係で記述する。それを図で表現する。（中略）問題が明確に表現されると結果的にコンピュータの活用場面が見出される。

前記から分かるように、コンピュータの確立期においてはこれまで人文系と理系の区別はなくなり、一様に活用されているようになっている。しかし、現在、杉田が「コンピュータが姿を隠して」と表現している通り、現代人は何らかの課題や回答を求められると、自ら思考することなく、インターネット等における検索機能を使い、他者の意見や回答を自身の見解として使用する傾向が強くなっている。その意味でも、物事を思考する際の基本的な流れのなかで、杉田の適切なコンピュータの活用場面の例示は、今日の思考することをなおざりにする状況に対する警鐘ともなり得るものとなっている。

五　コンピュータの発展期

当該期は、まさに情報化社会から高度情報社会となり、現代人を取り巻くコンピュータ環境の変化は目まぐるしいものがある。その意味では、一九九八年の民博の展示案内「Dr. みんぱく」の制作されたコンテンツが、当該期を待たずして急速に進化するコンピュータのオペレーションシステムとそれに対応した機器に対応できなくなり、二〇〇三年には終了することになっている。

また、先の高井が示したコンピュータを活用した学習システムＣＡＩ自体は、コンピュータネットワークの発展や、個人の情報リテラシー能力の向上によって、コンピュータを用いた訓練 ＣＢＴ（computer - based training）や ＷＢＴ（web - based training）などが考案され、二〇〇〇年代以降は、ＣＢＴやＷＢＴの概念を活用したeラーニングなどに置き換わっているのが現状である。しかし、高井が目指した多くの情報量を蓄積した「問合せ様式」の展示は、民博において最終的には情報提供端末「イメージファインダー」に結実するに至っている。このイメージファインダーは、マルチタッチモニターに民博の展示資料の画像が並び、利用者は自分の関心のある資料の写真を指で、触れることにより、標本資料名、収集された国や地域、使用していた民族といった基本情報、展示場における展示位置、概要の解説等が表示される仕組みである。特に重要な要素は、その資料に関連した論文やエッセイ、書籍の書誌情報が表示されると同時に、それらが設置されている書棚の番号が示されることにある。さらにその大きな特徴は、文字による検索を入口にしていない点と必要な情報が必ずしも画面上だけでは得られない点にある。このことにより、展示場の観覧を終えた利用者が資料を追想し、展示場に戻る行動が誘発されている。つまるところ実物との対話に繋がっているといえる。これは高度情報社会が進んだ弊害として、インターネット上で実物資料の画像や情報が容易に手に入ることにより、実物離れの傾向が強くなった昨今の状況を鑑みた先進的な取り組みといえよう。

六　今後のコンピュータと博物館

ここで改めて、博物館とコンピュータの関係の深い項目を年代で導入期、試行期、普及期、発展期の四期に分類し、その変遷過程を表1に示す。本稿においては、梅棹忠夫の思考をもとに先進的に情報化を進めてきた民博におけるコンピュータ活用の事例を年代順に追ってきたが、表に示した学芸員に必要なコンピュータに関する能力も大きく変化しているといえよう。二〇二〇年以降には、コンピュータの処理能力の向上、ビッグデータ解析

表１　年代別に分類した博物館におけるコンピュータ利用の変遷

	一九七〇年代〜一九八〇年代 導入期	一九八〇年代〜一九九〇年代前半 試行期	一九九〇年代後半〜二〇〇〇年代後半 普及期	二〇一〇年代〜現在 発展期
国立民族学博物館	ビデオテーク		Dr.みんぱく みんぱく電子ガイド	イメージファインダー
収蔵品管理	ノート カード式による整理	コンピュータデータベースの構築	コンピュータデータベースの検索と公開（国内）	コンピュータデータベースの検索と公開（国外）
再現・復元	レプリカ 模型　模写　写真	２Ｄコンピュータグラフィックス	３Ｄプリンタ ３Ｄコンピュータ　グラフィックス	
映像・情報提供システム	スライド（マルチ） フィルム映像	ビデオ映像 ハイビジョン マジックビジョン	電子ガイド ＰＤＡ デジタルサイネージ スーパー・ハイビジョン プロジェクター、ＶＲ、ＡＲ	ガイドアプリ 高輝度プロジェクター（３Ｄプロジェクションマッピング） インタラクティブ映像、MR
文書	手書き タイプライター	ワープロ（キーボード入力）	ノート型ＰＣ、デスクトップ型ＰＣ（キーボード入力）	タブレット型ＰＣ（キーボード入力・タッチパネル・音声入力）
学芸員に必要なコンピュータに関する能力	プログラミング 文字入力 数的処理		データ処理（文字・数的・画像）	データ処理（文字・数的・デザイン）情報リテラシー

技術、人工知能等の進展と相まって、消えていく職業が数多く出てくるといわれている。教育関係者においても、その対応策として「創造的問題解決能力を必要とされる職業は、人口知能（ＡＩ）などによる自動化の影響を受けにくい」という考え方からその能力の育成に力を注ごうとしている。[15] 同様に、学芸員という職種自体の存在意

義や働き方にも大きく影響してくることが予想され、人工知能とどのように向きあっていくかが課題となってくる。

その意味において、本稿における博物館関係者によるコンピュータ活用の歴史が物語っていることは、その存在によって働き方は大きく変化していったものの、主体は学芸員にあり、コンピュータはあくまでも主体となる学芸員が目指す、博物館のより良い活動に対する支援ツールでしかないということである。同時に、人工知能についても、人工知能が出来ること、出来ないことをしっかりと把握し、博物館活動のなかでより良く活用することを考えることを示唆している。つまり、二〇二〇年以降における、コンピュータの処理能力の向上、ビッグデータ解析技術、人工知能等の進展といった流れにしても、梅棹がいう「大量の情報を蓄積し、処理し、提供する情報機関としての博物館こそは、このような情報化の時代にもっとも適合した存在であるといえるでしょう。博物館こそは、このような時代の到来をまちのぞんでいた」[16]のである。そのためにも我々、博物館関係者は民博の姿勢に倣い、絶えず未来のメディア環境を予測し、その普及時期を待ち伏せ、いち早く博物館における利用技術の研究に取り組むことが責務であるといえる。

（長崎国際大学人間社会学部助教）

註

（1）杉田繁治 一九八七「現在のコンピュータは文科系の研究に役立つか―情報処理再考―」『情報処理』Vol. 二八 No. 五
（2）梅棹忠夫 一九八五「博物館は未来をめざす」『月刊みんぱく』一月号 二～七頁 財団法人千里文化財団（梅棹忠夫『メディアとしての博物館』一九八七年 平凡社 所収）
（3）同註（2）
（4）杉田繁治 一九八七「コンピュータ民族学序説」『国立民族学博物館研究報告』一一巻一号 五九～六〇頁
（5）杉田繁治 一九八二「研究博物館と情報処理―国立民族学博物館での経験―」『情報処理』Vol. 二三 No. 三
（6）同註（5）
（7）吉村典夫、五十嵐瞳 一九七九「博物館における近代的な情報処理」『博物館学雑誌』三巻・四巻合併号 全日本博物館学会 四〇～四二頁
（8）高井芳昭 一九八四「コンピュータ利用展示の現状とＣＡＩ」『博物館学雑誌』九巻 第一号・第二号合併号 全日本博物館学会 一～二七頁
（9）高井芳昭 一九八五年「映像展示に対するコンピュータの影響」『博物館学雑誌』一〇巻 第一号・第二号合併号 全日本博物館学会 三〇～四三頁
（10）同註（2）
（11）日本博物館協会 一九九五『博物館におけるマルチメディアの活用に関する調査研究報告書』
（12）国立民族学博物館 一九九八『国立民族学博物館展示案内』下
（13）今田晃一 二〇〇五「国立民族学博物館ハンズ・オン「ものの広場」を活用した学習プログラムの開発と実践Ｉ（理論編）―博物館展示資料への材料からのアプローチ―」『国立民族学博物館調査報告』
（14）杉田繁治 二〇〇一「人文科学とコンピュータ：過去・現在・未来」『人文科学とコンピュータ』情報処理学会
（15）Watch Headline、池辺紗也子「Watch Headline こどもとIT」https://headlines.yahoo.co.jp/hl?a=20180116-00000004-impress-sci（二〇一八年一月一九日検索）
（16）同註（2）

観光型博物館に関する一考察
―語句の整理を中心として―

中島　金太郎

はじめに

平成二九年（二〇一七）四月、山本幸三地方創生担当相（当時）が発言した所謂「学芸員は癌」発言は、博物館や学芸員養成の現場はもとより、周辺領域の研究者や一般市民にまで波及し、諸学会を巻き込んだ一大騒動となった。その中で、「観光マインドが全く無く、一掃しないとダメだ」との言が繰り返し取り上げられた。観光立国としての日本と地方創生のためには、観光に関する意識が必要であり、学芸員にはその意識が欠如していることを述べたものと認識できる。確かに、現状の博物館を観ても、意識を持って積極的・精力的に活動を行っている館が存在する一方、職員も兼務あるいは天下り・再任用で意識も低く、展示も四〇年以上変化の無い施設も中には存在することも事実である。一掃との言は不適切であり、また全ての学芸員を無用の長物として一緒くたに扱うことは遺憾に感じるものの、学芸員に関する注意喚起のためには一定の効果があったとも考えられる。

博物館学では、旧来観光と博物館について述べられた論は多々存在しているものの、「観光」そのものや観光型博物館・観光博物館に関する定義や概念規定については殆ど論じられてこなかった。『観光資源としての博物館』

と題する書籍も刊行されたが、同書は学芸員課程の教科書としての使用を意図していたため、一部概説書として執筆された部分が存在しており、観光と博物館について直截に論じた書籍ではなく、何をもって観光資源としての博物館とするかの視点も曖昧であった。こうした現状を踏まえて本稿は、博物館と観光について論じる上で基礎となる用語の定義・概念についての検討を目的とするものである。

一　観光に関する定義

抑々「観光」の語源は、中国の四書五経の一つ『易經』に記載された「觀國之光、利用賓于王」に求めることができる。これは、ほかの土地を訪れてその風光を見るとの字義であるが、我が国では総じて旅行と同じ認識を持たれている。

また、室町時代後期の臨済宗の僧、景徐周麟が著した『翰林葫蘆集』第九巻の「興宗明教禪師行狀」には、「今年癸卯、吾國入貢于大明、差前相國子璞禪師爲正吏、以希宗爲從僧、希宗曰、某久欲觀光於中華（以下略、傍線筆者）」とあり、明確に「観光」の語を用いている[1]。当該記述は、明へ派遣された希宗の言として、かつてより中国を訪問してその風土や文化を見聞・見学したかった旨を記載したものである。この語は、先の『易經』の記述を援用したものとされ、我が国で明確に「観光」の語を用いた古い例と観られる。

しかし、現代の用語における「観光」に関する定義は、観光業に携わる人々は勿論、観光学の研究者の中でも明確な定義が定まっていないこともまた事実である。

法政大学の加太宏邦が執筆した「観光概念の再構成」では、観光に関する定義付けがなされない理由について、

①「観光」は万人周知の常識であるため定義する必要が無い、②観光にはさまざまな分野や側面が存在するため一律な定義になじまない、とする二点を挙げ、「観光とは何を指すのか、観光についての定義も内実に関わる議論もなく、唐突に観光が議論される」現状について苦言を呈している。[(2)] その上で加太は、観光に関して定義化を試みた事例を挙げ、それぞれの定義について考察を行っている。加太は、「観光」の定義が必ずしも明確でない点に着目し、一般的に観光の英訳とされるtourismの定義との兼ね合いから、観光の持つ語彙について考察を試みているが、同氏自身は独自の定義付けを行ってはいない。同論を踏まえたうえで、現状確認できる我が国の「観光」の定義の一例を下記した。

①『観光事業論』[(3)]

自由の動機に基き一時定住地を離れて旅行すること、滞在地に於て愉楽的消費生活を享受することの二点が指摘される。

②『国際観光論』[(4)]

観光とは、人が日常の生活圏からはなれて、ふたたびそこへもどる予定で、他国や他地の文物、制度等を視察し、あるいは風光などを鑑賞、遊覧する目的で旅行することである。

③『観光の現代的意義とその方向』[(5)]

自己の自由時間（＝余暇）の中で、鑑賞、知識、体験、活動、休養、参加、精神の鼓舞等、生活の変化を求める人間の基本的欲求を充足するための行為（＝レクリエーション）のうち、日常生活圏を離れて異なった自然、文化等の環境のもとで行おうとする一連の行動をいう。

④『現代観光論』[(6)]

狭義での観光とは、①人が日常生活から離れて、②再びもどってくる予定で行動し、③営利を目的としないで、④風物等に親しむことであり、広義での観光とは、そのような行為によって生じる社会現象の総体である。

⑤『観光概論』(7)

「観光」には、「楽しみを目的とする旅行」という人間の社会的行動を示すものと、「(上記したような)旅行とそれにかかわりをもつ事象の総称」といった様々な事業活動を含んだものとの二つの意味合いあるいは用法がある。

⑥「今後の観光政策の基本的な方向について」『観光政策審議会答申』第三九号(8)

本答申においては、観光の定義を、〈余暇時間の中で、日常生活圏を離れて行う様々な活動であって、触れ合い、学び、遊ぶということを目的とするもの〉と考える。

⑦『地方観光政策と観光まちづくりの展開』(9)

「観光」とは、「観光者が自己の自由時間(=余暇時間)に非日常生活圏で行う様々な(広義の意味での「生涯学習」)活動で、観光消費を伴うものであり、「非定住性原則」(住みつかない)・「非営利性原則」(稼がない)を有する活動である。また、観光者を観光客として受入する側は、ホスピタリティ精神を発揮して、「国の光」を磨くほか様々な活動(観光事業やボランティア活動)をすることによって、経済的・精神的対価を得る。そして、その様々な活動は、地域の経済や文化などに様々な効果をもたらし、地域の活性化につながるものである」といえる。

前記した定義は、夫々の論の中でまず「観光とは何か」という点について各論の方針を定めたものが多い。しかし、これ以外の論では、⑥『観光政策審議会答申』の定義が最も客観的であるとして採用される傾向が強く、加太が述べた如く観光について論ずる研究者各位がこの答申の定義を“常識”として捉えていると見做すことができる。

また、⑦の中尾の定義は、筆者と同様に多くの研究者が述べた「観光」の定義を並列に扱い、夫々を分析することで、最も好ましい概念としての「観光」を定義づけている点が他の論考とは異なる点である。中尾の定義は、抽象的な概念ではあるものの、観光とその意義についてより詳細に纏めたものであり、観光客側、受け入れ側の両者の理念をも明記した非常に平易な定義と言える。

しかし、本稿で扱う「観光型博物館」は、「観光」の語を用いながらも、意図する内容に差異がみられる。次章では、「観光」の定義に対して、「観光型博物館／観光博物館」が一般的にどのように認識されているかを確認するため、その定義を再確認するものである。

二　観光型博物館の定義

一般的に観光型博物館と呼称している当該館種は、博物館の機能別分類の一種として各種文献に登場するが、「観光博物館」、「観光型博物館」、「観光志向型博物館」など執筆者によって多様な語が用いられている。

広義の観光に博物館を用いるとの考えは、岡倉天心が明治二一年（一八八八）に執筆した「博物館に就て」においてすでに確認できる。同論では、明確に「観光」の語を用いてはいないが、京都に「漫遊」する外国人が美術品の観覧を希望しても、それらが社寺に散在して観覧に不具合であることを指摘し、美術品を公開する博物館を設置して一般公衆の観覧に資することを提案している。[10]

しかし、概念としての「観光型博物館／観光博物館」に関する議論は殆どなされなかったと言える。また、通念的には、教育や研究に資する博物館の対義語あるいは軽佻浮薄なテーマの博物館を指す語を「観光型博物館」として認識していると観られるが、「観光型博物館」の定義について比較研究した例は殆ど存在しない。係る意味で、「観光博物館論」については未開の領域であると判断できる。

本章は、これまでに述べられた「観光」およびその近似の用語と看取されるレクリエーション等を目的とした博物館の記述を集成し、その内容検討から「観光型博物館」の定義の明確化を目的とするものである。

一　観光型博物館

戦前・戦後すぐの博物館学思想の中では、観光およびレクリエーション等を主体とした博物館の概念は、管見の限り確認できていない。

筆者が確認した中では、博物館分類として「観光」の語を用いた例は、加藤有次の例が最も早いと考えられる。加藤は、昭和五二年（一九七七）に上梓した『博物館学序論』の中で、博物館を利用する立場から博物館を三種に分類し、その中で「観光型博物館」について述べている。[11]

第二は、観光型博物館である。

この博物館は、博物館をとりまく地域に、豊かな観光資源をもっているという条件が必要とされる。現代社会のなかで、ますます経済の成長がすすみ、レジャー産業の開発が進められて、観光客が増加するにともない、それに対処し得る博物館である。これは、博物館の存在する郷土の理解を深めさせ、対外的に広報と教育の役割をはたすべき博物館の方向である。

続いて加藤は、『月刊観光』に寄稿した「観光と博物館」の中で、博物館を「地域社会型」「研究機関型」「観光型」の三種に分類し、観光型について以下のように述べている。[12]

さらに観光型博物館は、その立地条件が観光地あるいは、それにふさわしい場であるならば、観光客が利用するであろう。これは必然的に観光型博物館となる。こうしてみるとたとえ地域社会の博物館であっても、博物館は当然研究機関であり、あらゆる大衆に情報提供する目的があるから、地域住民のみならず、研究考や一般観光客の要求によって機能しなければならない。

前記二論から判断される加藤の志向する観光型博物館は、観光客が利用の主体となる博物館であり、利用主体によって博物館を分類していたと理解できる。そのうえで加藤は、観光型博物館が営利を貪るものであってはならないとし、一過性の観光客のみに利益を与える場ではなく、観光地の地域的特性を活かした地域住民のためのものになる必要を説いている。つまり、加藤の唱える観光型博物館は、そもそも地域博物館であることが前提であり、その増補的な位置づけとして観覧対象に観光客を加えた存在であると判断できる。加えて、観光型博物館が成立する条件として、対象となる博物館が観光地あるいは観光資源を有する土地に所在することを条件としており、「観光地における博物館」とも換言できる。

また、平成四年（一九九二）刊行の『博物館ハンドブック』では、金山喜昭が博物館の社会的機能として「地域社会型」「観光型」「研究型」の三種に分類を試みており、観光型博物館は以下のような記載がなされている。[13]

【観光型博物館】

この博物館は、いわゆる観光資源を有する地域に設定される。あくまでも地域社会型博物館を基本とするが、むしろ外来の人々に公開することにウェイトがおかれているために、それよりも拡がりのある地域が対象となる。

観光とは、単なる見世物的な珍しい物や、おもしろい物を披露するということではなく、その地域住民の誇りとなるようなものを案内する意味で、それは住民の精神的、物質的な生活環境の豊かさにもつながり、ひいては地域の活性化にも役立つものである。

金山の考える観光型博物館は、加藤の観光型博物館論に立脚したものであり、用語の違いはあるものの概ね加藤論と同じ旨を述べている。これは、『博物館ハンドブック』の編者に加藤が含まれており、加藤の監修のもとで本書が編まれたこと、金山は加藤が教鞭を執った國學院大學の助手として勤務していたこともあり、加藤の博物館学思想の影響を受けたことなどが原因であると観察される。

二　観光志向型博物館

一方、伊藤寿朗は、昭和五三年（一九七八）の『博物館概論』の中で、博物館を「地域志向型博物館」「中央志向型博物館」「観光志向型博物館」に分類している。[14] 伊藤は、同書においては詳細な分類説明を行っていないが、平成三年（一九九一）刊行の『ひらけ、博物館』の中で表1のように述べている。[15]

伊藤の観光志向型博物館は、資料の特殊性や意外性、稀少性が博物館の軸に在り、利用者に一過性かつ一方通行の働きかけを主目的とする施設であるとしている。また、伊藤が同書に掲げた博物館三世代論には、第一世代の博物館（宝物館型）の利用形態として「娯楽・観光」が挙げられている。係る観点から、伊藤の中での観光型博物館は、博物館としては原初の存在であり、伊藤の志向する地域志向型・第三世代の博物館（市民の積極的な

	目的	調査・研究の軸	教育内容編成の軸	教育方法の軸
地域志向型	地域に生活する人びとのさまざまな課題に博物館の機能を通してこたえていくことを目的とするもの	資料と人間の関係の、相互の規定性や媒介性を課題とし、そこに価値を見出すことを中心とする。軸となるのは人々の生活課題（地域課題）	地域と教育内容の関連を重視する内容（教育内容を地域の生活にもとづいて）編成	ものを考え、組み立て、表現する能力の育成を中心
中央志向型	人々の日常的生活圏などのフィールドをもたず、全国・全県単位などで科学的知識・成果の普及を目的とするもの	資料と人間との関係の、一般性、共通性を課題とし、そこに価値を見出すことを中心とする。軸となるのは各専門領域ごとの法則や法則性	組織された知識・技術の体系を重視する内容（あらゆる国民に均等な教育内容の）編成	知識の教授を中心
観光志向型	地域の資料を中心とするが、市民や利用者からのフィードバックを求めない観光利用を目的とするもの	資料と人間との関係の、特殊性や意外性を課題とし、そこに価値を見出すことを中心とする。軸となるのは稀少性。	稀少価値を重視した内容編成	資料のもつ意外性、人気を中心とする。

表1　伊藤寿朗による博物館のタイプ分類（『ひらけ、博物館』二四頁より転載）

博物館参加を目的とし、設備・機構の完備された博物館）とは対極の存在としている。

伊藤の観光志向型博物館は、地域の資料を中心とする点が加藤の考える観光型博物館と同様であるものの、両者には若干の差異が存在する。加藤論では、観光型博物館を通じて地域住民に利益をもたらす存在と位置づけているが、伊藤論では「市民や利用者からのフィードバックを求めない」とした点で加藤論とは異なる。つまり、伊藤の観光志向型博物館は、地域の資料を用いて博物館から観覧者へ一方向に情報を発信する存在と位置づけていることが特徴である。

三　『博物館学事典』に於ける定義

さらに、平成二三年（二〇一一）刊行の『博物館学辞典』には、観光型博物館の定義として以下の通り掲載されている。[16]

地域博物館は地域住民を利用の中心とし、地域の情報を自然科学・人文科学の分野で総合的に示す社会教育の場である。それに対し、観光型博物館は、利用者に対し地域への理解を深めるという点では同じであるが、主に観光客を対象の中心とし、周辺に史跡などの観光資源があるという条件が必要とされる。そして展示・教育活動は観光資源の希少価値を重視したものになっている。

当該記事は、加藤・金山と同じ文脈に沿った定義であり、とりもなおさず地域博物館の一種に観光型博物館を位置付けている。そのうえで、伊藤が論じた「観光志向型博物館」の文脈も取り込み、活動の中心には稀少な観光資源が存在すると述べている。

また同書には、別項目として「リゾート型美術館」が立てられており、以下のような定義を定めている。[17]

リゾート地の中にあり、地域のテーマや雰囲気と一体となっていて、美術館の存在が地域の高級感を生み出すことになるような美術館。美術館そのものが観光資源としてとらえられることもある。リゾート地としての特性を生かした展示が多く、日常生活圏から離れ、休暇と楽しみを補完するような、誰もが受け入れやすいテーマのものや、一般的に人気の高い作家の作品、癒しにつながるような作品が選ばれることが多い。

ここで述べられている「リゾート型美術館」の基準は、「リゾート地」に所在する地理的条件と、娯楽や慰安を与え得る展示テーマの二条件に基づくものであり、一般的な認識としての「観光型博物館」と概ね合致する定義とされている。当該館種としては、伊豆高原や那須高原の美術館群が代表例として挙げられよう。

四　レクリエーション（リクリエーション）型博物館

観光型博物館の近似の語として、レクリエーション（リクリエーション）型博物館がある。これは、博物館法第二条に示された博物館の定義に含まれる「レクリエーション等に資する」との語を援用したものである。抑々レクリエーションとは、「日常の生活で疲れた肉体や精神を癒し、再び活力を得るための休養、行楽、娯楽」と定義づけられており[18]、レクリエーション施設の大義は、来館者への「楽しみ」「癒し」の提供を重視した施設と見做すことができる。

我が国に於けるレクリエーションに資するための博物館は、新井重三の分類がその嚆矢と観られる。新井は、昭和五四年（一九七九）刊行の『博物館学講座1　博物館学概論』の中で、博物館を機能別に五つに分類し、その中で「レクリエーション重視型博物館」の項目を設けている[19]。

レクリエーション重視型博物館　博物館の目的機能のひとつとして、レクリエーションに資するというのがあり、わが国の「博物館法」のみならず、国際博物館会議の「博物館の定義」の中にも盛り込まれている。博物館は市民にとって健全なレクリエーションの場でもあるから、余暇を楽しんでくださいといっているのである。世間一般にある観光施設に迎合することは問題も残るが、いわゆる「観光博物館」とか「ビジター・センター」などに多くみられるタイプの博物館であろう。

新井は、同書中で「いわゆる「観光博物館」」との語を用いているが、「観光型博物館／観光博物館」の概念を明確に述べた文献は、先に述べた加藤の『博物館学序論』以前には確認できておらず、加藤の意図する観光型博物館とは異なる意義を持つところから、一般認識、社会通念として「余暇を楽しむための博物館」を観光博物館と称していると推測される。

井出洋一郎が平成五年（一九九三）に上梓した『美術館学入門』では、「第三章 ミュージアムの種類 目的と機能」の中で機能別分類を試みており、以下のような記述が確認できる。[20]

④リクリエーション機能

観光地に各種のミュージアムができているが、これからは観光型というよりは積極的なリクリエーションを目的としたリゾート型のミュージアムと分類すべきだろう。観光というとどうしても物見遊山になり、後には何も残らない。現代の日本人のレジャー文化にとってこれからますます重要な施設となろう。

井出は、観光＝物見遊山であるとの認識の元、レクリエーションに資するための博物館について分類している。また、日本人のレジャー文化に寄与するリゾート型のミュージアムとの語を用いているが、これは同書が執筆・刊行された時期がバブル景気の末期にあたり、日本全国でリゾート開発・レジャー振興が推進されていた時期に合致することに起因する。当該時期は、好景気や昭和六二年（一九八七）の総合保養地域整備法（リゾート法）制定に後押しされ、日本全国でリゾート開発が盛んに実施された。当該期のリゾート開発は、スキー場・ゴルフ場・マリーナ・リゾートホテルなど画一的な施設を設けることが一般的であったが、伊豆高原や那須高原、軽井沢などをはじめとして、滞在時の娯楽施設として博物館施設（特に美術館）が多々設けられたことも事実である。これらの博物館施設は、比較的高級な印象を持たされた観光地におけるハイクラスなイメージ付けを目的としており、天候を問わず楽しめることや、観光地での非日常感を演出できることから盛んに設置されたのである。井出は、これらの博物館施設を「リクリエーション機能」型と分類し、ある程度好意的に捉えていたと判断される。

小結

前記の定義を総合すると、「観光型博物館／観光博物館」は、概ね①観光客の利用を意図する、②観光地・リゾート地に所在する、③教育・学習以外を主たる目的とする、の三要素を内包した存在であると判断できる。多くの論者は②の要素を重要視しており、特に加藤は「立地条件が観光地あるいは、それにふさわしい場であるならば、観光客が利用するであろう。これは必然的に観光型博物館となる」と述べており、所謂観光地に於ける博物館を観光型博物館と見做す傾向にある。これは、「観光地博物館／観光地型博物館」とも換言でき、当該名称の博物館は棚橋源太郎の昭和二四年（一九四九）の『博物館』や昭和二五年（一九五〇）の『博物館学綱要』にも確認できる用語である。つまり、観光型博物館は、「観光地における博物館」を下敷きに発展した概念であり、昭和後期に至るまで通念としては存在したが明確な定義は存在しなかったと言える。その後、加藤に始まる地域博物館の一種としての観光型博物館が定義付けられ、他方では取り扱う資料の稀少性や意外性を核とした博物館を指す伊藤の観光志向型博物館が論ぜられた。しかし、あくまでも博物館は教育・研究機関であるとの基本に基づいたものであり、一方で、物見遊山や見世物的、あるいは日常生活からの解放を目的とした諸展示施設は、博物館の範疇に含められなかったと看取される。伊豆高原や那須高原などの観光地等に所在する「博物館」「美術館」「ミュージアム」を冠する展示施設は、『博物館学事典』所収の「リゾート型美術館」の項目以前に存在を定義する語が無く、また博物館の範疇に含めないものとして、その定義等について議論されることも無かった。物見遊山や娯楽・慰安＝観光との観光に対する軽薄な認識や、研究の上で加藤や伊藤などの「観光型博物館」に関する定義を顧みるものは少なかったところから、通念的に教育や研究に資する博物館の対義語あるいは軽佻浮薄なテーマの博物館を指す語を「観光型博物館」と認識していると観察される。

三　まとめ

これまで、文献に見る観光型博物館の定義を例示したが、博物館の機能別分類の一要素として観光やレクリエーションに資する博物館を挙げている例が多い。しかし、具体的に何をもって「観光型博物館／観光博物館」の語を使用するかについては、意見が分かれると言えよう。観光型博物館の定義に関する系統は、加藤有次の地域博物館に立脚する説と所謂「リゾート型」の博物館・美術館を指す説の二系統が存在していることが判明したが、一般的な認識として後者の系統が観光型博物館として捉えられている感が強い。

しかし、いずれにせよ「観光」が持つ「余暇時間の中で、日常生活圏を離れて行う様々な活動（触れ合い、学び、遊ぶ）」といった定義を意図した「観光型博物館」の定義は、これまで論ぜられなかった。抑々博物館を訪問すること自体が余暇時間に行われる例が殆どで、物理的な距離は兎も角として非日常の空間にて学びや遊びを享受する点においては、博物館そのものが観光を体現する存在とも言える。つまり、本来の字義に基づく「観光型博物館」は、日常生活圏外に所在する、或は旅行時に訪れる博物館との語となり、観光客側の主観に基づいた博物館定義となる。一方、現状の観光型博物館の定義は、博物館側の視点に立った定義であり、また観光客の利用や観光地への所在を根拠とする「観光」という行為ありきの定義となっていることが、本来の字義と博物館学としての定義の齟齬と言える。

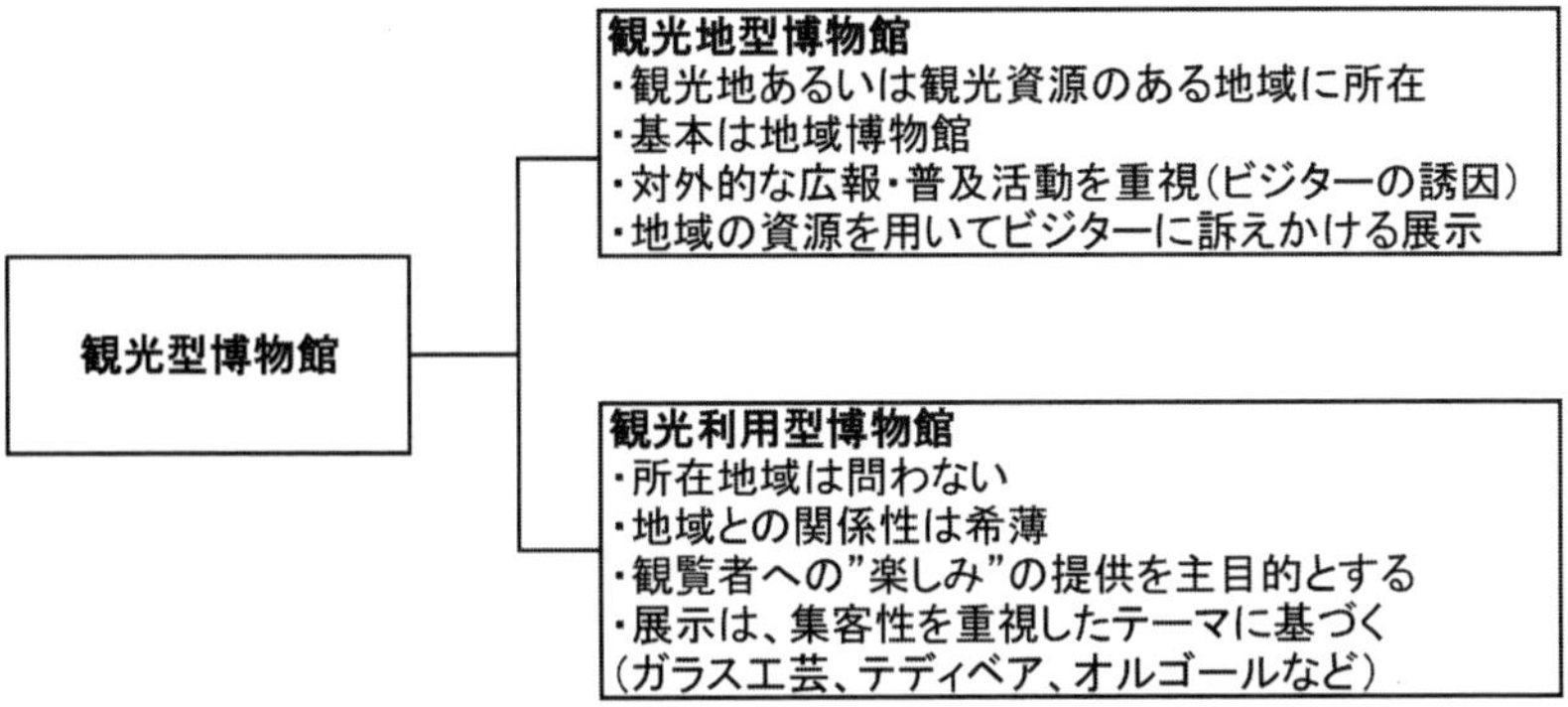

図１　観光型博物館概念図

一方、⑤『観光概論』などに述べられた「観光」を「楽しみを目的とする旅行」とする定義に基づく観光型博物館は「来館者への“楽しみ”の提供を主たる目的とする博物館」であると定義づけることができ、先述の「リゾート型美術館」や井出洋一郎の述べた「リクリエーション機能型博物館」が一部これに合致すると考えられる。一般的な博物館が「モノを媒体とした教育機関」と称されるのに対し、この観光型博物館は愉楽の提供を主目的としたものである。具体的には、個人コレクターが自らのコレクションを公開するものや、行楽地での集客を目的に設けられた博物館・美術館などがこれに合致すると観られ、通念としての「観光型博物館」は此方の定義に基づくものと看取されよう。

これを踏まえ、「観光型博物館」を構成する要素として、観光地に所在あるいは地域の情報をビジターへ提供することを主眼に据えた博物館を「観光地型博物館」、モノや生物などの資料を用いて、来館者への“楽しみ”の提供を主たる目的とする常設の展示施設を「観光利用型博物館」の二つの定義を用いることを提案したい。前者は、棚橋源太郎にはじまる「観光地博物館」、加藤・金山等の述べた「観光型博物館」、『博物館学事典』の定義に基づくもので、あくまで観光に供される「地域」が核にあり、地域に基づいた博物館であることが特徴である。一方後者は、伊藤寿朗の「観光志向型博物館」や『博物館学事典』内の「リゾート型美術館」、井出の「リクリエーション機能型博物館」の定義に謳われた、資料の希少性や意外性によって観覧者の驚きと発見を促し、休暇と楽しみの補完を主目的とする博物館を位置付けた。後者では「地域」に関する視点を排除しているが、これは観光地以外にも教育・学習以外を主目的とする博物館は存在しており、また元々観光地でない地域が博物館・美術館の林立によって観光地に変貌した伊豆高原の例も踏まえ、必ずしも観光型博物館に地域的な要因は介在しないと考えたためである。

以上の点から、観光型博物館は地域に基づく「観光地型博物館」と、主たる機能を“楽しみ”の提供と位置づけた「観光利用型博物館」に大別され、両者をもって「観光型博物館」が構成されるものと提起したい。

おわりに

本稿では、我が国に於ける観光と観光型博物館、レクリエーションに資する博物館の定義について論考した。特に「観光型博物館」は、加藤や伊藤の定義や『博物館学事典』の定義など複数の定義が存在したものの、通念的には教育や研究に資する博物館の対義語あるいは軽佻浮薄なテーマの博物館を指す語として用いられており、その定義を整理して新たな定義付けを行ったことには意義があると考えられる。

これまで、観光と博物館に関する語句の整理を行ったが、社会教育施設と法的に位置付けられている博物館に対し、必ずしも来館者は博物館に「学び」に来ているわけではないことも確認しておかねばならない。熱心に郷土史や美術について研究するために来館する者や、学校教育に関連して来館する児童・生徒などを除き、多くの来館者は余暇の過ごし方として博物館観覧を行っている。余暇として訪れた博物館を観覧する中で、展示や普及活動を通じて自ら学習していくのが「博物館の学び」の一端であると言えよう。したがって、「博物館に遊びに行く」ことがひいては来館者の学びになるのであり、まず博物館へ人々を誘引することが肝要である。

しかし、博物館へ人々を誘引するにしても、現在林立している観光利用型博物館の手法については疑問が残る。当該館種は“楽しみ”を提供することに特化したもので、博物館への誘引効果は高い。一方、テディベアやオルゴールといった展示を観覧しても、一時の悦楽は得られるものの観覧者が得られる学びは甚だ少ないと観られる。このような博物館が未だに林立し、廃館と新設を繰り返していることが我が国の博物館の現状であるものの、観光利用型博物館に関する十分な検討がなされていないこともまた事実である。

このように、かつてより観光型博物館については若干の定義付けが試みられ、実際として様々な形態の博物館が存在している一方、博物館学としてこれらを捉える視点は希薄であった。観光と博物館について広く論ぜられる傾向にある現状だからこそ、その概念・定義について再検討する必要があると考えられる。

（長崎国際大学人間社会学部助教）

註

（1）　景徐周麟『翰林葫蘆集』第九巻（植村観光一九七三『五山文学全集』第四巻思文閣四三一頁より抜粋）

（2）　加太宏邦　二〇〇八「観光概念の再構成」『社会志林』Vol.54.4　法政大学社会学部学会　二七〜六二頁

(3) 田中喜一　一九五〇『観光事業論』観光事業研究会　五頁
(4) 津田昇　一九六九『国際観光論』東洋経済新報社　四頁
(5) 内閣総理大臣官房審議室 編　一九七〇『観光の現代的意義とその方向』大蔵省印刷局
(6) 鈴木忠義 編　一九七四『現代観光論』有斐閣双書　一～五頁
(7) 前田勇 編著　一九七八『観光概論』学文社　一～一一頁
(8) 観光政策審議会　一九九五「今後の観光政策の基本的な方向について」『観光政策審議会答申』第三九号
(9) 中尾清　二〇一二『地方観光政策と観光まちづくりの展開』晃洋書房　七頁
(10) 岡倉天心　一八八八「博物館に就て」『日出新聞』（一八八九『内外名士 日本美術論』内の「美術博物館ノ設立ヲ賛成ス」として再掲されたものを抜粋。五六～五七頁）
(11) 加藤有次　一九七七『博物館学序論』雄山閣　七一頁
(12) 加藤有次　一九八八「観光と博物館」『月刊観光』六三年一二月号 日本観光協会　三～七頁
(13) 金山喜昭　一九九二「II．四 博物館と社会」『博物館ハンドブック』雄山閣　六二頁
(14) 伊藤寿朗、森田恒之　一九七八『博物館概論』学苑社　一一頁
なお、同書に掲載した分類は、「平塚市博物館学芸員小島弘義、浜口哲一両氏の提唱を整理してみたもの」とあり、伊藤は両者の説に着想を得てそれを発展・深化させたと認識できる。
(15) 伊藤寿朗　一九九一『ひらけ、博物館』岩波ブックレットNo.188　岩波書店　二四頁
(16) 大竹弘高　二〇一一「観光型博物館」『博物館学事典』全日本博物館学会　六五頁
(17) 北村美香　二〇一一「リゾート型美術館」『博物館学事典』全日本博物館学会　三七六頁
(18) 塹江隆　二〇〇六「三．観光関連用語と観光行動」『観光と観光産業の現状【改訂版】』文化書房博文社　二五頁
(19) 新井重三　一九七九「博物館の性格と分類」『博物館学講座1　博物館学概論』雄山閣　一一八頁
(20) 井出洋一郎　一九九三『美術館学入門』明星大学出版部　三四頁

特別寄稿

民俗学の地平―学界回顧・研究視点と目的私論

芳井　敬郎

一　プロローグ―受難時代の民俗学

民俗学を主専攻としたのは、四十数年前だが、当時、特に政治・経済史を中心とする日本史学研究者から民俗学が蔑視されていたことは事実である。

日本史関係の研究会に出れば、オーソドックスな研究者から、独立科学としての民俗学の存在を否定するような発言が多かった。それは攻撃にも近いものであった。そういう発言の根底には史学研究者の自負心があったといえる。

当時の民俗学研究者は一にも二にも採訪（フィールドワーク）を重んじて、民俗採集に躍起であった。古老から聞き取りを行い、伝統的生活文化の復原を第一義に考えていた。採訪で、滅んでいく文化をなるだけ多く文字化することを使命とした。ゆえに、昨今のように、論文作成に熱心ではなく、精度の高い報告書作成を第一に考えていた。この考えは柳田国男が民俗学徒に求めたことの継承であった。

当時の民俗学研究者の多くが絶対視した採訪記録を、歴史研究者が評価していなかったことは事実であった。

表だって口にはしないが、根底では、聞き取りという作業は単なる茶話を集めることで、誰でも可能であると見ていた。それに対して、彼らは文書を渉猟し、読解するが、そのためにトレーニングを要することから、民俗学徒より専門性を持つものというエリート意識があった。

確かにくずし字を読み下し、また時代別の文書の読解は難事で、並々ならぬ努力を要する。その労力に較べ、現代の用語で、会話を押し進める調査方法と報告書作成にはテクニックなど必要ないという認識からである。但し、この認識は民俗学研究者からいえば、表面的な見方といえよう。

民俗学研究者が単なる日常会話を介しているに過ぎないと考えるのは軽率である。研究目的に添った質問事項を用意することはいうまでもないが、それ以前に話者とのコンタクト等が必要である。そして、いかにして巧みに話を引き出すか、これは至難の技である。それには採訪者自身が事前に予備知識を充分に持っていなければ話が深化できない。採集経験を経ることによって、そのテクニックを修得することができるのである。

文字で書かれた既存資料を解読する歴史学と異なり、民俗学では臨機応変に話者と対話し、まずそれを文字化する作業が必要である。

このような成文化を行うことは、出土状況を調査し、報告書の作成に重きを置く考古学と類似する。しかし、行政のバックアップで、社会的には採訪と異なり、発掘への評価は高い。

当時の日本史研究者からの追及の点として、フィールドワークへとともに、年代設定の不明瞭さの指摘をあげることができる。この方は前者と異なり、公然と攻撃された。

歴史学において、その論及の前提となるのが、絶対年代（実年代）である。通常、編年体で構成される歴史論文では厳密な年代の考証が要求される。

実年代の厳密さに使命感を持つ、歴史研究者が民俗学の研究成果を受け入れないのは当たり前のことである。民俗学では一般的に、各事象の絶対年代を探ることは難題である。事象の多くは繰り返しおこなわれ、不変的なものであるため、年代を問題としない。すなわち可変を前提としないためである。そのような状況のなかで、敢えて年代を探求することになれば、相対年代にとどまるよりしかたがない。

この状況は昨今作成された自治体史の編集方法で明らかである。歴史編のなかに組み込まれることなく、民俗編が別個に設けられている。

二　調査法批判と発表の変遷

四十数年程前には、フィールドワークの話者として今日、鬼籍に入った明治三、四〇年代生まれの人々が協力してくれた。

その人達は会話をしながら、人生を邂逅することになる。話者は単調で、ありきたりの日常生活に関する事柄よりも、ショッキングな出来事を語りたがるものである。とりわけ、男性の最大の関心事は戦争であるため、調査者の質問の答えに関連づけて、戦地での体験談を聞かせることが多かった。本題とはかけ離れたことになり、それを遮り本題に戻すことは至難の業が必要であった。

フィールドワークの微妙なテクニックを、既存の民俗調査の概説書では見つけることができない。前にも述べたとおり、各自が経験によって修得せざるを得なかった。

従来、民俗学の入門書には、調査者はこちらの知識を披瀝するのではなく、話者を主体として、話者から敬虔に聞き出すことが王道という見解が述べられている。また、地元をよく知る教員を話者として選ぶことを良とする概説書もある。

特に前者の注意点は、フィールドワークを採訪と呼んだ時代から現在まで、一般的に承認されてきた考え方である。確かに学術的な用語でなく、地域独特の名称等をすんなりと聞くのには話者が無意識に、主動的に答えるようにすることが有益な方法である。この点だけでは有益な方法だが、この姿勢を全面的には認めがたい。あえて異論を述べておくが、話者と対等に近い状況をつくり、まさに仲間内の対話の雰囲気を話者に与えることが最良の方法であると考える。

このことによって、スムーズな会話が進むとともに、語尾の抑揚から、話者が何を強調したいか、そしてその根底にある価値観まで推測できる。民俗調査は単なる事実確認ではなく、心情まで踏み込む必要があろう。また、後者の教員からの聴取では一般人より手際よく、系統的に語られるが、時には道徳上や法律上で不都合な事実は語られないことが多い。それは明治以降、欧米に倣って、近代法治国家をめざし、また近代の合理的な考え方を標榜し、その路線を押し進める政策で、従来の生活文化を否定する面も多かったためである。ゆえに国家の方針を教育の面で実践しなければならない教員層へのフィールドワークを、最良の方法とは必ずしもいえない。

今日の民俗学界では、生活全般にわたる調査報告者の作成を第一義にした過去の状況から変化して、生活の諸方面のうちの一事象を取り上げ、そのことに関し、微細に論及して論文に仕上げる傾向が見られる。そこで、学界内での調査報告書についての価値評価は後退したと見て良いだろう。

論文作成の傾向は、日本史学を始めとする人文科学の学界での、調査報告より上位に見ることと軌を一にする。

もっとも、明治期から日本史研究者のように大学の研究機関での養成を得ず、手探りで地域での調査研究に従事した、所謂、郷土史家が大勢を占めていた民俗学界において、論文形態にする必要性を認めてこなかったためといえる。その人達にとっては、主に地元を知ることが第一の目標であるため、その所産としての報告書作成で充分であった。その考えは柳田国男の影響が大であったことはいうまでもない。

しかし、昨今、在野から起こった学問であった民俗学が、研究機関である大学にその専攻が設けられるようになった。そのため、人文系の他分野の評価方法と同様に、論文発表を行うことが義務づけられ、凌ぎを削り、その作成に邁進する状況が民俗学界に出来上がった。四十数年前には考えられなかったことだが、民俗学専攻者の就職先が大学を始め、官公庁で大幅に増え、その際、論文数が就職の判断基準の一つとなっている。熱心な民俗学徒に門戸が開かれるようになったことは喜ばしい限りである。また論文を提出し、学位取得者も多くなって、民俗学界では遅ればせながら、他の人文・社会系の学界と同等な形態をとるようになった。

三　地域民俗学と集団意識

それならば、以前、あれほど重要視されていた民俗調査の現在的意義はなにか。

今日見られる論文の多くはフィールドワーク（民俗調査）の成果で構成されている。調査研究内容はその論文の主題（テーマ）に関する民俗事例に限定されるとともに、一地域の範囲にとどまるものが多い。このことは地域民俗学の提唱が民俗学界に大いに受け入れられて以降のことである。

それ以前には生活の一事象について、全国的に資料を渉猟し、それをもとに、その構成要素を論及して共通項を見いだす作業が行われた。しかし、昨今、各資料の存在する地域で、自然環境、人事関係等に関して異なることから、従来の単なる地域を越えての資料比較方法に対して、批判されるようになった。そのため、一地域に限定しての精細な研究が学界で大勢を占めるようになった。

一地域を取り上げるその意義は地元の集団との関わりを特に、重視するようになった結果といえよう。そこで昨今、集団と民俗事象との関連を微細にみることに重点を置く論及が多くなってきた。

しかし、単に集団を一つの塊として捉え、その構成員全員の意向が一致したものであると考えることは甚だ危険である。集団の目標、目的に対しては集団の構成員全員が同一であっても、構成員一人一人の心意は様々なものであろう。

個々の民俗事象究明のために、対象とする各集団を取り上げるが、その前提として、集団の構造について論及する必要がある。集団の組み立てを検討すると、重層する構成員の心意を明らかにすることが出来よう。従来、集団を成立させている構成員の心意に主眼を置いた民俗学上の論及は殆ど見られない。見聞することの可能な民俗事象の動向等の分析にとどまらず、事象を成立させる人々の精神構造を明らかにしなければ、伝統文化を支えてきた本質が解明出来ないだろう。このことはこれまでに文化が永続されてきた本義であり、また今後の継承を支える手がかりとなる重大なことといえる。

歴史的に、各種の集団のなかで、構成員自身が露わに心情を表出するのは極限状態の軍隊といえよう。生死を懸けた戦闘集団からは、研ぎ澄まされた人間の持つ本性が赤裸々に現れるといってよい。

大軍団を組織して戦った第二次大戦の敗戦で、国土の荒廃、戦地で命を落とした兵士とその家族の悲惨等は大きい。そこで、毎年終戦記念日に、決まったように、文化人と市民等による再軍備反対運動が報道機関で取り上げられている。しかし、その運動が全国民まで大きく広がらないのは、いうまでもなく、国内で戦争放棄を叫んでも、外的からの攻撃にどう守るかという問題の答えが出ていないためである。

歴史学者でその運動に共鳴する人もいる。高齢な歴史学者のなかには戦地へ赴いた、もと将校が残存しているが、彼らが参加した軍隊での感想を報道で語ることは、決まって所属する集団の詳細な状況に触れずに「非戦」の重要性を訴えるのみである。

一方、戦地にかり出され、戦後を生きてきた一般人がインタビューで述べることはほとんど、「亡くなった戦友に申し訳ない」という言葉である。

上記、戦闘に参加した二者の見解の相違はどうして生まれるか。前者の研究者の感想は自身の思い入れを押さえ、職業人の専門家としての発言といえる。また、第三者側の立場からの発言といえなくもない。あくまでも、全体を把握しての客観性を重んじた感想である。

後者の発言者は一兵卒として、銃弾のなかをくぐってきた人達である。赤紙一枚で戦地へ赴き、上官には軍規の下に、罵倒され、殴打させた結果、その軍隊組織、しいていえば国家の組織を怨むのが順当であると考えられるが、そんなことに恨事を述べる発言は見られなかった。

この発言から推測できるのは帝国軍人としての誇りで、そのことから決して軍隊自体を否定しないことである。過激な戦地では、戦友と共に生きて帰国することを誓い合ったことは想像に難くない。各人が所属する隊の仲間と激励し合いながら、お互いに支え合いながら日々をおくることで、極限の日々が過ごせたのである。ゆえに、その死亡した戦友に対し、自分だけが生き残ったことの後ろめたさが前述した戦争体験の感想となったわけである。

一方、戦争体験の歴史学者の感想は、身近な事実を切り捨て述べられたものと思われるが、総体から捉え、教条主義的といえなくもない。おそらく、歴史学者を始めとする、知識層に受けいれられる発言といえる。

このように知識層が事象を総括して述べるのに対して、一般人が身近なことを第一にしている違いに注目したい。なぜ、そのような違いが生まれるか。知識層は机上での思考、一般人は経験からという単なる相違だけに止まらないといえる。

特に知識層は体制、反体制側の立場を問わず、相対的に集団のリーダー的立場の見解が多い。

唐突だが、我が国の小・中・高校での学校教育は、エリート養成型である。各課目を満遍なく学ばせ、すべてに好成績をあげることに力点を置いている。いうならば、全体像を把握させることが達成目標といえる。

このようなバランス良く学習した者に対し、社会的評価が高い。高校を終え、有名大学に入学することが、人生の勝者といわれることが多い。ゆえに、それらの者が政界・財界等のリーダーとなることは当然のように思われている。そのため、優秀な成績を修めた者が官僚を目指すことは当然といえよう。

社会では権力機構の各種施策に対して不充分さを指摘し、反体制の運動も見られる。その運動を展開させるオピニオンリーダーも上述のエリート・知識層である。

以上のように、体制、反体制側を問わず、知識層は大局からものを語ることが常套であるが、一般人は身近なことから考えることが多いのではないだろうか。

その一般人の発言や価値観は高所から全体像を把握しようとする為政者層、知識層等とは異なる。このような一般人の思考の考察は民俗学を独立科学として存立するために必要な独自の研究分野である。

確かに、政治・経済史学においても、庶民動向を問題とすることがある。しかしその究極の目的は、管理機構に庶民がどう位置づけられるかを明らかにするためといえよう。ゆえに、その研究からいわゆる庶民感覚を読み取ることは不可能である。

戦後、民主主義を標榜することで、為政者から庶民層への目線が日本史研究者のなかに及ぶようになり、自由民権、公害問題等に関わった動向が取り上げられた。両者は共に極限に立たされた人々の行動であるが、共に農民層のなかの知識層主導によるものである。それらは、主に地主のなかの教養ある層が中心となって起こした運動といえる。中心層の動向を克明に解明する論考は見られるが、追従した一般人の心情は未だ解明されていない。

インテリ層の信じる考えが庶民層にとってどう捉えられていたかどうか、検討の余地は充分あると考えられる。

世間で電源開発等に伴なるダム建設を押し進めることに反対の運動が見られる。その運動では市民グループによって、自然環境の破壊等からの阻止を叫ばれることが多い。それに対して、地元住民の関心は補償に関することであろう。この両者の行動の指針は大きく異なるが、報道機関でしばしば取り上げられる前者はグローバルな観点からの発言であり、後者は身近で、切実な問題に関することといえる。

あるダムの完成で、自分のムラが水で浸かることになった前日とその日を邂逅した老婆のインタビューで語った内容は印象的であった。

老婆は、男達が前日、神妙な顔で話し合っていたと述べ、自分のことについては言いづらそうに、明日から畑へ行かなくて良いと思うと喜びがこみ上げてきたと述べた。おそらく、男性達は先祖の遺産の継承を自分の代で断絶させたことへの自責の念に駆り立てられた気持ちであったに違いない。一方、老婆を始め、女性達は嫁入りして以来、舅姑に仕え、また子供を育て、夫に従って野良仕事等をし、働きずくめの人生から解放された大きさを感じ取ったことである。

このような当事者の心情は報道機関で伝えられることが殆どない。それは阻止をする人々の主張の方が論理的で、普遍性を持ち、明快であるためである。

当事者の状況を克明に記述し、社会的な反響を起こした著書に細井和喜蔵の『女工哀史』がある。周知のように農村女性が現金収入を得るため、女工として働く製糸場の環境を記しているが、それはかなり信憑性の高いものであろう。しかし、その事実を女工達はどう受け止めていたか、その点については充分な考察が行われていない。哀史というタイトルに隠れた筆者の意図が見えるといえる。悲しい歴史と解すれば、それは女工達が悲劇のヒロインとならなければならない。しかし、当時の彼女達の多くは自分らをそのようにとってはいなかったに違いない。

彼女達は製糸工場で糸引きをして稼ぐことに必死であった。実家の者が野良仕事に追われながらも自給に近い生活を送るなかで、彼女らの得た現金収入は暮らし向きを一変させるものであった。職場で苦しい、嫌なことがあっても、その代償として親兄弟を助けることで、彼女達の多くは誇らしさをもって仕事に勤しんだことだろう。この女性の心情を考慮すれば、多くの彼女達にとって、わざわざ悲劇を全面に出した哀史という表現は屈辱的である。

もっとも、社会的に注目された『女工哀史』が、使用者とその周辺の者達に、生活状況の改善の必要性と、人権尊重の意識等を持たせたことは想像に難くない。

彼女達の周辺環境の改善促進を成し遂げたことは評価できるが、著者細井以下の当時の運動家達の目指すことが、当事者である彼女達が第一に標榜していたことと、必ずしも一致していたとは考えにくい。

オピニオンリーダーの基本姿勢は現状を分析し、その不合理な点の改善へ積極的に向かうことである。ゆえに、従来の慣習を旧弊と捉え、新機軸を打ち出すことに力点を置くこととなる。一方、一般人は経済を第一義として、日々の労働にたずさわり、現状を肯定しながら、社会の動向に順応して暮らすことであった。両者を対比させれば、前者は現状と不連続の状況をつくることに熱心であるが、後者は生活環境の向上を根本に置きながらも、あくまでも現状の継続を願っているといえよう。

また、前者は社会をトータルに捉え、全体像との関連で各問題点を検討する姿勢である。後者は前にも触れたが、自身を主体に、極身近なこととして問題を捉え、その周辺とのバランスで思考する。

上述した後者の思考傾向は、伝統文化の保持を志向する人々の根底に見られることである。

四　エピローグ―民俗学の責務

欧米先進諸国に範を求めた明治政府は、廃藩置県を実施し、強力な中央集権国家を目指した。もっとも、それ以前の幕藩体制では徳川幕府が法度等に従うようにはしたが、各藩の領地運営には自主性が保たれていた。

それが近代になって、藩を廃止し、全国を一括統治するようになった。しかし、一般人の日常会話のなかでは、大和のクニ、近江のクニ等と、依然、前代の呼称が使われていた。このことは四十数年程前の老年層に見られた。

このように、日本国という名称と相矛盾することを念頭に置かず、一般に用いられていたのである。

前時代の呼び方が残存していたのは、かつてクニごとで特徴が見られたためである。それは自然条件から人の気質にまで及ぶことであった。

気質の面で地域的特徴が判然としなくなるのは、いうまでもなく、学校教育のしからしめるところである。特に第二次大戦後に見られるようになった、経験主義を軽視し、理性を重んじて、無駄なく能率的におこなう合理主義を首唱する教育は、画一的な志向を持つ若者を多く生み出してきた。

合理主義は伝統文化を退廃させた。その危機状況の文化を云々することは民俗学研究者の責務といえよう。そのためには文化の現状を充分に見据え、将来の展望までも検討する必要がある。この考察がなければ、社会的に有用性のない学問と見なされるであろう。民俗学研究者は趣味でおこなう好事家の域をでないこととなる。

民俗学研究者達は今日、残存されている文化の一端を詳細に論及することに熱心である。その文化の形態と保持する人々の動向等に研究視点を置くことが多いが、もう一つハードルを越えて、それらの人々の心意まで明らかにしなければ研究は不充分といえる。

執筆者

池田　淳　　吉野歴史資料館 館長　（芸能史）
大塚　清史　　岐阜市歴史博物館 館長　（民俗学）
村田　文幸　　泉大津市教育委員会生涯学習課主幹　（民俗学）
田中　正流　　平等院ミュージアム鳳翔館学芸員　（民俗学）
青江　智洋　　京都府立丹後郷土資料館学芸員　（民俗学）
江藤　弥生　　野洲市歴史民俗博物館市史専門調査員　（近世史）
鹿谷　勲　　元奈良県立民俗博物館学芸課長　（民俗学）
落合　知子　　長崎国際大学人間社会学部教授　（博物館学・考古学）
日比野　光敏　　元京都府立大学特任教授　（民俗学）
荒木　慎太郎　　花園大学文学部助手　（芸能史）
山田　邦和　　同志社女子大学現代社会学部教授　（考古学）
高橋　克壽　　花園大学文学部教授　（考古学）
中野渡　俊治　　花園大学文学部教授　（古代史）
師　茂樹　　花園大学文学部教授　（仏教学）
郷司　泰仁　　香雪美術館学芸員　（仏教絵画史）

志水　一行　花園大学歴史博物館研究員（近世美術史・禅宗美術史）
荻山　愛華　花園大学歴史博物館研究員（近代絵画史）
伊藤　旭人　花園大学歴史博物館研究員（日本彫刻史）
明珍　健二　花園大学文学部教授（民俗学・博物館学）
藤原　美菜子　（有）Equation 代表取締役（建築史・一級建築士）
梅本　直康　あとりえあ〜き主宰（建築史・一級建築士）
青木　豊　國學院大學文学部教授（博物館学）
宇治谷　恵　元中部大学民族資料博物館副館長（博物館学）
緒方　泉　九州産業大学地域共創学部教授（博物館学）
下湯　直樹　長崎国際大学人間社会学部助教（博物館学）
中島　金太郎　長崎国際大学人間社会学部助教（博物館学）

京都学研究と文化史の視座

2019年 3月25日　第１刷発行

編　者

芳井敬郎名誉教授古稀記念会《よしいたかおめいよきょうじゅこききねんかい》

発行所

㈱芙蓉書房出版

（代表　平澤公裕）

〒113-0033東京都文京区本郷3-3-13

TEL 03-3813-4466　FAX 03-3813-4615

http://www.fuyoshobo.co.jp

印刷・製本／モリモト印刷

ISBN978-4-8295-0756-8